HERANÇA DE UM SONHO

as memórias de um comunista

MARCO ANTÔNIO TAVARES COELHO

HERANÇA DE UM SONHO

as memórias de um comunista

2ª EDIÇÃO

EDITORA RECORD
RIO DE JANEIRO • SÃO PAULO

2000

CIP-Brasil. Catalogação-na-fonte
Sindicato Nacional dos Editores de Livros, RJ.

Coelho, Marco Antônio Tavares
C818h Herança de um sonho: as memórias de um comunista
2ª ed. / Marco Antônio Tavares Coelho. – 2ª ed. – Rio de Janeiro: Record, 2000.

ISBN 85-01-05762-2

1.Coelho, Marco Antônio Tavares – Biografia. 2. Partido Comunista Brasileiro. 3. Comunistas – Brasil – Biografia. 4. Comunismo – História. I. Título.

CDD – 920.033543
00-0122 CDU – 92(COELHO, M.A.T.)

Projeto gráfico de miolo e encarte
Evelyn Grumach e Marcela Perroni

DISTRIBUIDORA RECORD DE SERVIÇOS DE IMPRENSA S.A.
Rua Argentina 171 – Rio de Janeiro, RJ – 20921-380 – Tel.: 585-2000

Impresso no Brasil

ISBN 85-01-05762-2

PEDIDOS PELO REEMBOLSO POSTAL
Caixa Postal 23.052
Rio de Janeiro, RJ – 20922-970

EDITORA AFILIADA

À Teresa, minha mulher,

símbolo dos que perseveram nas adversidades, nunca desanimam, na luta por uma sociedade mais justa.

SUMÁRIO

PREFÁCIO
MEMÓRIA E CIRCUNSTÂNCIA

O LIVRO

Nascido na classe média de Belo Horizonte, então na casa dos trinta anos, Marco Antônio Tavares Coelho assim se apresenta na abertura de suas memórias: "minha infância foi mais ou menos tranqüila", e "só aos poucos fui me apercebendo de dados e fatos que me tornaram um rebelde".

O auto-retrato se amplia na moldura familiar. Todos os tios "venceram na vida" e o pai foi o único remediado (advogado e funcionário público) dentre os irmãos engenheiros, médicos e advogados da primeira geração dos Salles Coelho. A diferença pesou. Do lado paterno as raízes rurais dos Coelho (proprietários de terra no Vale do Rio Doce) e, do lado materno, os Tavares com a referência política do avô Necésio, médico e político, fundador do monolítico PRM, senador e deputado federal, no fim da monarquia e no começo da república.

O avô paterno estudou Direito em São Paulo e foi nomeado juiz no Serro, de onde saiu para ser juiz federal em Belo Horizonte com o prestígio de haver apenas um no estado, Ephigênio de Salles (irmão do jornalista, escritor e deputado federal por Minas, Joaquim de Salles), tio-avô de Marco Antônio, tomou parte na expedição de Plácido de Castro (para anexar o Acre), foi governador do Amazonas, deputado federal, senador e jornalista de combate.

No Colégio Marconi, cuja fundação — por iniciativa do cônsul da Itália em Belo Horizonte — acendeu o ufanismo fascista na colônia descendente de imigrantes vindos para a construção da nova capital no fim do século XIX, um incidente juvenil iniciou Marco Antônio na rebeldia: num artigo sobre a *Rerum novarum* de Leão XIII, no jornalzinho dos alunos, fez uma citação de Karl Marx. A edição foi queimada por ordem do diretor e lhe valeu uma repreensão autoritária.

O passo seguinte foi o primeiro lugar no concurso de oratória da Faculdade de Direito, quando os estudantes começaram a se interessar pelo que se passava no mundo e chegava ao Brasil pelos meios possíveis. A Segunda Guerra envolvia cada vez mais o Brasil e começava a sedimentar-se a consciência democrática estimulada pela controvérsia relativa ao conflito mundial. A censura à imprensa abafava debates de idéias com a propaganda do Estado Novo (e a promoção do ditador). Jornais e rádios, porém, enfatizavam diariamente os feitos bélicos para preencher o vácuo político nacional.

O discurso de Marco Antônio no lotado salão nobre da Faculdade de Direito, perante os professores da comissão julgadora, entristeceu o pai mas chamou a atenção do caçador de vocações rebeldes Darcy Ribeiro. No dia seguinte Darcy convidou-o a entrar para o PCB pela porta fictícia do Socorro Vermelho (saiu expulso 32 anos depois, sem ter a oportunidade de defender-se, quando cumpria pena na prisão).

Juntos ou em divergência, Marco Antônio e Darcy compartilharam, na ação universitária e pela vida afora, bons e maus tempos políticos. Na fase estudantil, avistaram-se com figuras de destaque nacional (chamados jocosamente de liberalões) que preparavam o lançamento do Manifesto dos Mineiros, de grande repercussão política na luta contra o Estado Novo e que três anos depois fundavam a União Democrática Nacional. Recrutavam estudantes com disposição política para tarefas de risco (distribuir panfletos numa ditadura de verdade).

Num encontro preparatório de congresso estudantil, receberam um envelope recheado de notas a título de ajuda financeira. Ficaram atônitos e perplexos. Passada a surpresa, Darcy deu a solução: entregar a importância ao PCB, que lutava com dificuldades para se reorganizar. E assim foi feito. Adensava-se a divergência política que os dois tentavam diluir para retardar a incompatibilidade previsível: os comunistas se rearticulavam (depois da devastação policial a partir de 1935 e consolidada no Estado Novo), mas faziam avaliações políticas com peso diferente. Não podiam prejudicar a ação conjunta com os liberais e o convívio com a classe média num debate sem proveito. Enquanto os liberais tinham como premissa a derrubada do Estado Novo, os comunistas davam importância maior à contradição que desde a declaração de guerra do Brasil à Alemanha e à Itália se ampliava dentro do governo Vargas.

Para os comunistas, o caminho correto era empurrar, com a mobilização popular, o governo para a participação militar do Brasil na guerra. Era mais produtivo do que abalar com retórica, sem conseguir derrubá-la, a ditadura que fazia o contrário do que gostaria de fazer.

A divergência distanciou, na prática, comunistas e liberais assim que o Estado Novo começou a cair ("indícios de iminentes transformações [...] foram se acumulando nas primeiras semanas de 1945" e logo viraram uma "torrente irresistível", a partir da entrevista de José Américo a Carlos Lacerda no *Correio da Manhã* até a anistia em abril). Na Europa, a Alemanha era invadida de todos os lados em janeiro de 1945. O desentendimento entre comunistas e liberais se acelerou. O PCB continuou a apostar nas concessões de Getúlio Vargas e os liberais não desistiam de tirar o ditador. A diferença ficou incontornável e as relações tornaram-se inamistosas. Mas já estava aberto o processo da eleição presidencial direta.

Com o Congresso desativado desde 1937, Vargas se pôs em campo e, antes que a oposição liberal e a mobilização popular de esquerda produzissem grandes espetáculos, adiantou a anistia. E os liberais passaram a desconfiar de entendimento secreto entre o PCB e o ditador.

Enquanto os liberais insistiam na deposição do ditador, o PCB ampliava sua presença política com a "linha justa". À sombra do controle sindical, o PTB nascia do ventre da ditadura com a palavra de ordem original: "Constituinte com Getúlio". No fim, reuniram-se os desconfiados candidatos do PSD e da UDN para depor o ditador. Mas a Constituinte foi convocada sem Getúlio. E um mês depois, a eleição presidencial incompatibilizaria por muitos e muitos anos comunistas e liberais: a derrota do candidato da UDN foi debitada ao PCB. O ressentimento ficou.

Nas difíceis relações entre comunistas e liberais, que vinham de antes e continuariam precárias, foi desgastante a afirmação de Luís Carlos Prestes, secretário geral do PCB, considerando politicamente iguais em 1945 as candidaturas presidenciais de Eduardo Gomes e do general Dutra ("A solução correta, creio ainda hoje, embora conduzida de maneira equivocada"). No fim, o candidato próprio. Um desastre.

O livro de Marco Antônio é costurado, desde a política estudantil, pela convicção de que a *linha justa*, assim denominada pelo partido, perdeu o fio da meada a partir da reação insensata em 1947: por três votos a dois, o TSE cancelou o registro mas os comunistas não deram importância ao fato. ("E de certa forma fizemos exatamente aquilo desejado pela direita", aceitando a volta à clandestinidade.) O PCB não quis recorrer ao STF, "talvez o primeiro grave erro político (...) a que depois se seguiriam outros, como a radicalização da nossa conduta política". Por último, o Manifesto de Agosto de 1950 custou a marginalização política, pois os comunistas deram as costas ao processo eleitoral por dez anos.

Em 1956 o Relatório Kruschov, no XX Congresso do PCUS, abalou os fundamentos da ação comunista internacional e fez um estrago no PCB, precipitando o descontentamento represado. Só então começou a dissipar-se a alucinação de chegar ao poder pelo caminho mais difícil das armas. Cegos para a realidade nacional, não conseguiram ver em 1950 o que hoje parece óbvio, e estava implícito na candidatura de Vargas: o nacionalismo era o dado novo na vida brasileira e seria a ênfase política e o saldo histórico até o fim do século. O PCB receitou o voto em branco.

Os comunistas só voltariam a ter presença política na crise da posse de JK-João Goulart. O nacionalismo econômico se tornou o denominador comum na política brasileira, acima dos partidos. Sob JK os comunistas voltaram a se beneficiar de uma legalidade consentida. Estavam reconciliados com o bom-senso. Veio e se foi Jânio Quadros, deixando a crise que o parlamentarismo não resolveu porque a esquerda — do PTB ao PCB, juntando todas as tendências — não avaliou o alcance que poderia ter. Ofuscada pelas vantagens aparentes do presidencialismo, a esquerda apostou equivocadamente na volta ao presidencialismo ("Julgamos que poderíamos conquistar o céu de assalto.") Deslumbrada por oportunismo, perdeu de vista a legalidade e embarcou no golpismo que se apossou do governo Goulart. ("Não penso que a minha conduta — como deputado — e a do PCB tenham sido corretas em face dos episódios no ocaso do governo Goulart. Deixamo-nos levar [...] mais ao sabor dos fatos conjunturais e contraditórios"). Em pouco mais de um ano a opinião pública fora ganha pelos golpistas. "O sonho se transformou em pesadelo."

Depois do comício de 13 de março, a direção do PCB "estava eufórica". Marco Antônio registra "choques sociais sucessivos, em ondas", inquietação dos empresários, fortalecimento da Frente Popular e modificação no pensamento militar.

Mas a esquerda não percebia. Com o governo Goulart virtualmente deposto, Darcy chamou ao Palácio do Planalto, entre outros, o deputado Marco Antônio e distribuiu atribuições de guerra no dia 31 de março: prender o senador Auro de Moura Andrade, o ministro Ribeiro da Costa (STF), o senador Milton Campos, o deputado Bilac Pinto. Marco Antônio reagiu e Darcy sentenciou: "vocês vão se arrepender amargamente". Não havia mais nada a fazer.

Com a derrota da esquerda em 1964, o PCB se refugiou na sua primeira natureza — a moderação na adversidade — e viu desgarrar para a órbita radical a juventude impaciente com a retórica do conformismo sem prazo. Para os jovens o pensamento de esquerda, elaborado pelo PCB, perdeu a razão de ser. O PCB desfalcou-se de dirigentes e voltou a procurar o fio da meada histórica em que se especializou.

O AUTOR

"No dia 18 de janeiro de 1975 fui preso por agentes do DOI-CODI do Rio de Janeiro. Começou ali uma fase de sofrimentos que somente terminaram quatro anos depois (...) com o livramento condicional", conta Marco Antônio. "Pouca coisa acrescentarei, mas como sobrevivi quero testemunhar."

Transcorridos 25 anos, situou suas memórias na seqüência de crises e bonanças, avanços e recuos. Exerceu o mandato de deputado federal pela antiga Guanabara e foi eleito pelos cronistas políticos o melhor parlamentar de 1963. A reconstituição dos anos de prisão se faz com as cartas que, valendo-se de "pombos-correios", conseguiu fazer chegar às mãos de sua mulher. Quem as guardou, porém, foi o jornalista, escritor e amigo Benito Barreto, tão bem que não mais se lembrou onde as escondera. Ficaram perdidas por vinte anos 125 páginas datadas de junho, julho e agosto de 1975, e mais oito de 1977. "Lembranças vão se esmaecendo, e se tornam História para os novos."

O sucesso oposicionista na eleição presidencial de 1974 havia eriçado os brios autoritários, e as contradições militares se aguçaram. A liquidação do PCB passou a ser prioridade militar.

Este livro faz parte de um conjunto de depoimentos com valiosa contribuição política de civis e militares. Documenta erros (muitos) e acertos políticos (nem tantos) das esquerdas em geral e dos comunistas em particular, desde que o partido conseguiu se refazer da repressão policial a partir de 1935 e complementada com mão pesada pelo Tribunal de Segurança Nacional, de que se valeu o Estado Novo, até que as condições internacionais ofereceram em 1945 no Brasil a oportunidade de recomeçar do zero a via democrática.

O PCB foi o centro de gravidade da esquerda enquanto elaborou a linha tática (para uso nacional) derivada da estratégia internacional: o empenho em evitar a consumação da vitória nazista sobre o regime soviético valeu então como a matriz do raciocínio. A comprovação do acerto da prioridade atribuída à pressão popular, liderada pela classe média, sobre o lado do governo que cedia em favor da democracia, por politicamente correta se tornou histórica. Ninguém contesta mais.

A formação política do meio para o fim da Segunda Guerra Mundial facilitou a Marco Antônio as reflexões que ajudam a compreender a específica contribuição dos comunistas brasileiros, com estímulo à análise objetiva (tanto quanto possível) de fatos. Apenas nos fatos e nas suas conseqüências.

Há muito a ser recolhido de ex-dirigentes comunistas e ativistas de esquerda para uma nova compreensão do Brasil na segunda metade do século XX. A autocrítica que o PCB não fez no devido tempo (quando teria sido?) está dispersa nas confissões de antigos dirigentes que ficaram pelo caminho. Quantos serão esses livros que mostram revolucionários num país que não se decide nem faz a opção histórica entre o passado e o futuro? O custo é pago no presente que nunca satisfaz. O brasileiro vive politicamente do passado no qual recolhe respostas insuficientes para decifrar o país que já podia ser mas não é.

Este livro vale por si, mas ganha mais peso num balanço de tudo que falta para ser História do Brasil. Falta o Brasil decidir-se.

Wilson Figueiredo

INTRODUÇÃO

Há vários anos diversas pessoas insistiam que eu deveria escrever um livro sobre minha militância política. Especialmente meu filho e meu genro, Gildo Marçal Brandão, sempre reclamaram esse registro.

De forma sistemática eu me recusava, porque julgava que o essencial seria fazer um balanço crítico da experiência dos comunistas no Brasil e no mundo. Mas, não me considerava à altura de tal empreendimento, por exigir uma vasta pesquisa no campo teórico, a partir de um exame de tudo o que está em livros e revistas sobre a crise do comunismo e das diversas correntes de esquerda, no mundo e no Brasil.

Acrescentava que um empenho simplesmente individual, com esse propósito, teria um pífio resultado, porque uma luz nova para a esquerda somente virá em conseqüência de um trabalho coletivo de muitos pensadores, a fim de generalizar uma prática de centenas de milhões de pessoas.

Mas, no ano passado, numa conversa com Luiz Eduardo Soares, cientista político do Instituto Universitário de Pesquisas do Rio de Janeiro, ele sugeriu que escrevesse um relato de fatos e episódios em minha longa militância no Partido Comunista Brasileiro, assinalando a importância dos depoimentos de pessoas que atuaram intensamente no cenário político. Justificou esse ponto de vista relembrando como a memorialística é exaustivamente utilizada pelos que pesquisam a evolução do Brasil.

Esse argumento é que me convenceu a encetar o presente trabalho, mas dentro de um limite explícito: apenas recordar fatos acontecidos, sem a veleidade de proceder a uma análise teórica da trajetória dos comunistas no Brasil entre as décadas de 1940 e 80.

Comecei a escrever estas memórias em meados de setembro do ano passado e coloquei um ponto final em sua redação em fins de julho do corrente ano. Para tanto, desvencilhei-me de certas obrigações, menos as relacionadas com a função de editor executivo da revista do Instituto de Estudos Avançados da USP.

Sobram-me dúvidas a respeito da utilidade e do valor deste trabalho, todavia, deixo esse julgamento a seus prováveis e incertos leitores. Apoiei-me basicamente na memória e apenas recorri a alguns livros e publicações para conferir datas e outros detalhes.

Lembrar de tantos fatos e pessoas pode parecer algo excepcional. Não é bem assim. Tomei como método, que pode não ser o melhor, seguir um roteiro cronológico, o evoluir histórico. Porque eu aguçava a memória agindo como quem filma com uma lente *zoom*, que aos poucos permite a aproximação dos detalhes. No meu caso, detalhes no tempo.

Resta dizer que recuperei tão-só uma parte desse acervo. Algumas pessoas poderão comentar que não registrei esses ou aqueles fatos. É verdade. Muitas coisas se perderam, muitas pessoas não aparecem, pois a memória é limitada. Peço, portanto, mil desculpas antecipadas, pois nisso não vai nenhuma malquerença ou preconceito, mas a simples fraqueza humana.

Fui submetendo os capítulos à leitura de várias pessoas. Suas opiniões foram extremamente úteis, como incentivo e para melhorar o esboço e a redação do depoimento. De forma especial, cumpre agradecer a inestimável colaboração dos seguintes amigos: Benito Barreto, Gildo Brandão, Geraldo Forbes e Wilson Figueiredo. Deles recebi muitas emendas para aprimorar o texto. Com eles debati os escritos mais de uma vez, concordando ou discordando de suas opiniões.

No Instituto de Estudos Avançados da USP recebi um cálido apoio de meus colegas de trabalho, a partir de seu diretor, professor Alfredo Bosi. O jornalista Mauro Bellesa realizou meticulosa revisão do texto. Raimundo José da Silva facilitou todo o trabalho ao imprimir cópias das sucessivas versões dos capítulos.

Recorri a diversas pessoas para precisar dados e preencher lacunas. Minha irmã Maria Rita Vasconcellos acrescentou informações sobre nossa família. Em Belo Horizonte foi inestimável a colaboração de Helvécio de Oliveira Lima.

Entre familiares e amigos houve um conluio para que eu não desistisse da empreitada. Luciana Villas-Boas animou-me ao dizer que há enorme interesse do público pelos livros sobre fatos vividos. Desde a primeira hora, meu filho, Marquinho, foi o grande promotor dessa aventura. Simone e Lina, respectivamente, filha e nora, assim como Iracema F. Barreto, se aplicaram em valorizar o que foi saindo do computador. Lucas, meu neto, semanalmente cobrava-me o que havia escrito. Carolina, a neta, leu tudo, espantada com minha vida tão distante da sua, uma adolescente paulistana.

Teresa, minha mulher, foi o esteio nessa atividade. Sem procurar influir no que eu ia escrevendo, lembrava fatos e fazia sugestões, mas tinha receio de opinar, pois de certa forma ela está tanto como eu no centro dessas recordações.

Para mim, foi uma catarse escrever este depoimento. Mas foi uma lida agradável e recompensadora. Ao começar a redigi-lo é que fui me sentindo gratificado, porque tinha a impressão de estar assistindo a uma "reprise" de coisas que vivi e porque me permitia matar a saudade de tantas pessoas queridas.

São Paulo, agosto de 1999

1

O RIO NASCE NA MONTANHA

Minha infância foi mais ou menos tranqüila e só aos poucos fui me apercebendo de dados e fatos que me tornaram um rebelde, um inconformado com as injustiças sociais. Minha família — pai e mãe — situava-se na classe média alta, com profundos vínculos nos círculos dominantes em Belo Horizonte. Meu pai, Adahil de Salles Coelho, era um dos filhos de um juiz federal em Minas Gerais. O cargo de magistrado da Justiça Federal era muito importante na República Velha. Recorde-se que esse ramo do Poder Judiciário (reinstituído mais recentemente no País) foi criado pela Constituição de 1891, de conformidade com o figurino norte-americano.

Não conheci meu avô paterno, doutor Coelho Júnior, pois faleceu quando eu tinha 5 ou 6 anos de idade e ele havia se transferido para o Rio de Janeiro. Todos falavam dele com o maior respeito, como uma pessoa íntegra, como um juiz probo e de caráter. Aos poucos fui sabendo que somente não chegou à função de ministro do Supremo Tribunal Federal em razão das grandes controvérsias políticas na fase que antecedeu a revolução de 1930.

Principalmente porque, nos idos de 1928-29, meu avô concedeu *habeas-corpus* a um dos chefes da família Prates, de Montes Claros, que se envolveu no famoso atentado a Melo Viana, vice-presidente da República. Episódio marcante na campanha eleitoral para a escolha do sucessor de Washington Luiz.

Segundo a versão que me chegou, meu avô viveu o cruel dilema de conceder ou não esse *habeas-corpus*. Não se tratava, então, de um mero caso jurídico. Era uma pendência de inegável relevância no imbróglio da sucessão presidencial, agitada por episódios gravíssimos. Meu avô teria que tomar uma decisão que envolvia divergência política no seio de sua própria família, uma vez que seu filho, Euler de Salles Coelho, era deputado federal da oposição, enquanto dois de seus cunhados — Ephigênio de Salles e Joaquim de Salles — eram eminentes figuras do situacionismo. O primeiro, senador da República e ex-governador do Amazonas; o segundo, deputado federal por Minas e líder da maioria na Câmara dos Deputados.

Meu avô concedeu o *habeas-corpus* e com isso foi condenado ao ostracismo. Mas, por interferência de um conterrâneo do Serro e ex-colega da Escola de Direito de São Paulo, ministro do Supremo, Edmundo Lins, foi transferido de Belo Horizonte para o Rio, a fim de trabalhar na revisão de um de nossos códigos.

A transferência era aconselhada por sua necessidade de viver numa cidade de baixa altitude, em conseqüência de uma insuficiência cardíaca. Naquela época, os tuberculosos iam para as montanhas e os cardíacos buscavam o litoral. Ele sobreviveu por pouco tempo a esses azares da política. Seguramente ficou amargurado com o fim não glorioso de sua trajetória como magistrado.

Para dar uma idéia aos que vivem em época tão distante, como meus netos, recapitulo aqui alguns fatos da vida de meu avô, que ilustram como era a formação de uma pessoa de família abastada, nas distantes paragens do interior de Minas, cento e vinte e tantos anos atrás.

Meu avô era filho de um fazendeiro na região de Guanhães, no Vale do Rio Doce, primogênito de uma família com quase vinte filhos. A família possuía muitas terras na fazenda dos Coelho, que ficava na divisa entre Guanhães e Virginópolis. Terras pobres, com algum gado, pés de café, pequenas lavouras de milho e mandioca. Nada de notável e tudo de mesquinho proveito pecuniário.

Seu pai decidiu que ele deveria vir estudar Direito em São Paulo, no Largo de São Francisco. Acompanhado de um cabra de confiança, fez a cavalo a viagem, que durava de dez a quinze dias. Concluiu o curso, que formava anualmente poucos alunos.

Eventualmente escrevia cartas relatando fatos memoráveis da medíocre São Paulo de então e prestava contas de sua labuta como aprendiz de bacharel. Numa dessas cartas, conservada pela família, contava que morava longe do centro da cidade, do outro lado do Anhangabaú, na rua do Seminário (rua que fica perto da igreja da Santa Efigênia e do Largo do Paissandu). Maravilhado, descreveu a inauguração do Jardim da Luz, quando, pela primeira vez, viu luz elétrica!

Só retornou a Minas quatro anos depois, carregando o "canudo", o anel de rubi e o título de "doutor". Daí por diante passou a ser o doutor Coelho, como era tratado por todos, inclusive por seus irmãos e irmãs. Como naquela época havia em Minas pouquíssimos bacharéis em Direito, logo foi nomeado juiz no Serro.

O Serro Frio, antiga Vila do Príncipe, era sede de comarca e uma das principais cidades de Minas, pela importância para a Coroa de sua mineração. (No período colonial, a província de Minas estava dividida em poucas comarcas — Vila Rica [Ouro Preto], Rio das Mortes [São João del Rey], Sabará [Rio das Velhas], Paracatu e Serro Frio.)

A região ganhou importância ainda maior com a descoberta de diamantes no distrito do arraial do Tejuco, hoje Diamantina. Uma boa parcela da comarca do Serro foi isolada com a criação do famigerado Distrito Diamantino, subordinado diretamente à Coroa e sujeito ao mais draconiano regime imposto aos habitantes da colônia, história relembrada no livro de Joaquim Felício dos Santos — *Memórias do Distrito Diamantino*.

Mas a riqueza da mineração de ouro de aluvião e dos diamantes se esgotou na primeira metade do século XVIII, restando apenas a memória da riqueza pródiga, as belas igrejas, o casario, as ruas empedradas. E as histórias de lutas e derrotas, de esperanças e desilusões, de Felipe dos Santos, Tiradentes, Cláudio Manoel da Costa, Isidoro — o mártir....

O Serro Frio foi o berço de destacadas figuras do Brasil colonial e imperial. Basta lembrar Teófilo Otoni, o grande tribuno e jornalista que, com seu jornal *A Sentinela do Serro*, contribuiu decisivamente para a revolta de 1842, sufocada pelas tropas imperiais comandadas pelo futuro Duque de Caxias. Além dos irmãos Otoni — Teófilo, Benedito e Cristiano — várias pessoas que ali nasceram tornaram-se personalidades nacionais, como Pedro Lessa, João Pinheiro, general Carneiro, Edmundo Lins, Ephigênio e Joaquim de Salles.

Localizada numa das regiões mais pobres e montanhosas de Minas, encravada e cercada pelos contrafortes da Serra do Espinhaço, a antiga Vila do Príncipe entrou em decadência quando cessou a mineração de ouro e diamante. Só nos últimos anos a ela se chega por estradas asfaltadas.

Fica numa área de vastos latifúndios pouco produtivos, porque suas terras em geral são ruins. Seu rebanho bovino é criado em pastos naturais, e não tem a categoria do gado geneticamente aprimorado com a introdução de raças indianas e européias, como sucedeu na pecuária do Triângulo Mineiro e do sul de Minas. A pecuária do nordeste mineiro só produz um pouco de leite destinado à fabricação de manteiga e do excelente queijo do Serro, o mais renomado de todos os queijos de Minas.

QUEM NÃO É COELHO É COUVE

Os Coelho residiam em Guanhães e no distrito de Virginópolis, hoje município, que agora ficou mais conhecido pelo seu festival da jabuticaba. Nesta cidade, um pouco maior que um lugarejo, quando a conheci nas férias de verão nos anos 1934 e 1935, quase todos eram parentes, ao ponto de se dizer: "Em Virginópolis, quem não é Coelho é couve."

Imitando o pequeno animal que deu o sobrenome aos ancestrais — "cristãos-novos" batizados com medo da inquisição —, os Coelho eram extremamente prolíficos. Cada família nunca tinha menos de 10 filhos. Alguns de meus tios-avôs e tias-avós tiveram mais de 15 filhos.

Naturalmente, com essa capacidade tão acentuada de gerar, uma parte dos Coelho não conseguia uma razoável forma de sobrevivência. Alguns tiveram de se dedicar ao pequeno comércio, outros se tornaram funcionários públicos. Uma boa parte foi buscar melhor sorte na vizinha cidade de Figueira do Rio Doce, hoje Governador Valadares, que saiu do marasmo da região pelo fato de ser o ponto de encontro da estrada de ferro Vitória a Minas (da Cia. Vale do Rio Doce) com a antiga Rio-Bahia, que liga o nordeste brasileiro ao sul do Brasil.

A família de meu avô, Coelho Júnior, era relativamente rica, situando-se entre os grandes proprietários rurais. Em suas fazendas trabalhavam poucos vaqueiros e lavradores meeiros, em roças de milho, cana-de-açúcar, café, arroz e mandioca. Delas e dos retiros de gado leiteiro é que saía a subsistência de todos, para o que colaborava a criação de galinhas, patos e porcos e o cultivo de legumes e frutas.

Esse panorama era característico na região, sem grandes plantações de café, como as que enriqueceram a Zona da Mata e o sul de Minas. A vida econômica no nordeste de Minas pouco mudou até hoje, excetuando o chamado Vale do Aço, com a mineração de ferro e as usinas siderúrgicas, ali desenvolvidos nos últimos 40 anos.

Quando garoto, fui duas vezes a Virginópolis nas férias de fim de ano. Que maravilha para mim, criado num centro urbano. Dia e noite a visitar fazendas, a saquear pomares, a comer carne de porco criado por ali, a saborear rapadura e queijo. A andar a cavalo, a pescar e nadar nos riachos e a ver nos currais a lida com as vacas e os bezerros, nas madrugadas frias. Nada melhor para descrever esse panorama que o livro de Helena Morley (pseudônimo de Alice Caldeira Brant), intitulado *Minha vida de menina*, redescoberto pela crítica literária e apresentado como uma obra-prima da literatura brasileira.

Na década de 1930, as viagens a Virginópolis eram um acontecimento memorável. O meio de transporte era a "jardineira", um microônibus que semanalmente saía de Belo Horizonte levando os sacos dos correios e poucos passageiros. Esses tinham de vestir um guarda-pó sobre a roupa, porque a poeira da estrada acabava cobrindo tudo dentro do veículo, inclusive as pessoas.

Partia-se de Belo Horizonte, às seis horas da manhã na direção de Lagoa Santa, e dali a estrada, estreita e esburacada, embicava em direção à Serra do Cipó. Porém, quando se começava a subi-la tudo mudava, em razão da beleza do panorama. Não era mais a tristeza do cerrado, com as árvores e arbustos esquálidos e deformados.

Era o ar puro e o vento frio. Um deslumbramento. A estrada contornava as rochas, porque não podia vencê-las. A vegetação dessa serra é espantosa, diferente. Daí o compreensível interesse de nossos cientistas em pesquisar cuidadosamente esse notável patrimônio da natureza, quer pela flora, quer pela fauna. A região está agora preservada, já que declarada pelo governo área de proteção ambiental.

Por volta do meio-dia, quase chegando no alto da serra, havia uma estalagem — Chapéu de Sol, era seu nome —, aguardada com ansiedade, pois sabíamos que ali estava a nossa espera a melhor comida caseira de Minas.

Depois, retomava-se a viagem, passando ao largo de Morro do Pilar, onde, no século passado, o famoso Intendente Câmara construiu um alto-forno para a produção de gusa. No fim da tarde parávamos para o pernoite numa pensão no Guarani, um lugarejo dentro de uma enorme fazenda, de um tio de Darcy Ribeiro.

No dia seguinte, já no Vale do Rio Doce, a "jardineira" percorria o pior trecho da estrada, um lodaçal interminável, perto de Senhora do Porto. Se não havia chovido no dia anterior, ao meio-dia estávamos em Guanhães.

Nessa cidade se descansava em casa de parentes, a fim de um dia depois retomar a estrada na direção de Virginópolis. Esse trecho final, que atravessava sucessivas fazendas, consumia diversas horas porque, além do mais, impunha o suplício de ter de abrir e fechar muitas porteiras e passar com cuidado por "mata-burros" — duas tábuas à guisa de ponte sobre os riachos.

O desgaste nessa viagem de três dias era largamente compensado por uma estada de dois meses em Virginópolis. Como é agradável recordar as férias! Aquele ambiente é inesquecível, inclusive pelas conversas com os mais velhos, com seus relatos de caçadas, de assombrações e de suas viagens como tropeiros, atravessando a Serra do Espinhaço e suas ramificações, e passando a vau pelos rios caudalosos em demanda das estações da Vitória a Minas ou da linha da Central do Brasil.

UMA FAMÍLIA NA VILA DO PRÍNCIPE

Mas, voltemos à história de meu avô — o doutor Coelho Júnior. Ele encontrou no Serro Frio aquela que seria sua companheira por toda a vida — Rita Ferreira de Salles. Dizia-se que era a mais bela moça da cidade, ao ponto de ter adquirido um apelido que carregou sempre — "Peixão". Já velha e encarquilhada — eu a conheci — conservava o semblante harmonioso da mocidade.

Era-me distante, eu a fitava com respeito, mas sem o afeto com que hoje os netos cercam as avós. Esse comportamento dela em relação a mim é compreensível, pois tinha duas dezenas de netos e netas. Mas era visível que privilegiava os filhos de sua filha — Alaíde. Uma vez que, à boca pequena, se diz em Minas: "Filhos de minha filha, meus netos são; filhos de meus filhos, serão ou não." É provável que nesse meu juízo sobre minha única avó tenha influenciado o fato de ela, na minha mocidade, com freqüência me repreender em razão da minha precoce rebeldia.

Quase sempre sentada numa confortável cadeira de balanço, fumando e preparando seus cigarros de palha e fumo de rolo, eu ouvia todos a chamarem de dona

"Peixão". Em Minas era freqüente o uso desses apelidos carinhosos, que substituíam os nomes próprios de pessoas.

Do casamento de meu avô com a minha avó brotaram os Salles Coelho, seis filhos e duas filhas nascidos no Serro Frio, na região onde começa o longo Jequitinhonha, rio que até hoje convive com tristes situações de miséria e o criativo artesanato de sua gente.

A história dos Ferreira de Salles é bem contada por meu tio-avô e padrinho, Joaquim de Salles, em suas reminiscências, no volume *Se não me falha a memória...*, reeditado pela Fundação Moreira Salles com prefácio de Alexandre Eulálio. Livro da mesma qualidade literária das obras de Pedro Nava.

A vida no Serro Frio assemelhava-se àquela que se desfrutava em Virginópolis, marcada pelas balizas de uma economia decadente e estagnada, mas de um padrão cultural mais elevado. Suas casas e ruas ainda hoje revelam a opulência que no período colonial a rivalizava com Vila Rica, Mariana e São João del Rey.

Por isso, Saint-Hilaire, o naturalista francês que visitou Minas na década de 1820, anotou em seu relato: "Em todo o Brasil, não tinha visto senhoras tão educadas, tão belas, tão distintas no trajar como as da Vila do Príncipe." Sua rica cultura popular ainda hoje se revela nas festividades anuais dedicadas a Nossa Senhora do Rosário, porque os festejos conservam o mesmo ritual de cem anos atrás, descritos por Joaquim de Salles, como eu e o Geraldo Forbes constatamos em 1994.

Certamente, a conservação incrível dessa tradição foi possível por ter o Serro Frio ficado isolado durante um século. As boas estradas acabaram por tornar fácil o acesso a Ouro Preto e a outras cidades históricas das Alterosas, progresso que melhorou a vida de sua gente, é verdade, mas em certa medida contaminou suas tradições, mesclando-as com outros hábitos e costumes.

BELO HORIZONTE NO INÍCIO DO SÉCULO

A família Salles Coelho chegou à nova capital de Minas na primeira década do século XX, em virtude da transferência de meu avô para o Juizado Federal em Belo Horizonte. Belô, até a década de 1940, está reconstituída primorosamente nos livros de Pedro Nava. Foi assim que a conheci. Centro administrativo de um estado essencialmente apoiado em atividades rurais, com poucas indústrias e uma massa de gente que girava em torno da administração pública.

Sua ligação principal era com o Rio, sede do governo federal, pela estrada de ferro — a Central do Brasil. (O impacto do trem de ferro em Minas foi tamanho que a palavra "trem" passou a ser usada para designar tudo: comidas, incumbências, negócios, propostas e etc... Por isso, é comum se ouvir: " Não quero comer esse trem" (um alimento qualquer), "não vou nesse trem" (festa), "vista esse trem" (roupa)...)

Minas Gerais era um arquipélago, com regiões não interligadas economicamente. Café no Sul e na Mata, pecuária lucrativa no Triângulo. O resto era o atraso secular, como no Norte e no Nordeste. Na Zona da Mata destacava-se Juiz de Fora — então chamada de "Manchester mineira", em razão de suas fábricas de tecidos relativamente modernas para a época. No norte e no oeste era o panorama do cerrado, considerado terra madrasta, infértil. Por lá era o sertão, o grande sertão de Guimarães Rosa, com seus entreveros políticos e familiares, acirrados e resolvidos a cartucheiras e traições em que se digladiavam os grupos familiares.

As estradas de ferro é que abriam o caminho do progresso, pois inexistiam rodovias. Só no fim da década de 1920 foi construída a estrada encascalhada para o Rio, passando por Queluz (Conselheiro Lafaiete), Barbacena, Palmira (Santos Dumont), Juiz de Fora. Nesta começava a União Indústria, construída várias décadas antes, acompanhando as curvas sinuosas dos rios Paraibuna, Paraíba e Piabanha, até Petrópolis.

Viajei uma vez ao Rio por essa estrada na década de 1940 como "carona" num automóvel do escritor Ivam Pedro Martins, que ia constantemente a Belo Horizonte visitar a esposa, internada num sanatório de tuberculosos. (Esse escritor me fascinava. Vinha dos embates de 35, do exílio, gaúcho com uma vivência tão distante do meu horizonte mineiro.) A estrada era um poeirão de 300 quilômetros, mas dava um prazer imenso ir seguindo pelos contrafortes da Mantiqueira e da Serra do Mar.

A estrada de Belo Horizonte ao Rio foi construída no fim da década de 1920 por dois engenheiros formados em Ouro Preto — Américo Renê Giannetti e Petrônio de Almeida Magalhães, este casado com uma de minhas tias, Alaíde de Salles Coelho. A rodovia serpenteava pelos vales e montes, com curvas de nível que não exigiam muita movimentação de terra, pois o equipamento para construí-la se limitava a carrocinhas puxadas a burro, e um exército de trabalhadores utilizando enxadões e pás.

Assim, para vencer a distância entre a capital mineira e o Rio só mesmo de trem de ferro, pela maria-fumaça da Central do Brasil, quatorze horas quando tudo corria bem, o que não acontecia com freqüência. Viajava-se pelo "rápido" (diurno) ou pelo "noturno". Neste havia um relativo conforto: dois ou três vagões com beliches para duas pessoas (cabines), outros vagões com cadeiras pouco confortáveis e um carro-restaurante, no qual era costume se gastar o massacre do tempo consumindo garrafas de cerveja.

Central do Brasil, velha de guerra, que saudade rememorá-la no filme com a Fernanda Montenegro — só vislumbrada na estação do Rio, na gare (como se dizia) Pedro II —, porta de entrada dos mineiros na Cidade Maravilhosa, vestíbulo das praias, do mar azul, da Cinelândia, da Lapa, do Pão de Açúcar....

Aqui ou acolá, em Minas Gerais, perdidos nas vastidões, havia uns poucos núcleos urbanos que sobressaíam na vida econômica, em razão de uma ou outra fábrica de tecidos — montada com equipamentos levados em lombo de burro. Na verdade, relíquias inglesas do século XIX, como eu vi em Marzagão e Lavras.

Afora os garimpeiros que sempre apareciam e desapareciam em riachos perdidos, a mineração ocorria de forma estável e lucrativa em alguns poucos lugares, como na vizinhança de Belo Horizonte, na secular companhia Saint John del Rey Mining Co., inglesa, em Nova Lima, Raposos e Rio Acima. (A mais profunda mina de ouro do mundo, segundo se dizia, e que era a motivação atávica para nosso antiimperialismo.)

A siderurgia moderna e lucrativa limitava-se à Belgo Mineira, em Sabará. Além dela apenas poucos alto-fornos, como em Itabirito, Barão de Cocais, Caeté e José Brandão, que não prosperaram. Só a partir da década de 1940 é que despontou com força a mineração da Vale do Rio Doce e as usinas do "Vale do Aço". Mas eu guardava, como um lema que exprimia um anseio infinito, o que lera e relera num livro escolar, a evocação de João Pinheiro de que "Minas é um coração de ouro num peito de ferro".

Contudo, no meio da pasmaceira de Minas, havia um rebuliço cultural interessante e fecundo, embora circunscrito aos círculos dedicados à literatura. Essa inquietação era grande e isso marcou minha geração em Belo Horizonte.

A família Salles Coelho se estabeleceu na capital mineira. Nela e no Rio seus rebentos ingressaram nas escolas superiores — de Direito, Medicina e Engenharia.

Todos "venceram na vida". O único que permaneceu numa situação remediada foi meu pai. Embora formado em Direito, limitou-se a um cargo público federal sem grande significado, o que deve ter contribuído para meu inconformismo ante as injustiças sociais, pois, face a meus primos e primas, sentia a cada momento as limitações financeiras da família.

Meu pai casou-se em 1923 com uma jovem órfã de pai e mãe, Muciola de Assis Tavares, oriunda de uma família de prestígio político e recursos. Até meses atrás, eu não conhecia a história de meu avô materno — Necésio José Tavares. Só recentemente, com um levantamento procedido por um primo, Hélio Tavares, e por uma pesquisa de Helvécio de Oliveira Lima, no Arquivo Público Mineiro, completada por dados transmitidos por Fernando Correia Dias, é que consegui recolher informações a respeito de meu avô materno.

Em nossa casa, durante muitos anos, havia um grande retrato dele, semelhante a esses encontrados nas galerias de personalidades ilustres. Mas, minha mãe nada falava sobre seu pai e sua mãe, pois eles faleceram quando ela estava respectivamente com um e seis anos de idade. Creio, porém, que esse fato estranho de nada comentar sobre a vida de meu avô devia-se também ao pavor de minha mãe pela atuação política, talvez por desejar inutilmente evitar que esse vírus maléfico acabasse por me contagiar.

Necésio José Tavares era formado em Medicina pela Faculdade do Rio de Janeiro, sendo um conceituado clínico e agricultor abastado. Teve atuação política destacada como um dos próceres republicanos, ao lado de João Pinheiro, no fim do Império e nos primeiros anos da República, como organizador dos centros republicanos de Juiz de Fora e Barbacena. Foi um dos signatários do manifesto de 1889 de fundação do Partido Republicano Mineiro (PRM). Exerceu a função de secretário da Comissão Executiva dessa famosa agremiação, que dominou Minas Gerais e influenciou decisivamente a política nacional até o início da década de 1930.

A família Tavares era enraizada em Itapecerica, no oeste de Minas, onde meu avô nasceu. Mas ele desenvolveu atividades profissionais e políticas na Zona da Mata, particularmente em Juiz de Fora e Barbacena. Eleito deputado federal em 1892; a partir de 1896 foi senador estadual; em 1899 foi novamente eleito deputado federal, tendo falecido dois anos depois, quando exercia esse mandato.

Sua morte, atribuída a uma terrível tuberculose, consternou os meios políticos porque era visto como o natural sucessor de Silviano Brandão na Presidência do Estado de Minas Gerais. No necrológico do jornal *Minas Gerais* de 12 de novembro de 1901, ele foi assim apresentado: "Republicano de feição um tanto radical, era antes de tudo um patriota, transigindo dignamente sempre que elevados interesses políticos o exigiam."

Esse perfil de republicano "radical" parece acertado, tendo em vista o trabalho que desenvolvia entre os republicanos em favor das posições de Silva Jardim, o mais jacobino dos líderes do movimento, em oposição às atitudes dos "moderados", entre os quais Quintino Bocayuva. Notícias dos jornais da época apresentam meu avô como um dos organizadores da pregação de Silva Jardim, em fevereiro de 1889, por diversas cidades da Zona da Mata.

Como a filha caçula da família, minha mãe foi criada pelos irmãos mais velhos e educada num colégio interno de Barbacena. Embora minha mãe sempre tenha demonstrado extremo afeto por seus irmãos, aos quais era imensamente reconhecida, sua orfandade e seu desamparo a moldaram, levando-a a curvar-se com serenidade diante de todas as adversidades.

Formou-se como normalista (título da chamada Escola Normal, segundo o modelo francês). Com menos de vinte anos foi nomeada professora primária pelo presidente de Minas e exerceu essa atividade até se aposentar, o que a marcou — assim como a mim e a minhas quatro irmãs — pelo resto da vida.

Vida de apertos financeiras, mas repleta de carinho, de folguedos. E de iniciação em leituras. Ela levava para nossa casa, da biblioteca da escola, os pesados tomos do *Tesouro da juventude*. Como eu os devorava! Mais do que nos livros escolares, neles é que aprendi tantas coisas e fui me tornando um leitor insaciável.

Um tio pelo lado materno também me influenciou — o professor José Eduardo da Fonseca, das faculdades de Direito e Engenharia e do Ginásio Mineiro, casado com tia Ivonilde, irmã de mamãe. Na grande casa em que residia, na Serra, numa ala separada da mansão, construiu alguns cômodos para sua biblioteca e para receber seus alunos e amigos.

Como seu sobrinho predileto, eu era a única criança com permissão para freqüentá-la. Dava boas gargalhadas ante minha rebeldia e semanalmente me "seqüestrava" para acompanhá-lo em passeios no Horto Florestal, num gigantesco Chevrolet, dirigido por um motorista, pois, tuberculoso, tio José Eduardo necessitava do ar puro e da fragrância dos eucaliptos. Esses piqueniques no Horto eram inesquecíveis, porque me permitiam saborear frutas estrangeiras e bolos preparados por tia Ivonilde. Sofri amargamente com a sua morte, pois nunca soubera que a vida tem um fim, de forma irremediável e definitiva.

Tio José Eduardo ganhou fama em Belo Horizonte pelo anedotário imenso de seu palavreado arrevesado, difícil e rebuscado, pelo uso de termos arcaicos e castiços. No entanto, essa não é lembrança que dele conservei, mas das histórias maravilhosas com que me deliciava.

Da infância em Belo Horizonte, só guardei boas lembranças. Depois de passar pelo Jardim Bueno Brandão (no qual minha mãe era professora), fui para o Grupo Escolar Barão do Rio Branco, dois excelentes estabelecimentos da rede pública, localizados na então avenida Paraúna, hoje Getúlio Vargas, perto da minha casa, na rua Santa Rita Durão.

Nas primeiras décadas, em Belo Horizonte os nomes das avenidas e ruas homenageavam acidentes geográficos, minerais, vultos da Inconfidência, poetas e escritores, grupos indígenas, estados brasileiros e coisas da natureza, como plantas e pássaros. Depois, começaram a trocar os velhos nomes para reverenciar políticos e pessoas de prestígio. Por exemplo: nasci na rua do Chumbo, hoje rua Estevão Pinto — banqueiro e professor na Escola de Direito.

Embora nas três décadas iniciais do século XX Belo Horizonte fosse uma cidade nova, seus habitantes já haviam incorporado a sua vida aquelas referências. Na família, contava-se o caso de minha tia-avó Chiquinha, que acompanhava a viagem marítima de seu irmão, governador do Amazonas, Ephigênio de Salles, até Manaus, de conformidade com a sucessão das ruas da cidade — Espírito Santo, Bahia, Sergipe, Alagoas, Pernambuco e assim por diante....

Penso que essa facilidade de mudar os nomes das referências de uma cidade revela desamor pelo patrimônio cultural e por isso tenho dificuldade em reconhecer na Belo Horizonte de hoje a minha cidade. Agora sou obrigado, ao caminhar por suas ruas, a ler seus nomes e ver suas casas como se faz a leitura de um palimpsesto. Ou seja, buscando por trás do panorama atual o que existia décadas atrás — fantasmas muito vivos na recriação da minha memória.

Fantasmas que esfumarão no ar quando desaparecerem aquelas e aqueles da minha geração. Ecléa Bosi, escritora, autora de um livro sobre a memória das pessoas, amando Belo Horizonte como eu, disse-me uma vez que receia voltar a nossa cidade, porque teme não reencontrá-la.

Não discordo de homenagens a personalidades dos novos tempos. A cidade cresce de forma incessante e não é difícil encontrar logradouros novos nos quais se pode registrar a gratidão dos belorizontinos a essas pessoas. Mas, por favor, respeitem nossas tradições.

Fechando esse parêntese de protesto, retorno ao que contava. Vida familiar gostosa, repleta de diversões e brincadeiras com parentes, amigos e vizinhos. Aqui convém relembrar que a vizinhança era uma instituição indispensável, fraternal e estável, porque esse liame parece ter desaparecido nos bairros mais ricos das metrópoles, como Rio e São Paulo. Aí está essa Copacabana atual, com suas compactas trincheiras de apartamentos, nos quais todos se isolam da vizinhança.

O relacionamento das pessoas na Belo Horizonte de antigamente era diferente. Relações amigáveis e solidárias eram estabelecidas com os vizinhos. Estes eram uma extensão da parentela e das amizades, para a troca de favores, de quitutes, para a participação nas festas e blocos carnavalescos, nas novenas, nos aniversários e naturalmente nos acontecimentos lutuosos — velórios e enterros.

Esses laços não eram efêmeros e provisórios. Persistiam mesmo depois de as pessoas se transferirem de bairro. Por isso minha família sempre manteve estreitas e permanentes relações com outras famílias que moravam, e algumas ainda moram, nos bairros da Serra, do Cruzeiro e dos Funcionários.

APRENDIZADO

Não concluí a quarta série do primário no grupo Barão do Rio Branco. Meus pais decidiram que eu deveria fazer um cursinho de um ano numa escola que preparava alunos para o ginásio. Assim, com 9 anos, fui para a escola da professora Benvinda de Carvalho. Foi excelente, pois devido a esse curso rigoroso e intensivo fui o primeiro colocado no exame de admissão do Colégio Guglielmo Marconi.

A opção pelo Marconi teve enormes conseqüências em minha formação. Na verdade, eu almejava outro ginásio. Desejava ir para um colégio com internato, fora de Belo Horizonte, uma vez que, pelas histórias de adolescentes com quem convivia, nesses internatos ganharia maior liberdade, com o afastamento da casa paterna. Invejava os amigos que estudavam no Grambery, em Juiz de Fora, ou no Dom Bosco, em Cachoeira do Campo, que viviam grandes aventuras, fora do controle familiar.

Também dava preferência a outros colégios onde estudavam meninos da vizinhança, como o Ginásio Mineiro, o educandário público mais famoso de Belo Horizonte.

A escolha do Marconi foi de meu pai. Esse colégio havia sido criado no ano anterior, 1934, por iniciativa do consulado da Itália em Belo Horizonte e com o apoio fervoroso da colônia italiana, relativamente próspera na capital mineira e muito interessada em educar seus filhos dentro das tradições trazidas de além-mar.

Na primeira metade da década de 1930, o prestígio da Itália de Mussolini estava no auge. De lá e de seu regime fascista vinham os "bons exemplos": modernização, progresso, ordem, inovações culturais etc. Tudo isso repercutia em Belo Horizonte no círculo da colônia.

Recorde-se que, para construir a capital, foi indispensável a mobilização de mão-de-obra especializada — técnicos e artesãos. A maioria deles era de italianos, que logo se projetaram e que, posteriormente, se tornaram industriais e comerciantes e também se destacaram nas várias áreas da cultura e das artes, sobrepujando os tabaréus atraídos do interior de Minas ou da Bahia. Só não tiveram acesso fácil a carreiras no funcionalismo público, porque essas foram reservadas aos transferidos da velha capital (Ouro Preto) e de outras cidades.

No mundo da política a ascensão dos recém-chegados ao Brasil foi mais demorada. Só na segunda ou terceira geração atingiam as culminâncias do poder estadual ou municipal, após adquirirem peso econômico e cultural. Veja-se o exemplo de João Pinheiro, líder republicano e presidente do Estado. Seu pai, imigrante italiano, aportuguesou o sobrenome (Pignataro), talvez para não se diferenciar dos mineiros.

Para mim, foi um certo choque cair naquele meio, garotada que ostentava nomes de famílias italianas com prestígio no mundo dos negócios locais. Logo destoei, e por isso julguei de bom alvitre me apresentar também como de uma família que também viera da Europa, de Portugal. Por isso, o professor de religião, padre Clóvis, me deixava orgulhoso ao chamar-me de "lusitano".

A atração pelo Colégio Marconi, que levou meu pai a nele me matricular, decorreu do fato de terem sido contratados para o novo ginásio excelentes professores, como Guilhermino Cesar, Artur Versiani Veloso, Orlando M. de Carvalho, Murtinho Maia, Heli Menegale, Nivaldo Reis e outros. Enfim, uma boa representação da intelectualidade mineira. O raciocínio de meu pai, do ponto de vista educacional, estava certo. O que ele não poderia prever é que, colocando-me num ambiente fascista, eu iria me rebelar muito cedo e seguir por caminhos "nunca dantes navegados" pelos rebentos das famílias mineiras tradicionais.

Entre as matérias do currículo ginasial estava o ensino de italiano, e tudo no Marconi seguia os padrões italianos, inovadores no ambiente educacional mineiro daquela época. O colégio instituiu as cadernetas dos alunos, em que eram anotadas as presenças, ausências, recados aos pais, notas etc; algo não adotado em outras escolas.

Em alguns dias da semana, havia o *dopo lavoro*. Ou seja, trabalhos escolares extras e eventos culturais, como sessões de cinema (filmes italianos, obviamente), festas com declamações de poesia, sapateados, saraus musicais em que eram cantadas as cançonetas de sucesso e árias de óperas etc. Certa vez, encenamos uma peça de Pirandello (*Assim é, se lhe parece*), de que orgulhosamente participei.

Esses eventos se realizavam no auditório do consulado, grande a ponto de, anos depois, ser usado para os trabalhos da Constituinte de Minas. Nos dois primeiros anos, o Marconi funcionava no amplo prédio do consulado, de três andares, na rua dos Tamoios; depois se mudou para o que foi construído na Barroca, na avenida do Contorno, então uma região distante e não urbanizada.

O projeto educacional do Marconi era ditado pelo modelo fascista, e isso não causava qualquer estranheza. O pontífice da Educação no Brasil não era o Chico Campos? E ele não chegou a organizar em Minas uma "milícia" semelhante àquela dos combatentes do "*fascio*"?

O diretor do colégio viera da Itália — Vicenzo Spinelli. Volta e meia cantávamos a *Giovinezza* (ainda hoje sei balbuciar alguns de seus versos) e outros hinos fascistas. Nossos uniformes eram uma cópia da farda dos aviadores italianos — os então badalados "ratos verdes". Recebíamos belíssimos livros fartamente ilustrados, vindos de Milão, encaminhados pelo Instituto Italiano de Alta Cultura.

Montaram um laboratório de química e física onde podíamos manipular instrumental científico, o que também era uma novidade em Belo Horizonte. Na essência, o Marconi resultou de uma inteligente ofensiva cultural do regime de Mussolini, no apogeu de sua trajetória, para consolidar sua influência na colônia italiana em Minas.

Como eu fora o primeiro colocado no exame de admissão, embora o mais moço da turma (10 anos), fui designado como "*capo squadra*" da classe (o chefe) e esse foi o início da minha perdição. Às seis e meia da manhã, estávamos formados em fila no amplo saguão do prédio. Cabia a mim, como o "*capo*", recolher as cadernetas de todos colegas — uns vinte meninos e umas dez meninas. As cadernetas deveriam estar devidamente encapadas.

Num azarado dia, ao cumprir o ritual, percebi que duas delas estavam sem as malditas capas. Uma, de um colega com deficiências motoras mas de família italiana; a outra era do meu amigo e vizinho Fausto Matta Machado. Como essa falha era grave, coloquei as duas embaixo do monte das cadernetas ao entregá-las ao secretário do colégio — Elvio Santoro.

Mas ele descobriu a manobra e determinou que Fausto saísse da fila, pois ficaria suspenso por um dia. Quanto ao outro, apenas recebeu uma advertência verbal. A desigualdade do tratamento me revoltou. Protestei. Resultado: mandou-me para a secretaria, para receber uma punição. Com tranqüilidade, anotou em minha caderneta: "Suspenso por ter se arvorado em juiz de seu superior." (Durante muito tempo fiquei sem saber o que era "arvorar" e esse verbo até hoje me incomoda.)

Voltei para casa sem atinar no que significava o "arvorado", mas me via como um herói que lutara contra a injustiça. Contudo, minha mãe não compartilhou desse juízo e me repreendeu. Disse-me algo que repetiu, inutilmente, centenas de vezes, pelos anos afora: "Meu filho, você não pode ser a palmatória do mundo..."

Vinte e cinco anos depois, reencontrei Santoro no Rio. Ele era o secretário do Tribunal Regional Eleitoral. Amigavelmente, procurou me auxiliar quando foi intentada a cassação de meu mandato de deputado federal. Não relembrei a ele o seu ato que tanto magoou o ginasiano do Marconi.

Recordo esses fatos porque acabaram marcando minha trajetória. Desse dia em diante, paulatinamente, passei a me "opor" ao Marconi, a gozar as italianices, só estudando o que eu apreciava. Deixei de ser o aluno exemplar, o primeiro da classe. Virei um *gauche*, mas não no sentido do verso de Carlos Drummond. Ridicularizava tudo que vinha da Itália e admirava seus adversários. Torcia pelos abissínios e pelo imperador Hailê Selassiê.

Mas muito devo ao Marconi, graças ao conjunto de seus professores, notadamente Guilhermino Cesar. Ele pertenceu ao grupo da revista *Verde*, pioneira do modernismo, editada em Cataguases, em 1928. Na década de 1950 transferiu-se para Porto Alegre, como secretário do governador Ernesto Dornelles, tornando-se uma das mais destacadas figuras do mundo intelectual gaúcho.

Guilhermino era o nosso professor de História e dele partiam iniciativas memoráveis. Certa vez, em 1938, levou-nos a Sabará, para nos mostrar obras de Aleijadinho, as igrejas e, principalmente, a capela de Nossa Senhora do Ó, com seus traços asiáticos. Naquele ambiente apropriado, cativou-nos com suas preleções sobre o Brasil colonial e a arte barroca.

Outra vez, organizou um debate público, entre os alunos, em torno do tema: qual foi o processo da emancipação dos escravos mais positivo — o do Brasil ou o dos Estados Unidos? E me encarregou de falar sobre a experiência norte-americana. Para tanto, convidou-me a ir até sua casa, a fim de emprestar-me livros sobre a história dos Estados Unidos. Enalteci a "solução" ianque, pois fiquei fascinado pela figura de Lincoln e empolgado pelo conflito bélico. Enquanto a abolição da escravatura no Brasil pareceu-me um episódio insosso e banal.

Igualmente, aprendi muito com os professores Artur Versiani Veloso, Orlando de Carvalho e outros, pois eram cultos, conviviam com os estudantes, devassavam para nós cenários culturais diferentes e nos estimulavam nos estudos.

Em contrapartida, só posso falar negativamente sobre o diretor que substituiu Vicenzo Spinelli, quando este retornou à Itália, em conseqüência do rompimento de relações do Brasil com esse país. Refiro-me ao Braz Pellegrino, professor da Faculdade de Medicina, reacionário de quatro costados. Resisto um pouco a adjetivá-lo de forma pejorativa, como merece, porque guardo a melhor recordação de seu filho Hélio Pellegrino, poeta e psicanalista, católico e socialista, uma das figuras mais nobres e inteligentes com quem convivi.

Essa malquerença decorreu de um fato ocorrido em 1941. Braz Pellegrino encarregara-me de editar o jornal do colégio e de lançar seu primeiro número, que deveria trazer um texto alusivo às comemorações do quadragésimo aniversário da encíclica *Rerum novarum*, do papa Leão XIII. O tema estava na ordem do dia, com o "Estado Novo" em seu auge e o "oba-oba" em torno da política de paz social.

Após uma consulta aos colegas, escolhi o nome — *O Guarani*. Sai à cata de colaborações e consegui uma gráfica, na av. Afonso Pena, para editá-lo. Seu proprietário com paciência desdobrou-se para me ensinar os primeiros passos na nobre arte de confeccionar uma publicação.

A incumbência abriu-me as portas de um novo mundo. Pela primeira vez travei conhecimento com os equipamentos de uma gráfica, com tipógrafos e impressores. Ficava horas acompanhando a composição manual dos textos nos componedores e a montagem dos blocos e das páginas nas bancadas de metal, sujas de tinta e graxa. Abismado, via as ilustrações serem transpostas para as placas de metal e montadas em suportes de madeira. Ansioso, sonhava com o jornal de quatro páginas já impresso, com seu título desenhado com arte e esmero.

Mas um fato desencadeou um desastre. A desgraça resultou de duas matérias que estampamos no jornaleco. Uma, de um estudante da Faculdade de Direito, Paulo Apgaua, sobre um tema filosófico em que fazia a apologia das doutrinas de Kant. O outro crime, este de lesa-majestade, foi de minha exclusiva autoria, exatamente o artigo solicitado pelo diretor sobre a *Rerum novarum*. Como era a matéria principal, li textos publicados em jornais sobre o tema, para montar uma colcha de retalhos com citações. De forma inocente, contudo, nela aparecia uma referência ligeira e até equivocada ao "grande pensador alemão Karl Marx, que estudara a encíclica de Leão XIII". Nada mais. O resultado foi catastrófico.

Levei o pacote de jornais impressos para o Marconi, inflado de orgulho e vaidade. Braz Pellegrino, após ler em diagonal o "meu" jornal, fuzilando de ódio e sem ouvir o que eu balbuciava como justificativa, incontinentemente determinou a queima de todos exemplares. Sobraram uns poucos que estavam em meu poder. Recebi ainda uma severa reprimenda diante de todos os colegas, o que me causou espanto e frustração, mas também a curiosidade em saber que razões haviam provocado os raios do Olimpo, desfechados contra mim e o "meu" jornal.

Nessa época, o vírus da política já me contaminara. Nessa quadra, entre os anos 1937 e 1941, em que cursei o ginásio, o panorama político sofreu transformações profundas no mundo, e isso repercutia no Brasil. Desde 1937, com 11 anos, acompanhava a guerra civil na Espanha. Instintivamente, torcia pela República contra Franco e os invasores alemães e italianos.

Em 1939 eclodiu a Segunda Guerra Mundial e passei a apoiar de forma aberta a França. Sofri amargamente ante a queda de Paris, em 1940, externando com lágrimas meu apoio e minha simpatia pelos gauleses quando um professor, um integralista, Lourenço de Oliveira, comemorou na sala de aula a vitória das tropas de Hitler. Em 1941 seguia com angústia, nos mapas, as batalhas nas estepes da Ucrânia e da Rússia. Já estava interessado na política, em função da guerra mundial. Os jornais só tratavam da guerra na Europa e na Ásia.

No Brasil o quadro se alterava paulatinamente, tornando-se majoritária a simpatia pelos aliados e a oposição ao eixo Roma-Berlim-Tóquio. Com isso, a italianada do colégio foi ficando em situação difícil e meteu o rabo entre as pernas. Em 1941, terminei o curso ginasial de forma melancólica para mim, mas também para o Marconi, pois os acontecimentos mundiais impunham que, para sobreviver, o colégio tinha de lançar cargas ao mar, isto é, romper sua estreita relação com o consulado italiano.

Antes de avançarmos é imprescindível assinalar fatos que aceleraram meu engajamento político.

Depois da derrocada da França, foi para Minas, fixando-se em Barbacena mas indo várias vezes a Belo Horizonte, o escritor Georges Bernanos. Ele era considerado um dos grandes autores franceses, e seu livro *Diário de um cura de aldeia*, de 1936, tornou-se um clássico da literatura mundial. Destacava-se também como uma personalidade pública combativa, de firmes convicções católicas e conservadoras, mas rompido com a "Ação Francesa" — corrente ultradireitista que fazia o jogo fascista na França. A partir de 1938 Bernanos começou a denunciar com vigor a intervenção nazifascista na Espanha e a política dos meios católicos da Europa de apoio ao fascismo e de anticomunismo irracional.

Assim, a presença de Bernanos em Minas contribuiu de forma sensível para mudar o pensamento do círculo de intelectuais católicos, cuja figura de maior peso era Edgar Godoi da Matta Machado, redator-chefe de *O Diário*, órgão católico oficioso. Esse grupo — que hoje seria considerado como um "formador de opinião" — influenciava fortemente as lideranças dos meios estudantis.

Só uma vez estive com Bernanos, no hotel em que se hospedou. Fisicamente, era um autêntico lavrador europeu, usava uma bengala, pois coxeava um pouco em conseqüência de um ferimento da Primeira Guerra Mundial. Não guardei na memória o que dizia, porque não entendia seu português estropiado, mas convivi com um de seus filhos, Yves, que retornou à Europa para ingressar nas fileiras dos franceses-livres de De Gaulle. Era um jovem francês perdido por aqui. Gostava de bebericar e prosear para passar o tempo de um exílio provocado pelo ardor da militância de seu pai. Nunca soube para onde o destino o levou depois que saiu de Belo Horizonte.

A PRIMEIRA REBELDIA

Volto agora um pouco atrás, para relembrar um dado fundamental na minha formação — o afastamento da Igreja Católica.

Minha família era e é visceralmente católica. Fiz a primeira comunhão e até os 10 anos era um católico fervoroso. Fui da Congregação Mariana, não deixava de comungar aos domingos e às primeiras sextas-feiras de cada mês, porque isso, diziam, garantiria um lugar no céu. Apólice de seguro para o depois da morte, para o além-túmulo. Hoje, falo brincando que aguardo o fiel cumprimento dessa sacrossanta promessa.

Entrei para a Sociedade Frederico Ozanam, dedicada a auxiliar os pobres. Para ganharmos mais associados, nela organizamos dois times de futebol. Foi um erro, pois a rivalidade entre as duas equipes cresceu a ponto de provocar uma insuperável crise interna que nos levou todos a buscar outros afazeres.

Como todas as crianças, participava com entusiasmo dos atos religiosos, especialmente das novenas, quando imagens e medalhas de santos percorriam as diversas casas da família para uma oração coletiva vespertina. Fui a vários retiros espirituais, nos quais pregavam oradores sacros afamados. Não perdia as solenidades da coroação de Nossa Senhora, nos meses de maio, no alto do Cruzeiro, na igreja de Santana. Eram muito concorridas e animadas, porque distribuíam confeitos e porque eram acompanhadas pelas quermesses com suas barraquinhas. Nessas ocasiões estranhava o fato de só as meninas poderem trajar as roupas de anjo, com suas asas abertas.

O ponto alto era a comemoração do Natal, iniciada nos primeiros dias de dezembro, com a montagem do presépio (de que meu pai era o grande artífice, sendo depois substituído por mim), passando pela missa do galo (à meia-noite do dia 24) e culminando com os presentes de Papai Noel e os lautos almoços e jantares. Contrito, fazia as penitências nas quartas-feiras de cinzas, quando hipocritamente pedíamos perdão pelo desvario no tríduo de Momo.

Acompanhava, acabrunhado, a quaresma, as semanas de tristeza que desembocavam nas cerimônias da Semana Santa; soturnas umas e alvissareiras outras, como a do sábado de Aleluia, com a malhação do judas e o domingo de Páscoa. Em compensação, havia a alegria das festas juninas, com as músicas criadas especialmente para essa finalidade e difundidas pelas estações de rádio, em homenagem a Santo

Antônio, São João e São Pedro. Enfim, eu estava impregnado por essa liturgia ingênua e singela, mas poderosa.

De repente, comecei a perder a fé. Meses dolorosos de aflição, porque não acreditar em Deus era um salto no escuro, no abismo. A morte sem a possibilidade do céu era uma constatação terrível, um acaba-mundo. Queria acreditar em Deus. Fazia força, orava, chorava, pedia perdão, pagava penitências. Mas a dúvida na existência do Padre Eterno era mais forte. Persistia. Acabou se impondo.

Por que isso aconteceu? Um mistério até hoje. Mas, duas causas contribuíram para a desilusão. A primeira foi a leitura incessante de tudo o que me caía nas mãos. Romances — Victor Hugo, Zola, Balzac, Stendhal, livros de capa e espada, *Tesouro da juventude*, os de Tarzan e depois a descoberta de Eça de Queiroz.

Também nessa fase começaram a aparecer as revistas para crianças e jovens: *Tico-tico*, *Gibi*, *Flash Gordon*, *Globo juvenil* e outras. Mistura infernal. À noite, para iludir a vigilância materna, fechava a porta do quarto, cobria a lâmpada da cabeceira para só deixar uma réstia de luz e continuar a ler até altas horas.

O amor pela leitura era compartilhado por alguns garotos da vizinhança, e criamos uma biblioteca com dezenas de livros, que encapávamos com todo cuidado. Felizmente, não havia então o descaminho da televisão. Apenas contávamos com toscos aparelhos de rádio, primitivos, montados por nós com pedra galena e que só permitiam ouvir as rádios locais.

Mas logo descobri o caminho da Biblioteca Municipal, na rua da Bahia, onde eu podia ler os livros que desejasse. Permanecia longas horas em seu salão silencioso e logo deixaram que eu levasse para minha casa alguns livros. Um de seus funcionários, vinte anos depois, confessou-me: “Pressentia que aquela obsessão sua pelos livros provocaria um desastre; dito e feito, acabou virando comunista.”

Quando estava com 16 anos, influenciado por um alto funcionário da Justiça do Trabalho, Rolando Noronha, tornei-me um leitor obsessivo de Eça de Queiroz, ao ponto de, certa vez, ter como um dos objetivos de uma viagem ao Rio, ir à Biblioteca Nacional para ler um livro que não conhecia desse escritor português. Era *O mistério da estrada de Sintra*, um folhetim escrito a duas mãos por Eça e Ramalho Ortigão. Comprei todos os livros do autor de *A relíquia* — romances, contos, sua correspondência, assim como vários livros sobre ele e sua obra. Também consegui um busto do Eça, que coloquei em meu quarto.

Outra causa do meu afastamento definitivo da Igreja decorreu da influência de duas amizades: de João Batista Carvalho de Vasconcellos e de Paulo Apgaua. Meu relacionamento com eles foi uma decorrência do fato de João Batista ter se transferido para o Marconi e morar perto da casa de minha família.

João Batista era um personagem invulgar, formado num ambiente diverso daquele em que me criei. Um de seus avós, o professor Cipriano de Carvalho, positivista, era destacada figura entre os discípulos de Augusto Comte no Brasil, mas considerado em Belo Horizonte como a reencarnação do Belzebu, embora respeitado por ser, diziam, um notável professor. Em Minas o positivismo não vicejou como no Rio e no Rio Grande do Sul. Contudo, alguns líderes republicanos mineiros eram positivistas, como João Pinheiro.

Meu amigo era da família Vasconcellos, da austera cidade de Mariana. Filho do historiador Salomão de Vasconcellos, entre seus irmãos sobressaiu o arquiteto e crítico de arte Sílvio de Vasconcellos, que em 64 foi afastado da universidade e teve de seguir o caminho do exílio.

Com esses poucos dados, dá para se aquilatar o meio familiar do João Batista, bastante excêntrico no cenário mineiro. Ele desmantelava pedra por pedra o edifício da Igreja Católica, fazendo a apologia do positivismo. Era um músico nato, pois, embora sem formação musical, tocava piano e violino. Poderia ter se tornado um artista plástico, porque desenhava admiravelmente. Com seu tipo físico, atraía e encantava com facilidade as adolescentes de Belo Horizonte.

Para mim foi um deslumbramento conhecê-lo e aprender com ele um mundo de coisas. Viajávamos e acampamos juntos nas grutas da Serra da Piedade. Iconoclasta, dinamitou o que eu carregava de fardo — as tradições da família mineira. Desde garoto, ele surpreendia a todos pelo seu talento, pela criatividade e pela audácia. Formou-se em Medicina e tornou-se psicanalista, fazendo uma bela carreira nos Estados Unidos, onde morreu com menos de 40 anos.

Seu funeral foi o derradeiro *show*, algo que merece ser contado. A família decidiu trazer o corpo para ser colocado no jazigo dos ancestrais em Mariana. O enterro havia sido marcado para o fim da tarde, no cemitério local. A cidade toda aguardava a solenidade fúnebre, pelo inusitado fato de tão longe vir o resto mortal de um Vasconcellos. Chovia a cântaros e todos estavam ao relento.

Afinal, chegou o caixão, imenso, fora dos padrões costumeiros. Os coveiros trataram de ampliar a sepultura, cumprindo a determinação do padre. A curiosidade aumentou e chegou ao máximo quando uma irmã do João decidiu ver o corpo, cismada com descaminhos de cargas. Foi difícil abrir aquele caixão monumental, ultramoderno, mas após muita lida conseguiram. Espanto geral. No estilo norte-americano, o cadáver estava maquilado como um artista que vai entrar no palco de um teatro. O pior veio depois. Ninguém sabia fechar o caixão. O jeito foi colocá-lo mesmo aberto na cova, pois já era noite e a chuva continuava.

Paulo Apgaua, mais velho do que eu e o João Batista, igualmente me abriu outros horizontes, pois dedicava-se com afinco ao estudo da filosofia de Kant. Com cerca de vinte anos de idade, já possuía uma cultura sólida e ampla. Teria sido um bom professor universitário, pela sua capacidade em expor questões filosóficas intrincadas. Contudo, naqueles anos a Faculdade de Filosofia estava nascendo. Paulo Apgaua publicou vários livros e artigos, mas a mediocridade da época e a necessidade da sobrevivência da família o obrigaram a seguir uma carreira burocrática.

Esses dois amigos contribuíram para os rumos que fui adotando na vida, por cortarem laços umbilicais que me prendiam, sem aderirem às posições políticas que marcaram meu destino. Porém, em certas coisas que foram fundamentais em minha evolução, eles influíram decisivamente. O fato básico foi o de me levarem a queimar as pontes que me ligavam à religião.

Necessito deixar claro esse distanciamento do catolicismo — como crença e doutrina. Foi definitivo e ponto final. Entretanto, conservei a admiração e o maior respeito por pessoas da Igreja Católica — clérigos ou não, relacionamento que cresceu com o passar dos anos. Lá em Minas, cito algumas dessas pessoas: padre Laje Pessoa, frei Rosário Jofily, padre Orlando Vilela, D. José Maria Pires, Edgar Matta Machado e muitos outros. Fora de meu estado natal, dezenas deles estão nesse elenco, entre os quais duas unanimidades nacionais — Alceu de Amoroso Lima (pelo que fez e escreveu nas décadas finais de sua vida) e D. Paulo Evaristo Arns.

Considero que a mudança havida na Igreja Católica no Brasil nos últimos trinta anos é um dos fatos mais significativos da vida brasileira no século XX. Isto porque jogou uma pá de cal no antigo reacionarismo da hierarquia e no anticomunismo visceral que impediam de somar sua tremenda força aos que batalham por uma sociedade mais justa. Certamente, nem todo o conjunto da Igreja absorveu essa autêntica revolução. De outro lado, não há como negar também a dose de "esquerdismo" em algumas personalidades de relevo que abraçaram a "teologia da libertação". O que é compreensível, mas secundário.

TRABALHO, AOS 15 ANOS

Quando estava com 15 anos tomei uma decisão básica — empregar-me para ganhar um salário e diminuir os encargos financeiros de meu pai e minha mãe. Fazendo o curso ginasial no Marconi, sentia o quanto pesavam as mensalidades do colégio, pois algumas vezes meus pais atrasavam os pagamentos. Ficava morto de vergonha quando recebia as reclamações da secretaria do colégio e não sabia o que dizer.

Além disso, dentro de casa via o zelo rigoroso de minha mãe para somente fazer despesas essenciais e economizar o máximo possível. Meus ternos e casacos para o frio eram adaptações de trajes de meu pai e de parentes. Sonhava em possuir uma bicicleta, como os garotos da vizinhança, mas o sonho nunca se concretizou. O único dinheirinho disponível, que recebia semanalmente, era usado para ir a uma "matinê" no cinema ver os seriados de bangue-bangue, ou as aventuras de Tarzan. Se desejasse tomar um sorvete, ou comprar um saco de pipoca, tinha de economizar a passagem de bonde e fazer o trajeto a pé.

Achava que poderia ajudar meus pais e ter recursos que me permitissem comprar certas coisas, como os belos modelos de avião que encantavam garotos da minha idade. Acabei convencendo meu pai e minha mãe de que deveria ter um emprego. E a oportunidade surgiu.

Um tio — Gerson de Salles Coelho — conseguiu para mim um lugar de *boy* (o termo era exatamente esse) na Justiça do Trabalho, que foi estruturada nacionalmente em 1940. O que pagavam era razoável, devendo corresponder hoje a um salário mínimo. Para mim foi um acontecimento memorável receber meu primeiro salário. Convidei minha irmã mais velha, Lulude, a ir ao Cine Brasil e comprei um enorme sapato, como se usava na época. Torrei o restante com bobagens, como fazem os adolescentes.

Trabalhei de agosto de 1941 até maio de 1943 nesse serviço, conforme comprovei, anos atrás, quando solicitei essa informação à Justiça do Trabalho. Éramos seis rapazinhos na função de *boy*; uns faziam limpeza, outros qualquer serviço, como levar a correspondência diária para o correio, dar informações, como usualmente é a incumbência de um atendente ou de uma secretária.

Como eu era de uma família muito conhecida, estava no último ano do curso ginasial e depois no pré-jurídico da Faculdade de Direito, logo os chefes foram me dando serviços mais condignos. Viam que em cada folga eu abria livros para ler e estudar. Talvez por isso fui encarregado de levar informações aos jornais, preparadas pelo Ney Octaviani Bernis. Não mais me mandavam ao correio carregando pacotes, o que não gostava de fazer, porque poderia encontrar pessoas conhecidas no percurso.

Os juízes togados e classistas, procuradores e funcionários eram pessoas de boa qualificação. Recorde-se que naquela fase houve a famosa reforma administrativa do Dasp e todos os funcionários foram nomeados a partir de um concurso nacional duríssimo. Os salários eram compensadores e o favorecimento a alguns era um dado excepcional. Como resultado, havia um clima geral de respeito funcional e de valorização daquele serviço público. Que diferença do que posteriormente verifiquei no Ministério da Agricultura quando nele trabalhei em 1985/86, levado por Íris Rezende. Porque, mesmo na cúpula de um órgão federal, o que constatei foi a profunda decadência da máquina administrativa brasileira.

Por diversas razões, o emprego me foi benéfico. Além de me sentir um pouco mais liberto e independente da família, travei contato com pessoas medianamente cultas. Comecei a entender as relações entre capital e trabalho, a conhecer a empolada e anacrônica terminologia jurídica, a cumprir horários de trabalho, a ter de prestar contas e muitas outras coisas.

As sessões do Conselho Regional do Trabalho e das Juntas de Conciliação e Julgamento eram instrutivas. Embora presas à liturgia jurídica muito formalizada, era interessante ver o contraditório entre procuradores e advogados das partes. Todos espertos e hábeis na arte de defender a "sua" verdade.

Naquela época, desfrutei uma pequena fase de "anos dourados", um grande contraste com a minha vida depois, quando mergulhei com força e alma na militância comunista. Foi um *intermezzo* descomprometido, de idas freqüentes à piscina e às festas do Minas Tênis Clube, aos bailes do aristocrático salão do Automóvel Clube, no carnaval e no *reveillon*. Posteriormente, também no Clube Belo Horizonte e no conjunto da Pampulha — Casa do Baile, Cassino e Iate —, obras projetadas por Oscar Niemeyer e construídas pelo prefeito Juscelino Kubitschek.

Belos dias sem pensar na humanidade e no futuro. A Pampulha era a novidade, o moderno, a imitação possível de uma Acapulco ancorada num lago artificial, ainda não poluído. Passávamos longo tempo ali, com a mesma inconsciência dos problemas que assistíamos nos filmes americanos, em que brilhava Carmem Miranda. Lá estavam uma réplica da jogatina de Atlantic City e orquestras que imitavam as que brilhavam nos Estados Unidos, tocando boleros melancólicos.

As diversões em geral eram animadas pelo abundante consumo de cerveja. Entremeadas por idas a bares onde o chope corria à solta, para ouvir poetas declamando versos sempre inspirados em paixões não correspondidas. Uma ou outra fuga discreta à região da boemia, aos cabarés da rua dos Guaycurus, como o Montanhês.

Caprichava nesse afã de gozar a boa vida, ao ponto de conseguir um *smoking* — terno escuro de lã, quentíssimo, que exigia uma camisa com a parte frontal e os punhos engomados, que, com o suor e o calor, logo viravam peças deformadas e incômodas. Cheguei até a brilhar por ostentar um *summer jacket* (semelhante àqueles dos filmes de Fred Astaire), com uma escandalosa faixa roxa e um cravo na lapela. Traje que havia herdado de um tio — o médico da Marinha de Guerra Joel de Salles Coelho.

Como esses bailes eram o centro da vida, aprendi a dar os passos da conga, divertida dança caribenha. Entrei para um curso em que ensinavam danças de salão, notadamente o tango, com um professor chamado Gino Fornaciari.

Esse *dolce far niente*, porém, durou pouco tempo, não por cansar-me daquilo, mas porque o ingresso na Faculdade de Direito escancarou as portas para outros interesses e aspirações.

2
O INÍCIO DA JORNADA

No último ano do ginásio, em 1941, fiquei na dúvida sobre o curso superior que deveria seguir. Tudo me levava à Faculdade de Direito, mas um ano antes tinha sido criada a Faculdade de Filosofia, idealizada por alguns professores que ensinavam no Marconi, principalmente Artur Versiani Veloso.

Convém recordar a estagnação e o baixo nível do ensino superior em Minas nos anos 30 e 40. No governo Antônio Carlos havia sido aprovada a lei instituindo a Universidade de Minas Gerais (UMG), reunindo as escolas tradicionais. Sábia decisão, mas que só se concretizaria paulatinamente, em razão das resistências corporativas dos docentes das escolas de Direito, Medicina, Engenharia, Odontologia e Farmácia.

O atraso na implementação da universidade também decorreu de um fato grave, ocorrido logo depois da revolução de 1930 e que levou à demissão do reitor da universidade recém-organizada, o professor Mendes Pimentel, líder da batalha pela criação da UMG. Esse acontecimento decorreu da pressão dos alunos para que todos fossem promovidos sem fazer exames no fim do ano escolar, com o pretexto da paralisação das aulas em conseqüência do conflito militar.

Como o reitor não concordasse com a pretensão, os estudantes organizaram protestos, chegando ao ponto de invadir a reitoria quando a congregação da UMG iria decidir a questão. Houve um tiroteio, um estudante foi morto e um dos filhos do reitor acabou responsabilizado pelo crime. Em conseqüência, amargurado, este velho mestre se afastou e o processo de renovação do ensino superior em Minas ficou paralisado, particularmente na Faculdade de Direito, onde a personalidade central era o professor Mendes Pimentel.

Esse foi um dos motivos por que em Minas Gerais não se repetiu o acontecido em São Paulo em 1934, com a organização da USP e a criação de sua Faculdade de Filosofia, Ciências e Letras, um marco histórico na evolução do ensino superior no Brasil, inclusive porque trouxe para São Paulo notável equipe de professores estrangeiros.

Devido a tudo isso — e inclusive pela repercussão da experiência paulista —, havia em Belo Horizonte, no início da década de 1940, uma enorme expectativa em torno da organização da Faculdade de Filosofia, interesse que era ainda maior entre aqueles que estavam concluindo o curso ginasial no Marconi. Ainda mais porque as aulas do novo estabelecimento foram dadas no próprio prédio de nosso colégio. Por isso muitos de nós, ginasianos, éramos naturalmente atraídos pela Faculdade de Filosofia.

Eu havia chegado à conclusão de que deveria me dedicar ao estudo de ciências sociais e sentia minha vocação para a política. Para tanto, devem ter contribuído alguns livros que me fascinavam, como *A vida de Disraeli*, de André Maurois, que reli diversas vezes.

Cheguei a assistir a aulas preparatórias no curso de Sociologia, a fim de fazer o vestibular. Mas logo fiquei horrorizado com o professor dessa matéria — Olinto Orsini, médico dermatologista, líder católico ultra-reacionário, incapaz de satisfazer minhas inquietações e perguntas. Concluí que seria perda de tempo fazer ciências sociais, pois a Sociologia era o cerne desse curso. Por isso desisti, resolvendo trilhar o caminho da Faculdade de Direito.

Antes da existência de faculdades de Filosofia, de Economia e Administração, os cursos jurídicos eram os únicos que davam matérias relacionadas com ciências humanas e sociais. Ao mesmo tempo, desde os tempos do Império, reconhecidamente eram as escolas de Direito que preparavam os homens (mulheres, não) para as lides políticas, os famosos "bacharéis".

A vida mostrou que fiz a opção equivocada. Primeiro, porque perdi a oportunidade de seguir os cursos de professores muito qualificados, como Artur Versiani Veloso e Ayres da Matta Machado Filho. Depois porque não estreitei os contatos com um grupo de universitários que estavam na Faculdade de Filosofia, entre os quais Móses Belém Teixeira, Luiz de Carvalho Bicalho e Pedro Parafita Bessa. Também com outros jovens que na época seguiram pelo mesmo caminho e vieram a se notabilizar, como Francisco Iglésias, José Israel Vargas, Edmur Fonseca, Amaro Xisto de Queiroz e Wilson Figueiredo.

A opção revelou-se ainda mais errônea devido à triste situação em que se encontrava a Faculdade de Direito. A maioria de seus docentes, pessimamente remunerados, era composta de professores muito idosos, sendo que quase todos acumulavam o magistério com funções nos tribunais ou em suas atividades como advogados.

Contudo havia exceções, ou seja, bons professores, como Carlos de Campos, Orlando M. de Carvalho, Alberto Deodato, José Monteiro de Castro, Cláudio Tavares Barbosa e Pinto Antunes (este, posteriormente, transferiu-se para São Paulo, chegando a ser diretor da Faculdade de Direito da USP).

O vestibular na faculdade era uma mera formalidade, totalmente diverso do que acontece hoje em dia, nesse terrível massacre de jovens, na disputa de poucas vagas por milhares de candidatos nas universidades públicas. Em 1942, na Faculdade de Direito, esse exame não passava de rotina burocrática, ainda mais porque as vagas superavam o número dos que desejavam ingressar na escola.

Durante todo o curso, de cinco anos, só me interessei por algumas disciplinas: Teoria Geral do Estado, Economia Política, Introdução à Ciência do Direito, Direito Constitucional, Direito Público Internacional e Direito do Trabalho. O curso pré-jurídico — dois anos — estava mais próximo do meu interesse, em razão de algumas matérias ministradas, como Sociologia e Literatura.

Minha trajetória como estudante de Direito foi lamentável, porque não levei o curso a sério. A cada ano diminuía a minha freqüência às aulas. Tinha a certeza de que os professores nem corrigiam as provas e não reprovavam ninguém. Testei esse fato porque em provas escritas cheguei ao cúmulo de citar como "juristas italianos" alguns alfaiates de Belo Horizonte. Nas provas escritas — não me recordo de nenhum exame oral — eu discorria com certa arte, mas sem responder às questões. Por isso, se naquela época fosse submetido a um exame na Ordem dos Advogados, como hoje existe, certamente seria reprovado.

Esse meu comportamento foi se agravando ao longo do curso, à medida que mais e mais me dedicava ao Partido Comunista. Acabei me formando como bacharel em Direito em 1948, aos 22 anos de idade.

Fui diplomado simplesmente por ser neto do doutor Coelho e ainda hoje fico espantado com o acontecido. Faltavam só três meses para a formatura quando recebi um recado do prof. Lincoln Prates, vice-diretor da faculdade, para que fosse conversar com ele. Fui constrangido porque pensava que iria ser admoestado. Entretanto, ele foi logo dizendo: "Meu filho, quero de você um compromisso — o de que não falte à cerimônia da formatura."

Concordei e resolvi perguntar por que desejava tanto que eu terminasse o curso. Ele respondeu: "Você logo deixará essa bobagem de comunismo e tenho um dever de gratidão para com seu avô, pelo fato de haver concedido *habeas-corpus* a um familiar meu, preso em conseqüência daqueles acontecimentos de Montes Claros, quase vinte anos atrás."

Então, em virtude disso é que me formei como bacharel. Sem dar qualquer importância à solenidade da formatura, fui a ela acompanhado de meus pais, aborrecido por ter de ouvir aqueles discursos enfadonhos, que nada me diziam. Fiz o juramento protocolar e pronto. Depois pedi a inscrição na OAB. Tentei três vezes advogar, porém, logo compreendi que não tinha a menor vocação para esse mister.

Em retrospecto, em 1942, nos primeiros meses na Faculdade de Direito, pela novidade, pelo encontro com colegas de diversas procedências, pelos novos professores, o pré-jurídico até que foi interessante. Todos os estudantes viam-se como "acadêmicos de direito", "universitários", o que era um motivo de orgulho.

Entretanto, não consegui estabelecer um relacionamento permanente com meus colegas de turma, sendo exceção os irmãos José Geraldo e José Renato Santos Pereira, e José Augusto Pereira Zeka. Creio não cometer uma injustiça ao dizer que a minha turma não era brilhante, pois posteriormente ninguém se sobressaiu nas lides jurídicas, sendo caso único o de José Alberto Weiss de Andrade, que terminou sua carreira como presidente do Tribunal de Justiça de São Paulo.

NUM CONCURSO, UMA EXPLOSÃO ANARQUISTA

As aulas transcorriam normalmente no pré-jurídico quando, em agosto de 1942, sobreveio um episódio marcante, pelas conseqüências em minha vida. Naqueles anos a vida estudantil no país estava marcada pelo impacto dos acontecimentos internacionais. Diferente, portanto, daquela fase anterior (entre os anos de 1928 a

1938), em que o Brasil viveu dias conturbados: sucessão presidencial, revolução de 30, agitação do tenentismo, guerra civil em 32, campanha da Aliança Nacional Libertadora (ANL), expansão do integralismo, as lutas de 1935 e a tentativa da derrubada de Vargas pelos integralistas em 1938.

Em 1941/42, os assuntos internos do Brasil pareciam arquivados. Vivíamos amordaçados pelo Estado Novo. As correntes oposicionistas, acuadas, temiam o poderio de Vargas. Os direitos políticos estavam suspensos, não se tinha uma Constituição, mas a carta constitucional de 1937, a Polaca, imposta à nação. A imprensa, submetida a zelosos censores, nada informava. Ninguém levantava a cabeça, nem mesmo os estudantes.

Os sindicatos operários eram virtuais órgãos do Ministério do Trabalho. Os comunistas estavam presos ou no exílio, desarticulados e divididos. Nos bastidores, especulava-se unicamente sobre as futricas das antecâmaras governamentais. A solitária manifestação de protesto em Minas era a criação de anedotas sobre Benedito Valadares. Nada mais.

A atenção de todos estava voltada para o conflito mundial. O que se aguardava era apenas o posicionamento definitivo do governo, esclarecendo se ficaríamos ao lado de Hitler e Mussolini ou junto das democracias ocidentais e da União Soviética. As divergências sobre esse dilema sucediam dentro das altas esferas do governo, quadro bem esmiuçado no livro *O Brasil de Getúlio Vargas*, de Ricardo Seitenfus.

Naquela época, havia um acontecimento diferente na vida acadêmica em Belo Horizonte: um concurso de oratória, promovido pelo Centro Acadêmico Afonso Pena, dos estudantes da Faculdade de Direito. Era organizado a fim de treinar os alunos para as atividades no Fórum. Livrarias o patrocinavam, ofertando aos vencedores coleções de tratados de Direito.

Durante vários dias o *Estado de Minas* publicava relatos minuciosos sobre as peripécias do concurso. Este se desenrolava da seguinte forma: a cada noite havia uma etapa preliminar, com os inscritos de cada turma, desde as do pré-jurídico até a classe do quinto ano. Era generalizada a curiosidade em torno do concurso, pois nele iriam se revelar os futuros luminares da magistratura e da advocacia em Minas.

Não sei por que me inscrevi para aquele desafio. O tema dado era — “Como reconstruir o mundo depois da guerra?”. Conversei com o João Batista Carvalho de Vasconcellos e este, muito enfoguetado, deu-me a dica: “Fale que primeiro necessitamos destruir o mundo atual, que se baseia em três coisas — Deus, Pátria e Família.”

Ora, esse trinômio resumia, exatamente, a pregação de Plínio Salgado e dos integralistas. Todavia, combater isso era anarquismo puro, subversão total. Mas, movido pela audácia da ignorância, enfrentei o concurso para proferir aquela catilinária. Discuti um pouco com o João Batista, que me forneceu vários argumentos. Decorei tão-só algumas frases de efeito, pois não tinha cabimento ler um texto num concurso de oratória. E fui à luta. O concurso era realizado no salão nobre da Faculdade, perante uma banca composta por professores e intelectuais renomados, sendo presenciado por numeroso público e pela imprensa. Uns dez colegas também concorriam comigo. O tempo de cada orador era de 10 minutos. Quando chegou a minha vez, lancei a fala insólita e irresponsável. Os assistentes me aplaudiram sem muita convicção, pois na verdade haviam sido agredidos pelos meus argumentos iconoclastas. Ao fazer a tradicional peroração, percebi meu pai, contrafeito, no fundo do salão, uma vez que, entre outras coisas, proclamei a necessidade de destruir a família, desde que "só tínhamos no Brasil quatro habitantes por quilômetro quadrado".

Os julgadores, porém, em sessão secreta, por unanimidade, deram-me o primeiro lugar. Fiquei alegremente surpreso e creio que contribuiu para o veredicto a opinião de um dos membros da banca — o escritor José Maria Belo, do Rio. Fui cumprimentado por muita gente (por meu pai, não) e deram-me como prêmio vários livros de Direito, que jamais abri.

Os jornais destacaram minha vitória, sem esmiuçar as teses que eu defendera. Virei uma atração momentânea e meu discurso durante alguns dias ficou célebre. Afinal, havia sido uma manifestação audaciosa. Um tio do Rio — Alyrio de Salles Coelho, advogado, que depois foi ministro do Trabalho de Juscelino Kubitschek, enviou-me um telegrama congratulatório.

Dias depois, fui para a etapa final do concurso, em que disputavam os vencedores em cada turma. O tema era a criação de uma nova organização internacional para substituir a Liga das Nações. Recordo apenas que fiz uma crítica à decisão tomada, em 1926, pelo então presidente da República, Artur Bernardes, de o Brasil abandonar a Liga das Nações. Esse ataque não foi bem acolhido pela assistência, dado o prestígio desse político em Minas. Um tio, Euler de Salles Coelho, antigo deputado federal e a cabeça culta da família, com a suavidade que lhe era habitual, tentou demover-me de veicular aquela crítica. Mas a mantive em meu discurso.

De qualquer forma, meu sucesso nesse final teria de ser menor que alcançara na etapa anterior. Fiquei em terceiro lugar, um mérito indiscutível, porque era um calouro na Faculdade de Direito e competira com alunos veteranos.

A principal conseqüência desse entrevero foi meu ingresso nas fileiras clandestinas do Partido Comunista.

A PORTA DE ENTRADA

Em uma das noites do concurso de oratória fui procurado por um estudante que eu não conhecia, de pequena estatura, com uma cabeleira esvoaçante e olhos acesos que acentuavam suas palavras. Deu-me o nome — Darcy Ribeiro. Disse que era da Faculdade de Filosofia e que desejava conversar comigo. Por curiosidade, concordei. Pediu que no dia seguinte eu fosse à pensão onde ele morava, na rua Ceará, em frente ao Colégio Arnaldo.

Fui ao encontro. Darcy não fez rodeios e foi logo perguntando se eu toparia ingressar no Socorro Vermelho, informando que se tratava de uma organização clandestina, destinada a auxiliar pessoas perseguidas pela ditadura. Não vacilei, concordando no ato, pois a idéia de trabalhar em algo proibido me atraía. Adiantou que eu não deveria revelar a ninguém a nossa conversa, e marcou um encontro posterior.

Passados alguns dias, na mesma pensão (onde, aliás, morava também Celso Brant), a conversa mudou um pouco. Tratava-se não do Socorro Vermelho, mas do Partido Comunista. A mudança não me causou espécie, desde que seria um trabalho clandestino contra a situação reinante no Brasil. Acrescentou que me caberia a função de atuar junto aos estudantes, indicando que, para tanto, poderia me apoiar em Ney Octaviani Bernis, jornalista e quintanista de Direito, que, por coincidência, era, como eu, funcionário da Justiça do Trabalho.

No dia seguinte, procurei Ney. Este ficou preocupado com o que falei sobre meus encontros com Darcy. Essa reserva era compreensível, mesmo porque eu era absolutamente imaturo, um jovem de 16 anos. Posteriormente entendi também que Ney não desejava levar adiante qualquer atividade clandestina. Dentro em breve iria se formar na faculdade e queria fazer sua carreira profissional como jornalista. No que foi bem-sucedido, porque se tornou uma das mais influentes figuras do *Estado de Minas* até hoje.

Amiudei os encontros com Darcy e assim começamos um relacionamento que durou até a sua morte. Uns tempos, relação de companheiros de luta; em outros tempos, sérias divergências. Sempre reconheci, contudo, seu talento invulgar, suas realizações valiosas, sua capacidade de encontrar novos caminhos, bem como suas loucuras perigosas em certos episódios.

Darcy abriu-me também novos horizontes culturais. Arrastou-me, por exemplo, para um pequeno curso na Faculdade de Filosofia, organizado por ele, ministrado por Donald Pierson, da Universidade de Chicago. Esse sociólogo estava no Brasil a convite da Escola de Sociologia e Política de São Paulo. Dedicava-se ao estudo empírico do desenvolvimento das cidades, de conformidade com a metodologia das ciências sociais nos Estados Unidos.

NAS MÃOS DE ARMANDO ZILLER

Aproximando-se o fim do ano, Darcy revelou-me que iria passar as férias em sua cidade natal, Montes Claros, e que no ano seguinte (1943) continuaria seus estudos em São Paulo, na Escola de Sociologia e Política. Por essa razão, apresentou-me à pessoa do Partido Comunista a quem eu ficaria "ligado". Para tanto, levou-me à casa do líder bancário Armando Ziller.

Teve início assim uma ligação estreita que perdurou até o falecimento de Ziller alguns anos atrás. A história e a trajetória desse personagem são singulares. Seu pai, o professor João Ziller, era um italiano de região secularmente disputada por Áustria, Suíça e Itália — o Tirol. João Ziller educou-se num seminário católico, sendo ordenado padre. Abandonou a batina, tornando-se protestante (metodista). Nesse mister, com seu conhecimento das mazelas internas da Igreja Católica, engajou-se na luta pela demolição do mundo católico, apostólico e romano.

Veio para o Brasil nos primeiros anos do século XX. Aqui, logo se destacou como um brilhante orador, sendo enviado para pequenas cidades nos estados do Rio de Janeiro, São Paulo e Minas, a fim de contribuir para a causa que abraçara. Por várias vezes o professor João Ziller mudou de cidade, ora por desavenças dentro de sua igreja, ora por motivos financeiros. E também porque sofria com a perseguição dos bispos católicos.

Professor de latim e português, granjeou merecido prestígio nos meios culturais, ainda mais porque empreendeu a tarefa de traduzir a *Divina comédia* para nosso idioma. Essa tradução é considerada uma obra clássica.

Armando Ziller foi criado nesse ambiente cultural e no fogo de intenso choque religioso. Para auxiliar o pai e para poder se casar, entrou por concurso no Banco do Brasil e nunca mudou de emprego. O que, aliás, motivava de sua parte um deboche. Rindo, dizia: "Falam que sou muito inteligente e competente; mas se isso fosse verdade não seria funcionário do Banco do Brasil..."

Esse meu fraternal amigo, a quem dediquei um respeito irrestrito, nunca assumiu uma postura materialista radical. Talvez porque estudara teologia e envolvera-se indiretamente nas brigas por motivos religiosos de seu pai. Ou, porque era refinado em seu pensamento e cauteloso diante das coisas não resolvidas. Por isso, em meu tempo, entre os comunistas de Minas foi pessoa respeitada por personalidades de todas as correntes e credos, inclusive no meio católico, pois jamais assumiu a postura anticatólica de seu pai.

Trabalhou entre os anos de 1934 e 35 na agência do Banco do Brasil na cidade de Santos, quando as lutas trabalhistas cresceram. Tornou-se um ativo sindicalista, o que o levou a participar também da Aliança Nacional Libertadora e a ingressar no Partido Comunista. Não foi atingido pela repressão desencadeada depois da chamada "intentona comunista" de 1935. No período da maré baixa (de 1936 a 1941) continuou atuando nos sindicatos de bancários em Curitiba e depois em Belo Horizonte. Nesta cidade é que foi encontrado por João Amazonas, que para lá fora a fim de rearticular os comunistas de Minas.

A linha de ação dos comunistas durante a guerra era simples e a história comprovou como era correta. Seus objetivos eram: pressionar no sentido de o governo de Getúlio Vargas participar na guerra contra o fascismo; e contribuir para o fortalecimento dos sindicatos. Isso significava deixar totalmente de lado o combate a Getúlio, como muitos comunistas desejavam, dominados pelo rancor, face ao que haviam sofrido nas masmorras policiais.

Recordo-me bem de como eu não conseguia convencer antigos comunistas do acerto de nossa estratégia. Esse foi o caso, por exemplo, de uma discussão com um alfaiate, Moacir Sales, que fora preso e torturado em 1935. Ele contestava minha argumentação, bradando: "Vamos apoiar o canalha Getúlio, o canalha Felinto e os demais canalhas?!"

Armando Ziller defendia com fortes argumentos a política de união nacional na luta contra o fascismo. Vivendo no meio dos estudantes, eu vacilava, em virtude de minha inexperiência política e pela animosidade que existia contra Benedito Valadares.

Nosso posicionamento era justo, porque levava em conta a real correlação de forças e a determinação de contribuirmos para a formação de uma ampla coalizão antifascista, em que seria indispensável a participação do governo de Getúlio Vargas. Foi, portanto, uma aplicação acertada de um princípio tático elementar — o de que a cada momento se deve agarrar e puxar o elo decisivo da corrente, para que depois se possa arrastar os demais elos da cadeia.

Na fase de 1939-1942, o governo de Vargas seguia um caminho sinuoso. Nele havia uma ala nitidamente comprometida com o nazifascismo, enquanto outra pregava a aproximação com a Inglaterra e os Estados Unidos. Devido a isso, a estratégia dos comunistas apoiava-se também nessa divergência. Víamos que, na medida em que os aliados estavam obtendo êxitos militares, o governo brasileiro se afastava dos fascistas, o que acabaria por determinar mudanças políticas em nosso país. Convém, no entanto, assinalar que a motivação dessa estratégia partia, sobretudo, de um elemento essencial — o interesse em ajudar a União Soviética a vencer as forças que a ameaçavam.

Minha "ligação" com Armando Ziller em fins de 1942 foi providencial. No princípio havia um certo distanciamento. Muito bem-educado e cordial, homem experiente, ele me avaliava. Sua esposa, Filomena, que o acompanhou em longos exílios na Europa e na Argentina, contou-me anos depois que o havia advertido, quando comecei a freqüentar sua residência, nos anos 40, para não confiar em mim, por ser tão jovem.

Eu ouvia Ziller com a maior atenção, pois ele sabia argumentar e aconselhar. Em janeiro de 1943 eu havia estado na solenidade no salão do Instituto de Educação, em que foi lançada em Minas Gerais a Sociedade Amigos da América, com a presença de seu presidente, general Manoel Rabelo, o mesmo que em 1935 havia reprimido com violência os aliancistas e os comunistas em Pernambuco.

Naquela reunião, o orador que se destacou foi exatamente Ziller, como representante do Comitê Antifascista do Banco do Brasil. Fala enérgica e vibrante, lendo um texto de conclamação à unidade contra o fascismo. Aquele ato foi a primeira e cautelosa iniciativa dos comunistas mineiros inserindo-se na mobilização nacional para pressionar o governo de Getúlio a dar novos passos na luta antifascista. Para isso, muito influíram a pressão e as concessões do governo de Roosevelt e, principalmente, a agressão do Japão aos Estados Unidos, em dezembro de 1941. Em seguida, houve a ruptura de relações diplomáticas do Brasil com os países do Eixo, em janeiro de 1942.

Nos meses subseqüentes, o que os democratas brasileiros pleiteavam era a declaração de guerra do Brasil a Alemanha, Itália e Japão. Esta se tornou inevitável quando do afundamento de navios mercantes nacionais, agressão que culminou, no mês de agosto, com a morte de muitos brasileiros em nossas águas territoriais. Em conseqüência, aprofundou-se a colaboração militar brasileira com os norte-americanos e a instalação de bases aeronavais ianques no Nordeste. Nossa palavra de ordem passou então a ser a organização de um corpo expedicionário brasileiro.

Sem se apresentar como o principal rearticulador do PCB na capital mineira (secretário político era a denominação), Ziller orientou-me para que prosseguisse no trabalho com os estudantes, tendo como questão central o apoio ao governo na luta contra o fascismo. Eu poderia ir a sua residência quando desejasse e quando fosse necessário. (Ele morava bem perto do centro, numa modesta casa alugada na rua São Paulo, quase esquina de Guajajaras.)

O RECOMEÇO DE UMA ORGANIZAÇÃO

Nos primeiros meses de 1943 comecei a visitar Ziller regularmente, após as férias de verão que passara no Rio. De vez em quando ele me convocava para pequenas reuniões com poucos companheiros. Estes eram praticamente "o Partido" em Belo Horizonte. Recordo-me de alguns deles: um funcionário do Banco Hipotecário, Afonso Bicalho; o cozinheiro José Militão Soares; o padeiro Adelino Roque Vieira e Augusto Gilbert, garçom. Um grupelho microscópico mas com uma característica — todos influíam em organizações sindicais, fazendo "trabalho de massa".

Como curiosidade, relembro que exatamente então, pela primeira vez, ouvi aquela coisa de nosso jargão — "trabalho de massa". Ao ouvir aquilo no curso de uma reunião, me perdi, deixei de prestar atenção ao que diziam, pois não atinava com o que seria o tal "trabalho de massa". Perdendo a vergonha da ignorância, perguntei a Ziller o que significava a misteriosa expressão. Sorrindo, ele explicou que "trabalho de massa" era uma ação que mobilizava muitas pessoas e não um só indivíduo.

De vez em quando aparecia um companheiro do Rio, de maior visão política e mais "tarimbado" que os demais. (A expressão "tarimbado" provinha dos meios militares, pois "tarimba" é a cama dura em que dormiam os soldados.) Esse dirigente era fisicamente pequeno, demonstrando grande paciência em face da minha impetuosidade. Ele se apresentava com um "nome de guerra" — "Sertão". Só dois anos e meio depois, quando o Partido se tornou legal, é que forneceu o nome verdadeiro — João Amazonas. Ao fazer essa revelação, brinquei com ele, dizendo: "Puxa vida, você arranja cada nome; antes era 'Sertão', agora subiu no mapa do Brasil."

Amazonas já era um militante experiente. Paraense como Pedro Pomar, foi preso com ele em 1935 e levado para Umarizal. De lá os dois fugiram para o Rio e, com outros comunistas, organizaram a CNOP (Comissão Nacional de Organização Provisória). Participavam da CNOP, entre outros, Diógenes de Arruda Câmara, Maurício Grabois, Ivan Ramos Ribeiro Filho, Dinarco Reis, Amarílio de Vasconcelos e Armênio Guedes.

A CNOP assumiu a missão de rearticular o PCB, diante da "queda" do antigo Comitê Central, em conseqüência das prisões de seus membros em 1939 e 1940. Essa parte da trajetória do PCB somente vim a saber muitos anos depois, ouvindo reminiscências de alguns companheiros e pela leitura de documentos e livros a respeito da história do Partido.

João Amazonas fora encarregado de atuar em Belo Horizonte, onde se empregou num escritório comercial como contador. Quando o conheci, havia retornado ao Rio, porém seguidamente estava na capital mineira para nos dar "assistência".

Os que militaram no Partido sabem como, nas atividades partidárias, sempre desempenharam um papel preponderante os "assistentes" enviados pela instância imediatamente superior. Eles davam a palavra final, anulando na prática a autonomia das organizações, tornando letra morta o princípio estatutário da democracia interna. A figura do "assistente", não prevista nos estatutos, exprimia sem disfarce o centralismo, imposto de cima para baixo, sem contestação.

A rearticulação do Partido em Minas não era fácil, por várias razões. Em primeiro lugar, porque ele não se enraizara e não tinha tradição no estado, ao contrário do sucedido no Rio de Janeiro, em São Paulo, em Pernambuco e no Rio Grande do Sul. O PCB só conseguira arregimentar militantes em poucos centros operários, como Juiz de Fora, e em uma ou outra cidade, como Uberlândia.

Também a influência da Aliança Nacional Libertadora (ANL) havia sido mínima, ficando na memória oral apenas o repúdio aos integralistas, numa passeata na avenida Afonso Pena, e no pichamento de um padre "galinha verde" (pejorativo aplicado aos integralistas) em Uberlândia, ação atribuída a Rondon Pacheco, essa triste figura, cúmplice ativo do Ato Institucional nº 5, de 1968. Não contava também com nenhuma personalidade mineira de projeção. O aliciamento nos meios operários se restringira a certos núcleos ferroviários da Central do Brasil, da Rede Mineira de Viação e da Leopoldina, além do que se fez na mina de Morro Velho e entre gráficos e jornalistas aglutinados na UTLJ (União dos Trabalhadores em Livros e Jornais).

Por isso, o único indício que me ficou de atividades comunistas anteriores foi uma monumental inscrição num muro, com a palavra de ordem "Pão, Terra e Liberdade!" (Essa era uma forma de propaganda eficiente e barata — feita com piche mesmo — que nos tempos atuais deixou de ser utilizada, sendo substituída por *outdoors* e outras maravilhas da propaganda moderna.)

O trabalho para reorganizar o Partido no estado no período de 1943 até 1945 foi difícil, e os passos à frente eram milimétricos. Contribuía para isso o fato de nenhum de nós ter um passado de lutas, prisões e sacrifícios, o que contribuía para muitos dos velhos comunistas mineiros não confiarem em nós e no trabalho que fazíamos.

Curiosamente, pouco a pouco fomos descobrindo e arregimentando companheiros na maçonaria e no espiritismo. Entre os maçons, pois as lojas maçônicas possuíam uma tradição de apoio solidário e de resistência ao obscurantismo clerical. E entre os kardecistas talvez porque, como os maçons, também eram discriminados e marginalizados no universo reacionário de Minas.

Causavam-me surpresa, em nossas reuniões, aqueles comunistas-maçons, reticentes a respeito de suas ligações e práticas misteriosas, pois conjugavam uma dupla atividade clandestina. Admirava e respeitava também os comunistas-espíritas, mas jamais coloquei em questão sua crença não-materialista. Uma vez, um desses disse-me: "Vamos juntos na caminhada contra as injustiças; mas, nós, espíritas, vamos mais longe, pensamos também no outro mundo, no além-túmulo." Não repliquei, pois não teria elementos para demovê-lo de sua crença, mesmo porque ele trabalhava abnegadamente pelo Partido.

Ao longo da convivência com centenas de comunistas, vi que na grande maioria eram pessoas simples e sem horizontes culturais mais amplos. Raríssimos eram adeptos dos princípios do marxismo. A maioria daqueles que haviam aderido ao Partido apenas desejava uma sociedade menos injusta, mais igualitária; outros ingressaram em nossas fileiras por não aceitar a falta de liberdades no Brasil; outros, pela admiração a Luiz Carlos Prestes e à União Soviética; outros mais, em virtude de sua identificação com as lutas operárias e pelo seu interesse em fortalecer as organizações sindicais de que participavam.

Enfim, acima de tudo, se ingressava no PCB por razões éticas, como no meu caso. Não em conseqüência de uma adesão consciente aos princípios mais gerais, à doutrina dos partidos comunistas. Essa característica de nossos companheiros — essa ausência de um nítido cimento ideológico interno — indicava que o Partido não era algo estranho aos humildes, à boa gente brasileira.

Todavia, tal "fragilidade" levou a direção nacional do PCB, anos depois, a desenvolver um trabalho de "educação" dos militantes, frente de trabalho para a qual fui destacado. Uma atividade com traços acentuados de artificialismo, pois desejávamos plasmar *a posteriori* um agrupamento político, ao contrário do que sucedeu na Europa e em outros lugares nos anos dourados da pregação do socialismo.

A REALIDADE QUE ENFRENTAMOS

Ao relatar os trabalhos de rearticulação do PCB em Minas Gerais, entre os anos de 1942 e 1945, é necessário dar uma informação adicional. Considerando o tamanho do estado e as distâncias de Belo Horizonte ao Triângulo, ao sul de Minas e à Zona da Mata, assim como a precariedade dos meios de transporte existentes, a direção nacional decidiu organizar em Minas quatro comitês regionais a ela diretamente subordinados, até porque naquela época a capital do estado ainda não era o centro real da vida mineira.

O Triângulo e o sul de Minas giravam em torno de São Paulo, e Juiz de Fora se relacionava diretamente com o Rio. Uma direção estadual somente veio a ser instituída em 1945, como estabelecia a legislação sobre partidos políticos, quando ao comitê regional de Belo Horizonte foram incorporados companheiros de Juiz de Fora, do Triângulo e de Itajubá. Contudo, efetivamente só foram estruturados os comitês de Belo Horizonte e de Juiz de Fora. As atividades do comitê regional de Juiz de Fora, sob alguns aspectos, foram até mais exitosas do que as realizadas na capital, em decorrência de uma tradição de lutas operárias na "Manchester mineira", onde existia uma meia dúzia de fábricas de tecidos e outras empresas relativamente grandes para a época. Naquela cidade, ao lado de uns poucos intelectuais influenciados por contatos no Rio, atuava um combativo dirigente sindical — Lindolfo Hill, presidente do sindicato dos trabalhadores na construção civil. Posteriormente, Hill foi dirigente nacional e estadual do PCB e vereador em Juiz de Fora.

Como os elementos de nosso grupo em Belo Horizonte estavam voltados para a atividade nos sindicatos, nessa área conseguimos pequenas vitórias. É interessante assinalar como se encontrou um caminho correto para a atuação dos comunistas no meio sindical. Os livros sobre a trajetória do PCB mostram como houve várias reviravoltas na conduta dos comunistas no movimento operário, desde 1922 até a época que estamos descrevendo. Igualmente muitas mudanças se sucederam na política do governo brasileiro e dos empresários em relação aos trabalhadores e às organizações operárias, sendo a principal delas a orientação de Getúlio Vargas depois da vitória do movimento de 1930.

Em Minas os sindicatos eram controlados de perto pelo Ministério do Trabalho e a Igreja Católica instituíra e dirigia os círculos operários católicos. Portanto, os que rearticulavam o Partido não tentavam organizar os trabalhadores em organizações independentes, autênticas, livres dos "pelegos" e dos agentes ministeriais, uma vez que naquela fase não havia a menor possibilidade de tal coisa, em vista dos rigores da legislação e da repressão. Além disso, o atraso político dos operários não permitia arrastá-los para uma atuação em organizações ilegais.

É certo que existiam algumas associações operárias fora da tutela do governo e dos patrões, como as entidades beneficentes de trabalhadores. Todavia, elas não assumiam causas político-sindicais. (Uma dessas, por exemplo, era a Beneficência dos mineiros do Morro da Mina, em Conselheiro Lafaiete.)

De outro lado, membros do Partido, ou pessoas ligadas a ele, desde que não fossem notórios subversivos e não defendessem posições radicais nos sindicatos, podiam perfeitamente ser diretores de sindicatos e atuar neles com relativa liberdade de ação. Por isso fomos conquistando posições de relevo no movimento sindical. Armando Ziller, por exemplo, no sindicato dos bancários, Ernane Maia, no sindicato dos trabalhadores no comércio hoteleiro, e Adelino Roque Vieira, no sindicato dos padeiros.

A trajetória de Ernane Maia merece um comentário especial. Era filiado ao Partido, mas sua conduta assemelhava-se um pouco ao comportamento dos dirigentes sindicais norte-americanos. Em nossas reuniões, sem a menor necessidade, aparecia sempre armado com um revólver, o que eu achava estranho. Chefe de garçons num grande restaurante, habilidoso no trato com todos, ágil em negociações, discursava com desembaraço, a ponto de ter sido escolhido, como representante dos trabalhadores, para saudar Getúlio Vargas num comício, em Belo Horizonte, em 1943. Depois de 1950 ingressou no Partido Trabalhista Brasileiro e foi eleito deputado estadual por essa legenda, mas manteve bom relacionamento com os comunistas, sendo apoiado por nós em diversas eleições.

O trabalho nos sindicatos deu alguns resultados interessantes, contribuindo para o congraçamento dessas entidades e para aglutinar a pressão no sentido de o governo de Getúlio introduzir na legislação mudanças propostas pelos trabalhadores.

No segundo semestre de 1944 foi realizado em Minas Gerais um congresso das organizações sindicais, com a participação das entidades mais atuantes. Suas resoluções sintetizaram as reivindicações dos trabalhadores, reunidas em uma plataforma de ação unitária pelo fortalecimento dos sindicatos. No congresso estavam representadas as lideranças ligadas ao Ministério do Trabalho, aos círculos operários católicos, além dos sindicatos influenciados pelos comunistas. Nosso papel foi importante porque desfraldamos a bandeira da unidade de todos que batalhavam pelo fortalecimento dos sindicatos. Infelizmente, um ano depois abandonamos essa posição unitária, para enveredarmos pelo combate aos getulistas. Participei desse conclave porque Ziller encarregou-me de preparar seus documentos.

Naqueles anos, em Minas Gerais não havia conflitos agudos e frontais dos trabalhadores com os patrões. Até que, em 1944, houve algo inédito para a época — uma greve que paralisou totalmente a mina de Morro Velho durante três ou quatro dias. A secular companhia inglesa explorava brutalmente os operários, que trabalhavam em condições terríveis nos seis quilômetros de suas galerias, em troca de salários irrisórios e da silicose que empedrava seus pulmões. Tal situação foi denunciada por Joaquim Nabuco num famoso discurso no Parlamento, após ter visto desfraldada, na Serra do Curral del Rey, a *Union Jack*, a bandeira de Sua Majestade britânica.

Essa greve contou com a simpatia geral e a solidariedade dos sindicatos de Belo Horizonte. Revelou quadros operários de largo prestígio entre seus companheiros, como Jacinto Augusto de Carvalho, Anélio Marques Guimarães e William Dias Gomes. E essa luta abriu para o Partido a possibilidade de entrar em contato com o mais forte e coeso núcleo operário de Minas, nas cidades de Nova Lima e Raposos.

ENTRE OS ESTUDANTES

Na Faculdade de Direito, entre 1942 e 1946, eu exercia entre os estudantes uma ação política que veio num crescendo a cada ano. É verdade que também depois, até 1948, mantive contatos com o meio universitário. Contudo, na fase posterior isso já não acontecia de forma constante, pois restringia-me a participar dos congressos nacionais de estudantes. Essa atuação entre os estudantes de Minas, e em seguida também em outros estados, permitiu-me um relacionamento com jovens que vieram a desempenhar papel de relevo na vida do país. E possibilitou-me recrutar pessoas para a militância partidária em Belo Horizonte.

O ambiente político entre os universitários naqueles anos se alterava de acordo com a sucessão dos acontecimentos políticos internacionais e nacionais. No início, até 1944, os estudantes viviam no clima de regime ditatorial. Desde novembro de 1937, qualquer resistência democrática era esmagada. De outro lado, as atenções estavam voltadas para a guerra mundial. Porém, à medida que o Brasil se envolvia no conflito no exterior, os estudantes assumiram posições de vanguarda, que, bem ou mal, se refletiam no quadro político do país. Recordo-me, por exemplo, daqueles agitados dias de agosto de 1942, marcados pela calorosa mobilização nacional dos estudantes em protesto contra o afundamento de navios mercantes brasileiros e para reclamar do governo a declaração de guerra ao Eixo.

Pessoalmente participei do vandalismo que destruiu dezenas de lojas comerciais das colônias italiana e alemã em Belo Horizonte. Foi numa revolta que eclodiu nas grandes cidades do país quando espalhou-se a notícia da morte de pessoas inocentes, inclusive crianças, pelos ataques de submarinos que levaram ao fundo do mar navios de passageiros, em águas territoriais brasileiras, quando não estávamos em guerra.

No país os estudantes foram às ruas de forma instantânea. Foi assim em Belo Horizonte, liderados pelos colegas da minha faculdade. As ruas foram ocupadas por multidões em passeatas e comícios. Logo em seguida começaram os desatinos. Como já disse, filhos e netos dos imigrantes, que se estabeleceram e prosperaram em Belo Horizonte, tinham forte presença no comércio, nos serviços e nas pequenas empresas, como padarias, fabriquetas de macarrão, livrarias etc. Foi contra eles que a massa popular extravasou o ódio aos nazistas e fascistas.

Nas ruas centrais de Belo Horizonte, momentaneamente livres do temor à repressão policial, lojas foram atacadas e saqueadas. Levando como estandarte um grande retrato de Getúlio Vargas, o grupo em que eu me encontrava, umas trezentas pessoas, diante de qualquer loja de "italiano" ou "alemão" em segundos arrebentava as cortinas de aço e destruía tudo que estivesse lá dentro.

Tenho ainda na memória a destruição de uma bela livraria, localizada na esquina da avenida Amazonas com a rua São Paulo. Tempos depois soube que seu dono era um judeu alemão, que viera para o Brasil fugindo do nazismo. A polícia nada fez para impedir aquela loucura. A orientação que recebeu do Palácio da Liberdade foi a de não manter a ordem pública. Somente no dia seguinte acabaram os tumultos. Em conseqüência, anos depois, o Estado teve de ressarcir os prejuízos dos proprietários.

Por aquela época os secundaristas não estavam aglutinados em nenhuma entidade. Em 1944, por minha iniciativa, fizemos uma reunião, na sede do Diretório Central de Estudantes, para estruturar a União Colegial de Minas Gerais. Recordo-me dos nomes de alguns: Bernardino Machado de Lima, Fausto Matta Machado, Roberto de las Casas e Octávio de Mello Alvarenga. Foi fácil estruturar a nova entidade, por uma simples razão: os estudantes podiam pagar meia-entrada nos cinemas, mas necessitavam de uma carteirinha com nome e foto. Desde que a empresa proprietária dos cinemas concordou em aceitar o documento emitido pela União Colegial, esta ganhou força e representatividade.

Os universitários tinham três organizações, além dos centros acadêmicos das escolas, sendo que apenas um era atuante, o da Faculdade de Direito. A primeira dessas organizações era a União Universitária Mineira, presidida por Renato Azeredo (pai do governador Eduardo Azeredo). Mas esta era praticamente um clube social, pois não atuava na política estudantil.

A outra organização era o Diretório Central dos Estudantes da Universidade de Minas Gerais (DCE). Tinha importância pelo fato de oficialmente representar o corpo discente da UMG. Era a única que dispunha de uma sede, um andar inteiro num prédio na avenida Afonso Pena. Mas atravessava um período de inatividade e não reunia os estudantes das escolas que ainda não tinham sido incorporadas à Universidade. A sede do DCE, porém, foi de grande valia, porque passou a ser utilizada também pelas outras entidades estudantis.

A terceira entidade, a União Estadual dos Estudantes (UEE), havia sido organizada recentemente e representava em Minas Gerais a União Nacional dos Estudantes (UNE). Concentrei minha atividade na UEE, porque era ela que tinha futuro, por ser a única capaz de aglutinar todos os universitários mineiros, inclusive os que estudavam nas escolas do interior de Minas. Minha atuação na UEE era facilitada por um dado simples: naquela época nenhum estudante tinha a menor disposição de colaborar para o fortalecimento de entidades estudantis, tal era a desmotivação política. Assim, dispondo-me a "carregar o piano", credenciei-me para ser um dos dirigentes da organização.

QUATRO LÍDERES ESTUDANTIS

Quatro estudantes tiveram um papel decisivo na reorganização da União Estadual dos Estudantes. Simão Vianna da Cunha Pereira presidia a entidade em 1943. Orador fluente e com uma bela estampa, anos depois foi eleito deputado estadual e posteriormente federal, marcando sua vida como um defensor das liberdades democráticas. Chegou a ser um dos expoentes da União Democrática Nacional (UDN) e sempre se colocou na oposição a Getúlio Vargas e ao Partido Social Democrata (PSD) mineiro.

Simão estava na véspera de sua formatura na Faculdade de Direito. Por isso apenas almejava passar o bastão para outros que aceitassem a missão de manter acesa a chama da entidade dos estudantes mineiros. Escolheu como seu sucessor um estudante de Medicina, Rui Barbosa Melo, que desfrutava de largo prestígio por suas atividades como presidente da Federação Universitária Mineira de Esportes (FUME).

Um outro estudante, Júlio Barbosa, teve igualmente um papel decisivo na reorganização da UEE, da qual foi presidente em 1944/45. Júlio Barbosa era considerado um dos estudantes mais destacados da Faculdade de Direito, pela sua cultura em diversas áreas das ciências humanas. Esse juízo foi comprovado posteriormente pela sua trajetória intelectual, como professor na Faculdade de Ciências Econômicas. São de sua autoria importantes ensaios sobre a vida política e outros temas, como também pelas suas atividades na Fundação João Pinheiro, excelente instituto de pesquisas sociais em Minas Gerais.

Por último, cabe assinalar a contribuição decisiva de Luiz de Carvalho Bicalho, estudante de Filosofia. Este começou atuando numa corrente que se opunha aos estudantes de esquerda. Muito arguto e inteligente, liderou um bloco que derrotou os comunistas no Congresso Nacional dos Estudantes em 1943, elegendo-se primeiro vice-presidente da UNE.

Poucos meses depois, assumiu a presidência no lugar de Hélio Mota, da Faculdade de Direito de São Paulo. Como principal dirigente da UNE, Bicalho conseguiu dialogar com o ministro da Educação, Gustavo Capanema, que temia fornecer recursos para as atividades da UNE, sempre vista pelos elementos mais reacionários do governo de Getúlio como um foco de problemas. Recorde-se que naquela fase era indispensável para a UNE o apoio financeiro do governo, notadamente para a realização de seus conclaves.

No Rio, surpreso, Bicalho sentiu que só podia contar com a colaboração dos poucos comunistas, como Waldyr Medeiros Duarte e Aldenor Campos. Desde a década de 1940, apenas universitários de esquerda se dedicavam de corpo e alma à militância constante nas organizações estudantis, quase como "estudantes profissionais", deixando de lado o estudo e o zelo por sua ulterior carreira.

Como Bicalho freqüentemente estava em Belo Horizonte, aproximei-me dele, pois sob vários aspectos era uma personalidade fascinante. Desde então passei a ser um parceiro constante de conversas que começavam no cair da tarde, depois dele sair de seu emprego, até altas madrugadas.

Outros estudantes da Faculdade de Filosofia participavam também daqueles bate-papos, que giravam em torno de temas filosóficos e literários. Todos consideravam Bicalho um "existencialista", porque o centro das atenções dos intelectuais no mundo eram os trabalhos de Sartre, aos quais Bicalho já tivera acesso.

Ao contrário de hoje, quando as discussões e debates dos estudantes se travam nos *campi* das faculdades, naquela época em Belo Horizonte esses encontros eram realizados nos bares e cafés do centro da cidade, na avenida Afonso Pena e na rua Bahia.

Essas conversas se davam de preferência no Café Brasil, na avenida Afonso Pena, porque ali se preparava uma notável "caipirinha". Mas aquele bar era também o local dos que se envolviam até o pescoço na febre das transações fantásticas com touros e vacas zebu, em que o dinheiro corria a rodo naquela absurda especulação, nos anos de 1942 e 43, coisa semelhante ao que se vê hoje na Bolsa de Valores de São Paulo.

Olhávamos aquele espetáculo com curiosidade, devido à extravagância dos hábitos e costumes daquela gente. Todavia, aquela especulação com a pecuária não durou muito tempo e terminou numa monumental bancarrota, deixando para o governo a conta das dívidas dos pecuaristas e especuladores. No meio daquele burburinho em que eram feitas transações de garrotes e novilhas, debatíamos os grandes temas existenciais do homem e o futuro da sociedade humana. Volta e meia aparecia também um poeta para ler seus versos ou para declamar estrofes infindáveis sobre seus amores mal resolvidos.

Luiz Bicalho ajudou-me a ganhar posições no movimento estudantil. Em contrapartida, o fui conquistando para as teses do Partido. Em 1945 ele ingressou no PCB e tornou-se um de nossos dirigentes estaduais. Sofreu com a repressão e depois retornou ao magistério, passando pela Universidade Nacional de Brasília e terminando como professor titular na Faculdade de Filosofia da UFMG. Deixou vários trabalhos sobre filosofia marxista.

VESTIBULAR PARA A GRANDE POLÍTICA

O perfil desses líderes estudantis revela as linhas gerais das influências políticas e culturais que balizaram a evolução dos estudantes de Belo Horizonte, de 1942 a 1945, que podemos relembrar e resumir em cenas que se sucedem como num filme: cada personagem trilha um roteiro, depois os caminhos se separam e cada qual segue um destino.

Inicialmente eram os anos do Estado Novo, a apatia conjugada com o medo da repressão policial; depois a mobilização antifascista provocada pela guerra mundial; a seguir começa a divisão em duas vertentes, a dos intransigentes adversários de Vargas, que acabou predominando, e a dos comunistas.

Fui me tornando um factótum na União Estadual dos Estudantes. Como estava sempre presente na entidade, volta e meia atendia pessoas de fora de Minas Gerais interessadas em saber o que sucedia com o estudantado de meu estado. Uma vez foi Carlos Lacerda, desejando que nos engajássemos na luta contra o governo de Vargas. Não concordei e ele deu-me uma espinafrada no seu conhecido estilo.

Outro vez foi Paulo Emílio Salles Gomes, que estava seguindo para a Amazônia para participar da batalha da borracha, produto estratégico para a guerra na Europa. Cativou-nos com sua conversa culta e inteligente.

Em julho de 1943, pela primeira vez, participei de um Congresso Nacional dos Estudantes, no Rio, levado por Luiz Bicalho, que articulava a eleição de seu sucessor, Rui Barbosa Melo, compondo uma chapa de união com elementos de todas as tendências, mais ou menos de conformidade com a tese de "união nacional para a guerra" adotada pelo PCB. Com habilidade, isolamos os poucos colegas que desejavam abrir fogo pela imediata luta pela redemocratização no Brasil.

Naquele congresso eram pouquíssimos os delegados entrosados com o Partido. João Amazonas e Pedro Pomar prestavam uma assistência quase diária à "fração" comunista, que fora organizada para influenciar as resoluções do Congresso. Mário Alves, da Bahia, Aldenor Campos, do Rio, e eu éramos os mais ativos nessa "fração". Alguns poucos comunistas que divergiam da orientação da CNOP também tentaram influenciar, mas nada conseguiram.

No curso do Congresso aconteceu um fato curioso. Um empresário de sucesso, riquíssimo na época, primo de meu pai — Aloysio Ferreira de Salles, filho de Joaquim de Salles — convidou-me para um almoço, adiantando que desejava discutir comigo o que sucedia na reunião dos estudantes. Levei junto Darcy Ribeiro, que viera com a delegação de São Paulo.

No almoço apareceu também uma pessoa de destaque no Rio — Luiz Camilo de Oliveira Neto, estreitamente ligado a Virgílio de Melo Franco. (Um dos líderes da revolução de 1930, que nos idos de 40 transformou-se no mais ativo adversário de Getúlio.) Eles nos informaram sobre a articulação da luta pela democratização do País. Tratava-se, como depois se evidenciou, da preparação do "Manifesto dos Mineiros", divulgado em fins de 1943 e que foi o primeiro passo para a criação da União Democrática Nacional (UDN).

Os dois insistiram que a reunião dos estudantes deveria tomar resoluções firmes exigindo a reconstitucionalização do Brasil. Não podiam adivinhar que Darcy e eu estávamos batalhando por outro objetivo — o apoio à política do governo brasileiro. No fim da conversa, Luiz Camilo passou-me um envelope com um grosso maço de notas, afirmando que era uma ajuda aos delegados.

Darcy e eu ficamos abismados, uma vez que no envelope havia uma pequena fortuna, algo que hoje seria em torno de cinco mil dólares. O que fazer com aquele dinheiro? Darcy, muito rápido como sempre, deu a solução: "entregue ao Partido". Obviamente, retirei uma pequena parte para nossos almoços e jantares e passei o restante para João Amazonas.

De regresso a Minas, assumi todos os encargos da UEE, inclusive o da realização de um congresso estadual, no qual Júlio Barbosa foi eleito presidente e eu secretário, sem que me apresentasse como militante de esquerda. Para garantir nossa vitória nesse congresso, empreendi minha primeira viagem com propósitos políticos clandestinos. Fui a Juiz de Fora conchavar com Fábio Faria Medeiros, comunista e estudante de Direito, o apoio à chapa de Júlio Barbosa. No conclave, contudo, ficou claro que nosso grupo não tinha um sólido apoio nas escolas, porque crescia o número dos que consideravam prioritário o combate ao governo de Getúlio.

Nossa grande preocupação era mobilizar o apoio patriótico à Força Expedicionária Brasileira, tese que, na verdade, era vista com certa reserva pelos estudantes. Conseguimos fazer uma pequena coisa em favor da causa da FEB, aceitando uma proposta de um microempresário malandro, dono de um autêntico mafuá. Patrocinamos o parque da "cobra fumando" (grife dos expedicionários), num terreno baldio, perto do centro de Belo Horizonte.

Nunca realizei outra atividade como aquela em minha vida. Durante dois meses, todas as noites fiscalizava a receita do parque de diversões, convivendo com o submundo dos mafuás — sambistas de péssima qualidade, aliciadores de jogos, prostitutas em busca de clientes e saltimbancos espertíssimos. Valeu a pena, porque assim conseguimos recursos para a UEE, que em parte foram utilizados na realização de um grande *show* para os soldados do Exército.

Para acertar a presença dos militares nessa festa, Ziller e eu fomos falar com o general Tristão Araripe, comandante da guarnição federal em Belo Horizonte. Ele ficou muito agradecido, mas disse-nos: "Tomem cuidado com a penetração dos 'vermelhos', porque já me deram muito trabalho no Rio Grande do Norte, em 1935. Lá até as lavadeiras eram doutrinadas pelos comunistas." Ora, ele estava falando exatamente com dois dirigentes do PCB em Minas. Daí em diante fui me afastando das lides estudantis, pois começou a luta pela anistia e a marcha para a legalização do Partido Comunista.

NAS VÉSPERAS DA LEGALIDADE

No ano que antecedeu os grandes acontecimentos de 1945 — anistia, fim do Estado Novo, legalidade do PCB, convocação da Constituinte, término da guerra, derrubada do governo de Vargas etc. — nos dedicamos à ampliação do trabalho partidário, para rearticular clandestinamente o PCB em Minas.

Com a assistência da direção nacional, ocasionalmente fazíamos reuniões com um número maior de militantes. Numa delas, foi escolhido um delegado de nosso Comitê a uma conferência nacional do Partido, que posteriormente ganhou a denominação de "Conferência da Mantiqueira". Nosso delegado foi o cozinheiro José Militão Soares, pela impossibilidade de Ziller se ausentar do Banco do Brasil.

Em outra reunião, em 1944, formalizou-se a estruturação do Comitê Regional. Ziller foi indicado para o cargo de secretário político (primeiro secretário) e eu incluído na direção como responsável pelo trabalho entre os estudantes.

Nessa altura contávamos com a colaboração de duas figuras de prestígio entre os estudantes e a intelectualidade mineira. Uma delas era o jornalista e quintanista de Direito Arquimedes Mota, muito respeitado porque ficara preso dois anos em decorrência de suas atividades "subversivas". Defendia com excelentes argumentos as posições partidárias. Recordo-me, por exemplo, de seu debate, em Belo Horizonte, com Caio Prado Júnior e Mário Schenberg, que, então, divergiam de nossa orientação e advogavam a luta imediata contra a ditadura de Vargas.

Fritz Teixeira de Salles era a outra personalidade. Retornara a Minas depois de viver muitos anos no Rio. De tradicional família mineira, seu nome era lendário. Brilhante escritor e refinado poeta, fora preso algumas vezes e esteve um largo período em tratamento num sanatório para tuberculosos. Era uma referência para a intelectualidade, quer como conceituado crítico de cinema e especialista na arte barroca de Minas, quer como poeta. Convencido da correção de nossa linha política, batalhava por ela com autoridade, veemência e passionalidade.

Em Belo Horizonte, à medida que crescia a sensação de que estava próxima a derrota militar do nazifascismo e a admiração pelos feitos militares da União Soviética, um maior número de pessoas buscava o Partido. O mesmo ocorria em algumas cidades do interior.

Por essa razão, naqueles dias fui encarregado de ir a Divinópolis, importante centro ferroviário no oeste de Minas. Havia sido transferido para essa cidade um veterinário, Maximiro Medeiros, que em 1935 pertencera à ANL no Rio. Maximiro organizara em Divinópolis um grupo de pessoas interessadas em ingressar em nossa organização.

Foi essa minha primeira incumbência de levar informações do Partido fora dos círculos de estudantes. Preparei-me cuidadosamente, levando um esquema da minha fala, como havia aprendido com os companheiros do Rio, preocupação quase inútil, pois, excluindo Maximiro, os demais pouco entendiam de questões políticas. Todavia, mais tarde, em 1947, aquelas pessoas desempenharam um papel relevante numa famosa greve dos ferroviários, em protesto pelo atraso do pagamento dos salários na Rede Mineira de Viação.

Em 1944, a direção nacional teve algumas iniciativas importantes. Decidiu que elementos nossos deveriam trabalhar na velha Liga de Defesa Nacional (LDN), entidade fundada por Olavo Bilac no fim da Primeira Guerra Mundial, na campanha pelo serviço militar obrigatório.

Fui a uma reunião na sede da LDN, no Rio de Janeiro, na rua Augusto Severo, na Lapa. A entidade estava engajada no apoio à participação militar do Brasil na guerra. Lá estavam, ao lado de comunistas, oficiais do Exército. Anos depois é que compreendi a importância de nosso relacionamento com elementos das Forças Armadas, dando passos para a superação dos ressentimentos mútuos pelo sucedido em 1935.

Outra iniciativa foi o lançamento da revista mensal *Continental*, sob a direção de Armênio Guedes e Henrique Cordeiro. Poucos números circularam, mas ela representou um esforço para nosso engajamento na batalha das idéias. Pelo que sei, essa publicação foi a primeira lançada pelos comunistas desde o fechamento da *A Manhã* e dos jornais de esquerda em São Paulo e Pernambuco, em novembro de 1935.

Ao mesmo tempo, repercutia no país a luta da FEB na Itália, com as matérias enviadas por correspondentes de guerra brasileiros como Joel Silveira e Egídio Squeff.

Em Belo Horizonte era visível a ampliação do interesse pela evolução do quadro político e a imprensa do Rio começava a pressionar por mudanças institucionais no Brasil. A revista semanal *Diretrizes*, de Maurício Goulart e Samuel Wainer, desempenhou então um papel de vanguarda, porque, além de ser muito bem-feita, inovando a imprensa brasileira, suas reportagens eram sensacionais. Publicava entrevistas com personalidades que estavam há anos no ostracismo, mas que sempre tinham um recado cauteloso a transmitir nas entrelinhas.

Alguns jornais, como o *Diário de Notícias*, também divulgavam artigos diários de jornalistas combativos, como Osório Borba. Com prudência, o semanário de humorismo político, *A Manha* de Aparício Torely — o Barão de Itararé —, também abria brechas importantes, como fez o *Pasquim*, nos anos 60 e 70. Era, enfim, o renascimento da luta política

Tudo isso somava, prenunciando o que sucederia em 1945.

PRIMEIRO CONTATO COM O MARXISMO

Nessa fase, Armando Ziller instituiu um procedimento novo na direção partidária clandestina — um círculo de estudos. Nosso pequeno grupo não possuía qualquer noção da doutrina marxista, pois não fora por esse caminho que havíamos ingressado no Partido. Além disso, desde 1935 estava proibida a edição de qualquer obra de divulgação socialista, mesmo de autores não-comunistas.

Saudei com entusiasmo a iniciativa de Ziller e não perdia esses encontros semanais. Ele havia conseguido um livro de Engels — *As teses de Feurbach e o fim da filosofia clássica alemã*, em português, editado em 1934. Ele o lia e fazia comentários, explicando o texto com paciência. Somente eu formulava perguntas, pois creio que os outros não tinham a menor possibilidade de entender questões filosóficas tão esotéricas.

Algum tempo depois, chegou às mãos de Ziller um livro raríssimo, que também estudamos coletivamente: um exemplar em espanhol da *História do Partido Comunista (bolchevique) da União Soviética*. O debate em torno dele foi mais produtivo, pelos elementos que fornecia para o conhecimento da União Soviética, que era o centro de nosso interesse em razão da epopéia de seus exércitos, que acompanhávamos diariamente.

Ziller emprestou-me o compêndio, que foi lido por mim em uma semana. Também consegui na época um exemplar em espanhol, contrabandeado para o país, do livro de Jorge Amado sobre Prestes, o que me permitiu conhecer diversos episódios sobre as lutas do líder dos comunistas brasileiros.

Em 1944 o panorama mudou, porque começaram a ser editados no Brasil alguns livros sobre a União Soviética, entre os quais o *Poder soviético*, do Deão de Canterbury, obra que fazia sucesso nos Estados Unidos por ser um dos primeiros que apresentava de forma favorável o país que enfrentava com galhardia as forças de Hitler e seus aliados. Pouco depois, passaram a ser publicadas no Brasil algumas pequenas obras básicas de Marx, Engels, Lenin e Stalin. O pioneirismo nesse trabalho foi da Editora Calvino.

Dessa época em diante não houve também maiores problemas para a importação de literatura marxista editada na Argentina, México e França. Contudo, como é sabido, a primeira edição em português de *O Capital*, somente circulou no Brasil em fins da década de 1960, um empreendimento do editor Ênio Silveira.

Assinalo esses dados para grifar um traço que julgo de relevância para se entender uns dos pontos fracos da trajetória do PCB — a precária formação cultural e teórica de seus dirigentes. Astrojildo Pereira, em conversas amenas lá pelos anos de 46 e 47, sempre acentuava esse nosso traço, baseando-se em comparações que ele fazia com os partidos comunistas da Argentina, Uruguai, Chile e de outros países.

EFERVESCÊNCIA CULTURAL E POLÍTICA

Nos últimos meses de 1944 a efervescência política crescente contagiava os estudantes e a intelectualidade. Além das conversas diárias com o grupo de Luiz de Carvalho Bicalho, aproximei-me de um círculo de jovens intelectuais depois classificado como a geração da revista *Edifício*.

Entre eles, Sábato Magaldi, Valdomiro Autran Dourado, Walter Andrade, Octávio Mello Alvarenga, Edmur Fonseca, Wilson Figueiredo, Agenor Soares e Francisco Iglésias. Eles abriram meus olhos para os poetas modernistas, notadamente Carlos Drummond de Andrade, e para os romances de Graciliano Ramos, quando eu só dedicava atenção às literaturas francesa e portuguesa do século XIX.

Esses amigos acabaram sendo o elo intermediário com um grupo mais velho — Hélio Pellegrino, Fernando Sabino, Marco Aurélio de Moura Mattos, Ildeu Brandão, Amílcar de Castro Filho, Paulo Mendes Campos e Bueno Rivera. Estes, por sua vez, eram a ponte com a geração mineira anterior, que nos deu Drummond, Anibal Machado, Pedro Nava, Eduardo Frieiro, Emílio Moura, Rodrigo Melo Franco de Andrade, Henriqueta Lisboa, Ciro dos Anjos, Guilhermino Cesar, Rosário Fusco — todos de relevo nacional. Relacionando-se com quase todos, a figura invulgar de Murilo Rubião e seu realismo mágico.

Faço essa anotação — quase uma resenha literária — pois muitos deles foram agentes, direta ou indiretamente, da agitação cultural e política na agonia do Estado Novo em meu estado.

Cheguei a participar de reuniões numa espécie de cenáculo dedicado a discussões literárias. Nele principalmente se chocavam os defensores da poesia dos tempos de Olavo Bilac, Alberto de Oliveira, enfim, os simbolistas e parnasianos do início do século XX, e os totalmente entusiastas da renovação literária que brotou com enorme força em Belo Horizonte.

Quase diariamente víamos filmes, sempre acompanhados pelo poeta Jacques do Prado Brandão. Este já era um arguto conhecedor da "sétima arte". Ficávamos conversando horas a fio nas confeitarias e bares da rua Bahia, na época o ponto de encontro da intelectualidade.

Lá aguardávamos os jornalistas, Wilson Figueiredo e Carlos Castello Branco, que chegavam após o encerramento do trabalho nas redações dos jornais. Castelinho, que posteriormente ficou famoso com sua coluna diária de comentários políticos — Coluna do Castello", fazia então o noticiário internacional do *Estado de Minas*, na base de informações telefônicas. Depois da meia-noite é que ele chegava, branco como as laudas em que datilografava, para transmitir em primeira mão o que sucedia nos vários cenários do conflito mundial.

3
À LUZ DO SOL

Os indícios de iminentes transformações no Brasil foram se acumulando nas primeiras semanas de 1945 e logo se transformaram numa torrente irresistível pela democratização do país. As brechas no regime ditatorial abertas na imprensa foram se alargando e uma questão se tornou urgente e incontornável — a anistia para os presos e processados políticos.

O pleito envolvia um dado relevante: a libertação de Luiz Carlos Prestes, que estava há nove anos confinado na prisão. A auréola do prisioneiro se espalhara no imaginário popular. Era o herói punido, indefeso e caluniado, o "Cavaleiro da Esperança" da década de 1920. E a essa legenda era somado o fato de sua mulher, Olga Benário, ter sido entregue aos nazistas e assassinada num campo de concentração. Pelas cartas que Prestes enviava do cárcere, o governo estava informado sobre o pensamento desse líder popular. Ele apoiava sem reservas a política de unidade nacional na guerra contra o eixo Roma-Berlim-Tóquio.

Após o carnaval, assumi o encargo de organizar um Comitê pró-Anistia em Belo Horizonte e pedi a Luiz de Carvalho Bicalho que ficasse com a coordenação dos trabalhos. Obtivemos a aquiescência de um intelectual de prestígio, Antônio Joaquim de Almeida, para presidir esse comitê.

Não perdemos tempo, mas nos surpreendemos ao ver que de todos os lados apareciam pessoas dispostas a ajudar e a propor iniciativas para mobilizarmos a opinião pública em favor da anistia. Minha surpresa decorria do fato de, até então, eu estar preso à visão do trabalho clandestino, limitado e cauteloso, e de repente gente que nem conhecíamos, pessoas não afinadas conosco, abraçavam causas que propúnhamos.

Essa foi uma das primeiras lições políticas que recebi em minha vida. Ela se relaciona com a escolha das questões táticas no dia-a-dia da luta. Ou seja, aprendi que o êxito de uma vitória tática é possível e imediato quando se lança uma palavra de ordem correta, apropriada para aquele exato momento, por corresponder a um anseio profundo e generalizado e capaz de aglutinar forças que possibilitem se avançar. Foi assim, por exemplo, na luta pela anistia, em 1945; na campanha "o petróleo é nosso", em 1947; e no movimento pela eleição direta em 1984. Exemplos que contrastam com muitas outras ações propostas por nós, que sempre patinaram em dificuldades que nunca conseguimos ultrapassar.

Apoiado na experiência de mais de meio século, concluí que raramente é feita uma escolha acertada dos procedimentos táticos. Esse erro na maioria das vezes decorre do fato de que a análise do quadro conjuntural, feita pelo engajado na luta política, é contaminada por seus desejos, pelo seu impulso voluntarista, é mais apoiada nos sonhos do que na realidade.

O movimento pela anistia decidiu fazer um grande comício em Belo Horizonte. A anistia se tornara uma exigência generalizada, uma questão pacífica, e o governo já havia suspendido a incomunicabilidade de Prestes. Os jornais publicavam entrevistas de pessoas que haviam conseguido conversar com ele na Casa de Detenção, no Rio.

Em seguida, como etapa preparatória para a legalidade do Partido, vieram os grandes comícios com a presença de Prestes, antecedidos pelo seu aparecimento público numa manifestação diante da embaixada dos Estados Unidos, no Rio, em homenagem a Franklin Delano Roosevelt, que falecera pouco antes.

BONFIM, UMA PERSONALIDADE INVULGAR

Para assistir ao comício de Prestes, no estádio do Vasco da Gama, programamos a ida de uma comitiva ao Rio. Ao coordenar essa atividade, convidei Orlando da Silva Rosa Bonfim Júnior, na época um dos renomados advogados de Minas, para dirigir a caravana. Ele aceitou o convite e a partir desse gesto imprimiu uma direção nova em sua vida.

Durante muitos anos, quando estudante na Faculdade de Direito, Bonfim trabalhara e se destacara como jornalista no *Estado de Minas*. Envolveu-se na Aliança Nacional Libertadora e foi processado e perseguido por suas atividades contra o regime. Conseguiu se desvencilhar do processo graças sobretudo à intervenção de seu tio Américo Gasparini. Este era insuspeito diante do governo, porque havia sido um dos maiorais do integralismo e era uma das figuras de prestígio na seção mineira da Ordem dos Advogados.

Nos anos de 1943 e 44, sucessivas vezes e inutilmente tentei obter algum auxílio de Bonfim ao que fazíamos no Partido. A recusa dele se prendia ao fato de discordar de nossa orientação política, porque compartilhava da opinião de que era prioritária a luta pela democratização do Brasil. Ele estava articulado com o grupo de Milton Campos, Pedro Aleixo, Virgílio de Melo Franco e outros que lançaram o "Manifesto dos Mineiros", do qual foi um dos signatários.

De volta da capital da República, Bonfim me procurou para solicitar seu ingresso no Partido. Esse foi o passo decisivo para a incorporação a nossa luta de uma personalidade invulgar. Abandonou uma situação pessoal estável, uma carreira notável na advocacia, para batalhar no Partido em condições difíceis e adversas. Possuía uma bela residência no bairro de Santo Antônio, em Belo Horizonte, e sua adesão significou jogar pela janela os recursos financeiros que conseguira amealhar em seu trabalho profissional.

Seguiu uma trajetória que passou por poucos momentos menos sofridos, quando vereador comunista em Belo Horizonte, ou no Rio, como diretor da *Imprensa Popular* e de *Novos Rumos*. Na década de 1950 Bonfim se transferiu para a antiga capital da República, a fim de assumir a direção da atividade de propaganda do PCB. Sempre muito responsável, tornou-se um dos principais dirigentes do Partido de 1959 a 1975. Depois do golpe de Estado viveu anos a fio na clandestinidade, longe dos filhos, com uma remuneração franciscana, o que causou as maiores dificuldades a sua família.

Como membro da Comissão Executiva do PCB, como eu presenciava nas reuniões, destacava-se pela sua abnegação total e pela inteligência e pela seriedade de suas opiniões. Foi assassinado pela ditadura militar em circunstâncias até agora não esclarecidas, e seu corpo nunca foi localizado. O certo é que Orlando Bonfim formou com Armando Ziller uma dupla que se tornou referência para os comunistas mineiros durante mais de vinte anos.

SAÍMOS DO CASULO

A partir da anistia dezenas de outras pessoas, de Belo Horizonte e das cidades do interior, nos procuraram manifestando sua vontade de participar da ação política, levadas pela liderança de Prestes e a admiração pelos feitos da União Soviética na guerra.

Recordo-me das manifestações em Belo Horizonte no mês de maio, em regozijo pelo fim do conflito mundial. Pela primeira vez cortejos populares espontâneos desfilaram pelas avenidas centrais, portando as bandeiras dos países aliados, entre as quais a da União Soviética, a famosa bandeira vermelha, provavelmente confeccionada por judeus antifascistas.

Com a notícia de que no Rio fora instalada uma sede do Partido, resolvemos alugar uma sobreloja precária em um bar na rua dos Carijós, para dispormos de um local de encontro. Relembro de ali ter estado Clóvis Graciano, de passagem por Belo Horizonte, para me entregar uma gravura de sua autoria, destinada ao Partido. Semanas depois alugamos uma sede ampla, com várias salas e um salão razoável, perto do viaduto de Santa Teresa, onde ficamos até a decisão do Tribunal Superior Eleitoral, em 1947, que cancelou o registro do Partido.

Assim, a legalidade do PCB foi conquistada em conseqüência do impulso democrático que mudou o panorama nacional, pois nenhuma lei a tal nos facultava. Meses depois enviamos à Justiça Eleitoral os documentos necessários para a legalização do Partido. A seguir tornou-se imprescindível o anúncio ao público dos nomes das pessoas responsáveis pela direção estadual do Partido, que ainda era uma entidade clandestina. Para tanto organizamos uma assembléia no estádio coberto do Paissandu, na Feira Permanente de Amostras, para a apresentação dos dirigentes comunistas em Minas Gerais.

Do Rio, foi enviado Carlos Marighela, que, anistiado, ficou encarregado de falar em nome de Prestes e da direção nacional. Em sua companhia foi do Rio o psiquiatra Francisco de Sá Pires, de tradicional família diamantinense. Naqueles anos, Chico Pires foi uma espécie de representante dos comunistas mineiros na capital da República. E desde 1943 ele auxiliava o PCB, pois em sua coluna na *Folha Carioca* defendia nossa orientação política.

Chico Pires pertencia ao grupo de Pedro Nava, que, em seus livros de memórias, relata as histórias notáveis desse psiquiatra, invariavelmente metido em acontecimentos incríveis. Um deles foi o engraçado episódio de uma de suas prisões. Como ele vivia cercado de seus pacientes, certa vez os policiais do DOPS prenderam todos que estavam no seu consultório. Quanto mais Chico Pires explicava que aquelas pessoas eram mentalmente doentes, mais a polícia julgava que ele estava tentando dar fuga a comunistas perigosos, talvez devido a uma certa semelhança na loucura mansa com o comportamento de um comunista quando escamoteia o que não deseja revelar a um agente policial. Só depois de dois dias é que o DOPS se curvou diante das explicações do psiquiatra diamantinense.

Antes do *meeting* no estádio do Paissandu, fizemos às pressas alterações na lista dos membros do Comitê Estadual do PCB a ser apresentada no grande ato. Incorporamos companheiros de outras cidades, como Lindolfo Hill, de Juiz de Fora, Jacinto Augusto de Carvalho, de Raposos, e Nélson Cupertino, de Uberlândia. Como secretários, figuraram Armando Ziller, José Militão Soares, Adelino Roque Vieira e eu como o encarregado de divulgação. (Depois o nome foi trocado para secretário de agitação e propaganda, o velho *agitprop*, da nomenclatura internacional dos comunistas.)

O estádio ficou lotado, apesar da propaganda restrita que havíamos feito. O discurso vibrante de Marighela foi muito aplaudido. Ele se revelou o excelente orador e o agitador capaz de galvanizar qualquer platéia, que depois se viu na Constituinte, para a qual foi eleito como representante da Bahia. Demonstrou como tinha no sangue a exuberância oratória dos baianos. A saída do casulo em que até então estávamos encerrados foi uma operação complicada. Conversei longamente com Ziller na véspera desse primeiro ato público dos comunistas em nosso estado. Meu amigo estava preocupado com o discurso que teria de fazer, chegando mesmo a escrever longas notas, com receio de falar de improviso. Todavia, a causa maior de sua apreensão é que iria "aparecer" como a principal figura comunista de Minas, quando até então era um mero dirigente sindical dos bancários. Afinal, vir à luz do dia, com nossa verdadeira face, era dar um passo no desconhecido.

Os jornais publicaram matérias satisfatórias sobre o evento, talvez em razão de ser um fato inusitado. Meu aparecimento, como membro da direção estadual, também causou algum espanto na minha família. Mas, de forma comedida, pois afinal todos sabiam que eu vivia fazendo estripulias e confusões.

A MARÉ CHEIA DO PCB

Graças ao fundamental apoio do proprietário de uma pequena gráfica — Mário Cursino de Castro, velho militante comunista de Santos — lançamos um semanário de oito páginas intitulado *O Libertador*, para levar a orientação do Partido a um círculo mais amplo de pessoas. Alguns jovens jornalistas colaboraram muito, entre os quais Wilson Figueiredo. (Usamos o nome "O Libertador" para relembrar a publicação da Coluna Prestes.)

Nunca me esqueci da ajuda prestimosa de Roberto Burle Marx, o notável paisagista, e de Jacques do Prado Brandão. Eles apareciam de madrugada na gráfica a fim de nos auxiliar no empacotamento do jornal. Esse semanário circulou quase um ano, mas sem fazer o sucesso que esperávamos. Para mim era gratificante voltar a acompanhar uma atividade gráfica, depois da malograda experiência com *O Guarani*. Não perdurou pela razão que explica a mortalidade de tantas pequenas publicações no Brasil — a falta de recursos financeiros.

A afluência de pessoas ao PCB, entretanto, crescia mais e mais. O fato contrastava com nossa incapacidade e a falta de experiência em organizar a estrutura partidária ante aquela "enchente", que nunca mais se repetiu na trajetória do PCB. As coisas começaram a melhorar com a ajuda de alguns militantes sindicais mais combativos e de comunistas de outros estados, que, por vários motivos, estavam desgarrados em Minas. Um deles foi Fernando Lucena, paraibano, que se encontrava em Belo Horizonte tentando se curar da tuberculose que acabou por matá-lo daí a alguns anos. Inteligente e capaz, desempenhou um papel significativo, porque insistia na necessidade do estudo de textos marxistas básicos.

Devido a nossa imaturidade política, o que fazíamos era copiar o realizado no Rio. Ou melhor, tentar cumprir determinações da direção nacional. Semanalmente, desciam para nós várias circulares com diretivas, como se no estado contássemos com um potencial de milhares de membros. Como é do hábito das repartições burocráticas, zelosamente eu retransmitia para os poucos grupos municipais aquelas determinações, na maioria absurdas, por serem inaplicáveis. Relembro uma delas como exemplo: uma campanha pela libertação de um desconhecido comunista espanhol preso pela polícia franquista.

Esse faz-de-conta durou até que um companheiro de Pouso Alegre, Orfeu Buti, líder na cidade, radialista inteligente, teve a coragem de me dizer que colocava no lixo todo aquele papelório enviado por mim, por não dispor em Pouso Alegre de um partido tão forte como o dos comunistas da França. E concluiu, bem-humorado, com uma pérola que nunca olvidei: "Vocês querem assar um bolo maior do que a boca do forno."

O que tínhamos em Minas Gerais? Em Belo Horizonte, vinte células em alguns bairros; nos meios operários, núcleos na Central do Brasil e na Força e Luz (a subsidiária da Bond and Share que explorava o serviço de bondes); estudantes espalhados em poucas escolas; alguns intelectuais e meia dúzia de funcionários públicos. Nada mais.

No interior, um grupo ativo em Juiz de Fora com bom relacionamento em três ou quatro fábricas de tecidos e numa empresa estatal que fabricava material para o Exército, grupos estudantis e só. Em Uberlândia dispúnhamos de um agrupamento forte, porque contava com a participação de profissionais liberais e professores de reconhecido prestígio local. Na mina de Morro Velho tínhamos uma numerosa base em Nova Lima e Raposos. Fora disso, pontos de apoio em poucos núcleos ferroviários da Central do Brasil (Horto Florestal e Lafaiete) e na Rede Mineira de Viação (Divinópolis e Lavras).

No mais, na imensidão de Minas Gerais eram "ligações" numas trinta cidades, que às vezes se transformavam em núcleos ativos, como sucedeu em Araguari, Uberaba, Cataguases, Santa Rita do Sapucaí, Ponte Nova, Poços de Caldas, Governador Valadares, Barbacena, Santos Dumont, Pouso Alegre, Itajubá e outras. Tudo sucedia na dependência de um companheiro mais dedicado, mas que desaparecia tão logo esse elemento-chave se transferia para outro lugar.

O PARTIDO NO INTERIOR DO ESTADO

Fiz diversas viagens ao interior. Excetuando Juiz de Fora, Nova Lima, Raposos e Uberlândia, o quadro partidário era desalentador, pois os novos ares democráticos ainda não haviam oxigenado o panorama mineiro.

De forma particular, ficava deslumbrado quando convivia com os trabalhadores da Morro Velho. Ali eu encontrava uma massa operária sob muitos aspectos semelhante à descrita nos romances proletários, como os de Gorki e Zola.

Ao ouvir os relatos dos mineiros, parecia-me que relia o romance de Zola — *Germinal*. Eram forjados na labuta em galerias escuras, sempre sujeitas a desabamentos causados pela deterioração do madeirame, devido à infiltração de água. Trabalhavam nos túneis iluminados pelas pequenas lanternas de carbureto, na busca interminável dos veios de ouro, sujeitos aos riscos e ao estrondo infernal dos elevadores, que conduziam massa humana e massa mineral pelos poços fantasmagóricos.

Aquele panorama impressionava-me de forma indelével: turmas de "carreiros" musculosos que empurravam os vagonetes repletos de pedra; maquinistas dos elevadores ou das perfuratrizes, líderes porque subiram na hierarquia; "canudeiros", especialistas que garantiam a chegada do ar às profundezas infernais; os "pica-paus", encarregados do escoramento; os trabalhadores na redução (a usina para separar e fundir o ouro e outros metais), os únicos a vislumbrarem a sopa mineral com elevado teor de ouro; os empregados no "Galo", contaminados pelo arsênico, que os castrava sexualmente; e assim por diante.

Na Morro Velho estava o agrupamento mais consciente do operariado de Minas Gerais, sindicalmente organizado e que logo passou a votar nos comunistas. Em Raposos fomos majoritários nas eleições, elegendo Jacinto Augusto de Carvalho vice-prefeito e Anélio Marques Guimarães para a Câmara Municipal. Em Nova Lima, elegemos três vereadores, além de William Dias Gomes e "Lambari", os dois assassinados em 1947 só porque eram firmes e destemidos nas fileiras comunistas. Eram pessoas amenas e alegres, de incrível fraternidade com o jovem comunista que mais aprendia com eles do que ensinava-lhes os princípios partidários. Famílias humildes, irmanadas contra a exploração dos "gringos" que aqui aportaram desde o século XIX, provenientes da "pérfida Albion".

Também dava gosto ir até Uberlândia, pois lá estavam o professor Nélson Cupertino; os médicos Virgílio Mineiro e Jonas Ayube; o motorista João Cândido;

o dentista prático Roberto Margonari, organizador incansável do PCB no Triângulo Mineiro, e a belíssima figura de Elson Costa, assassinado pela ditadura militar em 1975. Gente que tornou Uberlândia uma cidade democrática, aberta aos novos ventos, que chegou a eleger quatro vereadores comunistas em 1947. Havia ainda muitos outros companheiros, como Olívia Calábria e Geraldo Queiroz, cada um dando o melhor de si para a causa, gente que abriu os caminhos para o trabalho partidário com os lavradores.

Juiz de Fora era também uma exceção. Cidade com indústrias de peso, influenciada pelo Rio. Culturalmente arejada, sentia-se na imprensa local a presença de alguns companheiros. O PCB ali possuía uma certa tradição, graças a uma atividade de velhos militantes no passado, como o combativo Luiz Zúddio. Lindolfo Hill comandava o movimento operário em outras cidades da Zona da Mata, como Além-Paraíba, Cataguases, Santos Dumont e Barbacena.

No famoso Grambery, tradicional colégio protestante, estava o professor e livreiro Irineu Guimarães, educador de várias gerações, humanista que conjugava sua crença religiosa com os ideais dos grandes pensadores americanos, como Emerson, Jefferson e Lincoln, e com os compromissos do antifascismo. Em 47, junto com Lindolfo Hill, formou a dupla de vereadores comunistas em Juiz de Fora.

Mas na esmagadora maioria das cidades mineiras não conseguimos criar raízes. A intolerância reacionária era uma muralha intransponível e não havia como avançar, pois éramos tidos como "comedores de crianças". Não sofríamos sozinhos a repressão odienta, pois era igual para todos que não rezavam pela cartilha do Palácio da Liberdade e das oligarquias locais.

Para se aquilatar o que sucedia, relembro uma história de Caratinga, cidade da Zona da Mata. Constatando os poucos votos que havíamos obtido nessa cidade, enviamos uma carta a um companheiro de lá — o advogado Miguel Abdala. Ele nos respondeu com um relatório pormenorizado, em que desceu a detalhes sobre o sucedido. Nem se referiu diretamente às perseguições e restrições aos comunistas. Deteve-se no cerco que tinha havido aos partidários da UDN, arbitrariedades tenebrosas e absurdas perpetradas pela polícia. Coisas dos tempos da República Velha. No relatório, como um refrão, repetiu várias vezes uma ladainha: "imaginem se isso fosse conosco..."

Os companheiros me encarregavam de certas tarefas nas cidades do interior, o que eu apreciava, porque até hoje acho interessante conhecer novos lugares. Na maioria das vezes aquelas viagens eram realizadas com o propósito de dar orientação aos militantes, em reuniões internas.

Às vezes o objetivo era outro, como falar em comícios e atos públicos. Assim fui ao Triângulo, mais precisamente a Uberaba, Uberlândia e Araguari, para organizar comícios e palestras em que falaria José Maria Crispim, deputado federal comunista.

Em Uberaba houve um entrevero, pois o delegado local, um sobrinho de Pedro Aleixo, por pressão do bispo, não queria permitir aquelas atividades. Armei um escândalo, porque eu era topetudo e desaforado, graças a meu renome e minha condição social e familiar em Belo Horizonte. Se eu fosse um simples operário, não teria chance de dizer os desaforos que lancei na cara daquele delegado. Essa "proteção", esse escudo, naqueles tempos sempre ajudavam-me e protegiam-me um pouco. Afinal, parece eterna a desigualdade dos filhos de Deus diante das leis e dos costumes dos homens.

ELEIÇÕES — A PROVA DOS NOVE

Desde 1944 as forças políticas de oposição a Getúlio tinham um candidato à Presidência da República — o major-brigadeiro Eduardo Gomes, o tenente dos "18 do Forte" e de outros episódios político-militares na década de 1920. Não foi escolhido candidato por acaso, mas porque tinha a possibilidade de dividir a sustentação militar de Getúlio. Era um liberal, com um passado de lutas democráticas.

Esse dado intimidou os que continuavam ao lado do governo de Getúlio, que buscaram também um militar que pudesse enfrentar Eduardo Gomes nas urnas. Logo confluíram para o nome do general Dutra, ministro da Guerra, com um passado de homem da caserna, prestigiado por seus companheiros do generalato e reacionário de quatro costados, como se dizia.

O problema essencial era a restauração do Estado de Direito, o que demandava a convocação da Assembléia Nacional Constituinte. A respeito desse ponto havia concordância unânime, mas sobrava a questão crucial: devia Getúlio continuar ou não no Poder, presidindo as eleições? Em torno disso é que se travou áspera batalha.

Os comunistas consideravam fundamental a Constituinte e não aceitavam como indispensável o afastamento de Vargas, levando em consideração as posições que assumira no conflito mundial e as medidas tomadas para a democratização do país. Não podiam endossar a candidatura de Dutra e tinham restrições à candidatura de Eduardo Gomes.

Daí nasceu a idéia de um terceiro candidato, solução correta — creio ainda hoje — mas apresentada de forma equivocada e que resultou na escolha calamitosa de Yedo Fiuza. Segundo a fórmula de Prestes, o *tertius* deveria ser "um engenheiro civil", nada mais, nada menos. Na época engenheiro era sinônimo de "técnico comprovado", como hoje são considerados os economistas.

Marcado o pleito de 2 de dezembro de 1945, a partir de junho nos empenhamos no alistamento de eleitores, trabalho ingente porque a última eleição havia sido dez anos antes. Lançamos uma lista de candidatos à Constituinte, que eram apresentados como "os candidatos de Prestes". Fizemos a propaganda da plataforma do Partido, além da impressão de cédulas eleitorais para nosso candidato à presidência da República e para os candidatos a senadores e deputados federais. Naquela primeira eleição, e até 1960, não havia cédula oficial ou cédula única. Cada eleitor deveria levar as cédulas, o que abria a possibilidade de os cabos eleitorais facilmente "prepararem" os votos (as quatro cédulas), as "marmitas".

Quase conseguimos eleger um deputado constituinte em Minas, pois obtivemos cerca de 22 mil votos. Em duas cidades fomos majoritários — Raposos e Toribaté (hoje Monte Alegre de Minas), no Triângulo, onde fora feito um bom trabalho entre os lavradores. Com a apuração dos votos, ficamos de crista baixa, uma vez que nosso desempenho não foi nada brilhante, em comparação com os êxitos dos companheiros do Rio (o então Distrito Federal), São Paulo, Pernambuco, Estado do Rio, Rio Grande do Sul e Bahia.

Três meses depois fui ao Rio, como delegado de Minas a uma conferência nacional do Partido. Nas reuniões preparatórias opinei que o PCB havia sofrido uma derrota eleitoral. João Amazonas redargüiu que eu estava equivocado, dando como argumento o fato de companheiros de outros países considerarem que a obtenção de 10% de votos era uma grande vitória. Aquela informação me calou fundo. Nada melhor que a opinião de estrangeiros para nos convencermos sobre qualquer coisa.

A fim de melhorar nossa votação, de alto a baixo nos empenhamos em função do pleito que seria realizado em 1946. Esse entendimento levou a direção nacional a determinar que nos comitês estaduais e municipais fosse designado um secretário eleitoral. Tínhamos pela frente o desafio da eleição do governador e da Constituinte mineira. Fizemos a lista dos candidatos a deputado, encabeçada por Armando Ziller. Contudo, tudo se complicou em face das opções diante das candidaturas a governador apresentadas pelos outros partidos.

Para se entender o cipoal que enfrentamos, recapitulo alguns dados sobre o quadro político mineiro em 1946. Getúlio havia sido deposto em outubro do ano anterior, porém demonstrara sua grande influência no país. A maior parte das forças que apoiavam o situacionismo agrupou-se no Partido Social Democrático (PSD), mas Getúlio também estimulou a criação do Partido Trabalhista Brasileiro (PTB), com elementos dos meios sindicais e com os que davam prioridade às questões sociais, como Alberto Pasqualini.

Em contrapartida, as correntes de oposição a Getúlio criaram dois partidos: a União Democrática Nacional (UDN), com personalidades de fisionomia liberal e com uma pequena ala progressista (a Esquerda Democrática), que posteriormente formou o Partido Socialista Brasileiro; a outra corrente de oposição era o Partido Republicano (PR), liderada pelo antigo presidente da República Artur Bernardes. Nós, os comunistas, éramos os *outsiders*. Nem oposição, nem situação.

A maior força eleitoral em Minas Gerais, indiscutivelmente, era o PSD, como provara nas eleições de 1945. Todavia, nele irrompeu uma grande dissidência, causada pela animosidade de várias lideranças à figura e ao poderio de Benedito Valadares.

A UDN havia lançado um candidato — Milton Campos — para marcar posição, pois esse jurista não manifestava qualquer apetite pelo Poder. Porém, diante do "racha" do PSD, surpreendentemente as forças se equilibraram no pleito, ainda mais porque o PR apoiou a UDN. Os cartazes de propaganda do candidato da UDN traduziam bem o estado de espírito de Milton Campos. Diziam: "Austero como convém à República e modesto como é do gosto dos mineiros."

Os pequenos partidos, como o PCB, tornaram-se então decisivos no quadro eleitoral. Comprovam essa inusitada situação os resultados da eleição, vencida por Milton Campos por uma insignificante diferença de votos, além do fato de, na Constituinte de Minas, oposição e situação contarem com o mesmo número de deputados, cabendo ao constituinte comunista (Armando Ziller) e a um deputado integralista desempatarem em inúmeras questões.

Os partidos se engalfinharam na disputa, mas nós é que nos enredamos na maior dificuldade. Para que lado deveríamos pender? A quem apoiar? Naquela época éramos jejunos em política, ainda não acumuláramos experiência política e do ponto de vista teórico não passávamos de aprendizes. Também para nada servia a orientação nacional, pois ela se caracterizava pelos ziguezagues na política de alianças. A direção no Rio tentou nos auxiliar, enviando para trabalhar conosco um comunista de origem portuguesa — Domingos Marques, o "Vermelhinho", que, em razão de sua limitada acuidade política, só multiplicava nossa insegurança diante do dilema.

Passamos dias e horas infindáveis e não tínhamos condição de soltar a fumaça branca, como nos concílios cardinalícios se anuncia a escolha de novo pontífice. Unicamente sabíamos que era impossível postergar a decisão. O Partido exigia de nós, da direção estadual, a solução do impasse, qualquer que ela fosse. Finalmente, para o desfecho do parto influiu um telegrama de Prestes, enviado de Porto Alegre, em que nos alertava para o fato de que, nacionalmente, era de interesse do Partido tomar uma posição contra Getúlio. Isto significava que deveríamos apoiar o candidato da UDN — Milton Campos.

Essa nossa resolução foi bem aceita pelos comunistas mineiros, porque Milton Campos sempre foi uma personalidade democrática e bem vista por todos. Foi um desastre somente para os companheiros de Barbacena, que já haviam marcado um comício na cidade, com a presença de Maurício Grabois, em que seria anunciado nosso veredicto. Ora, o adversário de Milton Campos era Bias Fortes, chefe político em Barbacena. Diante da notícia, que transmiti por telefone, o comício foi um redondo fracasso, pois o público simplesmente debandou.

Envolvi-me muito naqueles episódios, porque era o secretário eleitoral da direção partidária. Uma única vez estive com Benedito Valadares. A entrevista se deu em Belo Horizonte no Grande Hotel, onde ele se hospedava. Foi uma conversa desagradável, na qual comuniquei que desejávamos que o PSD lançasse um documento pedindo o apoio dos comunistas. Com o pijama aberto, colocou a mão na cabeça, deitou-se na cama e disse-me desolado: "Mas isso é uma desgraça; se atendermos será a nossa derrota." O que traduzia bem como o anticomunismo estava fortemente enraizado em Minas.

Também participei de conversações com Milton Campos e com líderes da UDN. Milton Campos, pelo seu temperamento, desconversou amigavelmente a respeito daquela nossa exigência de uma declaração em que manifestasse seu pensamento sobre o PCB. Reafirmou apenas seu propósito de jamais perseguir os comunistas.

Neste meu registro das atitudes de Milton Campos podem influir alguns fatos. Ele foi colega e amigo de meu pai. Como governador sua postura foi a mais tolerante possível, mesmo quando nosso jornal o apresentava de forma desabonadora. Pessoa de cultura, era um prazer ouvir o que dizia, como aconteceria com freqüência nas vésperas do golpe de 64, sendo ele senador e eu deputado federal. Há que se acrescentar ainda suas intervenções, como ministro da Justiça de Castelo Branco, no sentido de refrear "o Febeapá — o festival de besteiras que assola o país", expressão do inesquecível Stanislaw Ponte Preta. Creio, hoje, que nossa dubiedade em relação a Milton Campos decorria da incompreensão do valor universal da democracia para os que almejam transformações revolucionárias na sociedade brasileira.

Acertei nossa colaboração na campanha pela eleição de Milton Campos com Magalhães Pinto e José Monteiro de Castro (meu antigo professor e que depois foi chefe de gabinete de Café Filho na Presidência da República). Eles nos forneceram cédulas e recursos, mas indicaram que não deveriam ser estabelecidos contatos diretos das bases da UDN com os comunistas. A eleição de Milton Campos, com nosso modesto apoio, e o fato de havermos eleito Armando Ziller para a Constituinte nos animaram, reforçando nossa confiança na possibilidade da obtenção de novos êxitos para o Partido.

A CONSTITUINTE MINEIRA

O desempenho de Ziller na Constituinte muito nos prestigiou e os trabalhos para a elaboração do texto constitucional despertaram enorme curiosidade. As sessões eram presenciadas por dezenas de populares, pois os debates entre os parlamentares da situação e da oposição eram acesos e vivos, dado o equilíbrio de forças e diante da relevância das questões que ali estavam sendo decididas. Ademais, revelavam a competência e as qualidades de uma nova geração de políticos.

Pelo fato de haver sido designado assessor de Ziller, além de representante credenciado do jornal do Partido no plenário da Constituinte, acompanhei de perto os trabalhos. Para mim foi um aprendizado ver de perto o complexo processo jurídico-político que ocorre quando são fixadas as normas legais que regem as instituições. Ao mesmo tempo, permitiu-me avaliar melhor alguns políticos mineiros.

Um deles desde logo despertou minha admiração: Tancredo Neves, o relator geral da Constituição. Sensível e inteligente, com boa formação jurídica, demonstrava nitidamente sua preocupação com o interesse público. Sendo um democrata, estabeleceu um bom diálogo com Ziller, aceitando algumas emendas apresentadas por nós.

Aqui é interessante informar sobre um fato que ficou na penumbra. A direção nacional do PCB havia nos encaminhado um "modelo" de anteprojeto das constituições estaduais. De um lado, indicava o interesse do Partido em influir no arcabouço jurídico das instituições do País, preocupação que pouco depois desapareceu de nosso horizonte político. De outro lado, no entanto, demonstrava como o Partido julgava possível modelar igualmente os estados brasileiros, quando a realidade deles é diversa. Ou seja, não se via as profundas diferenças de um estado como São Paulo em relação a outros estados, como o atrasado Piauí.

Apoiado naquele "modelo", emanado da direção nacional, preparei emendas que foram subscritas por Ziller. Estudiosos dos trabalhos da Constituinte de Minas Gerais hoje manifestam espanto ante aquelas proposições de Armando Ziller, que destoam da mediocridade geral das sugestões apresentadas pelo conjunto dos constituintes. Não descobriram ainda que elas resultaram daquela iniciativa pioneira dos companheiros da direção nacional do PCB.

Naquela oportunidade, pela primeira vez nos relacionamos com parlamentares progressistas da UDN, como Fabrício Soares, Manoel Taveira, Mateus Salomé e outros. Entre esses, Fabrício Soares tornou-se um ponto de referência das causas progressistas em Belo Horizonte, porque não era o típico bacharel liberal como seus colegas da bancada udenista. Posteriormente, assumiu um papel político de maior destaque em Minas Gerais, como uma personalidade com ampla visão dos problemas mundiais e nacionais, afirmando-se pelas suas posições de crítica intransigente às injustiças sociais em nosso país. Em sua biografia, assinala-se um fato incomum: renunciou a seu mandato na Assembléia Legislativa em razão de discordâncias com seu partido.

Em poucas semanas, Armando Ziller passou a ser um deputado respeitado, em razão de sua cultura, capacidade de expor de forma convincente e bom-senso.

Afinal, não era bronco e raivoso, estando, portanto, bem distante da imagem do comunista que era apresentada no interior de Minas.

Para sorte nossa, o deputado Antônio Mourão Guimarães, um dos mais poderosos banqueiros de Belo Horizonte, reacionário, inculto e atrevido, decidiu enfrentar Ziller e deblaterar contra o comunismo. Sua ojeriza ao nosso deputado era reforçada pelo fato de ter pela frente o líder dos bancários. Por isso, um dos grandes espetáculos na Constituinte foram os debates, réplicas e tréplicas entre os dois. Assim foi até que o banqueiro entendeu que não estava à altura de vencer nas discussões o parlamentar comunista.

CONFUSÕES ELEITORAIS

A terceira eleição em que atuamos com alguma relevância foi no pleito para as prefeituras e câmaras municipais, em 1947, embora o quadro fosse mais adverso, pois o registro do PCB havia sido cancelado pelo Tribunal Superior Eleitoral. Foram mantidas, porém, algumas características das eleições anteriores, posto que os comunistas conhecidos ainda podiam se candidatar, embora apresentados em legendas de outros partidos.

Elegemos um vice-prefeito em Raposos e 22 vereadores no estado, em cidades como Belo Horizonte, Nova Lima, Juiz de Fora, Uberlândia, Pouso Alegre, Poços de Caldas, Aimorés e outras.

Orientamos os companheiros a buscar abrigo em partidos que aceitassem nossos candidatos. Em Uberlândia e Nova Lima concorremos pela legenda do PSD e fomos acolhidos por outros partidos em diversos municípios. Isto porque, como regra geral, os partidos no Brasil não apresentam posicionamento político e ideológico uniforme, uma vez que pesam consideravelmente dados locais e problemas conjunturais.

Em um país continental a fisionomia dos partidos não é a mesma em todos estados e municípios, como presenciamos nas eleições de 1998. Na verdade, são uma autêntica sopa de letras e siglas, salada mista que desnorteia os eleitores, além de demonstrar a indefinição programática dos partidos.

Naturalmente, essa questão está relacionada com a evolução política do Brasil. Recorde-se que, após a derrocada da ditadura do Estado Novo, os partidos criados quase nada tinham a ver com os velhos partidos da República Velha, nem com os esboçados depois da revolução de 30, sendo o PCB a única exceção. Por isso, na fase iniciada em 1945 sofríamos para identificar candidaturas mais democráticas e mais progressistas no quadro das disputas eleitorais, como exemplifiquei no episódio da eleição de Milton Campos.

Aqueles acordos municipais de 1947 não foram feitos por mera solidariedade a nós. Envolviam a contraprestação de nosso apoio a candidatos às prefeituras, o que tornava mais complexa a luta posterior dos comunistas em determinadas cidades. Saíamos do gueto, mas freqüentemente nos enredávamos e nos desgastávamos. Esse foi um dos preços que pagamos em razão da ilegalidade a que nos condenaram, fato capital em nossa trajetória, tão bem ressaltado por Gildo Marçal Brandão em seu livro *A esquerda positiva — as duas almas do Partido Comunista, 1920/1964*.

Um grande problema surgiu na eleição em Belo Horizonte. Só o Partido Socialista Brasileiro admitiu um comunista em sua lista de candidatos — Orlando Bonfim. No entanto, como somente se elegeria um único vereador, o PSB solicitou que na metade do mandato, caso Bonfim fosse o eleito, ele renunciaria a fim de um socialista assumir a vereança. Concordamos com o trato, dando-o como firme e irrevogável.

Orlando Bonfim foi eleito e passados dois anos decidimos transformar em letra morta o compromisso. Foi, portanto, um golpe no PSB, o que nos desgastou com aquele pequeno partido, tão próximo de nós. Nossa conduta refletia a concepção errônea, sectária e oportunista que presidia nosso relacionamento com forças aliadas.

Julgávamos acertado "usar" os outros, pois todos eram "inimigos de classe", "farinha do mesmo saco". A raiz desse comportamento vinha de longe, da década de 1920, quando os partidos comunistas no mundo realizavam a política de "classe contra classe", pretendendo ser os únicos arautos da transformação social. Daí o terrível erro que então favoreceu a ascensão do fascismo e do nazismo, pois até os socialistas eram considerados inimigos. Não se entendia, portanto, que traçado o objetivo estratégico, a luta atravessa diversas etapas intermediárias e que em cada uma delas existem forças aliadas, com as quais são feitos acordos, numa política de frente única para derrotar o inimigo principal.

Em nosso caso concreto, aqui no Brasil, no fim da década de 1940, o importante seria estabelecer alianças para se consolidar um regime democrático, o que exigia uma política de frente única, séria e correta com as correntes aliadas. Perdendo esse norte, demos uma prova de que pouco nos importávamos com a permanente aglutinação de forças na batalha por objetivos comuns.

A compreensão da relevância de uma política de frente única infelizmente só veio a predominar no PCB muitos anos depois, na década de 1950.

ESFORÇOS PARA CRESCER

Em 1946, e até o cancelamento do registro eleitoral do PCB, procurávamos de várias formas fazer o Partido crescer e se enraizar em Minas Gerais. Devido à nossa fragilidade, comparando-a com o quadro partidário comunista em outros estados, buscávamos atentamente as lições da direção nacional. Estudávamos os longos e enfadonhos documentos produzidos pelo Comitê Central. Este, por sua vez, mandava a Minas "assistentes", que, no fundo, também não sabiam dar boas receitas para avançarmos mais rapidamente.

Um deles foi o marítimo Agostinho Dias de Oliveira, pernambucano, deputado federal e com experiência de militância nos anos de 1934 e 35. Culturalmente atrasado, mas apoiado em sua vivência, julgava que nossa debilidade resultava da pequena ligação do Partido com a classe operária mineira. Podia ter razão, mas foi equivocado e prejudicial o processo concebido por ele a fim de superarmos aquele defeito congênito. Instintivamente, Agostinho pressionou no sentido de promovermos um número maior de quadros operários para a direção estadual, porque entre nós o papel mais destacado era dos quadros "pequenos-burgueses", como Ziller, Bonfim, eu e outros.

Essa visão decorria do pensamento do Comitê Central, desde que a "proletarização" das direções fora adotada em São Paulo e no Rio. O caso de São Paulo se tornou paradigmático, com a colocação de operários nos cargos centrais — Mário Scott e Mautílio Muraro, entre outros — substituindo quadros muito mais competentes, como Milton Cayres de Brito e Câmara Ferreira.

Aconteceu, então, também entre nós em Minas a "proletarização" do núcleo dirigente do Partido. Essa mudança coincidiu com a introdução de um procedimento adotado na direção nacional — uma sessão obrigatória de crítica e autocrítica, como um item da pauta das reuniões.

Tal ponto na ordem do dia transformou-se no tema mais aguardado e mais controvertido nas reuniões, coisa nunca vista no cotidiano das organizações brasileiras, pelo inusitado, por causar constrangimentos óbvios e por conduzir a alterações nas cúpulas partidárias. Esses balanços críticos e autocríticos eram realizados de uma forma que não levava em conta a realidade concreta do Partido, nem eram centralizados nas questões políticas essenciais. Na verdade, apenas abriam caminho para ressentimentos e modificações desastrosas, que, com o correr do tempo, teriam de ser reexaminadas.

Mas as famosas sessões de crítica e autocrítica às vezes até propiciavam fatos inesquecíveis. Recordo-me de um deles. Numa dessas reuniões do Comitê Estadual participou um ferroviário da Central do Brasil, um simples militante de base. Seu nome era Macário, como o personagem de Eça de Queiroz. Quando foi aberta a discussão, no ponto da crítica e autocrítica, ele ficou surpreso ao extremo e mais ainda quando se cobrou a ele também sua autocrítica. Encabulado, sem saber o que dizer (pois jamais pensara naquilo) apenas disse: "Como o camarada Ziller fez uma boa autocrítica, peço a ele que faça também a minha autocrítica."

O resultado daquela "proletarização" foi absurdamente negativo. O principal dirigente do partido em Minas, Ziller, foi substituído pelo líder dos mineiros de Morro Velho, Jacinto Augusto de Carvalho, que resistiu ao máximo àquela investidura. Daí em diante a Ziller coube tão-só a função de secretário sindical. Outro trabalhador na mina de Morro Velho, Geraldo Policarpo, assumiu a secretaria de organização, o segundo cargo de importância na hierarquia partidária. Fui deslocado para o secretariado do Comitê Municipal de Belo Horizonte. O único "pequeno-burguês" que permaneceu no secretariado estadual foi Orlando Bonfim.

Aqueles dois operários, Jacinto e Policarpo, eram combativos lutadores, líderes afeitos à luta sindical, dedicados e esforçados, mas pouco experientes e sem capacidade para imprimir novo impulso ao Partido em Minas, como era reclamado. Todos procurávamos ajudá-los, mas não tínhamos a coragem de reconhecer que com a "proletarização" a emenda havia sido pior que o soneto.

O mais curioso é que, precisamente naqueles dias, Ziller havia se destacado como líder de uma vitoriosa greve nacional de bancários, que durou cerca de 25 dias. Foi o único empregado do Banco do Brasil em Minas a entrar em greve.

No ano de 1946 a direção nacional lançou uma importante campanha para a coleta de recursos financeiros a fim de montarmos gráficas para imprimir nossas publicações. Em nosso estado a campanha possibilitou comprarmos equipamentos para um diário — o *Jornal do Povo*. Orlando Bonfim liderou essa campanha e assumiu a responsabilidade de dirigir o jornal. Recebi a incumbência de fazer reportagens e entrevistas, uma vez que também estava encarregado de outras tarefas partidárias. O peso do trabalho no jornal recaiu sobre um colega da Faculdade de Direito, José Augusto Pereira Zeka, mas também e principalmente sobre um competente jornalista profissional que retornara a Belo Horizonte, Célius Áulicus Jardim, pertencente a uma família diamantinense que sempre atuara no Partido.

Esse jornal foi importante para os comunistas mineiros, pois contribuiu para a ampliação de nossas atividades, particularmente no movimento operário, influenciando o desencadeamento de várias greves em 1947. Posteriormente relatarei o episódio de seu empastelamento por oficiais da Polícia Militar.

Como eu trabalhava *full time* para o Partido, atuava nas mais diversas frentes de trabalho. Entretanto, nunca abandonei totalmente as atividades entre os estudantes, além de conservar os laços que me prendiam à jovem intelectualidade mineira.

Assim, em 1945, na qualidade de secretário da União Estadual dos Estudantes, fui ao Congresso Nacional dos Estudantes, no Rio. Nesse conclave, não obstante o peso de numerosa bancada de estudantes comunistas, fomos derrotados de forma surpreendente. Era a primeira vez que se realizava um conclave nacional de estudantes numa situação de total liberdade no País. Nós, os comunistas, nos apresentávamos como tais, sem qualquer subterfúgio.

Acreditávamos que poderíamos impor as resoluções e, principalmente, eleger uma diretoria da UNE afinada com o PCB. Triste engano. Na realidade, a campanha do brigadeiro Eduardo Gomes havia atingido a massa estudantil, e as organizações dos universitários refletiam esse clima. De maneira canhestra, não avaliáramos corretamente a correlação de forças e, esbanjando arrogância, partimos para o confronto e perdemos a eleição.

Nas discussões, no plenário do Congresso, envolvi-me num confronto direto com Paulo Emílio Salles Gomes, da delegação de São Paulo, e Luiz Alberto Bahia, do Rio, ambos com passagem pelo trotskismo e vivamente interessados em nos criar dificuldades. Levei a pior, sobretudo em razão da superior capacidade de argumentação de Paulo Emílio e de seu extraordinário "charme" pessoal.

Dois anos depois voltei a mais uma reunião nacional de estudantes, acompanhando Roberto Gusmão, o então presidente da UNE. O clima era bem outro. O

Partido havia retornado à ilegalidade, estávamos desnorteados e com poucos elementos nossos entre os delegados. De importante, recordo apenas de conversações com um líder estudantil católico do Rio — Cândido Mendes de Almeida. Para minha surpresa, ele prenunciou os ventos novos que começaram a abalar o conservadorismo reacionário católico no Rio. Esse dado, entretanto, eu só viria a compreender muitos anos depois.

UM FERRABRÁS E UM SÁBIO

Encarregado de assumir a direção partidária no município de Belo Horizonte concentrei-me naquela missão dia e noite. Na cidade contávamos nessa época com cerca de vinte organizações de bairro, duas de empresa (Central do Brasil e carris urbanos) e mais três centenas de comunistas esparsos, que atuavam de conformidade com atos que programávamos e em face do que acontecia.

Como dirigente municipal, enveredei por um caminho desastrado. Isto porque começara a ler trabalhos de Lenin, como *Que fazer?* e *Um passo adiante, dois passos atrás* e concluí ser indispensável transplantar para o Partido em Belo Horizonte lições de Lenin derivadas de experiências da luta na Rússia. Ou seja, pretendia bolchevizar aquele aglomerado de recém-chegados ao Partido na capital mineira.

Hoje, tão distante daqueles dias, penso ser mais freqüente do que se imagina a repetição da loucura, mansa ou não, do personagem de Cervantes, em conseqüência de leituras mal digeridas. Ainda mais quando elas caem em campo fértil, em razão de traços da personalidade de alguns, que transformam as dificuldades em inimigos formidáveis, em moinhos de ventos.

Tornei-me, pois, um fero instrumento da disciplina e encarniçado defensor das resoluções das direções superiores. Convocava os militantes para lhes passar descomposturas, chegando ao ponto de um deles (um vendedor de livros, Valfrido Ferreira) pedir demissão do Partido só porque havia sido convocado por mim para uma reunião. Em resumo, como um ferrabrás, atuei como macaco em loja de louças.

Tudo isso se deu no momento em que buscávamos ampliar o número de membros do PCB — porque aquela grande afluência de novos membros ocorrida em 1945 cessara quase completamente —, quando sentíamos a necessidade de um forte partido de massas no Brasil. O objetivo era possuirmos em nossas fileiras 200 mil membros, para termos no Brasil o mesmo potencial dos partidos comunistas da Itália e da França.

Por isso impulsionamos uma campanha nacional com o seguinte mote: "Um grande partido para um grande líder." Isto é, usávamos o prestígio individual de Prestes para construir uma organização partidária capaz de dirigir a revolução em nosso país. Havia, portanto, um esforço redobrado para fortalecer nossa organização, e para tanto nos concentramos na preparação de um grande congresso, a ser realizado em 1947.

Naqueles meses a direção nacional decidiu fazer um remanejamento de quadros, objetivando nos auxiliar. Retirou de nosso estado Domingos Marques, já mencionado, e indicou Dinarco Reis para ser incluído na direção partidária mineira, na conferência estadual preparatória do congresso.

A permanência durante quase dois anos, entre nós, de Dinarco Reis foi uma ajuda valiosa para o grupo que dirigia o Partido em Minas naquele período, devido às características pessoais dessa figura inesquecível. Dinarco Reis viveu sua infância em Belo Horizonte e desde garoto manifestara seus pendores. Seus amigos contavam que, durante a Primeira Guerra Mundial, no Colégio Arnaldo, onde estudava, fez um desenho minucioso de um projeto de submarino, enviando uma carta que postou no correio endereçada ao *kaiser*, como uma contribuição à luta da Alemanha contra a Inglaterra. O caso foi bater na polícia e, aos 12 anos, pela primeira vez em sua vida, Dinarco viu-se obrigado a prestar depoimento numa delegacia policial.

De família com poucos recursos, Dinarco dedicou-se à mecânica, especialmente à relacionada com aviões, que, nas primeiras décadas do século XX, eram a paixão dos jovens. Ingressou numa escola que formava especialistas para a aviação do Exército. Quando veio o movimento de 1930, era sargento da aviação e com Eduardo Gomes fugiu com um avião Waco para ajudar em Minas Gerais a luta contra o governo federal. A vitória da revolução abriu caminho para que ele fosse promovido a tenente.

Na base aérea do Rio e na Escola da Aviação, no Campo dos Afonsos, Dinarco ligou-se ao pequeno grupo comunista ali existente, liderado por Ivan Ramos Ribeiro. Participou ativamente, em novembro de 1935, do levante militar naquela unidade militar. Sufocada a revolta, Dinarco foi preso, sendo solto na chamada "macedada", medida decretada pelo ministro da Justiça, Macedo Soares, em 1937;

por ela foram libertados inúmeros presos políticos envolvidos nos acontecimentos de 1935 mas que ainda não tinham sido condenados pelo Tribunal de Segurança Nacional.

Em 1938, por orientação do Partido, Dinarco seguiu para a Espanha e alistou-se nas Brigadas Internacionais. Lutou em diversas frentes naquela sangrenta guerra civil. Com a vitória de Franco, refugiou-se na França durante algum tempo. Depois regressou clandestinamente ao Brasil e logo começou a participar na reorganização do PCB, tendo sido eleito para o Comitê Central em 1945.

Com essa bela folha de serviços, foi nos ajudar em Minas, sem ostentar em qualquer momento aquele acervo de lutas. Muito ao contrário. Era uma pessoa que apenas revelava seu bom-senso e firmeza, extrema modéstia e paciência, cuidado em ensinar aos menos experientes e sempre procurando entender a realidade brasileira. Refreava minha impetuosidade e em diversas oportunidades obstou alguns de meus desatinos, resultantes da vontade de superar as dificuldades que tínhamos pela frente.

Dinarco Reis era uma pessoa voltada para a prática revolucionária. Como a maioria dos dirigentes partidários, não se preocupava com problemas teóricos, mas era um bom analista da realidade política brasileira. A partir de 1960, como um dos principais elementos da Comissão Executiva do Comitê Central, teve papel de relevância ao batalhar com perseverança pela adoção de uma linha política do Partido de conformidade com o real panorama do País. Resistia às tendências sectárias e esquerdistas. Até o fim de sua vida foi um incansável batalhador pela causa comunista, como se pode depreender de seu livro de memórias: *A luta de classes no Brasil e o PCB*.

CONFLITOS PESSOAIS

No período em que o Partido atuou na legalidade, minha situação pessoal e familiar criava-me alguns problemas. Não para meus pais, mas para mim, que desejava total liberdade de ação. Somente uma vez meu pai fez restrições a minha atuação política. Desconversei e nunca mais ele voltou a tratar da melindrosa questão. Penso que ele via com desolação aquilo que eu fazia, mas que não podia interferir. Conformava-se como se aceita uma calamidade que só o tempo pode resolver. Ou que nunca se resolverá. Com a minha mãe, cicatrizada desde criança pelo infortúnio, sucedia o mesmo. A única coisa a que recorria era costurar nas minhas roupas, bem escondidinhas, pequenas relíquias para o Céu me proteger.

Não obstante o extremo respeito de ambos por mim, decidi sair do lar paterno. Contudo, quando estava em Belo Horizonte nos fins de semana, gostava de almoçar por lá, conviver com eles e com minhas irmãs. Sabia que eles me amavam e para mim era inconcebível deixar de procurá-los. Não poderia cortar laços tão apertados. Um lar em que tudo tinha a minha disposição, inclusive a proteção de uma empregada, Andrelina, que viveu conosco mais de sessenta anos. Era ela que me levava nas madrugadas frias à missa e que invariavelmente cozinhava o que eu gostava de comer.

Em Belo Horizonte fiquei marcado de forma indelével pela fama de comunista, de que me orgulhava, porque pela frente via o caminho triunfal da revolução. Não me fazia mossa ser a ovelha negra (ou vermelha) do rebanho da tradicional família mineira.

Num caso específico esse emblema até que me beneficiou — a exclusão do serviço militar. Quando foi organizada a Força Expedicionária Brasileira, em 1942/43, eu não tinha a idade necessária para me apresentar como voluntário. Nos anos seguintes poderia ingressar no curso de oficial da reserva. Entretanto, nessa fase me encontrava envolvido com o Partido Comunista. Assim, em 1946 fui convocado a prestar o serviço militar.

Apresentei-me como qualquer recruta no quartel da guarnição do Exército em Belo Horizonte. No mesmo dia, junto com uns 300 jovens, fui levado para exame médico num imenso galpão no regimento. Mandaram que todos tirássemos roupas e sapatos. Constrangidos pelo nudismo coletivo, ficamos à espera do capitão-médico. Este, ao chegar, gritou logo meu nome, mandando que desse dois passos à frente. Obedeci. Olhou-me de alto a baixo e aos berros foi logo perguntando: “O que você é no Partido Comunista?” Respondi em alto e bom som: “Membro da direção estadual.” Sem pestanejar o oficial berrou com maior força: “Seu saco de merda, saia daqui imediatamente.” Aturdido, fui juntando a roupa e os sapatos. Fora do galpão e já vestido é que ganhei alma nova, principalmente porque outros jovens me perguntavam o que deveriam fazer para escapar do serviço militar. Sugeri de forma malandra: “Entrem para o Partido Comunista.”

Naquela época, portanto, convencido de ser o portador de verdades absolutas, enfrentava qualquer desafio. Por isso, involuntariamente, causei um enorme constrangimento a meu pai. Esse fato ocorreu na residência de meu tio-avô e padrinho Joaquim de Salles. Quando eu chegava ao Rio e estando por lá meu pai, era uma obrigação imperiosa jantar na casa de meu padrinho. Ele morava na rua Dona Mariana, em Botafogo. Todas as noites ali se reuniam grandes personalidades do mundo político e cultural, porque tio Joaquim era personalidade cativante, um homem vivido e excelente contador de histórias, como se pode comprovar na leitura de seu livro *Se não me falha a memória*.

Antigo jornalista e deputado federal, freqüentador assíduo dos cafés e cabarés, no Rio e em Paris, no início de sua velhice as noitadas foram transferidas para sua casa, sempre abastecida dos melhores vinhos franceses. Naquela noite, na residência de meu tio estavam apenas dois casais: o embaixador Caio de Melo Franco e esposa e Augusto Frederico Schmidt e esposa, além de meu pai e os anfitriões, tio Joaquim e tia Santinha.

Em relação ao Schmidt, eu guardava todas as reservas possíveis que se pode ter de uma só pessoa. Ele era o pivô de vários negócios lesivos ao país. Ao mesmo tempo, desempenhava o papel de oráculo e escriba dos piores reacionários do governo Dutra. Eu desprezava até sua poesia, por preconceito, é verdade. Esquecia que se devia a ele a descoberta de Graciliano Ramos. Para mim, não passava do "gordinho sinistro", como o qualificavam os jornalistas de esquerda.

Schmidt acabara de chegar da França, de um país que emergia das terríveis conseqüências da guerra. Assumindo a direção da conversa, o negocista-poeta pontificava sobre a decadência da França e a decadência da civilização, ainda mais porque o "urso soviético" e a peste negra comunista ameaçavam o mundo. Aí, eu, um provinciano jovem, inculto e sectário, mas audacioso, para assombro de meu pai entestei em fazer o contraponto. No princípio, ele menosprezou meus argumentos. Depois, embora cínico, acabou perdendo a calma diante daquele atrevimento. Mas eu continuava de forma insólita. Virou uma autêntica zorra. Estraguei o jantar.

A coisa teve um fim graças à intervenção da tia Santinha, o apelido mais apropriado dado a uma pessoa. Apaziguando, virou-se para mim e disse: "Meu filho, todas noites rezo um terço por você." Mas tio Joaquim salvou-me da derrota total ao comentar calmamente: "Na sua idade eu pensaria como você."

Ao contar esse episódio, estou saldando um compromisso com Astrojildo Pereira, que dias depois cobrou-me a descrição desse charivari com Schmidt. No fundo, Astrojildo desejava extravasar a má vontade do intelectual puro e suave que foi obrigado a passar anos a fio vendendo frutas numa quitanda, enquanto Schmidt ganhava rios de dinheiro, que até lhe permitiram ser o introdutor das redes de supermercados no Brasil.

Assim, distanciei-me dos círculos em que nasci, nos quais criava tantos dissabores. Fui viver longe do refúgio familiar, ora na casa de um companheiro, ora na casa de outro. No entanto, nas horas das aperturas e das maiores dificuldades — prisões, torturas, penúrias, meu casamento, nascimento dos filhos —, sempre tive com meus pais, irmãs e cunhados o auxílio pronto, sem qualquer queixume ou cobrança. Esse quadro se ampliou porque anos depois fui incorporado como um dos seus pelos Pimentel de Castro, a família de minha mulher e companheira. A vida, pois, me ensinou que nem o ar dissolve os sólidos laços de origem, porque nos ancoram em portos seguros, nas boas e nas más horas da travessia.

4

LUTAS E MAIS LUTAS

No curso de 1946 os ventos da história foram dissipando o clima de cooperação entre as forças que haviam se unido para derrotar o fascismo. Em março, o famoso discurso de Churchill em Fulton (EUA), pregando abertamente a luta contra o "expansionismo soviético", indicava que desabara como um castelo de cartas a ordem internacional projetada nos acordos de Teerã e Yalta. Logo esse panorama começou a se refletir na situação interna do Brasil.

No clima nacional, de forma lenta e paulatina, foi se alastrando o anti-sovietismo e o anticomunismo, num brutal contraste com o panorama reinante em 1945. É verdade que o fato de havermos obtido 10% dos votos na eleição presidencial atemorizou aqueles que dominavam o país, mas somente esse dado não explica modificação tão rápida.

Essa transformação em grande medida resultou de influências externas irresistíveis da "guerra fria" que começava. A ofensiva contra os comunistas se espraiou pelo mundo de forma generalizada. Na França, por exemplo, o Partido Comunista Francês foi alijado do governo. Aqui, convém relembrar o rompimento de relações diplomáticas do Brasil com a União Soviética, em conseqüência do episódio até ridículo de uma espalhafatosa bebedeira, num hotel em Moscou, de um diplomata brasileiro de terceira categoria.

Acompanhando o quadro internacional, nossa visão era a de que seria possível barrar o imperialismo e as forças reacionárias brasileiras. Prestes proclamava com segurança: "O imperialismo está de dentes quebrados."

Essa confiança quase cega impediu-nos de nos empenharmos com todas as forças na defesa das liberdades democráticas em nosso país e principalmente da legalidade de nossa organização. Não levávamos a sério, por exemplo, o processo aberto contra nós por um político desacreditado — Barreto Pinto, deputado do PTB que fora eleito por 400 votos e que depois teve o mandato cassado por falta de decoro parlamentar. Assim, não enxergávamos que a ofensiva da direita na verdade resultava de inúmeros fatores e, principalmente, da vontade política do governo de isolar e derrotar os comunistas.

No dia 7 de maio de 1947, quando o Tribunal Superior Eleitoral (TSE) cancelou o registro do Partido, por três votos a dois, fui ao cinema inteiramente despreocupado com a questão. Após assistir a um filme é que soube o que havia acontecido. Portanto, nem sequer estávamos mobilizados para pressionar o TSE.

O governador Milton Campos continuava a assegurar em Minas um ambiente de absoluto respeito às garantias constitucionais. Apenas determinou o fechamento da sede do Comitê Estadual do PCB e nada mais. Guardamos os arquivos e nenhum comunista foi molestado. Simplesmente passamos a nos reunir no local em que funcionava o *Jornal do Povo*, na rua Mato Grosso, no Barro Preto.

O cancelamento do registro do PCB foi tão-só o ponto de partida da escalada antidemocrática. A direita e o governo Dutra desencadearam tremenda pressão sobre a Câmara dos Deputados e o Senado, a fim de cassar os mandatos de 14 deputados federais e um senador (Prestes), além de vários deputados estaduais. Isto era uma flagrante inconstitucionalidade, uma vez que os parlamentares não representam os partidos mas o povo.

Contra isso tentamos resistir e saímos a campo para impedir o novo golpe na democracia. Pessoalmente me dediquei a coletar declarações de professores da Faculdade de Direito e de políticos de projeção nacional, para serem publicadas em nosso jornal. Não foi difícil obtê-las, mas ocorreu um incidente que me irritou profundamente.

Estava de passagem por Belo Horizonte o secretário geral da UDN, Virgílio de Melo Franco. Como a maioria dos udenistas se declarara contra a cassação dos mandatos dos parlamentares comunistas, pensei que esse político daria uma opinião enfática contra a violência. Procurei-o no Grande Hotel e, ao transmitir-lhe o pedido, ele se destemperou, lançando uma catilinária contra o Partido e os jornais comunistas. Demonstrou como ainda estava ressentido pelo fato de não termos apoiado a UDN na eleição presidencial de 1945. Parcialmente, as críticas procediam, mas era inadmissível que ele não juntasse seu protesto público em face do golpe iminente.

Surpreso e enraivecido, fui saindo, metendo o rabo entre as pernas. Coincidiu, no entanto, que chegava ao local o deputado José Monteiro de Castro. Ele perguntou por meu pai e assim Virgílio de Melo Franco ficou conhecendo meu *pedigree*. Seu comportamento, então, mudou totalmente e disse-me: "Não sabia que você era neto do doutor Coelho. Sou muito amigo de sua família, e inclusive morei em casa de seu avô durante algum tempo. Vou fazer a declaração que você me solicitou."

Diante daquilo, eu é que engrossei, afirmando que não mais a desejava. Saí até sem me despedir. Foi essa a única vez que estive com aquele que foi um dos mais importantes políticos brasileiros nas décadas de 1920 e 30. Importância menor do que sua arrogância de aristocrata, zeloso de seu relacionamento com famílias tradicionais, mas sem fidelidade aos princípios liberais e democráticos que formalmente defendia. Por outro lado, certamente Virgílio de Melo Franco compreendera que os novos tempos impunham que a UDN não mais mantivesse proximidade com os comunistas, como acontecera nos anos anteriores.

Finalmente, o Congresso Nacional cedeu diante da pressão para efetivar a cassação de mandatos dos parlamentares eleitos pelo PCB. A ofensiva da direita nos apanhou de surpresa, por várias razões. Como reagimos ao golpe sofrido? A direção nacional lançou um manifesto exigindo a renúncia de Dutra. Protesto válido e compreensível, porém inócuo e não acompanhado de mudança tática visando a um reagrupamento de forças, ante o cenário adverso.

De certa forma fizemos exatamente aquilo desejado pela direita. Aceitamos na prática a volta à clandestinidade. Tanto foi assim que a direção do Partido nem ao menos batalhou para que o Supremo Tribunal Federal anulasse a decisão da corte eleitoral. Fato incompreensível, ainda mais porque os ministros do Supremo que atuaram naquele julgamento haviam se pronunciado em nosso favor.

Optamos por centralizar nossa política na luta pelas reivindicações dos trabalhadores, mas sem enquadrá-la no quadro geral da batalha em defesa da democracia. Esse foi talvez o primeiro grave erro político que cometemos, a que depois se seguiram outros, com a radicalização de nossa conduta política, o que, afinal, determinou nosso afastamento durante dez anos do grande cenário político nacional.

Justificava-se refluirmos para a tentativa de mobilizar os trabalhadores e as camadas populares, uma vez que seguindo por esse caminho pensávamos atingir com maior facilidade a política do governo Dutra. Recordo-me bem de uma conversa no Rio com Carlos Marighela. Perguntei àquele membro da Comissão Executiva do PCB qual era a questão decisiva no momento. Ele afirmou categoricamente: a luta por aumento dos salários dos trabalhadores.

Por esse caminho é que enveredamos em Minas Gerais.

AS GREVES

Em 1947 a situação dos trabalhadores era muito difícil. Os salários estavam praticamente congelados e todos sentiam a carestia. Os órgãos policiais reprimiam os protestos operários e o Ministério do Trabalho usava e abusava dos dispositivos da legislação do Estado Novo, que permitiam a ingerência das autoridades do governo nos sindicatos.

A política populista de Getúlio Vargas era coisa do passado, porque o governo Dutra se comprazia em não fazer concessão aos trabalhadores. O descontentamento e a revolta nos meios proletários eram visíveis, o que favorecia o trabalho do Partido voltado para a agitação em torno das reivindicações das camadas populares.

Esse panorama facilitou extraordinariamente o que fizemos em Minas. Antes de relatar o que empreendemos, é necessária uma pequena informação sobre a direção partidária estadual. Nossa ilegalidade naquele período era *sui generis* e se resumia a realizar certas reuniões em locais desconhecidos da polícia. Na verdade, não mergulhamos na clandestinidade, e eu circulava legalmente sem o menor problema.

A direção nacional continuou com um escritório no Rio, na av. Rio Branco com rua México, onde funcionava a "fração parlamentar", porque dois deputados comunistas não foram cassados, Arruda Câmara e Pedro Pomar, eleitos na legenda do Partido Social Progressista, de Ademar de Barros. Nesse escritório davam expediente alguns dirigentes que se encarregavam de diversas tarefas partidárias.

Em nosso estado, aquele episódio sobre a "proletarização" da equipe dirigente foi superado com a volta de Jacinto de Carvalho e Geraldo Policarpo à mina de Morro Velho, embora continuassem como membros do Comitê Estadual. A direção efetiva foi entregue a um triunvirato — Dinarco Reis, Elson Costa e eu. Ziller ficou somente no trabalho sindical e Orlando Bonfim exercia o mandato de vereador em Belo Horizonte.

Creio ser indispensável descrever a figura de Elson Costa. Originário do Triângulo Mineiro, era um simples homem do povo, inteligente e responsável, sem qualquer pretensão de se destacar. Era um autodidata com paixão pelo estudo de textos marxistas e disposto aos maiores sacrifícios para organizar o Partido.

Num período posterior, entre 1956 e o golpe de 1964, Elson revelou-se também um quadro político de visão. Destemido, assim foi por toda a sua vida até ser assassinado pelo regime militar em 1975, como membro do Comitê Central. Seu corpo nunca foi localizado, não obstante a dolorosa e infrutífera pressão de seus familiares, inclusive de Aglaé, sua mulher e companheira nas lutas.

Em 1947, Elson começara a ler obras leninistas e, como eu, também intentou modelar os comunistas mineiros de conformidade com os ensinamentos da luta contra o tzarismo. Para não dar uma impressão equivocada sobre seu espírito, relembro um episódio que causou espanto em Moscou, por volta de 1963. Elson recusou o convite de uma visita ao mausoléu de Lenin e francamente disse aos soviéticos que considerava um despropósito os marxistas transformarem Lenin numa imagem sagrada, cultuada como uma personalidade divina.

Apesar de certas reservas de Dinarco Reis, porém com meu total apoio, Elson Costa arquitetou e impulsionou um plano de lutas em Minas. Lutas não só no meio operário, mas em qualquer atividade em que nos envolvêssemos, como na campanha pela paz. Aquele planejamento provocou lutas memoráveis. Nunca vi um plano ser tão bem executado. Foram agitações estrondosas e com amplo sucesso, se não levarmos em conta as conseqüências negativas para os que nelas participaram.

Lembro-me, em primeiro lugar, da realizada por seis mil mineiros empregados na mina de Morro Velho. Ali existia um sindicato forte e combativo, dirigido por líderes respeitados e competentes. A organização partidária contava com uns 300 comunistas, em Nova Lima e Raposos. Para cumprir nosso plano, promovemos várias reuniões com os companheiros, a fim de despertar seus brios. Deu certo. Em poucas semanas uma greve foi desencadeada e os "gringos" não tiveram outra saída senão concordar com o pleito justo dos operários. Embalados pelo êxito, os trabalhadores da mina tomaram a vitória como ponto de partida e declararam-se dispostos a prosseguir nas lutas a fim de melhorar sua condição de vida e de trabalho.

A Saint John del Rey Mining se alarmou e articulou o contra-ataque. De um lado, preparou a modernização da mina, a fim de diminuir o número de trabalhadores, o que logo intimidou os mineiros. De outro lado, estipendiou um bando de sicários, que ergueu a bandeira do anticomunismo, criando a "UNAS", alcunhada depois como "união dos assassinos".

No dia 7 de novembro de 1947, ao invadir o escritório dos vereadores comunistas, durante uma conferência de Ziller para assinalar a passagem do mais um aniversário da Revolução Soviética, o bando assassinou alguns companheiros, entre os quais Wiliam Dias Gomes, o maior líder de Nova Lima.

Aquilo foi apenas o início do terror. O Ministério do Trabalho decretou a intervenção no sindicato e aprovou o plano da empresa de afastar da mina quase todos os líderes, muito embora, conforme a lei, eles não pudessem ser demitidos por terem estabilidade no emprego. Depois outros companheiros foram mortos, entre os quais Lambari. Assim, com violência e golpes maliciosos, foi dizimada a base comunista na Morro Velho.

Passemos agora a outro episódio das greves em 1947 — o longo conflito no Morro da Mina. Essa mineração de manganês, localizada num distrito do município de Conselheiro Lafaiete, pertencia à empresa norte-americana United States Steel e era a única em exploração na época. No resto do mundo somente havia exploração de manganês na União Soviética, o que tornava esse minério extraído no Morro da Mina indispensável à indústria siderúrgica dos Estados Unidos. Fato que espicaçava nosso interesse em "desfechar um golpe no imperialismo ianque", conforme analisávamos com evidente exagero.

A mina de Conselheiro Lafaiete era explorada desde a década de 1920 e em 1947 empregava cerca de 600 operários. O sindicato era forte e os trabalhadores contavam também com uma sociedade beneficente. Não dispúnhamos ali de uma organização comunista consolidada e só no fogo da luta recrutamos para o Partido alguns trabalhadores.

Um dado facilitou a eclosão da luta grevista. Orlando Bonfim era o advogado do sindicato e sempre deu a maior atenção àqueles mineiros. Graças a ele organizamos a greve. Embora a disputa fosse em torno de um pequeno reajuste salarial e outras questões secundárias, a empresa, de forma arrogante, se recusou a atender às solicitações, não obstante sentenças da Justiça que davam ganho de causa aos empregados.

Diante do impasse, a greve foi decretada, o que então era ilegal. A reação foi implacável. Intervenção no sindicato, cerco militar da mina, medidas para a prisão de Bonfim e outras providências. Mas a disposição dos mineiros para a luta era notável. Em Belo Horizonte organizamos o apoio possível aos grevistas, lançando inclusive diversas edições especiais do *Jornal do Povo*.

A greve foi se prolongando por mais de seis semanas e ganhou repercussão nacional, porque era um desafio aberto à política do governo Dutra. Eu estava no auge da excitação, até que fui chamado ao Rio para discutir a questão com o deputado Pedro Pomar, encarregado pela direção de analisar nossa orientação na greve.

Fui às pressas de avião e levei um choque na conversa com Pomar. Enquanto eu delirava, sonhando que a greve deveria continuar por mais tempo, com bomsenso Pomar pensava de forma diametralmente oposta. Para ele, desde logo deveríamos equacionar o fim da greve, com o recuo organizado dos trabalhadores.

Ele estava coberto de razão, pois o quadro era insustentável. O Morro da Mina estava militarmente ocupado, o sindicato fechado e Bonfim tinha sido obrigado a recuar para a clandestinidade, protegido pelos operários. Como o pagamento dos salários havia sido suspenso, as famílias dos trabalhadores só não passavam fome porque a beneficência possuía estoque de alimentos. Mas estes começavam a esgotar.

Bem ou mal, terminou a greve e no fim de tudo restaram apenas belas histórias do heroísmo dos trabalhadores do Morro da Mina. Tudo que ali existia, sindicato e base partidária, sofreu um duro golpe.

Naqueles meses também organizamos greves nas ferrovias mais importantes que cruzavam o território de Minas — Central do Brasil, Rede Mineira de Viação, Vitória-Minas, Leopoldina Railway e Estrada de Ferro Goiás. Desencadear esses movimentos era relativamente fácil, devido aos salários baixos e pagos com muito atraso e à comunicação permanente entre os núcleos de trabalhadores da própria ferrovia. Bastava decretar a greve num ponto para ela, como um rastilho de pólvora, se estender ao conjunto da estrada de ferro. Ademais, a repressão policial era dificultada pela sua incapacidade de agir numa área geográfica tão ampla.

O governo ficava aturdido, pois a greve era um golpe severo no transporte de cargas e passageiros, numa época em que era deficiente o sistema rodoviário. Ademais, o fato ganhava logo as manchetes dos jornais, porque aquelas greves não podiam ser escondidas do noticiário. A repercussão nos estimulava. Era exatamente o que pretendíamos. Nas greves ferroviárias houve fatos inesquecíveis, como o episódio da paralisação em Cruzeiro (SP), num ramal da Rede Mineira de Viação. As mulheres dos ferroviários se deitaram nas linhas para impedir a locomoção dos comboios.

Outro fato significativo foi a postura do governador Milton Campos: em vez de concordar com a ida de soldados para sufocar a greve em Divinópolis, determinou o imediato pagamento dos salários dos trabalhadores, que estavam atrasados em três meses.

Na verdade, tínhamos comunistas em poucos núcleos ferroviários, porém eles bastavam para desencadear greves. Como as ferrovias se espalhavam pelos estados vizinhos — Rio de Janeiro, Espírito Santo, São Paulo e Goiás — grassou entre nós, em Belo Horizonte, a veleidade de pensar que o Partido em Minas é que estava indicando o caminho para as grandes lutas no país.

Enviávamos "assistentes" nossos para alguns pontos daquelas ferrovias em cidades situadas fora de Minas. E reclamávamos quando o semanário nacional do Partido — *Voz Operária* — relutava em aceitar artigos contando as experiências daquelas greves. Envolvia-me nelas de corpo e alma, porque ficavam a meu cargo as edições especiais do *Jornal do Povo*.

Greves foram igualmente deflagradas em outras cidades e em outros ramos industriais, com maior ou menor êxito, como em Juiz de Fora, nas grandes fábricas de tecidos, assim como na empresa de carris urbanos (Cia. Força e Luz), em Belo Horizonte.

Vivíamos eufóricos com esses acontecimentos, pois não medíamos as conseqüências. O governo Dutra foi tomando medidas para aprimorar a repressão policial, de modo a serem afastados das empresas os "agitadores comunistas". Para tanto, contava com o apoio incondicional e a colaboração dos donos e administradores das empresas.

Por isso, passado o vendaval da greve, tanto o Partido como a organização sindical ficavam em situação mais debilitada do que antes. Obviamente, a causa residia no "imediatismo", na "impaciência pequeno-burguesa", como classificávamos em nosso jargão. Em outras palavras, na imaturidade das concepções que presidiam nosso trabalho, uma vez que o essencial para o movimento revolucionário é seu fortalecimento ao longo dos tempos e não dados circunstanciais e passageiros.

Hoje, aquela maneira de atuar parece-me ainda mais absurda e nociva quando comparo aqueles movimentos grevistas com a luta dos metalúrgicos do ABC paulista, que não levam os conflitos trabalhistas ao ponto de causar desgaste irremediável à organização sindical.

AGITAÇÃO PELA AGITAÇÃO

Entre os anos de 1947 e 1952 continuei atuando em Minas, em diversas funções e tarefas partidárias. Combinava os encontros clandestinos com o trabalho legal, aberto e sem qualquer reserva. Meu único cuidado era não ser vigiado quando me dirigia para as reuniões com os companheiros que se encontravam clandestinos. Para isso utilizava táxis dirigidos por motoristas de confiança. A repressão policial não tinha a virulência generalizada verificada depois do golpe de Estado em 1964. Só uns poucos companheiros enviados pela direção nacional estavam na clandestinidade. De forma brincalhona, eram por nós chamados de "capas-pretas".

O regime da Constituição de 1946 nos possibilitava uma considerável margem de ação legal, que aproveitávamos para fazer agitação contra a ordem vigente e para defender a necessidade de uma alteração revolucionária na vida brasileira. Esse comportamento decorria da linha política ultra-esquerdista do Partido.

Tal delineamento estratégico, bem recapitulado no livro de Gildo Brandão, nos conduziu a agir em função de objetivos totalmente fora da realidade, deixando de lado a batalha pela democracia e a política de frente única. Jogando ao mar o que fizéramos no período de 1945 até 1947, desprezamos os embates eleitorais, ao ponto de só usarmos essas campanhas para deblaterar contra tudo e contra todos. Em resumo, abandonamos o campo da ação política.

Na campanha eleitoral de 1950, por exemplo, apresentamos um "candidato" a deputado — Luiz de Carvalho Bicalho. Tentamos obter para ele o registro num dos partidos e não conseguimos. Apesar disso, prosseguimos na propaganda de seu nome e insistimos em fazer comícios. Como a polícia reprimia, o resultado se traduzia em choques de rua, com pancadarias e tudo mais, o que julgávamos positivo, pois desgastava os governantes.

Nas eleições para o governador de Minas Gerais em 1950, acabamos propondo o voto em branco, não optando nem por Juscelino Kubitschek nem pelo deputado Gabriel Passos, embora este fosse um parlamentar nacionalista. (Nas eleições de 1958, recebeu nosso apoio quando se candidatou à Câmara Federal.)

Também não tomamos conhecimento da campanha presidencial, quando, em torno de Getúlio Vargas, se aglutinou uma frente nacionalista e popular para enfrentar e vencer as candidaturas presidenciais da UDN e do PSD, respectivamente de Eduardo Gomes e Cristiano Machado. Não apoiamos Getúlio porque considerávamos que o "nacional reformismo", que simbolizava sua política, desviava as massas populares da verdadeira luta contra o imperialismo.

Nessa época, fui espancado e preso pela primeira vez quando estava fazendo agitação na praça Sete de Setembro, ponto central de Belo Horizonte. Junto com alguns companheiros da Juventude Comunista, distribuíamos exemplares do "Manifesto de Agosto" e defendíamos o voto em branco na eleição presidencial. Fomos libertados no mesmo dia, desde que a legislação proibia a prisão de qualquer pessoa na véspera do pleito. (O "Manifesto de Agosto", foi o documento lançado ao povo brasileiro pelo PCB em 1950, que sintetizou a orientação política radical e estreita dos comunistas, pregando a luta imediata por mudanças revolucionárias na sociedade brasileira.)

Agora, quando relembro a pregação do PSTU nas eleições presidenciais em 1998, com o *slogan* "Contra burguês, vote 16", pensei: deixando de lado o bem achado bordão que lançaram, tudo é parecido com o que pregávamos há mais de meio século.

Nunca esqueci a forma pela qual a direção nacional explicava esquematicamente nosso posicionamento estratégico. Diógenes de Arruda Câmara o delineou no quadro-negro, numa aula. Assim se colocava:

Inimigo central — o imperialismo e o latifúndio;

Objetivo — fazer a revolução democrática e popular para realizarmos a reforma agrária e expulsar o imperialismo;

Nossa força — o proletariado e as camadas pobres da população;

Direção do golpe principal — contra as correntes nacional-populares, porque iludem as forças revolucionárias.

Na hora embatuquei com o último item, pois não conseguia entender o que representava, além de julgá-lo contraditório com a definição sobre o inimigo central. Contudo, não tive a coragem de contrariar a exposição de um dirigente que era o braço-direito de Prestes, além de ser pessoa que se julgava dona da verdade.

LIÇÕES DE OUTROS PAÍSES

Naqueles anos estávamos impregnados pelos documentos soviéticos que refletiam o aguçamento da guerra fria. Um deles foi o informe de Malenkov, na reunião em que foi criado o "Bureau de Informações dos Partidos Comunistas da Europa", em 1948, com a finalidade de aglutiná-los em torno de uma estratégia na luta contra a reação internacional. Porque desde a dissolução da Internacional Comunista, em 1944, deixara de existir uma direção do movimento comunista internacional.

No documento de Malenkov (pessoa de estrita confiança de Stalin), se afirmava que "o mundo está dividido em dois campos". Interpretávamos que tal antagonismo em "dois campos" se dava também no interior de cada país e em todos setores e relações sociais. O subproduto dessa visão era um endosso à radicalização de nossa política e o estreitamento da área de nossas prováveis alianças.

Além disso causou a maior confusão entre nós uma análise de Stalin, *urbi et orbi*, enfatizada mundialmente. Dissera ele que "a burguesia jogou fora a bandeira da democracia e das liberdades". De forma generalizada aplicávamos esse conceito à realidade do Brasil, o que não deixou de reforçar as posturas esquerdistas em nossa orientação política.

Cumpre ressaltar que, nos anos de 1948 a 1952, estávamos totalmente fascinados pelos êxitos da revolução na China. Buscávamos apreender as razões de seu sucesso, porque poderiam iluminar nosso caminho, visto que China e Brasil apresentavam algumas semelhanças. Devido a isso, o Comitê Central enviou à China Carlos Marighela, que trouxe vários materiais e preparou outros que explicavam a trajetória daquele destacamento revolucionário. Essa documentação era examinada em nossas direções partidárias. Mais adiante contarei a tentativa que fizemos de criar uma "área libertada" no Triângulo Mineiro, nos moldes da experiência chinesa.

Detive-me nesse ponto para exemplificar como na batalha política é irreprimível o desejo de copiar o acontecido em outros países. No caso da luta comunista, o mesmo acontecera em décadas passadas com as lições dos revolucionários na Rússia. Na década de 1960 repetiu-se o fato quando ecoaram no Brasil os feitos de Fidel Castro e seus companheiros.

Ora, se é um equívoco primário fechar os olhos às experiências ocorridas em outros países, também é um erro aceitar acriticamente tudo que vem de além-fronteira como algo que se deva tentar copiar. Nos combates sociais, a capacidade de um grupo ou de uma pessoa se mede também pela competência de extrair das experiências alheias o que pode e não pode ser transplantado, o que tem ou não um valor universal.

Justifico este longo parêntese com a necessidade de esclarecer uma das razões que nos levaram a cair numa febricitante atividade de agitar mais e mais. Na verdade, esperávamos que as pequenas bolas de neve que lançávamos precipitassem uma avalancha revolucionária.

AVENTURA NO SUL DE MINAS

Ilustra o estado de espírito naquela época entre os comunistas, assim como meu desconhecimento da realidade do Partido nas cidades do interior, o sucedido numa viagem que fiz a Pouso Alegre, no sul de Minas. Havia recebido a missão de me reunir com os vereadores comunistas eleitos na região. Mas acabei debatendo nossa orientação só com o radialista Orfeu Buti, que conseguira excelente votação em Pouso Alegre.

Desde logo, fui me surpreendendo com o tipo de comunista que tinha pela frente. Para conversarmos, levou-me a um restaurante com uma comida de lamber os beiços, mas com uma freguesia altamente duvidosa. Não foi difícil concluir que estávamos no melhor bordel de Pouso Alegre, o que me deixou contrafeito, desde que considerava absurdo um dirigente comunista freqüentar a chamada "zona".

Ao dizer isso ao Buti, ele replicou com uma gargalhada, acrescentando que exatamente naquele meio se encontrava seu núcleo eleitoral mais expressivo. Para comprovar, disse que sua eleição havia provocado até uma pesquisa do bispo local, interessado em entender o fato de uma cidade tão católica haver eleito um vereador comunista. O que foi fácil esclarecer, disse-me Buti, desde que sua votação fora maior precisamente na zona eleitoral com os nomes que começavam em "M". (As listas eleitorais eram elaboradas de conformidade com a ordem alfabética dos eleitores.) Buti acrescentou: "Consegui dezenas de votos entre as Marias, pois em geral as prostitutas chamam-se Maria disso e Maria daquilo..."

Nas conversas posteriores, Buti assinalou ainda que sua eleição também se devia à repercussão do fato de Ademar de Barros ter feito um acordo com os comunistas em São Paulo. E que em Pouso Alegre ele não tinha outro caminho senão o de alardear sua simpatia pelo ademarismo.

Retornei a Belo Horizonte pelo trem da Rede Mineira de Viação, numa viagem que durava quase três dias, devido a baldeações em Soledade e Três Corações. Nesta cidade é que aconteceu um episódio extraordinário.

Na estação da estrada de ferro eu devia aguardar cerca de duas horas. Por azar, encontrei no bar um mecânico comunista, especialista em consertos de geladeiras, Sebastião Ferreira, de Varginha. Quando me viu, foi logo propondo que eu fosse ao famosíssimo leprosário de Três Corações, o maior do Brasil. Ora, naquela época a lepra era o pavor de todos, assim como hoje se teme a Aids.

Procurei recusar alegando várias razões. O companheiro, entretanto, foi jogando por terra minhas justificativas, insistindo que os leprosos estavam passando fome, em conseqüência da corrupção dos administradores do leprosário, e que eu poderia denunciar tudo no *Jornal do Povo*.

Vencido, me curvei ante aquela exigência moral. Seguimos para o leprosário e logo me deparei com um quadro dantesco. Ali estavam cerca de dois mil leprosos, com suas mulheres e filhos, sendo que boa parte alojada em casebres de capim. Isso porque os familiares acabavam tendo de acompanhar os atacados pela doença, pois nas cidades do interior ninguém queria conviver com aqueles que tivessem contato com os portadores do mal de Hansen.

Os administradores não estavam presentes, o mau cheiro do local era verdadeiramente insuportável e a aparência dos doentes calamitosa. Logo eles me rodearam, sabedores de que se tratava de um jornalista. Denunciaram a péssima alimentação que recebiam e a falta de medicamentos e material de higiene no leprosário.

Apavorado, eu não sabia como me mexer, com medo de me tocarem e de desmaiar naqueles ambientes fétidos. Saí para o pátio, onde se reuniram todos, inclusive as crianças. Nesse ponto, Sebastião disse-me: "Você deve fazer um discurso e abrir uma perspectiva para eles."

(Era essencial na pregação do Partido "abrir perspectivas de luta" diante de qualquer problema da população. Por isso terminávamos cada matéria em nosso jornal com quatro linhas de "perspectivas", chavões invariáveis que encerravam com fecho de ouro qualquer texto, seja qual fosse o assunto.)

Aquela "dica" ou "diretiva" do mecânico me atordoou. Pensava: que "perspectiva" posso dar a homens e mulheres que estão à beira da morte? Aí me ocorreu uma solução genial, talvez a idéia mais feliz que tive em toda minha vida. Subi numa mesa e após protestar contra o que constatara, lancei uma proposta, dizendo: "Se vocês concordarem, ao sair daqui enviarei um telegrama ao governador Milton Campos, dando um prazo de 24 horas para substituir os administradores, e afirmando que se tal não suceder, vocês invadirão a cidade de Três Corações."

Os aplausos que recebi confirmaram a aceitação pela massa de leprosos daquele ultimato ao governo. Às pressas, retornei à estação, onde ainda houve tempo para redigir o telegrama ao governador e um relato sucinto ao jornal *Estado de Minas*. Recomendei a Sebastião Ferreira enviar de Varginha os telegramas e segui para a etapa final da viagem, mais 20 horas no trem da Rede Mineira de Viação.

No curso da viagem não mais pensei no sucedido no leprosário até que na manhã do dia seguinte, na parada do trem em Divinópolis, ouvi os jornaleiros apregoando a manchete do *Estado de Minas* — "Leprosos vão invadir Três Corações". Somente então avaliei o que eu havia causado, concluindo que seria preso ao desembarcar em minha cidade. Tentei descer do trem, mas não havia nenhuma parada antes da capital mineira. Com o coração disparado, só me acalmei quando divisei na *gare* da estação de Belo Horizonte um amigo e contemporâneo da Faculdade — José Bento Teixeira de Salles, secretário particular do governador Milton Campos, acompanhado de um oficial da PM.

José Bento acercou-se de mim e foi logo me dizendo: "Marco Antônio, o governador quer conversar com você." Fomos para o Palácio da Liberdade, onde havia uma reunião, da qual participavam, além do governador, um coronel do Exército, o chefe de Polícia (coronel Campos Cristo, meu contraparente) e o secretário da Saúde.

Chamado para contar o que acontecera, fiquei sabendo que a guarnição federal da cidade em que nasceu Pelé (um regimento de cavalaria) estava de prontidão, aguardando ordens para cercar o leprosário e que a população estava prestes a fugir de Três Corações. Milton Campos imediatamente deu ordens para a demissão dos administradores. Saí aliviado e empolgado. Em casa de meus pais, porém, não me receberam como um herói, mas como um louco rematado. Após consultarem um dermatologista, queimaram minhas roupas e deram-me um banho de álcool.

Recapitulo esse fato para mostrar como era o Partido no interior de Minas e como agíamos para desencadear lutas. Poucas vezes alcançando efeitos positivos, como em Três Corações. Em geral, nossa orientação determinou a liquidação do pequeno capital político que possuíamos. Um exemplo é o caso do empastelamento do *Jornal do Povo*.

EMPASTELAMENTO DO *JORNAL DO POVO*

O PCB, desde o início da década de 1930, dedicou-se com atenção ao trabalho de aliciamento de militares, o que foi facilitado pelo movimento tenentista, levando jovens militares a se aproximar dos comunistas, influenciados pelas posições de Prestes.

O resultado logo se viu nos levantes militares de 1935, no Rio Grande do Norte, em Pernambuco e no Rio. Não obstante as conseqüências — prisões, expulsões, combate sistemático aos comunistas — a vida demonstrou a necessidade e a possibilidade de o Partido dar especial atenção ao trabalho político com os militares, pelo papel decisivo que desempenham na vida nacional.

A aproximação foi sem dúvida alguma facilitada pela luta contra o imperialismo mantida pelos comunistas, o que foi um ponto de contato com o ideal patriótico naturalmente cultivado dentro das casernas. (Não por acaso, remanescentes dessa aproximação se fizeram sentir no 11 de novembro de Lott [1955], no "esquema militar" de Jango e em outros fatos políticos nas décadas de 1950 e 60.)

Tudo isso demonstra como o Partido se preocupou em ter influência nos meios militares. Daí o fato de, em 1947, ser designado com esse objetivo um ex-tenente de 35 — Leivas Otero — para atuar de forma reservada em Minas. Logo conseguiu contatos na Polícia Militar e ficou sabendo de irregularidades que aconteciam nos quartéis, praticadas até por oficiais superiores. Quase todas eram pequenos abusos e proveitos pessoais, sem maior e mais clara conotação política.

Leivas resolveu, então, fazer matérias divulgando esses fatos pelo *Jornal do Povo*. Aquilo nos cheirava a pólvora, mas fomos publicando as denúncias porque o que desejávamos era fazer a agitação possível. O resultado foi catastrófico.

Em plena luz do dia militares da PM destruíram nossa gráfica, causando prejuízo considerável. Também diversos companheiros foram processados (como meu futuro cunhado Hugo Pimentel de Castro), além de movida implacável perseguição a todos os militares suspeitos de ligação com os comunistas.

O fato, portanto, contribuiu para aumentar o clima de intimidação e medo, além de criar dificuldades para o governo Milton Campos. Mas, como sempre, não avaliávamos esse saldo negativo. Ao contrário, o que acontecera reforçava nossa disposição de redobrar o combate ao regime vigente.

COM OS LAVRADORES

Na década de 1940 em grande parte do Triângulo Mineiro houve notável ampliação do cultivo de arroz de sequeiro, ao lado do crescimento da pecuária de corte, decorrente do aprimoramento e da aclimatação das raças de zebu em Uberaba. As belas planícies, entre os rios Grande e Paranaíba, foram ocupadas por arrozais, que, quando soprava o vento, na época da colheita, mais pareciam um oceano verde.

Acorreram para lá milhares de lavradores, vindos de outras regiões do país, porque as máquinas agrícolas eram raras e caras. Principalmente na bacia do Paranaíba, as terras eram de boa qualidade e quase não demandavam fertilizantes e defensivos. Era um assombro em Minas, pois em outras regiões o arroz era só cultivado em várzeas, à beira dos rios e córregos. Uberlândia era o grande centro daquela agricultura próspera, como entreposto comercial que também abastecia Goiás e Mato Grosso, contrastando com Uberaba, a capital da pecuária, do zebu e dos touros que valiam uma pequena fortuna.

As estradas eram de terra e nos meses chuvosos viravam um lamaçal. Dia e noite era intenso o tráfego de caminhões, muitos atravessando a velha ponte Afonso Pena, na divisa com Goiás. Do lado de lá do Paranaíba também se espraiavam os arrozais e parte da produção de arroz era escoada pela Estrada de Ferro Mogiana, que ligava Araguari a Campinas.

O panorama social era relativamente simples no campo. Poucos latifundiários eram donos de grandes áreas dedicadas às plantações de arroz, explorando meeiros, que recebiam a "meia" ou a "terça", por um trabalho diário e extenuante, de sol a sol. Era reduzido o número de pequenos proprietários e quase não havia assalariados agrícolas. A massa de trabalhadores não dispunha de nenhum tipo de organização social, nem mesmo as de caráter religioso. Nada. Via-se que era um amontoado de gente sem eira nem beira, seminômade, que havia chegado há pouco tempo e logo se dispersaria. Estava ali para não morrer de fome em suas terras de origem.

Destacava-se naquele conjunto de latifúndios uma imensa fazenda de ingleses, em Capinópolis, com arrozais, mas pronta para ser transformada em pasto cultivado para receber milhares de cabeças de gado. De forma geral, a plantação de arroz era só a etapa inicial para a formação de campos destinados à produção de carne. Do lado de lá do rio Grande estavam os frigoríficos de Barretos, esperando as reses engordadas nas invernadas. Foi um conflito nessa fazenda o ponto de partida de várias lutas.

O Partido possuía um bom núcleo em Uberlândia, com tradição de luta, influindo em várias cidades de porte médio — como Araguari e Ituiutaba — e em mais de uma dezena de pequenas cidades. Desde 1945 os companheiros de Uberlândia realizavam um trabalho político entre os lavradores da região.

Organizar os lavradores e prepará-los para as batalhas nos apaixonava, mas era uma ação sofrida e penosa. Saíamos de Uberlândia em caminhões ou em automóveis de companheiros, comendo poeira, no escuro das noites, para burlar a vigilância da polícia e dos "bate-paus" dos fazendeiros. Depois eram as longas caminhadas pelas trilhas, para chegar aos grotões onde residiam e trabalhavam os lavradores. Dormíamos em casebres de pau-a-pique ou nas tulhas de palha de arroz, sob o teto das estrelas. Alimentávamo-nos como os lavradores — arroz com um pedacinho de galinha ou um lambari apanhado no córrego.

Os lavradores aderiam em massa a um partido que prometia dividir os latifúndios, dando um pedaço de terra a cada família. Eram estruturados em "células por córrego", única referência geográfica na vastidão dos latifúndios. Nessa atividade, além de dedicados companheiros de Uberlândia, se destacavam Roberto Margonari e Elson Costa.

Estive naquela missão algumas vezes, disputando até esse privilégio, para recolher matérias para o *Jornal do Povo*. Eram visíveis meu desconforto e minha inaptidão para o mister, mas cheguei a participar de várias reuniões com dezenas de lavradores. Suas mulheres, porém, pouco apareciam. Estavam em outras lidas, ou porque aquilo de participar em reuniões com pessoas estranhas não era "coisa para mulher".

Como um animal essencialmente urbano, meu palavreado era incompreensível para aquela gente humilde, que se divertia com minhas mancadas na tentativa de resolver pequenos problemas, para eles corriqueiros, como atravessar uma pinguela ou passar por baixo de uma cerca de arame farpado. Uma boa parte do meu tempo era gasta nas conversas infindáveis, ouvindo causos daquela gente. Eu procurava conhecer e documentar seus rosários de desgraças, suas origens, a trajetória e as histórias de vida de cada um.

UMA "ÁREA LIBERTADA"

Acompanhando a evolução das lutas dos lavradores no Triângulo, e para dar a elas maior dimensão, planejamos criar uma "área libertada" na região. A idéia partiu de Ivan Ramos Ribeiro, do Comitê Central, que em 1948 substituiu Dinarco Reis como secretário político da direção em Minas Gerais. Naquela fase Ivan Ribeiro teve um papel significativo nas atividades partidárias em nosso estado.

Seu pai foi um dos "tenentes" da década de 1920 que, como oficial do Exército em Manaus, chefiou um movimento vitorioso, assumindo o governo no Estado do Amazonas. Tendo feito o curso de cadete na Escola Militar, na Praia Vermelha, Ivan era tenente da Aviação do Exército. (A Força Aérea Brasileira foi organizada muitos anos depois.) Em 1935 Ivan comandou a rebelião no Campo dos Afonsos, como secretário do núcleo do Partido naquela unidade militar. Condenado à prisão por muitos anos, passou por vários presídios e foi libertado em 1941.

Distinguia-se dos outros oficiais comunistas por sua cultura e seu interesse em estudar os clássicos do marxismo e a história do movimento operário no Brasil. Era um orador brilhante e um bom expositor. Em 1950 foi designado para representar o PCB em organizações internacionais sediadas em Praga, na Tchecoslováquia. Teve atuação de relevo no Comitê Central, vindo a falecer em 1973 numa reunião clandestina.

Empolgado pelas experiências da revolução chinesa, idealizamos estabelecer no Triângulo uma "área libertada", a partir do pequeno potencial revolucionário com que contávamos. Uma aventura sem pé nem cabeça, inteiramente fora da realidade, como os fatos iriam demonstrar.

O primeiro entrevero foi a luta dos meeiros da fazenda dos ingleses, em revide à medida do administrador da propriedade de expulsá-los das terras, a fim de dar prosseguimento à plantação de capim. Atendendo à orientação do Partido, os lavradores começaram a arrancar as mudas de capim. A polícia militar foi chamada e prendeu 23 trabalhadores, levando-os para a cadeia pública de Monte Alegre.

Em Uberlândia decidiu-se promover uma campanha contra a expulsão dos lavradores e libertar os presos na marra. Para tanto foi organizada uma caravana a Monte Alegre. Os companheiros cercaram a cadeia, mas não puderam invadi-la porque os policiais resistiram. E os presos foram transferidos para a delegacia policial de Uberlândia. Os jornais de Belo Horizonte noticiaram os fatos, denunciando a existência de uma "rebelião comunista" no Triângulo. O chefe do Departamento de Ordem Pública e Social (DOPS), José Henrique Soares, seguiu com reforços para Uberlândia. Nessa cidade prendeu pessoas, recolheu depoimentos e abriu processos para intimidar e averiguar a extensão de nossos planos.

Resolvemos ajudar com o que pudéssemos os camaradas do Triângulo, enviando uma força-tarefa, qual o exército de Brancaleone. Fiquei encarregado de levar equipamento gráfico, quase da época de Gutenberg, pesadíssimo, além de três fuzis, mais a munição.

Armando Ziller, a contragosto, foi junto para angariar recursos financeiros com os amigos de Uberlândia. Também foi conosco o carpinteiro Artur de Andrade, que estava sendo procurado pela polícia. Ele era responsabilizado pela morte de um policial numa refrega de rua em Belo Horizonte, por ser do "grupo de autodefesa" de um comício que havia sido proibido pelas autoridades.

De madrugada, saímos da capital num táxi dirigido por um motorista de total confiança, Aírton. A rodovia era de péssima qualidade, de terra e cascalho. A viagem até Uberlândia deveria durar 14 horas, mesmo sem parar para o almoço, devido ao nosso receio de sermos localizados pela polícia. Se fôssemos apanhados, não haveria como explicar o farto "material subversivo" que carregávamos, além de dar fuga a uma pessoa procurada pela Justiça.

Com dificuldade o automóvel subiu pela Serra da Saudade, mas perto de Araxá quebrou um dos semi-eixos. Consegui uma carona até um lugarejo em que havia telefone. De lá pedi socorro a João Cândido, um motorista de Uberlândia. Horas depois ele apareceu e nos levou sãos e salvos, mas se recusou a transportar a carga, pois do contrário seu veículo também não agüentaria. Viagem terrível.

Tomando pé na situação em Uberlândia, percebi imediatamente que não seria fácil prosseguir a luta: companheiros presos, policiais de Belo Horizonte fazendo a ronda nas ruas, os amigos apavorados com nossa disposição de não batermos em retirada. Diariamente eu escrevia e imprimia panfletos num "reco-reco" denunciando a repressão e conclamando a população a protestar. ("Reco-reco" era um mimeógrafo tosco fabricado por nós, de acordo com um modelo preparado por Ivan Ribeiro.)

Por coincidência, naqueles dias estava marcado um congresso de mulheres do Triângulo Mineiro e se esperava um bom comparecimento de representantes das cidades vizinhas. Essa reunião visava a debater a problemática das donas-de-casa — creches, escolas, carestia etc. Nem mesmo os direitos da mulher, como hoje são discutidos, motivavam aquele início de movimento.

Resolvemos usar aquele conclave para fazer uma manifestação de protesto contra a prisão dos lavradores da fazenda dos ingleses. Dito e feito. Mobilizamos umas vinte companheiras, que, lideradas por Olívia Calábria, foram para a frente da delegacia. Os policiais se entrincheiraram, mas o delegado José Henrique Soares apareceu para acabar com a gritaria de protestos. Tentou dialogar com Olívia e esta o agrediu com uma sombrinha, deixando ensangüentado o rosto do delegado. Os fotógrafos e jornalistas presenciaram tudo e no dia seguinte os jornais de Belo Horizonte e do Rio de Janeiro noticiaram o acontecido, apresentando uma foto da cara do delegado que apanhou de uma mulher.

Aquilo compensou nossos sofrimentos e achei que havíamos conseguido o máximo possível. Mas para sair de Uberlândia foi complicado, porque havia barreiras policiais nas estradas. Um amigo do Partido, que com freqüência usava um "teco-teco", me levou até Araxá. De lá, longe da confusão, peguei um avião de carreira para Belo Horizonte.

O resultado do plano da "área libertada" no Triângulo foi trágico, pois o Partido ficou desarticulado durante mais de um ano, tornando-se insustentável a situação de Roberto Margonari em Uberlândia. Foi indispensável seu afastamento, durante algum tempo, do Triângulo Mineiro.

Depois de alguns anos voltei àquela região e melancolicamente constatei que nossos planos de uma "área libertada" no Triângulo haviam se esfumaçado por completo. Não por causa das violências da polícia e dos latifundiários, mas devido às modificações no quadro econômico e social na agricultura.

Os fazendeiros transformaram as lavouras em pastos, ou paulatinamente substituíram o arroz por outros cultivos, como o de frutas, introduzindo em larga escala o uso de máquinas agrícolas. Assim, aquela massa de milhares de lavradores deslocou-se para outras paragens, especialmente para as novas áreas da fronteira agrícola no Centro-Oeste e no Norte do país. Não sobrou nada do que o Partido havia realizado na bacia do Paranaíba.

Isto me faz recordar uma história contada por Martinzão, um nordestino inteligente, que desde 1934 se empenhou em lutas camponesas. Com jeito brincalhão, ele relatava ter vivido muito tempo no interior de Mato Grosso, aliciando lavradores. A atividade era promissora. Passados alguns anos retornou lá, mas o único traço que encontrou do que fizera foi um cavalo cujo nome era "latifundiário". Nada mais.

Por tudo isso, admiro o movimento dos sem-terra. Avalio como a luta é árdua e como o que realiza tem consistência e continuidade em função da luta secular para modificar a estrutura agrária brasileira. Mas discordo de algumas de suas formas de luta, que, aqui ou ali, me parecem não ser as mais adequadas. Igualmente valorizo a permanente ação dos sindicatos liderados pela Confederação Nacional dos Trabalhadores Agrícolas (Contag), entidade estruturada com a colaboração dos comunistas em 1963. Seu primeiro presidente foi o comunista Lindolfo Silva.

INTERMEZZO CULTURAL E SENTIMENTAL

Naqueles anos conturbados — de 1947 a 1952 — envolvi-me em diversos embates, em conseqüência da minha responsabilidade de dirigente do PCB em Minas. Conjugava a militância com a vida costumeira de Belo Horizonte, convivendo com intelectuais da minha geração. Pertenciam ao grupo da revista *Edifício*, ao qual se agregavam pessoas como o poeta Bueno de Rivera e Murilo Rubião, além da natural proximidade com uma geração anterior à nossa — Fernando Sabino, Paulo Mendes Campos, Hélio Pellegrino, Otto Lara Rezende, Marco Aurélio de Moura

Mattos, Amílcar de Castro, entre outros. Logo a seguir, os amigos do grupo da revista *Edifício* foram ganhando vôos mais altos em São Paulo e no Rio. No entanto, conservamos entre nós os laços de afeto.

Essa vivência me levou a conhecer importantes figuras no mundo cultural. Recordo-me da realização, em 1947, do Segundo Congresso Nacional de Escritores, em Belo Horizonte. A ele acorreu uma massa representativa da elite intelectual brasileira nas décadas de 1940 e 50.

Em 1947 havia se aguçado ao extremo o conflito entre os intelectuais que seguiam a orientação do PCB e muitos que repudiavam nossa política. Por isso, lamentavelmente, foi impossível uma convergência política no conclave dos escritores, o que determinou a ruptura da frente única em defesa da democracia, es- tabelecida dois anos antes no Primeiro Congresso de Escritores, realizado em São Paulo.

Mas ensejou-me conversas com José Geraldo Vieira, Moacir Werneck de Castro, Paulo Mendes de Almeida, Darcídio Jurandir e muitos outros. Cultivávamos, nos cafés, bares e nas reuniões do Congresso, a presença daquelas pessoas que espancavam nosso provincianismo e nossa imaturidade intelectual.

Contatos mais prolongados com outras personalidades decorreram de minha condição de comunista. Fui, por exemplo, o cicerone de Graciliano Ramos, além de organizador de alguns de seus encontros com os jovens escritores e poetas mineiros. Todos o reverenciavam, o que, aliás, pouco o impressionava. Trocas de opiniões sem circunlóquios, pois as conversas do Graça reproduziam o tom seco e sucinto de seu estilo literário. Sempre sarcástico, não fazia concessões por cordialidade e só elogiava a boa e pura cachaça de Minas. Em 1946, tivemos a inolvidável oportunidade de longas conversas com Otto Maria Carpeaux, que fora a Minas com sua mulher, Helena, para conhecer nossas cidades históricas e particularmente as obras atribuídas a "Aleijadinho". Por algumas vezes, um grupo em que estavam Sabato Magaldi, Autran Dourado, Wilson Figueiredo, Francisco Iglesias e outros, seqüestrávamos Carpeaux, para ouvir suas lições, que nos deixavam embasbacados.

Era notável a paciência e o interesse do mestre em dialogar com o grupo de jovens intelectuais, na época atuando no Partido Comunista. E éramos sabedores de que, meses antes, tinha havido um ataque a Carpeaux, pela imprensa carioca, de pessoas ligadas ao Partido. De forma ostensiva, deixávamos claro que com ele pretendíamos manter contato e conhecer suas opiniões sobre literatura e arte. Assim, julgo absolutamente despropositada uma aleivosia, recentemente difundida, de que os comunistas mineiros contribuíram para a difusão de vetos a Otto Maria Carpeaux, quando começava a se aclimatar no Brasil.

De outra feita, acolhemos por alguns dias o grande poeta cubano Nicolás Guillén, que estava exilado em nosso país, por ser impossível viver em sua pátria quando imperava o ditador Batista. Com o auxílio de Ayres da Matta Machado Filho, organizamos, numa das salas do Instituto de Educação, uma reunião em que o poeta recitou, durante quase duas horas, alguns de seus poemas, muitos dos quais publicados nos livros *Son intero* e *Sóngoro cosongo*. Conservo ainda na memória sua bela estampa, que conjugava perfeitamente com a voz forte mas modulada, transmitindo suas poesias — um lamento distante e doce-amargo das gerações cubanas e caribenhas, marcadas pelo sofrimento, mas sempre com a esperança em dias melhores.

Em 1947 passou cinco dias conosco o filósofo, professor da Sorbonne e deputado comunista, Roger Garaudy. Foi a Minas conhecer nossa arte barroca e fazer uma conferência. A polícia tentou impedir, mas foi vencida pela interferência de Artur Versiani Veloso e de Ayres da Matta Machado Filho, por acharem inconcebível que um professor da Sorbonne fosse impedido de expor suas teses em Belo Horizonte. Naquele tempo Garaudy ainda não era conhecido no Brasil, porque suas obras só foram publicadas e traduzidas muito tempo depois. Com sua notável capacidade de exposição, o filósofo causou profundo impacto no público ao discorrer sobre o tema da batalha das idéias, em que estava empenhado, defendendo teses marxistas.

Mas um episódio de caráter afetivo, naquele ano, me desnorteou durante alguns meses. Em 1947, participei pela última vez de um Congresso Nacional de Estudantes. Como representantes da Faculdade de Filosofia do Colégio Santa Maria, tradicional estabelecimento católico de Belo Horizonte, pertencente à Ordem dos Irmãos Pregadores (dominicanos), foram conosco, na delegação mineira, três jovens universitárias.

Uma delas era Maria Amália, de tradicional família da cidade, filha de um professor da Faculdade de Medicina. Sua mãe também era uma professora universitária, mas ativista católica ultraconservadora, a ponto de certa vez criar um atrito com o livreiro Roberto Costa, por este ter exposto, na vitrine da loja, um livro sobre certo método anticoncepcional admitido pela própria Igreja Católica.

Aquelas universitárias católicas, estudantes de Filosofia, de forma surpreendente para mim, não tiveram qualquer receio de estabelecer um diálogo com uma pessoa tida e havida como comunista, como era o meu caso. Creio que essa abertura resultava da influência dos dominicanos franceses, responsáveis pelo início da renovação da igreja católica, de que eram os arautos. Recorde-se a celeuma na época em torno dos famosos "padres operários", que, no pós-guerra, escandalizaram os meios direitistas na França.

Naquele ambiente descontraído do Congresso fiquei interessado em delas me aproximar, notadamente de Maria Amália. De volta a nossa cidade passei a encontrar-me com ela e os sentimentos foram evoluindo, tornando-se uma paixão incontrolável. Transcorreram algumas semanas e tudo marchava pelo caminho normal de um casamento, até que seus pais descobriram o fato, vetando de forma irrevogável o nosso propósito.

Arrasada, ela revelou-me o drama, mas prometia não ceder. Não queria, contudo, romper com os pais. Em dúvida sobre o que decidir, ainda tentou uma derradeira saída. Propôs que fôssemos conversar com um frade dominicano que estava de passagem por Belo Horizonte. Como não podia discordar, tal era a nossa aflição, concordei, embora tivesse receio do que esse frade iria nos dizer.

No dia aprazado, fomos à igreja dos dominicanos. Lá estava frei Benevenuto Santa Cruz, que anos depois se desligou da ordem dos pregadores, sendo hoje o proprietário da livraria *Duas Cidades*, em São Paulo. Ouvindo atentamente o que informamos, só me perguntou se eu casaria e batizaria os filhos na Igreja. Assenti de pronto, não vendo nisso a menor dificuldade. Saímos de lá com a alma limpa, alegres como passarinhos. Parecia que tudo estava resolvido. Pura ilusão. A pressão familiar foi mais forte e Maria Amália decidiu romper comigo.

Aí foram meses de sofrimento, da espera inútil de uma reviravolta, da expectativa de um milagre qualquer. De sofrer mais ainda quando a pressentia ao longe no trajeto que diariamente fazia da repartição pública em que trabalhava até sua casa. Amor, sim, mas também ódio à intolerância religiosa, aos preconceitos arraigados contra os comunistas.

Comecei a entender que o rapto de amadas, nos romances medievais, não era fruto só da imaginação dos autores, mas de fatos havidos que chegaram até a provocar guerras e morticínios. Como em tudo o mais, o tempo foi o bálsamo que me aliviou da desventura. A solução que encontrei foi mergulhar na militância, na luta pela paz e contra o imperialismo que estava na ordem do dia.

A CONTROVERTIDA LUTA PELA PAZ

Naqueles dias perigosos era um dado concreto a possibilidade da eclosão de nova guerra mundial. Inicialmente, só os Estados Unidos dispunham de um poderoso arsenal com bombas atômicas, mas os povos queriam o fim do colonialismo e mudanças políticas substanciais em dezenas de países. Em várias regiões da Terra foram se acumulando fatores que agravaram a tensão internacional.

Não havia por que todos se curvarem diante da chantagem atômica de Washington. Assim, tornou-se imperativa a mobilização em defesa da paz e contra as ameaças do holocausto atômico. Esse posicionamento era correto, necessário e oportuno, relembrando os grandes movimentos pacifistas neste século, simbolizados por Jean Jaurès e Romain Rolland, nas vésperas das duas guerras mundiais.

Os comunistas em todos os continentes assumiram a vanguarda dessa mobilização, o que abriu caminho para se transformar numa causa apoiada por imensos contingentes da população mundial. No entanto, essa participação comprometeu o movimento, porque na verdade interessava vitalmente a União Soviética. Por isso a luta pela paz tornou-se uma causa subversiva e perigosa.

Em 1948 foi lançado o "Apelo de Estocolmo", manifesto que passou a ser assinado por milhões de pessoas nos cinco continentes. Condenando o uso de armas atômicas, foi amplamente divulgado no mundo e tinha como primeiro signatário o famoso cientista Joliot-Curie. Em Minas, organizamos a coleta de assinaturas para aquele documento, nela se empenhando principalmente as moças e os rapazes da Juventude Comunista. Eles batiam de porta em porta para explicar as razões do "Apelo".

O governo federal, por meio de decretos e portarias, tornou ilegal qualquer ato pela paz, mas o Partido perseverou em realizar protestos nas ruas. Em conseqüência, principalmente em Belo Horizonte, houve uma série de enfrentamentos com a polícia. Em outras palavras, a luta pela paz transformou-se numa guerrilha constante com os agentes policiais.

As tentativas de comício geravam alguns conflitos mais sérios. Por isso organizávamos "grupos de autodefesa" dos atos, com companheiros mais destemidos. Uma vez ou outra, um deles levava um revólver. Em determinadas ocasiões utilizávamos pequenos bastões e outros artefatos destinados a dificultar a ação da cavalaria da PM. No mais grave de todos os entreveros, houve um tiroteio em que foi morto um policial. Em outra oportunidade foi baleada uma mulher que estava a meu lado, numa manifestação na praça da Feira de Amostras.

Certa noite, quando instalávamos a sede do movimento, num edifício situado na avenida Amazonas com a rua Tupis, em Belo Horizonte, a polícia invadiu o local e me prendeu juntamente com mais sete companheiros. Fomos levados para a Casa de Detenção, processados e lá ficamos detidos durante mais de vinte dias. Nesse episódio, na verdade, o feitiço virou-se contra o feiticeiro. Aproveitamos a oportunidade para realizar explanações e discussões sobre temas políticos na ampla cela em que fomos confinados.

Não sofremos qualquer espancamento, pois não havia clima para tais violências, inclusive porque um dos presos, Cláudio Pimentel de Castro (meu futuro cunhado), era filho de um antigo diretor da Casa de Detenção. Recebíamos refeições enviadas de nossas casas. Permitiam visitas dos parentes e junto a eles fazíamos agitação pela causa da paz mundial.

Uma daquelas visitas me abalou. Entre os visitantes estava meu tio Euler de Salles Coelho, ex-deputado federal e jurista, um homem distinguido em Belo Horizonte pela sua cultura e integridade. De seus olhos corriam lágrimas ao me ver atrás das grades da cela. Apesar da minha tranqüilidade e firmeza, tudo aquilo para ele era inaceitável. À noite, não consegui dormir, ficando a remoer o sofrimento que involuntariamente causara a um homem digno, mas distante da crueldade dos fatos.

O procurador-geral do Estado, Onofre Mendes Júnior, irmão do poeta Murilo Mendes, deu parecer afirmando que não praticáramos qualquer crime, porque a reunião não era clandestina e nem tinha propósitos subversivos. Por isso logo fomos soltos.

Mas eram intransponíveis as barreiras para a luta da paz chegar à grande massa da população. Tentávamos inutilmente dar maior amplitude àqueles atos, porém obtínhamos o apoio de apenas alguns professores universitários e de profissionais liberais de prestígio na cidade. Entre eles o cientista Amilcar Vianna Martins, os médicos Valdemar Versiani e Bolivar de Souza Lima, os professores Antônio Macedo e Lúcio Libânio, e o jurista Olímpio Ferraz de Carvalho.

O professor emérito Amílcar Vianna Martins, da Faculdade de Medicina, gozava de prestígio na cidade e na comunidade científica brasileira. Como voluntário, participara da Força Expedicionária Brasileira e jamais escondeu suas posições como homem de esquerda. Certa vez, em conversa com meu pai, justificou plenamente a minha atuação no Partido.

Valdemar Versiani dos Anjos, dono de um laboratório de pesquisas clínicas, era sobretudo um exemplar magnífico da cepa de escritores bissextos do Brasil, pouco conhecidos do grande público mas que nos dão preciosas obras literárias, entre os quais *Jornal da Serra Verde*. Mineiro de Montes Claros, irmão de Ciro dos Anjos, descreveu magistralmente o norte de Minas porque compreendia o sertanejo curtido e desconfiado do mundo.

Ele aceitava nossos planos e nossas loucuras, embora sabedor de que haveria incríveis trapalhadas. Na hora dos conflitos, o centro da cidade ocupado pelas polícias civil e militar, saía de casa para tomar chope num bar muito freqüentado, sempre acompanhado à distância por "tiras". No dia seguinte me comunicava: "ontem tomei conta de três beleguins".

De forma inesperada, conquistamos para o movimento da paz a adesão de um coronel da reserva do Exército e jurista — Olímpio Ferraz de Carvalho. Era um homem tímido, não se envolvia em política partidária e sua preocupação básica eram temas constitucionais. (É autor de um livro sobre o regime parlamentarista.) Creio que em sua formação na Escola Militar influíram as lições dos discípulos de Benjamim Constant Botelho de Magalhães. Como ele sentia a necessidade da luta pela paz, concordou em ser o presidente de nosso movimento em Belo Horizonte. Assumiu a missão de corpo e alma, pois não aceitava as arbitrariedades do governo federal. Uma vez chegou a ser literalmente carregado por agentes policiais, por se recusar a cumprir uma ordem ilegal de sair de um local em que faríamos uma reunião. E também pelo fato de ter a patente de coronel, que lhe garantia somente poder ser preso por um general.

Outra pessoa que se revelou nas lutas pela paz foi o intelectual e livreiro Roberto Canavarro Costa. Comerciante próspero, dono da maior livraria de Belo Horizonte, foi aos poucos perdendo sua fortuna em razão de sua militância no Partido. Muito bem relacionado, abria-nos várias portas mas pouco a pouco começou a ser considerado um comunista perigoso. Chegou a ser preso e processado junto com outras pessoas, num daqueles processos kafkianos contra os que defendiam o movimento da paz. Foi o delegado de Minas a um congresso continental pela paz realizado na cidade do México, em 1947. Era infatigável lutador e assumia a maior responsabilidade pelos nossos planos de agitação contra a guerra.

Os eventos do movimento dos partidários da paz em Belo Horizonte seguiam sempre um certo ritual. Lançávamos o convite para o ato público, assinado por deputados e pessoas amigas. Imediatamente a polícia anunciava que não o permitiria e a cavalaria da PM isolava o local. A polícia militar interditava o centro de Belo Horizonte porque no fundo queria evitar um conflito de maiores proporções, desde que esvaziava a parte central da cidade e isolava os manifestantes.

Então, traçávamos um "plano de guerra" com a autodefesa, uma vez que apenas desejávamos que um orador nosso fizesse um pequeno discurso, o que muitas vezes ficava a meu cargo. Eu me via obrigado a participar pessoalmente dos choques, porque, como dirigente partidário, precisava dar o exemplo. Na hora aziaga nada funcionava como havíamos calculado. Eram dias de grande tensão. Ninguém poderia garantir se à noite estaríamos sãos e salvos. No dia seguinte os jornais publicavam longas matérias, com fotos, recapitulando os fatos principais. Assim a agitação pela paz se realizava.

Tínhamos essa postura em face de qualquer evento. Transformamos, por exemplo, os atos preparatórios em Minas para o Festival Mundial da Juventude, em 1951, num "festival de luta". Ora, a concepção desse movimento internacional era congraçar jovens, a partir de programas que reúnem a mocidade: jogos esportivos, festas, reuniões recreativas e tudo o mais. Para espanto de Zuleika Alembert, a responsável pelo Festival no Brasil, que foi a Belo Horizonte examinar o que preparávamos, informamos a ela, em alto e bom som, que, em nosso estado, o festival da juventude seria de lutas. Em outras palavras, planejávamos choques com a polícia. Resultado, num jogo de futebol, num campo de várzea, houve um entrevero com agentes policiais, tendo ali sido preso o principal elemento da Juventude Comunista de Minas Gerais — José Gomes Lemos, estudante de Engenharia.

Persistimos nisso durante dois anos, sem resultados positivos maiores, pois, na verdade, estávamos isolados naquela batalha por uma causa justa, mas realizada por caminhos equivocados. A massa operária e a população de Belo Horizonte nada tinham a ver com as confusões e nossas brigas com a polícia.

A luta pela paz era algo muito distante dos brasileiros. Somente quando houve pressão dos Estados Unidos para que o Brasil enviasse tropas para a Coréia, em 1951, é que repercutiu com mais força entre a população a problemática mundial da paz. No entanto, Getúlio Vargas, logo ao assumir a Presidência da República, rechaçou a possibilidade de enviar soldados brasileiros para o conflito bélico naquela longínqua península da Ásia.

A BATALHA NACIONALISTA

No fim dos anos 40 e nos primeiros da década seguinte a temática nacionalista ganhou uma posição central na política dos comunistas, embora tenha estado presente desde 1922, quando foi organizado o PCB. Uma vez que a luta antiimperialista foi uma característica fundamental da ação revolucionária dos destacamentos da Terceira Internacional. Ao longo dos tempos ela contrasta com a posição secundária e às vezes esmaecida da temática da luta pela democracia.

Por isso o peso maior ou menor das diversas palavras de ordem do PCB é que marcava para o público a atividade política efetiva e concreta dos comunistas. Tal ênfase maior ou menor decorria de circunstâncias conjunturais, da confluência fortuita de vários elementos. Num retrospecto, constata-se que a partir de 1948 os acontecimentos determinaram a prioridade para as lutas de caráter nacionalista na ação partidária.

A campanha de "O petróleo é nosso" surgiu de forma algo estranha na direção partidária em Minas. Inicialmente, quase foi imposta de fora para dentro. Durante algum tempo, até duvidei que conseguisse se transformar num fator de mobilização popular. Eu estava redondamente enganado e não demorei a dar o braço a torcer.

Foi um camarada extremamente ativo e inteligente, Carlos Olavo da Cunha Pereira, que nos levou a impulsionar a luta pelo petróleo. Ele era um dos que auxiliavam o secretariado do Partido, na função específica de coordenar as "atividades de massa". Dispunha de informações sobre o que pensava um círculo de pessoas progressistas. Por isso vislumbrou com argúcia que naquela campanha estava um veio de ouro, por se tratar de uma luta contra os malditos trustes e cartéis, como denominávamos as multinacionais do petróleo. Em última análise, nos conduzia a abrir uma frente de luta contra os Estados Unidos, contando com o apoio de diversas correntes políticas e setores sociais.

Entre os vários elementos que criaram as condições necessárias para o sucesso da campanha do petróleo, relembre-se que na década de 1930 debatia-se no Brasil a vital importância dessa fonte energética. E no curso da guerra ficara evidente nossa fragilidade ante a suspensão do abastecimento internacional dessa matéria-prima. Além disso, a agitação de Monteiro Lobato criou raízes lançando a suspeita de que as companhias internacionais não desejavam e até dificultavam a pesquisa de jazidas de "ouro negro" no território nacional.

Em resumo, a exploração do petróleo no Brasil era um problema de segurança nacional. O Conselho Nacional do Petróleo fora criado durante o Estado Novo, sob a chefia do general Júlio Caetano Horta Barbosa. Esse general exercia considerável influência nos meios militares pela sua cultura e dedicação ao estudo dos grandes problemas brasileiros, dentro da melhor tradição republicana e positivista. Horta Barbosa concluíra que a solução que correspondia aos interesses nacionais era o monopólio estatal do petróleo e ganhou, com suas conferências e pareceres, sólido apoio de importante parcela das forças armadas.

Daí a interferência de altas patentes militares naquele embate político, impossibilitando que a campanha do petróleo fosse considerada como uma agitação dos comunistas. No Rio, o Clube Militar oficialmente a endossava, e vários generais da ativa ou da reserva nela se envolveram, como Leônidas Cardoso e seu irmão Felicíssimo Cardoso.

Certas particularidades de Minas contribuíram para obtermos o apoio de entidades empresariais e de líderes políticos. A Associação Comercial de Belo Horizonte aderiu de forma irrestrita ao movimento, influenciada entre outros por Osório da Rocha Diniz, Renato Falci e José Costa, este um antigo militante comunista.

Em Minas sempre foram indeléveis as fortes marcas da disputa com empresas estrangeiras em torno das jazidas de minério de ferro. Era fato ainda recente a polêmica da *Itabira Iron*, em que Artur Bernardes, como presidente de Minas e depois presidente da República, combateu com intransigência o contrato leonino que contrariava os desejos da criação de uma poderosa indústria siderúrgica em Minas e no Brasil. Havia, portanto, em nosso estado uma base política para o estabelecimento de uma frente única em defesa do petróleo.

Assim, não por acaso, precisamente um deputado de Minas, Olavo Bilac Pinto, figura do primeiro time da UDN, foi o autor do relatório que, na Câmara dos Deputados, encaminhou a aprovação do monopólio estatal do petróleo, tornando-o mais radical que o projeto inicial do governo Vargas. E discordante por inteiro do ideário udenista.

Outro fato demonstra como certos políticos foram levados a se curvar ante a tese nacionalista. Numa das poucas vezes em que conversei com Juscelino Kubitschek, junto com Armando Ziller, ele confessou-nos que fora obrigado a concordar com a criação da Petrobras, porque em todos os comícios que fazia no interior de Minas, sempre aparecia um grupo carregando um modelo de torre de petróleo a lhe exigir uma palavra sobre o tema. "No princípio", disse-nos JK, "não dava qualquer resposta, depois entendi que era melhor aceitar o monopólio estatal a fim de conquistar o apoio popular para a minha candidatura à Presidência da República."

Antes de 1964, ao lado da imprensa escrita, as conferências e os comícios eram instrumentos essenciais na propaganda política. As conferências para um público mais restrito destinavam-se a convencer determinadas elites, hoje denominadas de "formadores de opinião". Para o bem ou para o mal, naquele tempo não havia pesquisas de opinião pública e, assim, a repercussão de certas teses era medida pelo que sucedia nos comícios. Esses eram o ponto culminante das batalhas políticas, especialmente nas eleições. Das cidades menores dirigiam-se para as metrópoles caravanas com dezenas de pessoas vivamente interessadas em ouvir os oradores famosos.

A organização de um comício não requeria grandes recursos: panfletos e avisos nos jornais, um palanque (às vezes um simples caminhão), gambiarras de fios elétricos com algumas lâmpadas e alto-falantes. Era só e muito barato. Jamais se pensava em recorrer a "showmícios", esse abastardamento da ação política tão utilizado nos dias atuais.

Nós, em Minas, até abusávamos dessa forma de agitação, convocando seguidamente comícios na esquina da Sinuca (confluência da avenida Amazonas com a rua Espírito Santo). Fabrício Soares, em nota que me escreveu, relembrou um desses comícios que promovemos em 1954. Foi ele convocado para manifestar o protesto de nosso povo contra a invasão da Guatemala, por mercenários estipendiados pela CIA, agência do governo dos Estados Unidos, que tudo fez para derrubar o governo de Arbens, quando este se esforçava para afirmar a soberania de sua nação e para encetar reformas democráticas naquele país da América Central. Por qualquer motivo era indefectível um *meeting* desse tipo. Mas de tão corriqueiros, o público começou a se cansar e a não mais comparecer.

Também realizávamos comícios e conferências nos bairros distantes de Belo Horizonte e nas cidades do interior. Para tanto, organizávamos caravanas, levando oradores e conferencistas. Normalmente, o sucesso era compensador. Outras vezes fracassavam por erros dos encarregados do evento.

Certa vez fui o responsável por um desses desastres, em um comício na região do Horto Florestal, na capital mineira. Era uma manifestação de protesto contra o envio de soldados brasileiros para a guerra na Coréia. Eu fora informado de que o bairro era chamado de "Coréia". Julguei que aquilo traduzia a homenagem dos moradores aos valorosos coreanos. Assim, quando me dirigia ao público, tratando-o como "povo da Coréia", logo começaram a ser atiradas em nós pedras e mais pedras. O jeito foi sair de lá correndo. Depois é que me disseram que os moradores de bairros vizinhos é que chamavam aquele local de "Coréia", em razão de ali viverem arruaceiros contumazes e de ser um local de desordens intermináveis.

Analisando hoje todas as lutas em defesa de teses nacionalistas, com o distanciamento de quatro décadas, penso que o saldo foi positivo para os comunistas. Entre outras coisas porque permitiu darmos alguns passos fora do gueto em que estávamos encerrados. Levantando a bandeira nacionalista o Partido sentiu as possibilidades da realização de uma política de frente única, que, na etapa seguinte, ensejaria alianças importantes e a retomada de uma atividade política em grande estilo.

Entretanto, os resultados positivos eram limitados em razão da análise equivocada que fazíamos do segundo governo Vargas (1951-54). Não levávamos em conta as forças nacionalistas e democráticas nele representadas e a política por ele realizada, que era traduzida em atos fundamentais, como o aumento substancial do salário mínimo, a criação da Petrobras, o plano nacional de eletrificação etc. Política que ampliou os conflitos latentes entre o Brasil e os Estados Unidos.

As posições do governo Vargas provocaram a feroz aglutinação da direita contra ele, açulando a tentativa de um golpe militar, que só não foi consumado em virtude do suicídio de Getúlio. Epílogo trágico que comoveu a Nação e que pôs a nu de forma irrefutável como os comunistas estavam distanciados do pensamento e dos anseios dos brasileiros.

Como uma seqüência natural da luta pela paz, desencadeamos em 1951-52 o combate ao projeto de acordo militar do Brasil com os Estados Unidos. No entanto, essa atividade não obteve o mesmo êxito da luta pelo petróleo. Foram pouco expressivas as vozes militares e as correntes políticas que perfilaram nosso ponto de vista a respeito daquele tratado. E não conseguimos levar essa campanha a setores mais amplos da população.

No auge da campanha contra o Acordo Militar, houve uma reunião nacional no Rio, à qual estive presente. Nela acertou-se convidar o deputado Artur Bernardes para ser o primeiro signatário de um manifesto, encarregando-se uma comissão de fazer uma visita ao ex-presidente da República. Dela eu fazia parte, sendo a primeira e última vez que conversei com aquela personalidade tão destacada de Minas. Fomos a sua residência, na rua Valparaíso, na Tijuca. Na hora aprazada, recebeu-nos com a solenidade que lhe era proverbial. Apesar do calor, estava de terno de lã branca, colarinho duro, colete e pincenê.

Antes de expor o que desejávamos, inquiriu sobre cada um dos visitantes. Ficou satisfeito ao saber da minha condição de mineiro e de identificar ser eu sobrinho-neto de Joaquim de Salles, seu contemporâneo no Colégio do Caraça, no princípio do século.

Concordou em preparar o texto que desejávamos, mas aproveitou a oportunidade para informar que estava terminando um projeto de lei, que, em sua opinião, se aprovado, teria um tremendo impacto, porque afetaria a vida brasileira no interior do país. Nesse momento, aguçei a minha atenção, desejando que ele fosse nos dizer que estava elaborando um projeto de reforma agrária.

Começou então a dissertar sobre a falta de democracia no Brasil, o que, em seu modo de ver, resultava do fato de os delegados de polícia, nas cidades do interior, praticarem toda a sorte de violências nos pleitos eleitorais. Por isso, em seu projeto de lei, propunha que os delegados de polícia teriam de ser obrigatoriamente bacharéis em Direito.

Nunca me esqueci daquela exposição do político famoso, que, em seu quatriênio no Palácio do Catete, governou com inflexibilidade, recorrendo de forma permanente ao estado de sítio. Por isso pensava na validade do brocardo: "Depois de velho o diabo se torna ermitão." Por diversas vezes rememorei com outras pessoas aquele encontro na rua Valparaíso, assinalando que me parecia inconcebível um político da estatura de Artur Bernardes não atentar para a necessidade de transformações na realidade econômica e social do interior do Brasil. E a somente considerar fundamental, para garantir maior liberdade nas eleições, se dar um verniz jurídico aos delegados de polícia. Hoje tenho uma opinião menos radical, porque na tese do ex-presidente da República havia um aspecto correto, ou seja, a relevância de assegurar um clima de liberdade nos pleitos eleitorais.

Naquela fase fui transferido, por uns poucos meses, para Juiz de Fora, instalando-me num hotel de propriedade de um simpatizante do Partido. A missão que recebi foi a de fazer um trabalho com a intelectualidade local, o que rendeu quase nada, a não ser prolongadas conversas com o professor Irineu Guimarães, já aposentado do Colégio Grambery. Eu era vigiado por "tiras", de manhã à noite, pois a polícia julgava que estivesse armando alguns conflitos espetaculares. Devem ter entrado em confusão, pois o que realmente fazia era permanecer várias horas na Biblioteca Municipal, lendo livros e documentos que me interessavam.

Depois, encarregaram-me de organizar uma caravana para percorrer cidades da Zona da Mata — Além-Paraíba, Cataguases, Teixeira e Ponte Nova, comboiando duas personalidades do Rio — o major Napoleão Bezerra e o professor Horácio Macedo, que recentemente foi reitor da Universidade Federal do Rio de Janeiro. Esse giro foi um retumbante fracasso, desde que estavam proibidas as manifestações contra o acordo militar.

UMA MISSÃO INESPERADA

Um belo dia, em março ou abril de 1952, recebi em Belo Horizonte um telefonema do responsável pela "fração parlamentar", Zacarias Sá e Carvalho, para ir com a maior urgência ao Rio. Era por esse conduto que chegavam a nós as diretivas da direção nacional. Imediatamente fiz um pacote com mudas de roupa (não se usavam sacolas ou maletas) e peguei o primeiro avião disponível. No escritório, Zacarias deu-me um "ponto", afirmando que era um encontro com uma pessoa da direção.

Os "pontos" eram sagrados na luta clandestina. Ninguém podia faltar a eles, não se devendo chegar atrasado, nem antes do minuto exato. Ivan Ribeiro fazia freqüentes preleções a respeito do rigor quanto aos "pontos", insistindo que, se não conhecêssemos a área, ou o meio de transporte até o local fatídico, era um dever o estudo prévio da região, a fim de evitar qualquer fato imprevisível de última hora.

Ademais, se devia observar bem as redondezas a fim de verificar a presença de qualquer pessoa suspeita. Havia bons motivos para tais cuidados, embora de nada tenham me adiantado quando fui preso num "ponto", em 1975. Tanto isso me impregnou que, passadas tantas décadas, até hoje, quando nem estou militando, nunca chego atrasado até em idas a cinema ou a eventuais encontros sociais, o que é absolutamente incompreensível para minha mulher.

Pois bem, o tal "ponto" que recebera era numa esquina da rua São Clemente com a rua Sorocaba, em Botafogo. Tomei um bonde até a Praia do Botafogo e, como deveria esperar cerca de duas horas, resolvi jantar. Pouco depois, desabou um daqueles temporais fantásticos que atormentam os cariocas. As ruas ficaram inundadas, o que me apavorou. Faltando uns 30 minutos resolvi fazer de bonde o percurso de uns quatro quarteirões, pois estava sem guarda-chuva ou capa. Tomei o bonde mas este logo parou, detido por uma torrente fluvial que impedia a passagem de qualquer veículo. Resultado: entrei na enxurrada, molhando-me todo, enquanto o embrulho de roupas ia se desfazendo. Acabei chegando atrasado no maldito "ponto".

No dia seguinte, com o moral baixo, retornei ao escritório da "fração". Por sorte minha, havia a possibilidade de outro "ponto". Dessa vez aconteceu o encontro, sem qualquer contratempo. Era com Leivas Otero, da seção de organização do Comitê Central, a fim de transmitir-me uma tarefa ultra-urgente e da maior importância.

Antes de falar sobre a incumbência do Comitê Central, é necessário contar o que se lia nas manchetes de todos os jornais do país. Naqueles dias o cenário nacional estava conturbado por uma revolta no Maranhão, porque a população de São Luís aderira a uma greve geral que já durava três semanas, posto que não aceitava a posse do novo governador — Eugênio de Barros. A polícia militar cercava o Palácio dos Leões, protegendo esse político. O Exército ocupava a ilha para evitar maiores conflitos, enquanto a população se manifestava em comícios, empolgada com a atuação do jornalista Neiva Moreira. O charivari parecia insolúvel, desde que Eugênio de Barros tinha respaldo constitucional para governar o Maranhão.

Assim, quando o Leivas disse-me que eu deveria ir para o Maranhão, dei uma risada, pensando que ele brincava. Mas quando ele puxou um monte de dinheiro é que percebi que falava seriamente. Perguntei o que eu deveria fazer. Ele replicou de forma incisiva e concreta: "Tomar o poder!"

Adiantou-me apenas que eu deveria pegar o primeiro avião e procurar em São Luís a médica Maria Aragão, secretária do Partido, num endereço na rua da Cotovia. Como alternativa para qualquer necessidade, deu-me uma ligação para o jornalista Aníbal Bonevides, em Fortaleza. Nada mais, nada menos. Assim, fui para o Maranhão tomar o poder.

No dia seguinte segui para o Nordeste, onde nunca tinha ido. O avião era um verdadeiro trem de subúrbio — pousava em Campos, Vitória, Canavieiras, Salvador, Aracaju, Maceió, pernoitando em Recife. Depois parou em Fortaleza, pois o aeroporto em São Luís estava interditado. Na capital cearense permaneci dois dias até que fossem restabelecidas as ligações aéreas para o Maranhão. O que dava a entender que a revolta terminara com algum acordo.

Desembarquei na bela e agradável capital do Maranhão e imediatamente senti o impacto da anormalidade reinante na cidade, embora se prenunciasse o paulatino retorno à vida de costume. Tropas do Exército guarneciam os pontos estratégicos, grupos de populares discutiam os sucessos, pois, nessa altura, Eugênio de Barros concordara em provisoriamente não assumir o governo.

Com precaução, fui à casa de Maria Aragão, mas estava fechada. Voltei mais tarde e de tanto insistir, uma vizinha informou que "a doutora foi presa há mais de 15 dias". Sem saber o que fazer, hospedei-me no Hotel Central, declarando ser jornalista, porque a imprensa nacional destacara vários colegas para a cobertura do conflito. Só me restava caminhar por São Luís, tomando dezenas de sorvetes de cupuaçu (novidade para mim), conversando e apreciando suas ruas e casas, seus notáveis azulejos e suas igrejas.

De vez em quando passava pela rua da Cotovia, para ver se na casa de Maria Aragão divisava alguma janela aberta. Depois de três dias é que notei que havia gente na residência. Finalmente, a doutora Aragão fora libertada.

Após contar suas peripécias e recapitular a revolta popular, ela esclareceu que eu nada poderia fazer. Muito menos tomar o poder. Contudo, como eu gastara um bom dinheiro, concluiu que deveria aproveitar a oportunidade para fazer algumas reuniões com os comunistas de São Luís, que haviam se envolvido num movimento nunca visto no Maranhão. Ela alojou-me na casa de um companheiro, antigo sargento da PM, funcionário do Departamento de Estradas de Rodagem, tesoureiro do Comitê Estadual do Partido.

Participei de várias pequenas reuniões e comecei a ler o que houvesse sobre a geografia e a história do Maranhão, pois nada sabia sobre aquela unidade da Federação. O que mais me impressionou foram os contatos com o poeta Bandeira Tribuzzi, então no esplendor de sua criatividade. (Que azar nem saber que lá estava um garoto seguramente empinando pipas e poetando — Ferreira Gullar.)

Mas tive a oportunidade de viver um pouco da vida dos maranhenses remediados. Comida simples, arroz lavado e peixe. Às vezes, camarão, apanhado na baía de São Marcos, devido às elevadas marés na região do Equador. A casa em que estava hospedado era um grande barracão, com paredes divisórias precárias. Eu dormia numa rede, com o que custei a me habituar. Como o calor era abrasador, tomava seguidos banhos de cuia, no fundo da residência, divisando ao redor, na vizinhança, o mesmo panorama nas outras casas. Era pitoresco e embaraçador.

Aprendi no Maranhão muitas coisas. A derradeira lição aconteceu no último dia da minha estada em São Luís, numa reunião do Comitê Estadual do PCB. Estava incomodado com um fato: às noites, meu hospedeiro desaparecia e só retornava pela manhã. Não era difícil imaginar a causa. Mas a mulher permanecia na casa, com sua penca de filhos. Por isso, no curso da reunião, fiz uma crítica ao companheiro por esse comportamento "inadmissível num comunista". Ele de imediato abandonou a reunião, dizendo que não cabia a mim opinar sobre aquilo. O pior foi que, ao comentar o caso com a esposa, ela replicou que achava até bom o marido não dormir em casa, desde que deixasse o dinheiro para as despesas.

Retornei ao Rio levando dois quilos de camarão, um quilo de cupuaçu, algumas mangas, mas sem uma bela história para contar.

5

EDUCAÇÃO DE REVOLUCIONÁRIOS

De 1952 a 1957 minha vida e meus afazeres profissionais, vamos dizer assim, sofreram profundas alterações em conseqüência de reviravoltas no PCB, mas também em razão de substanciais mudanças no panorama político do Brasil.

Começando pelo relato das transformações ocorridas na minha vida, o mais importante de tudo foi meu casamento, em janeiro de 1954, em Belo Horizonte, com Terezinha Pimentel de Castro. Esse foi o início de nossa vida em comum, relação marcada até hoje pelo amor e amizade, seguida pela felicidade com a vinda de dois filhos — Simone e Marquinho.

Nosso relacionamento conjugal foi também marcado por fases de separação devido à militância partidária e ainda por angústias em razão de termos enfrentado dois períodos de cinco e onze anos de clandestinidade. Angústia que evoluiu para o pesadelo com o terror policial quando fui preso em 1975 e durante os quase quatro anos em que fiquei segregado em presídios. Essa fase foi seguida pela insegurança quanto ao futuro, no meu reingresso no jornalismo profissional em 1979, após ser libertado pelo livramento condicional.

Conheci Teresa, como a chamo, numa época em que desenvolvíamos na capital mineira as tempestuosas lutas pela paz. Pertencia à Juventude Comunista, como um de seus elementos mais combativos, sendo oriunda de uma família tradicional de Paracatu (MG), com longa trajetória em lutas progressistas e no PCB.

Meu sogro, Raimundo de Castro, filho de portugueses, natural de Cachoeira do Campo, depois de curta carreira na Polícia Militar, foi para a antiga Paracatu do Príncipe, sede de imensa comarca no noroeste de Minas. Paracatu era um dos centros da mineração de ouro, nas vizinhanças de Goiás, sendo a entrada dos que demandavam o Centro-Oeste ou desejavam seguir para a Amazônia, descendo o Tocantins ou o Araguaia, até Belém do Pará. O rio Paracatu é um dos maiores afluentes do São Francisco, tendo sido navegável até perto do local onde os bandeirantes descobriram exuberante quantidade de pepitas de ouro, depositadas na areia dos córregos. Ali fundaram no século XVIII um arraial que era a ponta avançada da civilização. Paracatu encontrava-se perdida no mapa do grande sertão, com suas jazidas inesgotadas até o momento. Ali está o Morro do Ouro, hoje explorado com tecnologia moderna pela empresa de mineração mais poderosa do mundo.

No século XIX Paracatu foi uma cidade relativamente rica, com um comércio ativo e vida cultural quase no mesmo nível da encontrada em Ouro Preto, Mariana e São João del Rey. A cidade ficou paralisada durante muitas décadas, contrastando com outros núcleos urbanos de Minas, que prosperaram na primeira metade do século XX. Ela só despertou de sua letargia quando começou a construção de Brasília e da rodovia asfaltada de Belo Horizonte ao Distrito Federal, que passa por Paracatu, transformando completamente seu panorama com a chegada de milhares de novos habitantes. Tal mudança não é bem aceita por pessoas como minha mulher, que relembra com tristeza o desaparecimento de velhos sobrados coloniais com seus pomares e quintais, de algumas de suas igrejas e do antigo teatro, assim como dos becos em que brincava em seus tempos de meninice.

A cidade abrigava no passado distante as autoridades da comarca, as igrejas ricas de sua prelazia (bispado), boas escolas, um teatro e o Jockey Clube, com suas corridas de cavalo realizadas sem interrupção há mais de 80 anos. Em Paracatu nasceram vários intelectuais de relevo, entre os quais o escritor Afonso Arinos, da família Melo Franco, que deu ao país vários políticos e diplomatas de projeção nacional.

Meu sogro casou-se em Paracatu com dona Maria da Paixão Pimentel Barbosa, com quem teve uma prole de 12 filhas e filhos, mas dois morreram quando crianças. Minha sogra era de uma conceituada família, na qual a figura luminosa foi o positivista e sertanista Pimentel Barbosa, um discípulo de Cândido Rondon. Apesar de suas advertências e premonição, mencionadas em carta que possuo, ele e seus companheiros foram chacinados pelos xavantes, em 1942, quando chefiava uma expedição enviada pelo governo para abrir caminho pelo Xingu até a Amazônia, a fim de serem construídos campos de pouso para a aviação brasileira. Foram trucidados porque Pimentel Barbosa seguia religiosamente o lema de Rondon em relação aos índios — "Morrer se preciso for; matar nunca."

Paracatu foi a única cidade de Minas a ser ocupada durante alguns dias, em 1926, pelo destacamento Siqueira Campos, da Coluna Prestes. O fato deu início a um dado inusitado no interior de Minas — uma enorme admiração pelos "tenentes", notadamente por Luiz Carlos Prestes. Em 1930, organizou-se em Paracatu o destacamento Quintino Vargas, que marchou até a antiga capital de Goiás para depor pelas armas o governo estadual. Meu sogro foi um dos que participaram dessa expedição vitoriosa.

Desde 1945 o Partido contou em Paracatu com um núcleo estável, com a particularidade de se apoiar em alguns fazendeiros, entre os quais a figura singular de Geraldo Pimentel Barbosa, tio de minha esposa, que aliava sua militância política à criação de animais e a longas caçadas de onças e veados.

Em Belo Horizonte, para onde se transferiram meus sogros e a filharada, quase toda a família engajou-se no Partido de forma irrestrita e sem qualquer receio, seguindo a liderança de dona Paixão, mulher de forte personalidade. Traço que a levou a enfrentar na velhice, em 1975, a ditadura militar e os sinistros agentes do DOI-CODI, que me torturavam e perseguiam sua filha e seus netos. A vida da família não foi fácil. Desde cedo todos começaram a trabalhar e dona Paixão teve de montar uma pensão, durante algum tempo, para garantir a educação dos filhos.

Tenho absoluta certeza que não poderia ter enfrentado tantos contratempos e dificuldades, durante mais de 25 anos, se não tivesse contado com o apoio e a solidariedade, em todos os terrenos, da família Pimentel de Castro, de meus sogros (particularmente de dona Paixão, pois "seu" Raimundo faleceu cedo), de minhas cunhadas e cunhados, enfim, da totalidade dos familiares.

Na fase do simples namoro, Teresa e eu tivemos alguns meses de vida prazerosa em Belo Horizonte e o trabalho no Partido possibilitava diariamente nos encontrarmos. Nesses meses inolvidáveis, vivíamos como os namorados vivem: freqüentar cinema e teatros, namoro nas belas praças de Belô, ir a festas, cultivar os amigos, notadamente quatro deles.

Em primeiro lugar, Iracema Faria e Benito Barreto, que são o casal com quem mantemos até hoje o mais estreito relacionamento. Iracema, a nossa Irá, era colega de Teresa no balé e também militava na Juventude Comunista. Benito, jornalista, esteve envolvido num entrevero com a polícia na praça Sete, num daqueles conflitos que relatei, o que o levou a fugir para Salvador (BA), lá ficando alguns anos. Retornando a Minas, além de fundar uma revista de informações para a construção civil, Benito se dedicou em seus romances a contar histórias de lutas no interior de Minas, com seu talento invulgar e com a poesia de sua prosa. Ele e Irá são os nossos companheiros diletos, uma amizade que se prolonga na amizade de seus filhos com nossos filhos. Solidariedade total, nas alegrias e tristezas. Sempre.

Os outros amigos eram Marta Albernaz e Klaus Vianna, o grande coreógrafo, professor que inovou a dança no Brasil, introduzindo entre outras coisas a pesquisa da expressão corporal, no que contou com o auxílio e o talento de sua esposa, Angel Vianna, e de seu filho Rainer. Marta Albernaz, a outra colega de Teresa no balé, é uma das amigas que conservamos até hoje.

Desde a fase do noivado, quando comecei a mergulhar na clandestinidade, meu relacionamento com Teresa foi perturbado por semanas de ausências, inexplicáveis para pessoas de fora da família. No início, eu estava em Juiz de Fora e poderia escrever com freqüência. Depois vim para São Paulo, mas, isolado num "aparelho" do Partido, o envio e o recebimento de correspondência eram uma operação complicada e demorada.

Marcado o casamento, alguns detalhes foram acertados. Nada de cerimônia religiosa e apenas uma pequena recepção na casa da noiva. O grande problema foi o fantástico enxoval, feito de conformidade com o exagero das famílias mineiras ao casar suas filhas. Diante das exigências da clandestinidade, como transportá-lo para um local ignoto, para um destino desconhecido de todos? O jeito foi colocar tudo num imenso baú e despachá-lo para posteriormente ser retirado na estação de cargas da Central do Brasil em São Paulo.

Cheguei a Belo Horizonte poucos dias antes do casamento e a tempo de resolver as complicações. Após a cerimônia civil, partiríamos de ônibus para a lua-de-mel em Ouro Preto, no Grande Hotel, de Niemeyer. Lá ficaríamos uns dois dias e apanharíamos o noturno da Central em Conselheiro Lafaiete, em direção ao Rio, e nos hospedaríamos num pequeno hotel no bairro da Glória. Tudo deu certo, sem maiores problemas. Assim passamos da festa das núpcias, da vida legal e normal, para a clandestinidade.

A recepção aos parentes e amigos foi singela, tendo sido meu padrinho Roberto Canavarro Costa, pois queria prestar-lhe uma homenagem. Uma pequena festa com muita alegria, mas as duas famílias não escondiam sua preocupação. Ninguém sabia onde a recém-casada iria montar sua casa. Como iria viver e que situação iria encontrar? Porém, ela não vacilava, estava temerosa mas firme.

O que tranqüilizava a todos era a confiança que em mim depositavam. Que família notável os Pimentel de Castro! Para mim, tudo era apenas mais um lance da luta revolucionária. Só hoje avalio a anormalidade daquele episódio familiar, sempre assinalado por comemorações extraordinárias, que marcam o início de uma nova vida, cheia de esperanças. Mais abismado fico com a singularidade daquele casamento, quando hoje, como pai e avô, morro de preocupação ante qualquer viagem dos filhos e netos, apesar de termos modernos meios de transporte e comunicação. Enfim, daí em diante deixei de ser o militante solteiro, mas alguém com responsabilidade de família, do que somente fui me dando conta aos poucos.

ESCOLAS CLANDESTINAS

A partir de 1950, batalhando para alcançar os objetivos traçados no "Manifesto de Agosto", o Comitê Central do PCB decidiu empreender um vasto trabalho de preparação de seus militantes, a fim de que a organização pudesse impulsionar transformações revolucionárias. Foi iniciado o chamado trabalho de educação, atividade antes inexistente entre nós.

Foram destacados inúmeros dirigentes com nível cultural mais elevado para atuarem como professores. Havia também a interferência direta nessa missão dos principais membros das direções. Ao mesmo tempo, foi montada nas principais cidades — São Paulo, Rio, Recife e outras — a infra-estrutura necessária, com escolas clandestinas, automóveis, motoristas e auxiliares indispensáveis à realização de cursos de pequena e longa duração.

Essa atividade correspondia à necessidade de corrigir o atraso político e teórico do conjunto dos quadros, notadamente daqueles que ocupavam postos nas direções intermediárias — estaduais, municipais e distritais. A urgência da capacitação dos quadros era sentida porque desde 1947 o Partido estava sofrendo sucessivas derrotas, pois era impossível avançar com a política que preconizávamos. Mas naquela fase não enxergávamos que o erro decorria do brutal equívoco da orientação política. As falhas eram atribuídas às debilidades dos militantes.

O trabalho de educação que iniciamos era, portanto, uma autocrítica dos que tinham maior responsabilidade na direção nacional, posto que, em 1945, quando o Partido veio para a legalidade, não se atentou para a imaturidade política dos que ingressavam em nossas fileiras. Veja-se sobre isso o episódio narrado por João Falcão no livro *O Partido Comunista que conheci*, quando Diógenes de Arruda Câmara, secretário de organização do Comitê Central, rechaçou com rispidez a proposta de um jovem comunista maranhense, Ignácio Rangel, quando este, numa reunião, sugeriu a necessidade da capacitação teórica dos quadros do Partido. Arruda o interrompeu abruptamente, dizendo: "Para nossas necessidades teóricas o nosso camarada Prestes nos basta." O que levou, de imediato, o futuro economista e notável pensador a se afastar da militância partidária.

Influíram também nesse redirecionamento do trabalho de direção do PCB as tensões no movimento comunista internacional. Naqueles anos vivíamos um quadro contraditório. Havia êxitos estrondosos, como a histórica vitória da revolução na China, o avanço do processo de descolonização na África e na Ásia e outros sucessos que pareciam prenunciar a derrocada definitiva do capitalismo e do imperialismo.

No entanto, o sistema capitalista reagiu de forma competente. Agravou-se a guerra fria, houve o Plano Marshall e se tirou proveito do primeiro "racha" no movimento comunista, em 1948, com a ruptura dos iugoslavos com a União Soviética. A revolução refluiu na Europa, mas julgávamos que esse dado era passageiro. Acreditávamos estar num *turning point* e que pesava sobre o Partido no Brasil uma responsabilidade acentuada para desequilibrar a correlação de forças em favor da causa da revolução mundial.

Todos esses motivos eram mais do que suficientes para melhor preparar o Partido a fim de torná-lo mais firme e coeso do ponto de vista ideológico e político. Por essa razão, como outros intelectuais comunistas, fui jogado nesse trabalho nacional de educação, sendo desligado da direção partidária em Minas.

Creio ser útil assinalar uma característica da vida partidária nessa fase de extrema radicalização. Os comunistas mais atuantes se "profissionalizaram", ou seja, tornaram-se funcionários da organização. A direção central enviava esses "profissionais" a qualquer ponto do país e os colocava em qualquer atividade.

Do ponto de vista imediato essa facilidade em deslocar esses militantes era útil para o tipo de ação que se desejava, pois dava maior poder de fogo, digamos assim, ao Comitê Central. Em contrapartida, esse remanejamento arbitrário de comunistas, além de criar inegáveis problemas pessoais para esses militantes, acabava sendo negativo por não permitir um melhor conhecimento das características específicas das empresas, cidades e estados.

Assim, na verdade, existiam dois partidos: um, o da imensa maioria de comunistas com uma vida normal; outro, o dos "profissionais", a elite restrita de quadros disposta a tudo e que era o sistema nervoso da organização como um todo. Da minha parte, como um "profissional", apesar dos dissabores pessoais e familiares, aceitava qualquer missão. Fiquei satisfeito, portanto, quando fui designado para atuar no trabalho nacional de educação.

Desconsiderando os aspectos negativos nesse mister, particularmente conflitos com alguns companheiros e os sofrimentos que passamos, eu e minha mulher, foi uma oportunidade para estudar e dar alguns passos na minha formação teórica. Na condição de professor, fui obrigado a estudar para dar aulas, o que em geral parece ser o melhor caminho para se aprender em qualquer área do conhecimento. Além disso, tive a chance excepcional de conhecer de perto as pessoas que dirigiam o Partido.

No primeiro semestre de 1953 recebi um recado para ir ao Rio, sem explicação a respeito do que se tratava. Fui ao "ponto" com uma pessoa da seção de organização do Comitê Central. Ele colocou-me na casa de um camarada e deu-me a orientação de semanalmente ir a determinado "ponto", pois outro camarada por lá apareceria. Fiquei de espera umas cinco semanas. Nada tinha a fazer e o que mais me atormentava era não saber o que o Comitê Central pretendia. Aproveitava para ler, mas estava inquieto. Também sentia o incômodo que causava à dona da pequena casa em que me abrigava.

À noite batia um papo com o dono da casa, motorista de lotação (Justino). De tão cansado da labuta diária, ele não esticava a prosa e logo queria dormir. Não havia televisão à época. O jeito era dar longos passeios pelas ruas feias do bairro, perto de Cascadura, na Zona Norte. Minha única alegria era ir ao apartamento em Ipanema de um amigo e companheiro de Belo Horizonte, o empresário João Wanderley Pires, para ver se havia chegado alguma carta de minha noiva.

Finalmente, apareceu o bendito "contato" com a informação de que, no dia seguinte, eu deveria levar minhas roupas para fazer uma pequena viagem. Então, conforme fora acertado, fui colocado num automóvel, em que estavam mais dois companheiros, o motorista e João Massena Melo, da direção central. Este nos disse que fora encarregado de nos levar para um "aparelho" e que todos deveríamos ir de olhos fechados.

O "aparelho" ficava num sítio com vários hectares e uma casa confortável, embora em visível decadência. Possuía luz elétrica, diversos quartos e uma grande sala. No sítio já estavam diversos membros do Comitê Central e alguns intelectuais comunistas, entre os quais o jornalista Pedro Mota Lima. João Massena Melo, pernambucano, antigo tecelão, militante desde 1934, era o responsável pelo "aparelho". Líder sindical na Guanabara, em 1962 foi eleito deputado estadual. Desapareceu por ocasião da violenta repressão em 1974, assassinado pelo DOI/CODI.

Com a chegada de Diógenes Arruda teve início o chamado "Curso Stalin", que durava 30 dias, com aulas desse dirigente sobre nossa orientação política. As lições eram por ele elaboradas com o auxílio de Osvaldo Peralva, que funcionava como seu secretário e *ghost-writer*.

Outras aulas eram baseadas num pequeno livro denominado *Problemas econômicos do socialismo na União Soviética*. Eram apresentadas diversas questões teóricas sobre a construção do socialismo, refletindo um panorama otimista da economia soviética e da marcha para a superação rápida de seu atraso em relação aos países capitalistas. Havia também uma aula sobre ética comunista, seguindo indicações de um texto intitulado *Como ser um bom comunista*, de Li Shao-Tsi, dirigente chinês que caiu em desgraça quando da Revolução Cultural, nos anos 60. Duas ou três aulas foram dadas por Jacob Gorender.

A programação do curso seguia as seguintes normas: Pela manhã, aula de quatro horas, com pequeno intervalo, uma exposição cansativa, quase um ditado, pois deveríamos tomar nota de tudo. O período da tarde era dividido em duas partes. Após o almoço e até às 16 horas, o tempo era destinado ao estudo individual. Depois, durante três horas, havia debate com temas apresentados por Arruda. Era a parte mais interessante, apesar de revelar claramente o interesse dele em embaraçar os alunos, embora entre esses estivessem diversos dirigentes nacionais, como Pedro Pomar.

O objetivo de Arruda era claro — comprovar que estávamos mergulhados no "praticismo". (Em nosso jargão, "praticismo" era o qualificativo dado aos que não conjugavam a realização de tarefas com o estudo da teoria revolucionária.) O que, no meu caso, era verdade. Contudo, isso não significava que Arruda fosse mais capaz teoricamente que os outros ali presentes, mas apenas que tinha mais fácil acesso a textos internacionais, sobre um ou outro tema.

O curso não era dirigido para estimular a reflexão e para capacitar os alunos a pensar de forma crítica, usando o procedimento de uma análise coletiva. Ou seja, a metodologia nada tinha a ver com as lições do método marxista. Em resumo, o objetivo era justificar de forma cerrada as posições do Partido Comunista da União Soviética e a linha política do "Manifesto de Agosto".

Nos anos de 1953 e 1954 muitos desses "Cursos Stalin" foram realizados em diversos comitês estaduais, como os de São Paulo, Rio Grande do Sul, Minas Gerais, Distrito Federal, Pernambuco, Estado do Rio, além daqueles diretamente ministrados pela direção central. A estrutura desses cursos era idêntica, mas o currículo foi sofrendo algumas alterações.

AULAS PARA OPERÁRIOS

Terminado o curso em que fui aluno, Arruda Câmara informou-me a respeito do que desejavam de mim: dar aulas em cursos sobre a linha política, de dois ou quatro dias, nos estados, ficando subordinado diretamente ao Comitê Central. Missão rigorosamente clandestina.

As primeiras experiências de cursos de dois dias aconteceram no Estado do Rio de Janeiro, a velha província fluminense, separada do antigo Distrito Federal, hoje cidade do Rio. Atravessava a baía de Guanabara nas velhas e cômodas barcas da Cantareira, permanecendo à disposição da direção estadual durante quase dois meses. Fui alojado numa casa em São Gonçalo, onde faltava água nas torneiras e o calor era senegalês.

Os cursos foram organizados pelo comitê regional do estado, que selecionava os alunos (quadros), montava o "aparelho", garantia a alimentação e o transporte para o local. O "aparelho" em que realizei dois cursos era precário, nos arredores de São Gonçalo, numa casa isolada, emprestada por um simpatizante, assim como o automóvel que transportava os alunos. Dormíamos em colchões sem roupa de cama e usávamos pequenas mesas como carteiras. Não havia quadro-negro, nenhum livro nem documentos para consulta. Fornecíamos papel para as anotações e os lápis necessários.

Os alunos eram levados na sexta-feira à noite e o curso se encerrava no domingo. Eram operários e operárias que haviam se destacado em movimentos grevistas, particularmente em fábricas de tecidos e nos estaleiros navais. Havia também um ou outro membro de direção municipal, funcionário do Partido. Todos com uma idéia bem superficial da orientação política do PCB.

A programação era bastante simples. Pela manhã, exposição de quatro horas, com três intervalos. Depois do almoço, duas horas de estudo individual e mais duas horas de estudo coletivo. Com os alunos divididos em grupos de no máximo seis companheiros, as questões eram debatidas entre eles. As noites eram dedicadas a sabatinas de duas horas, dirigidas por mim, respondendo às perguntas e formulando outras sobre o que havia apresentado nas aulas.

O aproveitamento era pequeno, mas os alunos ficaram satisfeitos com o que haviam aprendido. Meu entusiasmo era ainda maior que o deles, pois sentia que estava contribuindo para forjar quadros operários para a revolução. O meu desejo era transmitir tudo aquilo que tinha aprendido no curso em que fora aluno. Essas duas experiências foram úteis, pois deram-me uma base para ministrar, posteriormente, cursos do mesmo nível em São Paulo.

Como a direção do Partido no Estado do Rio informara ao Comitê Central que tão logo não poderia realizar outros cursos, foi-me transmitida a diretiva de viajar para São Paulo, em setembro de 1953. Essa mudança me deixou empolgado, pois representaria trabalhar no núcleo proletário do Brasil, o centro da revolução pela qual lutávamos. Como nunca tinha estado em São Paulo, fiquei preocupado com a responsabilidade da nova missão.

Forneceram-me apenas um "ponto", na rua Joaquim Távora, na Vila Mariana, com a informação de não falhar, pois não haveria repetição do encontro. Uma pessoa que me conhecia iria me apanhar. Vim de ônibus, cheguei com antecedência, para localizar o "ponto". Para minha surpresa, quem apareceu foi meu velho amigo Dinarco Reis. Colocou-me num automóvel, determinando ao motorista, Alacir Pelegrino, que me deixasse no "aparelho" do Comitê Central. Permaneci nesse "aparelho" diversos meses e nele realizamos cerca de oito cursos, de dois e quatro dias. Eu entrava e saía dele de olhos fechados.

Anos depois, quando o "aparelho" já fora desmontado, soube por acaso que ficava na estrada da Boiada, o velho caminho para Sorocaba, na saída da Lapa, hoje a extensa avenida Diógenes Ribeiro de Lima. Dentro do "aparelho" fui percebendo suas características. Ampla área isolada, belo jardim, quintal murado com tijolinhos e cercas vivas. Era um palacete de dois andares, de luxo, com varandas, cinco quartos, salão e vários banheiros. No fundo, duas pequenas habitações destinadas a serviçais, onde moravam os cinco auxiliares e eram alojados os professores e dirigentes do Partido. A residência estava perfeitamente equipada e mobiliada, com camas e peças de roupa para mais de trinta pessoas, possuindo os aparelhos domésticos existentes na época — geladeiras, rádios e ventiladores.

Os auxiliares estavam bem treinados a fim de simular que ali residia uma família próspera. A "dona" da casa era uma velha espanhola, companheira de Bauru, gorda e faceira. Sempre de bom humor, não era difícil para ela passar como rica paulista de quatrocentos anos. A "cozinheira" era a esposa de um mineiro de Morro Velho, que ia ao "aparelho" somente quando cursos e reuniões eram realizados. Dois auxiliares cuidavam dos jardins e da limpeza externa. Eram encarregados naturalmente da "segurança", para advertir-nos a respeito do vozerio muito alto dentro da casa. O outro auxiliar era o "motorista", bem-vestido para aparentar ser o "herdeiro" da família. Além do transporte das pessoas, ele era o encarregado do abastecimento do palacete.

A equipe sabia montar e desmontar tudo o que se precisava para "atividades subversivas". O trabalho desses companheiros era extremamente bem-feito. Em razão disso o "aparelho" nunca foi descoberto e funcionou normalmente por vários anos. Creio que foi idealizado e montado por Eros Trench. As aulas eram ministradas por mim e outros professores, como Moisés Vinhas, Clara Sharf e Alberto Castiel. Como atualmente passo com freqüência de automóvel pela av. Diógenes Ribeiro de Lima, penso saber em qual daqueles palacetes era esse "aparelho". Por isso, tenho vontade de bater no portão da residência que identifiquei, a fim de solicitar permissão para examinar se foi exatamente nela esse "aparelho" do PCB.

O Partido no Estado de São Paulo era comandado por dois comitês regionais. Um somente cuidava da capital, o outro era o Comitê Regional do Interior (CRI). A divisão em regionais contrariava a legislação sobre partidos. Como não se pensava em nenhuma atuação na legalidade, o básico era direcionar a organização do ponto de vista das ações contra o regime. O comitê da capital era dirigido por Moisés Vinhas e o do interior por Dinarco Reis e Joaquim Câmara Ferreira. Já mencionei o primeiro neste depoimento e cabe-me agora dizer algumas palavras sobre o segundo.

Joaquim Câmara Ferreira, ou "Toledo", militou no PCB em São Paulo desde os primeiros anos da década de 1930, enfrentando vários anos de prisão e de clandestinidade. Era pessoa de trato ameno e sempre o vi invariavelmente bem-humorado. O perfil que dele é traçado no filme *O que é isso, companheiro?* não retrata devidamente a personalidade singular de Câmara Ferreira. Jornalista, entregou sua vida à luta revolucionária. Não era um quadro afeito a questões teóricas e nunca foi um "esquerdista". Por isso muitos dos que o conheciam estranharam que ele tenha se posicionado, a partir do golpe de Estado de 1964, em favor de uma "ação mais revolucionária", rompendo assim com o Partido. Desprezando sua experiência de várias décadas, optou pelos caminhos apontados por Guevara, uma opçao que na época foi seguida por diversos setores do movimento revolucionário ná América Latina, com nefastos resultados.

Na opinião de Alberto Castiel, que com ele mîlitou por longo tempo e que o apreciava como pessoa, a adesão de Câmara à "luta armada" decorreu do choque que sofreu ante a revelação dos erros do stalinismo e de não compreender a necessidade de uma revisão profunda em nossas convicções. Sempre simpatizei com Câmara Ferreira, respeitando suas posições, apesar de muitas discordâncias, pois ele era um revolucionário sério e autenticamente dedicado à luta por transformações na sociedade brasileira. Poucas semanas antes de ser assassinado, no auge da ofensiva terrorista contra a organização que chefiava, tive uma informação confidencial de que a polícia o localizara. Transmiti esse dado a Noé Gertel, sabedor de sua estreita ligação com Câmara Ferreira. De volta, este solicitou-me maiores esclarecimentos. Infelizmente, eu não sabia acrescentar mais nada. Assim, para mim não foi surpresa ler nos jornais, uma semana depois, a notícia do seu brutal assassinato, após bárbaras torturas que até mutilaram seu corpo.

Retomando o fio da meada, em São Paulo nos fins de semana fazíamos cursos de dois e quatro dias nesse aparelho do Comitê Central e num outro do Comitê da capital. Neste, o encarregado do trabalho de educação era um excelente companheiro, com o nome de guerra de "Mário Velhinho" — Antônio Floriano Centelha Fernandes, antigo tecelão de Sorocaba. Muito conhecido e querido por todos, "Mário" dava boas aulas sobre a linha política, mesmo porque se apoiava em exemplos concretos da luta operária em São Paulo.

A realização desses cursos decorria de um fato importante. Em 1953 em São Paulo houve um surto de movimentos grevistas bem-sucedidos nos setores têxtil e metalúrgico. Neles se destacaram jovens operários, tanto homens como mulheres. Além de duas lideranças expressivas que despontaram na época — Antônio Chamorro, tecelão e Eugênio Chemp, metalúrgico.

O Partido e os sindicatos saíram fortalecidos dessas greves, mesmo porque o quadro político não era mais aquele marcado pela prepotência e reacionarismo do governo Dutra. Estávamos no governo de Getúlio e a orientação oficial era a de encontrar soluções negociadas para as greves. Bafejados por esses êxitos, surgiram e se fortaleceram as organizações comunistas numas vinte grandes empresas na capital. Era indispensável, portanto, capacitar politicamente com certa rapidez aqueles combativos operários e operárias.

Logo descobri que os alunos nesses cursos não tinham a menor noção de dados geográficos elementares. Por exemplo, não sabiam onde no mundo ficavam a União Soviética e o Brasil, pois a maioria não havia cursado nem a escola primária. O curso tinha, portanto, de começar pela transmissão de informações básicas. Assim, aquele trabalho de educação animava a todos e os alunos elogiavam os ensinamentos recebidos, embora de pouca valia para a luta operária que impulsionavam.

Aproximando-se o fim do ano, relatei a Dinarco meu projeto de casamento em Belo Horizonte. Imediatamente ele procurou me ajudar. Em primeiro lugar, fez contatos para que eu e minha mulher fôssemos morar na casa de um companheiro. Depois, deu-me recursos para a viagem e também para comprar um terno, pois eu nem roupa tinha para o casório. Quanto ao meu casamento, tudo correu a mil maravilhas. Entretanto, mal cheguei da lua-de-mel, havia um curso que exigia a minha permanência durante quatro dias no "aparelho". Deixei Teresa em casa de pessoas totalmente estranhas e de um nível cultural diferente daquele em que vivia em casa de seus pais. Mas ela logo se entrosou naquela vida e depois acabei por colocá-la como aluna num dos cursos.

Esse quadro não durou mais de dois meses, porque recebi a incumbência de viajar imediatamente para Pernambuco. Ela, recém-casada, foi obrigada então a regressar à casa de seus pais em Belo Horizonte, aguardando alguma notícia, antes de seguir também para Recife.

EM PERNAMBUCO

Fiquei naquele estado do Nordeste quase dois anos. Foi a minha experiência mais interessante de trabalho partidário fora do triângulo Belo Horizonte-Rio-São Paulo. Permitiu-me conhecer os nordestinos em seu "habitat", suas coisas peculiares, suas tradições maravilhosas, sua fala gostosa e suas comidas apetitosas. Convivi com gente simples e humilde, principalmente os revoltados com as injustiças sociais, aparentemente eternas.

Conheci intelectuais de valor como José Otávio de Freitas e desde então tornei-me amigo de Paulo Cavalcanti. Assisti ao nascimento da carreira de Miguel Arraes e à fulgurante porém curta trajetória de Francisco Julião. Trabalhei com Hiram Pereira, Miguel Batista, Vicente Barbosa, Ivo Valença, Fragmon Carlos Borges, Gildo Guerra, Djaci Magalhães, Nilson Miranda e outros, numa situação dificílima, mas que nos irmanava.

É verdade que pouco saí do Recife — uma viagem a Caruaru e outra a Carpina, além de uma rápida ida a João Pessoa, na Paraíba. Mas seguidamente me deslocava para os arredores da capital — Camaragibe, Cabo, Paulista e, naturalmente, Olinda. Recife me deslumbrava e tornou-se para mim uma referência sentimental. Atravessar caminhando por suas pontes, tanto as antigas como as novas, era um prazer para os olhos. Andar pelas ruas de certos bairros, como Apipucos, Casa Forte, Dois Irmãos, Madalena, Encruzilhada, vendo o nome das praças, como a Chora Menino, e de ruas, como a da Aurora, Imperatriz, são coisas indeléveis na memória. Ir ao centro, ao mercado de São José, ao teatro Santa Isabel, compensava a angústia em que vivia e a repressão policial, que supunha estar vigiando meus passos. Arrisquei diversas vezes ir ao Gemba, pois era uma casa de delícias, com seus sorvetes de frutas nordestinas.

Fui para Recife com uma tarefa explícita: dar "Cursos Stalin", de 30 dias de duração, para dirigentes partidários de Pernambuco, Paraíba e Alagoas, cursos semelhantes àquele em que anteriormente participara como aluno. Nunca atuei na direção do Partido no estado, por razões de "segurança".

Era um elemento enviado pelo Comitê Central, com aquela tarefa específica. Por tal razão não fui preso em Recife, tendo sido envolvido apenas indiretamente num processo, desencadeado depois que de lá fui retirado. Tempos depois, a polícia descreveu o trabalho na "minha" escola, mas jamais apurou meu nome. Apenas indicou que eu era parecido com o político Jarbas Maranhão, como está registrado no processo.

Recebi a recomendação de apoiar-me em Ivo Valença. Ele não era conhecido como comunista, sendo uma pessoa muito relacionada, desde que era vendedor da Peixe, então uma das empresas mais prósperas de Pernambuco. Alojou-me em sua casa, numa chácara na Várzea, ensinou-me a dirigir automóvel, num velho Pontiac, que passou para minhas mãos, como peça indispensável para garantir a "segurança" de uma escola clandestina. Ajudou-me a alugar uma casa isolada, numa travessa da avenida Caxangá e um companheiro da Paraíba com sua mulher e filhos (eram) os "inquilinos" dessa residência.

No primeiro curso havia uns vinte alunos, sendo um da Paraíba, Miguel Batista, que sobressaía como líder operário numa grande fábrica de tecidos em Mamanguape. O outro era um líder têxtil, Sílvio Lira, de Alagoas, dirigente comunista nesse estado. Todas as aulas foram dadas por mim, o que era cansativo. Seguia naturalmente a programação do curso realizado no Rio. Uma exposição pela manhã, mas com intervalos. À tarde, estudo individual e coletivo. À noite, sabatina.

Conforme as normas do Comitê Central, a cada aluno solicitei uma autobiografia, porque no Rio queriam avaliar e conhecer os quadros. Essa exigência passou a ser seguida em todos os cursos posteriores, tornando-se um risco sério para mais de 80 companheiros que passaram pelas escolas clandestinas. Isso porque esse papelório ficava por lá, virando um arquivo com informações preciosas e exatas, sendo que não era guardado com necessário cuidado. Parte desse arquivo acabou nas mãos da polícia e causou um lamentável desastre, pois revelava com minúcias os compromissos de cada camarada.

As entradas e saídas do "aparelho" eram escalonadas, não mais de duas viagens diárias, ou seja, somente seis companheiros por noite. Ivo Valença era o motorista e eu o acompanhava para fiscalizar. Nos outros cursos essa "vigilância" tornou-se ainda mais severa porque foi determinado que os alunos fossem encobertos com panos, sendo um suplício ficar mais de uma hora naquela situação, dado o calor de Recife. Todavia, essa providência impediu que os endereços dos "aparelhos" fossem descobertos, quando posteriormente alguns alunos foram presos. Eles não conheciam os endereços das escolas. Mas sempre havia detalhes imprevisíveis. Um exemplo: num dos "aparelhos" que montei, no Beberibe, nas madrugadas o silêncio era total e todos os dias passava pela rua um vendedor de manguzá, cujo pregão era inigualável no Recife. Por isso um dos alunos disse-me: "Professor, eu sei exatamente o bairro em que estamos", explicando-me conhecer aquele vendedor de manguzá.

Ivo Valença é que providenciava o abastecimento da casa, entregando sacos de arroz, feijão, fubá para o cuscuz e charque. Nunca os alunos reclamavam da alimentação, para mim precária, mas para eles normal, posto que em casa nem sempre tinham isso todos os dias.

Julguei bom o aproveitamento daquele curso, pois os alunos eram dirigentes partidários experientes e muito vivos. Essa vivacidade, esperteza até, concluí depois, é muito própria do homem do povo nordestino, acostumado a todas as agruras, mas sempre pelejando. Por isso circula pelo país, não se aferrando a uma vida condenada pela seca e pela miséria.

Os alunos elogiavam o curso, por ele mesmo e porque era uma honra fazer o "Curso Stalin", organizado pelo Comitê Central, um fato inédito na vida do Partido no Nordeste. Havia um intervalo de semanas entre a realização dos cursos, para que fosse possível montar nova turma. Por isso, comecei a tomar conhecimento da realidade de Pernambuco.

Etelvino Lins era o governador. Com pretensões a grande líder nacional, tentava apagar de sua biografia o fato de haver sido o delegado de polícia responsável por violências contra a esquerda. Não conseguia, porém, mudar sua fama, pois repressão policial era um dado presente e permanente, dado o temor da direita em face da população do Recife, a cidade "vermelha".

A oposição democrática e progressista se rearticulava e avançava com cautela. A *Folha do Povo*, jornal dos comunistas, continuava circulando, não obstante sua penúria financeira. Era a chama que não se apagava. Diversos fatos, porém, prenunciavam mudança para melhor no panorama político. Já se realizara o "Encontro para a Salvação do Nordeste", na cidade de Salgueiro.

Balizando os tempos novos surgiam personalidades na oposição — como Arraes, Julião, Josué de Castro, Cid Sampaio, Pelópidas Silveira, Paulo Cavalcanti, Carlos Duarte e outros. Logo emergiu a idéia da "Frente do Recife", a frente da poeira, contrastando com o domínio dos coronéis do sertão e dos usineiros da Zona da Mata. Os comunistas pernambucanos se apercebiam disso, como Paulo Cavalcanti, porque trabalhavam com vistas ao que surgia e a linha do "Manifesto de Agosto", fundamentada por mim nos cursos, dificultava essa evolução.

Foi nesse quadro que, literalmente, levei um susto com o acontecido quando do suicídio de Getúlio, em agosto de 1954. Fragmon contou-me que assistira de longe à comoção que sacudiu Recife, com a população em peso nas ruas, manifestando seu ódio aos que combatiam o governo federal. Fiquei perplexo ao ouvir pelas rádios o texto da carta-testamento de Getúlio. Não sabia explicar tudo aquilo, desde que em nossa pregação ele era apresentado como agente do imperialismo. Era evidente, pois, nosso total descompasso com o pensamento da maioria dos brasileiros.

Nessa altura, minha mulher já havia chegado a Recife, trazida de Belo Horizonte por Fragmon, de conformidade com a promessa da direção nacional, transcorridos muitos meses desde a nossa separação. Eu montara, então, um "aparelho" melhor numa chácara no bairro do Beberibe, com um grande pomar, que nos abastecia de frutas magníficas, especialmente mangas e frutas-pão, além da mandioca que arrancávamos durante todo o ano daquele massapé fertilíssimo. No fundo corria um córrego onde nosso caseiro apanhava guaiamuns. Cito isso porque houve meses em que o abastecimento de gêneros para a "escola" tornou-se problemático, em razão das dificuldades financeiras do Partido em Pernambuco. Por isso, tivemos de apertar os cintos e passar a viver como a população pobre.

A casa da chácara era do tipo colonial, sem conforto, com instalações sanitárias do tempo do onça. Teresa ficava horrorizada, porque volta e meia encontrava sapos no banheiro. Um casal de lavradores nos auxiliava. Eram culturalmente muito atrasados, ao ponto de terem receio de comer bife, pois só comiam carne cozida. Cuscuz era o alimento diário, o que eu achava magnífico. Minha mulher custou a se acostumar com o ato de cozinhar guaiamuns, pois os desgraçados pulavam fora da panela fervendo. Mas levávamos para a frente a tarefa, certos de que os resultados da "escola" compensavam os sacrifícios. O maior deles era conviver com o sectarismo e o autoritarismo de outro quadro enviado pelo Comitê Central, Arnaldo Maldonado. A coisa foi tão desgastante que Teresa escreveu uma carta à direção nacional denunciando os absurdos praticados por esse elemento.

Fragmon Carlos Borges também residia conosco no "aparelho" e logo surgiu o casamento dele com uma jovem companheira, de origem humilde, uma bonita mulata. Minha mulher costurou para ela um vestido melhor. Não houve casamento. Na verdade "juntaram os trapos", como faz a gente pobre. Nos alarmava o comportamento de Fragmon com sua jovem esposa, inaceitável num comunista, mas comum nas áreas atrasadas do Nordeste. O mais chocante foi o acontecido quando a jovem foi ter um filho na maternidade. Fragmon recusou-se a acompanhá-la. Teresa e eu é que demos a ela total assistência. O nascimento da garotinha foi um fato que nos encheu de alegria no "aparelho", pois comove a todos acompanhar os primeiros tempos de uma nova criatura. Sergipano, Fragmon era inteligente e estudioso. Depois de 1958 se tornou pessoa-chave em *Novos Rumos* e escreveu vários trabalhos de valor sobre a questão agrária. Desgraçadamente, morreu moço em São Paulo, quando estava vivendo na clandestinidade.

Realizamos mais três daqueles "Cursos Stalin", com alunos que eram dirigentes e personalidades de relevo do Partido em Pernambuco, entre os quais Jaime Miranda, Hiram Pereira, Ivo Valença, Paulo Cavalcanti, José Raimundo, Djaci Magalhães, Cláudio Tavares e outros dos quais não me recordo. Um desses, jornalista na imprensa local, brilhante e inteligente, chamou-me a atenção pela autobiografia que escreveu — Clodomir Morais.

Essa curiosidade foi despertada por ter descrito com vivacidade toda sua vida (deveria estar com pouco mais de vinte anos). Nascido no interior da Bahia, Clodomir desde garoto nunca passou mais de um ano numa cidade, transferindo-se constantemente de um lugar para outro, o que demonstrava seu afã em conhecer paragens novas e abrir seu caminho com decisão. Assim havia arribado em Recife. Depois do curso foi eleito deputado estadual pelo PCB, entre outros motivos graças à repercussão de uma tremenda surra que levou da polícia numa manifestação de rua. Daí em diante, nos anos 60, envolveu-se com Julião e os cubanos, meteu-se em aventuras guerrilheiras, exilou-se e passou a trabalhar em organizações internacionais.

Encerrando essas reminiscências de Pernambuco, relembro agora que os debates nos últimos cursos foram mais vivos, devido principalmente à vivência política dos alunos, que, com habilidade e prudência, assinalaram falhas na orientação política do Partido.

No segundo semestre de 1955, de forma inesperada, como sempre, chegou ao Recife a diretiva para que eu e Teresa voltássemos para o sul. Eu para o Rio de Janeiro e ela para Belo Horizonte. Assim teve início outra etapa no trabalho nacional de educação. De certa forma, uma pós-graduação.

UM CURSO SUPERIOR

Retornando ao Rio fui participar, como aluno, num curso de nível superior, com duração de três meses. Era realizado numa escola clandestina, dirigida por Mário Alves, que havia retornado de Moscou, onde estudara na Escola de Quadros do PCUS, durante vários meses. Além de aluno, fui o responsável pelo "coletivo", a fim de ajudar a resolver pequenas questões.

Na década de 1950, nosso partido desempenhava papel destacado entre os partidos irmãos da América do Sul, até a crise deflagrada no movimento comunista mundial com a divulgação do informe de Kruschov ao XX Congresso do PCUS. Esse papel decorria do apoio de Moscou ao que fazíamos no país e à política de alinhamento total do PCB com o PCUS. Assim, revistas e periódicos dos comunistas soviéticos publicavam textos preparados por dirigentes brasileiros. Isso era novidade, porque os partidos comunistas da Argentina, Uruguai e Chile sempre foram mais prestigiados em Moscou do que o PCB. Recorde-se que o Bureau Sul-Americano do Komintern durante largo tempo foi sediado em Buenos Aires.

Além disso, nessa fase (1954-1956) de certa forma coube a nós a missão de prestar auxílio aos companheiros do Paraguai, Bolívia, Peru, Venezuela, Colômbia e de outros países latino-americanos. Nesse rol não estavam os partidos da Argentina, Uruguai e Chile que sempre estiveram em melhor situação que o PCB. Ademais, o quadro internacional impunha unidade de ação dos comunistas no mundo. Por isso ganhou grande relevo na direção a Seção Internacional, naquela época coordenada por Armênio Guedes. Uma das formas de auxílio que poderíamos prestar a outros partidos era colocar alguns de seus militantes em nossos cursos de nível mais elevado. Por isso nas turmas de alunos foram incluídos diversos desses "fraternais", como os denominávamos.

Assim, para mim foi uma novidade, ao chegar a esse "aparelho" no Rio, deparar com doze alunos falando espanhol, extremamente reservados, confabulando seguidamente entre si. Depois de algum tempo é que atinei que só poderiam ser paraguaios, como efetivamente eram. Como a escola estava sendo montada, eles estavam ajudando na fabricação de belíssimas carteiras de madeira, desmontáveis, seguindo o projeto de um *designer*.

Numa turma seguinte foram incluídos três bolivianos e um peruano, Jorge del Prado, secretário-geral do Partido Comunista do Peru, intelectual de renome em seu país, porém às voltas com divergências internas na sua organização. De uma terceira turma participaram um venezuelano e um colombiano. A presença desses "fraternais" nos cursos nos entusiasmava, pois demonstrava nossa solidariedade a partidos irmãos que enfrentavam uma luta adversa.

Era interessante e útil a participação deles nos cursos porque nas sabatinas suscitavam problemas diferentes dos nossos. Em algumas oportunidades eles insistiam em que déssemos opiniões sobre a situação em seus países. Uma vez, por exemplo, Jorge del Prado questionou-me sobre as teses de Mariátegui sobre o futuro da revolução no Peru, quando naquele tempo eu ainda nem as conhecia. Mas prudentemente evitávamos opinar sobre questões de outros países.

Fui para aquela escola cujo responsável da casa era Humberto Lopes, antigo dirigente do PCB no Ceará e que durante alguns anos trabalhou no dispositivo de segurança de Prestes. Humberto possuía uma característica rara naqueles tempos — não se curvava ante os principais dirigentes partidários. Por isso, ele é que me despertou para começar a melhor avaliar os homens da direção. Numa fase posterior (1958-1964) ele foi o secretário do Partido no Pará, tendo desempenhado nessa função uma notável atividade política. Depois do golpe de 1964, voltamos a trabalhar juntos numa seção auxiliar do Comitê Central.

O primeiro "aparelho" no Rio destinado a cursos de três meses foi montado numa mansão na Barra da Tijuca, perto da Pedra da Gávea, numa região pouco habitada na época. Não existiam as auto-estradas e túneis que atualmente facilitam o acesso dos cariocas a essa belíssima área do litoral. Fiquei conhecendo o local onde funcionava esse "aparelho" porque depois do curso fui indicado para dirigir essa escola. Na mansão, junto com Humberto viviam sua mulher e dois filhos. Ela é que preparava as refeições.

Afora os paraguaios, os alunos eram companheiros de direções partidárias em alguns estados, como Rio de Janeiro, Rio Grande do Sul, Goiás, Estado do Rio, além de quadros que atuavam no trabalho de educação. Assim, nas turmas o desnível cultural e político não era acentuado, embora os operários sentissem maior dificuldade em acompanhar determinadas aulas.

O curso era baseado no *Manual de economia política da Academia de Ciências da URSS*. Inicialmente havia um grupo de aulas sobre a evolução dos modos de produção, desde o comunismo primitivo até o capitalismo. A seguir passava-se ao estudo do capitalismo, detendo-se na formação da mais-valia. Depois, entrava-se no exame do imperialismo. Havia uma segunda parte com aulas em que eram analisados os problemas econômicos da construção do socialismo. Essas aulas eram desinteressantes porque exprimiam generalizações teóricas desligadas dos problemas efetivos do chamado socialismo real.

Em seguida havia as lições sobre a situação do Brasil e algumas aulas especiais. Recordo-me de quatro dessas. Uma sobre a luta no Vietnã, outra analisando a revolução chinesa, esta a cargo de Carlos Marighela. Alberto Passos Guimarães ministrava uma aula sobre rendas da terra. E outra era a baseada no texto "Como ser um bom comunista", destinada a incutir princípios ideológicos na formação de militantes.

A programação repetia mais ou menos o método do "Curso Stalin". Pela manhã, quatro horas de aula, com três intervalos. À tarde, estudo individual e à noite uma sabatina. A grande maioria das aulas foi dada por Mário Alves, excelente expositor, capaz de transmitir com clareza e sem monotonia qualquer tema. Com brilhantismo e profundidade ele conduzia os debates. Amazonas e Marighela igualmente eram bons professores. As aulas de Arruda Câmara eram ruins, na verdade um ditado cansativo de quase cinco horas. Contudo, os debates com ele, nas sabatinas, eram interessantes, em razão das informações novas que ele nos fornecia.

Certo dia criou um sério problema comigo. Era uma norma, após o almoço, o professor distribuir a lista de temas a serem examinados na sabatina e a bibliografia, pois havia uma biblioteca com livros de consulta. Arruda não cumpriu a norma e foi dormir, numa sesta prolongada. Os colegas ficaram sem saber o que fazer e, então, tomei a iniciativa de fornecer a bibliografia. Ao acordar, horas depois, aos berros ele me espinafrou. Não reconheceu que o erro fora dele e que eu agira acertadamente em fornecer a bibliografia, mesmo porque não havia mistério em relação a tal questão.

Quinzenalmente havia intervalos de um dia para descanso. Nada se fazia nem se estudava. À noite exibíamos filmes (como o *Encouraçado Potemkin*) e promovíamos atos recreativos, programados pelo coletivo. Esse *intermezzo* era indispensável devido à estafa generalizada. No fim do curso, outra novidade. Mário Alves, como diretor, fez uma avaliação do aproveitamento de cada um dos alunos, dando notas e conselhos a cada um.

As aulas, apoiadas no resumo de capítulos do livro primeiro de *O Capital*, abriram-me os olhos para a necessidade de começar a estudar a obra básica de Marx, pois compreendi que tudo o que lera até então era insuficiente. Foi quando decidi que, na primeira oportunidade, iria enfrentar esse desafio, o que consegui fazer poucos meses depois, quando veio a crise no movimento comunista.

Terminado o curso, Mário Alves transmitiu-me algumas resoluções da Comissão Executiva do Partido. Fora reorganizada a Seção Nacional de Educação, sendo ele o coordenador e dela participando eu, Alberto Castiel, Fanny Tabak e Clara Sharf.

Alberto Castiel retornara de uma permanência de vários anos em Paris, estudando filosofia na Sorbonne e cumprindo também tarefas partidárias. Em São Paulo, era o diretor de uma escola do Comitê Central, nos moldes daquela do Rio, apoiado em vários companheiros, entre os quais o motorista José Roman, que foi morto em 1974 pelos órgãos policiais da ditadura militar. Fanny Tabak, educadora, era dirigente do Partido no Rio de Janeiro. Naquela época ficou responsável por cursos clandestinos exclusivamente para as militantes, pois se evidenciara a necessidade de levar em conta de forma especial a problemática das mulheres.

O simples fato de realizarmos um curso específico para as comunistas indicava como o Partido começara naqueles anos um processo autocrítico em face de comportamentos anacrônicos que prevaleciam em nossa organização. Daí, entre outras coisas, a promoção de várias companheiras para as direções partidárias e a expansão do periódico *Momento Feminino*, fatos que atualmente não são devidamente relembrados.

Clara Sharf, companheira de Marighela, ainda era jovem e com pouca experiência mas, extremamente dedicada e séria, dava aulas que faziam largo sucesso entre os alunos. No "aparelho" da Barra da Tijuca fizemos mais um curso de três meses. Substitui Mário Alves na função de diretor e em algumas aulas, enquanto João Amazonas cobriu a ausência de Arruda Câmara, que viajara para a União Soviética.

NA "VILA DOS CONFINS"

Naquele ano o panorama político no país se alterou após os acontecimentos de agosto de 1954. Na prática havia uma aliança dos comunistas com o Partido Trabalhista Brasileiro e advogamos a candidatura de João Goulart à Presidência da República. Mas acabamos dando apoio a Juscelino Kubitschek na eleição. Em seguida, aconteceram os episódios que culminaram no golpe de 11 de novembro e na posse de JK na Presidência da República. Um quadro, portanto, alvissareiro, cheio de esperanças.

Do ponto de vista internacional o clima era marcado por nuvens negras (guerra da Coréia, tensões no Leste da Europa etc.), porém, acontecera o encontro em Camp David entre Kruschov e Eisenhower, o que prenunciava um arrefecimento da guerra fria. João Amazonas, recordo bem, chegou a acentuar numa aula que estava se iniciando uma outra etapa no mundo, caracterizada pelo bom relacionamento entre os Estados Unidos e a União Soviética. E acrescentava que o "espírito de Camp David" marcaria a nova trajetória, como acontecera após os encontros de Stalin com Churchill e Roosevelt. Previsão que não se confirmou.

No início de 1956, Humberto Lopes e eu começamos a montar outro "aparelho" para a escola do Comitê Central. Vou descer a detalhes sobre essa complicada operação a fim de que as pessoas, que nunca militaram numa atividade clandestina, tenham uma idéia das complicações para fazer funcionar, durante mais de dois anos, em plena cidade do Rio, um verdadeiro hotel para quase 40 pessoas, que em hipótese alguma poderia ser localizado pela polícia.

Antes de tudo, era imprescindível alugar uma casa ampla, com muitos quartos, dentro de uma área isolada, se possível murada e sem vizinhança próxima. Em local não muito distante do centro e sem barreiras rodoviárias no caminho. Passamos cerca de dois meses procurando um imóvel com essas características, vasculhando especialmente áreas como Jacarepaguá, Campo Grande, Alto da Boa Vista e Recreio dos Bandeirantes.

Encontrar um local para um "aparelho" de acordo com nossas necessidades era dificílimo, mesmo numa metrópole imensa como o Rio. Prova disso é que, dois anos depois, para montar outro "aparelho", acabei alugando uma mansão no bairro da Freguesia, em Jacarepaguá, de propriedade da família Duvivier, que, por terrível coincidência, já tinha sido usada um ano antes como "aparelho" do Comitê Regional do Partido, local que fora abandonado por segurança.

Não desistimos, porque não podíamos desistir, pois era impossível continuarmos na Barra da Tijuca. Afinal, encontramos um sítio, com um pomar imenso. A mansão era apenas razoável e não dava para alojar 40 pessoas, mesmo sem conforto. Na propriedade também havia dois galpões, a 100 metros da sede. Mais distante existia uma casa em que morava a família do lavrador que tomava conta do sítio.

Para chegar ao sítio usava-se a estrada Intendente Magalhães, que contorna o Campo dos Afonsos, o que não era uma coisa boa. Para irmos daquele subúrbio à zona sul do Rio, utilizando quase sempre a estrada Grajaú-Jacarepaguá, fazíamos uma viagem de 90 minutos, apesar de então o tráfego não ser tão congestionado como hoje. O sítio localizava-se na região de Santíssimo, a poucos quilômetros do campo de treinamento de tiros do Exército, perto da Serra da Mendanha. Como acabara de ser publicado o romance de Mário Palmério, *Vila dos Confins*, essa foi a denominação que deram ao "aparelho" os companheiros que para lá eram levados de automóvel, de olhos fechados.

O problema mais grave é que o proprietário, um comerciante português que comprara o sítio para futuramente fazer um loteamento, não cedia num ponto — seu caseiro deveria permanecer no local, naturalmente para fiscalizar os inquilinos. Fomos obrigados a aceitar essa condição, pois não tínhamos alternativa, avaliando que da casa onde morava aquele empregado não se via, nem se ouvia, o que acontecia na mansão.

Fechar o contrato de locação foi também uma dificuldade, ficando a cargo de Humberto Lopes o acerto dos detalhes. Não podíamos apresentar um fiador, para não complicar a vida de qualquer companheiro. Por isso, pagamos uma fiança elevada. Eu me apresentei como um paulista, "milionário" excêntrico, que desejava um sítio para lazer. Possivelmente, o português deve ter calculado outra coisa — contrabando, motel, "fortaleza" de jogo do bicho, por aí. Humberto era meu "motorista", só me chamando de "doutor". Aí havia mais um problema: eu não possuía roupas que evidenciassem a autenticidade do personagem.

Finalmente acertamos tudo com o proprietário e começamos a mudança de toda a imensa tralha de um "aparelho". Na prática o volumoso equipamento de um pequeno hotel, afora os materiais do Partido. Para complicar mais ainda, estavam depositadas conosco cerca de duas dúzias dos pesados casacos de inverno trazidos pelos alunos que retornavam da União Soviética, após terminarem o curso na Escola de Quadros do PCUS.

Como não poderíamos contratar uma empresa de mudanças para esse mister, conseguimos emprestada uma espécie de Kombi e fizemos umas trinta viagens em cinco dias, porque a data da entrada da nova turma do curso já fora fixada. Passamos por momentos difíceis em razão do transporte da biblioteca, com mais de dois mil livros. Houve um acidente que quase pôs tudo a perder, a poucos metros da entrada principal da base aérea do Campo dos Afonsos. A porta de trás da viatura abriu e dezenas de livros de Marx e Lenin se espalharam pela rua. Paramos o veículo e foram os sentinelas que nos ajudaram a catar o farto material subversivo.

Com a colaboração dos primeiros alunos que chegaram à "Vila dos Confins" erguemos dois muros, para isolar um pátio e abrir uma porta num barracão, para nele instalarmos camas para vinte "hóspedes". Até minha mulher, que já estava morando comigo nos "aparelhos", ajudou a fazer essas obras.

Do ponto de vista da "segurança", desempenhava uma função importante um cachorro vira-lata do Humberto, que, infalivelmente, advertia-nos da chegada de qualquer pessoa estranha. Meses depois ele foi providencial, num dia em que no "aparelho" estava reunida a direção do PCB. Diante do tremendo alarido que fazia, não parando de latir, saí correndo e vi o sítio repleto de soldados armados de fuzis. Mas logo um oficial gritou que eles estavam fazendo um exercício militar. Fui ao seu encontro para sugerir que os soldados fossem na direção do laranjal, autorizando-os a apanhar as frutas que desejassem.

Esse pomar nos foi de grande valia. Com mais de uma centena de laranjeiras e dezenas de outras árvores frutíferas, além de pés de milho, reforçava substancialmente a alimentação durante os cursos e as reuniões. Colocávamos à disposição dos companheiros uma quantidade fantástica da excelente e famosa laranja-pêra do Rio (que desapareceu do mercado), além de caqui, toranja (*grape fruit*), fruta-do-conde (pinha), pêssegos, bananas etc. Era um verdadeiro festival de frutas. Teresa e Humberto gostavam de fazer essa coleta diária. Este parecia um autêntico sitiante, revivendo seus tempos nas fazendolas de sua família na Serra do Baturité, onde passara a infância.

Realizamos na "Vila dos Confins" mais um curso de longa duração, semelhante aos dois anteriores. Os alunos eram dirigentes estaduais, como Orlando Bonfim, de Minas Gerais, e Antônio Chamorro, de São Paulo, além de dois "fraternais", da Venezuela e da Colômbia. Cresceu o número de minhas aulas e Castiel ministrou duas delas sobre capítulos de *O Capital*.

A essa altura já havia explodido a bomba do informe de Kruschov denunciando os graves erros e crimes de Stalin, repercutindo vivamente entre os alunos, sem que soubéssemos responder às perguntas que começaram a ser formuladas. João Amazonas e Mário Alves, que eram os nossos "contatos" com a direção, não sabiam o que dizer. O curso terminou de forma melancólica, pois não atendia à questão vital colocada na ordem do dia — a crise no Partido e no movimento comunista mundial.

Ao terminar a revisão deste capítulo, quando já se passaram mais de trinta anos desde que trabalhei na frente de educação do PCB, o balanço que faço comigo mesmo e com alguns antigos companheiros é contraditório. Dedicamos, eu e tantos outros, muito entusiasmo e enormes esperanças àquela missão.

Sob diversos aspectos, houve até evidentes exageros no uso de recursos financeiros e quadros lançados nessas atividades. Mas é importante assinalar que nenhum outro partido no Brasil preocupou-se em educar seus militantes, como sucedeu naquela época com o PCB. Atualmente, só o MST faz algo semelhante.

No entanto, sobra a impressão de que depois de tantos esforços, os resultados foram quase nulos, por estarem centralizados numa orientação política descasada da realidade brasileira. E porque nossa preocupação não era voltada para estimular nos alunos o questionamento de todos os valores, inclusive os nossos.

6

A CRISE DE ALTO A BAIXO

Em 1956 eclodiu com tremenda força a crise no movimento comunista mundial, precipitada pelas denúncias apresentadas por Kruschov no XX Congresso do Partido Comunista da União Soviética, realizado em Moscou em fevereiro daquele ano. É verdade que vários fatos anteriores, na Polônia e em outros países do leste da Europa, indicavam que acontecimentos graves sucediam no sistema socialista.

O primeiro dado que me alertou para a existência de coisas incompreensíveis no movimento comunista, em particular na União Soviética, foi o famoso discurso de Kruschov no aeroporto de Belgrado, em 1955, publicado no órgão central do PCB, *Voz Operária*. Começava fazendo a seguinte saudação: "Querido camarada Tito..." Estava eu ainda no Recife e aquele discurso me causou espanto, porque durante quase sete anos, até de forma exaustiva, o líder dos comunistas da Iugoslávia era apresentado como chefe de um bando de traidores e outros qualificativos piores. A fala me desnorteou, pois não era acompanhada de um exame que pudesse esclarecer a substancial mudança no comportamento do Partido Comunista da URSS em relação à Liga dos Comunistas da Iugoslávia.

Anteriormente, nunca dera atenção às críticas da imprensa mundial ao partido de Lenin e Stalin, considerando todas elas como acordes de uma música orquestrada pelos agentes do imperialismo. Mas, depois desse episódio, minha total e irrestrita confiança no PCUS ficou irremediavelmente abalada. E o que veio alguns meses depois foi infinitamente mais grave.

A divulgação do informe secreto de Kruschov pela imprensa dos Estados Unidos foi a bomba que caiu em nossas cabeças. Parecia um documento falso, mas não foi desmentido pelos soviéticos. Em seguida, tendo que aceitar como autêntico o texto do documento, nossa perplexidade chegou ao apogeu em face das denúncias de crimes e erros de suma importância, praticados ou endossados por Stalin. Eram apresentados de forma simplista como uma conseqüência do "culto à personalidade", explicação absolutamente inaceitável e que apenas indicava as dificuldades do PCUS em enfrentar desafios monumentais. Por isso, esse partido acabou desaparecendo do cenário da História, por incorrer no mesmo erro de Áugias, que morreu por se recusar a pagar a recompensa pela limpeza de seus estábulos.

Ficamos semanas a acompanhar as repercussões mundiais, notadamente nos países do Leste da Europa. Não sabíamos o que dizer, o que responder. A direção do PCB se fechou em copas, alegando necessitar de maiores explicações de seu representante no XX Congresso do PCUS, Arruda Câmara, que retardou por vários meses seu regresso ao Brasil.

Ao mesmo tempo o panorama no movimento comunista internacional continuou a se complicar e se tornou catastrófico a partir dos acontecimentos de outubro e novembro de 1956, com a revolta na Hungria e a intervenção do exército da URSS nesse país. Assim começou uma crise que mudou o curso da história no século XX. O leitor deste depoimento não encontrará aqui uma análise teórica desses fatos, que foram tão-só o primeiro ato de um processo que prosseguiu até seu epílogo, no fim da década de 1980, com o colapso da União Soviética.

Foge também ao objetivo destas memórias um exame das repercussões da crise entre os comunistas brasileiros. Apresento aqui unicamente informações sobre episódios que acompanhei de perto. Muito poucos, na verdade, porque naqueles meses cruciais eu estava relativamente isolado, desempenhando tarefas partidárias em "aparelhos" clandestinos, longe portanto da ebulição que convulsionava o Partido. Episódios que dizem respeito a duas reuniões decisivas do Comitê Central em 1956 e 1957.

A crise atingiu os partidos comunistas em escala mundial. No entanto, seus reflexos em cada país foram mais ou menos graves, tendo em vista a trajetória particular de cada um desses partidos. No Brasil adquiriu profundidade maior em razão de uma soma de erros acumulados no curso de vários anos.

A denúncia do stalinismo gerou também o inevitável questionamento dos equívocos do PCB. Acertadamente relacionava-se os males do stalinismo com a falta de democracia em nossas fileiras, com a ausência de uma discussão aberta das resoluções baixadas por um pequeno grupo, com a prosternação ante as opiniões de Prestes e com posições dogmáticas que impediam a análise correta da realidade brasileira. Tornou-se, pois, generalizado o entendimento de que todos esses fatores deram origem a falhas clamorosas em nossa luta, particularmente uma estratégia política sectária e esquerdista.

Por iniciativa dos redatores da *Voz Operária* o debate interno extravasou publicamente, arrebentando com o controle da direção nacional. Com sua autoridade quebrada, ela procurou ganhar tempo, contemporizando, mas pouco podia fazer. Tornara-se, portanto, imprescindível a convocação de um congresso partidário. Para tanto, contudo, se necessitava de tempo para a elaboração de uma nova linha política e para ser encaminhada a recomposição do Comitê Central, após um processo de consulta ao conjunto do Partido.

Uma das reuniões do Comitê Central foi realizada na "Vila dos Confins" em agosto de 1956, o "aparelho" pelo qual eu era responsável. Para ela foram convidados velhos militantes, além de quase todos os membros efetivos e suplentes, mas sem a presença de Prestes, por motivo de segurança. Embora não pudesse emitir minha opinião nas sessões plenárias, acompanhei atentamente os debates. A reunião estendeu-se por muitos dias, devido à complexidade das questões em exame e por serem visíveis as dificuldades da Comissão Executiva, sobre a qual recaíam as maiores críticas. E ela estava desnorteada e dividida a respeito dos rumos que deveriam ser trilhados pelo PCB.

Para mim aquele encontro nacional dos dirigentes comunistas foi inesquecível porque conversei demoradamente com companheiros de prestígio em nossas fileiras. Alguns com os quais nunca privara ou que há anos não encontrava. Astrojildo Pereira foi um deles. Envelhecido, mas lúcido como sempre, encarava a crise com sua proverbial serenidade e equilíbrio. Não me recordo de suas opiniões sobre o que estava em questão, mas tenho lembrança de seu entusiasmo em face de um livro, então recentemente publicado — *Grande Sertão: Veredas*, de Guimarães Rosa. Astrojildo prenunciava que se tornaria uma obra clássica da literatura brasileira.

Otávio Brandão também estava na reunião. A princípio, eu ouvia as longas histórias que contava, depois me cansei delas.

Muito interessante era Agildo Barata. Vivo e comunicativo, nos deliciava com casos curiosos, além de analisar com ênfase os erros praticados pela direção do Partido. Sentia-se claramente que assumira um papel de liderança entre os intelectuais comunistas. Estes reclamavam a necessidade absoluta de uma profunda autocrítica de nossa organização. Por isso não estranhei que pouco depois Agildo rompesse publicamente com o Partido.

Uma pessoa em particular despertou a minha atenção: Giocondo Dias, com quem eu apenas cruzara eventualmente em 1946. Já o admirava pelas histórias contadas por Jorge Amado sobre "o cabo Dias" e o levante em 1935 no Rio Grande do Norte, assim como pelas referências ao seu trabalho na Bahia, quando dirigia o Comitê Estadual e como deputado na Assembléia Legislativa. Entretanto, desde 1947, ele desaparecera do cenário partidário, pois assumira o encargo de cuidar do dispositivo de "segurança" de Prestes.

Como todos os outros participantes na reunião, Giocondo Dias se encontrava perplexo. O fato de haver permanecido isolado durante oito anos lhe possibilitara muito tempo para leituras e conhecer intimamente Prestes e os outros elementos do núcleo dirigente do Partido. Por essa razão, via os méritos de cada um, mas foi se apercebendo de suas limitações e falhas. Em outras palavras, perdera ilusões nos dirigentes do Partido, tão comuns entre nós naqueles anos.

Giocondo, entretanto, mantinha-se firme na sua convicção de ser um dos responsáveis pelos destinos do Partido. Na reunião conquistou a confiança de muitos, embora não soubesse como poderíamos sair do cipoal em que estávamos emaranhados. Nasceu ali, portanto, uma relação minha com ele, que durou até sua morte. Pois, Armando Ziller e eu o visitamos na véspera de seu falecimento, no Rio, em 1984. Encontro amargo e sem despedidas, pois ele nem nos reconheceu, seus velhos amigos e companheiros.

Daquela reunião resultaram poucas coisas, como era previsível. Críticas amargas, autocríticas dramáticas, como a de Carlos Marighela. Desconversa manhosa, como a de Arruda Câmara. Resistência a reconhecer a profundidade dos erros, como no caso de Maurício Grabois e João Amazonas. Como respeitava este desde os tempos que o conheci em Belo Horizonte, nos idos de 1943, num dos intervalos da reunião perguntei a ele o que achava de tudo aquilo. Respondeu: "Não sei o que dizer."

Havia uma tendência geral a jogar todas as falhas nas costas de Prestes, o que não deixava de ser uma absolutização e uma forma de "culto à personalidade" às avessas. No entanto, alguns dos velhos militantes raciocinavam na linha do bom-senso, interessados sobretudo no que refazer daí em diante. Entre eles, Dinarco Reis, Câmara Ferreira, Ramiro Lucchesi e Antônio Chamorro. Mas, dois deles, de forma especial, com segurança e clarividência, apontavam o caminho — Armênio Guedes e Mário Alves.

Convivi e trabalhei com dezenas de dirigentes do PCB, mas não vacilo em afirmar que nenhum deles revelou maior talento e sagacidade política do que Armênio Guedes. Sua militância começou na década de 1930, na Bahia, como João Falcão relata em seu livro. Dessa época em diante, mas particularmente nos momentos decisivos, a palavra mais lúcida, a previsão mais certeira e as sugestões inovadoras foram de Armênio. São pouquíssimos os trabalhos teóricos elaborados e publicados por ele. Todavia, deve-se atribuir a Armênio a formulação dos pontos capitais da política que permitiu ao PCB exercer tão grande influência no panorama nacional na década de 1960. O mesmo se pode dizer de sua contribuição posterior no período do regime militar, quando colaborou decisivamente para traçarmos a estratégia do Partido, alicerçada na aglutinação de forças pela reconquista das liberdades democráticas.

Distinguiu-se pelo seu espírito crítico, nunca se deixando levar pelos que apregoam serem os donos da verdade. Essa conduta foi inclusive pioneira entre os comunistas brasileiros em relação ao PCUS. Apesar de ser uma pessoa que foge da ribalta, certamente não foi por um acaso que se tornou um dirigente comunista respeitado e estimado na intelectualidade brasileira. Armênio sempre esteve aberto para o que de novo surge na cultura, sem fazer o jogo fácil de incensar qualquer pessoa apenas para agradá-la, pois jamais esconde suas opiniões e convicções.

Mário Alves foi uma das figuras mais inteligentes e cultas entre os comunistas brasileiros, dedicando sua vida à causa da luta pelas transformações revolucionárias no País. De raciocínio ágil, era quase impossível vencê-lo num debate. Em diversos momentos Mário Alves foi o principal redator das resoluções partidárias, como presenciei no Quinto Congresso do PCB, em 1960, quando era um dos membros da Comissão Executiva do Partido. Depois disso começou a discordar da orientação da Comissão Executiva, defendendo a adoção de formas de lutas mais radicais contra a ditadura brasileira. Foi excluído do PCB e dedicou-se à construção de uma outra organização partidária — o Partido Comunista Brasileiro Revolucionário (PCBR). Logo depois foi assassinado pelos agentes do DOI/CODI, um dos fatos mais brutais que aconteceram nos anos das torturas.

Retornando ao que estava narrando, naquela reunião do Comitê Central na "Vila dos Confins" foram lançadas apenas algumas teses gerais para a fundamentação de uma nova estratégia política, pois a maioria dos membros da direção estava voltada para apagar o incêndio em nossas fileiras. Por isso, a conclusão dos debates, segundo recordo, foi a de se aguardar mais ainda a palavra e o posicionamento do secretário-geral do Partido, Luiz Carlos Prestes, afinal, a personalidade decisiva do PCB.

Por que Prestes desde o início da crise não assumiu um papel de liderança do processo autocrítico do Partido? Por que ele demorou meses a reagir? De onde decorria a insegurança de Prestes em dar uma opinião sobre a crise que estava esfacelando nosso Partido? A razão desse comportamento era óbvia. Desde 1930, quando viveu cerca de quatro anos em Moscou, Prestes se convencera de que ali estavam os oráculos da revolução mundial. Por isso levava em conta uma advertência repetida pelos velhos bolcheviques a todos os comunistas do mundo: "Sigam sempre a estrela vermelha do Kremlin." Mas como isso seria possível agora, quando essa luz deixara de ter brilho, como o fogo-fátuo que emana de sepulturas e pântanos? Esse pesadelo era irracional, inconcebível, para Prestes. Assim, o remédio era esperar que a evolução natural acabasse por recompor a lógica do paradigma.

Um episódio marcante permitiu-me avaliar melhor essa confiança cega de Prestes na direção soviética. Em outubro de 1964 eu estava numa reunião, naturalmente clandestina, da Comissão Executiva do PCB, num "aparelho" no Rio. Minha presença decorria da importância de relatar os resultados de uma viagem ao Uruguai, que eu fizera em setembro, a fim de conversar com Jango, Brizola e os exilados brasileiros. Em geral as reuniões da Comissão Executiva duravam três dias, pela manhã e à tarde. À noite, descansávamos e ouvíamos o noticiário. No segundo dia, foi divulgada com estardalhaço a notícia do afastamento de Kruschov da secretaria-geral do Comitê Central do PCUS.

Ficamos pasmos, mudos e assustados. Lembrávamos que, dois meses antes do golpe militar, Prestes havia conversado longamente com Kruschov. Um fato notável, incomum, pois em Moscou, quando lá chegavam dirigentes comunistas de países capitalistas, eles apenas eram recebidos por Ponomariov, o chefe da Seção Internacional. E de volta ao Brasil, Prestes dera várias entrevistas com elogios rasgadamente favoráveis a Kruschov. Assim, nenhum dos membros da Comissão Executiva do PCB presentes teve a audácia de fazer qualquer comentário sobre a queda de Kruschov. Mas, passados alguns minutos, Prestes disse: "Kruschov estava cometendo muitos erros." Continuamos todos calados. Não havia o que dizer. O secretário-geral do PCB, de forma inabalável, já traçara o azimute — continuar seguindo a estrela vermelha do Kremlin. Para ele nada havia a alterar, embora todos ali entendêssemos que era quase impossível convencer a opinião pública de que "tudo continuaria como dantes no quartel de Abrantes".

Retornando ao relato da reunião do Comitê Central na "Vila dos Confins": a que consenso se chegou, além de remeter a Prestes um relato minucioso dos debates no Comitê Central? Unicamente foram traçadas algumas normas para disciplinar o debate nos jornais comunistas. Era só o passo possível, porém não era aquilo que o Partido necessitava e esperava. Muitos militantes e personalidades comunistas se afastaram do Partido, descrentes da autocrítica da organização como um todo. No entanto, a maioria dos comunistas aguardou com paciência a evolução da luta interna do PCB.

Quanto a mim, recebi incumbência prosaica e concreta — deveria montar um novo "aparelho" clandestino, a fim de possibilitar reuniões do Comitê Central com a presença de Prestes. Mas tomei uma decisão inabalável. Como há tempos sentia a necessidade de estudar as obras básicas de Marx, essa preocupação tornou-se impositiva, pois juntou-se à exigência de procurar luzes para tentar entender a crise no movimento comunista no mundo e no Brasil. Passei, por isso, a dedicar longas horas diárias, no curso de muitos meses, a ler, fazer resumos e anotar todo o livro primeiro de *O Capital*, aproveitando a tranqüilidade da "Vila dos Confins". Postura do ermitão que foge para uma caverna no deserto para meditar e tentar decifrar fatos para os quais não tem ainda uma resposta.

O INÍCIO DA AUTOCRÍTICA

No ano de 1957 os ventos traziam boas nuvens para os comunistas, tanto no mundo como no Brasil, pressagiando que a tempestade havia terminado. A influência desse panorama repercutia em nossas fileiras, como não podia deixar de ser.

O primeiro ano do governo Kubitschek infundia grandes esperanças, indicando que as correntes democráticas e nacionalistas haviam derrotado os golpistas e poderiam acumular força para avanços posteriores. Existiam, portanto, bases objetivas para uma reformulação completa na orientação equivocada do "Manifesto de Agosto" e do Quarto Congresso do PCB.

Chegavam também notícias de uma volta ao clima de unidade das organizações comunistas no mundo, fato assinalado pela conferência dos partidos em Moscou, em dezembro, com a presença de uma delegação chinesa chefiada por Mao Tsé-tung. Assim, as principais divergências no movimento comunista pareciam ultrapassadas. E a União Soviética marcara um tento na corrida espacial com o lançamento do Sputinik, dando a impressão de estar vencendo os Estados Unidos na competição pelo desenvolvimento da ciência e da tecnologia.

Nos primeiros meses de 1957, ainda na clandestinidade, Prestes se transferiu para o Rio de Janeiro, acompanhado de Giocondo Dias, ficando eu encarregado de transportá-lo de sua residência às reuniões da Comissão Executiva e a encontros com alguns companheiros, que poderiam lhe fornecer elementos a fim de ser elaborada a nova linha política.

Nessa altura, havíamos desativado a "Vila dos Confins" e montado um novo "aparelho" em Jacarepaguá. Humberto Lopes recebeu outras tarefas e passei a contar com a colaboração de um companheiro de Minas Gerais, Estasnilau Alkimim e sua esposa. Aluguei uma pequena moradia para mim e minha mulher, no bairro da Piedade, no Rio de Janeiro, para ser também utilizada por Maurício Grabois. Entretanto, Teresa estava grávida e por isso foi esperar pelo parto em casa de sua mãe, em Belo Horizonte.

As duas questões fundamentais do momento eram reformular a estratégia política e convencer a Comissão Executiva da absoluta urgência de uma mudança significativa na composição de seus membros, pois sem isso seria impraticável uma autocrítica corajosa do PCB. Na primeira dessas questões empenharam-se Mário Alves, Armênio Guedes, Jacob Gorender, Alberto Passos Guimarães, Giocondo Dias, além de Prestes.

Para esse desafio dispúnhamos das contribuições de um expressivo elenco de especialistas e estudiosos que tinham produzido trabalhos para os governos de Vargas e Kubitschek. Ademais, a criação do Instituto Superior de Estudos Brasileiros (ISEB) ensejou a formação de um núcleo de pesquisadores empenhados na elaboração de análises sobre os rumos do país.

Simultaneamente, um grupo de economistas, reunidos em torno da revista *Econômica Brasileira*, dirigida por Américo Barbosa de Oliveira, fundamentava de um ponto de vista progressista diretrizes para o desenvolvimento econômico e social do País. Nesse conjunto, sem vínculo com o Partido, ou apenas aproximados de nós em determinadas questões, mas em outras não, destacavam-se, entre outros, Celso Furtado, Rômulo de Almeida, Jesus Soares Pereira, Hélio Jaguaribe, Álvaro Vieira Pinto, Inácio Rangel, Diogo Gaspar e Sebastião Advíncula, os dois últimos de São Paulo. As idéias desses estudiosos é que balizavam os caminhos a serem trilhados pelas correntes progressistas, em choque aberto ou velado com as teses defendidas pela "equipe econômica" da época, liderada por Eugênio Gudin, Otávio Gouveia de Bulhões, Lucas Lopes, Roberto Campos e os grandes banqueiros de São Paulo e do Rio.

Filtrando as opiniões do grupo progressista, estavam alguns companheiros e simpatizantes do Partido, principalmente Alberto Passos Guimarães, Nelson Werneck Sodré, Aristóteles Moura, Moacir Paixão, Américo Cury e Campos Melo, que muito contribuíram para as teses incorporadas pelo PCB.

Prestes terminou aceitando as opiniões em favor de um *aggiornamento* da política do Partido. Mas dentro da Comissão Executiva evidenciou-se que apenas Carlos Marighela concordava com ele, enquanto João Amazonas, Maurício Grabois e Diógenes Arruda Câmara resistiam a mudanças. Assim, respeitando as normas partidárias, tornou-se indispensável a substituição desses dirigentes no núcleo dirigente do Partido.

Esse impasse durou algum tempo. Como a Comissão Executiva reunia-se no "aparelho" de Jacarepaguá, Giocondo Dias e eu ficávamos conversando horas a fio, no amplo jardim da mansão, torcendo pelo bom resultado daqueles debates. E o tempo ia passando. À noite, como eu dormia no mesmo quarto de Prestes, sentia que ele não conseguia conciliar o sono, nem de madrugada.

A solução foi levar ao plenário do Comitê Central as opiniões divergentes dentro da Comissão Executiva. Nunca me esqueci daquela reunião do Comitê Central, realizada em agosto de 1957. Isto porque, ao sair da mansão para fazer compras, fiquei apavorado ao ler em *O Jornal* a seguinte manchete — "O Comitê Central do PCB está reunido". Regressei ao "aparelho", calculando que seria inevitável a dispersão imediata dos membros da direção. No entanto, a Comissão Executiva resolveu não suspender a reunião. Ela durou uma semana e tudo correu normalmente, desse ponto de vista.

A resolução mais importante tomada pelo Comitê Central foi a de substituir na Comissão Executiva a *troika* Arruda-Amazonas-Grabois e Sérgio Holmos, por Giocondo Dias, Mário Alves, Ramiro Lucchesi e Calil Chade. Decisão fundamental porque atendia às críticas do conjunto do Partido e abria a possibilidade da reformulação da linha política.

Em conseqüência, o processo autocrítico avançou de forma mais rápida e a orientação política finalmente foi modificada em março de 1958, numa reunião posterior do Comitê Central. O anteprojeto do documento, elaborado por uma comissão do Comitê Central, foi julgado insatisfatório. Mas Prestes havia apresentado um texto alternativo, que foi escrito por Mário Alves, Jacob Gorender, Armênio Guedes e Alberto Passos Guimarães.

Teve início então a reviravolta completa no PCB. As atividades partidárias foram centralizadas em ações não-clandestinas. Assumindo a responsabilidade pelo trabalho de organização do Comitê Central, Giocondo Dias discutiu comigo a necessidade de que eu retornasse a Minas Gerais, para atuar legalmente, depois de quatro anos de clandestinidade.

Concordei de pronto, mesmo porque acabara de nascer minha filha, Simone, e eu queria ter maior convivência com meus familiares. Assim, aos 32 anos de idade, mudei completamente o curso de minha vida, talvez com a mesma sensação que tem o astronauta que após ficar em órbita no espaço regressa à Terra.

7

NAS ÁGUAS DA POLÍTICA

Regressei a Minas em 1957, por ocasião das festas de fim de ano, com "uma mão na frente e outra atrás". Sem um tostão no bolso e profissionalmente desatualizado. Ao lado desse recomeço, deveria trilhar o caminho da política, de acordo com a orientação do Partido.

A ajuda das duas famílias — a minha e a de Teresa — foi inestimável a fim de remontar a vida dentro dos usos e costumes de Belo Horizonte. Aluguei um modesto apartamento, na parte alta de um sobrado, no bairro do Calafate, perto da residência de dona Paixão. Das duas famílias, ganhamos móveis usados e outros utensílios essenciais. Elas estavam contentes com a nossa volta e tudo faziam para tornar róseo o nosso futuro. Com alegria, reatamos velhos laços de amizade.

O problema mais complicado dizia respeito à manutenção permanente. Ou seja, um emprego ou trabalho. O Partido em Minas não tinha recursos para me auxiliar, nem eu poderia ficar nas costas dos familiares. Como eu estava regularizado na Ordem dos Advogados, a primeira alternativa foi seguir esse caminho. Logo me ofereceram um lugar num escritório de advogados comunistas — Fábio Medeiros, José Adjuto Filho, Maurício Junqueira e Raimundo Lima.

Mas os clientes eram poucos e os colegas não podiam repartir comigo a receita do escritório. Apelei para conhecidos e finalmente apareceu uma causa forense. A primeira e última. A cliente era uma solteirona, de meia-idade, com alguns recursos, moradora numa pequena cidade do Vale do Paraopeba. Queria processar vizinhas que a difamaram, espalhando que "ela não teria bom comportamento". Mal estudei o caso e logo resolvi dissuadi-la desse intento. Mostrei que era uma causa ingrata, desagradável, que poderia chegar ao ponto de obrigá-la a comprovar que era donzela pura, intocável e de comportamento ilibado. Gastei um bom tempo para me desfazer da cliente. Essa experiência me convenceu de que não tinha vocação para esse mister e que deveria desistir da tentativa de ganhar dinheiro na advocacia. Compreendi que seria melhor me dedicar ao jornalismo.

A situação em Belo Horizonte propiciava essa carreira. Juscelino estava na Presidência da República, o dinheiro corria solto em Belo Horizonte graças às obras governamentais, notadamente a construção de Brasília. Todos apostavam no futuro. Quando governador, JK revolucionou Minas Gerais com a construção das centrais elétricas da Cemig, criada em 1952. Diversas rodovias foram asfaltadas e foi concluída a estrada para São Paulo. A Cidade Industrial, em Contagem, modificou o panorama de Belo Horizonte, transformando-a numa metrópole, com empresas de porte, como a Mannesmann. O crescimento da população da capital era vertiginoso. Se em 1950 possuía 350 mil habitantes, em 1958 contava com quase 700 mil pessoas. Projetos mirabolantes surgiam a toda hora. Uns davam certo e outros não, mas as empreiteiras enriqueciam sempre.

No panorama político o quadro era marcado pela luta sem quartel entre o PSD e a UDN. Porém, despontava com força o PTB, partido dos getulistas, enxameado por gente boa, como o líder sindical Clodsmidt Riani, e personalidades sérias e nacionalistas, como o deputado federal e depois senador Camilo Nogueira da Gama. Mas também nele aportavam picaretas e aventureiros. Naquele balaio de caranguejos, com facilidade conseguimos igualmente um espaço para nós, os comunistas. No PTB atuavam muitos companheiros, entre os quais o deputado estadual Sinval Bambirra, o jovem líder dos têxteis de Belo Horizonte.

Na imprensa havia novidades. Ao lado do *Estado de Minas*, circulavam outros jornais na capital mineira, destacando-se o crescimento do grupo do *Diário do Comércio* e um semanário — o *Binômio*. Como sempre me preocupei com as questões da economia, comecei a produzir matérias de jornalismo investigativo para o *Diário do Comércio*, *Binômio* e *O Semanário*, dirigido pelo jornalista Osvaldo Costa e editado no Rio. O *Semanário* era um órgão de imprensa à maneira antiga. Pesado, com matérias longas, quase sempre catilinárias bem-feitas, no estilo panfletário da década de 1920. Era engajado até a medula em teses nacionalistas, ao ponto de se tornar o porta-voz mais autêntico dessa corrente política no Brasil.

O *Binômio* tinha outras características, embora também assumisse a defesa das causas nacionalistas. Nascera como um panfleto irreverente e abusado, mas aos poucos se transformou num jornal sério, moderno e ágil. Por isso sua vendagem crescia a cada semana. Gozava, com bom humor, Juscelino, o PSD e o PTB, fazendo claramente o jogo da UDN. Seus editores e proprietários eram os jornalistas Euro Arantes e José Maria Rabelo.

Devido ao crescente prestígio dessa publicação, Euro foi eleito deputado estadual pela UDN. Como sempre foi de esquerda, José Maria Rabelo, membro do Partido Socialista, deu ao *Binômio* essa conotação, o que fez esse semanário sofrer inúmeros processos, tendo sido empastelado e fechado por ocasião do golpe militar de 1964. Odiado pelos reacionários, José Maria Rabelo teve de exilar-se no Chile e na França durante a ditadura militar.

No corpo de redatores do *Binômio* formaram-se diversos jornalistas que depois se destacaram na imprensa nacional e fora do país. Nele trabalhavam, entre outros, Célius Áulicus Jardim e Guy de Almeida, de quem me tornei amigo. Como *free lancer* escrevia reportagens econômicas sobre diversos assuntos de Minas. Relembro uma série em torno da construção da usina de Furnas. Nesses textos, que posteriormente foram reunidos num opúsculo editado pelo Partido, combatia o projeto em razão dos grandes prejuízos ambientais que causaria numa vasta região de Minas e, particularmente, porque não previa a colocação de eclusas na barragem, cortando assim a possibilidade de uma futura hidrovia de Buenos Aires ao sul de Minas e aos rios que formam o São Francisco. Deixando de lado certos exageros, a tese era e continua sendo correta, como se comprova hoje com a conclusão da hidrovia Tietê-Paraná. Na elaboração dessas reportagens vim a São Paulo ouvir uma reconhecida autoridade na matéria — mestre Catulo Branco.

Outras reportagens minhas foram publicadas nessa época no *Binômio* e em *O Semanário*. Entre elas, várias atacando um projeto da empresa telefônica de Belo Horizonte, uma subsidiária da Light, outrora o mal afamado "polvo canadense". Outras, contra o projeto da multinacional Hanna, que investia na exploração do minério de ferro de Minas. Denunciei com vigor a incrível negociação da riquíssima jazida de nióbio de Araxá, antes entregue a um grupo chinês nacionalista e que afinal caiu nas mãos do grupo Moreira Salles. Artimanha engendrada por Hugo Gouthier, quando era nosso embaixador em Teerã. (Dessa jazida saem 80% da produção mundial desse valioso minério estratégico.)

A elaboração dessas matérias me levou a uma aproximação maior com estudiosos dos problemas de Minas Gerais, como Osório da Rocha Diniz, Renato Falci, Leopoldo Brandão, Washington Albino, José Costa, Fabrício Soares, entre outros.

A atuação política do Partido se desenvolvia com facilidade e amplitude, pois estavam enterradas as teses do "Manifesto de Agosto". Conseguíamos aliados em vários partidos — PTB, UDN, PR e PSD. Havia também bom relacionamento com os socialistas.

Na Igreja Católica diversos padres não tinham receio de debater conosco problemas gerais e questões particulares de interesse das comunidades. Cito alguns: padre Orlando Vilela, padre Orlando Machado, frei Rosário Jofily, padre Laje Pessoa, padre Aguinaldo Leal e o bispo Dom José Maria Pires. Marchávamos lado a lado com uma personalidade católica de considerável prestígio — o jornalista e deputado Edgar da Matta Machado. Em Nova Lima, manifestamos claramente nosso apoio a um líder mineiro, José Gomes Pimenta (Dazinho), formado no seio da Igreja e que se revelou nas lutas sindicais e na Assembléia Legislativa. Era tão combativo e consciente como os antigos líderes comunistas expulsos da mina de Morro Velho. Entre os bancários consolidou-se a sólida aliança entre católicos e comunistas.

Nas eleições de deputados e de senadores em 1958 não vivemos aquele sofrimento de 1946, quando não sabíamos se deveríamos apoiar Milton Campos ou Bias Fortes. Atuávamos diretamente dentro do PTB, influindo nas suas decisões e adotávamos como princípio fortalecer as candidaturas nacionalistas em qualquer partido. Não contávamos com força eleitoral suficiente para eleger um deputado federal comunista, mas tínhamos possibilidade de reeleger para a Assembléia Legislativa nosso companheiro Sinval Bambirra.

Com essa visão realista, a preocupação central era a de acumular forças, estabelecendo alianças que fossem possíveis, sem qualquer preconceito em relação a esse ou aquele partido político. Repercutira em Minas a iniciativa tomada na Câmara dos Deputados, em 1956, de criação da Frente Parlamentar Nacionalista, com deputados federais de vários partidos. Em nosso estado dois desses parlamentares gozavam de prestígio — Bento Gonçalves, do PR, e Gabriel Passos, da UDN. Também os apoiamos nas eleições e participei de vários comícios de candidatos, como

Tancredo Neves e Camilo Nogueira da Gama. De forma especial, envolvi-me na campanha de Gabriel Passos, distribuindo suas cédulas eleitorais e organizando alguns atos para ele expor suas posições nacionalistas em cidades como Montes Claros. Esse convívio possibilitou-me longas conversas com esse político que foi procurador-geral da República, no tempo de Vargas, mas que tornou-se um crítico acerbo do antigo ditador.

Certa vez, numa conversa amena, Gabriel Passos fez uma observação curiosa sobre aquela nossa convivência, dizendo: "Hoje, vocês, comunistas, são bem diferentes de seus companheiros de outros tempos. Na Assembléia Constituinte de 1934, eu sentava perto de Álvaro Ventura, só para ouvir seus comentários a respeito dos oradores que falavam na tribuna. Álvaro Ventura criticava todos aplicando-lhes um só qualificativo — 'cavalo de aluguel, cavalo de aluguel!'." (Estivador em Santa Catarina e deputado classista, Ventura era um homem simples e foi do Comitê Central do PCB a partir de 1943.)

A campanha eleitoral transcorreu sem maiores novidades. Os candidatos que apoiávamos foram eleitos. Em Minas o Partido ampliara sua influência com esse trabalho e com outras atividades e empenhava-se na rearticulação dos companheiros nos municípios. Montou-se um escritório onde fazíamos as reuniões, sob a fachada de sucursal do jornal *Novos Rumos*, órgão oficioso do Partido, lançado no Rio, em substituição à *Voz Operária*.

Elson Costa era o principal dirigente do Partido em Minas. Armando Ziller dedicou-se ao trabalho sindical, particularmente entre os bancários, em razão de sua influência nacional nessa categoria. Luiz de Carvalho Bicalho havia decidido retomar sua carreira acadêmica na Faculdade de Filosofia (dois anos depois transferiu-se para a Universidade Nacional de Brasília, onde permaneceu pouco tempo, em razão de divergências com Darcy Ribeiro). Orlando Bonfim fora transferido para o Rio, para dirigir nossas publicações nacionais.

Foi-me proposto, então, assumir um cargo no secretariado estadual do Partido, mas argumentei que seria mais útil ficar apenas em atividades políticas e militando no jornalismo. Por isso não me envolvi diretamente nos trabalhos internos da organização partidária. Na verdade, buscava inserir-me na luta política de forma nova. Estava cansado de ficar enclausurado na estrutura partidária, como numa ostra, depois de quatro anos na militância clandestina.

TRÊS EPISÓDIOS COM SAN TIAGO DANTAS

A poucos meses da eleição de 1958, em Minas foram tocados os sinos de rebate com a entrada na campanha de um candidato a deputado federal na chapa do PTB. Chegara de pára-quedas, não possuía bases eleitorais e estava gastando rios de dinheiro para conquistar núcleos municipais desse partido.

Sua ficha política era a mais negativa possível: havia pertencido à "Câmara dos 40", suprema direção dos integralistas; combatera a posse de Getúlio na Presidência da República em 1950; era o mais famoso advogado das empresas norte-americanas no Brasil. Além do mais, não era mineiro. Seu nome — Francisco Clementino de San Tiago Dantas.

Em nossos arraiais — no PCB, entre os trabalhistas e nacionalistas, no *Binômio* — ficamos alvoroçados. Era indispensável impedir a eleição daquele milionário, intruso e sumamente perigoso. Era o "cavalo de Tróia" do imperialismo na fortaleza do trabalhismo mineiro. Como fazia jornalismo investigativo, fui escalado para preparar uma série de reportagens sobre a figura.

Fui ao Rio conversar com pessoas que o conheciam bem, entre os quais Gabriel Passos e Camilo Nogueira da Gama. Conversei com Osvaldo Costa e este pediu-me que as reportagens fossem também publicadas em *O Semanário*. Seguindo as informações colhidas, fui à Biblioteca Nacional conferir dado por dado.

Caprichei na redação, eliminando adjetivos e figuras de retórica. Duas semanas depois começou a série de minhas reportagens sobre San Tiago Dantas — no *Binômio* e em *O Semanário*. Publiquei o parecer que ele dera, no Conselho Federal da Ordem dos Advogados do Brasil, opinando que Getúlio não poderia ser empossado porque não tivera a maioria absoluta dos votos na eleição de 1950.

Contei fatos sobre seu envolvimento com os integralistas. Indiquei sua participação em subsidiárias de empresas estrangeiras e o papel de seu escritório de advocacia na defesa de trustes e cartéis. Enfim, um dossiê volumoso, uma coletânea de fatos irrefutáveis. Estava contente com as minhas matérias e com sua repercussão. Apenas Prestes discordou da campanha, julgando-a politicamente equivocada.

Mas não me abalei, até que numa noite toca a campainha do modesto apartamento em que eu residia. Era um estranho, identificando-se como secretário do professor San Tiago Dantas. Disse-me que o famoso advogado pedia um encontro porque desejava conversar comigo. Concordei, pois não me ocorreu um motivo para repelir a polida solicitação.

Perguntou-me, então, em que local, dia e hora seria possível. Retruquei que poderia ser ali mesmo e marquei uma data para a semana seguinte. Teresa é que não gostou, alegando que nossa casa não era um local condizente para receber pessoa tão importante. E queria saber o que deveria servir a San Tiago Dantas. Esclareci: só um café, como se oferece numa casa mineira. Como julguei que, na certa, a conversa envolvia uma gestão para que suspendesse as matérias que estava publicando, pedi a Armando Ziller para estar presente, a fim de testemunhar a conversa.

Na hora aprazada para o encontro, toca a campainha e vejo, subindo a íngreme escada de acesso, iluminada por uma luz mortiça, a figura controvertida. Era San Tiago Dantas. Na verdade, a estampa deu-me a idéia de um elefante cego e tive receio de que rolasse escada abaixo.

Gastamos os tradicionais dez minutos iniciais de cordialidade, tomamos o cafezinho e San Tiago Dantas, com aquele sorriso simpático, entrou logo no tema que motivara a visita. Começou por dizer que estava acompanhando atentamente minhas reportagens sobre ele. E acrescentou: "Só posso reconhecer que nelas não há nenhuma inverdade. Parece-me, também, que seu levantamento foi completo. Ao ponto de estar arquivando as reportagens para a elas recorrer quando elaborar minhas memórias."

Nesse ponto respirei aliviado, porque temia um desgastante contraditório, ponto por ponto, ou justificativas para as acusações formuladas nas matérias. Aí San Tiago Dantas entrou no ponto central, dizendo: "Quero somente dizer a vocês que reformulei minhas opiniões, desejando que continuem acompanhando atentamente minha conduta para comprovarem essa mudança."

Fiquei sem saber o que dizer. Poderia pintar com cores mais vivas o que ele praticara de errado e nocivo. Contudo, não era mais essa a questão, porque se pode dizer tudo a uma pessoa mas nunca proibir que modifique seu comportamento. Como fiquei atônito, Ziller assumiu a conversa, comentando fatos políticos. No fundo, "jogando conversa fora", como hoje se diz. Encerrando, San Tiago Dantas entregou uma cópia de seus discursos recentes e me deu os números de seus telefones para alguma necessidade.

Escrevi mais duas reportagens contra ele, abordando aspectos ainda não divulgados nas matérias anteriores. No entanto, perdi totalmente o *élan*. Passei a acompanhar tudo o que ele fazia, desconfiado e atento. Mas nada podia reprovar em sua atuação.

Transcorreram alguns meses e San Tiago Dantas tornou-se a grande figura do Partido Trabalhista, como o principal conselheiro de Goulart e como a figura que delineava os grandes temas partidários, conferindo aos getulistas maior respeitabilidade no cenário político. Ocupou o espaço que antes fora de Alberto Pasqualini, como a cabeça teórica da agremiação.

Ouvi um de seus discursos na Câmara dos Deputados, no Palácio Tiradentes, sobre o tema da reforma agrária. Naquela época, as sessões dessa Casa do Congresso eram presenciadas diariamente por dezenas de pessoas. O mundo político no Brasil comentava os debates ali travados. Os jornais dedicavam amplo espaço à divulgação daqueles embates, porque contavam, no plenário, com os maiores nomes do jornalismo político.

Os grandes momentos nas sessões eram sobretudo no "grande expediente", que se iniciava às 16 horas. No plenário havia sempre um burburinho indesculpável, como ainda se vê hoje em Brasília. Os deputados conversavam entre si, voltados de costas para a tribuna, não prestando a menor atenção à fala dos oradores. Todavia, o quadro era outro quando ia à tribuna um grande orador — Carlos Lacerda, Adaucto Lúcio Cardoso, Vieira de Melo e poucos mais.

Naquela tarde, San Tiago Dantas subiu à tribuna e o plenário ficou em silêncio. Consultando apenas anotações com alguns dados, com a voz pausada, modulada como a dos grandes atores, apresentou a tese da necessidade da reforma agrária. Fundamentou-a do ponto de vista jurídico, histórico, político e ético. A "banda de música" da UDN — os melhores parlamentares desse partido de oposição — aparteou-o sem qualquer sucesso. A contradita de San Tiago Dantas era certeira, convincente e elegante.

Peça de oratória excepcional, que pode ser encontrada nos anais do Congresso, publicada sem a revisão do orador, pois nunca ele revia as notas taquigráficas, porque não era necessário. Cada vírgula ficava no seu lugar, os adjetivos eram os apropriados e a peroração era feita no tom exato.

Nesse meio tempo, duas vezes encontrei-me com ele. Numa, discutimos a eleição dos novos dirigentes do PTB em Minas. De outra vez, em Brasília, na crise política resultante da renúncia de Jânio Quadros, porque desejou explicar sua opinião a favor da emenda constitucional instituindo o parlamentarismo, a fim de garantir a posse de Goulart.

Em setembro de 1961 houve o segundo episódio curioso na minha convivência com San Tiago Dantas. No primeiro gabinete do regime parlamentar ele assumiu a chefia do Ministério das Relações Exteriores. Três semanas depois, recebi um recado em que ele solicitava minha ida ao Itamaraty, no belo palácio da avenida Marechal Floriano, no Rio.

Introduzido em seu gabinete, no sala histórica que durante anos fora do barão do Rio Branco, o chanceler contou que estavam sendo ultimadas as negociações para o reatamento das relações diplomáticas do Brasil com a União Soviética.

Fiquei de boca aberta, porque nenhuma informação sobre essa gestão transpirara no noticiário dos jornais. A relevância dessa iniciativa diplomática era imensa. Essas relações haviam sido rompidas pelo governo Dutra, devido a uma bebedeira de um diplomata brasileiro, num hotel em Moscou. Justificativa esfarrapada para encobrir o maior engajamento do país na política de Washington para isolar a União Soviética.

Nós, comunistas, passamos anos defendendo o reatamento dessas relações diplomáticas. No governo Kubitschek vários setores da sociedade brasileira, inclusive nos meios empresariais, encamparam a tese, pela necessidade de ampliar os mercados para nossos produtos e abrir um caminho para acordos comerciais e tecnológicos com a União Soviética. No entanto, o Itamaraty era liderado por um grupo infenso à prática de uma política internacional menos atrelada aos interesses norte-americanos.

Por essa razão, Jânio Quadros aproveitou aquele imobilismo anacrônico para obter o apoio de setores progressistas, porque levantou com sagacidade a urgência da adoção pelo Brasil de uma política externa independente. Orientação que foi seguida pelo chanceler Afonso Arinos de Melo Franco, apesar de sérias resistências nos meios militares, na Igreja Católica e entre os banqueiros.

Assim, a iniciativa de San Tiago Dantas correspondia a uma necessidade de *aggiornamento*, além de fortalecer a conotação progressista do governo Goulart. Todavia, como estrategista que sabe dar os passos indispensáveis para alcançar determinados objetivos, desenvolveu um plano cuidadoso. Queria efetivar o reatamento das relações diplomáticas com a URSS de forma a não ocasionar maiores problemas políticos.

Esse plano me foi exposto por ele com a recomendação de ser indispensável manter em sigilo a iniciativa. Assessorado por dois diplomatas competentes —

embaixadores Carlos Alfredo Bernardes ("Lolô" Bernardes) e Mário Gibson Barbosa —, San Tiago Dantas estava fazendo articulações em três áreas.

Debateu a questão com os donos dos jornais mais importantes na época: Júlio Mesquita Filho, de *O Estado de S. Paulo*; Nascimento Brito, do *Jornal do Brasil* e Roberto Marinho, de *O Globo*. Nenhum discordou do projeto. Simultaneamente, discutiu com os cardeais do Rio e de São Paulo. Dom Jaime Câmara não concordou, mas Dom Helder Câmara, então bispo auxiliar na arquidiocese, se encarregou de convencê-lo. Dom Carlos Carmelo aceitou como fato normal as relações diplomáticas do Brasil com a URSS.

Na terceira área — entre os militares — é que apareceu resistência a ser contornada. San Tiago Dantas informou-me que, na sondagem, dois ou três generais haviam dito que a instalação de uma embaixada soviética no Brasil envolvia um perigo. Decorria do fato de ser freqüente os soviéticos usarem suas representações diplomáticas como uma base para espiões e informantes.

A forma que o Itamaraty encontrara para responder a essa objeção foi introduzir uma cláusula restritiva no texto que formalizaria o reatamento das relações com a URSS. Seria estabelecida uma equivalência no número dos agentes diplomáticos lotados nas duas embaixadas, no Rio e em Moscou.

Para San Tiago Dantas era desgastante apresentar ao governo soviético essa cláusula como indispensável, porque não deixava de ser uma limitação dos poderes soberanos dos dois governos. Contudo, raciocinava que, no futuro, com a normalização das relações diplomáticas, tudo se alteraria, principalmente do lado brasileiro. "O que temo — esclarecia o chanceler — é que, por não conhecerem bem o Brasil, os soviéticos não aceitem essa cláusula restritiva. E não posso argumentar sobre as razões dessa nossa exigência. Por isso é que recorro a você a fim de que explique diretamente aos soviéticos todos os aspectos do problema."

Não vacilei em aceitar aquela missão. Naquele tempo existia no Brasil um escritório comercial soviético, dirigido por um diplomata inteligente — Andrei Fomin. Desenvolvia excelente trabalho. Conseguiu em poucos meses estabelecer boas relações sociais e porque ele foi percebendo a maneira de agir dos brasileiros. Estranha para os estrangeiros que aqui aportam, porque conduta despida de formalidades tão arraigadas em outros cantos do mundo.

Após discutir com Prestes, fui ao escritório comercial da URSS, na rua Alice. Informei a Andrei Fomin a conversa que havia tido com San Tiago Dantas. O diplomata soviético apenas ouviu o que eu relatei e não fez qualquer comentário. Não deu, nem poderia dar, qualquer resposta. O certo é que, em menos de duas semanas, foi anunciado o reatamento das relações diplomáticas do Brasil com a União Soviética. E no protocolo foi incluída aquela cláusula apresentada pelo Itamaraty.

Fui assim me convencendo do firme empenho de San Tiago Dantas em prosseguir no caminho de sua nova trajetória, o que para mim era uma repetição do episódio bíblico ocorrido na estrada de Damasco. Apesar de por índole não ser eu pessoa desconfiada, no entanto guardava frente a ele certas reservas mentais. Talvez por receio de sua capacidade de sedução. Ou por pressentir, que ele não jogara ao mar toda a carga comprometedora do passado e que esses resquícios representavam um certo perigo.

Reforçava minha postura a revelação de um amigo íntimo de San Tiago Dantas, seu colaborador imediato no Itamaraty. Refiro-me a Renato Archer, a quem eu muito respeitava e que se tornou meu amigo e parceiro em diversas iniciativas políticas. Amizade que se consolidou ao longo dos anos, culminando com o caloroso apoio que prestou a minha mulher e meus filhos quando fui preso, em 1975.

Certo dia Renato Archer disse-me que, vez por outra, San Tiago Dantas cometia erros políticos com pessoas com as quais em tempos idos tivera excelentes relações, mas que não evoluíram politicamente como ele. Em outras palavras, San Tiago Dantas havia mudado de posição, mas não acontecera o mesmo com a maioria das pessoas de seu antigo círculo de amizades. Daí pretender com freqüência se apoiar em pessoas que agora estavam no campo dos adversários.

Nunca esqueci essa confidência de Renato Archer, por encerrar uma lição curiosa sobre a vida na política. Ou seja, a de que não há um fio de Ariadne no labirinto político, quando se misturam e se embaralham relações pessoais e relações políticas. Ligações que propiciam facilidades, quase sempre. Mas que às vezes provocam episódios sofridos para as pessoas nelas envolvidas, assim como conclusões equivocadas de analistas e observadores que posteriormente intentam decifrar fatos e comportamentos. Essas minhas reservas em relação a San Tiago Dantas continuaram até o terceiro episódio, em janeiro de 1962, quando da reunião, em Punta del Este (Uruguai), da Organização dos Estados Americanos (OEA).

Em novembro de 1961, recebi outro recado de San Tiago Dantas me pedindo para ir ao Itamaraty. Informou-me que estava em curso o processo desencadeado pelo governo dos Estados Unidos para expulsar Cuba da OEA. Considerava essa pretensão absurda, pois contrariava os princípios do Direito Internacional.

O Departamento de Estado contava com quase dois terços dos votos na OEA, o estritamente necessário para a efetivação da medida. Brasil, Argentina, Chile, Uruguai, Bolívia e México se opunham, estando ainda indefinida a posição do Haiti. No entanto, existia a possibilidade de uma tentativa derradeira e desesperada que envolvia uma gestão junto ao governo cubano. Decorria de uma tese que oficialmente não poderia ser veiculada pelo Itamaraty. Por isso é que San Tiago Dantas novamente buscava a minha colaboração.

Antes de detalhar a idéia do chanceler, cabe explicar por que ele julgava que poderia eu abrir esse diálogo com as autoridades de Havana mais adiante relatarei minha viagem a Cuba em março-abril de 1960. Naquela ocasião fiz uma gestão, junto ao governo de Fidel, a pedido do então embaixador do Brasil, Vasco Leitão da Cunha. Este, naturalmente, informou o acontecido ao Itamaraty. Quando regressei ao Rio, dediquei-me a fazer palestras sobre a revolução cubana e a organizar recepções a seus dirigentes quando vinham ao Brasil. Também havia estabelecido um vínculo estreito com sua representação diplomática em nosso país.

Para San Tiago Dantas, o governo cubano deveria tentar quebrar o bloco articulado contra ele por Washington proclamando sua disposição em firmar um "estatuto de obrigações negativas". Como fui um péssimo aluno de Direito Internacional, San Tiago Dantas, emérito catedrático na Faculdade Nacional de Direito, pacientemente explicou-me o conceito desse "estatuto" nas normas jurídicas.

Esclareceu que era a fixação unilateral da neutralidade de uma nação, como fizeram a Áustria e a Finlândia. Em outras palavras, o compromisso a não firmar acordos com qualquer bloco militar. Em sua opinião, se Fidel Castro concordasse com a tese, daria prova cabal de não pretender se engajar em alianças hostis ao sistema interamericano. Assim, a adesão a essa tese possibilitaria a conquista de mais um ou dois votos e com isso seria abortado o plano de expulsar Cuba da OEA.

Mas San Tiago acrescentava que o governo brasileiro não encaminharia nem oficiosamente a sugestão, porque uma iniciativa desse tipo seria vista como ingerência em assuntos internos cubanos. Porque uma declaração de neutralidade é um ato que limita a vontade soberana de um país. Daí a idéia de San Tiago de recorrer a uma pessoa que os cubanos consideravam amiga a fim de ser feita uma sondagem a respeito da tese junto ao governo de Havana.

Após consultar a direção do Partido, realizei a sondagem através da embaixada cubana no Rio. No entanto, não havia em Cuba naquela época a menor possibilidade de ser acolhida aquela sugestão. Fidel Castro estava aferrado à estratégia de enfrentar de peito aberto os Estados Unidos, descartando por completo as tentativas de ampliar apoios entre os governantes da América Latina.

Por isso nenhuma resposta foi dada por mim ao chanceler brasileiro. Contudo, como passei a acompanhar com apreensão as confabulações em torno dos preparativos para a conferência da OEA, San Tiago Dantas me convidou para acompanhá-lo a Punta del Este, inclusive para ali manter contatos com a delegação cubana.

Credenciado pelo Itamaraty como jornalista de *Novos Rumos*, recebi do diplomata Dário Castro Alves recursos para viajar. A conferência durou mais de duas semanas, em virtude do "suspense" em torno da posição do Haiti, o voto decisivo para serem alcançados ou não os dois terços indispensáveis. Recorde-se que o Haiti era governado como uma cubata africana pelo terrível Duvalier, o Papa Doc, de triste memória.

Travei bom relacionamento com alguns jornalistas brasileiros e estrangeiros que se deslocaram até Punta del Este. Entre os brasileiros encontrava-se meu amigo Hermano Alves, do *Jornal do Brasil*, que fez as matérias mais interessantes sobre essa conferência. Lá estavam, igualmente, Ruy Mesquita e Oliveiros S. Ferreira, de *O Estado de S. Paulo*, órgão que apoiava abertamente a tese norte-americana. Entre os colegas estrangeiros, recordo os iugoslavos Julius Djuka e Yasha Altuli, o chileno Augusto Olivares, o francês Daniel Garric e o diretor do importante semanário *Marcha*, de Montevidéu. (Augusto Olivares, que depois foi assessor de imprensa de Salvador Allende, morreu em 1973, quando do golpe de Estado no Chile.)

A delegação de Cuba era presidida por Osvaldo Dorticós Torrado, presidente da República e dela faziam parte, entre outros, Carlos Rafael Rodrigues e Raul Roa. Carlos Rafael Rodrigues me conhecia bem, pois eu estivera com ele em Havana, um ano antes. Todas as noites eu procurava a delegação cubana no hotel em que se encontrava hospedada, a fim de transmitir informações que coletava com outros jornalistas. Todavia, os cubanos não manifestavam qualquer interesse em atuar nos bastidores com as delegações dos outros países. Pretendiam tão-somente denunciar com firmeza os Estados Unidos, pois essa era a política de Fidel Castro.

Nessa linha de atuação os cubanos contavam com o integral apoio de Rodney Arismendi, secretário-geral do Partido Comunista do Uruguai. Este partido e seus aliados na Banda Oriental se esforçavam em vão para fazer grandes manifestações de solidariedade a Cuba em Montevidéu e em outras cidades.

Os dias foram passando e todos aguardavam a definição do ditador do Haiti. Os delegados e jornalistas gozavam a vida no aprazível balneário de Punta del Este. Menos eu, porque dispunha de dinheiro apenas para uma refeição por dia. A única dúvida girava em torno do *quantum* os ianques iriam gastar com a obtenção do voto haitiano. De forma brincalhona, cheguei a propor a San Tiago Dantas que o Brasil oferecesse algum auxílio financeiro ao Haiti. Sorrindo, ele retrucou: "Não podemos entrar numa competição desse tipo, pois o Departamento de Estado cobriria qualquer lance nesse leilão."

Finalmente, com o acerto do preço cobrado por Duvalier, a conferência foi marchando para o final. Houve a repetição das acusações norte-americanas a Cuba, as palavras veementes de Dorticós em defesa de seu país e as catilinárias ridículas dos centro-americanos, especialmente do representante de Guatemala. Em contrapartida, assistimos a firme oposição dos representantes de Argentina, Uruguai, Bolívia, Chile e México à proposta insuflada pelo Departamento de Estado.

Chegando a sua vez, mesmo sabendo que a causa estava perdida, San Tiago Dantas foi desmontando ponto a ponto as justificativas para a expulsão de Cuba da OEA. Discurso sereno na forma, mas contundente. Fala que ficará para sempre como exemplo da altivez diante da intolerância dos que dispõem da força, mas desrespeitando a soberania das nações e a vontade dos povos.

O resultado foi como uma morte anunciada. Assim, foi dado um passo decisivo para o isolamento diplomático do pequeno país de Martí e para o absurdo bloqueio econômico, unilateralmente decretado pelos Estados Unidos, que perdura até hoje. Quando terminou o *showdown*, como eu estava emocionado, abracei San Tiago Dantas com força, como que a me desculpar de haver agasalhado dúvidas sobre seu comportamento.

Uma longa matéria minha, publicada num suplemento especial de *Novos Rumos*, refletiu tudo o que sofri e senti naquele imenso salão de jogatinas desvairadas, no mais imponente hotel de luxo de Punta del Este.

Dois anos depois, nos primeiros meses de 1964, com San Tiago Dantas enfrentando a morte, tentei inutilmente auxiliá-lo nas gestões para salvar o governo de João Goulart. Ele perdeu assim a batalha final em sua vida, mas na memória dos que o acompanharam ele sempre será lembrado pela inteligência, cultura e talento invulgar.

TURISMO POLÍTICO

No início de 1959 eu estava residindo em Belo Horizonte tentando normalizar minha vida pessoal e familiar. Minha mulher estava esperando nosso segundo filho — Marquinho. Vivíamos, porém, preocupados com um mal congênito em Simone, que impedia seu desenvolvimento (doença celíaca). Por isso recorremos a diversos médicos e felizmente um pediatra chegou a um diagnóstico, afastando a hipótese de doença incurável. Assim, a moléstia foi enfrentada com dieta rigorosa, que demandava atenção permanente.

Em fevereiro fui chamado ao Rio pelo secretariado nacional do Partido. No ano anterior todos os dirigentes do Partido haviam passado a atuar legalmente e fora iniciada a batalha, orientada por um grupo de advogados, para legalizar o PCB, com a obtenção do indispensável registro no Superior Tribunal Eleitoral.

O escritório do secretariado nacional era localizado na Cinelândia, num edifício situado numa travessa da rua Álvaro Alvim. Giocondo Dias consultou-me se eu poderia ficar responsável pela organização de uma delegação brasileira ao Festival Mundial da Juventude, a ser realizado em julho, na cidade de Viena.

Esses festivais eram promovidos pela Federação Mundial da Juventude Democrática, sediada em Budapeste. Até então, eram realizados nas capitais dos países socialistas da Europa, com total apoio das organizações juvenis que seguiam a orientação dos partidos comunistas, de seus aliados e das correntes progressistas dos países do Terceiro Mundo. Reuniam milhares e milhares de jovens, em festas de todos os tipos e em diversas manifestações culturais. Sempre, porém, com a preocupação de difundir a luta pela paz e de estreitar o intercâmbio político e cultural entre a mocidade do mundo. Naturalmente, era boicotado e combatido pelos engajados na guerra fria contra as nações socialistas.

Relutei um pouco em aceitar a missão, pois, com 33 anos de idade, não era mais um jovem. Armênio Guedes é que me convenceu a concordar, argumentando que seria uma boa oportunidade para eu conhecer a Europa, notadamente os países socialistas, pois até então eu nunca saíra do Brasil. Diante do argumento e dos diversos atrativos do Festival, resolvi assumir o encargo. Passei a coordenar as atividades da comissão responsável pela organização no Brasil, ao lado de Marcos Jaimovitch, Givaldo Siqueira e Simão Gorender.

Os preparativos no Brasil não eram complicados, pois muita gente queria passear na Europa gastando pouco dinheiro. Ademais, em alguns setores políticos havia interesse acentuado em conhecer o mundo socialista, que aparecia como a grande novidade do pós-guerra, passados os primeiros anos de ruína, fome e miséria, entre 1945 e 1950. Esse turismo político era também estimulado pelos que haviam participado dos festivais anteriores, porque teciam os maiores elogios à beleza dos espetáculos e à confraternização dos jovens provenientes dos mais distantes países.

Fizemos a propaganda do Festival e acertamos o esquema das viagens até Viena. Coordenamos os preparativos que tinham sido iniciados em alguns estados, particularmente em São Paulo. A União Nacional dos Estudantes (UNE), cuja participação era fundamental, prontamente aceitou enviar delegados ao evento. Coube a mim a incumbência de fazer algumas viagens no Brasil com a finalidade de estimular a participação no Festival de Viena. Estive em São Paulo, Fortaleza, Vitória, Porto Alegre e Natal. Missão agradável, muito diversa das lutas em que me empenhara nos últimos anos, sem a tensão das atividades clandestinas e sem maior responsabilidade política.

No fundo, era simplesmente trabalho de agente de empresa de turismo. Foi o que senti, por exemplo, em Natal (RN). Havíamos recebido a informação de que quatro deputados estaduais desejavam ir ao Festival. A peça-chave era nosso companheiro Luiz Maranhão, primeiro vice-presidente da Assembléia Legislativa. Chegando à capital potiguar, tive a confirmação de que iriam representar o Poder Legislativo em Viena, além de Luiz Maranhão, os deputados Teodoro Bezerra, Vingt Rosado Maia e Moacir Duarte. Três parlamentares representativos da fina flor da oligarquia local. (Depois, foram eleitos para a Câmara dos Deputados.)

Foi rápida mas bastante animada a minha passagem por Natal. Encontrei a Assembléia Legislativa quase vazia e temi pelo fracasso do encontro com os parlamentares. Mas logo fui tranqüilizado por uma gargalhada de Luiz Maranhão. Ele me disse: "Calma, vamos para um lugar onde o *quorum* é mais elevado do que no plenário da Assembléia." Levou-me, então, para o mais famoso e mais aprazível bordel de Natal, numa chácara cheia de mangueiras e coqueiros — o célebre *rendez-*

vous da Maria Gorda. E foi lá que acertamos tudo e até conseguimos assinaturas de mais dez deputados no manifesto de apoio ao Festival.

Em São Paulo, funcionava com certa autonomia uma comissão organizadora dirigida por Antoine Passos, cabeleireiro da granfinagem paulista e pai do campeão mundial de basquete Amaury Passos. Havia dezenas de interessados, que acertaram viajar de navio para esticar o turismo.

No fim de junho, finalizamos o trabalho e organizamos a delegação brasileira — 203 pessoas, de vários pontos do país. Viajei duas semanas antes, para ultimar, na capital da Áustria, os detalhes de nossa participação. Fui de avião pela Ibéria, levando um saco pesadíssimo com latas de um filme brasileiro. Houve escalas em Recife e Madri, onde pernoitei. No dia seguinte, desci em Genebra e embarquei num trem até Viena. Um percurso de quase 16 horas, passando por lugares maravilhosos (lagos suíços, Alpes, Salzburgo e Linz) que nem podia apreciar, devido ao cansaço e à insegurança por ser a primeira vez que viajava para o exterior.

No princípio Viena me assustou, pois me recordava o filme *O terceiro homem* e porque não sei alemão. Fui hospedado numa mansão medieval, onde era estranho e difícil tomar banho, mesmo com água gelada.

Por sorte, estava em Viena Cláudio Santoro, nosso representante no comitê organizador do Festival. Pouco a pouco ele foi me apresentando às maravilhas vienenses: à Ópera, onde fui a um concerto de Yehudi Menuhin; a um ou outro palácio; a restaurantes com suas pequenas orquestras, além da notável comida alemã e, sobretudo, às famosas tortas de Viena.

A vagabundagem infelizmente durou pouco tempo, pois começaram a chegar os brasileiros e teve início o Festival. Junto com mais de três mil participantes, fomos alojados nos galpões da Feira de Viena, ao lado do famoso parque de diversões e não distante do Danúbio. Haviam montado na Feira um autêntico acampamento, atulhado de beliches. Na manhã do primeiro dia levei um susto, pela novidade e pela falta de costume. As moças também dormiam ali e não havia a menor privacidade. Não havia lugar para guardar as roupas e o banheiro era coletivo. Promiscuidade total. Dormia com medo de me roubarem o rico dinheiro da delegação — cinco mil dólares. Tratei de metê-los nas meias, que eu não tirava nem para dormir.

Com o título de responsável pela delegação, dia e noite não parava de trabalhar. Problemas e mais problemas, só problemas. Uma vez fora uma moça que dormira fora e a mãe estava desesperada. Houve também um rebuliço causado por um papagaio que um alagoano levara e havia desaparecido. Depois foi o caso de um dos delegados brasileiros, um magistrado de uma comarca do interior de São Paulo, que estava indignado, protestando que aquilo não era hospedagem para um meritíssimo.

Todos queriam ir para determinados concertos e não aceitavam os sorteios que fazíamos. O pior de tudo foi a distribuição de convites dos países socialistas para depois do Festival. A maioria desejava seguir para a União Soviética, mas o número de convites era limitado. Os sorteados para visitar a Bulgária se recusavam a ir para lá — "Como, logo para um país subdesenvolvido?"

Só numa noite me desliguei daquele samba do crioulo doido, indo à altíssima roda-gigante do parque de diversões, cenário do filme de Carol Reed. Por azar, fui acompanhado por uma jovem chilena — judia, sionista e comunista — que de Viena ia para um *kibutz*. Que burrice a minha, pois não é que cismei em criticar o sionismo de esquerda... Discutimos a noite inteira. Nem ela, nem eu, arredávamos o pé. Todavia, o encerramento do Festival foi inesquecível. Paul Robenson cantou vários de seus sucessos, fechando a apresentação com "Old Man River".

No frigir dos ovos, estava exausto. Terminado o Festival, minha missão era em Praga. Seguimos para lá em ônibus especial. Entretanto, meu cansaço era tão grande que, depois de subir no ônibus, adormeci profundamente. A ponto de terem de me carregar na fronteira, porque para passar era indispensável descer e mostrar o passaporte. Nem assim conseguiram me acordar. Só despertei em Praga, depois de oito horas de viagem.

Na capital da Tchecoslováquia realizou-se a reunião anual da Federação Mundial da Juventude Democrática (FMJD), uma assembléia formal, com os discursos de praxe, despidos de interesse. Entretanto, a escolha da nova diretoria da Federação agitou os bastidores. Refletindo as divergências no movimento comunista, as delegações das organizações juvenis do Terceiro Mundo defendiam, nas consultas preliminares, a necessidade de a secretaria-geral da entidade ser entregue a um africano. Precisamente a Lo Cheik Bará, do Senegal. Isso significava um golpe na representação da França, que há muitos anos indicava o secretário-geral da FMJD. A disputa tornou-se uma questão política, já que a França havia se envolvido até o pescoço na luta para esmagar o movimento de libertação dos argelinos.

Como chefe da delegação brasileira, não vacilei, embora não tivesse qualquer instrução do Rio. Decidimos apoiar o movimento do Terceiro Mundo contra os acertos estabelecidos em favor de um nome da França. Por isso, mantive várias conversações com outras delegações e especialmente com Lo Cheik Bará. (O que me foi extremamente útil, em 1960, como contarei mais adiante.) A pendência terminou com um acordo. Foram obrigados a criar o cargo de secretário-geral adjunto, dando esse posto ao senegalês.

Terminada a reunião em Praga, fui convidado a visitar a União Soviética com mais cinco brasileiros — os irmãos Vera e Dirceu Brizola, Lúcio Kovarick, José Augusto Medeiros e um jovem que representava o PTB de Minas Gerais — Afonso Celso Nogueira. Fomos para Moscou num trem vagaroso mas que dispunha de leitos. Dois dias contornando os Cárpatos e atravessando as planícies da Ucrânia e da Rússia. No meio da pachorrenta viagem, Afonso Celso provocou um incidente inesquecível. Foi na fronteira da Tchecoslováquia com a União Soviética, num lugarejo chamado Chop.

O jovem delegado de Minas Gerais vinha bebendo desde a saída de Praga. Quando o trem parou na fronteira, ao ver um imenso arco que marcava a terra dos sovietes, desceu do trem, bradando: "Fico aqui mesmo e aqui irei viver o resto de minha vida." Fui obrigado a descer à plataforma e pedi a um funcionário da estação para não dar partida ao comboio. Tentei argumentar com o Afonso Celso, mas ele se recusava a subir no vagão. Os soviéticos ficaram furiosos e perplexos, não podiam entender por que um brasileiro queria permanecer naquele lugarejo, perdido no mapa, onde só morava, certamente enfastiada, a pequena guarnição da fronteira. Afinal, por gestos convenci dois soldados a me auxiliarem a carregar o desmiolado para o vagão.

Chegamos a Moscou no auge do entusiasmo causado pelas mudanças ocorridas depois do XX Congresso do PCUS. Todos falavam no "Plano de Sete Anos" lançado por Kruschov, que levaria a URSS a ultrapassar os Estados Unidos. Durante uns quatro dias, participamos de recepções e fizemos inúmeras visitas, Kremlin, mausoléu de Lenin e assim por diante.

Num avião da Aeroflot, depois de uma escala em Samarkan, fomos bater no coração da Ásia Central, na capital do Cazaquistão, Alma-Ata (nome que significa "mãe da maçã"). Um oásis no meio de imensas pastagens e desertos, naquele país pouco habitado, mas que ganhara um impulso extraordinário com a chegada de centenas de milhares de russos, ucranianos, bielo-russos etc., quando em conseqüência da guerra foram transferidas para a Ásia Central inúmeras indústrias pesadas.

Em Alma-Ata a programação foi também intensa em termos de recepções, espetáculos musicais e bailados populares. Mas o que mais me comoveu foi, numa visita a uma fábrica, ser chamado para conversar com um jovem operário que desejava fazer uma pergunta a um brasileiro. Um intérprete traduziu a indagação: "Como está Pelé?" Estourando de orgulho, acabei inventando muitas coisas sobre o rei de nosso futebol.

De volta a Moscou, começamos nossa viagem de retorno ao Brasil. Fui obrigado a permanecer em Praga alguns dias, criando até um atrito com os companheiros de lá, pois Dirceu Brizola adoecera e eles queriam logo nos despachar. Quando ele melhorou fomos para Paris. Passei nesta capital apenas uns poucos dias, apesar da vontade de permanecer na capital francesa por muitos e muitos dias. Mas o dinheiro acabara e estava agoniado, em razão da falta de notícias da família. Assim, terminou minha longa jornada, em função do Festival Mundial da Juventude, que me deixou cheio de histórias e boas recordações.

PERIPÉCIAS NA ÁFRICA

Logo depois do carnaval de 1960, a direção do PCB solicitou-me que fosse a uma reunião em Conacri, capital da República da Guiné, em que estariam presentes representantes de organizações juvenis de diversos países. Na verdade era uma missão quase protocolar e rápida, o que me possibilitaria um pronto retorno ao país. Fui indicado para representar o Brasil por haver participado da última assembléia da Federação Mundial da Juventude Democrática, em Praga.

Aceitei a missão pelo fato de ser uma oportunidade magnífica para conhecer alguns países do continente negro, que estava em franca ebulição, vivendo o complexo processo da descolonização. Porém a viagem se desdobrou, pois na Guiné fui convidado a visitar Cuba, o que, afinal, transformou uma viagem de dez dias numa excursão de sete semanas.

Em virtude de meu desconhecimento do que sucedia na África, comecei a obter informações sobre aquela parte do mundo, particularmente a respeito da Guiné. Um ano antes esse país se libertara do domínio francês e seu povo foi o único, entre os das demais colônias da França, que optou pela independência, quando do referendo instituído por De Gaulle, em setembro de 1958.

Como hoje alguém pode estranhar minha ignorância na época sobre a África, recordo que duas décadas antes, quando eu estudava no ginásio, os mapas da África apenas sinalizavam as colônias dos países da Europa. Assim: África Equatorial Francesa, África Ocidental Francesa, Congo Belga, Sudão Anglo-Egípcio, África Ocidental Portuguesa etc. Portanto, em 1960 eu delineava mentalmente aquele continente mais ou menos como hoje tento nomear as crateras lunares.

Zuleika Alembert, encarregada da juventude na direção nacional, ao transmitir-me as instruções para a missão, disse-me que uma empresa de turismo me forneceria a passagem de ida até Conacri e o mais que fosse necessário. E que a passagem de volta me seria entregue na Guiné.

Dois dias antes da data do embarque, quando recebi o bilhete da Air France, levei um susto. Não havia sido providenciado o visto para entrar na Guiné. O funcionário da empresa de turismo, com a maior cara-de-pau, afirmou que não havia necessidade desse papel, desde que a Guiné era colônia da França e que esta não exigia visto dos brasileiros. Entendi logo que ele era ainda mais analfabeto do que eu em assuntos africanos. Assustado, fui ao consulado francês e nele deparei com a conhecida má vontade dos funcionários franceses com os estrangeiros, ainda mais porque meu objetivo era visitar um país que acabara de romper o cordão umbilical com a França. Um funcionário do consulado informou que, pelo fato de permanecer dois dias em Dacar aguardando o vôo para a Guiné, era indispensável eu levar o visto francês, pois o Senegal continuava uma colônia da França. Assim, solicitei o visto para Dacar, pagando uma taxa abusiva.

Sem me dar conta da enrascada em que estava me metendo, embarquei num avião da Air France, com escala em Recife. Depois, outra escala na ilha do Sal, pois ainda não eram utilizados aviões a jato. Fui recebido em Dacar por uma comissária que me levou para um luxuoso hotel distante da cidade, por conta da Air France apenas por 48 horas. Ao chegar ao hotel, informei à gerência sobre a minha situação. Ou seja, tinha daí a dois dias uma reserva para um vôo até Conacri, mas não obtivera o visto para entrar na Guiné. O gerente do hotel sugeriu que eu fosse ao escritório da Air France e neste logo me informaram que não me embarcariam sem o bendito visto da Guiné e que também não me transportariam de volta ao Brasil.

Concluí que a entaladela em que me encontrava era ainda maior do que pensara, já que na carteira tinha somente pouco mais de 100 dólares. A única coisa que me ocorreu, inicialmente, foi a de mandar um telegrama para Zuleika Alembert, expondo o drama, informando que certamente eu iria ficar ali, lavando pratos naquele hotel de luxo.

Na gerência do hotel, com aquela esperteza cordial dos recepcionistas, aconselharam-me a ir até a polícia, adiantando que um dos motoristas de táxis estacionados em frente ao hotel poderia resolver a situação. Concordei, sem pensar muito, mas fui avaliando como isso pesaria em meu bolso. Na delegacia, fiquei aguardando o motorista e depois de uma hora ele retornou com meu passaporte, em que fora dada uma autorização para eu "sair" de Dacar. Nada mais. O motorista, coberto de razão, retrucou que a polícia do Senegal só podia me fornecer aquilo, enquanto o que eu necessitava era um visto para entrar na Guiné. Desesperado, ainda mais por haver gasto tolamente trinta dólares pelo "serviço" do motorista, tranquei-me no quarto luxuoso e durante horas matutei no que fazer. Peguei as volumosas listas telefônicas da África e nesse manuseio foram-me ocorrendo alternativas. Depois, fui seguindo uma a uma as possibilidades de encontrar uma salvação e cada uma delas representava mais uma corrida de táxi.

No consulado do Brasil em Dacar, ao informar que eu precisava ir a um safári na Guiné, mas que não dispunha de visto, o diplomata, aborrecido porque eu chegara na hora da sesta, disse-me que nada poderia fazer e sugeriu-me que seria mais interessante caçar no Quênia, no outro lado da África. A seguir, fui atrás de um deputado que representava o Senegal num órgão da chamada Comunidade da França e que estivera no Brasil poucos meses antes, mas ele se encontrava em Paris. Voltei inutilmente mais duas vezes à Air France, para tentar resolver a questão com uma pessoa mais categorizada da empresa. Nada.

No dia seguinte, ocorreu-me a idéia de sair pelas ruas de Dacar com uma máquina fotográfica, bancando um turista despreocupado e curioso. Entrei em livrarias para ver se por ali sentia o cheiro de coisas de "esquerda". Mas, nada. E o calor era aquele justamente qualificado como senegalesco. Contudo, de tanto caminhar e de tanto desespero, os deuses me ajudaram. Numa ruela deparei com a sede do sindicato de alfaiates do Senegal. Em seu vestíbulo estava afixado um cartaz de protesto contra os testes nucleares franceses no Saara. Pressenti que ali poderia obter a ajuda de que necessitava. Acertei na mosca.

Num francês balbuciante, expliquei a um encarregado do sindicato o meu problema. Ele queria mais informações e perguntou-me se eu conhecia alguém no Senegal. Milagrosamente, lembrei-me do nome de Lo Cheik Bará, com quem estivera oito meses antes em Praga. Pediu-me para eu voltar duas horas depois e lá encontrei Lo Cheik Bará. Por pura sorte ele fora encontrado. Deu boas gargalhadas quanto contei minhas agruras, pegou o telefone e ligou para o palácio presidencial em Conacri. Imediatamente informaram que avisariam à Air France que o visto me seria dado no aeroporto da capital da Guiné. Respirei fundo. Naquele noite, afinal, desfrutei das delícias de um hotel para milionários.

Em Conacri, a reunião das organizações juvenis foi enfadonha e pouco me interessei por ela. Na verdade, o que me atraía era entender o que acontecia na Guiné. Uma nação que emergia, animada, esfuziante, prenhe de esperanças, mas com terríveis problemas. Com ódio dos guinéus, ao abandonarem o país os franceses levaram tudo o que podiam carregar, inclusive velhos ônibus do transporte urbano de Conacri. A burocracia francesa extravasou sua raiva aplicando contra a Guiné represálias desumanas, chegando a despojá-la de equipamentos hospitalares e escolares, além de arquivos da antiga administração.

A população só não se revoltou porque seu grande líder, Sekou Touré, recomendou que era absolutamente indispensável não criar incidentes que pudessem retardar a saída dos franceses. Político maduro, estadista, ele sabia como lutar contra os terríveis colonialistas. O carisma de Sekou Touré era impressionante, pelo menos naqueles dias em que saboreava a vitória contra De Gaulle. Em sua trajetória, histórias mágicas se misturavam com um aprendizado nas melhores escolas francesas. Era neto de Malori, o último imperador da Guiné, antes dela virar colônia da França. E a tradição oral pressagiava que caberia a ele libertar a sua gente.

Na Sorbonne aprendeu que teria de organizar um partido político e ele criou o Partido Democrático da Guiné, do qual foi o secretário-geral. Na França, como deputado, representou seu país na efêmera Comunidade, uma invenção de De Gaulle. Quando da recepção que ofereceu aos convidados da Federação Mundial da Juventude Democrática, colocou-se à disposição para responder a perguntas dos delegados estrangeiros. Formulei a seguinte indagação: por que ele apresentava como a solução para resolver os problemas da Guiné o "investimento humano"? Pausadamente, foi expondo que um marxista só podia estranhar a tese, mas o único recurso que seu país tinha era realmente a sua gente, nada mais. Hoje, ainda me recordo daquela resposta, pois ela contém uma sabedoria que não pode ser desprezada.

Como correu a notícia que estava em Conacri um comunista brasileiro, logo fui procurado no hotel por dois emissários dos guerrilheiros que lutavam contra os portugueses no país vizinho, no que hoje é a Guiné-Bissau. Um deles, que reencontrei em Moscou anos depois, era o lendário Amílcar Cabral, líder do Partido Africano da Independência da Guiné e Cabo Verde. O jovem líder guerrilheiro me solicitou então que divulgasse no Brasil documentos relatando os combates contra as tropas portuguesas e denúncias sobre as atrocidades cometidas pelos salazaristas. Conversamos longamente e compreendi ser um dever fazer uma matéria a fim de incentivar a solidariedade aos guerrilheiros. Essa reportagem foi publicada em *Novos Rumos*.

Durante três dias visitei aldeias na Guiné, e por toda a parte o que via era a miséria, o atraso e perspectivas muito sombrias de desenvolvimento econômico. Estávamos no ramadã, o mês sagrado dos muçulmanos. Por isso guardei de Conacri o som incessante dos tambores nas noites, traduzindo a angústia e o sofrimento daquela gente esquecida pelos deuses da fortuna. Situação que hoje, passadas quatro décadas, não se alterou na região abaixo do Saara. Na verdade, se agravou muito mais em alguns países com a eclosão de conflitos tribais bárbaros e incompreensíveis, diante dos quais o mundo "civilizado" fecha os olhos por cupidez e desumanidade.

EM CUBA, NO AUGE DA REVOLUÇÃO

Terminada a assembléia da Federação Mundial da Juventude Democrática, um dos cubanos presentes transmitiu-me um convite para participar de um congresso da Juventude Socialista, em Havana. Não vacilei um segundo, pois era uma proposta irrecusável. Preocupava-me unicamente a falta de notícias de Teresa e dos filhos.

A viagem até Havana foi complicada. Aliás, todas as etapas seguintes do regresso ao Brasil foram cheias de contratempos inesperados, até chegar ao aeroporto do Galeão, no Rio. Saímos de Conacri de madrugada num avião especial da Aeroflot em direção a Casablanca, pois de lá eu pegaria uma conexão para Havana. Depois de uma hora de vôo, a aeronave regressou à Guiné, porque a França fizera um teste de armas nucleares no Saara. Seis horas depois é que houve autorização para o avião seguir até Marrocos.

Acontece que não tivéramos tempo nem para tomar café no hotel e no aeroporto de Conacri não havia lanchonete. No avião especial soviético serviam somente água mineral. Assim, chegamos famintos a Casablanca, lá pelas 16 horas. No aeroporto informaram que eu e um jovem argentino, Perelmann, igualmente convidado para ir a Cuba, havíamos perdido a conexão e que a solução era viajar para Paris, às três horas da madrugada e lá, então, conseguir lugares num vôo para Cuba.

Os marroquinos que nos receberam em Casablanca foram extremamente atenciosos e hospitaleiros. Decidiram nos mostrar a cidade, para depois nos brindarem com uma ceia ao estilo árabe, da qual participaria também o deputado Balsamo, do Partido Socialista Italiano. Em condições normais era um programa formidável conhecer um pouco do cenário do filme que mais revejo — *Casablanca*. Quem sabe em algum café não ouviríamos um pianista tocando "As time goes by"? Mas qual, eu estava morto de fome.

Percorremos a cidade numa kombi e visitamos a Casbá. Às 21 horas nos levaram a um palácio mourisco. O cerimonial do jantar era tipicamente árabe. Juntamente com os marroquinos que nos acompanhavam, fomos acomodados em imensas almofadas, pois não havia mesa e cadeiras. Inicialmente, uma mulher com o rosto tapado por um véu lavou nossas mãos, utilizando belíssimos vasos e ânforas de prata lavrada e toalhas bordadas a mão. Depois trouxe-nos xícaras com chá de jasmim e deliciosas tâmaras secas, de que nos fartamos à vontade. Era o princípio do acerto de contas com o estômago.

Depois de novamente lavar nossas mãos, a serviçal colocou uma mesa circular baixa e aproximou em torno dela as almofadas. Trouxe, então, um imensa bandeja com uma rodela grandiosa de cuscuz. (Nessa noite aprendi que cuscuz é um antigo alimento afro-árabe, sendo a modalidade de preparar comida no vapor de água.) Como não foram postos pratos individuais e talheres para os comensais, cada um se atirou com as mãos ao cuscuz. Que pecado, uma refeição tão saborosa, sem se dispor de utensílios criados pela civilização! Após, outra lavagem de mãos novamente chá de jasmim. Finalmente, uma bandeja com pedaços de carne de frango assado, acompanhados de frutas do deserto.

Na viagem para a capital da França houve outro contratempo — o aeroporto de Orly estava fechado. Devido ao mau tempo, a aeronave desceu em Bordéus e depois finalmente aterrissamos em Paris. De lá enviei um telegrama para Teresa, informando que "fora obrigado a permanecer em Paris". Em virtude desses termos do telegrama, quando cheguei ao Rio tive de prestar maiores explicações, afirmando que traduziam a pura verdade.

Quando fomos fazer as reservas para um vôo até Havana ocorreu nova dificuldade. Como somente haveria um vôo direto para Cuba daí a quatro dias, a única solução foi utilizar um vôo de uma empresa mexicana para Miami, e dali apanhar uma conexão para a capital cubana. Resistimos um pouco a tal solução pelo fato de não termos vistos para entrar nos Estados Unidos, além de que certamente tais documentos não nos seriam concedidos pelas autoridades norte-americanas. A contragosto concordamos, pois a reunião em Cuba já começara e porque apenas permaneceríamos em trânsito no aeroporto de Miami.

Houve ainda outro problema na viagem, que não seria o derradeiro naquele circuito internacional. Ao cruzarmos o Atlântico Norte, em pouso não previsto, a aeronave parou nos Açores. Um furacão se aproximava da Flórida e era indispensável deixar passar a tormenta. Resultado: perdemos a conexão em Miami.

Nossa salvação foi sermos atendidos em Miami por um empregado da empresa de aviação mexicana, um paulista muito vivo, acostumado com toda a sorte de problemas que os brasileiros causam nos Estados Unidos. Diante do meu sotaque, ele foi logo perguntando: "Qual é o seu galho?" Dei uma explicação parcial e ele foi logo dizendo. "Doravante, não digam uma palavra em inglês e finjam não entender absolutamente nada que os policiais falarem; e deixem o resto comigo."

Fomos para uma ala reservada no aeroporto, tomaram nossos passaportes e ficamos detidos. Afirmaram que no dia seguinte poderíamos tomar um avião para Havana, quando os passaportes nos seriam devolvidos. Esse comportamento não radical dos funcionários norte-americanos deveu-se às gestões do esperto paulista. Mas, seguramente, aconteceu assim porque as relações entre os Estados Unidos e Cuba ainda não tinham se agravado ao ponto que perdura até hoje.

Assim, em fins de março de 1960 cheguei a Havana. Qual era o quadro cubano naquela época? A transformação revolucionária avançava rapidamente e a imensa maioria dos cubanos revelava claramente seu apoio ao governo de Fidel. Os comícios reuniam milhares de pessoas. Em marcha batida avançava a reforma agrária, atingindo as empresas norte-americanas que dominavam a produção de açúcar.

Em cada local começaram a ser organizados os comitês de defesa da revolução. As forças que derrotaram a ditadura de Batista — o Movimento 26 de Julho, o Partido Socialista Popular (comunista) e o Diretório Revolucionário mantinham sua estrutura independente, mas era indiscutível e incontrastável a liderança de Fidel Castro. Este ainda não manifestara seu programa de edificar uma sociedade socialista em Cuba. Todavia, a direita se rearticulava e a Igreja Católica advertia Fidel Castro quanto ao perigo de ser manobrado pelos comunistas.

Do ponto de vista das relações internacionais, evidenciava-se o crescimento de graves atritos com o governo norte-americano. Este já havia retirado seu embaixador em Havana, mas as relações diplomáticas não haviam sido cortadas. A atitude da União Soviética não passava de manifestações gerais de apoio e simpatia pela luta do povo cubano.

Depois do congresso da Juventude Comunista, participei junto com outros delegados estrangeiros de uma excursão de dez dias pela ilha, até a cidade de Santiago, na província de Oriente. Em todos os lugares constatava as modificações na vida de Cuba e a idolatria generalizada pelo chefe da revolução. De volta a Havana, na sede do Partido Socialista Popular, assisti a diversas conferências de seus dirigentes, como Blás Roca, Carlos Rafael Fernandes, Anibal Escalante e outros. Era visível o entendimento desses líderes comunistas de que o processo de transformação em Cuba não deveria ser radicalizado.

Às vésperas de minha saída para o Brasil fui procurado por um diplomata brasileiro, meu conhecido de Belo Horizonte — Marcos Antônio Coimbra, mineiro de Curvelo. (Depois casou-se com uma irmã de Fernando Collor de Melo e foi o seu principal auxiliar na Presidência da República.) Após recordarmos o antigo convívio na capital mineira, Coimbra transmitiu-me um convite para jantar com o embaixador Vasco Leitão da Cunha e sua esposa.

O embaixador do Brasil gozava de situação especial em Havana. Era o decano do corpo diplomático e, com sua esposa, tomara firmes atitudes contra as atrocidades da ditadura de Batista, que chegara até a invadir a embaixada do Haiti para prender alguns cubanos opositores de seu governo. Graças à intervenção de Vasco Leitão da Cunha, diversos militantes do Diretório Revolucionário conseguiram escapar da ação dos esbirros de Batista. Portanto, nosso embaixador em Cuba era visto com evidente simpatia pelo governo de Fidel Castro.

Vasco Leitão da Cunha era uma personalidade destacada na vida política e diplomática brasileira. Credita-se a ele, com razão, uma atuação positiva em 1943, quando esteve interinamente à frente do Ministério da Justiça e teve um papel decisivo contra Felinto Müller, o todo-poderoso chefe de polícia de Getúlio Vargas.

No jantar na embaixada travamos inicialmente um debate difícil, porque Vasco Leitão não aceitava a defesa que eu fazia da candidatura de Lott a presidente da

República, enquanto ele era abertamente a favor de Jânio Quadros. (Meses depois, com a eleição de Jânio Quadros, ele se tornou o secretário-geral do Itamaraty.)

Ao promover aquele jantar, o objetivo do embaixador era saber, por meu intermédio, o que os comunistas cubanos pensavam da evolução do processo revolucionário na ilha. Isto porque, se eram estreitos seus contatos com o Movimento 26 de Julho e o Diretório Revolucionário, o mesmo não sucedia com o Partido Socialista Popular.

Como estava temendo o agravamento dos conflitos de Cuba com os Estados Unidos, Vasco Leitão manifestou sua estranheza quando relatei as opiniões prudentes dos principais dirigentes do PSP, que eu acabara de ouvir nas reuniões realizadas naqueles dias. Perguntou, então, se eu poderia ser o portador de um convite a Carlos Rafael Rodrigues para um jantar na embaixada.

Concordei, e no dia seguinte fiz a gestão necessária. Assim, em face da anuência de Carlos Rafael, testemunhei o encontro, dois dias depois, que se prolongou até de madrugada. Carlos Rafael era uma figura excepcionalmente brilhante. Quando estudante na Faculdade de Direito, recebeu o grande prêmio da Universidade de Havana pela sua tese de doutoramento. Durante anos foi o editor de uma revista acadêmica — *Dialética* —, de altíssimo nível. Foi também o primeiro dirigente comunista a estabelecer um relacionamento estreito com Fidel Castro durante a guerrilha. Participou ativamente das lutas de Sierra Maestra, adquirindo com isso o "direito" e a "comenda" de usar barba, atributo só concedido aos participantes numa luta no tempo em que ela era incerta quanto aos seus resultados.

O diálogo entre o embaixador e Carlos Rafael parecia apenas uma sondagem exploratória até que nosso embaixador apresentou ao dirigente cubano a seguinte proposição, em forma de pergunta. Desejava saber se no futuro o governo de Cuba ressarciria os Estados Unidos, caso o governo de Washington indenizasse os proprietários norte-americanos expropriados em virtude da reforma agrária. Vasco Leitão adiantou que uma concordância de Fidel Castro reverteria o processo de hostilidades desencadeado pelos Estados Unidos. Carlos Rafael Rodrigues declarou que imediatamente transmitiria a questão a Fidel Castro. O dia já amanhecia no *malecon* quando Carlos Rafael levou-me de volta ao hotel. Não contive a curiosidade e o inquiri sobre o que pensava da proposta do embaixador do Brasil. Sem maiores comentários, disse-me o seguinte: "Mas a conversa foi com o embaixador dos Estados Unidos."

Dois dias depois reiniciei meu regresso ao Rio. Não foi fácil, já que as viagens de Havana para a América do Sul, normalmente feitas via Caracas, estavam interrompidas, pois o aeroporto da capital venezuelana estava fechado em razão de uma revolta que ali ocorrera. O jeito foi tomar um avião para Costa Rica e, de San José, pegar outro vôo até a cidade do Panamá. Ali aguardaria dez horas um vôo da Braniff em direção a Lima e, em seguida, São Paulo, para finalmente chegar ao Rio, meu destino.

A derradeira dificuldade ocorreu na cidade do Panamá, porque no dia anterior houvera uma tentativa de invasão de guerrilheiros na fronteira. Por isso as autoridades haviam proibido a chegada de pessoas provenientes da Costa Rica. Receoso, fui levado para a zona do Canal. Não desejava abrir minha volumosa mala na alfândega, porque nela colocara quilos de material africano e mais fartíssima propaganda cubana. Contrariado por ter de escancarar as recordações perigosas de minhas andanças, fiquei surpreso com a conduta dos funcionários alfandegários panamenhos. Muito interessados, pediram-me para ceder alguns folhetos sobre Fidel Castro. Além disso, permitiram-me que visitasse a cidade do Panamá. Nela fui recebido com a maior curiosidade, pois todos estavam lendo nos jornais uma notícia altamente elogiosa sobre o Brasil — a inauguração de Brasília.

Portanto, dera com os costados naquele país no dia 21 de abril de 1960, quando Brasília estava muito distante das minhas cogitações naquelas sete semanas de peripécias internacionais.

8

NAS PROXIMIDADES DO PODER

Em setembro de 1959, quando retornei da Europa e após haver concluído minhas atividades em função do Festival Mundial da Juventude, o secretariado do Partido deu-me a missão de coordenar os trabalhos da Assessoria Técnica Parlamentar, sediada no Rio.

Do ponto de vista pessoal, essa transferência de Belo Horizonte não apresentava maiores dificuldades. Aluguei um pequeno apartamento no Leblon, na rua Alfredo Russel, e com a ajuda do advogado Jorge Pires Chaves e de Armênio Guedes levei minha família para o Rio. Esse foi o ponto de partida para seguir por um caminho que me levaria a ser eleito deputado federal, três anos depois, e a exercer um papel político no cenário nacional.

A idéia da criação da Assessoria Parlamentar partiu de Armênio Guedes, assim como a indicação de meu nome para substituir Benedito de Carvalho, que fora o primeiro responsável por essa função. Essa frente de trabalho partidário justificava-se porque possibilitaria uma ação política de relevância, em conseqüência da eleição, em 1958, de vários deputados federais nacionalistas e de dois comunistas.

No governo Kubitschek a esquerda atuava em clima de quase total legalidade. Faltava obter o registro eleitoral do PCB e a revogação do artigo 58 da lei que impedia candidaturas de comunistas nas eleições. Crescia a influência do Partido Trabalhista Brasileiro. Nele, na Câmara dos Deputados, formara-se o "grupo compacto", que lutava para dar feição nitidamente progressista ao conjunto da bancada. Em 1960, os "compactos" elegeram um de seus membros para a liderança do PTB — o deputado Almino Affonso.

O choque no cenário político se dava entre os que pregavam posições nacionalistas e os que defendiam uma conduta favorável ao capital estrangeiro. Impulsionada por Carlos Lacerda e aglutinando correntes de direita, a UDN se esforçava para solapar as bases do governo de JK, usando sobretudo as denúncias de corrupção no aparelho do Estado.

Na Câmara dos Deputados, desde 1956 havia a Frente Parlamentar Nacionalista que, com os resultados da eleições de 1958, conseguiu a adesão de novos parlamentares, eleitos por vários partidos. A Frente realizava um permanente trabalho de proselitismo, mas seus deputados se ressentiam da falta de estudos e análises em que pudessem se basear para a confecção de discursos, pareceres e projetos.

A Assessoria Parlamentar atendia a essa necessidade. De maneira efetiva auxiliamos, entre muitos outros, os seguintes deputados: Bocayuva Cunha, Almino Affonso, Barbosa Lima Sobrinho, Sérgio Magalhães, Clidenor de Freitas, Waldir Pires, Renato Archer, Cid de Carvalho, Jacob Franz, José Jofily, Ramon de Oliveira Neto e dois que eram membros do PCB — Fernando Santana e Lício Hauer.

Fernando Santana teve uma trajetória excepcional no exercício de seu mandato como deputado federal pela Bahia, tendo sido reeleito duas vezes. Comunista desde estudante, foi um líder com marcante presença em todos os episódios da luta política em seu estado. Orador brilhante, sempre demonstrou acuidade política e uma extraordinária capacidade de se impor no Parlamento. Lício Hauer se revelou uma liderança expressiva entre o funcionalismo e pela seriedade de seus trabalhos no Congresso.

Para corresponder às solicitações dos deputados, na Assessoria Parlamentar estabelecemos uma rede de apoio entre funcionários graduados de alguns órgãos públicos estratégicos. Contávamos também com a colaboração de pessoas que dominavam as questões em suas áreas e que podiam fornecer informações e sugestões a respeito dos problemas candentes do país.

Diversos jornalistas e estudantes de ciências sociais ajudaram nesse mister, entre os quais Helga Hoffmann, Renato Guimarães, Fausto Cupertino, Aristóteles Moura, Paulo Ramos Derengoviski e Wanderley Guilherme dos Santos. Com o valioso material por eles fornecido, editávamos uma carta mensal que era distribuída a pessoas interessadas, além dos parlamentares nacionalistas. Essa carta era preparada pelo jornalista e economista Josué de Almeida.

Entre as nossas contribuições à tomada de posição dos parlamentares nacionalistas, recordo-me dos trabalhos que foram preparados sobre o projeto que regulava a remessa de lucros ao exterior, o Código Nacional de Telecomunicações e o tratado ratificando o GATT. Também promovíamos em nosso escritório encontros que aproximavam os técnicos dos parlamentares.

A montagem dessa Assessoria foi, de certa forma, o embrião de uma agência, indispensável a qualquer partido para realizar uma ação política responsável e coerente. Uma iniciativa pioneira para a época. O que preparávamos nessa agência também subsidiava, fora do Parlamento, ações políticas de personalidades e correntes de pensamento muitas vezes sem vínculo com o PCB. Refletíamos em nossos materiais estudos de importantes pesquisadores, como Celso Furtado, Jesus Soares Pereira, Ignácio Rangel, Nelson Werneck Sodré, Alberto Passos Guimarães, que influenciavam o pensamento progressista no Rio.

Hoje, depois de várias décadas, sinto que naquelas atividades um aspecto negativo foi não termos também nos apoiado em trabalhos feitos em São Paulo por cientistas sociais dotados de uma formação mais sólida, graças às lições dos professores estrangeiros contratados quando da criação da Universidade de São Paulo. Não valorizávamos também as opiniões de um pensador do porte de Caio Prado Júnior, embora ele fosse membro do Partido.

No fundo, esse quadro refletia o fato de que na ação política a liderança no campo das idéias era exercida pelos círculos cariocas, não tendo São Paulo ainda o papel que posteriormente passou a ocupar de grande centro da *intelligentzia* do país, tendo como base suas universidades públicas.

Outros fatos contribuíam para a forte influência da intelectualidade do Rio na vida política, pois lá estava o núcleo do poder institucional, em contraste com o panorama paulista dominado pela disputa quase provinciana entre ademaristas e janistas, conflito do qual não participava a intelectualidade como um todo. De outro lado, muitas das grandes personalidades da cultura em São Paulo centralizavam suas pesquisas em temas só indiretamente voltados para questões da política concreta brasileira. Naturalmente, havia as exceções de sempre, como por exemplo a *Revista Brasiliense*, de Caio Prado Júnior.

Nossa Assessoria Técnica Parlamentar no Rio fornecia dados para a direção partidária e matérias para *Novos Rumos* e outras publicações. E às vezes interferíamos contra a adoção de medidas governamentais que considerávamos negativas.

Recordo-me de um episódio sucedido com a Petrobras. Fomos procurados por um de seus diretores, Evaldo Garcia, que tentava por todas as formas rechaçar a proposta de uma firma que representava no Brasil a British Petrollium, uma das "seis irmãs" — os cartéis internacionais de petróleo. Os técnicos da Petrobras haviam dado parecer contra o projeto de contrato, que, resumidamente, dava à firma Petronal o monopólio da importação de óleo cru durante pelo menos dez anos. A vantagem que oferecia era preço um pouco inferior aos prevalecentes naquela época. No entanto, a orientação do departamento comercial da empresa estatal era fomentar a concorrência entre os fornecedores. Como grande compradora de óleo cru, pensavam que era um erro ela se amarrar a um contrato por um longo prazo, com um único grupo internacional.

O presidente da empresa estatal — Francisco Mangabeira, que não era um *expert* em mercado de petróleo — queria por força assinar o contrato, desprezando a opinião abalizada dos técnicos. Também não levava em conta que se a negociação fosse avante haveria escândalo político, porque a Petronal era uma empresa existente apenas no papel e de propriedade de dois sócios: Celso da Rocha Miranda, representante de interesses ingleses no Brasil e, minoritariamente, Renato Archer, deputado federal do PSD.

Após estudar o material fornecido por Evaldo Garcia, telefonei ao deputado Renato Archer, em Brasília, para informá-lo de que estava disposto a fornecer à imprensa uma denúncia sobre o projeto de contrato entre a Petrobras e a Petronal. Ele nada sabia sobre o fato e apenas solicitou-me que aguardasse 24 horas, marcando um encontro comigo no dia seguinte no Rio.

Na hora combinada fui ao seu escritório e lá estava Celso da Rocha Miranda, até fisicamente uma figura britânica. Relatei o caso, o empresário tentou replicar, mas Renato Archer foi logo dizendo: "Celso, se esse contrato fosse assinado eu ficaria rico para o resto da vida, mas é um escândalo; vamos acabar com isso imediatamente."

O caso com a Petronal não foi um acontecimento episódico, porque a defesa do monopólio estatal do petróleo era questão básica para nós. Acompanhávamos de perto todos os lances de sua trajetória, apoiando a Petrobras em diversas de suas iniciativas — como a tentativa da exploração do xisto betuminoso de São Mateus, no Paraná. Fizemos campanha contra os projetos de desenvolvimento da refinaria de Capuava, pertencente a um grupo privado. Pleiteávamos com força a necessidade de se estender às importações de todos os combustíveis o monopólio estatal.

Para mim, o trabalho na Assessoria Parlamentar foi um período de aprendizagem, voltado para desvendar os procedimentos políticos e legislativos na Câmara dos Deputados e para ter uma visão concreta e objetiva dos problemas nacionais. Pretendia então buscar para eles as soluções viáveis.

Com a ajuda de Armênio Guedes, coordenei as atividades da Assessoria Parlamentar durante quase três anos, de 1959 a 1962, quando fui eleito deputado. Avaliei o quanto me foi proveitoso o que fizera na Assessoria quando, depois, comecei a enfrentar os desafios que se apresentam a um parlamentar no início de seu primeiro mandato na Câmara dos Deputados. Levava comigo uma bagagem de conhecimentos preciosos, além de inúmeros trabalhos que foram por mim utilizados na elaboração de projetos, pareceres e discursos.

A transferência do Congresso Nacional para Brasília, em 1960, embaraçou extraordinariamente o desempenho da Assessoria. Não era fácil manter contato permanente com os deputados e se tornou quase impossível acompanhar o dia-a-dia da vida no parlamento brasileiro. Ainda mais porque aqueles três anos foram tumultuados — eleição presidencial, governo de Jânio, sua renúncia e a instituição do parlamentarismo.

Tentamos reduzir essas dificuldades com viagens quinzenais minhas a Brasília. Todavia, os resultados efetivos não correspondiam ao que necessitávamos. Ademais, naqueles primeiros anos as condições para o funcionamento do Congresso e de toda a vida na nova capital eram sumamente precárias. Hoje, quando vejo as instalações à disposição dos deputados e senadores em Brasília, parece-me até que se trata de outro Congresso Nacional.

Basta dizer que nenhum dos parlamentares dispunha de gabinete e de funcionários para o auxiliarem no cumprimento de seu mandato. Para se falar ao telefone, existiam apenas três cabines perto da entrada do plenário. Somente no Senado havia um restaurante, sempre superlotado e também não era fácil encontrar restaurantes no Plano Piloto. Só no barracão do João do Frango, perto do lago, podia-se encontrar uma comida razoável.

Em matéria de hotéis, fora dois de boa categoria, como o Nacional e o Brasília, a solução era recorrer a pensões de baixíssima qualidade. Uma poeira amarela sufocava a todos e nas épocas de chuva era complicado passar pelo lamaçal na praça dos Três Poderes. As superquadras da asa sul pareciam canteiros de obras e apenas se iniciava a terraplenagem nas áreas da asa norte.

Facilitou nosso trabalho em Brasília a colaboração inestimável da jornalista Maria da Graça Dutra, que se transferiu para a nova capital a fim de trabalhar no *Correio Braziliense* e, ao mesmo tempo, fazer a ligação da Assessoria com os parlamentares e outros políticos.

Maria da Graça era uma jornalista encarregada da cobertura do plenário da Câmara dos Deputados. Extremamente bem relacionada e querida nos meios políticos, jamais escondeu sua militância comunista. Os políticos mais importantes cultivavam sua amizade. Era amiga íntima de Jango e por várias vezes encontrei em seu apartamento Auro de Moura Andrade (invariavelmente formal e julgando-se superior à totalidade dos mortais) e Antônio Sílvio da Cunha Bueno (um aristocrata rural impermeável às idéias novas).

Comunista de longa data, mas uma "grande dama", Maria da Graça era de família tradicional, culta e conhecedora de todos os segredos do Poder. Eu me hospedava em seu apartamento. Depois que entregava sua matéria no jornal, ficávamos a conversar até altas horas da noite, comentando os fatos do dia e a evolução do quadro político.

Maria da Graça, quando do golpe de Estado, foi perseguida implacavelmente pelos que tomaram o Poder. Seu apartamento, cheio de belos objetos e muitas recordações de viagens pelo exterior, foi invadido e saqueado. Trataram-na como um inimigo perigoso, sem levar em consideração seu longo trabalho profissional na imprensa.

SOLUÇÕES POSITIVAS

Destacado para uma frente de trabalho político com os parlamentares federais, eu naturalmente tinha que seguir a orientação geral traçada pelo Partido. Em

1960 foi consagrada e aprofundada a linha de ação adotada pelos comunistas a partir da "Declaração de Março" de 1958. Assim, foram arquivadas teses que, desde 1947, conduziram o PCB a um sério retrocesso, ao isolamento e a derrotas, em conseqüência da visão profundamente equivocada da realidade brasileira e dos caminhos para a transformação radical de nossa sociedade.

Num esforço para superar a crise no movimento comunista mundial, além de seus próprios erros, o PCB realizou em agosto de 1960 seu Quinto Congresso, que realmente possibilitou a reaglutinação de suas fileiras. O simples fato de esse conclave partidário ter se realizado legalmente assinalou como os tempos haviam mudado. O Congresso foi precedido de amplo debate democrático interno, havendo um entrechoque nítido entre opiniões divergentes. A discussão girou em torno de teses apresentadas pelo Comitê Central, publicadas pelo semanário *Novos Rumos*. Nenhuma limitação houve nesse confronto público e as organizações partidárias elegeram delegados às instâncias superiores para defender seus pontos de vista.

Por tudo isso, quando os delegados se reuniram num salão no centro do Rio, eles realmente traziam mandatos explícitos para decidir a respeito da orientação do Partido de acordo com o pensamento da maioria dos comunistas brasileiros. E para eleger uma nova direção de conformidade com essas diretrizes. Os principais documentos do Quinto Congresso foram publicados e analisados em vários livros. Por isso, vou me abster de fazer mais uma exegese deles, mas pretendo remarcar algumas de suas teses básicas, que podem dar ao leitor uma idéia da mudança radical havida em nossa orientação.

Uma das teses mais importantes foi a indicação de que no Brasil ainda não tinham amadurecido as condições para uma revolução socialista, afirmando-se que o desenvolvimento capitalista avançava. Anteriormente não reconhecíamos isto e enfatizávamos a estagnação da economia brasileira. Proclamávamos, porém, em alto e bom som, que eram indispensáveis reformas estruturais na vida brasileira. Essa conclusão se tornou uma questão decisiva, pois a partir dela é que conseguimos rearticular forças muito amplas nos anos seguintes, até o golpe de Estado de 1964.

No entanto, nesse período surgiram alguns grupos de esquerda defendendo posições diferentes da nossa, refletindo uma tendência que se espraiou mundialmente. Deixamos de ser a única organização de esquerda, o que era um dado novo. A maioria dessas organizações reafirmou a necessidade de luta imediata pelo socialismo, proposição que ganhou um número maior de adeptos desde que, em Cuba,

Fidel e Guevara desfraldaram a bandeira vermelha do socialismo. Se esse era o exemplo vitorioso de Cuba, por que, então, jogar a batalha pelo socialismo para as calendas gregas?

Eis o que lançaram em nosso rosto durante vários anos. O que era um argumento de peso naquela época. Obviamente, após a derrocada do "socialismo real", no fim da década de 1980, esse ponto de vista perdeu força. Contudo, não podemos esquecer que aquele era o quadro concreto da batalha das idéias nas décadas de 1960 e 70.

Outra tese de fundamental importância — do Quinto Congresso do PCB — foi a de traçar como princípio de nossa ação o desenvolvimento de uma política de frente única, indicando a possibilidade da conquista de aliados para a luta em prol das reformas estruturais (ou de base, como eram denominadas) na sociedade brasileira. Com isso, rompeu-se uma prática sectária que impregnou nossa ação durante um decênio (de 1947 a 1957), realmente a "década perdida" para os comunistas.

Penso hoje que a vida demonstrou que havia ilusões na possibilidade da participação da "burguesia nacional" na luta por transformações radicais em nosso País. Tais ilusões decorriam de uma análise equivocada da sociedade brasileira, apreciação influenciada por experiências de outros países e enfatizadas em documentos internacionais, particularmente nos que remetiam às lições da revolução na China. (Classificava-se como "burguesia nacional" os setores da burguesia brasileira não ligados ao capitalismo internacional e em choque com ele.)

Nesse ponto cabe reconhecer que erros nessa análise teriam sido evitados se também nos apoiássemos em estudos, parcialmente válidos até hoje, de Florestan Fernandes, Fernando Henrique Cardoso, Octavio Ianni, Luiz Pereira, Juarez Brandão Lopes, Leôncio Rodrigues, José de Souza Martins e outros pesquisadores da famosa escola de sociologia da USP.

O golpe de 64 sepultou aquelas ilusões na "burguesia nacional". A História, todavia, é perversa. O combate à ditadura impôs a necessidade de uma amplíssima frente única democrática, da qual participaram setores conservadores e até reacionários da sociedade brasileira. Assim, os esquemas teóricos da estratégia revolucionária, exaustivamente debatidos entre as forças de esquerda, foram sepultados pela realidade dos fatos políticos. O que dá razão àqueles que repetem Goethe ao dizer que a árvore da vida é mais verde que o cinzento da teoria.

A evolução dos acontecimentos no declínio da ditadura comprovou que avanços reais foram obtidos quando foi acompanhado o fio vermelho da política de frente única. Foi isso que possibilitou se jogar a pá de cal na ditadura militar, ao ser formada uma aliança com setores muito além da "burguesia nacional". Isto é, foram os acordos implícitos com grupos distantes das correntes revolucionárias, mas dispostos a contribuir para a volta ao regime democrático, que selaram o fim da ditadura.

A terceira tese básica apresentada no Quinto Congresso do PCB foi a posição de princípio de que a atividade revolucionária tem como motor principal a mobilização de amplos setores da sociedade. Com isso, rompemos com as práticas que nos haviam conduzido a tentar vencer os inimigos só com a ação de elementos que estavam do nosso lado.

Em outras palavras, com essa tese, aprovada no congresso, levamos em conta um ensinamento de Lenin muito esquecido — o de que a política séria é a que envolve milhões de pessoas. Esse eixo básico é que nos permitiu bloquear dentro do Partido o caminho suicida do emprego de formas de ação como a da "luta armada", guerrilhas ou propostas de criação de "focos revolucionários". Intentos que, afinal, quando concretizados, apenas dizimaram centenas de revolucionários no Brasil e em outros países. Como nos mostra o martírio de Guevara.

Não posso deixar de reconhecer, entretanto, que as teses opostas às nossas guardavam uma aura romântica, revelando incrível capacidade de atrair inúmeras pessoas, notadamente os jovens. Enquanto isso, e ao lado disso, a luta diuturna pela organização paciente de milhões de pessoas era vagarosa, desprovida de acontecimentos emocionantes e dramáticos. Também o esforço em buscar aliados só permitia êxitos milimétricos, sendo quase o mesmo que carregar água em balaio, conforme a expressão nordestina.

Simultaneamente, o ressurgimento com maior estridência das divisões no movimento comunista mundial, culminando com a ruptura de sua aparente unidade, colaborou para a dispersão havida entre as correntes de esquerda. Depois de 1960 o Partido Comunista da China firmou-se como novo pólo internacional, abalando de forma irremediável a liderança absoluta do Partido Comunista da União Soviética. Assim, no Brasil e em diversos países foram criados partidos que defenderam as teses chinesas e desembocaram na calamitosa "revolução cultural" de Mao Tsé-tung.

Fazendo um balanço dos resultados do Quinto Congresso, o saldo é uma linha geral mais cheia de acertos do que de erros e uma política que acabou influindo na ação das forças que se colocavam no campo da democracia e do progresso.

Do ponto de vista pessoal, naquele congresso fui eleito membro suplente da direção nacional e nela passei a ter pesada responsabilidade. Minha participação nos debates limitou-se à elaboração de um texto que, na oportunidade, teve pequena repercussão, mas que considero uma contribuição correta, inclusive para a atual situação do Brasil.

Em artigo, publicado na seção de debates de *Novos Rumos*, alertava para a relevância de um partido revolucionário apresentar "soluções positivas" para os grandes problemas da população e do país. Nele, apregoei a substituição da temática e do combate desbragado a todas proposições dos governantes por uma ação alicerçada em soluções alternativas, viáveis e concretas.

Sem dúvida alguma, essa tese refletia o trabalho realizado na Assessoria Técnica Parlamentar, pois no fogo da grande política eu sentia que sem propostas de solução para os problemas, as correntes progressistas e nacionalistas não poderiam avançar e acumular forças. Entretanto, a apresentação de soluções positivas não é fácil, pois demanda um processo de pesquisa permanente, com a mobilização não eventual de um número expressivo de técnicos e estudiosos, além de amplo debate interno.

Essa questão parece ser entendida hoje por algumas figuras do PT, como, por exemplo, o deputado José Genoíno, enquanto o que se critica nesse agrupamento partidário é sua pouca capacidade de apresentar soluções positivas para as questões candentes.

A tese de soluções positivas não teve impacto no Quinto Congresso porque nele o centro das atenções concentrou-se no debate sobre os erros cometidos na condução do Partido no período mais agudo do stalinismo, entre os anos de 1947 e 1956. Não por acaso, numa das mais dramáticas de suas sessões plenárias, houve um choque aberto e sem sutilezas entre Prestes e João Amazonas.

Neste conflito, Prestes responsabilizava o atual presidente do PC do B e outros membros da Comissão Executiva pelos grandes erros cometidos, por não o informarem sobre o que ocorria no Partido. A maioria dos delegados e as demais pessoas presentes optaram pelas posições políticas defendidas pelo primeiro, mas sem endossar suas acusações contra João Amazonas. Julgaram inaceitável a tentativa de Prestes de procurar tirar de suas costas a maior responsabilidade pelos erros do Partido nos anos precedentes.

LOTT & JÂNIO E CIA.

A eleição presidencial de 1960 foi uma autêntica jornada de desencantos e surpresas. O general Lott foi fragorosamente derrotado com uma diferença superior a dois milhões de votos, mas o vencedor renunciou depois de apenas sete meses no Palácio do Planalto. Com isto abriu caminho para a posse do vice-presidente, João Goulart, lançado pelos partidos que foram derrotados. Até hoje esse imbróglio desafia as análises políticas e coloca em questão o sistema presidencialista vigente no Brasil.

Não foi uma surpresa o apoio da maioria do eleitorado a Jânio Quadros e seu repúdio à candidatura do general Teixeira Lott. Embora lançado por dois partidos que contavam com a maioria do eleitorado, PSD e PTB, além de outras forças, o general candidato perdeu nas urnas. Por que razões? Acompanhei de perto, nos bastidores, as articulações que levaram à escolha e à montagem dessa candidatura pelo PSD e PTB. Tudo derivou do 11 de novembro de 1955 e dos dias subseqüentes, quando o general Lott, pressionado pelos oficiais nacionalistas, forçou o impedimento de dois ocupantes da Presidência da República — Carlos Luz e Café Filho. Aqueles atos de força, inegavelmente inconstitucionais, objetivavam preservar o processo democrático, porque os golpistas buscavam impedir que Juscelino Kubitschek fosse empossado como presidente da República.

O general Lott quase por um acaso assumira uma posição-chave, mas de forma alguma incorporava teses populares ao seu ideário, ao contrário de alguns generais nacionalistas, entre os quais Osvino Alves e Newton Estilac Leal. Era um defensor da legalidade, porém um conservador. No PSD e no PTB não emergira outro candidato forte com reais possibilidades de se tornar o substituto de Kubitschek. E este desejava voltar à Presidência da República na eleição de 1965, que afinal nem se realizou devido ao golpe de Estado.

Confluíram para a candidatura Lott o PSD, o PTB e outras correntes que já haviam marchado juntas nos anos anteriores. Os comunistas se renderam à convicção de que não havia alternativa à candidatura de Lott. Entretanto, tentar canalizar apoio popular para ela foi um tormento de Sísifo. Recordo-me de um debate no auditório da Associação Brasileira de Imprensa, com o general Lott. Foi lamentável. Cada enunciado de suas opiniões representava um balde de água fria em nossas cabeças. Cada uma de suas declarações imediatamente repercutia na perda de dezenas de milhares de votos.

Eu freqüentava o Comitê Lott, sediado no próprio edifício onde era localizado o escritório da Assessoria Parlamentar, na rua México. Nele trabalhava um grupo da oficialidade nacionalista, que era coordenado pelo tenente-coronel Kardec Leme. Somente ali se percebia entusiasmo com a campanha de Lott. O desânimo era a tônica que predominava entre os deputados nacionalistas, como constatei nas minhas viagens a Brasília.

Em contraposição, houve o crescimento do apoio generalizado da população à candidatura Jânio Quadros, em virtude do natural desgaste dos que estavam no governo da República e, também, graças à capacidade de mistificação e demagogia do personagem. Ao lado disso, a direita entendeu que através de Jânio e com ele poderia chegar à Presidência da República, com um lastro impressionante de votos.

Uma das pessoas que mais contribuiu para avolumar essa candidatura foi José Aparecido de Oliveira, que ao longo dos anos conquistou projeção nacional. Meu relacionamento com ele iniciou-se no fim da década de 1940, quando ele chegou a Belo Horizonte e morava numa pensão, compartilhando um quarto com Benito Barreto. Os dois, com pouco mais de vinte anos, vieram do nordeste de Minas, tendo convivido em Conceição, terra natal de José Aparecido. Começaram trabalhando como jornalistas, mas Benito Barreto ingressou no Partido Comunista e enveredou por um caminho diverso do futuro ministro da Cultura e embaixador.

Aparecido desde cedo colocou-se a serviço de Magalhães Pinto, banqueiro arrojado e uma das mais importantes figuras da grei udenista. De extrema vivacidade, *causer* inigualável, o jornalista tornou-se um factótum do político-banqueiro, chegando com isso a ser uma personalidade de notável influência durante três décadas nos meios de comunicação.

Relacionava-se com desenvoltura em todos os círculos, inclusive nos meios de esquerda. Em certas oportunidades desempenhou um papel positivo nos cargos que ocupou, pois jamais assumiu posições ultramontanas. Em 1964, seu mandato de deputado federal foi cassado pelos que se apoderaram do poder, responsabilizado por alguns atos positivos de Jânio e porque José Aparecido tomou posição contra o golpe de Estado. No entanto, em outros episódios políticos a conduta de José Aparecido foi negativa. Por exemplo, numa eleição para a Prefeitura de Belo Horizonte ajudou a torpedear a candidatura do deputado Fabrício Soares, em decorrência da discordância da cúpula udenista com essa figura marcadamente de esquerda.

Com muita sagacidade, Aparecido foi um dos mentores do acordo da UDN com Jânio Quadros e, certamente, contribuiu para aproximar dele pessoas bem-intencionadas, como Carlos Castello Branco. Com ele, na fase mais acesa da campanha eleitoral de Jânio Quadros, troquei até palavras ásperas, pois eu defendia com firmeza a candidatura Lott. Nunca chegamos ao ponto de uma ruptura, porque ambos sabíamos que no futuro poderíamos estar no mesmo lado das barricadas.

Na verdade, a sabedoria mineira ensina que nunca são fechadas todas as portas, pois, sem intenção de sacrilégio, confia-se mais nos amigos do que em Deus. Por um dever de gratidão, cumpre-me revelar que, em 1984, foi a José Aparecido a quem recorri para solucionar um problema pessoal decorrente da compra desastrada de um pequeno apartamento em São Paulo, adquirido de uma imobiliária do Banco Nacional. A inflação forçou-me a pedir dilatação de prazos e a interferência de José Aparecido foi valiosa.

Outro político que desempenhou papel importante na eleição presidencial de 1960 foi meu conterrâneo Roberto Gusmão, com quem eu convivera no movimento estudantil, quando ele era prócer do Partido Socialista Brasileiro. Nunca discriminou os comunistas, mas também jamais aceitou a posição de "inocente útil". Avaliava, com razão, o pequeno potencial de que dispúnhamos e o ônus de caminhar junto com os comunistas. Depois de formado, veio para São Paulo, militou como advogado, mas sobretudo aplicou-se com sucesso em atividades empresariais. Nunca apurei com segurança a veracidade de que foi dele a idéia do "Jan-Jan", a articulação desencadeada no curso da campanha eleitoral de 1960, para sufragar nas urnas os nomes de Jânio Quadros e também de João Goulart, candidato a vice-presidência na chapa adversária.

Como é sabido, as urnas consagraram a anomalia, o que era permitido pela legislação eleitoral. Antes da eleição, consideramos aquilo um absurdo, até porque golpeava de forma matreira a candidatura Lott. Contudo, o "Jan-Jan" deu certo, demonstrando como os caminhos de Deus são menos tortos do que as trilhas nas batalhas políticas brasileiras. As conseqüências daquela articulação foram incríveis, e não sei se Roberto Gusmão assume a paternidade do fato ou se modestamente se apresenta apenas como coadjuvante. Em São Paulo, mesmo sem se desligar da vida empresarial, manteve-se nas lides políticas, desempenhando função de relevo no governo Montoro, na bela campanha em favor das eleições diretas e nas negociações em prol da candidatura de Tancredo Neves, em 1984. Acabou ministro no governo Sarney. Nunca mais voltamos a cruzar nossos caminhos em São Paulo.

Recapitulo todos esses fatos apenas com o propósito de mostrar como são complexos e imprevisíveis os processos políticos brasileiros. O que me leva, hoje, depois de uma vivência de tantos anos nas águas da política, a ter reservas diante de juízos categóricos, tanto para condenar como para aplaudir protagonistas que estiveram no proscênio.

A mim causa até enfado a leitura de textos em que seus autores se empenham em proclamar que sempre estiveram absolutamente certos no que fizeram ou opinaram. Todos guardamos zelosamente na memória as vitórias, ficando num desvão aquilo em que não se obteve sucesso, assim como as opiniões equivocadas que emitimos no passado. O que posso concluir é que, para os que almejam mudanças progressistas na realidade brasileira, os acertos de determinadas opções resultam principalmente de uma análise justa da correlação de forças em presença. O político não trabalha como o cientista que na bancada de seu laboratório realiza seus testes uma centena de vezes. Nem como o matemático que repete o quanto desejar a solução de determinada equação. O político tenta fazer uma análise objetiva dos fatos, mas essa operação apresenta um vício congênito — vem conspurcada pelo seu interesse, pela sua vontade. Daí as incríveis falhas de políticos competentes e experientes.

Retornando aos acontecimentos de 1961, é indispensável acrescentar que os acontecimentos ganharam ritmo mais acelerado naqueles sete meses do governo Jânio Quadros. Houve uma abertura nas janelas do Itamaraty, que anteriormente dava as costas às mudanças no quadro internacional e às exigências de uma política externa independente do Brasil. Mas, no campo da política econômica veio o ferrolho da Instrução 204 da Superintendência da Moeda e do Crédito (Sumoc), com as medidas para fazer retroceder o desenvolvimentismo de JK. (Antes da criação do Banco Central, as principais medidas da política econômica do governo eram formalizadas em instruções da Sumoc.)

Para criticar a política econômica de Jânio fiz conferências em algumas cidades onde antes nunca estivera, como Manaus e Belém. Chegamos ao mês de agosto e aí desencadearam-se os episódios que culminaram com a renúncia de Jânio Quadros, que surpreendeu a todos. Encontrava-me no Rio e imediatamente começaram as manifestações na Cinelândia. Estava claro em torno de que lutar — pela posse de João Goulart, que se encontrava na China.

À tarde, reuniu-se a Comissão Executiva do PCB, que lançou um documento com essa orientação. Foi preparada uma edição especial de *Novos Rumos* e fui encarregado de trazer de madrugada os pacotes a São Paulo. Ademais, recebi a tarefa de transmitir as resoluções aos dirigentes estaduais e depois viajar para Brasília, porque na capital federal seriam tomadas as decisões fundamentais sobre os destinos do país.

Tudo ocorreu como programado, apenas com um imprevisto que quase me levou deste para outro mundo. O avião — um Scândia, da Vasp — teve uma pane nos comandos ao sair de Congonhas e foi obrigado a fazer um pouso de emergência na base aérea de Cumbica. Por tremenda sorte, mas sem o trem de aterrissagem, a aeronave foi se arrastando pelo campo, arrebentando tudo pela frente. Não explodiu e todos saltamos pelas janelas do avião semidestroçado.

O pior de tudo é que fomos cercados por patrulhas da Aeronáutica armadas de metralhadoras, porque a base estava "fechada" já que homiziava o presidente que renunciara. Levou algum tempo até os militares compreenderem a situação de emergência, pois imaginavam que estávamos ali para fazer não sei o quê com Jânio Quadros.

Naquele dia aziago em agosto de 1961, quando o Brasil estava num turbilhão, na base aérea de Cumbica não permitiram a saída dos passageiros traumatizados pelo desastre. Afirmaram que, depois de Jânio tomar o seu rumo, outro avião da Vasp iria nos transportar até o Rio. Fui coagido, portanto, a permanecer umas cinco horas sentado num sofá, aparentando uma crise nervosa, o que era uma meia verdade. A outra metade da verdade se devia ao fato de haver lido, numa tabuleta, que estava de plantão um oficial que era meu amigo de infância em Belo Horizonte — o capitão-aviador Milton Lott. Temi que alguma complicação pudesse resultar de um encontro inconveniente, ainda mais porque, para não variar, carregava anotações das reuniões e uma cópia do manifesto do Partido.

Tentei sair da base e viajar de ônibus, mas não concordaram. Assim, enfrentei ainda uma nova viagem de avião até o Rio e de lá fui num Constellation da Panair para Brasília. Este fazia o percurso em quatro horas, pois era uma verdadeira carroça se arrastando pelos ares, com seus quatro motores monótonos, que pareciam impelidos pelas batidas de meu coração sofrido. Quatro horas de agonia, só atenuada porque comecei a beber sucessivas doses de uísque, após explicar à comissária o que me acontecera. Cheguei quase à meia-noite na capital, meio bêbado, só querendo dormir. Transferi para o dia seguinte as preocupações com o grande problema nacional — a posse de João Goulart na Presidência da República.

9

OS VENTOS IMPULSIONAVAM O BARCO

Em agosto de 1961 a renúncia de Jânio Quadros da Presidência da República provocou uma crise política e militar de difícil solução. Muito já foi escrito a respeito dos motivos e fatores que teriam levado aquele político paulista ao ato que surpreendeu a Nação. Nunca se saberá, porém, a sua verdadeira motivação. Cada analista, inclusive o psiquiatra, terá a sua suposição, mas ninguém terá a certeza.

Nas hostes dos que apoiavam a candidatura de Lott, Jânio era definido como desvairado, mas se acrescentava que não rasgava dinheiro. Nunca me esqueci de uma premonição certeira de Rogê Ferreira, deputado federal do Partido Socialista que bem conhecia aquela figura singular, até porque, volta e meia, os socialistas bandeirantes alternavam fases de aproximação com as de repulsa a Jânio.

Conversei com esse parlamentar dias depois da apuração dos votos do pleito presidencial, em novembro de 1960, no seu apartamento, na rua Voluntários da Pátria, no Rio. Com pouca vivência dos bastidores da política paulista, perguntei a Rogê o que se poderia esperar do recém-eleito presidente da República. O deputado contou que, gostando muito de futebol, seguidamente freqüentava os estádios. "Por isso", dizia ele "quando vou ao Pacaembu, mostro minha carteira de deputado no portão. Imediatamente os funcionários se mostram atenciosos, vão abrindo o caminho e logo sou levado à tribuna de honra. Pois bem, tentei umas duas vezes fazer o mesmo no Maracanã e vi qual é o resultado aqui no Rio. Ouço logo coisas como: 'esse gostosão está querendo entrar mas não tem bilhete; que vá para a fila e compre a entrada.' Ora, mais ou menos é isso que irá acontecer com Jânio na Presidência. Ele pensa que pode dirigir o país como governou São Paulo. Certamente irá acontecer o diabo", concluiu Rogê Ferreira.

Chegando ao Congresso Nacional na manhã de 26 de agosto, constatei com alívio que uma página da História tinha sido virada. Logo compreendi que tudo parecia como se Jânio tivesse falecido de morte súbita, já tendo sido lavrado seu atestado de óbito. Por isso, em seguida ao inesperado da renúncia, um fato tornou-se insofismável —Jânio estava praticamente só. Poucas vozes tentaram articular um movimento para que ele voltasse atrás e permanecesse no Poder. Pelo que recordo, somente Carvalho Pinto, governador de São Paulo, com o apoio de outros políticos, intentou convencer os senadores e deputados a não aceitarem a renúncia e essa gestão caiu no vazio.

Por que seus seis milhões de eleitores não foram às ruas bradando por sua permanência na Presidência? A resposta é simples e elementar. Em primeiro lugar, nos meios populares desaparecera a magia da pregação de Jânio, embora todos se divertissem com seus famosos "bilhetes", alguns até razoáveis, enquanto outros estapafúrdios, como a proibição das brigas de galos.

Os que haviam votado em Lott se compraziam com os insucessos governamentais e muitas forças malhavam contra a política econômica de Jânio, traçada na Instrução 204 da Sumoc. De outro lado, em sete meses ele jogara pela janela o respaldo que contava na direita. A condecoração dada a Guevara irritou a cúpula militar e foi a gota decisiva que marcou sua ruptura com o ocupante do Palácio do Planalto. Na véspera da renúncia o que todos assistiram na televisão foram as acusações e afirmações mordazes de Carlos Lacerda contra Jânio.

Nas altas esferas do Congresso Nacional o que se viu foi a formação de consenso para dar como líquido e certo o afastamento de Jânio. Esse dado traduzia também o fato de não ser ele uma pessoa do *establishment* político, mas um *outsider*. Nem mesmo a perspectiva de uma séria crise político-militar paralisou as raposas matreiras do PSD e da UDN, que consideraram um feliz acaso a auto-expulsão do ninho daquele estranho. Afinal, a cúpula política é quase um clube fechado, com regras e procedimentos tradicionais.

Na tarde do dia 26, Ranieri Mazzilli, presidente da Câmara dos Deputados, assumiu a Presidência da República e do Palácio do Planalto espalhou-se a informação de que os três ministros militares haviam decidido não aceitar a posse do vice-presidente, João Goulart, que estava na China. Pouco depois a notícia era confirmada e os deputados se alarmaram com o anúncio da prisão do marechal Teixeira Lott, na fortaleza de Laje, diante de suas declarações contra qualquer violação da ordem constitucional. Ao mesmo tempo, do Rio vieram informações sobre as ordens dadas pelo governador Carlos Lacerda para a censura dos jornais e rádios. Também relatavam a prisão de dezenas de pessoas que poderiam batalhar pela posse de Jango, especialmente militares nacionalistas.

Na Câmara dos Deputados a bancada do PTB e deputados nacionalistas denunciaram com energia a ameaça ao Estado de Direito. Apenas um grupo reduzido de parlamentares endossava nos corredores sua concordância envergonhada com os ministros militares. Juntei-me aos deputados Almino Affonso, Osvaldo Lima Filho, Bocayuva Cunha, Temperani Pereira, Fernando Santana e outros que incentivavam a resistência. Varamos a noite buscando dados sobre o quadro nas capitais brasileiras e notadamente para saber a posição de cada uma das guarnições das Forças Armadas.

À noite recebemos a notícia da decisão do governador Leonel Brizola, do Rio Grande do Sul, de enfrentar o golpe militar, colocando em cadeia as estações de rádio gaúchas para mobilizar a população. Essa atitude despertou o país numa velocidade impressionante. O governador Mauro Borges, de Goiás, major do Exército, imediatamente começou a organizar a população civil e declarou que marcharia até Brasília a fim de garantir a soberania do Congresso Nacional.

Atingiu-se o ponto culminante da crise com a mensagem do presidente da República em exercício, deputado Ranieri Mazzilli, comunicando formalmente ao Poder Legislativo o veto dos ministros militares à posse do vice-presidente. Mensagem servil, bem característica daquele parlamentar do PSD de São Paulo, porque indicava cumplicidade com a virtual junta militar que assumira o comando do país, sobrepondo-se à Constituição.

Nessa altura, o comportamento da Câmara dos Deputados começou a mudar, sobretudo em razão de um pronunciamento corajoso do líder da UDN, Adaucto Lúcio Cardoso. Adversário intransigente de Getúlio Vargas e do PTB, mas com uma longa tradição em defesa da legalidade, esse advogado de Curvelo repudiou o procedimento dos ministros militares, qualificando-o como atentado à Constituição.

Simultaneamente, evidenciou-se que o Exército encontrava-se dividido, posto que as guarnições no Rio Grande do Sul, chefiadas pelo general Machado Lopes, não se curvavam diante das determinações dos chefes das Forças Armadas. Configurou-se, portanto, a iminência de um choque militar aberto, que certamente se transformaria numa guerra civil.

A mudança no panorama político do Congresso decorria também do fato de que, nos bastidores, fora encontrada uma solução conciliatória — a instituição do parlamentarismo, de molde a legalmente serem reduzidos os poderes do presidente da República. Assim, atendia-se em parte ao receio dos setores mais reacionários, nos meios militares, da política considerada esquerdista de João Goulart. De outro lado, aprovado o parlamentarismo, ficaria garantida a posse do líder do PTB na Presidência da República e também terminaria a crise militar.

A costura desse acordo foi realizada pela cúpula do PSD e da UDN, contando com o apoio de San Tiago Dantas. Dependia, porém, da concordância do principal interessado, João Goulart. Essa anuência foi obtida por Tancredo Neves e San Tiago Dantas em conversações telefônicas com Goulart, quando o vice-presidente fez uma escala em Paris, de volta da Ásia.

A partir do dia 30 de agosto delineou-se a possibilidade real de o Senado e a Câmara dos Deputados aprovarem a toque de caixa a emenda constitucional instituindo o regime parlamentar. As correntes progressistas se opunham ao parlamentarismo por um motivo cristalino: a mudança do regime político se processava para impedir que na direção do país fosse colocado uma personalidade afinada com os interesses populares. Contra esse verdadeiro golpe só havia resistência de Brizola, dos comunistas, de uma parcela aguerrida do PTB e de mais uns poucos senadores e deputados, inclusive Juscelino Kubitschek. No entanto, as razões desse político mineiro eram diferentes das nossas. Para ele, a instituição do parlamentarismo jogaria por terra seu projeto de voltar ao Palácio do Planalto nas eleições diretas de 1965.

No fim das contas, quando a nação parecia às portas de uma guerra civil, quando era avaliado o poder de fogo dos contingentes militares em confronto, chegamos a uma nova batalha de Itararé, a que não houve. Esse fato ficou evidente quando San Tiago Dantas me chamou para conversar, tentando me convencer de que não havia outro caminho e que esse era o pensamento de João Goulart. Naturalmente, eu discordei, argumentando que havia condições para derrotar a cúpula militar golpista, mas o rolo compressor da conciliação impôs o parlamentarismo.

Nos primeiros dias de setembro a emenda constitucional foi aprovada e logo depois João Goulart foi empossado na Presidência. Não me foi possível compartilhar da comemoração pela meia vitória. Havia ido a Goiânia reunir-me com os companheiros da direção estadual do Partido. O que lá observei me encheu de entusiasmo. A população sacudira a letargia, mostrara seu ânimo e sua disposição para barrar o golpe militar. Grupos se organizaram para a eventualidade de uma luta, aguardando o recebimento de armas, prometidas pelo governador Mauro Borges.

O país vivera uma mobilização fantástica naqueles dez dias e o que ocorreu no Rio Grande do Sul, Goiás e na maioria dos estados indicava um estado de espírito que há muitos anos não se via no Brasil. A cúpula reacionária das Forças Armadas fora batida e ficara desmoralizada naquela batalha política.

Cheguei a formular que estávamos vivendo um clima pré-revolucionário, o que manifestei numa reunião no Rio com o secretariado nacional do Partido. Giocondo Dias discordou e com paciência argumentou que minha análise não correspondia à realidade. Relembro esse fato para assinalar como, levado por dados conjunturais, naqueles anos perigosos que vivemos, embora mais prudente que os demais, algumas vezes eu também incorria num erro freqüente na luta política quando se obtém um êxito: a embriaguez pelo capitoso vinho da vitória.

O PARLAMENTARISMO QUE NÃO "PEGOU"

Os quinze meses em que o Brasil foi governado pelas regras do parlamentarismo assinalam um fase de turbulência, semelhante a que às vezes sucede nas viagens aéreas. Turbulência que, quando podem, os pilotos evitam ou tentam encurtar, pelos dissabores e medo que causam aos passageiros e que nesse caso concreto foi o prelúdio de uma tempestade catastrófica.

A adoção do parlamentarismo apresentava o sinete de um pecado de nascença. Fora um mero arranjo de ocasião para adiar um conflito, cujo desenlace aconteceu no golpe de Estado, em 1964. Mas, para as forças populares e progressistas a posse de Goulart foi uma grande vitória. Em conseqüência, sentiram-se fortes e capazes de avanços maiores, porque diversos fatores levavam água a seu moinho. O aumento das taxas inflacionárias, em contraste com os salários aviltados, impeliu com pujança os movimentos grevistas, e o clima democrático estimulava as lutas e permitia a formação de entidades sindicais não previstas na legislação trabalhista, como o Fórum Sindical de Santos e o Comando Geral dos Trabalhadores (CGT), no Rio.

O tema da reforma agrária irrompeu com ímpeto no centro das preocupações, em decorrência do despertar de massas de trabalhadores agrícolas em diversas regiões do país, notadamente Pernambuco, Rio Grande do Sul e Goiás. Em resumo, um tufão de otimismo e de autoconfiança embalou as forças que classificávamos como progressistas e nacionalistas. Por isso, naqueles meses julgamos que poderíamos conquistar o céu de assalto.

De outro lado, a crise imanente daquele parlamentarismo revelou-se por inteiro na insanável instabilidade do governo. Em menos de um ano e meio tivemos três governos, além das tentativas frustradas de mais dois, em que assumiriam o cargo de primeiro-ministro San Tiago Dantas e Auro de Moura Andrade.

Aos olhos de todos era transparente que Goulart faria tudo para retomar os poderes que lhe tinham retirado pelo Ato Adicional. Nessa empreitada ele contava com o apoio dos candidatos que ambicionavam a Presidência da República em futuras eleições, como Juscelino Kubitschek, Ademar de Barros, Magalhães Pinto, Leonel Brizola e Carlos Lacerda. Não havia, pois, forças políticas poderosas em favor do parlamentarismo. Os setores militares que haviam se oposto à posse de Goulart refluíram e decidiram aguardar o desgaste do governo. Cautelosamente, como pássaros na muda, perderam as penas, mas cuidaram de permanecer em postos importantes na hierarquia das Forças Armadas.

O primeiro gabinete parlamentarista foi presidido por Tancredo Neves, refletindo a composição política que aprovara o Ato Adicional. No Ministério da Guerra foi colocado o general Segadas Viana, um conciliador que se esforçou para não punir o grupo de generais que tentara impedir a posse de Goulart. Esse fato, para o qual não demos a devida atenção, teve relevância na evolução posterior do panorama entre os militares. Um dado crucial, que foi examinado detidamente num livro básico para se entender a luta política naquela época — *Memórias de um soldado*, de Nelson Werneck Sodré.

O comando da política econômica ficou nas mãos do banqueiro Walter Moreira Salles, para apaziguar os meios financeiros. Representando a UDN, no Ministério da Viação, o nome escolhido foi o do cearense Virgílio Távora, defensor tradicional de verbas para o Nordeste. Coube a San Tiago Dantas o Itamaraty e a Franco Montoro o Ministério do Trabalho. Essa composição foi uma bela obra de engenharia política de Tancredo Neves, sempre atento aos sinais dos ventos na arena política. Contudo, oito meses depois ele comandou a demissão coletiva do gabinete, com o pretexto de que os ministros eram obrigados a deixar suas pastas para concorrerem nas eleições de outubro.

Em junho e julho de 1962 a luta se acirrou nas altas esferas quando Goulart encaminhou ao Congresso a indicação de San Tiago Dantas para primeiro-ministro. A Câmara dos Deputados, por maioria de 64 votos, principalmente do PSD e da UDN, rechaçou a proposta.

Tive uma idéia mais clara da complexidade do quadro porque naqueles dias eu acompanhara Prestes a Brasília, a fim de entregar ao Superior Tribunal Eleitoral os documentos para a legalização do PCB. Estávamos hospedados no Hotel Nacional e fomos procurados pelo deputado Bocayuva Cunha, em nome de Goulart. Transmitiu a preocupação do governo com a presença de Prestes na capital. Temia que isto pudesse ser explorado como um sinal de apoio de Prestes a San Tiago Dantas, o que poria a indicação em xeque.

Entre os deputados nacionalistas, afora Renato Archer, o meu contato mais estreito foi com Bocayuva Cunha, relação que se prolongou depois do golpe de 1964, pois com ele tentei articular algumas ações contra a ditadura. E até a auxiliá-lo num grave problema relacionado com sua filha.

Bocayuva Cunha era de uma família tradicional do Rio. Foi casado em primeiras núpcias com Vera Simões, da família proprietária do importante jornal *A Tarde*, de Salvador. Nas décadas de 1950 e 60 o casal vivia na alta sociedade do Rio, mas Bocayuva ingressou no PTB, conseguindo um forte apoio em redutos cariocas e fluminenses. Tornou-se um dos sócios de Samuel Wainer quando este lançou a *Última Hora*, jornal que renovou em todos os aspectos a imprensa brasileira e que contava com a colaboração de conhecidos jornalistas de esquerda, como Moacir Werneck de Castro, Otávio Malta, Paulo Silveira, além de importantes figuras do mundo cultural carioca, como Adalgisa Nery.

A trajetória de Bocayuva Cunha o conduziu ao engajamento na esquerda e a um papel proeminente nas fileiras do PTB, chegando a líder de sua bancada na Câmara dos Deputados. Em razão disso, em 1964 seu mandato foi cassado e ele teve de partir para o exílio, além de responder a diversos processos de caráter político.

Depois do fracasso de Auro e ante o impasse criado com o Congresso, Goulart submeteu o nome do jurista Francisco Brochado da Rocha à apreciação da Câmara dos Deputados. Ele era uma personalidade sem renome e sem prestígio nos círculos federais, mas amigo de Brizola e sempre fiel às lutas progressistas no Rio Grande do Sul. A indicação de Brochado da Rocha para primeiro-ministro foi aprovada de forma até surpreendente, talvez porque o Congresso temesse que rejeitando aquele nome algo mais grave pudesse suceder. O novo gabinete foi composto por pessoas de prestígio nacional, como João Mangabeira (presidente do Partido Socialista), general Nélson de Melo, Afonso Arinos de Melo Franco, Hélio de Almeida (antigo presidente da UNE e do Clube de Engenharia do Rio de Janeiro), Hermes Lima, Renato Costa Lima, entre outros.

Era um elenco capacitado a realizar uma política democrática, além da desejada pela maioria dos senadores e deputados. Brochado da Rocha, no entanto, não escondia seu propósito de sepultar o parlamentarismo e defendia a tese da consulta à população sobre o sistema de governo mais apropriado ao Brasil.

A realização imediata de um plebiscito tornou-se o tema prioritário da agenda política, estimulada pelo conjunto de forças que, ocasionalmente, convergiram para a realização de um enterro de indigente do parlamentarismo. Para tanto contribuíram inclusive vozes militares, como a do comandante do Terceiro Exército, general Jair Dantas Ribeiro, ao afirmar em nota oficial que a continuação daquele estado de coisas estava pondo em risco a segurança e a ordem.

Para forçar ainda mais a barra, Brochado da Rocha pediu demissão em setembro. Hermes Lima ascendeu ao cargo de primeiro-ministro e o plebiscito foi realizado no dia 6 de janeiro de 1963. Imensa campanha publicitária, coordenada pelo banqueiro José Luiz Magalhães Lins, diretor do Banco Nacional e sobrinho de Magalhães Pinto, foi desencadeada pela volta ao presidencialismo. O resultado foi esmagador, como é sabido.

Naquela situação não havia como salvar o parlamentarismo, mas hoje estou convencido de que sua adoção é de fundamental importância para a realização de mudanças substanciais na realidade política de nosso país.

UMA CAMPANHA DIFERENTE

No segundo semestre de 1962 envolvi-me nos preparativos das eleições para Senado, Câmara dos Deputados e Assembléia Legislativa do Estado da Guanabara. Fui indicado candidato dos comunistas para a Câmara dos Deputados pelo fato de coordenar os trabalhos da Assessoria Técnica Parlamentar. Em razão dessa vivência é que, em princípios de 1962, na direção nacional do Partido, surgiu a idéia de que eu deveria ser o candidato dos comunistas da Guanabara a deputado federal. (O Estado da Guanabara fora criado com a transferência da capital da República para o planalto central, no território do atual município do Rio. Anos depois houve a fusão do estado da Guanabara com o estado do Rio de Janeiro.)

Além de levar em conta meu trabalho junto aos parlamentares federais, tal escolha preenchia também um dado básico — a de não ser conhecido no Rio como comunista. Esse aspecto era fundamental porque evitaria qualquer impugnação dos adversários antes da candidatura ser legalmente registrada pela Justiça Eleitoral. Assim desejávamos burlar o famigerado artigo 58 da legislação eleitoral. Fui, assim, um candidato literalmente tirado do bolso do colete. Minha candidatura não brotou do processo natural de ascensão de uma liderança em movimentos populares ou por prestígio individual alcançado em lutas políticas ao longo dos anos.

Esse artigo 58 não permitia o registro de candidaturas de pessoas que pertenciam a um partido cujo registro fora cassado pelo Superior Tribunal Eleitoral. Dispositivo preparado sob medida para impossibilitar a eleição de comunistas. Essa restrição absurda criou imensas dificuldades para a ação política dos comunistas durante quarenta anos, fato que só foi levado devidamente em consideração no livro de Gildo Brandão, entre as análises dos que estudam a trajetória do PCB.

É verdade que, aqui ou ali, conseguia-se burlar essa norma devido a mil e uma artimanhas. Essa discriminação, no entanto, acarretava sérios prejuízos para o Partido, desde que as personalidades mais conhecidas do PCB só excepcionalmente podiam disputar pleitos. Com isso éramos obrigados a fazer acordos com outros partidos, mas esses exigiam de nós concessões que muitas vezes eram negativas para o PCB.

Em razão desse fato fomos forçados a desenvolver uma atividade imprópria, é o menos que se pode dizer, para obter lugares nas chapas de outras agremiações partidárias. Trabalho que era facilitado pelo fato de a legislação favorecer a multiplicação do número de partidos, até que a ditadura militar estabeleceu o bipartidarismo no Brasil.

Para exemplificar as incríveis manobras que desenvolvíamos, vou citar um episódio. Em 1948, em Minas estávamos com as portas fechadas junto aos outros partidos. Por isso fui ao Rio para tentar uma solução. No escritório da "fração parlamentar" informaram que poderíamos organizar em Minas Gerais o Partido de Orientação Trabalhista (POT). Com essa dica, fui à sede do diretório nacional desse partido, localizada num sobrado perto da estação Pedro II, região do baixo-mundo carioca. Estranhei o ambiente, desde que parecia um antro de policiais, bicheiros e contrabandistas. (As drogas ainda não haviam entrado com força no mercado.)

Declarei a um dos membros da cúpula do POT que "estava vivamente interessado" em organizar núcleos desse partido no meu estado. Ele acertou uma entrevista com o presidente nacional dessa agremiação — o engenheiro Alberto Dourado Lopes — num churrasco no fim de semana. (Esse engenheiro era muito rico e financiava as despesas do POT. Seu "mérito" residia no fato de ter construído o edifício de *A Noite*, na praça Mauá, que então era apresentado como um dos cartões de visita da "cidade maravilhosa".)

Acompanhado do economista Moacir Paixão, fomos de trem para o churrasco, no distante subúrbio de Campo Grande. Não foi difícil localizar o local, pois o alarido da esbórnia se ouvia ao longe. Era uma chácara espaçosa e cheia de mangueiras. Debaixo delas colocaram mesas, barril de chope e o braseiro com a carne. Havia umas cinqüenta pessoas, bebendo com satisfação e comendo nacos do churrasco. Na cabeceira da mesa principal estava o dono da festa e provável financiador das despesas — o engenheiro Dourado Lopes, candidato a senador. Ninguém se apresentou para nos receber.

Sentamos e ficamos acompanhando o espetáculo, a ouvir os discursos. Somente o homenageado acompanhava as falas meio enroladas dos oradores, pelo efeito da bebida. Era uma sucessão de elogios rasgados ao engenheiro, que aniversariava naquele dia. Isso me levou a calcular que, na continuação dos discursos, iria ficando cada vez mais difícil a formulação de novos elogios. Meu estoque de encômios havia se esgotado. Um equívoco.

Outros oradores ocuparam o microfone, sem se importarem com a algazarra. Tudo, então, se tornou mais divertido. Um dos oradores afirmou: "O Brasil tem três grandes nomes — Tiradentes, duque de Caxias e o engenheiro Alberto Dourado Lopes." Um outro proclamou no mesmo diapasão: " No Rio temos o Corcovado, o Pão de Açúcar e o edifício de *A Noite*, graças ao doutor Dourado Lopes." O orador seguinte começou a exigir silêncio, repetidamente. Quando conseguiu, para espanto geral ajoelhou-se e, contrito, iniciou uma oração: "Ave Maria, cheia de graça, o senhor é convosco.... convosco... convosco..." e do resto não se lembrava. Mas não se perturbou. Levantou-se e gritou: "Viva mil vezes o doutor Alberto Dourado Lopes!"

Quando a tarde e a festança declinaram, após solidarizar-me com as homenagens a ele prestadas, transmiti ao empresário meu pedido. Ouviu-me com atenção e prometeu enviar uma autorização para organizarmos em Minas Gerais o POT. A credencial nunca chegou, nem eu insisti. Era demais meter o PCB numa articulação em que, por trás daquilo tudo, segundo soube depois, estava o serviço secreto do Exército.

A batalha eleitoral na Guanabara em 1962, *grosso modo*, envolvia três correntes. Em primeiro lugar, o PTB, em luta de vida e morte com os udenistas. Com o apoio dos socialistas e demais correntes nacionalistas e progressistas, os trabalhistas desejavam assegurar uma estrondosa votação em Leonel Brizola, candidato a deputado federal, para dar uma demonstração de força também em razão dos conflitos no panorama nacional.

Nós tínhamos interesse em estreitar a aliança com o PTB e pretendíamos colocar nessa legenda minha candidatura à Câmara Federal e a de três candidatos comunistas à Assembléia Legislativa. Mas, Lutero Vargas, presidente do PTB, não concordou e somente aceitou que Hércules Correia, presidente do Sindicato dos Têxteis, que já era deputado estadual, fosse incluído na chapa. Essa recusa nos criou um sério problema, que fomos obrigados a contornar.

A segunda grande corrente na Guanabara era a UDN, que levantava com vigor a bandeira do antigetulismo. Mas nela também estavam políticos com tradição na defesa das liberdades, discordando em diversas ocasiões dos métodos e da política de Lacerda, que nas eleições de 1960 conseguira se eleger governador do estado. Nessa ala udenista destacavam-se Adaucto Lúcio Cardoso, Hamilton Nogueira, Afonso Arinos de Melo Franco, Célio Borja, Rafael de Almeida Magalhães e outros. No entanto, com a UDN era impraticável qualquer acordo, pois Lacerda era o inimigo a ser derrotado.

Na terceira corrente encontrava-se o antigo Partido Social Democrático (PSD), chefiado por Chagas Freitas, esperto cacique clientelista, que aglutinava políticos das mais diversas origens que não tinham espaço na UDN nem no PTB. Portanto, um autêntico balaio de caranguejos.

Nela atuava um *outsider* — Mourão Filho. Este, presidente do Partido Social Trabalhista (PST), vereador e depois deputado estadual, marchava junto com os comunistas em diversas causas. Era um médico popular nos subúrbios da Leopoldina, prestigiado ao ponto de o estádio do clube de futebol Olaria ter seu nome. Mourão Filho era candidato ao Senado e estabeleceu aliança com Tenório Cavalcanti, uma figura singular na política do Estado do Rio, reeleito várias vezes deputado federal.

A história de Tenório Cavalcanti foi contada num filme e em diversos livros. Personagem excêntrica no mundo da política, fascinava extensas camadas populares pelo uso do clientelismo como método, mas também porque não escondia seu relacionamento com áreas cinzentas da contravenção e do crime. Era uma prova dos laços que tanto espantam os puristas entre política e práticas espúrias, como ainda hoje acontece em regiões pioneiras da Amazônia.

Tenório Cavalcanti sempre foi respaldado pelas vestais da UDN. Era dono de um jornal de larga circulação no Rio — *A Luta Democrática* —, que se esmerava no noticiário policial, em crimes e escândalos. Quase conseguiu ser eleito governador do Estado do Rio, pois dispunha de forte apoio nas cidades da Baixada Fluminense, notadamente em Caxias, região em que o eleitorado dos dois estados se misturava, porque não há uma muralha chinesa separando a população.

A aliança entre Tenório e Mourão Filho beneficiava os dois e acabou também por nos favorecer. Mourão Filho não teve dúvida em colocar os candidatos comunistas na chapa do PST, em troca de nosso apoio a sua candidatura ao Senado. Fez também um acordo com Chagas Freitas, porque este não desejava se apresentar ao eleitorado como candidato do PSD, partido repudiado pelos setores mais esclarecidos do Rio.

Esse acordo envolveu também a eleição no Estado do Rio. Apoiamos a candidatura de Tenório Cavalcanti a governador, ganhando a possibilidade de incluir um comunista na chapa de deputados federais — Demistócledes Batista ("Batistinha"), o líder ferroviário da Leopoldina —, além de candidatos comunistas à Assembléia Legislativa do estado vizinho. Tenório também se dispôs a contribuir para minha eleição.

Foi assim que realizamos a tortuosa e inusitada manobra para montar a coligação PSD-PST, sob a autoproclamada e bela legenda de "Frente Popular", nome sugerido por Chagas Freitas, debaixo da qual, sem alarde, foram inscritos meu nome e de dois candidatos comunistas à Assembléia Legislativa — Sinval Palmeira, o famoso advogado, e João Massena Melo, líder operário.

COMO O PCB ELEGEU UM DEPUTADO

A campanha para minha eleição teve características singulares, mas desde o início evidenciou-se o dado negativo de não estarmos na legenda do PTB. De certa forma, nos perfilamos como a mãe de São Pedro — nem na terra nem no mar.

Portanto, ficamos no meio da geléia geral, quando na luta política no Rio os embates eleitorais se apresentam como uma disputa do tipo "Fla x Flu". Isso nos levou a perder votos, porque em setores que os comunistas influíam muita gente pretendia dar uma resposta a Lacerda, sufragando em massa o nome de Leonel Brizola e a legenda do PTB. Depois da eleição, diversas pessoas amigas revelaram-me que não votaram em mim porque eu não estava na chapa do PTB.

Nossa campanha eleitoral foi planejada e conduzida pelos companheiros que dirigiam o Partido na Guanabara, entre os quais Isaac Scheivar, Givaldo Siqueira, Salomão Malina e Orestes Timbaúva. Uma equipe que demonstrou dominar a intrincada situação da Guanabara e ter visão política realista da disputa eleitoral. Os méritos desse grupo merecem ser lembrados porque a campanha foi vitoriosa, vencendo inúmeros obstáculos, graças à política traçada por esses companheiros. O Comitê Estadual ganhou o conjunto do Partido para atuar dentro daqueles parâmetros restritos e complicados do quadro eleitoral, para em menos de três semanas popularizar candidatos e obter os votos necessários para eleger os quatro candidatos comunistas, mesmo carregando nas costas um candidato como eu, ilustre desconhecido na cidade. Não houve dissidências nem resistências na estrutura partidária aos candidatos apresentados por aquela direção e aprovados pelo Comitê Central do PCB.

Como era propósito fundamental o registro pela Justiça de nossos candidatos, ficou decidido que a campanha eleitoral somente seria desencadeada quando tivessem transcorridos os prazos para a impugnação de candidatos. Recorremos a um detalhe de ordem processual para fugirmos ao mérito da questão, caso formulassem contra nós a acusação de uma evidente violação do artigo 58 da lei eleitoral. A justeza dessa cautela foi comprovada pelo ocorrido na eleição em São Paulo, no mesmo ano, quando quatro candidatos comunistas foram eleitos mas não empossados, posto que foram impugnados em tempo hábil.

Como iríamos dispor de poucos dias para popularizar os candidatos, Givaldo Siqueira, encarregado da propaganda, apoiou-se em publicitários para criar modalidades de divulgação diversas daquelas que na época eram utilizadas nas campanhas eleitorais, pois contávamos com um dado fundamental — a massa crítica de cabos eleitorais comunistas, voluntários e conscientes.

Foi preparado um pequeno folheto, de quatro páginas, num estilo arrojado, com ilustrações, fundamentando nossa plataforma. A peça publicitária utilizava a acusação nebulosa de Jânio Quadros, de que havia renunciado devido às pressões de "forças terríveis". Nessa propaganda propúnhamos aos eleitores a votação nos candidatos de Prestes para se combater os "fantasmas" atacados por Jânio. Foram feitos tão-somente 300 mil exemplares desses folhetos para distribuição de mão em mão. Propaganda baratíssima e com notável rendimento. Por incrível que possa parecer hoje, nenhum retrato meu foi feito e divulgado. A máquina partidária cumpriu a missão com eficiência que até hoje me espanta.

Unicamente durante duas semanas caí no corpo-a-corpo da disputa de votos. Programação da manhã à noite. De madrugada eram pequenos comícios no cais do porto e nos estaleiros. Conversas rápidas e objetivas, organizadas pelo comitê partidário da orla marítima, muito ativo na época, que atuava com operários navais, marinheiros, oficiais de náutica, estivadores, doqueiros e portuários. Nossos melhores comícios na campanha foram os realizados nos estaleiros e na zona portuária.

À tarde tínhamos encontros com estudantes e participávamos de eventos teatrais relâmpagos, promovidos pela turma do Centro Popular de Cultura da UNE, o CPC, cuja principal figura era Vianinha — Oduvaldo Viana Filho. À noite, eram visitas a favelas, como a de Jacarezinho, a morros, como o do Borel e o de São Carlos. Subidas intermináveis, escorregões monumentais, vistas bonitas e conversas com gente sofrida, alegre e animada. Não se falava em drogas. Sobre contraventores, somente eram mencionados, e com simpatia, os bicheiros.

Reuniões muito produtivas foram feitas com a liderança de setores, como o dos médicos. Entre esses, era incontestável o prestígio de personalidades como Mauro Lins e Silva, Isnard Teixeira, Alcedo Coutinho, Aloísio Neiva Filho, Francisco Sá Pires e outros que arrebanhavam votos de grande parte de seus colegas, além de seus pacientes e amigos.

Subia até Santa Teresa, pois lá se reuniam os artistas plásticos, no apartamento de Djanira. Marcelo Cerqueira me levava até Nilópolis para fazermos, duas vezes por semana, um programa numa rádio local. Nos sábados e domingos eram dois ou três churrascos nos pontos mais longínquos do Rio, pois eleição é uma festa. E o Brasil ganhara a copa do mundo de futebol. No entanto, veja-se bem, foram só 15 dias nessa loucura.

Aqui ou ali, apareciam opiniões sobre a minha candidatura, como uma nota de meu velho amigo Carlos Castello Branco, o Castelinho, o comentarista político mais lido na imprensa diária. Um recorte amarelado, de 35 anos atrás, esquecido nos guardados de minha mulher, testemunha o que ele escreveu sob o título "Candidatos na Guanabara".

Transcrevo o seguinte trecho: "Para dar um sentido eclético a esta crônica, gostaria não de indicar nem de sugerir a votação num candidato comunista, mas tão-somente de registrar que o PC vai eleger na Guanabara um de seus homens mais seguros, o jovem Marco Antônio Coelho, cuja vocação política vi desabrochar na Faculdade de Direito de Belo Horizonte. Este registro, de quem não acredita nas coisas em que Marco Antônio acredita e de quem não serve às coisas a que ele serve, vai como testemunho de esperançosos ímpetos juvenis que o sectarismo iria mais adiante enquadrar e dominar."

A televisão apenas começava e não tinha a repercussão que desfruta nos dias de hoje. Fui a um programa na TV Rio e, querendo fazer um pronunciamento diferente, espetacular, resolvi lançar uma grave advertência ao general Amaury Kruel, o todo-poderoso e intocável chefe do gabinete militar do presidente João Goulart. Uma provocação estudantil que depois foi criticada pela direção do Partido.

Há mais de 30 anos, quando a televisão engatinhava e não havia programa eleitoral gratuito, como candidato eu queria me destacar na propaganda rotineira e o jeito foi armar um pequeno escândalo. Hoje, em cada campanha eleitoral vemos coisas semelhantes, indicando como é difícil o esforço dos candidatos para chamar a atenção do telespectador.

No fogo da batalha, recebi, um telefonema de Raul Riff, secretário de imprensa de Jango, pois o presidente queria falar comigo. Fui ao Palácio das Laranjeiras sem saber o motivo daquela convocação. De forma muito cordial, Goulart apenas desejava esclarecer que não partira dele o veto a minha candidatura na legenda do PTB.

Com o crescimento da campanha, comecei a perceber a animosidade contra mim de dois candidatos do PTB à Câmara Federal, que desejavam os votos dos comunistas — Guerreiro Ramos e Roland Corbisier. Não havia nisso qualquer questão pessoal, mas uma mágoa por sentirem que não seriam eleitos, o que realmente aconteceu.

No entanto, com outros candidatos da esquerda que chegaram ao Parlamento meu relacionamento foi excelente. Um deles, Max da Costa Santos, do Partido Socialista, ocupara alto posto na Caixa Econômica Federal no governo de Jânio Quadros. Chegou como uma "cara nova" na política da Guanabara, cheio de planos e projetos, o que sempre atrai eleitores que gostam de votar em candidatos que representam uma esperança em mudanças na rotina parlamentar. Max procurava ouvir nossa opinião, mas acabou acompanhando sem reservas as idéias de Brizola. Eu intentava refreá-lo um pouco, porque sua tendência natural era a radicalização excessiva. De grande integridade, foi uma das pessoas mais perseguidas pelo regime militar.

Com Benedito Cerqueira o convívio foi igualmente fraternal. Na qualidade de presidente do Sindicato dos Metalúrgicos e petebista autêntico, trazia a ponderação natural de uma pessoa calejada no movimento sindical, sem grandes arroubos. Defendia com segurança e discernimento os interesses dos trabalhadores.

O sargento Antônio Garcia era uma figura um tanto enigmática, não por qualquer traço pessoal, pois sempre foi pessoa simples, afável e aberta, mas pelo que representava — o controvertido e inusitado movimento dos sargentos. Todos nós respaldávamos a reivindicação desse segmento militar em eleger alguns deles para o Poder Legislativo. Contudo, a prudência deveria nos ter alertado para os riscos de os sargentos serem os involuntários vetores de uma crise militar, como os fatos posteriores confirmaram amplamente.

Nas conversas com Garcia eu pressentia que ele alardeava uma força que os sargentos não dispunham. Infelizmente, não o advertimos suficientemente, nem tomamos posição pública correta frente à questão, conforme deveríamos, nos termos assinalados por Nelson Werneck Sodré, na analise que está em seu *Memórias de um soldado*.

Mas, voltando à campanha eleitoral, cabe acrescentar um episódio indelével de que fui testemunha em virtude de nosso interesse em "pescar" votos no eleitorado que seguia Tenório Cavalcanti. Ele assumira um compromisso de fazer um pronunciamento de apoio a minha candidatura. O dia do pleito estava próximo e Tenório não cumpria o trato. Afinal, ficou decidido que eu deveria resolver pessoalmente a questão, levando pronta uma declaração dele sobre minha candidatura.

Sabendo que ele iria fazer um comício em Nova Iguaçu, na Baixada Fluminense, a pessoa que intermediava o contato dele conosco, um filho de Coriolano de Góes, propôs que fôssemos àquele comício, para depois seguirmos no próprio carro de Tenório até a famosa fortaleza, sua residência em Caxias. Assim, ele não poderia se esquivar.

O comício em Nova Iguaçu começou atrasado, pois antes Tenório participara de diversos outros eventos. Havia uma multidão e, em certo momento, ele surgiu no meio da massa, trepado nos ombros de seus auxiliares, sendo conduzido com a capa preta esvoaçando até o palanque. A multidão ficou abismada, porque parecia que ali estava pousando uma ave que descera do céu.

Foi um delírio. Tenório fez um discurso entrecortado de aplausos durante todo o tempo. Eram quase 11 horas da noite quando ele entrou no carro. Sobreveio um imprevisto. Entrou também no veículo um sujeito magrinho, candidato a vereador, que fora garantir a presença de Tenório em outro comício naquele fim de noite e naquele fim de mundo — num lugarejo, mera confluência de estradas, chamado Andrade Araújo. (Nunca esqueci o nome; hoje deve ser uma cidade.)

Aquela ousadia motivou uma áspera discussão, pois Tenório estava exausto e afirmava que não faria outro comício. Mas a estrada passava por Andrade Araújo e o carro teve de parar, pois ali estavam umas 30 pessoas diante de um palanque, iluminado pelas luzes de uma gambiarra. Anunciada a presença de Tenório, dezenas de pessoas se aproximaram com o espocar dos rojões.

Era quase meia-noite. Forçado a descer do carro, Tenório dirigiu-se ao palanque improvisado e começou a falar. Afirmou que não estava disposto a ir àquele comício, mas que ali se encontrava porque na noite anterior tivera um sonho. Assim, começou a narrar o sonho: "Fui ao céu discutir com São Pedro meus padecimentos, minha sorte ingrata e para contar tudo o que faço — socorro as viúvas e órfãos, cuido dos pobres. Por isso pedi a São Pedro para trocar a minha cruz. Ele, então, me disse para procurar no galpão imenso, cheio de cruzes de todos os tamanhos, a cruz com meu nome, a fim de proceder à troca."

"Passei horas a procurar a cruz com o meu nome — continuou Tenório — e finalmente encontrei uma muito pequena em que estava gravado o meu nome. Voltei a São Pedro para reclamar, mas este replicou: Não, Tenório, sua cruz é mesmo aquela, porque você tem uma bela casa, é deputado federal, dono de jornal e rico."

E continuou relatando o sonho. "Envergonhado, perguntei a São Pedro: de quem é essa cruz mais pesada, de carvalho, que vejo aqui perto? São Pedro informou que era daqueles que vivem em Andrade Araújo, que não têm escola, hospital..." e por aí foi descrevendo a situação comum a qualquer povoado brasileiro. "Por isso", concluiu Tenório, "é que não poderia faltar a esse encontro com vocês, aqui em Andrade Araújo."

Nessa altura, toda a população do lugarejo estava em frente ao palanque, atenta e impressionada com o acontecido no sonho de Tenório. (Soube, depois, que na eleição ele obteve 70% dos votos naquele distrito, por conta desse sonho.) Quando retornou ao carro, Tenório foi logo me dizendo: "Você deve ter aprendido. Assim é que se faz comício e não com essas histórias de imperialismo, reforma agrária e outras coisas que o povo não entende." Ao chegarmos a Caxias, Tenório assinou o documento que eu levara e que foi divulgado em vários bairros do Rio. Não creio, contudo, que a declaração assinada por ele tenha me rendido muitos votos.

Alguns meses depois estive uma última vez com Tenório Cavalcanti, em Brasília. Não foi eleito governador e ficara sem mandato parlamentar, mas era o presidente nacional do PST. Nessa condição, promoveu um encontro com os parlamentares federais eleitos por essa legenda, sete deputados, entre os quais Mário Covas, Demistócledes Batista e eu.

A campanha eleitoral na Guanabara teve seu desfecho na apuração dos votos, que foi realizada no ginásio do Maracanã. O Partido também se preparou cuidadosamente para a fiscalização das turmas que procediam à contagem dos votos, já que a possibilidade de fraudes era grande.

Acompanhei essa contagem com receio de insucesso, porque o Ibope, que iniciava seu trabalho de pesquisa eleitoral, ao começar a apuração não me apresentou como um dos eleitos. Um dos pesquisadores, Pegurier, um chileno que era ligado a companheiros do bairro de Santa Teresa, afirmou-me que a pesquisa havia sido bem-feita. Posteriormente, diante dos resultados oficiais, ele se viu obrigado a dar a mão à palmatória, para dizer que certamente muitas pessoas tiveram medo de revelar que iriam votar num candidato dos comunistas. Esse talvez tenha sido um dos primeiros erros das pesquisas eleitorais do Ibope.

Pelos dados oficiais, houve votação extraordinária em Leonel Brizola, que obteve quase 270 mil votos. A coligação da "Frente Popular" (PSD-PST) elegeu apenas dois deputados federais — Chagas Freitas e eu. Em meu nome votaram pouco mais de 22 mil eleitores.

Minha eleição acima de tudo demonstrou a força do Partido no Rio, naquela época, porque conseguiu eleger um desconhecido para a Câmara dos Deputados, numa campanha de apenas duas semanas.

Esse resultado enfureceu o marechal Ângelo Mendes de Morais, uma das figuras mais reacionárias do Exército. Havia sido prefeito do antigo Distrito Federal e se considerava eleito, porque propagandeava dever-se a ele a construção do estádio do Maracanã. Ficou como primeiro suplente. Por isso, o PSD tentou por várias formas cassar meu mandato, mas nada conseguiu na Justiça Eleitoral, porque consideraram que a impugnação da minha candidatura não fora feita de acordo com as normas processuais. Mas o marechal acabou conseguindo seu intento quando fui cassado na primeira lista preparada pelo chamado comando revolucionário, em 15 de abril de 1964, depois de vitorioso o golpe de Estado.

10
NÃO ENXERGAMOS O PRECIPÍCIO

Em 1963 mudei-me para Brasília, com Teresa e as duas crianças. Minha filha foi matriculada numa boa escola pré-primária da rede pública. Como os demais deputados, recebi um apartamento confortável, numa superquadra da Asa Sul, perto da igrejinha. Desde sua inauguração Brasília progredira bastante, perdendo aquela aparência de acampamento improvisado.

Com os proventos de parlamentar foi possível adquirir um fusca, o primeiro que possuí em minha vida. Era impraticável viver em Brasília sem carro e ele me possibilitava fazer alguns passeios com as crianças e Teresa. Freqüentava o Clube do Congresso nos fins de semana e às vezes ia até a "Casa Branca", a bela sede da fazenda de Vasco Botelho, no São Marcos, na divisa de Goiás com Minas Gerais.

Diversas vezes fui a Paracatu, terra em que Teresa nasceu e onde residia seu tio, Geraldo Pimentel. Depois, com o passar dos meses, as exigências da política me forçaram a seguidamente viajar para o Rio, São Paulo e outras cidades, viagens aéreas ainda feitas em aviões a pistão e por isso mesmo pouco agradáveis.

Minha adaptação a Brasília foi auxiliada pelos companheiros do Partido, que para lá tinham ido no início das obras de edificação da nova capital do País. Naquela época eram os líderes incontestáveis dos que ali residiam e trabalhavam — candangos e empregados da Novacap.

Os operários na construção civil estavam organizados no sindicato da categoria, que era presidido por Humberto Scchetini, um topógrafo e antigo militante comunista em São Paulo. Na liderança dos empregados na Novacap, as figuras mais destacadas eram Geraldo Campos e Válter Valadares. Os companheiros me deram um fraternal apoio e em contrapartida eu colaborava nas atividades partidárias e sindicais em Brasília, Goiás e arredores.

O Partido em Brasília era bem estruturado, sendo dirigido pelo ex-tenente Válter Ribeiro, que, anos antes, fora afastado do Exército, acusado de atividades comunistas. Válter Ribeiro, mineiro de Governador Valadares, trabalhava num escritório ligado ao de Oscar Niemeyer, desfrutando de prestígio entre o pequeno círculo de intelectuais daquela cidade em formação. (Membro do Comitê Central do PCB, foi assassinado pela ditadura militar em 1974, quando atuava em São Paulo. Sua família nunca conseguiu qualquer informação sobre o seu desaparecimento.)

Em poucos meses ocupei posição de relevo na Câmara dos Deputados e nos meios de comunicação, normalmente só alcançada por deputados e senadores depois de vários anos no exercício de seus mandatos. Isso deveu-se, em parte, ao meu empenho em cumprir a missão que me fora dada pelos eleitores da Guanabara. Mas também ao trabalho que realizara na Assessoria Técnica Parlamentar, desde 1959. Não foi por acaso, portanto, que em fins de 1963 fui eleito pelos jornalistas como o melhor deputado do ano.

Esse meu destaque na Câmara resultou também da colaboração valiosa de um grupo de jornalistas. É interessante assinalar o quadro, tão diferente do atual, do trabalho desses profissionais. Só os grandes jornais possuíam sucursais na nova capital e para lá se transferiram pouquíssimos jornalistas de prestígio na imprensa nacional, como foi o caso de Carlos Castello Branco, Maria da Graça Dutra, Benedito Coutinho e Octacílio Lopes.

Assim, apareceram no Congresso jovens profissionais dispostos a enfrentar as condições adversas de Brasília naquele período. Em início de carreira, estavam despidos de preconceitos e ao mesmo tempo não tinham a convivência até promíscua com os políticos, como anteriormente sucedia na velha capital.

Conservando, é claro, uma excelente relação com Castelinho e Maria da Graça Dutra, aproximei-me naturalmente desses jornalistas que faziam a cobertura dos fatos políticos e do dia-a-dia no Congresso. De alguns deles tornei-me amigo para sempre, como D´Alembert Jaccoud e Almir Gajardoni. Além desses, os que mais se esforçavam em divulgar meus trabalhos eram Antonio Pimenta Neves e José Afonso Maria de Souza (Afonsinho).

Como eu era uma pessoa que sabia coisas dos bastidores, virei parceiro de outros jornalistas em longas conversas, nas quais trocava "figurinhas", informações freqüentes, úteis para melhor avaliação do panorama político. Assim foi com Evandro Carlos de Andrade, Haroldo Cerqueira Lima, Benedito Coutinho e Octacílio Lopes, entre outros, todos muito corretos e com um profundo senso de responsabilidade profissional. Eu mantinha também as portas abertas para certos jornalistas, que, eventualmente, apareciam em Brasília, como Hermano Alves, do *Jornal do Brasil*. Apenas me conservei à distância de Fernando Pedreira, por preconceito ou não, desde que, o conhecendo dos tempos de sua militância como estudante comunista no Rio, não aceitava o fato de ele tornar-se íntimo de Juracy Magalhães e correspondente da *Tribuna da Imprensa*, de Carlos Lacerda, jornal que diariamente fazia a pregação da direita desvairada e golpista.

Na verdade, sempre fui intolerante, com ou sem razão, com ex-companheiros. Esse sentimento é generalizado em quem é membro de uma seita. Daí a repulsa irracional da hierarquia católica aos ex-padres. Só com o transcorrer dos anos é que, mais calejados, compreendemos o absurdo de julgamentos causados pela paixão da luta. Fui, por exemplo, injusto em relação a Osvaldo Peralva, um pessoa da maior inteireza moral.

Esse contato com a imprensa escrita era também facilitado pelo fato de ser jornalista, desde que era colunista de *Novos Rumos*, credenciado na Câmara dos Deputados como profissional da imprensa, com direito a entrar no plenário. O que até me levou a achar estranho, após empossado como deputado, sentar-me numa das cadeiras do plenário, pois passara anos a permanecer em pé nos corredores laterais. E foi D´Alembert Jaccoud que, vendo meu constrangimento, me animou a assumir de vez o mandato, em sua plenitude formal.

O Brasil viveu em 1963 um período tumultuado e de incertezas. Com a derrota do parlamentarismo no plebiscito de 6 de janeiro, Goulart recuperou todos os poderes presidenciais e assim teve início o seu governo, no meio de uma crise econômica e financeira profunda. A ponta do *iceberg* era a crise política, intermitente, com choques sociais que mais se assemelhavam às ondas sucessivas do mar bravio ao arrebentar nos rochedos da elite privilegiada do país. Uma descrição daquele quadro encontra-se num texto meu, publicado em 1966 no nº 8 da *Revista*

Civilização Brasileira, de Ênio Silveira, intitulado "Causas da derrocada de Primeiro de Abril", em que utilizei o pseudônimo de Assis Tavares, numa lembrança dos sobrenomes de solteira de minha mãe.

A moeda brasileira naquele ano se desvalorizava com a inflação, provocando uma elevação de 74% nos preços dos produtos. Ao mesmo tempo, em 1963, pela primeira vez em vinte anos, houve redução no ritmo do desenvolvimento da economia. O crescimento do Produto Nacional Bruto (PNB) foi apenas de 2%, inferior à taxa de crescimento demográfico. Ocorreu significativa queda na produção agrícola em razão principalmente de condições climáticas negativas — secas e geadas — e por isso houve falhas no abastecimento de gêneros essenciais aos consumidores dos grandes centros.

O país foi então dominado pelo descontentamento em vários setores, havendo generalizado receio pelo que poderia acontecer em futuro próximo. Os meios empresariais encontravam-se profundamente inquietos, inclusive os que apoiavam o governo Goulart. O fato de terem sido substituídos dois ministros da Fazenda, San Tiago Dantas e Carvalho Pinto, em menos de um ano, além de nomeado um terceiro, Ney Galvão, sem a qualificação necessária, agravou o clima de desconfiança na capacidade governamental de resolver os problemas que toldavam os horizontes. Por trás de tudo desenrolava-se a conspiração dos círculos financeiros, acionados pelos interesses das empresas estrangeiras, profundamente contrariadas com o curso dos acontecimentos e assustadas com as medidas de caráter nacionalista do governo.

As relações internacionais do Brasil eram marcadas pela pressão do governo dos Estados Unidos contra a política externa independente do Itamaraty. Ainda mais porque não chegaram a bom termo as tentativas de solução para os conflitos com algumas empresas norte-americanas aqui estabelecidas. Pela primeira vez o Departamento de Estado sentia que um governo brasileiro marchava para cortar as amarras tradicionais com Washington.

As pressões sociais alcançaram nível até então desconhecido no Brasil. Um assunto proibido foi lançado no centro das discussões: a reforma agrária. Em várias regiões os lavradores e trabalhadores agrícolas davam prova de seu desejo de acabar com a secular opressão nos latifúndios. A sindicalização rural ganhava grande impulso, culminando com a formação, em dezembro, da Confederação Nacional dos Trabalhadores Agrícolas (Contag), presidida pelo comunista Lindolfo Silva, em solenidade em que fui o único deputado federal presente. E o apoio de autoridades federais e de alguns estados contribuía para a ampliação desse movimento. Igualmente obteve repercussão nacional a criação de Ligas Camponesas no Nordeste, inicialmente estruturadas em função da conquista de direitos assegurados pelo Código Civil, ações que depois se radicalizaram, atemorizando os proprietários de terras.

Nas cidades as demandas dos operários e empregados vinham aumentando desde 1961. Com o crescimento do movimento sindical, as lutas reivindicatórias tornaram-se um fato corriqueiro, especialmente as campanhas por reajustamento dos salários. Em geral não eram reprimidas pelos patrões e pela polícia.

O crescimento da inflação lançou contra o governo diversos setores das camadas médias da população urbana, que viam seus problemas diariamente agravados. Outros fatores contribuíram para solapar as bases de apoio do governo Goulart, como a corrupção e a desorganização nos órgãos estatais. Tais fatos, para os quais não dávamos qualquer atenção, irritavam imensa parcela da cidadania.

Contraditoriamente, desde 1955 as forças populares se fortaleciam de ano para ano. Sua influência aumentava na vida política, deixando de ser marginais e tornando-se peças de importância no grande jogo político, o verdadeiro. A conquista do governo de Pernambuco em 1962, com a eleição de Miguel Arraes, marcou a entrada na cena política de uma corrente desvinculada dos esquemas tradicionais. É claro que tais passos alarmavam as forças conservadoras, levando-as a dar cobertura à conspiração golpista, latente desde 1961.

A vida política, assim, foi se conturbando com o aprofundamento do choque entre governo e oposição, quando meses antes haviam celebrado o acordo para a implantação do parlamentarismo. Dessa época em diante, portanto, ficou impossível o diálogo do governo com a oposição. A UDN sentiu-se acuada pelas pressões que levaram o Congresso Nacional, no início de 1963, a votar a emenda constitucional que revogou o parlamentarismo. A conduta da UDN acabou contaminando o centro tradicional — o PSD —, quando o governo Goulart advogou a necessidade de emenda constitucional para realizar a reforma agrária. Aí o PSD evoluiu para a franca hostilidade ao Palácio do Planalto, em sintonia com suas bases conservadoras no interior do Brasil.

Esse quadro ficou transparente quando fui convocado por Tancredo Neves, deputado do PSD, então o líder do governo na Câmara dos Deputados e formalmente o líder da maioria. Ele me solicitou fazer na tribuna um trabalho de obstrução das votações. Aquele pedido me deixou abismado, porque a obstrução é recurso da minoria num Parlamento. Devido a isso perguntei a Tancredo se, afinal, ele era líder da maioria ou da minoria. Político esperto, ele desconversou, porém deixou claro que não contava com qualquer apoio do presidente da Câmara, Ranieri Mazzilli. Daí, o recurso era obstruir os trabalhos, no que me esforcei, diariamente pronunciando longos e vazios discursos só para adiar as votações.

A questão crucial e decisiva, do ponto de vista do grande jogo político, foi se delineando nos últimos meses de 1963, com o início das articulações da sucessão presidencial. Quando esse dado básico se esclareceu, o panorama político na Câmara e no Senado alterou-se completamente. Foi o momento em que os cardeais do PSD perderam as ilusões na possibilidade de uma sucessão presidencial tranqüila, com a eleição em 1965 de Juscelino Kubitschek para a Presidência da República. Enquanto do lado do governo as forças políticas não se entendiam, as correntes de direita conseguiam avançar e conquistar alguns governos estaduais decisivos — São Paulo, Rio Grande do Sul e Bahia —, passando a fazer o jogo da oposição a Goulart.

Simultaneamente, os grandes jornais iniciaram uma campanha incessante contra as forças de esquerda, utilizando de tudo para desmoralizar o governo central. Esse trabalho era respaldado por uma imensa máquina de aliciamento, montada nos meios empresariais, contra as teses defendidas por João Goulart. Foram peças essenciais nesse trabalho meticuloso duas agências — o Ibade e o Ipes — financiadas por grandes empresas estrangeiras.

Em nossas análises políticas, se recorrermos aos documentos que foram lançados naqueles meses, há referências às ameaças de um confronto mais sério. Todavia, o que transparece com maior força é a convicção neles embutida de que derrotaríamos os golpistas. Não atinávamos, portanto, que à medida que se modificava contra nós o quadro político geral, essa mudança do clima alterava o pensamento das Forças Armadas.

Nem mesmo certos dados significativos nos alertaram para esse aspecto crucial. Tomo como exemplo o pronunciamento incisivo do general Pery Bevilacqua, então chefe do Segundo Exército, em São Paulo. Esse ilustre militar era uma figura das mais respeitadas no país e encarnava a velha tradição dos militares republicanos, legalistas, fiéis seguidores da mentalidade que Benjamim Constant impregnou em diversas gerações que passaram pela famosa Escola Militar da Praia Vermelha. Pois bem, no segundo semestre de 1963 ele fez um pronunciamento público de crítica acerba à conduta do governo. Mas sua advertência não nos abalou, pois estávamos dominados por uma terrível ilusão — a cega confiança no dispositivo militar de Goulart.

A CÂMARA DOS DEPUTADOS EM 1963

Dentro desse ambiente conturbado ao extremo é que exerci o mandato de deputado federal em 1963 e nos primeiros meses de 1964, até ser cassado pelos que deram o golpe de Estado. Depois de empossado, nos primeiros dias senti certo receio de não me sair bem na tribuna, mesmo porque sempre ouvia comentários de velhos parlamentares relatando o que sofreram quando começaram a atuar na Câmara dos Deputados.

Por isso decidi que já no segundo dia pronunciaria um discurso no chamado pequeno expediente. O que fiz, denunciando violências cometidas pela polícia do Paraná contra posseiros. Aquilo era apenas um ensaio, pois no pinga-fogo não há apartes de outros deputados. Portanto, tinha que desde logo comprar qualquer briga de relevo na hora do grande expediente, o ponto culminante das sessões.

No terceiro dia surgiu essa oportunidade, quando Adaucto Lúcio Cardoso, um dos líderes da UDN, velho e sagaz parlamentar, discursava defendendo Carlos Lacerda de acusações de afogamento de mendigos num dos rios da Guanabara. Fui para o microfone destinado aos aparteantes para contraditar o deputado udenista. Elegante, dentro da sua cordialidade habitual, chegou a me elogiar, ressaltando o fato de ali estar um "novato" da bancada carioca, mas, com sua longa experiência de advogado, refutou as denúncias contra Lacerda. Na verdade, não me saí nem bem nem mal, mas tive a impressão de que conseguira vencer a "síndrome da estréia".

Vencida essa barreira psicológica, com pouco mais de duas semanas, estava pronto para qualquer entrevero no plenário. Disso tive plena certeza no dia em que pronunciei um discurso em favor dos republicanos espanhóis, por ocasião de uma onda de prisões determinadas por Franco. Logo, de forma inopinada, antiprotocolar, comecei a ser aparteado por uma figura que me parecia vir das trevas de uma sepultura — Plínio Salgado.

Ao chegar à Câmara dos Deputados, como numa premonição, eu decidira que manteria um relacionamento normal com qualquer colega, com uma única exceção — Plínio Salgado. Preconceito, mas decorrente do simbolismo daquela figura, representante das tradições mais nocivas na vida brasileira.

Inicialmente fiquei surpreso com o inesperado e desabrido ataque, mas percebi que Plínio Salgado estava nervoso ao extremo. Ele tinha idolatria pelo ditador espanhol e não podia ouvir calado ataques a Franco, ainda mais partindo de quem ele considerava um fero bolchevista. Deixei que ele prolongasse o aparte. O plenário, sempre desatento, ficou silencioso para apreciar a contenda. Com muita calma, para começo de conversa, resolvi dar-lhe uma lição de boa educação parlamentar, criticando-lhe a falta de observância da norma de solicitar-se licença ao orador para dar um aparte. Depois comecei a analisar seus despautérios, que acima de tudo comprovavam como os integralistas eram irmãos siameses de Mussolini, Hitler, Salazar e Franco. Enraivecido, ele intentou fazer novos apartes, com o que não concordei. Inteiramente fora de si, Plínio Salgado foi afastado por seus amigos. Continuei falando, até completar tudo o que pretendia dizer contra o fascismo em geral e, em particular, contra Franco.

Ao relembrar esse episódio, para mim continua sendo um fato incompreensível Plínio Salgado ter mobilizado na década de 1930 centenas de milhares de pessoas, num movimento forte e bem organizado nacionalmente, influenciando uma geração de intelectuais de inegável valor. Na Câmara dos Deputados, no meu tempo, Plínio Salgado revelou-se uma figura apagada, quase uma sombra, com discursos anódinos e sem substância. Era incapaz de qualquer articulação política, pois convivia somente com dois ou três amigos íntimos. Já Raimundo Padilha, um dos antigos maiorais do integralismo, denunciado como espião pelos Estados Unidos, era uma referência para a facção ultra-reacionária no Parlamento, atilado como uma raposa e certeiro como uma ave de rapina na conquista de seus objetivos.

Meu trabalho no Parlamento, na linha que seguia, foi facilitado pelo fato de atuar junto a um grupo de parlamentares de excelente nível e que exerciam forte liderança em todas as atividades. Encontrava-me muito próximo de Bocayuva Cunha, que em 1963, até o episódio do pretendido estado de sítio, em outubro, foi o líder da bancada do PTB. Almino Affonso não exercia o mandato porque fora nomeado ministro do Trabalho. Leonel Brizola raramente aparecia em

Brasília, pois se entregara por inteiro às articulações nacionais e à agitação em favor de suas teses.

Lado a lado com Bocayuva destacavam-se vários colegas, principalmente Temperani Pereira, Fernando Santana, Ramon de Oliveira Neto e Rubens Paiva. Esses, com a minha participação, formavam o círculo consultado pelo Executivo quase diariamente sobre todas as questões, atuando como o "grupo compacto" do PTB, que teve um papel de relevo na legislatura anterior. Havia outros petebistas que disputavam no âmbito interno do partido a liderança de Bocayuva, embora firmes na defesa das posições da bancada. Eram eles Osvaldo Lima Filho, Doutel de Andrade, Ivete Vargas e, em parte, Wilson Fadul, porque amigo de Bocayuva.

Entre todos, o que me impressionava de forma particular era Temperani Pereira. Professor de Economia Política, seus discursos analisavam em profundidade os problemas nacionais. Não se deixava conduzir pelo radicalismo e pelo egocentrismo de Brizola e conhecia as fraquezas e insuficiências de Goulart. Entretanto, tinha de se curvar ante a realidade complexa do PTB no Rio Grande do Sul, comandado por esses dois políticos. As opiniões de Temperani revelavam um domínio da realidade política e por isso era a voz mais aguardada por todos em nossas freqüentes reuniões em Brasília.

Depois do golpe encontrei Temperani Pereira uma derradeira vez. Rubens Paiva e eu fomos recebê-lo em São Paulo, numa parada do ônibus que ia do Rio a Porto Alegre, a fim de prestar-lhe essa homenagem. Embora fisicamente debilitado, pois seu corpo era marcado por males de nascença, ele não manifestou qualquer desespero ante a ditadura militar, naqueles dias amargos, em 1966.

Não citei Clidenor de Freitas nesse grupo que auxiliava de perto Bocayuva Cunha, pois naqueles meses ele estava presidindo o Instituto de Previdência dos Servidores Públicos (Ipase), embora constantemente participasse de nossas discussões.

Em nossas reuniões em Brasília, Clidenor fazia conosco quase uma terapia de grupo. De bem com a vida, despreocupado com as questões menores, introduzia um sal de bom-senso em nossas confabulações. Com o golpe, exilou-se no Uruguai e, de volta ao Brasil, envolveu-se em projetos de cultivo de frutas no semi-árido nordestino, numa antevisão certeira de que nessa atividade está um dos caminhos para o desenvolvimento do Nordeste, desde que o grande objetivo de

Clidenor de Freitas foi sempre ajudar a encontrar uma solução para o atraso e a miséria da gente nordestina.

O assassinato estúpido de Rubens Paiva pelos agentes do DOI-CODI marca um dos episódios mais absurdos da ditadura militar. Ele chegou à Câmara dos Deputados como um ativo militante do movimento estudantil no fim da década de 1950, ao lado de Almino Affonso, Fernando Gasparian, Dilson Funaro, José Gregori, Darci Passos, Eduardo de Carvalho Tess e muitos outros. De uma família santista abastada, formado em Engenharia Civil, montou sua firma de construção na capital paulista. Ingressou no PTB, o partido que na época, ao lado do PSB e PDC, aglutinava personalidades progressistas. Rubens Paiva sempre foi incisivo no apoio às lutas dos trabalhadores, mesmo sendo empresário rico.

Eleito deputado federal, não teve tempo para se destacar como tribuno, concentrando-se nos trabalhos da presidência da Comissão de Transportes e nas articulações políticas. Era sobretudo um homem de ação nos momentos cruciais, destemido e esbanjando invulgar espírito de solidariedade e fraternidade. Algumas vezes testemunhei suas justas divergências com alguns colegas nas análises da conjuntura política, sem receio de divergir de amigos muito próximos.

Fora da bancada do PTB, marcavam sua presença combativos deputados de outros partidos, em geral aglutinados na Frente Parlamentar Nacionalista. Neiva Moreira, do Partido Social Progressista (PSP), era um deles. Ativíssimo, mais parecia uma lançadeira num tear e em tudo revelava sua experiência e seus conhecimentos da vida parlamentar, adquiridos na legislatura anterior. Tornou-se um inseparável parceiro de Brizola, relacionamento que mantém até os dias de hoje.

Adão Pereira Nunes foi outra figura singular. Deputado pelo norte-fluminense, era militante calejado em lutas antigas, deixando sempre transparecer sua condição de médico do povo, poeta e amante das coisas criadas pela cultura popular. Vários parlamentares do PTB, ou eleitos por outras legendas, tomaram parte ativa no esforço, afinal inglório, de nossa luta. Entre eles, Henrique Oeste, velho militante ligado ao PCB e ex-combatente da FEB; João Dória; Demistócledes Batista ("Batistinha"); Eloi Dutra; Artur Lima Cavalcanti; Roberto Saturnino Braga; Sílvio Braga; Mário Maia, do Acre; e muitos outros, como Max da Costa Santos.

Mário Covas surgiu naquela legislatura e depois da cassação dos deputados mais aguerridos assumiu a liderança, passando a ser uma das mais notáveis figuras da vida nacional nas décadas recentes. É igualmente impossível esquecer a contribuição de três personalidades que traduziam como setores da Igreja Católica começavam a abraçar a causa dos oprimidos — Paulo de Tarso Santos, Plínio de Arruda Sampaio e padre Francisco Pessoa Laje. Francisco Julião também encontrava-se na Câmara, mas sua presença não foi constante em Brasília, porque dava prioridade às suas atividades nas Ligas Camponesas, em Pernambuco e na Paraíba.

Um grupo pequeno de deputados udenistas formou a chamada "Bossa Nova", da UDN, que tanto incomodou a liderança reacionária desse partido. Entre eles destacavam-se três: José Aparecido de Oliveira, José Sarney e Ferro Costa. Sobre este, pouco lembrado hoje em dia, cabe ressaltar que era um dos mais competentes parlamentares em 1963. Grande advogado, sobressaía pelo seu domínio de temas jurídicos, buscando fundamentos constitucionais sólidos para as teses que defendíamos. Recordo-me perfeitamente que ouvi da boca desse parlamentar do Pará, pela primeira vez, uma crítica ao fato de o governo de Goulart não regulamentar o Fundo de Garantia por Tempo de Serviço (FGTS), previsto no texto constitucional. Na opinião de Ferro Costa, o FGTS poderia se transformar num fator de importância para a aglutinação da poupança nacional e ser instrumento valioso para impulsionar o desenvolvimento de programas de cunho social. Como depois ficou comprovado, quando foi utilizado, com certo êxito, no programa habitacional da ditadura.

Como um contrapeso, também o PSD ostentava um grupo adepto das teses progressistas e nacionalistas. Sua "ala moça" não deixava de ser um clone dos "jovens turcos" do PSD, dos tempos da presidência de Kubitschek, em que apareciam Ulisses Guimarães, José Jofily, Renato Archer, Cid Carvalho e outros. Nessa "ala moça" a figura maior foi Humberto Lucena, que atravessou incólume todas as borrascas do regime militar. Todavia, esse agrupamento nunca chegou a contestar a liderança de seu partido na Câmara, ou porque reunia poucos adeptos, ou porque temia se tornar caudatário do PTB, quando o PSD lançava as sementes da candidatura de Kubitschek em 1965.

Avaliei melhor essa posição reticente do PSD, em relação ao governo de Jango, numa conversa com Renato Archer, que estava licenciado da Câmara dos Deputados, pois exercia a função de vice-ministro da pasta das Relações Exteriores. Esse parlamentar do Maranhão me advertiu que a tendência do PSD era romper com Goulart, em represália ao fato de o PTB, particularmente Brizola, não concordar com a candidatura de JK à presidência da República em 1965. Ao analista de hoje deve parecer estranha a quase omissão de Ulisses Guimarães naqueles acontecimentos, pois então não se ouvia nenhuma das proclamações que o tornaram famoso a partir da década de 1970. A razão de tal comportamento residia na sua dúvida sobre o caminho que era seguido pelo governo Goulart e o conjunto das forças nacionalistas e progressistas.

Ao descrever estas impressões sobre alguns colegas na Câmara dos Deputados, certamente omitindo aspectos importantes, que me fogem da memória, desejo contribuir para o resgate da conduta de pessoas que demonstraram seu espírito público, ao atuar em favor de transformações na sociedade injusta em que vivíamos e continuamos a viver.

FATOS POLÍTICOS

No curso de 1963 vários fatos balizaram a evolução do panorama político, refletindo-se no Congresso Nacional. Em primeiro lugar, foram as três modificações no ministério do presidente João Goulart, notadamente na Fazenda. Mas a ebulição era muito grande e outros acontecimentos, resultantes de diversos fatores, também contribuíram para o enfraquecimento e a desagregação das forças que apoiavam o governo central. A respeito desses fatos existem dezenas de depoimentos e diversos textos de análise bastante controversos. Assim sendo, me limitarei a citar alguns episódios dos quais participei, ou que testemunhei, que apenas servem como mais uma informação para se reconstituir aquela marcha batida para o precipício.

O primeiro ministério tinha como peça-chave o ministro San Tiago Dantas na pasta da Fazenda. No plano internacional, em primeiro lugar, ele desejava obter empréstimos dos Estados Unidos, diante da grave situação cambial do Brasil. Contudo, essa concessão dependia de acordo a respeito de uma segunda questão, que era chegar a um *modus vivendi* com o governo de Washington, objetivando encaminhar amigavelmente pendências com filiais de empresas norte-americanas e com o grupo da Light (canadense), que exploravam serviços públicos nas áreas de eletricidade, telefones e transportes urbanos. Eram pendências complexas, pela insatisfação das populações de centros urbanos brasileiros ante as deficiências desses serviços, pois aquelas empresas se esmeravam em não fazer novos investimentos.

Do ponto de vista da situação da economia brasileira, a preocupação de San Tiago Dantas era desacelerar o ritmo da desvalorização da moeda e lançar as bases para a retomada do desenvolvimento econômico. Esse projeto foi concebido nos termos propostos por Celso Furtado no Plano Trienal, e por diretivas traçadas pelo economista Antônio Dias Leite, assessor especial de San Tiago Dantas.

Como é sabido, a política de San Tiago Dantas fracassou por completo. De um lado porque a encampação determinada por Brizola, em Porto Alegre, de uma subsidiária da Amforp, impediu de vez qualquer acerto com esse grupo ianque. Do ponto de vista da adoção de uma política como a formulada por Celso Furtado (naqueles dias, participei de uma reunião com esse economista, opinando contra o "Plano Trienal"), a realidade mostrou que a sociedade brasileira não compreendia a necessidade da estabilização da moeda. Compreensão que somente dominou o país trinta anos depois, com o Plano Real. Assim, tornou-se insustentável a permanência de San Tiago Dantas no Ministério da Fazenda.

Alguns outros ministros tomavam medidas acertadas que foram bem acolhidas, como foi o caso de Almino Affonso na pasta do Trabalho. No tempo em que desempenhou essa missão, por várias vezes fui ao seu gabinete, acompanhando líderes sindicais. Esses, em geral, apenas pleiteavam alterações nas normas legais que dificultavam a vida sindical, de modo a se avançar no sentido da maior autonomia das entidades dos trabalhadores, além de se abrir caminho para a organização das comissões sindicais nas empresas.

Para substituir San Tiago Dantas, Goulart nomeou Carvalho Pinto, intentando assegurar o apoio do empresariado de São Paulo. O ex-governador paulista levou para o Ministério da Fazenda assessores qualificados, liderados por Diogo Gaspar. No entanto, desde o início, Leonel Brizola e outras lideranças não se conformavam com a entrega daquele ministério a um político considerado conservador.

Nessa fase, convidado por Brizola, fui a uma reunião em Brasília em que se encontravam diversos parlamentares nacionalistas. Durante quase duas horas ele expôs seu projeto, afirmando ser indispensável que as correntes nacionalistas dominassem o centro do verdadeiro poder — o Ministério da Fazenda. Permaneci calado, pois não era o caso de assumir ali qualquer posição. Saindo juntos desse encontro, perguntei a Temperani Pereira se poderíamos concluir que Goulart estaria de acordo com a pretensão de Brizola. Temperani disse que nunca se poderia saber ao certo o que se passava entre os dois políticos gaúchos. De qualquer forma, deve-se ao projeto pessoal de Brizola a "fritura" a que foi submetido Carvalho Pinto e que o levou a se afastar do governo semanas depois.

A demissão de Carvalho Pinto marcou o início da agonia do governo Goulart, seu suicídio político. Fato que ficou evidenciado ao ser colocado na pasta da Fazenda um banqueiro gaúcho, Ney Galvão, personalidade sem qualquer prestígio no país. E, pior do que isso, sem discernimento dos graves problemas colocados diante das autoridades governamentais e nem a menor capacidade de mobilizar pessoas da qualificação necessária para o auxiliar naquela missão quase impossível. Assim, logo foi cercado por figuras que comprometeram sua gestão e a Presidência da República.

Outro fato político grave foi a rebelião dos sargentos que eclodiu em Brasília no dia 12 de setembro. Fui acordado de madrugada com a notícia da ocupação da base aérea e do aeroporto por um numeroso grupo desses militares, numa manifestação de protesto contra a decisão da Justiça de cassar o mandato de um sargento, Aimoré Cavaleiro, que fora eleito deputado à Assembléia Legislativa do Rio Grande do Sul.

Fui de automóvel ao aeroporto, mas não consegui chegar à área da base, pois tropas do Exército haviam isolado aquela região. Por sorte, encontrei por lá o deputado Henrique Oeste, general da reserva. Ele me informou que naquele momento estavam sendo concluídas negociações com os amotinados e que o protesto, apesar da boataria infernal, estava circunscrito à base aérea. O movimento foi encerrado com a prisão daqueles militares. As repercussões políticas daquela revolta foram danosas para o governo, principalmente nos meios militares. Na Câmara dos Deputados ficamos numa situação difícil ante a crítica candente da oposição, pois a rebelião não deixava de ser um desafio aberto à ordem constituída.

A ação desse grupo de sargentos contribuiu muito para estreitar a base de apoio do governo, porque Goulart assumira a Presidência da República graças a uma aglutinação de forças em torno do respeito às normas constitucionais. Em outras palavras, derrotamos os golpistas em 1961 porque desfraldamos a bandeira da legalidade, que o movimento dos sargentos estava rasgando, com a justificativa de ser indispensável a radicalização do processo revolucionário.

Outro fato político de relevância foi a tentativa de Goulart, em outubro de 1963, de obter do Congresso a declaração do estado de sítio. A possibilidade dessa medida era prevista no texto constitucional, mas, se efetivada, suspenderia diversos direitos inscritos na lei maior do país. Hoje, algumas pessoas discutem a justeza política daquela tentativa do governo Goulart frente à grave conjuntura política que enfrentávamos. Há quem defenda até que se o estado de sítio houvesse sido decretado não teria havido o golpe de Estado, cinco meses depois. Os fatos, todavia, jogam por terra especulações tão distantes do que realmente aconteceu.

Na madrugada do dia 4 de outubro fui acordado por Bocayuva Cunha pedindo que fosse com urgência ao seu apartamento. Justificou a emergência afirmando que estava chegando do Rio o então consultor-geral da República, Waldir Pires. E que ele trazia o texto do pedido de Goulart ao Congresso Nacional, solicitando a decretação do estado de sítio. Imediatamente fui à reunião. Recordo que nela estavam, além de Bocayuva e Waldir Pires, Temperani Pereira e Almino Affonso. Debatemos a questão durante duas horas, ficando evidenciadas as minhas reservas à mensagem de Goulart. Mas era fato decidido e o documento seria encaminhado ao Congresso Nacional logo em seguida.

Como estava marcada uma sessão matinal na Câmara, para lá segui, atormentado, pois teria de manifestar minha discordância, quebrando assim um comportamento de apoio a Goulart. Às 10 horas da manhã consegui falar pelo telefone com Prestes, no Rio, para informar o que fora resolvido, no Palácio das Laranjeiras, por Goulart e seus auxiliares mais próximos. Prestes insistiu comigo para que eu tentasse obter do presidente um esclarecimento sobre as razões do pedido daquela medida extraordinária, com a qual a princípio não poderíamos concordar. Acontece que esse diálogo telefônico foi ouvido por um repórter de *O Globo*, que mais ou menos o transcreveu na edição do dia seguinte. Tivera de falar aos berros de um posto telefônico, localizado na entrada do plenário, porque o sistema de comunicação assim o exigia.

Escrevi um pequeno discurso contra a decretação do estado de sítio, a fim de pronunciá-lo no "pinga-fogo", às 13 horas, no início da sessão ordinária da Câmara dos Deputados. Poucos minutos antes procurei Bocayuva Cunha, que, contrafeito e silencioso, estava sentado no plenário. Queria avisá-lo do que ia fazer, para ele não ser surpreendido.

Mas eu é que fiquei abismado com o que ele me segredou. Disse que estava aturdido com o que acontecia desde a fatídica decisão adotada na noite anterior. O ministro da Guerra transmitira ao comandante do Primeiro Exército a ordem para que o governador Carlos Lacerda fosse imediatamente preso. A incumbência fora dada ao Corpo de Pára-quedistas, mas a ordem não fora cumprida e Lacerda desaparecera.

Dois dias depois tudo ficou claro. Quem recebeu a ordem para efetuar a prisão foi um tenente-coronel lacerdista, Boaventura Cavalcanti. Este, antes de seguir para o palácio do governador, informou a Lacerda sobre a iminência de sua prisão, aconselhando-o a buscar refúgio imediatamente.

Essas novas informações reforçaram a minha opinião de que não poderíamos endossar o pedido de estado de sítio. Li meu pronunciamento, que está nos anais da Câmara dos Deputados. O resultado desse imbróglio é sabido. Horas depois, como líder do PTB, Bocayuva fez um discurso contra o estado de sítio e por isso Goulart exigiu seu afastamento da liderança, o que sucedeu na semana seguinte. A malsinada mensagem acabou sendo retirada e terminou num fiasco monumental a tentativa que hoje alguns propalam que poderia ter salvo o governo Goulart.

Respiramos aliviados, mas fomos incapazes de tirar a conclusão que se impunha: Goulart não dispunha de força militar para dar cobertura a qualquer ordem que violasse a legalidade. Mas, impávidos, continuamos como o comandante do *Titanic*, certos de contar com uma força capaz de enfrentar qualquer obstáculo.

A cada semana o quadro mudava e os conflitos aumentavam. Brizola propôs a estruturação da Frente de Mobilização Popular (FMP), uma iniciativa que parecia sensata, desde que havia necessidade de um mínimo de articulação entre as chamadas forças populares, porque cada corrente, subcorrente e pequeno grupo fazia coisas que se chocavam ou competiam entre si. Diversas reuniões da FMP foram realizadas em Brasília, com a presença dos deputados nacionalistas e representantes dos mais diversos grupos. As discussões eram acirradas, não sendo fácil chegar a um entendimento. No entanto, predominava a tendência à radicalização. Em geral, presidia esses encontros o deputado Temperani Pereira, pois todos o respeitavam por se colocar acima das facções.

Sempre presente nesses debates, eu via como era complicada a redação dos comunicados que deveriam exprimir o consenso alcançado. Por isso, tais notas podiam ser interpretadas de formas diferentes, o que gerava graves equívocos. Uma delas, por exemplo, levou o deputado Paulo de Tarso Santos, meu amigo até hoje, a se afastar do Ministério da Educação. Vou relembrá-lo. Tomando conhecimento de uma nota da FMP, na qual foram colocadas críticas à conduta julgada conciliatória do governo Goulart, Paulo de Tarso e seus auxiliares, da Ação Popular (AP), decidiram deixar aquele ministério. Chamou-me à sua residência mas não consegui demovê-lo daquele propósito. Eu considerava um erro o abandono do trabalho tão valioso que estavam desenvolvendo e argumentei também que seu afastamento enfraqueceria o governo de Goulart numa hora em que a reação recrudescia seus ataques.

Ao lembrar esse fato, porém, não penso que minha conduta e a do PCB tenham sido corretas em face dos diversos episódios no ocaso do governo Goulart. Não. Nossas atitudes marchavam mais ao sabor de fatos conjunturais e contraditórios, eram desligadas de uma análise acertada da real correlação de forças naqueles momentos cruciais da vida brasileira.

Nos últimos meses de 1963 reatei meu velho relacionamento com Darcy Ribeiro. Contei que devo a ele ter sido recrutado para o Partido, em Belo Horizonte, em 1943. Depois, só esporadicamente o encontrava, pois ele veio estudar em São Paulo, na Escola de Sociologia e Política e em 1945 se tornou funcionário da direção estadual do PCB. Na década de 1950 encontrei algumas vezes com Darcy, porque em sua casa no bairro de Engenho Novo, no Rio, havia encontros clandestinos da direção do PCB. Era, então, casado com Berta Gleiser.

A história de Berta merece ficar registrada. Judia, veio menina para o Brasil, trazida por sua irmã, Jeny Gleiser. Esta era militante comunista e se envolveu nos acontecimentos de 1935. Foi presa e a polícia de Felinto Müller decidiu expulsá-la para a Alemanha, onde certamente teria o mesmo destino de Olga Benário. Houve aqui e em outros países uma mobilização para salvá-la, e um jornalista carioca resolveu casar-se com Jeny, a fim de evitar sua deportação para a Alemanha. Afinal, Jeny foi expulsa para os Estados Unidos e neste país durante muitos anos militou no Partido Comunista norte-americano. (Foi a própria Jeny que me relatou esses fatos, em 1963.) Berta, jovem, sem o apoio de nenhum parente, foi acolhida em São Paulo por uma família judia. Em 1945 conseguiu um emprego, como secretária, na sede do PCB em São Paulo, onde conheceu Darcy. Os dois começaram uma bela carreira universitária como etnólogos, passando longos períodos de pesquisa em aldeias indígenas e dedicando-se intensamente à continuação da obra do general Cândido Rondon. Deve-se muito ao casal a existência do Museu do Índio, no Rio. E Berta Ribeiro jamais abandonou suas pesquisas nesse campo, como atestam os livros que publicou.

Com a versatilidade e o talento que tinha de sobejo, no fim da década de 1950 Darcy voltou-se para a área da Educação, impulsionando diversos projetos inovadores, junto com Anísio Teixeira, no Instituto Nacional de Estudos Pedagógicos. Mais adiante, idealizou a fundação da Universidade Nacional de Brasília, projeto que soube "vender" muito bem a Kubitschek. Contando com a preciosa assessoria de Anísio Teixeira, as linhas gerais do plano da UNB, depois da criação da USP, representam a mais séria iniciativa de renovação do ensino superior no Brasil.

Quando Goulart nomeou Darcy para o Ministério da Educação no lugar de Paulo de Tarso Santos, por algumas vezes o procurei para discutir assuntos que nos interessavam na Câmara dos Deputados. Esse contato se estreitou quando ele assumiu a Casa Civil da Presidência da República, indo morar na Granja do Ipê.

Quase todas as noites, Darcy e Berta reuniam um grupo de pessoas para debater as questões do momento e, principalmente, as idéias de Darcy. Ao mesmo tempo, talvez porque nunca tiveram filhos, para Berta era uma satisfação o convívio com Simone e Marquinho, naquele ambiente formal de um palácio. Ciente da doença de meus filhos, que exigia uma rigorosa ingestão diária de banana-prata, que não obtínhamos em Brasília, ela providenciava o abastecimento regular dessa fruta para os garotos. (Essa autêntica mordomia foi a única que desfrutei em Brasília quando deputado, à custa dos cofres públicos.)

Eu apreciava aqueles encontros até altas madrugadas na Granja do Ipê. Ali conheci pessoas notáveis, entre as quais Anísio Teixeira, Oraci Nogueira, o físico Roberto Salmeron (hoje no CERN, em Genebra) e Cláudio Abramo. Ao relembrar hoje aqueles jantares, quando parecia que estávamos a resolver, como num passe de mágica, tremendos problemas nacionais, só posso concluir como é tênue a distinção dos loucos, assim considerados pelos psiquiatras, com os homens no Poder. Pois o delírio de ambos não se diferencia.

Eu saía da Granja do Ipê preocupadíssimo, pois Darcy havia metido na cabeça um plano de ampla reforma constitucional, absolutamente inviável, fora da realidade que eu constatava no Congresso. O projeto daria a Goulart maiores poderes e lhe permitiria a reeleição. Discutíamos essa questão explosiva até de forma acalorada, sem subterfúgios, na linguagem de nosso tempo de estudantes em Belo Horizonte. Certa vez chegou ao ponto de Mário Ribeiro, irmão de Darcy, médico em Montes Claros, comunista, aparecer no escritório para apartar nossa discussão e advertir Darcy contra suas idéias despropositadas a respeito dessa reforma constitucional. Apesar de sua veemência nos debates, o que tornava quase impossível o nosso diálogo, Darcy tinha uma qualidade: depois de algum tempo se calava e não ficava ressentido.

Creio que tais idéias de Darcy, que evidentemente transpiraram, é que contribuíram para a circulação de uma falsidade — a de que Jango tinha o propósito de implantar no Brasil uma "república sindicalista". Conversei umas seis vezes com Jango naquelas semanas, até o golpe de Estado, mas nunca ouvi dele qualquer insinuação a esse respeito.

INÍCIO DO DESENLACE

Fui passar as festas de fim de ano de 1963 em Belo Horizonte, com Teresa e os garotos, ali ficando durante boa parte do mês de janeiro. Meus velhos amigos de Belo Horizonte, Armando Ziller e Elson Costa, sugeriram visitarmos o governador Magalhães Pinto, com quem mantinham permanente contato. Através de José Aparecido, então na chefia de gabinete do governador, acertamos esse encontro.

Numa conversa de quase duas horas na qual foi debatida a grave situação do país, notei que o político udenista insistia nas observações críticas ao governo federal. Naturalmente, discordamos, mas consideramos aquilo apenas um desabafo do governador, sem maiores conseqüências. Para nós era tranquilizadora a presença de José Aparecido numa posição-chave na estrutura do governo de Minas Gerais. Esperto, Magalhães Pinto não podia revelar-nos como já tinha sido ganho para a conspiração golpista.

Como a Câmara dos Deputados estava em recesso, segui para o Rio com a família. Nos primeiros dias de fevereiro, recebi um recado do economista Juvenal Osório Gomes, diretor da Carteira do Comércio Exterior do Banco do Brasil (Cacex), solicitando um encontro com a maior urgência. Imediatamente fui procurá-lo e foi assustador o que me transmitiu. Revelou que a equipe econômica, da qual participava em virtude de sua função, havia acabado de adotar decisões profundamente negativas para o Brasil, contra as quais inutilmente manifestara sua opinião.

Afirmou que comunicara tudo a Darcy Ribeiro, na chefia da Casa Civil da

Presidência da República, mas que nenhuma providência fora adotada. Justificou sua gravíssima advertência com o fato de as reservas cambiais do país estarem próximas de zero, o que poderia determinar a suspensão das importações de petróleo e trigo, dois itens essenciais. Para mim, aquelas informações de Juvenal Osório Gomes não eram fantasiosas, nem poderiam ser produto de pequenos atritos com as demais pessoas que se encontravam à testa dos assuntos econômicos do governo. A nomeação desse técnico resultara de uma batalha intensa nos bastidores de Brasília, em que me empenhei, pois compreendia a necessidade da presença de um economista sério e competente naquele cargo do Banco do Brasil. Juvenal era funcionário do BNDE e uma das figuras mais ligadas a Celso Furtado e Ignácio Rangel, sendo um dos editores da revista *Econômica Brasileira*.

Alarmado, saí a campo a fim de discutir a questão com o presidente da República. Transmiti essa solicitação através de Raul Riff e, por acaso, Jango havia marcado um encontro no Palácio das Laranjeiras com Hércules Correia. Este desejava encaminhar uma proposta do CGT para a realização de um grande comício com a participação de Jango, Brizola e Arraes. (Esse comício acabou sendo realizado no dia 13 de março, na Central do Brasil.) No dia seguinte, Hércules e eu nos encontramos com Goulart, numa conversa que deve ter durado quase duas horas. Sem vacilar, Jango concordou com a proposta do comício. Então, passei a discorrer sobre as informações que me foram dadas pelo diretor da Cacex. Jango ficou visivelmente alarmado.

Relembro como se fora hoje aquela conversa. Era uma tarde esplendorosa e fresca no Parque Guinle. Numa varanda do belo palácio, ficamos sentados em cadeiras de vime, mas o presidente com a perna estendida, apoiada em outra cadeira. Sem o sorriso habitual, Jango me perguntou: "Tu acreditas mesmo, tchê, que cometi um grave erro?" Respondi que sim. Diante disso, acertou comigo que imediatamente convocaria uma reunião na Granja do Torto e queria que, na frente de Ney Galvão, eu repetisse aquilo que acabara de expor.

No dia seguinte, Goulart me telefonou para dizer que modificara o programa. A reunião deveria ser no Rio, no gabinete do ministro da Fazenda, com a presença dos principais responsáveis pela política econômica. Não vi essa mudança com bons olhos, pois significava que Jango não estaria presente, mas não formulei qualquer objeção. Ele concordou que eu poderia levar os assessores que julgasse indispensáveis. De forma imediata informei a Juvenal a conversa com o presidente.

A reunião foi realizada. Ney Galvão, ministro da Fazenda, dela não participou, embora fosse em seu próprio gabinete. Encarregou duas pessoas de falar em seu nome — Jorge Serpa e Villar de Queiroz. O primeiro não exercia qualquer função oficial, mas era conhecido como o mentor do ministro e, sobretudo, como pessoa que agenciava grandes negócios junto ao governo. Um currículo desabonador. Villar de Queiroz pertencia ao quadro do Itamaraty. Era especialista em assuntos econômicos, porém naquela época estava ainda em posto secundário. Depois do golpe se tornou um factótum dos que passaram a dirigir o Ministério das Relações Exteriores.

Todas as demais autoridades da área econômica estavam presentes — do Banco do Brasil e da Sumoc, inclusive Juvenal Osório Gomes. Fui acompanhado por Alberto Passos Guimarães e dois dirigentes da Confederação Nacional dos Bancários (Contec), Armando Ziller e Osmildo Stafford, alto funcionário do Banco do Brasil, um petebista sério e íntimo de Goulart.

Coube a Jorge Serpa coordenar a discussão. Abri o debate repetindo o que havia transmitido ao presidente, naturalmente enfatizando as denúncias. O diretor da Carteira de Câmbio do Banco do Brasil encetou uma defesa cerrada das medidas. Repliquei com segurança e solicitei um pronunciamento de Juvenal Osório Gomes. Este endossou o que eu dissera e ainda acrescentou novos argumentos. Diante do quadro, seguindo o velho ditado carioca de que "o bom cabrito não berra, sai para a forra", Serpa concordou com a reformulação total das medidas, sendo que Juvenal ficou encarregado de elaborar uma nova Instrução da Sumoc.

Obviamente, informações sobre esse encontro transpiraram de forma parcial, em notas publicadas pelos jornais. No início, embora assediado, eu nada quis dizer aos jornalistas. Mas depois Castelinho me convenceu a relatar o que sucedera. Dizia ele: "Alguém irá revelar tudo e de forma distorcida." Com esse argumento, contei o essencial e esse esclarecimento foi dado na "Coluna do Castelo", do *Jornal do Brasil*. Juvenal Osório Gomes chegou a preparar a minuta de nova Instrução da Sumoc. Entretanto, não foi transformada em documento oficial em virtude da marcha acelerada dos acontecimentos, que culminaram com a deposição de Goulart. Essa iniciativa, portanto, não passou do beijo de despedida dado a um doente terminal nas vascas da agonia.

Naqueles dias finais do governo acabei me envolvendo em outro tema. Fora anunciado um decreto preparado pela Superintendência da Reforma Agrária (Supra), dirigida por João Pinheiro Neto, economista, que escrevia uma coluna no jornal *Última Hora*. Segundo as notícias, o governo desapropriaria as propriedades rurais com mais de 200 hectares localizadas ao longo das rodovias federais.

Declarei à imprensa que a idéia não era correta, de vez que atingiria uma imensa quantidade de terras, quando o Congresso de Trabalhadores Agrícolas, realizado semanas antes, em Belo Horizonte, havia firmado o princípio de que somente as propriedades improdutivas e com mais de 500 hectares deveriam ser desapropriadas no processo de reforma agrária. Evidentemente, falar em 200 hectares seria jogar contra nós imensos contingentes de médios proprietários de terra.

Logo recebi um telefonema do próprio presidente da República indagando a minha opinião sobre aquele problema. Como repeti o que fora publicado pelos jornais, ele afirmou que também pensava da mesma forma, mas que João Pinheiro Neto insistia em manter o limite em 200 hectares. Jango me solicitou que fosse a uma reunião na Supra a fim de convencer aquele seu auxiliar. Concordei, mas disse que levaria comigo dirigentes da Confederação Nacional dos Trabalhadores Agrícolas, pois eu conhecia superficialmente a questão.

O encontro na Supra aconteceu no dia seguinte, participando também Osvaldo Pacheco, do CGT; Lindolfo Silva, da Contag e Alberto Passos Guimarães, especialista em questões agrárias. João Pinheiro Neto estava furioso porque sabia que fora derrotado em razão do pronunciamento dos comunistas. Deixei por conta de Lindolfo Silva as justificativas sobre a nossa opinião. Assim, conseguimos abrandar o texto do decreto de João Goulart, mas isso pouco ajudou. A mobilização dos latifundiários incendiara o interior contra o governo da República.

Fui mobilizado também por San Tiago Dantas, quando intentou uma articulação derradeira para salvar o governo: a formação de uma frente ampla em torno de alguns princípios básicos. Por três vezes fui a sua casa, na rua Dona Mariana, em Botafogo. Ele lutava desesperadamente contra a morte.

Sorridente como sempre, trajando um *robe de chambre*, conversávamos em seu quarto. O câncer atingira seus pulmões. Todavia, sua mente estava voltada para a última batalha política que travou em sua vida. Num desses encontros, fiquei conhecendo José Gregori, a quem San Tiago considerava como uma das melhores revelações de São Paulo.

Fui o portador das minutas de San Tiago Dantas sobre essa proposta de acordo político, para serem examinadas pela direção do PCB. De volta à casa da rua

Dona Mariana, transmitia-lhe sugestões e emendas, o que determinava uma interminável troca de opiniões.

Brizola logo abriu as baterias contra a idéia de San Tiago Dantas — fogo de barragem, pela esquerda. De outro lado, estava implícito que a tese somente poderia prosperar se envolvesse a participação do PSD. Vale dizer, se a frente ampla levasse água para o moinho da candidatura de Kubitschek. Condição *sine qua non*.

Essa hipótese também não era aceita pelos comunistas. Prestes acenara, no dia 3 de janeiro de 1964, num programa de TV, que admitia a reeleição de Goulart. Declaração perigosa, porque na impossibilidade virtual de uma reforma da Constituição, restava somente o recurso a um golpe de força. Por isso, Amaral Peixoto, presidente do PSD, abria fogo pela direita contra a proposta de San Tiago Dantas.

A morte da tese da frente ampla, e do autor da tese eram mortes anunciadas. Mas não pressentíamos uma outra morte — a do governo Goulart.

Em fevereiro, com aquele calor habitual, sempre havia oportunidade de ir à praia do Leblon com Teresa e as crianças. Encontrei também tempo para ir, pela primeira e última vez na minha vida, ao desfile das escolas de samba na avenida Presidente Vargas. Vibrei ante o espetáculo inesquecível e principalmente com a Mangueira. Fiquei extasiado face à beleza e exuberância de uma de suas passistas — a "Gigi da Mangueira".

Belo fim de festa, que era também o fim de uma época. O que eu não pressentia.

CARREGANDO ÁGUA EM CESTO

Exerci meu mandato de deputado federal durante 13 meses. Desde os primeiros dias não cessei de fazer pequenos e grandes discursos, abordando os mais diversificados temas decorrentes dos fatos que sucediam, pois desejava corresponder à expectativa de meus eleitores. Não me limitava a estar presente na Câmara dos Deputados três dias por semana, como acontece hoje com a maioria dos parlamentares. Por isso não faltei a nenhuma sessão. Residia em Brasília e então não havia muitas viagens aéreas diárias entre a capital federal e o Rio. Como era membro da Comissão de Finanças, dava pareceres sobre os processos que tinha a obrigação de relatar. Quase todos tratavam de assuntos de menor importância, pois o deputado Cesar Prieto, presidente da Comissão, não colocava em minhas mãos nenhum projeto de relevância. Não era merecedor de sua confiança.

Ao lado disso, semanalmente encaminhava dois ou três requerimentos com pedidos de informações a diversos órgãos do Poder Executivo, empresas estatais e autarquias, para pressionar contra erros que precisavam ser corrigidos pela própria administração federal. E azucrinava aqueles órgãos que não forneciam as informações que eu solicitava.

Foi de minha autoria um requerimento de convocação do ministro San Tiago Dantas para prestar esclarecimentos sobre as conversações nos Estados Unidos em março de 1963. Consegui organizar uma Comissão Parlamentar de Inquérito sobre o caso das empresas norte-americanas subsidiárias da Amforp. Nela, Roberto Campos, embaixador do Brasil nos Estados Unidos, foi chamado para prestar um depoimento. Nosso propósito era claro: colocar areia nas negociações com o Departamento de Estado. Naquele curto período no Parlamento apresentei uma dúzia de projetos de lei. A metade deles girava em torno de pequenas alterações legais, atendendo a solicitações e sugestões que me chegavam aos borbotões.

No entanto, uns poucos projetos de lei versavam sobre questões de grande importância. Resultaram de trabalhos feitos por técnicos amigos ou por militantes do Partido, e preparados no ano anterior pela Assessoria Técnica Parlamentar. Eles propunham: monopólio estatal das operações cambiais; monopólio estatal das exportações de café; monopólio estatal das importações de petróleo e de todos os combustíveis; normas para a sindicalização dos servidores públicos e a criação de uma empresa estatal de aviação — a Aerobras. Como é fácil concluir, refletiam a visão predominante na época em favor da maior intervenção do Estado na vida econômica.

Consegui transformar em lei um único projeto de minha autoria, exatamente o que instituiu a aposentadoria especial para os aeronautas, argumentando com o excessivo desgaste das atividades dos tripulantes das aeronaves. No entanto, o mérito por esse feito — o de contribuir para a elaboração de uma lei — não deve ser atribuído a mim. Na verdade, o projeto foi preparado pelo Sindicato Nacional dos Aeronautas, dirigido pelos comandantes Paulo de Santana Machado, Melo Bastos, Daniel Bonfim e outros. Nas viagens aéreas os aeronautas desenvolviam intenso proselitismo em favor dessa concessão, sem dúvida alguma um privilégio, que somente foi revogado na recente reforma da Previdência Social.

Recentemente, perguntei ao comandante Melo Bastos, ex-coronel da FAB e pessoa a quem respeito, qual a sua opinião sobre essa lei, pela qual tanto lutamos, ele e eu. Confirmando minha suspeita, ele afirmou sem rodeios que essa aposentadoria especial significou na verdade um acréscimo dos salários dos aeronautas, mais elevados que os padrões vigentes no mercado de trabalho. Porque, "quando se aposenta, normalmente eles se reempregam em outra empresa de aviação".

Minha atividade como parlamentar não se limitava ao que era feito dentro do Congresso Nacional. Com freqüência me deslocava para diversos pontos do país a fim de atender a sucessivos convites para a participação em comícios, conferências e seminários. Também para manifestar minha posição em lutas e conflitos que ocorriam no Brasil.

Por exemplo, visitei em Teresópolis os tripulantes de um navio português que foram internados no Brasil após se rebelarem contra Salazar. Estive presente em várias reuniões de sargentos, em São Paulo e no Rio. Esse trabalho extraparlamentar era cansativo mas indispensável, pois, além do mais, me permitia coletar informações diretas do que sucedia nos movimentos sociais. Certa vez fui levado por companheiros de Goiás à instalação de um sindicato agrícola. Acompanhando funcionários do Ministério do Trabalho e do governo estadual, fomos, num sábado à noite, a um distrito do município de Alvorada do Norte. Lá chegando, o delegado de polícia nos informou que jagunços dos fazendeiros, armados, estavam dispostos a impedir a assembléia sindical. Acrescentou que recebera ordens expressas de Goiânia a fim de garantir o ato, mas que dispunha de apenas dois soldados. Portanto, não podia oferecer qualquer garantia efetiva no caso de um conflito. Prudentemente, todos concordamos que seria melhor desistir do intento.

Esse fato teve ampla repercussão e foi útil para me safar de uma interpelação do próprio governador Mauro Borges, duas semanas depois, num agitado Congresso de Lavradores e Trabalhadores Agrícolas, realizado em Goiânia. Como um dos convidados, comecei a discursar mostrando como no interior do país os lavradores eram espezinhados. No mais aceso da minha fala, Mauro Borges, presidindo a sessão, me interrompeu para afirmar que estranhava o que eu dizia, uma vez que, em Goiás, ele garantia a lei e estava apoiando o movimento sindical dos trabalhadores do campo.

Recebendo aquele balde de água fria, tive de substituir o entusiasmo por uma cautelosa resposta política. No primeiro momento, fiquei sem saber o que dizer, pois eu não podia desdizer o que acabara de falar. Por sorte, lembrei-me do que sucedera naquele município goiano, para retrucar que a polícia goiana nada pudera fazer para assegurar uma assembléia sindical absolutamente legal. Esse episódio, embora meio torcido, está contado nas memórias de Mauro Borges.

Sem desejar, acabei me envolvendo em questões goianas. Naquele tempo, os deputados nacionalistas manifestavam apoio irrestrito a Mauro Borges, levando em conta sua participação nos acontecimentos quando da renúncia de Jânio Quadros. Assim, quando Mauro Borges, nosso aliado, processou dois editores de um pequeno jornal — Batista Custódio e Consuelo Nasser —, ninguém de nosso grupo de deputados queria colaborar na defesa desses jornalistas. Por isso vieram a mim. Vacilei um pouco, é verdade, mas concluí ser uma questão de princípio defender a liberdade de imprensa.

Fui, então, a Goiânia, na qualidade de advogado e jornalista, a esse espetáculo raro de um júri de imprensa. Note-se que nem havia lido o processo, mas fiz uma defesa política dos acusados, colaborando para serem absolvidos. Não me arrependi daquela decisão que tomei, apesar do contratempo político. Foi graças a esse fato que, dezessete anos depois, em 1980, obtive emprego no *Diário da Manhã*, fundado por aqueles dois jornalistas, os réus no júri de imprensa. O mundo é pequeno e dá muitas voltas.

Este é um balanço, embora tardio, do que fiz e não fiz na Câmara dos Deputados. Se não sou traído pela memória e por inconscientes reservas mentais, aí está a apreciação que posso emitir sobre a minha atividade parlamentar, durante aqueles 13 meses inesquecíveis.

11

OS RAIOS DO OLIMPO

Nas semanas antes do golpe de Estado os acontecimentos foram se sucedendo em ritmo vertiginoso. Encontrava-me em Belo Horizonte no dia 22 de fevereiro, quando Brizola ia fazer uma conferência sobre as reformas de base. Não mais de três dezenas de mulheres, com terços nas mãos, cantavam hinos religiosos, demonstrando seu repúdio à presença do político gaúcho em Minas. Ingressei com dificuldade no auditório da Secretaria da Saúde e fiquei atônito com aquela manifestação de intolerância, visivelmente articulada por forças dispostas a tudo. Mas não retirei a conclusão de que se iniciara o processo de contestação violenta à nossa pregação.

Compareci ao célebre comício na praça da Central do Brasil no Rio, no dia 13 de março. Estava preocupado com o que iria suceder. Teria o público que esperávamos? Como repercutiria no cenário político? Que lideranças estariam presentes? Guardava certa apreensão a respeito do comparecimento de Miguel Arraes. Dias antes eu havia estado no Recife para falar numa reunião nacional dos aeronautas e aeroviários e aproveitara para sondar Arraes. Conversamos até de madrugada, numa varanda do palácio, naquele recanto em que o Capibaribe, caprichoso, dá voltas graciosas antes de despejar suas águas turvas no mar aberto.

Como sempre, o governador de Pernambuco negaceava e ainda tinha dúvidas se deveria ir ao comício, porque sua participação representaria um endosso à política de Goulart. Eu sabia que as relações entre ele e o presidente da República atravessavam uma fase complicada. O deputado federal Artur Lima Cavalcanti, do PTB de Pernambuco, dissera-me na semana anterior que iria anunciar seu rompimento com Miguel Arraes. Tentei demovê-lo, inutilmente. Em nossas hostes, portanto, o desconcerto era flagrante.

Chegando ao Rio, carregava comigo o receio de que apenas um público reduzido compareceria ao comício. Fiquei mais animado porque, ao caminhar pela avenida Rio Branco, ouvi um camelô, vendendo lâminas de barbear, gritando: "Faça a barba antes do comício." Achei que o ato caíra no goto dos cariocas. A outra boa nova foi a confirmação de que Arraes seria um dos oradores.

Ao entardecer fui para área do comício e fiquei dando voltas para ver a afluência das pessoas. Centenas de pessoas dirigiam-se ao local, descendo de caminhões e ônibus fretados. Pelas largas saídas da estação ferroviária chegavam levas e mais levas de gente, indicando que a demonstração não seria um fiasco. Pelotões de soldados armados estavam colocados na frente do Ministério da Guerra.

Tudo marchava a contento. Um início de fogaréu, num dos cantos da praça, foi logo debelado. Várias ambulâncias com equipes de socorro estavam a postos. Não prestei a menor atenção à fala dos oradores e não me aproximei do palanque. O espetáculo era até bonito, graças à presença na tribuna da bela esposa de Jango, fazendo contraste com a figura de Osvaldo Pacheco, presidente do CGT. Esse foi o visual que os fotógrafos registraram com felicidade — "A bela e a fera", legenda dada pelo *Jornal do Brasil*.

A manifestação não fracassou, embora esperássemos um público mais numeroso. Fui dormir tranqüilo, pois achei que tínhamos ganho a parada. No dia seguinte, almocei com Jorge Serpa, para cobrar dele a mudança na política econômica, conforme combinado naquela reunião no Ministério da Fazenda. Perguntei se estava tudo bem. Como um jogador de pôquer, respondeu-me friamente: "Mais ou menos, porque ontem tive de engolir o decreto de Jango encampando duas refinarias privadas de petróleo" (Capuava e Manguinhos).

Antes de retornar a Brasília fui à sede da direção nacional do PCB trocar opiniões sobre os resultados do comício na Central do Brasil. Face à marcha dos acontecimentos, a maioria dos companheiros estava eufórica.

No entanto, ao passar pela Cinelândia, por acaso encontrei-me com o coronel Joaquim Ignácio Cardoso, um dos mais conhecidos oficiais nacionalistas, que servia na Divisão Blindada, o destacamento mais poderoso do Primeiro Exército. Alarmado, ele contou-me que estava voltando para casa, porque ficara preso durante dois dias por determinação do general que comandava sua unidade. O fato me deixou perplexo. Confiava-se na posição firme da Divisão Blindada em apoio a Goulart. Note-se que Joaquim Ignácio servia no Estado-Maior desse contingente e agora ele me contava que fora preso por não merecer a confiança de seu superior.

Logo a seguir, deparei também com Djalma Maranhão, prefeito de Natal e irmão de Luiz Ignácio Maranhão Filho, membro do Comitê Central do PCB. Djalma era pessoa séria e estava fazendo uma administração aplaudida e apoiada pela população da capital do Rio Grande do Norte. Com Arraes, formava a dupla que representava o novo Nordeste. Chamou-me porque desejava transmitir sua angústia a alguém da direção do PCB. Não me esqueço de sua figura e de seus gestos. Alto e gordo, moreno, deu-me a impressão de um urso ao caminhar em minha direção. Pegou em meu braço e com energia foi explodindo: "Vocês estão loucos? Não estão vendo que vamos ser liquidados?" Foi nesse diapasão que ele desfiou a análise de nossa marcha para o precipício. Contestei o que dizia. Entretanto, a força de seus argumentos era inegável. Registro essa opinião de Djalma Maranhão porque, antes do golpe de Estado, foi o único, dentre as pessoas com responsabilidade política, de quem ouvi um julgamento certeiro sobre a real situação que enfrentávamos.

Entrei na reunião do secretariado nacional do PCB com aquelas duas informações, que acendiam uma luz amarela, advertindo sobre as ameaças da tempestade. Creio que transmiti a Prestes, Giocondo Dias, Dinarco Reis e aos outros companheiros a apreensão que me dominava. Tanto assim que recebi a incumbência, proposta por Prestes, de debater com o presidente da República o quadro assustador que estava armado e examinar com Goulart a real situação do dispositivo militar. De forma particular, deveria chamar sua atenção para o comportamento do general Amaury Kruel no comando do Segundo Exército, em São Paulo.

Dois ou três dias depois, em Brasília, por intermédio de Raul Riff, consegui ser atendido por Jango, à noite, na Granja do Torto. Ao lado da piscina, conversamos durante um bom tempo. Transmiti-lhe a apreensão dos dirigentes do PCB, inclusive a respeito do general Kruel e ele procurou me tranqüilizar. Contou-me que, dias antes, recebera um telefonema da esposa de Kruel para agradecer a nomeação de seu filho para agente do Lloyd Brasileiro em Nova Orleans. Compreendi que Goulart depositava total confiança no seu dispositivo militar. Várias vezes elogiou sem reservas o movimento dos sargentos. Infelizmente, eu não dispunha então de melhores informações para mostrar-lhe como se encontrava totalmente equivocado.

Nos últimos dias de março os fatos foram se precipitando. No dia 25 eu estava em São Paulo, hospedado na casa do editor e livreiro Jean Paul Monteil, dono da Livraria Francesa. Ali recebi um telefonema de Prestes insistindo para eu ir ao Rio por causa da revolta dos marinheiros, que estavam reunidos na sede do Sindicato dos Metalúrgicos. Quando cheguei lá a sublevação havia evoluído, terminando com a detenção dos amotinados e a substituição do ministro da Marinha.

O prejuízo político para o governo foi incalculável. Reforçou a tese dos golpistas de que a continuação de Goulart na presidência da República significaria o caos e a desordem. Transpareceu para a oficialidade que as ações de sargentos e marinheiros, com a conivência de Goulart, estavam minando a hierarquia e a disciplina — princípios sagrados para as Forças Armadas. Em editoriais duros e explícitos, os principais jornais do país exigiam o afastamento de Goulart.

A participação de Goulart na assembléia dos sargentos, no dia 30 de março, no Automóvel Clube do Rio, foi a gota que deu o sinal para o início do movimento militar. Como provocamos os deuses, caíram sobre nós os raios do Olimpo. Em pouco mais de um ano a opinião pública fora ganha pelos golpistas. Ficamos isolados, perdemos a batalha política e o sonho se transformava em pesadelo.

No dia 31 de março, pela manhã, estava em Brasília quando começaram a chegar as primeiras notícias sobre o levante das tropas em Juiz de Fora. Foram cortadas as ligações telefônicas da capital com o resto do país, que dependiam de torres localizadas em vários pontos de Minas. Tão-somente se conseguia completar ligações interurbanas por uns poucos canais de rádio.

Decidi não ir à Câmara dos Deputados porque naquela altura quase nada havia a fazer dentro do Parlamento. Entrei em contato com os companheiros do Partido em Brasília para tentar organizar a resistência ao golpe militar. O Sindicato da Construção Civil e a Associação dos Empregados da Novacap começaram a mobilizar os trabalhadores, conclamando-os a se reunir no edifício do Teatro Nacional, a fim de receber instruções para sua participação na luta. Centenas de pessoas se dirigiram àquele local, aguardando a distribuição de armas.

Lembrando que o Comitê Revolucionário do Soviete de Petrogrado ocupara a central telefônica ao iniciar a insurreição na Rússia, em novembro de 1917, estabelecemos nosso QG na central de telecomunicações de Brasília, mesmo porque nela contávamos com várias pessoas dispostas a nos auxiliar. De lá conseguíamos falar com as outras capitais e tínhamos um quadro real do que estava sucedendo no Brasil. Passamos inclusive a controlar as ligações telefônicas do Palácio do Planalto. Apuramos que a situação militar no Distrito Federal não nos era favorável. O comandante da guarnição, general Nicolau Fico, estava esperando a evolução dos acontecimentos. Para uma resistência armada em Brasília poderíamos contar só com uma pequena unidade militar, uma bateria de defesa antiaérea comandada por um oficial nacionalista. A Polícia Federal, organizada poucos meses antes, estava comprometida com Goulart, mas não dispunha de potencial para uma ação militar.

Recebemos pouco depois a informação de que o governador Mauro Borges pendia para o lado dos golpistas e não sabíamos o comportamento de outras unidades militares federais sediadas em Goiás. Certamente, deveríamos contar com o deslocamento da Força Pública de Minas Gerais para Brasília. Tínhamos como objetivo resistir ao máximo na capital, mas calculamos que tudo dependeria do que estava acontecendo no Sudeste e, principalmente, no Rio Grande do Sul, porque pensávamos que haveria uma repetição da resistência desencadeada por Brizola em 1961.

Definido o quadro, os companheiros Válter Ribeiro, ex-oficial do Exército, e Válter Valadares, que participara ativamente da luta dos posseiros em Goiás, traçaram o seguinte plano. Com o maior contingente possível de homens armados, partiríamos para a região de Formoso e Trombas. Em anos anteriores, nessa área ocorreu um movimento de posseiros, vitorioso e bem organizado, sob a liderança de José Porfírio. Contávamos, portanto, com o apoio dos lavradores naquela região, o que nos permitiria estabelecer ali uma base de oposição ao golpe. Mas esse plano somente seria aplicado de acordo com o quadro geral do país e, notadamente, se houvesse outras frentes de combate.

Naquela altura, porém, outros fatos, todos negativos, foram se evidenciando.

Goulart retornara a Brasília às pressas, arrumara as malas e seguira para Porto Alegre. Confirmou-se nosso prognóstico sobre a adesão de Kruel ao golpe e que o general Zerbini, comandante da guarnição de Caçapava, nada pudera fazer contra isso. As tropas do Primeiro Exército não pareciam dispostas a combater as colunas dos "revolucionários" que avançavam na direção do Rio, comandadas pelo general Olímpio Mourão.

Resolvi ir à Câmara dos Deputados para retirar o dinheiro disponível em minha conta corrente, no posto do Banco do Brasil, e para avaliar a evolução do cenário político. No Congresso, o quadro poderia ser descrito com a famosa frase de Machado de Assis — a confusão era geral. Recordo o vaticínio do deputado Plínio de Arruda Sampaio, do PDC, ao me dizer: "Temo agora que Goulart, após vencer os generais golpistas, fique com tanta força que não sei como poderemos enfrentá-lo."

Havia um recado urgentíssimo de Darcy Ribeiro para que eu fosse ao Palácio do Planalto. Resolvi atender. Por precaução, ou premonição, chamei Válter Ribeiro e Humberto Scchetini para me acompanharem. Na verdade, pensava que, talvez por intermédio de Darcy, conseguiríamos obter as armas para as pessoas que estavam reunidas no Teatro Nacional.

No terceiro andar do Palácio do Planalto o ambiente era tenso. O general Fico conversava com alguns funcionários, naturalmente assuntando o que ali se tramava. Ouvi calado e contrafeito o senador Aurélio Viana, com sua voz metálica e estridente, fazendo acusações aos erros de Goulart. Críticas justas, mas que não deveriam ser extravasadas naquela hora, quando estávamos no olho do furacão.

Entramos no gabinete de Jango. Darcy Ribeiro estava sentado à frente de uma mesa e ao seu lado encontrava-se uma pessoa que eu não conhecia. Foi-nos apresentado — era o tenente-coronel do Exército Júlio Avelar, chefe da Polícia Federal. Sem qualquer rodeio ou explicação, Darcy virou-se para nós três e disse: "Aqui está uma lista de pessoas que vocês devem prender imediatamente." Li os nomes: ministro Ribeiro da Costa, presidente do Supremo Tribunal Federal; senador Auro de Moura Andrade, presidente do Congresso; senador Milton Campos; deputado Bilac Pinto, presidente da UDN e outras figuras do Parlamento. Estatelados, ainda ouvimos um adendo de Darcy: "O coronel Avelar vai entregar a vocês um fuzil-metralhadora." Durante alguns instantes fiquei mudo. Quem rompeu o silêncio foi o Scchetini, para perguntar: "Por que a Polícia Federal não pode fazer isso?" Antes que Darcy respondesse, declarei que não concordava com terrorismo. Afirmei que continuaríamos batalhando no campo da mobilização política e que o essencial era desencadear ações populares contra o golpe de Estado.

Como não esperava aquela reação, Darcy ainda insistiu com veemência, enfatizando que aquela providência, contra personalidades que representavam as instituições do país e a oposição, era o único recurso que nos restava para impedir a vitória do golpe militar. E concluiu: "Vocês ainda vão se arrepender amargamente." Saímos, pois nada mais havia a discutir. Em seu livro *Confissões*, relatando o que sucedeu naquele dia no Palácio do Planalto, Darcy escreveu: "Fiquei no meu posto de chefe da Casa Civil, passando pitos e dando ordens incumpríveis" (Companhia das Letras (1997), pág. 355). Faltou relatar o teor dessas "ordens incumpríveis".

Na verdade, eu me arrependo de muitas coisas que fiz em minha vida, mas não daquela atitude no Palácio do Planalto. Anos depois, ao ler documentos sobre o golpe de Estado na Indonésia, em 1965, quando foram massacrados 500 mil membros do Partido Comunista, além de presos outros 250 mil comunistas, é que avaliei o que teria acontecido no Brasil se tivéssemos embarcado em qualquer ação desesperada ante a derrota política que se configurava. Sem dúvida, teríamos oferecido estupidamente um forte motivo para os golpistas darem um banho de sangue no país, conforme ocorreu na Indonésia.

Naquele dia crucial, durante várias horas tentamos saber o que ocorria no Rio Grande do Sul, pelas suas estações de rádio. Tudo indicava que Brizola não conseguira repetir o feito de 1961. Resolvi buscar roupas em casa, pois meu destino estava traçado — a luta clandestina. Extenuado, dormi um pouco. Duas horas depois fui acordado por um telefonema. As ligações interurbanas estavam restabelecidas. Era uma cunhada de Belo Horizonte, Tuchinha, querendo saber notícias. Ao mesmo tempo, contou-me que em Minas havia um onda de prisões.

Tendo sido informado de que haveria uma reunião extraordinária do Congresso Nacional, para empossar Ranieri Mazzilli na presidência da República, fui para o plenário da Câmara dos Deputados. O grupo de parlamentares que apoiava Goulart havia minguado. O senador Moura Andrade, presidindo a sessão, procurava terminar rapidamente a farsa, declarando a vacância no Executivo. Conseguiu impedir nossas manobras de obstrução. Gritamos, protestamos, inutilmente. A alegação contra Goulart foi a de que abandonara o país. Mentira. Ele se encontrava em Porto Alegre. O rolo compressor da maioria nos massacrou.

Junto com os demais parlamentares que apoiavam Goulart, saímos do edifício do Poder Legislativo e fomos nos reunir no apartamento de Vera Brant. Temia-se que logo seríamos presos. As notícias do Rio davam conta de que os generais golpistas exigiam uma "limpeza" no Congresso Nacional. Os parlamentares mais visados sabiam que era impossível sua permanência em Brasília. Entre nós havia divergências. Uns julgavam que nossos mandatos não seriam cassados, outros queriam logo fugir. Uns tantos pretendiam obter asilo em alguma embaixada.

Todos, porém, acordaram ser imprescindível retirar imediatamente de Brasília Darcy Ribeiro e Waldir Pires, que não dispunham de imunidade parlamentar. Como Rubens Paiva era decidido e objetivo, foi ele quem assumiu a responsabilidade de organizar a fuga daquelas figuras do governo, contra as quais se voltava o ódio dos vitoriosos.

Naquelas horas, cumpre registrar, os deputados de nosso grupo receberam inestimável apoio dos jornalistas credenciados no Congresso, entre os quais Evandro Carlos de Andrade, repórter de *O Estado de S. Paulo*. Além de se colocarem à disposição dos parlamentares mais visados, eles se mobilizaram para recolher auxílio financeiro para os que estavam desprovidos de recursos.

RETORNO À LUTA DE SEMPRE

A vitória do golpe de Estado marca uma nova etapa na minha vida e na de minha família — o reinício de uma longa e penosa atuação na clandestinidade. Foram onze anos, até janeiro de 1975, quando fui preso pelos agentes do DOI-CODI. Não retornei ao meu apartamento de deputado. Uma medida acertada, porque horas depois ele foi invadido, não obstante eu ainda gozar de imunidade parlamentar. Os policiais portavam uma ordem de prisão, segundo fui informado depois por minha mulher. Limitaram-se, porém, a verificar se eu estava no apartamento.

Dormi na residência de um cearense que apoiava com entusiasmo a política de Jango, mas no dia seguinte, na hora do almoço, fui obrigado a escafeder-me. Isto porque meu hospedeiro, num bar naquela superquadra brigou e dera um tiro num policial que atacava o governo deposto. Esbaforido, disse-me que "havia acertado suas contas com os golpistas". Por isso, "estava fugindo na mesma hora para o Ceará" e advertiu-me que seguramente logo a polícia viria atrás dele. Assim, com esse incidente imprevisível, começou de forma desastrada meu primeiro dia na clandestinidade.

De imediato, transferi-me para outro apartamento, de um funcionário menos empolgado com a luta política, mas inteiramente solidário com os perseguidos. Ele só aparecia para dormir e era de pouca prosa. Por isso eu ficava absolutamente solitário, acompanhando pelo rádio as novidades. Aguardava com impaciência a *Hora do Brasil*, para tomar conhecimento das medidas anunciadas pelos novos governantes.

A minha preocupação inicial foi a de assegurar que Teresa e as duas crianças fossem para Belo Horizonte, onde seriam abrigadas por nossas famílias. Essa questão foi resolvida em três dias. Uma empresa de mudanças transportou para a capital mineira tudo o que estava em meu apartamento, inclusive livros e papéis. Nada se extraviou.

Teresa apareceu no meu refúgio para se despedir e contou que se encontrara com o jornalista Márcio Moreira Alves, do *Correio da Manhã*, jornal que havia apoiado o golpe. Marcito manifestou sua discordância com as arbitrariedades e ilegalidades praticadas pelos militares. Depreendi por esse dado que não tardaria o rompimento da "santa aliança" que havia sido articulada contra nós, os derrotados.

Como o apartamento em que me escondera era numa superquadra da Asa Sul, dele não podia sair para ir a reuniões e encontros sem ser notado, até porque o ambiente em Brasília era de visível anormalidade. Os porteiros fiscalizavam os que entravam nos prédios. Também os moradores, pelas janelas envidraçadas, observavam os que transitavam pelas superquadras. Lúcio Costa e Oscar Niemeyer, que planejaram tão bem a nova capital, não pensaram nas agruras de alguém que furtivamente desejasse realizar qualquer atividade subversiva em Brasília. Tudo o que eu necessitava era feito por intermédio de um jovem jornalista discreto e atencioso — Almyr Gajardoni. Com seu jeito reservado, certamente não despertava suspeitas dos "dedos-duros".

Mas eu me angustiava por estar de mãos atadas, porque desde logo queria empreender a luta contra os que assumiram o Poder. No dia sete de abril entendi que me encontrava numa situação insustentável. Dispunha ainda do mandato de deputado federal, mas não conseguira lançar um único protesto contra o golpe militar. Por isso solicitei a Almir Gajardoni que me levasse à Câmara dos Deputados, para fazer um discurso no "pinga-fogo", apanhando de surpresa os que poderiam tentar me impedir.

O plano deu certo. No dia 8 de abril ingressei na Câmara pela portaria dos fundos, quando começava a hora das pequenas comunicações dos parlamentares. Fui direto ao plenário. Dirigi-me ao presidente da sessão, o deputado Lenoir Vargas, de Santa Catarina, informando-o de que iria fazer um pronunciamento. Ele logo criou embaraços, alegando que não me inscrevera previamente. Retruquei que estava armado, o que era verdade, e que estava disposto a nele atirar se não me desse a oportunidade de falar.

Nervoso, ele percebeu que debaixo de meu paletó havia um volume avultado. Unicamente não sabia que nunca usei um revólver. (Até hoje jamais acionei esse artefato que brilha nos filmes de bangue-bangue.) Além disso, minhas mãos são trêmulas. Se fosse obrigado a atirar, dificilmente o atingiria, mas coitadas das pessoas que estivessem perto da mesa da presidência da Câmara. Poderia haver uma repetição daquele incidente de 1963 no Senado, quando Arnon de Mello, pai de Fernando Collor, matou por equívoco o senador José Kairala, quando o que desejava era liquidar Silvestre Péricles de Góes Monteiro. De qualquer forma, um tiroteio no plenário da Câmara dos Deputados não deixaria de ser uma bela e estridente manifestação de repúdio à nova ordem implantada no Brasil.

Postei-me no plenário, bem na frente daquele energúmeno, observando suas reações. Concedeu-me a palavra. Fiz a leitura do discurso, que está publicado nos anais do Congresso. Havia apenas uns trinta deputados no plenário. Todos se espantaram com a minha presença, porque os parlamentares mais comprometidos com o governo Goulart haviam desaparecido de circulação. Ao terminar minha fala ouvi dois "apoiados". Constatei que partiram de Temperani Pereira e de Francisco Julião, que se aproximaram para me abraçar. Julião estava refugiado no prédio da Câmara dos Deputados, inclusive dormindo por lá. Tentara sair de Brasília e não conseguira romper a barreira policial.

Temperani aconselhou-me a sair de imediato, pois naquela altura deveriam estar sendo tomadas providências para a minha prisão. Propus aos dois tomarmos juntos um derradeiro cafezinho, lembrando a Temperani aquele episódio, muito conhecido, da República Velha, pouco antes do assassinato de Pinheiro Machado.

Contra esse famoso caudilho, que durante dezenas de anos governou com rédeas curtas o Rio Grande do Sul, havia uma tremenda campanha da imprensa carioca. Em conseqüência, quando ele saía das sessões do Senado, era insultado por populares que se postavam nas imediações do Palácio Monroe. Num dia em que a gritaria dos populares era mais ameaçadora, o cocheiro perguntou ao prócer gaúcho como deveria dirigir a carruagem. Pinheiro Machado deu a seguinte diretiva: "Nem tão depressa que pareça medo, nem tão devagar que pareça provocação." Assim, tomei um cafezinho com Temperani e Julião e, depois, rapidamente, saí pelos fundos da Câmara dos Deputados.

A *Hora do Brasil* registrou esse meu discurso e a notícia teve uma conseqüência imprevisível. Levou os deputados Almino Affonso e Bocayuva Cunha, que haviam fugido de avião para uma fazenda no interior da Bahia, a regressar a Brasília, julgando que não havia razão para estarem foragidos. Ao chegarem à capital é que constataram a iminência da adoção de "medidas revolucionárias" contra as pessoas ligadas ao governo de Jango. Às pressas, foram obrigados a buscar asilo na embaixada da Iugoslávia.

Dias depois, à noite, fui levado pelos companheiros do Partido para uma mata fechada, a uns trinta quilômetros de Brasília. Um comerciante, militante comunista, Antenor do Espírito Santo, havia emprestado um jipe, além de um aparelho de rádio possante para tentarmos ouvir notícias do Rio Grande do Sul. De lá nada se ouvia que indicasse que Brizola conseguira criar uma base de resistência ao golpe de Estado.

Um funcionário dos serviços florestais do Distrito Federal montara um acampamento para discutirmos o que fazer ante a derrubada do governo constitucional. Pernoitamos naquele ambiente desconfortável. No dia seguinte, com a presença de diversos companheiros de Goiás e Brasília e após um debate que durou várias horas, chegamos a um consenso sobre as providências que deveriam ser adotadas.

A discussão foi difícil e acalorada, porque alguns propunham medidas violentas, como a de colocar explosivos em prédios governamentais. Uma companheira muito combativa, Hilda Magalhães, ex-vereadora em Araguari (MG), queria uma resposta mais vigorosa ao golpe de Estado. Rendemo-nos, entretanto, à evidência de que deveríamos recuar de forma organizada. Concluímos também que seria uma aventura o projeto de uma base guerrilheira em Goiás, desde que não se verificara qualquer resistência militar ao golpe de Estado. Entendemos, portanto, que havíamos sofrido uma séria derrota política e que o essencial seria o trabalho para reagrupar as forças democráticas e progressistas.

Para tanto, o primeiro passo consistia em resguardar a estrutura do PCB. O básico passou a ser a preparação para uma luta dura e prolongada. Ainda éramos otimistas, porque não previmos que a luta seria muito mais difícil do que supúnhamos e que a derrubada da ditadura aconteceria somente quase vinte anos depois. Mas no essencial foram corretas as decisões daquele conjunto de militantes comunistas, dirigentes das organizações partidárias de Brasília e Goiás. Resolvemos transferir alguns quadros mais responsáveis que atuavam em Brasília e Goiás. Calil Dib, que trabalhava em Goiânia, assumiu a direção em Brasília e Válter Ribeiro foi para Goiânia. Ao mesmo tempo, decidiu-se minha retirada para Belo Horizonte.

AS AGRURAS DE UMA FUGA

Enviei um emissário a Paracatu, onde residiam o tio de Teresa, Geraldo Pimentel, e meu cunhado Décimo (Dedé) Pimentel de Castro, pedindo auxílio para fugir de Brasília e conseguir chegar a Belo Horizonte. Um dos dois teria condições de me levar até Belo Horizonte, pois conheciam caminhos seguros, desde que viajavam constantemente por Goiás e pelo noroeste de Minas, do vale do São Francisco até o Triângulo Mineiro.

Na capital mineira poderia me abrigar durante alguns dias, porque teria a total cobertura dos familiares e dos companheiros do Partido. Lá seria equacionada a etapa seguinte da fuga, na direção de São Paulo. Não seria prudente retornar ao Rio, porque eu ficara muito conhecido na cidade onde fui eleito deputado federal.

Como teria de permanecer em Brasília mais alguns dias, decidi tomar as primeiras providências para não ser preso. Falsifiquei uma carteira de identidade e sentei-me defronte de um espelho para estudar as mudanças que deveria fazer em minha aparência. Concluí que deveria deixar crescer o bigode, mudar o corte de cabelo e sobretudo emagrecer uns vinte quilos. Imediatamente iniciei uma dieta severa, o que foi extremamente útil, inclusive em termos de saúde.

Empreendi essa transformação em meu físico, processo que completei em São Paulo dois meses depois, quando passei a usar lentes de contato. Essa mudança radical posteriormente me permitiu circular com a maior facilidade, inclusive por locais vigiados, como aeroportos e postos de fronteira. Comprovei a segurança desse disfarce quando encontrava pessoas amigas de muitos anos, pois elas não me reconheciam. O mesmo sucedeu com Simone, minha filha, então com sete anos de idade. O que me doeu no coração.

A transformação física de uma pessoa não deixa de ser uma coisa com encantos aventureiros, que sempre me fascinaram nos filmes de espionagem. Levado pela necessidade de fugir da repressão policial, passei até a estudar com mais vagar essa questão, mas nunca cheguei ao ponto de pensar em uma operação plástica no rosto. Esse jogo cenográfico até que me divertia na falta de outras coisas para fazer. Descobri que quase tudo pode ser modificado no visual de um ser humano. Entretanto, há um detalhe que reclama um cuidado especial — o andar. Ao longe se identifica uma pessoa só pela sua postura no caminhar, pois é inconfundível. Somente com treino e perseverança é que se pode alterar esse modo de ser, particular e característico.

Em meados de abril, quando foi divulgada a primeira lista dos punidos pela "revolução", lá figurava meu nome, com a cassação do mandato de deputado e a suspensão por dez anos de meus direitos políticos. Dias depois, Dedé Pimentel de Castro apareceu em Brasília. Jovem, forte, era a pessoa ideal para me levar de jipe a Belo Horizonte, pois enfrentaria com calma e segurança qualquer dificuldade. Desde que não era possível sairmos do Distrito Federal pela rodovia asfaltada, controlada pela polícia, fomos guiados por um topógrafo, funcionário da Novacap, por trilhas até perto de Cristalina. Nessa cidade, fomos informados de que não existia nenhum controle na fronteira de Minas e que poderíamos atravessar normalmente a ponte sobre o rio que faz a divisa entre os dois estados — o São Marcos.

Uma hora depois, chegamos a Paracatu. Num posto de gasolina, fui reconhecido por pessoas que também abasteciam um carro. Logo me tranqüilizaram ao declarar que também fugiam, mas na direção oposta. Entre elas estava Roberto Bizzoto, militante do Partido. Vinham sendo procuradas pela polícia mineira e iam se esconder em Goiás.

Esse episódio, num perdido posto de gasolina na vastidão das estradas, deu-me uma pequena amostra da barafunda em que havíamos nos metido, todos que pertencíamos aos grupos que ativamente pelejaram ao lado do governo de Goulart.

Como baratas tontas, cada qual buscava um refúgio improvisado. Era um exército em debandada ao toque de "salve-se quem puder".

Aquele encontro foi de extrema utilidade, porque antes tínhamos projetado seguir para o Triângulo Mineiro e de lá usarmos estradas secundárias no oeste de Minas, para chegar a Belo Horizonte. Assim fomos informados que poderíamos percorrer com segurança a rodovia asfaltada, porque não encontraríamos qualquer barreira policial.

Estávamos na véspera do Dia de Tiradentes — 21 de abril — e Magalhães Pinto estava preparando uma parada militar e grandes festividades, comemorativas da vitória da "revolução" contra os comunistas e o governo de Goulart. Resolvemos, então, fazer a etapa Paracatu-Belo Horizonte sem dar qualquer volta por estradas secundárias. Mas, passava da meia-noite e éramos obrigados a entrar na capital mineira antes do amanhecer. Naquele tempo a rodovia federal asfaltada não era de pista dupla e passava por dentro de Sete Lagoas e Pedro Leopoldo.

O velho jipe não permitia uma velocidade de mais de 60 quilômetros por hora. Meu cunhado pisou firme no acelerador e fomos em frente, rezando para que a "dica" de Roberto Bizzoto estivesse certa. No lusco-fusco do amanhecer avistamos Belo Horizonte. A rádio Inconfidência já havia iniciado um programa especial em homenagem a Tiradentes, com uma louvação hipócrita sobre a luta pelas liberdades. Deu-me ódio. Afinal, a liberdade tão almejada pelos inconfidentes ainda tardaria muito tempo a chegar às montanhas de minha terra.

Em Belo Horizonte, fui para o apartamento de uma das minhas irmãs — Maria Carmem Teixeira. Nos dias seguintes busquei contato com o Partido. Não foi difícil encontrar Elson Costa, que me forneceu um endereço em São Paulo. Mas não foi fácil sair de Belo Horizonte. Barreiras, com listas de procurados pela polícia, paravam automóveis, ônibus e caminhões, exigindo documentos de identidade dos passageiros e motoristas.

Três cunhados — Mário, Raimundinho e Gerardo (Tatão) — montaram o esquema de viagem até São Paulo, com dois automóveis. No primeiro, verificavam a existência de barreiras e eu seguia no segundo. Deixamos Belo Horizonte ao anoitecer. O obstáculo era um posto policial na entrada de Betim. Uma longa fila de veículos indicava como a fiscalização era rigorosa. A solução foi deixar o carro, fazer uma caminhada, num grande arco pelo mato e por debaixo de cercas, para mais adiante retornar à estrada. Acompanhado de um dos cunhados, fiz esse trajeto com dificuldade. Mais adiante, apareceu o fusca, dirigido por Tatão. Nele embarquei e seguimos pela rodovia Fernão Dias. Viagem atormentada, pelo receio de encontrarmos fiscalização em Perdões, Três Corações, Pouso Alegre, Extrema (fronteira com São Paulo), Atibaia e Mairiporã. Mas a estrada estava livre e desimpedida.

Uma pesada neblina, tão característica de São Paulo, impedia que o fusca avançasse com maior velocidade. Tatão dirigia de forma tensa, porque nunca viajara pela Fernão Dias e estava preocupado em me deixar são e salvo na metrópole paulista. Chegamos ao amanhecer, exaustos. Custamos a localizar o bairro da Água Branca e o endereço da residência de outro cunhado — Hugo Pimentel de Castro — que trabalhava em São Paulo. Ali fui recebido com a alegria e com o afeto que cimenta a fraternidade na família Pimentel de Castro. Teve início, assim, uma nova etapa em minha vida — a atuação na Paulicéia.

12

MERGULHO NA PAULICÉIA

Refeito dos tropeços e sustos da fuga de Brasília para São Paulo, saí em busca de ligação com os companheiros do Partido. Tinha apenas o endereço de um apartamento na avenida Angélica, de uma pessoa chamada Raquel. Depois de três tentativas, descobri que se tratava da mulher do jornalista Noé Gertel. Os dois, militantes comunistas desde 1935, viveram as mais variadas situações políticas — longos anos de terror policial e poucas fases de democracia. Foi Raquel que me recebeu, tratando-me de forma amigável e sem qualquer reserva. Senti que ela compreendera a dificuldade em que me encontrava. Depois é que apareceu Noé. Esse, porém, mais cauteloso do que a esposa, temia dar passo em falso. Ficou reticente porque eu não trouxera qualquer senha e seu apartamento fora destinado a contatos da direção nacional.

Começaram a me inquirir, porque não me conheciam pessoalmente. Chegaram ao ponto de me solicitar a carteira de identidade e eu só carregava o documento que falsificara em Brasília. Finalmente se convenceram da veracidade da minha história. Marcaram um encontro à noite, perto da avenida Paulista. Fui a esse "ponto" e nele encontrei Câmara Ferreira, com quem convivera na década de 1950 e nas reuniões do Comitê Central.

Relatei a Câmara Ferreira a minha situação e ele e logo esquematizou uma forma de me auxiliar, embora o quadro fosse complicado em São Paulo. Dezenas de comunistas estavam presos no DOPS e em um navio fundeado no porto de Santos. A polícia de Ademar de Barros demonstrava sua longa experiência em tratar com os "subversivos" e sabia como nos atingir. A repressão golpeava também o PTB e os grupos da esquerda não-comunista. Além disso, assim como eu, chegavam de outros estados pessoas perseguidas buscando abrigo.

Como o golpe nos pegara de surpresa, o Partido não estava preparado para uma emergência daquele tipo. Mas não senti pânico entre os comunistas e as pessoas que apoiavam o governo Goulart. Simplesmente ninguém pensara na possibilidade de haver mudança tão brusca e no desencadeamento de tão feroz perseguição política. Confiava-se que os golpistas seriam derrotados por ampla resistência popular, com apoio do dispositivo militar nacionalista e dos sargentos. O incompreensível era o desabamento de tudo como um castelo de cartas.

Câmara Ferreira encarregou Noé Gertel de solicitar ao dentista Leme, irmão de Paschoal Leme, que me hospedasse temporariamente, já que eu não poderia continuar na casa de meu cunhado. Por isso mudei-me para o pequeno apartamento de Leme, na rua Álvaro de Carvalho, perto da rua Augusta. Ali permaneci durante três semanas, porque, de forma amigável e sincera, Leme confessou que tinha pavor de ser preso, o que aconteceria se apurassem que me alojara em sua residência.

Tendo de esperar por uma decisão do Comitê Central, continuei a cuidar das mudanças na minha aparência. Leme ajudou-me nessa transformação, emprestando-me um livro sobre dieta alimentar. Diariamente fiscalizava meu peso. Apliquei-me com firmeza nesse objetivo e perdia mais de três quilos por semana. Um dado facilitou esse esforço inusitado para alguém acostumado com as delícias da cozinha mineira. Estávamos em plena safra da mexerica ponkan e comendo umas quatro delas por dia, junto com as fibras de seu bagaço, tranqüilizava meu estômago.

Leme levou-me a um salão de barbeiro, determinando que cortasse quase a zero a minha cabeleira. Saí de lá tal qual um sargento da PM. Depois sugeriu que eu passasse a usar lentes de contato. Concordei, mas foi um sacrifício horrível acostumar-me com essa novidade tão ao gosto das mulheres.

Com a dieta surgiu um problema — roupas. As que trouxera de Brasília não mais serviam e por isso fui obrigado a adquirir outras. Assim, remocei uns vinte anos e até parecia esbelto. Leme era mais fanático do que eu nessa transfiguração. Isso diminuía seu temor de que a polícia me descobrisse em seu apartamento. Fiquei muito grato a ele por sua ajuda valiosa e foi com imenso pesar que soube de seu falecimento uns anos depois.

Continuei a procurar um pouso com outras pessoas. Mas com a crise o círculo de amigos do Partido estava sobrecarregado e era complicado hospedar de forma permanente um estranho à família. Além disso, naquela situação a polícia lançou-se à cata de opositores e todos sentiam as ameaças que pairavam naqueles dias sombrios. Vários amigos se empenharam em conseguir abrigos em que pudesse me instalar por alguns meses. Entre eles, o casal Paul e Juliette Monteil e sua filha Clodie, donos da Livraria Francesa e da editora Difusão Européia do Livro.

O relacionamento com os Monteil amenizou minha aclimatação em São Paulo. Além de me hospedarem por algum tempo, a convivência com eles abriu-me horizontes culturais que eu não devassara em Belo Horizonte e no Rio. Em casa deles é que, pela primeira vez, li algumas das obras de Sartre e Simone de Beauvoir. Ao lado dos romances dela, impressionou-me sua obra *O segundo sexo*, por revelar uma problemática a que não dava a devida importância. A leitura de *A questão do método*, de Sartre, me despertou para a vulgaridade dos trabalhos soviéticos de divulgação marxista.

Paul Monteil era um comunista diferente, via com olhos franceses nossas limitações no campo teórico. Sem qualquer sobranceria de intelectual europeu, procurava ajudar o PCB no que estivesse a seu alcance. Viera da França, antes da Segunda Guerra, como técnico de nível médio, para trabalhar na Rhodia, mas logo enveredou pelo caminho da venda e da edição de livros, ocupando posição invulgar entre a intelectualidade de São Paulo.

Deve-se aos Monteil um ponto de apoio essencial ao *aggiornamento* do pensamento brasileiro, em grande medida estimulado pelos professores estrangeiros que participaram da fundação da Universidade de São Paulo. Os Monteil também merecem amplo crédito pelas primorosas traduções de obras essenciais à universidade brasileira. Cabia a Paul Monteil a escolha dos livros e dos tradutores. Sua livraria e seu apartamento se tornaram pontos de encontro de professores europeus e brasileiros. Tive, por exemplo, a oportunidade de por diversas vezes ouvir Pierre Monbeig discorrer sobre suas viagens e pesquisas pelo interior do Brasil.

Um ano depois, quando Teresa e as crianças se transferiram para São Paulo, passávamos os fins de semana no sítio dos Monteil em Cotia. Eles sempre cercaram minha família com imenso afeto quando eu limitava minhas relações sociais em vista da clandestinidade a que estava condenado. Até sua morte, mantive com Paul Monteil estreita amizade. Não permaneci por mais tempo em seu apartamento porque não julgava correto abusar da hospitalidade. A residência ficava próxima da praça da República e eu temia que alguma conseqüência negativa viesse a ocorrer com os Monteil, se ali permanecesse.

Recebi apoio também de Geraldo Leme, o notável especialista em alimentação do rebanho bovino. Foi ele que conseguiu dois locais em que fiquei hospedado durante quase um ano. Um deles foi o apartamento de um agrônomo, Flávio de Carvalho. Na segunda ou terceira semana de maio recebi um recado para me alojar num "aparelho" da direção estadual do Partido. Localizado numa casa isolada no bairro do Tremembé, ao lado do Horto Florestal, esse "aparelho" estivera esquecido durante três anos, pois não fora desmontado e nem utilizado. Assim, ali eu poderia permanecer por mais tempo, até que recebesse alguma incumbência da direção nacional.

Já estava alojado nessa casa um líder sindical do ABC, Lázaro Paulino Maia, que o DOPS queria prender. Pouco depois, foram também levados para lá outros companheiros: Jacob Gorender, que viera de Goiânia, onde estivera fazendo algumas conferências; o médico Fued Saad, que atuava nos meios intelectuais paulistas e depois Luiz Tenório de Lima, uma das lideranças mais destacadas do movimento operário brasileiro.

Naquele ambiente tranqüilo começamos a tomar conhecimento da ofensiva desfechada pelos que assumiram o poder em nosso país. Diariamente, pela *Hora do Brasil*, o noticiário dava conta de cassações de mandatos, intervenções nos sindicatos, prisões e todo um rosário de violências e ilegalidades. Somente um companheiro, Severino Teodoro de Mello, nos levava informações que colhia em vários contatos, inclusive no Rio. Às vezes Câmara Ferreira aparecia para examinar conosco a evolução ameaçadora dos acontecimentos.

O clima entre os que ali estavam, foragidos, era de baixo astral. Cada um especulava sobre o sucedido, buscando as razões de tão grave derrota e dissecava a seu modo o cadáver de nossos sonhos, conforme sua vivência, suas opiniões arraigadas e suas idiossincrasias. Assim, para mim foi se delineando que iria explodir nas fileiras do Partido uma acirrada luta intestina. E, naturalmente, o peso maior da responsabilidade pelos erros viria a ser debitado aos que se encontravam à frente da organização partidária no Brasil.

Esse quadro tornou-se mais nítido quando, em julho, chegou às nossas mãos um esquema de discussão sobre a derrocada, elaborado no Rio pela Comissão Executiva do Comitê Central. Um texto naturalmente insuficiente, sem uma reflexão mais cuidadosa do acontecido, como não podia deixar de ser. Ademais, como todo documento de autoria coletiva, continha opiniões que se contradiziam, como um autêntico cozido à espanhola, dando margem a interpretações as mais diversas.

Para debater esse texto, foram para o "aparelho" os principais dirigentes do Comitê Estadual de São Paulo. Fui convidado para essa reunião. Dela também participaram, segundo me recordo, entre outros, os companheiros Moisés Vinhas, Moacir Longo, Odon Pereira, Lourival Vilar, Carlos Nibel, Luiz Tenório de Lima, Câmara Ferreira, Lazinho e Rolando Frati. Essa primeira análise de dirigentes comunistas paulistas sobre o golpe de Estado, além de ser influenciada pela desorientação natural naqueles dias, desnudou as sérias divergências que se acumularam nos anos anteriores entre os dirigentes nacionais e os que atuavam no Partido no estado de São Paulo. As discrepâncias envolviam aspectos básicos de nossa orientação política e de sua aplicação no dia-a-dia.

Distante dos detalhes daquele confronto, que antes não acompanhara, limitei-me a dar opinião sobre as questões nacionais que havia vivido de forma direta. Naquela reunião foi adotada uma resolução de particular importância para minha atividade pessoal. Pediram que eu os auxiliasse na direção do Partido em São Paulo. Aceitei, desejoso de voltar à atividade partidária. Fui encarregado de montar um equipamento clandestino de propaganda e de iniciar contatos na área política, tendo em vista o meu relacionamento com inúmeras personalidades nacionais.

Era, porém, uma posição incômoda, pois fiquei no meio do fogo da luta interna entre a direção nacional e os que em São Paulo combatiam as teses do Comitê Central. Situação difícil, angustiante, dilacerante, corrosiva, na qual se deixa de concentrar no combate aos inimigos para se privilegiar o ataque aos que estão dentro da mesma trincheira. Panorama autofágico que dá origem a inevitáveis divisões e subdivisões que somente enfraquecem o conjunto e a desconfianças que se superpõem à solidariedade interna, à irmandade dos combatentes.

Como recebera uma missão, resolvi deixar o "aparelho". Arrumei minhas coisas e arrisquei encontrar Flávio de Carvalho, que havia colocado à minha disposição seu apartamento na rua Nestor Pestana. Cheguei lá quase à meia-noite e ele havia se ausentado. Fui até o apartamento dos Monteil e ninguém respondeu. Perambulei pela praça Roosevelt e não sabia para onde me dirigir.

Decidi procurar um hotel naquelas redondezas. Perto do Largo do Arouche vi uma placa indicando hotel, e nele ingressei. O ambiente era estranho e somente depois é que atinei que havia entrado num daqueles estabelecimentos de "alta rotatividade". O porteiro estranhou porque eu não estava acompanhado de mulher, mas não podia recusar um hóspede. Não consegui dormir, pois o "entra e sai" nos corredores era intenso e insuportável. Quando amanheceu caí fora, imaginando a vergonha que iria passar se a polícia desse uma batida e encontrasse, naquela espelunca de má fama, um deputado cassado e procurado pela polícia.

VIAGEM AO URUGUAI

Quando comecei a colaborar com a direção do Partido em São Paulo, em princípios de agosto de 1964, recebi uma diretiva do Rio para ir a Montevidéu. A Comissão Executiva do Partido desejava conhecer as opiniões e projetos de Jango e Brizola sobre os rumos da luta contra o governo brasileiro. Ao mesmo tempo, deveria transmitir informações ao Partido Comunista do Uruguai e obter algum apoio às nossas atividades.

Esta foi a primeira iniciativa adotada pelo PCB para restabelecer nossas relações internacionais e tentar um diálogo com o numeroso grupo de exilados brasileiros que se encontrava no país vizinho. No cumprimento da missão, poderia recorrer ao apoio dos companheiros de Porto Alegre, desde que ainda não fora montado um dispositivo do Comitê Central para viagens clandestinas fora do país. E os recursos financeiros que me forneceram exigiam de mim o máximo de economia. Realizei essa tarefa clandestina sem contar com os instrumentos necessários, inclusive documentos que pudesse exibir em qualquer posto na fronteira. Um quadro preocupante, porque a fronteira do Brasil com o Uruguai era vigiada com enorme atenção pelas autoridades policiais e militares.

Não dispondo de nenhum veículo do Partido para a viagem, utilizei uma linha normal de ônibus interestadual, fazendo escala em Lages, Santa Catarina, pois

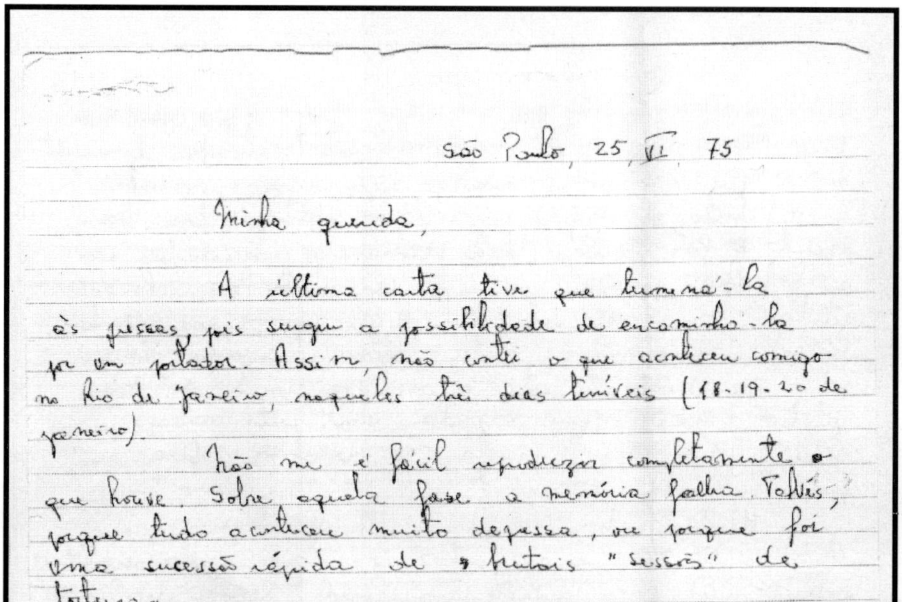
São Paulo, 25, VI, 75

Minha querida,

A última carta tive que terminá-la às pressas, pois surgiu a possibilidade de encaminhá-la por um portador. Assim, não contei o que aconteceu comigo no Rio de Janeiro, naqueles três dias terríveis (18-19-20 de janeiro).

Não me é fácil reproduzir completamente o que houve. Sobre aquela fase a memória falha. Talvez, porque tudo aconteceu muito depressa, ou porque foi uma sucessão rápida de brutais "sessões" de torturas.

Fui preso às 11 horas da manhã, no dia 18, na esquina da Adolfo Bergamini com Dias da Cruz, no Engenho de Dentro. Ia tranquilo para mais um "encontro", como fiz centenas de outros, nesses 11 anos, de 64 para cá.

A pessoa, com quem iria estar, já havia sido detida dias antes. Mas, levaram-me ao local para que minha prisão se desse de qualquer jeito. Possivelmente, tiveram receio de não me identificarem.

O pessoal da captura compunha-se, pelo menos, de uns 16 policiais e militares não fardados. Quando estava a uns dois metros do outro companheiro, e já havia lhe feito um sinal, fui agarrado

• Fac-símile do início de uma das cartas do autor a sua esposa, em que relata as torturas

FOTOS ACERVO MARCO ANTÔNIO COELHO

• Em 1933, aos sete anos, com as irmãs em Belo Horizonte

• Em 1940, aos 14 anos. Foto de Petrônio de Almeida Magalhães

• Com os filhos, Marcos e Simone, em Belo Horizonte, 1963, quando era deputado

FOTOS *ESTADO DE MINAS*

• Comício de rua em Belo Horizonte, em 1944. Comemoração do segundo aniversário da entrada do Brasil na guerra; falando o estudante Osvaldo H. Gusmão

• Vereador Orlando Bonfim, em 1948

FOTOS *ESTADO DE MINAS*

• Visita dos dirigentes da UDN ao governador Milton Campos, 1948. Entre eles, Virgílio Melo Franco, Magalhães Pinto, Gabriel Passos, Rondom Pacheco e Edgar da Mata Machado

• O comunista Artur de Andrade é espancado pela polícia durante manifestação pela paz em Belo Horizonte, em 1951

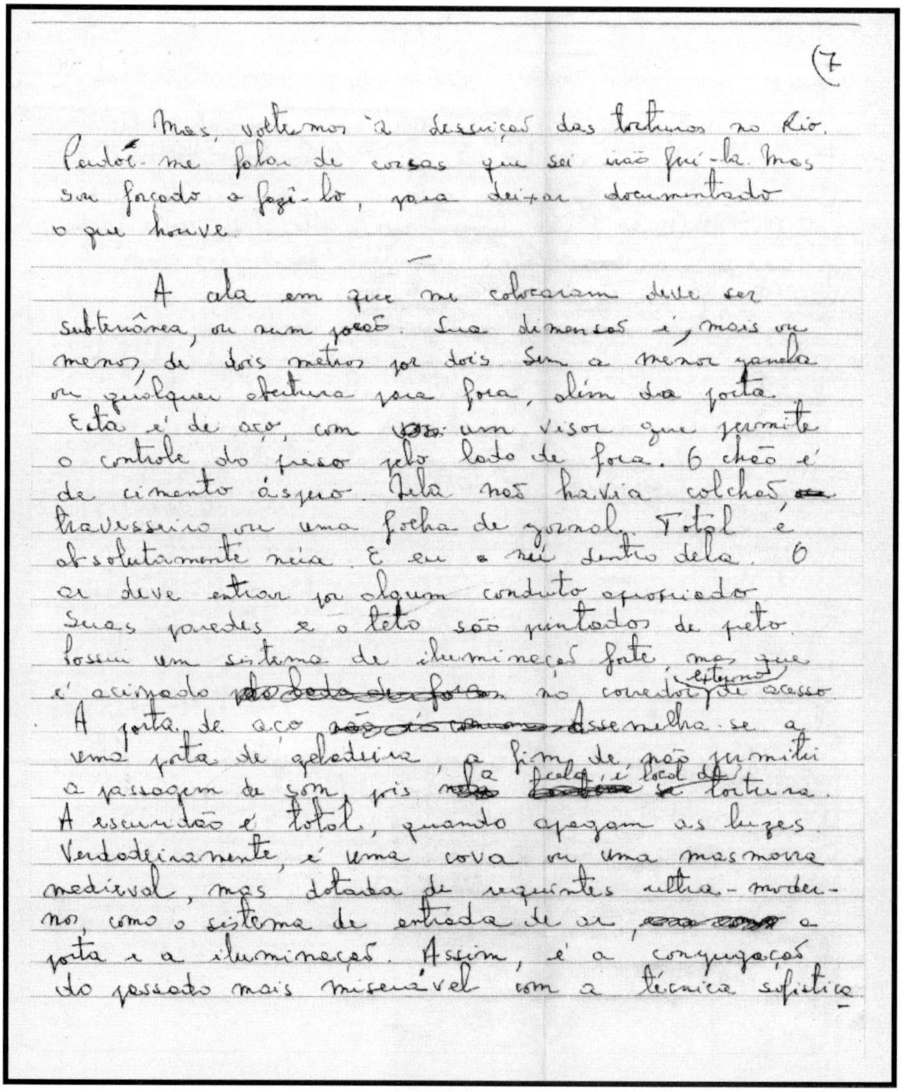
(7

Mas, voltemos à descrição das torturas no Rio. Perdoe-me falar de coisas que sei não fui-la. Mas sou forçado a fazê-lo, para deixar documentado o que houve.

A cela em que me colocaram deve ser subterrânea, ou num porão. Sua dimensão é, mais ou menos, de dois metros por dois. Sem a menor janela ou qualquer abertura para fora, além da porta. Esta é de aço, com um visor que permite o controle do preso pelo lado de fora. O chão é de cimento áspero. Nela não havia colchão, travesseiro ou uma folha de jornal. Total é absolutamente nua. E eu o nú dentro dela. O ar deve entrar por algum conduto apropriado. Suas paredes e o teto são pintados de preto. Possui um sistema de iluminação forte, mas que é acionado no corredor externo de acesso. A porta de aço assemelha-se a uma porta de geladeira, a fim de não permitir a passagem de som, pois a cela é local de tortura. A escuridão é total, quando apagam as luzes. Verdadeiramente, é uma cova ou uma masmorra medieval, mas dotada de requintes ultra-modernos, como o sistema de entrada de ar, a porta e a iluminação. Assim, é a conjugação do passado mais miserável com a técnica sofistica-

• "A porta de aço assemelha-se a uma porta de geladeira, a fim de não permitir a passagem de som, pois a cela é local de tortura."

FOTOS *ESTADO DE MINAS*

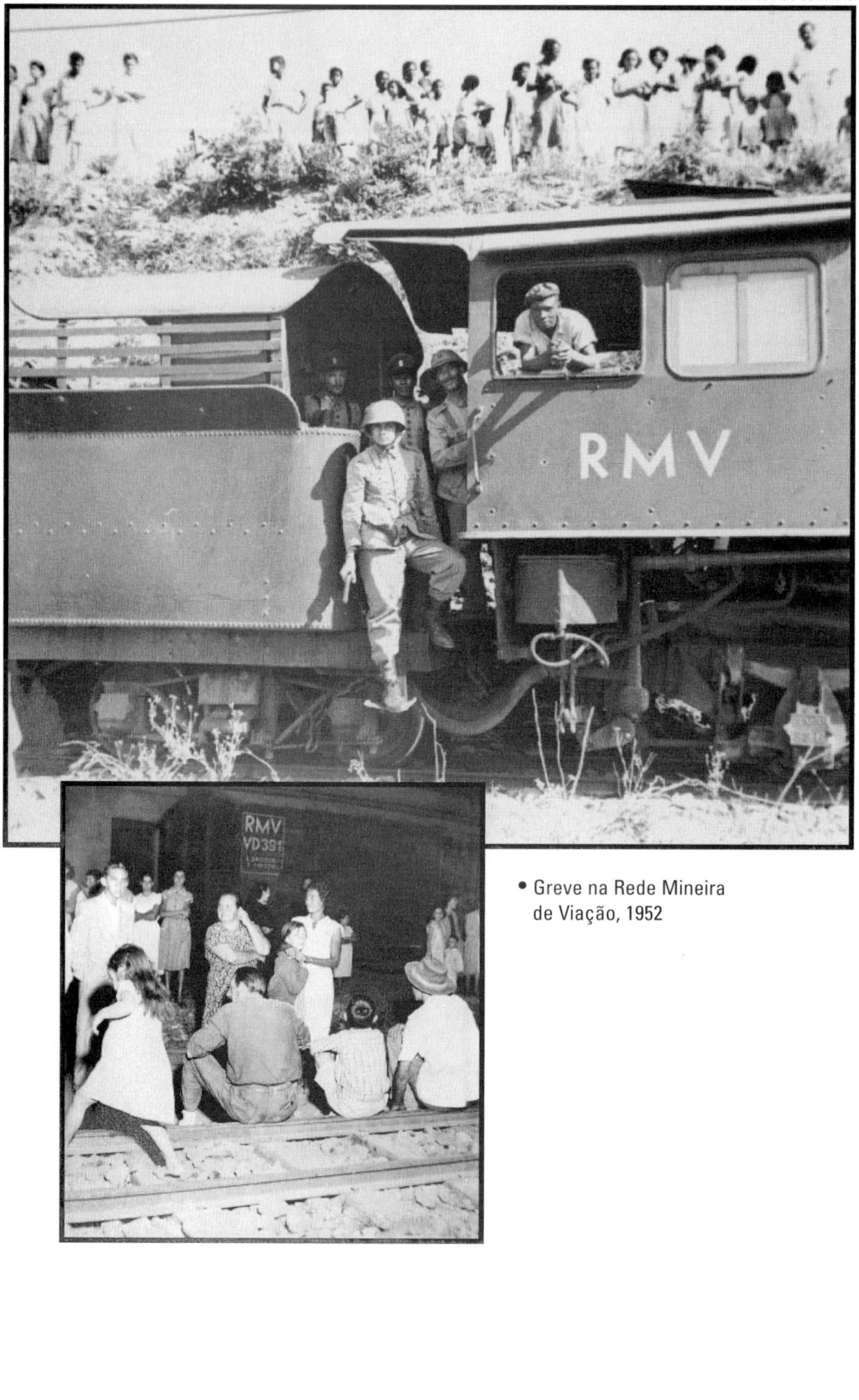

• Greve na Rede Mineira de Viação, 1952

FOTOS *ESTADO DE MINAS*

• Greve nacional dos bancários, em Belo Horizonte, 1961

• Liderança dos bancários, em 1961. À direita, Armando Ziller, de óculos na mão

FOTO ACERVO MARCO ANTÔNIO COELHO

• Reunião com lideranças de estivadores, marítimos e operários navais durante a campanha eleitoral no Rio, em 1962

FOTO CAMPANELLA NETO/AGÊNCIA JB

• Reprodução de filme exibido pelo Jornal Nacional da TV Globo em fevereiro de 1975. Filmado na sede do Segundo Exército, em São Paulo, o documento pretendia provar que o preso Marco Antônio Coelho gozava de boa saúde e não havia sido torturado

FOTO FRANÇA/AGÊNCIA JB

FOTO ISAÍAS FEITOSA/AGÊNCIA JB

• Depoimento de Marco Antônio Tavares Coelho na 2ª Auditoria da Justiça Militar, em São Paulo, junho de 1975. De costas, o auditor Nélson Guimarães, e ao fundo, à esquerda, o advogado Mário Simas

FOTOS ACERVO MARCO ANTÔNIO COELHO

• Com repórteres do *Diário da Manhã* de Goiânia em 1983

• No casamento de Simone, em 1978, com sua mulher Teresa e, ao fundo, Cláudio Abramo

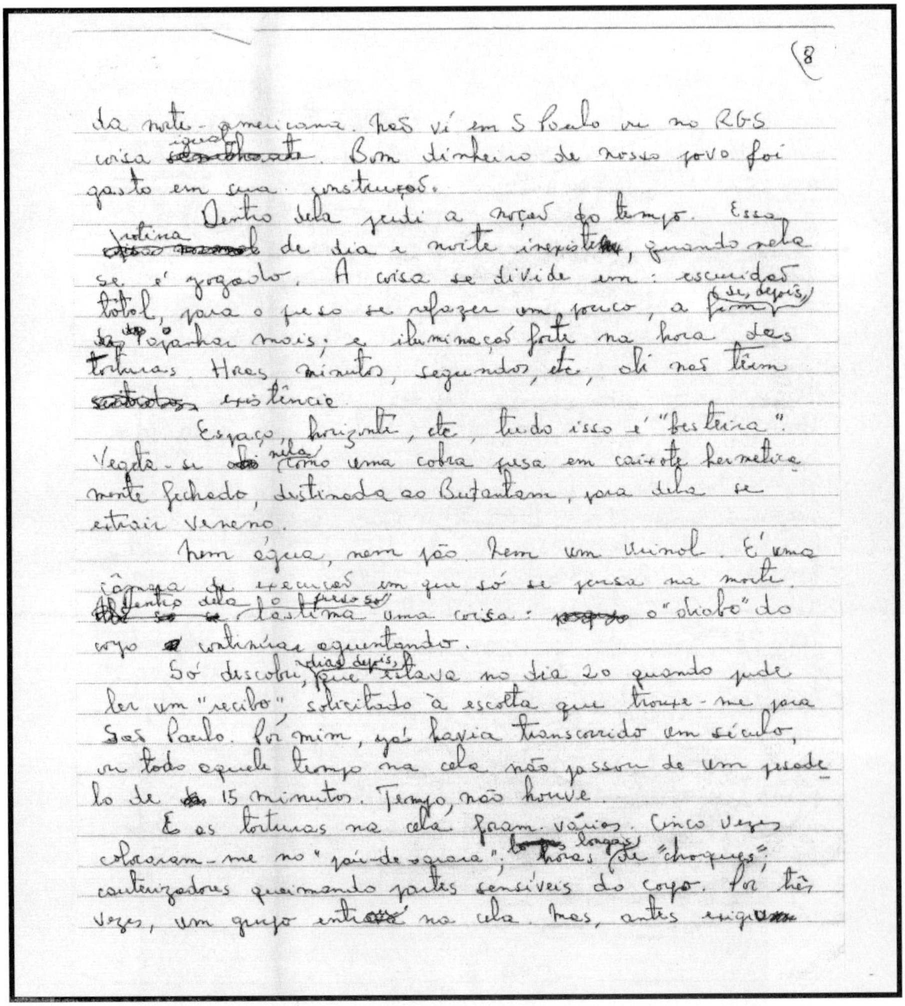

8

da norte-americana. Não vi em S. Paulo ou no RGS coisa igual. Bom dinheiro do nosso povo foi gasto em sua construção.

Dentro dela perdi a noção do tempo. Essa rotina de dia e noite inexiste, quando nela se é jogado. A coisa se divide em: escuridão total, para o preso se refazer um pouco, a fim de, depois, apanhar mais; e iluminação forte na hora das torturas. Horas, minutos, segundos, etc., ali não têm existência.

Espaço, horizonte, etc., tudo isso é "besteira". Vegeta-se nela como uma cobra presa em caixote hermeticamente fechado, destinado ao Butantam, para dela se extrair veneno.

Nem água, nem pão. Nem um urinol. É uma câmara de execução em que só se pensa na morte. Dentro dela o preso só lastima uma coisa: o "diabo" do corpo continuar aguentando.

Só descobri, dias depois, que estava no dia 20 quando pude ler um "recibo" solicitado à escolta que trouxe-me para São Paulo. Por mim, já havia transcorrido um século, ou todo aquele tempo na cela não passou de um pesadelo de 15 minutos. Tempo, não houve.

E as torturas na cela foram várias. Cinco vezes colocaram-me no "pau-de-arara", horas longas de "choques" cauterizadores queimando partes sensíveis do corpo. Por três vezes, um grupo entrou na cela. Mas, antes [illegible]

• "E as torturas na cela foram várias. Cinco vezes colocaram-me no 'pau-de-arara', horas longas de 'choques' cauterizadores queimando partes sensíveis do corpo."

FOTO ERNO/AGÊNCIA JB

• San Tiago Dantas no sindicato dos metalúrgicos do Rio, debatendo a política internacional do Brasil, novembro de 1961

FOTO WILSON PEDROSA/AGÊNCIA JB

• Dirigentes comunistas defensores da renovação do PCB reunidos em São Paulo, em 1982. Da direita para a esquerda – Dinarco Reis, Giocondo Dias, Alberto Passos Guimarães, Givaldo Siqueira, Severino Teodoro de Melo e Antônio Ribeiro Granja temia comprar uma passagem direta de São Paulo a Porto Alegre. Embora dividida em duas etapas, a viagem foi cansativa, pois não conseguia dormir. Pernoitei num pequeno hotel em Lages, onde fazia um frio terrível, como nunca senti em minha vida. A temperatura próxima de zero e a incerteza sobre os obstáculos que encontraria pela frente me obrigaram a ficar de vigília até a hora da partida do ônibus de Lages à capital gaúcha.

Felizmente, a "ligação" em Porto Alegre se deu com facilidade. Elói Martins, principal dirigente comunista gaúcho, deu-me total e irrestrito apoio, colocou-me em local seguro e saiu em campo para organizar a etapa seguinte da viagem, até Montevidéu. Ele me entregou uma cédula de identidade de um fulano, que, pela fotografia, não guardava qualquer semelhança comigo. Só em último caso eu poderia apresentá-la a um policial, mas era o recurso disponível naquela emergência. O essencial foi o contato que me foi dado com um brizolista em Santa Vitória do Palmar, onde atravessaria a fronteira por trilhas utilizadas por contrabandistas, a fim de evitar o controle policial e alfandegário.

O engenheiro Baumgart e sua esposa se prontificaram a me levar em sua caminhonete, pois iam com freqüência a Punta del Este em fins de semana. Assim, podiam justificar mais essa viagem. Saímos de Porto Alegre na direção de Pelotas e depois enveredamos por uma estrada costeira, entre as lagoas Mirim/Mangueira e o mar. Talvez hoje essa estrada seja asfaltada, mas em 1964 era de terra, isto é, de barro arenoso. Chovia sem parar e não foi fácil vencer os atoleiros. Por duas vezes, para prosseguirmos, tivemos de solicitar ajuda a empregados das estâncias.

Foi um prazer inesquecível conhecer aquela região, com suas aves típicas, seus arrozais verdejantes e sua flora de banhado, em tudo diferente dos meus horizontes mineiros. Um ambiente, enfim, que me desafogava das preocupações com a incumbência que me havia sido confiada.

Chegamos a Santa Vitória do Palmar e facilmente localizamos o brizolista, cujo nome não guardei. Prontificou-se a me conduzir ao outro lado da fronteira, pois estava acostumado àquele tipo de missão. Afirmou que me auxiliaria no que fosse necessário, porque assim contribuiria para a luta contra o governo. Era daqueles gaúchos calejados em *peleas* no campo aberto das planícies platinas.

Aquele contato fugaz com um gaúcho anônimo deu-me uma lição de história, comprovando as indicações de Oliveira Viana sobre as características singulares do habitante da velha Província de São Pedro. Uma lição da psicologia do homem do pampa, politizado, engajado nas hostes dos maragatos ou dos chimangos. Gente fiel a suas origens, compromissada sem temor e sem reverência aos poderosos do momento.

Altas horas da noite, acompanhando aquele gaúcho, cruzei a linha imaginária que separa o Brasil do Uruguai, rodeando uma plantação de arroz. Recolhido mais adiante pelos Baumgart, em seu veículo rumamos para o sul, passando ao largo de Punta del Este e Maldonado. Em Montevidéu, por segurança, separei-me do casal, pois nos hospedamos em hotéis diferentes.

Contatei imediatamente o Comitê Nacional do PC do Uruguai e lá forneceram o endereço de Demistócledes Batista, o coordenador do coletivo dos comunistas brasileiros exilados em Montevidéu. Batistinha, também deputado cassado, recebeu com a maior alegria a chegada do primeiro emissário da direção nacional do PCB enviado ao exterior. Transmiti informações sobre o que ocorria no Brasil e Batistinha fez um relato minucioso a respeito dos brasileiros refugiados no Uruguai. Ali estavam várias dezenas de pessoas, das mais diversas correntes políticas, uns poucos comunistas, mas sobretudo numeroso grupo de janguistas e brizolistas, vindos do Rio Grande do Sul.

Acrescentou que agentes da polícia brasileira vigiavam de perto as atividades desses exilados, que debatiam nos cafés de Montevidéu os planos para uma "invasão" do Brasil por um contingente formado por ex-militares, expulsos das Forças Armadas brasileiras. Brizola era o principal defensor desse projeto, com o apoio de Darcy Ribeiro e Waldir Pires. Tudo indicava, porém, que João Goulart não acreditava no êxito de uma iniciativa desse tipo. Como eu tinha a missão de falar com Goulart e Brizola, Batistinha me aconselhou a conversar primeiro com o ex-presidente e com Brizola somente na véspera do meu retorno ao Brasil. Isso porque certamente iria transpirar que eu estava em Montevidéu, o que agravaria os riscos do retorno pela fronteira.

Para marcar a entrevista com Goulart, que vivia em sua estância no interior do Uruguai, era indispensável a intermediação de Darcy Ribeiro. Assim, Batistinha levou-me ao apartamento de Darcy e Berta Ribeiro, na praia de Carrasco. Esse contato foi o início de uma discussão difícil, que se prolongou por dois dias, quase sempre com a presença de Waldir Pires. Darcy relatou-me que havia regressado de uma viagem a Moscou e Havana com o objetivo de obter apoio à luta contra a ditadura brasileira. Segundo ele, os soviéticos se mostravam reticentes e reservados, enquanto com Fidel Castro o resultado fora radicalmente diverso. Dele recebera a resposta de que Cuba daria total apoio aos que estivessem dispostos a enfrentar os novos governantes do Brasil. Quando Darcy e Waldir Pires defenderam o plano para a invasão do Brasil por um grupo armado, manifestei enfaticamente opinião contrária ao projeto. Argumentei que o povo brasileiro não daria qualquer apoio a empreendimento daquele tipo. E que esse grupo seria preso e massacrado pelo Exército.

Berta ouvia calada minhas ponderações, mas eu pressentia que ela concordava com meus argumentos. A esposa de Waldir Pires, dona Iolanda, disse sem rodeios que tal invasão seria uma loucura. Afinal, desisti de convencer Darcy, pois sabia como ele era obstinado e que havia, de forma irrefletida, aderido à estratégia de luta defendida pelos cubanos. Estes, de forma mecânica, desejavam transplantar sua experiência bem-sucedida para outros países da América Latina.

Um dia depois houve o encontro com Goulart no próprio apartamento de Darcy. Cauteloso, o presidente deposto desejou que a conversa fosse somente entre nós dois. Com a maior atenção, inquiriu-me por mais de duas horas. Quando perguntei a sua opinião a respeito do projeto incentivado por Brizola e Darcy, afirmou que concordava comigo, porque julgava prematura qualquer ação de um grupelho militar. Mas acrescentou que dificilmente Brizola recuaria desse propósito. "Será até inútil você tentar demovê-lo."

Ao sondá-lo sobre sua possibilidade de apoiar as atividades do PCB, Goulart respondeu que poderíamos contar com seu apoio. Chamou Darcy e determinou que me entregasse cinco mil dólares, como primeira contribuição. Aquela foi a minha última conversa com Goulart. Pareceu-me tranqüilo, sem qualquer ressentimento ou mágoa por tudo que havia acontecido. Também não procurou se justificar ou intentar um exame dos erros cometidos por todos nós. Mas estava confiante que o tempo justificaria as razões de sua luta política.

Como estava programado, tive um demorado encontro com Brizola, que transcorreu de acordo com a previsão de Goulart. De saída, o ex-governador do Rio Grande do Sul manifestou seu espanto com a transformação havida em minha aparência, bem diversa daquela que eu exibia na Câmara dos Deputados. Também ele, Brizola, se apresentava de forma diferente. Era chamado de "comandante" pelos auxiliares que o acompanhavam. Via-se claramente como ele e seu grupo se aprestavam para empreender o projeto de uma ação militar. Não julgou necessário tomar conhecimento da opinião dos comunistas brasileiros. Somente justificou com veemência a necessidade de se dar uma resposta radical aos que haviam violado a ordem constitucional.

Recordo-me bem da imagem que usou, mesmo porque em 1998 Brizola a utilizou para fundamentar seu combate intransigente ao governo de Fernando Henrique Cardoso. "Estamos como que no *puntal* de um rochedo", dizia ele. "Ante nós está passando o navio dos adversários e por isso é que nossos canhões devem bombardeá-lo agora; do contrário nunca mais conseguiremos afundá-lo." E o argumento era enfatizado pelos expressivos gestos de suas mãos brancas. Como não estava disposto a demover Brizola de seu projeto insensato, apenas disse que de nossa parte estávamos dispostos a prestar a solidariedade que fosse possível e julgada necessária ao empreendimento.

Ao voltar ao Brasil, durante várias semanas aguardei notícias sobre qualquer entrevero nas fronteiras brasileiras no Sul do país. Meses depois, alguns ex-sargentos e outros exilados brasileiros entraram no território nacional, numa área fronteiriça, dispostos a iniciar uma luta guerrilheira. Em poucos dias, foram localizados e facilmente presos. A aventura motivou a adoção, pela ditadura brasileira, de novas medidas repressivas e justificou sua pressão sobre o Uruguai para serem cerceadas as atividades de Brizola no país vizinho.

Antes da entrevista com Brizola, fui à reunião acertada com o secretário-geral do Partido Comunista Uruguaio, deputado Rodney Arismendi, em sua residência. Já o conhecia, pois com ele estivera várias vezes, em janeiro de 1962, quando da Conferência da OEA em Punta del Este. Transmiti a Arismendi informação sobre o golpe de Estado e o início da rearticulação do Partido nas condições de clandestinidade. Naturalmente, era o relato de uma derrota, algo semelhante à exposição de um médico ao contar o insucesso de seu combate para salvar a vida de um paciente.

Nunca consegui esquecer a frieza do deputado uruguaio diante da narrativa de nosso fracasso, que envolvia a vida e sacrifícios de milhares de pessoas. Aquilo me atordoou. No fundo fiquei revoltado, procurando encerrar logo aquele diálogo infecundo. Arismendi teve apenas um gesto cordial: ofertou-me um exemplar de seu livro em que estão colecionados trabalhos teóricos e políticos sobre a América Latina.

Alguns anos depois, ao relatar em Moscou esse encontro com Arismendi, dizendo que o sucedido em Montevidéu ficara atravessado em minha garganta, Nikolai, um dos dirigentes do Departamento Internacional do Partido Comunista da URSS, deu-me uma pista para entender as razões do comportamento do secretário-geral do PC do Uruguai.

Mostrou-me que a tese básica defendida por Arismendi era a de que as lutas na América Latina, para serem vitoriosas, deveriam ser travadas no contexto de uma Revolução Continental. Portanto, nossa derrota no Brasil, para aquele líder uruguaio, era uma comprovação do acerto de sua tese. Ademais, acrescentou o soviético, para os uruguaios é de vital importância o que sucede no Brasil e na Argentina, pois a evolução política na Banda Oriental depende tremendamente do que sucede nos dois grandes países vizinhos.

Nunca esqueci aquela lição desse soviético, mas hoje retiro dela um ensinamento que considero mais relevante. Um exame abrangente das lutas revolucionárias, desde o século passado, embora equacionadas nos termos de um combate internacional, mostra que elas trazem o selo irremovível, indelével, das marcas nacionais e locais.

Assim foi em todos os tempos e não por acaso aumentam as divergências entre os revolucionários dos diversos países, sejam eles democratas, jacobinos, socialistas, social-democratas, comunistas, nacional-libertadores etc. Ou seja, é sempre um diálogo entre surdos o travado entre as correntes revolucionárias dos diversos países quando se busca estabelecer a unidade na ação em escala mundial ou regional, contra as forças da direita e do capitalismo. Fazendo justiça, só os anarquistas tentaram fugir dessa maldição da história, mas nunca passaram de um pequeno grupo incapaz de galvanizar milhões de pessoas.

A ação dos revolucionários de cada país, não obstante ingentes esforços em estabelecer liames internacionais, solidariedade de classe e dos oprimidos, sempre esteve aprisionada pela realidade de suas pátrias. Não por uma visão provinciana das questões. Mas, como o mitológico Anteu, que retirava sua força da Mãe-Terra, a potencialidade dos revolucionários é uma decorrência de sua umbilical relação com seu habitat, com a realidade próxima — de seu país, de sua província, de seu grupo cultural e religioso, de seu clã, de seus aglomerados familiares etc. Por isso é imprescindível fomentar laços de amizade e compreensão por cima das fronteiras, pois nada é mais nocivo ao mundo em que vivemos do que a impossibilidade de diálogo entre os seres humanos, particularmente o ódio entre povos e nações, como assistimos ao que ocorre nos Bálcãs, no Oriente Médio, na África e em outras regiões da Terra.

O retorno ao Brasil foi menos tenso e problemático do que a viagem de ida. A missão fora cumprida e eu conhecia os obstáculos e dificuldades que teria pela frente e sabia como enfrentá-los, principalmente como burlar o controle policial na fronteira do Chuí. Houve apenas um susto, à entrada de Porto Alegre. Uma patrulha fiscalizava a passagem de automóveis, porque havia uma denúncia de que o ex-prefeito de Porto Alegre, Sereno Chaise, brizolista, estava regressando do Uruguai. Tinham ordens apenas para detê-lo e no dia seguinte os jornais gaúchos noticiaram a sua prisão.

De São Paulo fui ao Rio, em setembro, para prestar aos membros da Comissão Executiva do PCB informação detalhada da missão em Montevidéu. Nesse encontro, por sugestão de Giocondo Dias, decidiu-se que os cinco mil dólares que Goulart me fornecera deveriam ficar em meu poder, para a montagem em São Paulo de um equipamento clandestino, destinado à impressão de materiais, desde que passara a ser vital a propaganda do Partido.

A esse trabalho, além de outras incumbências da direção partidária paulista, dediquei-me durante dois anos.

SINALIZAÇÃO PARA A RESISTÊNCIA

No conjunto das forças derrotadas, o sentimento em favor de uma resposta imediata ao golpe de Estado foi pouco a pouco substituído pela sensação de impotência diante dos novos governantes do Brasil. Esse estado de espírito era causado por alguns fatores. De um lado, o grosso da população abria crédito de confiança aos que propunham uma ampla reformulação na vida brasileira, acenando que seria colocado um ponto final nas "desordens" ocorridas nos últimos meses e iniciada a retomada do processo de desenvolvimento.

De outro lado, evidenciava-se que a "revolução" seria profunda e não se limitaria apenas a mudanças cosméticas, superficiais. Sentia-se que entre as forças vitoriosas havia uma pressão irresistível no sentido de uma alteração drástica em todo o arcabouço do regime político, que fora modelado pelas normas da Constituição de 1946. Diariamente eram divulgadas medidas radicais num crescendo assustador que atemorizava até as correntes e personalidades políticas que haviam aplaudido a deposição de Goulart.

Recorde-se como causou espanto aquele mote da pregação dos generais — "Não é o Congresso Nacional que legitima a Revolução, mas a Revolução é que legitima o Congresso Nacional". Wilson Figueiredo lembrou-me que esse conceito foi proposto por Chico Campos (o autor da "Polaca", de 1937), que o introduziu no texto do Ato Institucional, de 9 de abril de 1964, assinado pelos ministros militares. Ou seja, a cúpula militar proclamava que não se encontrava cerceada pelo Poder Legislativo, em que pontificavam figuras do tipo Auro de Moura Andrade e Ranieri Mazzilli, coniventes com o golpe de Estado.

Desarticulados, desorientados e sem apoio popular, nós, os derrotados, fomos cobertos pelo manto negro da impotência, da desesperança. Lutar contra isso passou a ser nosso objetivo principal. Agarrávamo-nos em qualquer episódio, valorizávamos até excessivamente as divergências no campo dos adversários e as pequenas manifestações de protesto contra os golpistas. Enfim, tentávamos incutir confiança, acendendo pequenas velas na escuridão do temporal que caía sobre nossas cabeças. Era esse o nosso dever.

Por essa razão, para incentivar a resistência, empenhei-me em montar uma aparelhagem clandestina para fazer panfletos e outros materiais de propaganda do Partido, pois contava com recursos financeiros e a possibilidade de mobilizar amigos e militantes do Partido. A primeira providência foi a aquisição de um equipamento de *off-set* importado da Tchecoslováquia.

Segui a indicação de pessoas entendidas, pois os mimeógrafos tradicionais estavam superados e com uma aparelhagem moderna se poderia usar cores nos materiais impressos. Embora tenhamos utilizado essa *off-set* durante dois anos, ela nos deu tremenda dor de cabeça, exigindo a constante assistência de um técnico. Descobrimos um companheiro que dominava o equipamento, mas muitas vezes éramos obrigados a suspender a impressão, porque nem sempre ele podia nos atender.

O artista plástico Gontran Guanaes colaborou ativamente no processo da confecção de materiais, fazendo ilustrações e melhorando a apresentação gráfica dos documentos. Além disso, Gontran mobilizou seu círculo de relações a fim de solucionarmos diversos problemas. Aos poucos, o estúdio dele e de Roberto Aguillar, na rua Frei Caneca, passou a ser uma oficina para a preparação de matrizes, que eu transportava até o local em que imprimíamos os materiais. Gontran também colocou à nossa disposição a residência de um parente seu em Osasco. Nela mantivemos um depósito de publicações. Do ponto de vista de segurança, arriscávamos ser descobertos, pois a maioria dos artistas plásticos de São Paulo decididamente não escondia sua militância oposicionista. Anos depois Gontran foi perseguido e teve de partir para o exílio.

Instalamos a *off-set* numa residência no bairro da Casa Verde alugada por um ex-vereador comunista em Mongaguá. O trabalho de impressão era feito por um jovem que trabalhara com Câmara Ferreira na distribuição de *Novos Rumos*. Não guardei o nome desse rapaz, que foi uma peça essencial em nossa propaganda clandestina. Extremamente dedicado, enfrentou com entusiasmo aquela missão insalubre, penosa e exaustiva, em que corria o risco de vir a sofrer muitos anos na prisão, caso sua atividade fosse descoberta. Esse "aparelho" na Casa Verde só durou um ano, pois aquele trabalho acabou despertando suspeitas dos vizinhos, o que atemorizou os moradores da casa. Ainda mais porque não dispúnhamos de uma viatura para fazer o transporte de papel, tinta, matrizes e para a retirada dos impressos.

A partir daí montamos um outro "aparelho" em melhores condições de segurança e com um pessoal mais experiente. Uma casa foi alugada na região do Caxingui e nela construímos um cômodo subterrâneo, com ventilação e instalações elétricas. Um alçapão e um revestimento acústico permitiam o funcionamento da *off-set* sem que vazasse qualquer som denunciador do que ali se fazia.

Com um veículo dedicado ao serviço dessa gráfica se realizava a carga e a descarga dos pacotes numa garagem fechada. Portanto, nenhum vizinho percebia qualquer movimentação suspeita. Quem tomou conta desse "aparelho" foi o casal Calil Dib e Maria Salas, comunistas com uma longa folha de militância. Trabalharam como impressores um gaúcho, Edmur, não conhecido em São Paulo como comunista, além daquele jovem treinado na gráfica da Casa Verde. As bases seguras do trabalho nesse "aparelho" foram comprovadas pelo fato de nunca haver sido localizado pela polícia. Assim, multiplicamos nossa propaganda, a ponto de editarmos quatro números de uma revista clandestina, denominada *Tema*, com cerca de 60 páginas, em média, e uma tiragem de 500 exemplares.

Nossa maior dificuldade era a circulação desses materiais, pois dependíamos dos canais partidários em São Paulo. Como era lenta e precária a reorganização da estrutura partidária, não conseguíamos expandir a difusão daquilo que produzíamos com tanto esforço. Por isso, pouco incomodávamos o regime militar. De qualquer forma, afirmávamos a sobrevivência do Partido, transmitindo nossa visão política aos comunistas e a um círculo limitado de simpatizantes.

Naquela fase, auxiliou-me na redação e revisão dos textos o engenheiro João Luís Barreiro de Araújo, antigo dirigente do Partido em Belém do Pará. Quando do golpe de Estado, ele fugiu com a esposa e os filhos pequenos para a Guiana Inglesa, de onde seguiu para Cuba e depois para a Europa. Retornou ao Brasil convencido de que deveria e poderia voltar a atuar no país, mas decidiu permanecer em São Paulo, prontificando-se a colaborar no setor que estava sob a minha responsabilidade. Pouco depois assumiu a tarefa de reorganizar o Partido em Osasco.

Tendo em vista a realização de uma conferência estadual partidária, iniciamos na revista *Tema* um debate a respeito da política dos comunistas no estado de São Paulo. (Pelo Estatuto do PCB, as conferências estaduais eram o órgão partidário máximo em cada um dos estados.) Essa discussão acirrou a luta interna, provocando inclusive um artigo de Prestes, de combate às teses defendidas por Moisés Vinhas, Moacir Longo, Odon Pereira e outros companheiros paulistas.

Três anos depois, em 1969, por sugestão do jornalista Milton Coelho da Graça, que trabalhava na Editora Abril, voltei a me envolver em outro trabalho clandestino de propaganda. Foi a publicação mensal de um folheto de seis páginas intitulado *Notícias Censuradas*. Essa iniciativa decorria do fato de que, com o Ato Institucional nº 5, de 13 de dezembro de 1968, a censura proibia a divulgação de muitas matérias por determinação do governo de Brasília.

Os jornalistas conseguiam obter cópias desses textos e havia interesse do público em conhecer aquilo sobre o que incidia o corte das tesouras dos censores em *O Estado de S. Paulo* e no *Jornal da Tarde*, além das ordens governamentais que chegavam às redações de outros órgãos de imprensa, como a revista *Veja*, da Editora Abril. Os jornalistas Milton Coelho da Graça, Jairo Régis e Carlos Maranhão coletavam essas matérias e Ruth Simis se encarregava dos detalhes dessa publicação.

PONDO AS MANGUINHAS DE FORA

Como minha aparência física era outra, pois desaparecera o visual conhecido do "deputado Marco Antônio Coelho", ao lado do trabalho clandestino de propaganda, como uma aranha vai tecendo sua rede alarguei os contatos com pessoas não pertencentes ao Partido, mas dispostas a enfrentar o regime militar. Círculo pequeno nos primeiros meses depois do golpe de Estado, mas que se ampliava semana após semana. Ao mesmo tempo, pisando em ovos, conversava com algumas personalidades do mundo político.

Fui colocando as manguinhas de fora porque na imensidão da Paulicéia me sentia num oceano, em que era um ilustre desconhecido. Pois a vida indica como é fácil se esconder nas multidões de uma metrópole, embora dentro dela cada um seja um solitário, ligado no máximo a um grupo de indivíduos — familiares, colegas de trabalho, amigos por afinidades culturais e religiosas etc.

Comecei a descobrir a cidade de São Paulo andando a pé, de bonde e de ônibus, a localizar suas regiões longínquas, a identificar seus corredores de tráfego, a saber as horas e os locais de congestionamento no trânsito, mesmo porque não podia malbaratar meus limitados recursos financeiros. Pouco a pouco aprendi que teria de concentrar minhas "aventuras" nas zonas sul e oeste da capital. Diariamente programava meus trajetos, porque também era indispensável economizar o tempo gasto na locomoção dentro do mundo paulistano.

Circulava com tranqüilidade também porque logo consegui documentos de identidade falsos, através de um despachante, useiro e vezeiro nessa arte. Verdadeiramente, ganhar uma nova identidade não era um bicho de sete cabeças. Tudo se falsificava a partir de um bendito papel, como uma certidão de nascimento, denominação apropriada porque com ele na mão pode-se registrar um "novo" brasileiro. Ora, papéis desse tipo são perdidos, deixados em qualquer lugar, e se descaminham facilmente. No meu caso, o despachante arranjou a certidão de um certo "Alcides Violim", natural de Boracéia, cidade no estado de São Paulo.

Pois bem, eu fui e vivi como Alcides Violim durante mais de dez anos, até minha prisão em 1975, quando não mais consegui escapar da casca de Marco Antônio Tavares Coelho. Com uma fotografia tirada num lambe-lambe da praça da Sé, o despachante trouxe-me da polícia uma cédula de identidade legítima, com esse nome horrível. Um ano depois, acompanhado de Teresa, tirei em Campinas uma carteira de motorista para Alcides Violim, tendo de submeter-me a um exame de motorista. Quase fui reprovado, não obstante dirigir automóveis desde 1953. Quando recebi uma missão na Europa, em 1967, o despachante conseguiu tirar um passaporte para Alcides Violim. Depois, até exagerei, porque solicitei à polícia outro passaporte para meu *alter ego*. Assim, entrei e saí pelos aeroportos de São Paulo e Recife sem problemas, como também pelos postos nas fronteiras com o Uruguai e a Argentina. Cruzei tais barreiras cerca de dez vezes.

Uma vez, porém, quase fui agarrado por mera burrice e relaxamento, tal era minha excessiva confiança nesses documentos falsos. Foi carimbada num dos passaportes de Alcides Violim a saída do país em Uruguaiana, mas apresentei um outro passaporte no aeroporto de Viracopos, ao regressar da França. A anormalidade logo foi constatada pela Polícia Federal. Levei uma boa meia hora para convencer um delegado a considerar o incidente como um fato sem maior importância. Entretanto, o policial percebeu e comentou que as minhas mãos estavam trêmulas. Tive de explicar que esse tremor resultava de uma doença, insistindo em que havia ido ao exterior em conseqüência de negócios com exportações de café.

Aliviado por me safar daquele interrogatório, ao sair de Viracopos, prometi a mim mesmo nunca mais repetir essa imprudência. Ao agir dessa maneira corria um sério risco. Se fosse preso no aeroporto poderiam desaparecer comigo, pois ninguém do Partido sabia que estava fazendo aquele trajeto, posto que organizava sozinho minhas viagens. O uso por muitos anos e sem problemas de um documento falso de identidade termina levando uma pessoa a se acostumar com essa irregularidade, deixando de atentar para determinados detalhes. Daí surpresas desagradáveis acabam acontecendo.

Certa vez fui parado num posto da polícia rodoviária na rodovia Presidente Dutra; apresentei os documentos indispensáveis; mas o policial perguntou o nome de meu pai (isto é, do pai de Alcides Violim); tive de pedir a ele de volta a cédula de identidade, para saber qual era o nome de meu pai, alegando que era escrito de forma diferente em cada documento; enfim, uma resposta sem pé nem cabeça, mas o policial terminou por engolir a desculpa esfarrapada, talvez porque naquele dia não estava disposto a cumprir sua função.

Nunca tive qualquer notícia do verdadeiro Alcides Violim, nem sei se está vivo. Aqui, peço desculpas a ele por haver abusado de seu nome e agradeço penhorado sua involuntária ajuda, dada a um aflito que fez essa tramóia por absoluta necessidade. Afirmo, todavia, que nunca realizei qualquer transação comercial que pudesse trazer prejuízos financeiros ao senhor Alcides Violim.

Preocupados em incentivar a resistência à ditadura no Congresso Nacional, os companheiros de São Paulo organizaram um encontro com o então deputado federal Mário Covas. Apesar de termos sido eleitos em 1962 pela mesma legenda partidária (PST), eu não estabelecera, nos meses que passei na Câmara do Deputados, maior ligação com o jovem parlamentar santista. Cautelosamente, ele se adaptava aos poucos à atividade parlamentar.

Quando foram cassados os mandatos dos deputados que formavam a linha de frente de apoio ao governo Goulart, Mário Covas não foi afastado do Parlamento. Mas não se intimidou e nem se curvou, erguendo com altivez a bandeira da democracia. Em 1965 fui visitá-lo em sua residência, em Santos. Ele se espantou com as mudanças em minha aparência e disse que não me reconheceria em um encontro casual.

Só muitos anos depois, em 1985, quando ele era o prefeito de São Paulo e eu trabalhava com Arnaldo Madeira, na Secretaria Municipal de Habitação e Desenvolvimento Urbano, voltei a falar com Mário Covas. Ele foi logo dizendo: "Puxa vida, você está sempre mudando de fisionomia." Nesse segundo episódio, porém, a transformação foi causada meramente pelo escoar natural do tempo e pelas agruras da vida.

Naquele dias sombrios de 1965, Covas me fez uma longa exposição sobre o que sucedia na Câmara dos Deputados, informando sobre a disposição de diversos deputados de resistir às medidas arbitrárias dos generais. Estava entusiasmado com Ulisses Guimarães, que, por ocasião do golpe de Estado, ficara em cima do muro. Entretanto, Covas insistiu que tudo indicava que não seria fácil barrar a linha dura, que predominava entre os militares.

Por duas vezes encontrei Jânio Quadros. Na primeira, em sua residência, em São Paulo, a conversa não prosperou porque na hora apareceu o general Olímpio Mourão — a "vaca fardada" que detonou o movimento militar de 1964. Devido a esse transtorno, sumamente constrangedor, não nos foi possível uma conversa franca sobre os rumos do país. Na segunda oportunidade, eu e Odon Pereira estivemos cerca de duas horas com Jânio na varanda de sua casa de praia, no Guarujá. Incentivados por excelente cachaça, por duas horas jogamos conversa fora. Inquirido sobre seus planos políticos, o ex-presidente da República não nos revelou nada de interessante. Apenas informou que pessoas ligadas ao governo de Brasília acenavam com o cancelamento da cassação de seus direitos políticos. Daí concluímos que Jânio Quadros não estava disposto a se engajar numa ação contra o regime militar.

Junto com Moacir Longo, realizamos uma sondagem com os ademaristas. Visitamos o deputado federal Cantídio Sampaio em sua residência, na avenida Santo Amaro. Ele era exatamente o chefe de polícia do governo estadual, mas sempre mantivera uma postura não preconceituosa em relação aos comunistas. Na Câmara dos Deputados, gostava de dialogar comigo, concordando com muitas das teses que eu defendia. Cantídio Sampaio nos informou que Ademar de Barros não concordava com alterações no calendário político, que previa a eleição direta para a Presidência da República em 1965. Aproveitamos a oportunidade para estimular a resistência de Ademar aos planos da ditadura. Entretanto, o rolo compressor da cúpula militar liquidou a questão.

Apesar de haver sido decretada minha prisão preventiva pela Justiça Militar, em conseqüência do processo das "cadernetas de Prestes" (no qual fui condenado a sete anos de prisão), continuei ampliando minha atividade política. Um dado em particular acelerou esse trabalho: o retorno do exílio, em setembro ou outubro de 1964, do deputado cassado Rubens Paiva.

Quando soube da presença desse ex-colega em São Paulo, após vários meses de sua permanência na Europa, reatei uma ligação que se prolongou por quase nove anos, até as vésperas de seu assassinato pelos agentes do DOI/CODI, no Rio. O "alemão", como era carinhosamente chamado por seus amigos, vinha com a corda toda a fim de contribuir para a resistência democrática.

Por intermédio de Rubens Paiva reencontrei o jornalista Cláudio Abramo, que conhecera em Brasília, na Granja do Ipê, quando Darcy Ribeiro era o chefe da Casa Civil de João Goulart. A partir desse contato, estabelecido na residência do ex-deputado, Radhá e Cláudio Abramo tornaram-se as pessoas com quem eu e minha família convivemos mais estreitamente em São Paulo, aqueles que, de forma corajosa e desassombrada, foram o ponto de apoio mais sólido e mais fraternal para mim, para Teresa e meus filhos. Verdadeiramente, Radhá e Cláudio nos adotaram naqueles tempos adversos.

Rubens Paiva começou a me apresentar a personalidades de inegável prestígio em São Paulo. Certa vez me levou a uma reunião em casa de Pedro Paulo

Popovic, para conversar com Fernando Henrique Cardoso, que estava de passagem, pois trabalhava na Cepal, no Chile. Naquela troca de opiniões, FHC discordou de uma opinião que expressei no sentido de que deveríamos tentar aproveitar as divergências entre Ademar de Barros e os governantes de Brasília. Os fatos posteriores demonstraram meu equívoco.

Aos poucos, fui me envolvendo em projetos políticos de Rubens Paiva. O mais importante deles foi em torno da edição paulista do jornal *Última Hora*, de propriedade de Samuel Wainer. Os novos governantes desejavam silenciar aquele órgão de imprensa, que prestou tantos serviços ao país ao defender causas progressistas e nacionalistas. Sem poder assumir ostensivamente a direção da UH, Rubens Paiva dedicou-se a buscar para ela respaldo nos meios empresariais e a colaborar na preparação de matérias em defesa da indústria nacional. Assim, fui praticamente contratado para trabalhar no Departamento de Pesquisa desse jornal, que funcionava numa sala isolada da redação, na avenida Prestes Maia.

Passei, então, a ser o "Oliveira", subordinado diretamente à direção. Nesse Departamento trabalhavam os jornalistas Carlos Luís de Andrade (pernambucano, deputado estadual cassado pela "revolução"), Eurico Andrade e Maurício Capovilla, que dava seus primeiros passos como diretor de cinema. Os três sabiam quem realmente era o "Oliveira". Ali estava, pois, um ninho de "subversivos" que preparava petardos contra a política de Roberto Campos.

Sempre com receio de topar com algum "dedo-duro", eu aparecia na redação da UH uma vez por semana para entregar as matérias e saber se teria de fazer alguma alteração. Mensalmente recebia o pró-labore. As pautas das reportagens eram elaboradas com Rubens Paiva, na sua empresa de engenharia, à rua Conselheiro Crispiniano. Eu escrevia os textos no escritório do jornalista Costa Pinto, na avenida Casper Libero.

Recordo-me de algumas reportagens publicadas pela UH resultantes de minhas pesquisas. Uma delas foi sobre a nascente indústria nacional de plásticos, na época marcada pela presença de inúmeras pequenas empresas e algumas de porte médio. Os dados mais importantes foram fornecidos por Dilson Funaro, em longa entrevista dada na Trol, na fábrica localizada na Vila Leopoldina. Nessas reportagens, advertíamos que todas essas indústrias seriam liquidadas se persistisse a política de Roberto Campos. Uma previsão amplamente confirmada pelos fatos posteriores. Dedicamos igualmente uma série de reportagens à indústria de moagem de trigo, defendendo sobretudo o Moinho São Jorge, que enfrentava a concorrência das subsidiárias de multinacionais. Essa minha "aventura" na UH durou tão-somente seis meses, porque o jornal foi liquidado pela pressão do governo e porque a liderança industrial concordava com a política de Roberto Campos.

Mas mesmo antes disso já havia decidido a não continuar naquele trabalho, em razão de um acontecimento. Certo dia, Eurico Andrade me aguardava na portaria do jornal para avisar que, na sala do Departamento de Pesquisa, investigadores do DOPS acabavam de prender Carlos Luís de Andrade. Esse fato me levou a compreender que estava me arriscando em demasia naquela atividade num órgão de imprensa muito perseguido pelas autoridades.

No correr de 1966 fui observando a importância de contatos permanentes com certas figuras dos meios culturais de São Paulo. Enquanto as personalidades do mundo político sentiam-se manietadas, na intelectualidade evidenciava-se a vontade de uma ação mais efetiva de resistência ao regime ditatorial. Comecei então a dedicar mais tempo a essa atividade. Para tanto, apoiei-me sobretudo em dois estudantes comunistas que estavam terminando sua graduação na Universidade de São Paulo — Vera Brizola, na Faculdade de Filosofia, e Rodolfo Peano, na Faculdade de Economia e Administração.

Os dois destacavam-se no meio estudantil pela liderança que exerciam entre seus colegas. Despidos de qualquer sectarismo e de uma visão anacrônica da luta política no Brasil, intentavam abrir novos caminhos para o PCB. Comecei a entender as conseqüências da renovação do ensino superior em São Paulo, ocorrida com a organização da USP e a criação da Escola de Sociologia e Política. Na área de Ciências Humanas, era visível a repercussão entre os estudantes dos ensinamentos dos mestres franceses — como os dois Bastide, Braudel, Monbeig e os professores da geração de Florestan Fernandes: Fernando Henrique Cardoso, Octavio Ianni, José Arthur Giannotti, Maria Isaura Pereira de Queiroz, Paul Singer, Luiz Pereira, Juarez Brandão Lopes e outros.

Meu relacionamento com Vera Brizola começou em 1960, quando ela foi uma das delegadas ao Festival Mundial da Juventude. Com seu irmão, Dirceu, estivemos em diversos países, inclusive no Cazaquistão, na Ásia Central. Quanto a Rodolfo Peano, encontrei-o pela primeira em 1963, no Congresso Nacional de Estudantes, em Santo André. Um dado singular em sua história familiar atraiu meu interesse por ele. Na década de 1920 o pai de Rodolfo Peano foi um militante sindical dos mais ativos nas cidades industriais italianas, como Turim e Milão. Transferiu-se para a Argentina e tornou-se um dos dirigentes do Partido Comunista. Por determinação do Bureau Sul-Americano da Internacional Comunista, em 1934 veio auxiliar na organização do Partido nas fábricas de São Paulo. Aqui casou-se com Estelinha Saraiva, de conceituada família de Uberlândia.

Sendo homem experiente, na direção paulista do PCB o velho Peano opinou contra a rebelião militar em novembro de 1935. Com a violenta repressão policial após a derrota do movimento, ele e a esposa foram perseguidos com tenacidade. Invadiram a casa em que moravam e apenas encontram uma criança — Rodolfo. Este foi deixado em poder de estranhos, naturalmente ligados à polícia. Mas a família Saraiva conseguiu recuperar o menino, embora seus pais estivessem impossibilitados de aparecer.

Rodolfo Peano foi um dos mais brilhantes estudantes de sua geração. Depois firmou-se como um executivo prestigiado de várias empresas sediadas em São Paulo e em órgãos governamentais. Devo a ele a primeira aproximação com o professor Paul Singer, então um dos dirigentes do Partido Socialista Brasileiro. Em 1965 fui a um encontro, no apartamento de Paul Singer, na avenida São João, com os principais responsáveis do PSB, entre os quais Fúlvio Abramo. Ficou estabelecida a unidade de ação dos socialistas e dos comunistas em São Paulo, na luta contra a ditadura. Ficou claro que as divergências no passado, entre essas duas correntes, eram um fato superado. As conseqüências desse entendimento todavia foram mínimas, porque, além da ditadura haver tornado ainda mais difícil as atividades da oposição, um Ato Institucional dissolveu os partidos políticos, inclusive o PSB.

Naquele período, por sugestão de Vera Brizola e acompanhados por Roberto Schwartz, tivemos uma longa conversa com Caio Prado Júnior, na casa do historiador, no Jardim Paulista. Fomos transmitir a ele um apelo no sentido de continuar editando a *Revista Brasiliense*, que desempenhava papel tão influente entre a intelectualidade, mas que não circulava desde o golpe de Estado. Muito afável, Caio Prado Júnior informou sobre as dificuldades que o levaram a suspender a publicação da revista. Obviamente, dera prioridade à elaboração de seu livro *A Revolução Brasileira*, para apresentar suas idéias sobre a política das correntes revolucionárias no Brasil.

Outra iniciativa de Vera Brizola foi a organização de um encontro com Octavio Ianni, um dos mais lúcidos cientistas sociais da USP, com obras significativas para o estudo da realidade brasileira. Era enorme meu interesse em conhecer a opinião de Ianni a respeito do momento político. Só anos mais tarde, lendo alguns dos livros de Ianni, é que avaliei o alcance e a profundidade de sua contribuição crítica à política do PCB.

Vera Brizola propiciou igualmente um contato com Leôncio Martins Rodrigues, cientista político da USP, dedicado à pesquisa do movimento operário. Fizemos com ele alguns debates em torno de suas opiniões a propósito da atuação dos comunistas nos sindicatos. Mesmo sem concordar integralmente com suas teses, para mim evidenciou-se a riqueza dos estudos empreendidos na universidade sobre o movimento sindical brasileiro, notadamente nos livros de Leôncio, Luiz Pereira e Juarez Brandão Lopes.

A partir de 1966, sempre que possível, marcava encontros com Mario Schenberg e Vilanova Artigas. A influência dos dois era decisiva em São Paulo, por sua visão absolutamente singular e abrangente dos problemas no panorama cultural e político de nosso país.

As conversas com Schenberg não eram fáceis, em conseqüência de sua capacidade de abstração e de exame dos grandes problemas do mundo, levando o debate para hipóteses distantes da prática em que eu estava metido até os cabelos. Seu pensamento refletia naturalmente o treino do físico teórico, acostumado a raciocínios lógicos inacessíveis aos mortais comuns. Eu grifava na memória suas indicações mais claras, para as quais deveria estar atento nas discussões políticas no Partido.

Inteiramente diversos eram os encontros com Artigas. Ele também não se mantinha preso às questões do dia-a-dia do combate político. Mas estava sempre pesquisando a realidade para extrair dela lições no plano estético, o que o levava a valorizar com acuidade inovações culturais, notadamente em questões relacionadas com o desenvolvimento urbano, com a arquitetura e as artes plásticas.

Tudo que dizia vinha com a força de um pensamento arrojado, apaixonado e também sofredor. Eu saía de seu escritório lastimando que suas observações não fossem registradas em textos escritos, para uma análise posterior de sua obra, sem dúvida uma das mais expressivas e criativas da cultura brasileira neste século.

Além dessas atividades entre os intelectuais, surgiu a oportunidade de melhor conhecer o estado de São Paulo. Assim, fui a reuniões e encontros em Ribeirão Preto, Americana e, principalmente, em Santos.

Desci à cidade portuária diversas vezes. Em algumas delas sem motivação política, apenas para levar meus filhos às praias ou para visitar um cunhado, que ali morou durante anos. Na verdade, eu gostava de encontrar os companheiros daquela cidade e de conversar com Dante Leonelli, José Arnaldo Rossi, Luís Rodrigues Corvo e também com militantes do Partido no porto, entre os quais o velho Bernardino, o experiente líder dos estivadores comunistas.

Tais fugas me agradavam profundamente, porque, além de usufruir daquele ambiente, o contato com os santistas me fazia recordar do Rio. Gente alegre, progressista, sem preconceitos e longe da vida tensa dos paulistanos.

13

COMBATE EM VÁRIAS FRENTES

A memória coletiva é surpreendente, pois as brumas do tempo dissolvem de forma inexorável o acontecido. Para os velhos as lembranças vão esmaecendo e se tornam história para os novos. Quando hoje vem à baila que eu e minha família vivemos mais de onze anos na clandestinidade — de 1964 a 1975, quando fui preso — diversas pessoas me perguntam como era nosso cotidiano naquele quadro de angústia e incertezas. Aqui me disponho a fazer um relato de alguns aspectos daqueles dias dominados pela insegurança permanente, pois a vida de um fugitivo é regida pela anormalidade. Só na aparência é um homem comum.

Meu caso não foi excepcional. O mesmo aconteceu com centenas de militantes políticos, comunistas e filiados a outras organizações de esquerda, que, perseguidos pela ditadura, também viveram esse infortúnio. Alguns tiveram a vida até mais estraçalhada do que a minha, com familiares que se espalharam por longínquos rincões, como documentou o belíssimo filme de Eduardo Coutinho — *Cabra marcado para morrer*. Outros perseguidos foram obrigados a romper laços familiares. Segundo uma notícia de jornal, um deles mudou de família, constituiu outra, nada mais desejando com a primeira. Com outros, o uso arraigado de um "nome de guerra" levou ao desuso do nome de nascença. Recordo o caso do deputado e médico Adão Pereira Nunes, que, na clandestinidade dos anos 50, clinicou no interior paulista com o nome de "Manoel". Pois bem, muitos anos depois, como deputado federal e morando em Brasília, sua mulher só o chamava de "Manoel", pois jamais se acostumou a tratá-lo pelo nome verdadeiro.

Houve de tudo. Mas, pairam sobre todos os fatos os assassinatos e desaparecimentos de dezenas de presos políticos, monstruosidade que não pode cair no esquecimento. Tudo isso precisa ser colocado no débito do regime militar com o povo brasileiro.

Em fins de 1965, minha mulher, Teresa, de forma inarredável, decidiu que eu não deveria mais viver sozinho em São Paulo, pois tudo indicava que a separação seria por muito tempo. Ela estava bem em casa de minha sogra, cercada de carinho, mas desejava que vivêssemos juntos, tendo em vista principalmente a educação das crianças.

Nos primeiros meses depois do golpe de Estado, durante três dias estive na capital mineira, levado por um funcionário do Banco do Brasil e sua esposa, numa viagem relâmpago. Meses depois, Teresa e as crianças passaram alguns dias comigo em São Paulo, por ocasião das férias, em julho de 1965. Radhá e Cláudio Abramo propiciaram esse encontro, colocando à nossa disposição uma casa na Vila Sônia. Ali ficamos duas semanas. As duas filhas dos Abramo, Bárbara e Berenice, se entrosaram tanto com os meus, que, afinal, permanecemos mais tempo na casa deles, na rua Alves Guimarães.

Os poucos dias em que nos reuníamos, ao contrário de aliviar a angústia da separação, indicavam a urgência de a família viver debaixo do mesmo teto. Transpirava, pelas informações que eu transmitia, que minha vida em casas de estranhos não me assegurava o conforto de um lar e condições razoáveis para meu trabalho. Teresa também temia permanecermos distantes, pois, normalmente, surgem problemas, que exigem a intervenção solidária e conjunta da família.

Eu tivera, em 1965, uma violenta crise renal, que se repetiu depois. Na primeira vez, sofri mais de duas horas com dores atrozes, pouco antes de um "ponto" com Câmara Ferreira, na região da avenida Paulista. Fui tomando doses sucessivas de analgésicos, mas as dores se agravavam. Sofria até com o peso da calça sobre o abdome. Por sorte, junto com Câmara estava um médico — José Eduardo Fernandes, nosso companheiro. Ante a gravidade do quadro, imediatamente levou-me para o consultório de um excelente médico e militante do Partido, José de

Barros Magaldi, na avenida Paulista. Experiente clínico, ele logo constatou crise renal e iniciou o tratamento de emergência. Magaldi desejou me internar no Hospital das Clínicas, porque não julgava prudente que eu pernoitasse num local em que não pudesse informar-lhe sobre a evolução da crise. Afinal, concordou em me deixar no apartamento dos Monteil, o que levou Juliette Monteil a permanecer a noite toda acordada, embora a crise fosse amainando até que pela manhã consegui expelir o cálculo. Fiquei em observação mais dois dias com os Monteil.

A vinda de Teresa e das crianças para São Paulo era dificultada por certos problemas. O primeiro era o custo da montagem de uma casa e de sua manutenção permanente. Não podia recorrer ao Partido, pois o golpe de Estado desestruturara as finanças da organização. E nossas famílias estavam arcando, há muitos meses, com a sobrecarga de nossas despesas.

A solução para o problema veio por um acaso. Certo dia, recebi um recado da deputada Ivete Vargas para aparecer em seu apartamento, na rua Baronesa de Itu. Contou-me que os colegas que não haviam sido cassados fizeram um movimento na Câmara dos Deputados para que o Instituto de Previdência dos Congressistas (IPC), recém-formado, concedesse pensão aos parlamentares cassados mais necessitados, mesmo àqueles que haviam exercido o mandato apenas por poucos anos. Para suprir a carência legal, Ivete Vargas fizera uma coleta para cobrir a indispensável exigência financeira. Pediu-me para preencher a papelada indispensável para me incluir na lista de pensionistas do IPC. Com isso, desde então, e até hoje, me enviam uma módica importância.

O outro problema estava relacionado com o aluguel de uma casa, o que sempre exige documentação complexa, fiadores e outras chatices. Por isso o contrato foi sacramentado em nome de meu cunhado, Tatão Pimentel de Castro, tendo como fiador Paul Monteil. Alugamos um sobradinho numa vila pacata nos baixios da Barra Funda, na rua Conselheiro Brotero. Assumindo uma postura não amigável, resolvemos não estabelecer qualquer relacionamento com a vizinhança. Nossas crianças foram esclarecidas sobre a necessidade desse distanciamento, um fato estranho no ambiente tão cordial predominante nas vilas. (Em São Paulo, vila é um conjunto de casas, em geral geminadas, em torno de um pátio e com uma única entrada para os automóveis dos moradores.)

O terceiro problema dizia respeito à matrícula de meus filhos numa escola, uma vez que os nomes dos pais das crianças deveriam aparecer. Note-se que, naquela época, meu nome com freqüência saía nos jornais como uma das pessoas com prisão preventiva decretada pela Justiça Militar. Poderia tê-los matriculado com outros nomes, mas descartei esse caminho, por me lembrar do que sucedera com os filhos de Giocondo Dias. Esses, na clandestinidade entre os anos de 1947 e 1956, fizeram o curso primário com nomes supostos e depois tiveram de refazer vários anos escolares para ingressar no curso ginasial.

Um dado agravava esse ponto — o fato de meu filho carregar meu nome por inteiro. Idéia que partiu de Teresa, à qual me curvei, muito lisonjeado. O que, depois, lastimei, pelo risco que corremos durante os anos de clandestinidade. Ademais, havia o custo mensal dessa educação, pois minha receita não permitia pagar uma escola particular para dois filhos. Os companheiros do Partido encontraram uma solução perfeita para esse duplo problema. Na colônia israelita de São Paulo atuava um pequeno grupo de comunistas e de pessoas de esquerda com forte presença em várias organizações sociais.

Eles mantinham uma escola primária — a Sholem Aleichem, dirigida pela médica e educadora Frima Grispum. Esses amigos decidiram conceder bolsas de estudo às crianças. Auxílio financeiro valioso e inestimável até mesmo do ponto de vista da minha segurança, desde que nos vários anos em que as crianças estiveram nessa escola nada transpirou. Além disso, a Sholem Aleichem era considerada um dos melhores educandários da capital de São Paulo, com uma orientação pedagógica moderna. Seus professores eram excelentes e entusiasmados com seu trabalho. Por isso, Simone e Marquinho tiveram uma base sólida para sua ulterior formação escolar.

Esse fato contribuiu para a minha ligação permanente com o núcleo de esquerda da colônia israelita, pois ao longo de vários anos compartilhei dos complexos problemas dos judeus progressistas. Esse grupo fora muito influente em São Paulo, nas décadas anteriores, em conseqüência da participação combativa de judeus no movimento comunista mundial e na luta contra o anti-semitismo nazifascista.

A influência começou a declinar por muitas razões, entre as quais o caminho seguido pelo Estado de Israel, que, deixando de lado os princípios humanitários e socialistas de seus idealizadores, por diversos fatores acabou se tornando um bastião dos Estados Unidos no Oriente Médio. Ao lado disso e graças à sua inegável capacidade, muitos dos filhos e netos dos imigrantes judeus em São Paulo prosperaram e se tornaram empresários de sucesso. Assim, outros ideais predominaram nas novas gerações das famílias israelitas. O golpe de morte na influência do grupo progressista na colônia judaica de São Paulo decorreu, porém, de dupla causa: a evidência de anti-semitismo na União Soviética e as guerras entre Israel e países árabes, quando estes lançaram o brado de *delenda Israel*.

Acabrunhado, acompanhei o retrocesso inexorável desse grupo que realizava notável trabalho político e que deu a São Paulo uma contribuição riquíssima em diversas áreas da cultura — universidade, imprensa, televisão, teatro, literatura, artes plásticas, profissões liberais etc. Contribuição que ainda hoje é visível no trabalho de dezenas de pessoas de origem israelita, que brilham no horizonte cultural paulista e de outros estados. Tudo isso em razão da luta e dos exemplos de uns poucos, impulsionados por figuras como Jacob Wolfenson, o pequeno comunista pernambucano radicado em São Paulo na década de 1940, assim como outras personalidades, como Elisa Kaufmann. E muitos que conservaram essa bandeira, como Alberto Goldman, José Serber, Max Altman, Saul Grispum, Júlio Kassoy e Mário Schwartzman.

NA BATALHA DAS IDÉIAS

Regularizada minha vida familiar, comecei a me empenhar em outras áreas, ao lado do trabalho de propaganda clandestina que realizava na direção partidária de São Paulo. Meu propósito era buscar meios para fustigar o regime militar. Havíamos entrado na fase que foi de 1965 até a implantação completa do arbítrio, em dezembro de 1968, com o Ato Institucional nº 5. Naqueles quatro anos compartilhei do penoso e lento trabalho de desmistificar a ditadura, de pôr abaixo suas teses, desnudando o véu de sua pretensa "revolução", a fim de abrir caminho para a aglutinação de forças na sociedade civil.

No entanto, a ditadura estava ainda em sua fase ascendente, pois não se esgotara o seu potencial de violência. Aos poucos, porém, foi perdendo a justificativa com a qual se apresentara para violar a ordem constitucional — o respeito à legalidade democrática. Com isso, novas forças políticas começaram a se engajar na oposição, o que me deixava animado, porque nos sentíamos menos isolados na sociedade brasileira.

Eu conseguira trazer de Belo Horizonte para São Paulo um fusca adquirido em Brasília, quando era deputado federal. A utilização desse veículo deu-me mais liberdade para circular em São Paulo e viajar com freqüência ao Rio, onde era mais ativa a movimentação do mundo cultural e político. Nesta cidade eu dispunha do apoio de um bom círculo de amigos e de militantes do Partido, como os casais Hélia Ziller e Meyer Kamenietsky e Helena Besserman e Luís Guilherme Vianna.

O primeiro grito público de protesto partiu, se não me falha a memória, do espetáculo *Opinião*, de Oduvaldo Vianna Filho, o Vianinha, com Nara Leão, Zé Keti e João do Vale. A repercussão do *show* demonstrava como o estado de espírito dos cariocas não era mais de conformismo, como nos primeiros meses depois do golpe de Estado. Não resisti à tentação de ver aquele *show*. Confiando no disfarce de minha aparência física, emocionado, da platéia avaliei o impacto de sua mensagem de resistência à opressão. Ao término do espetáculo fui cumprimentar Vianinha, declinando meu nome, pois ele não havia me reconhecido, embora nos idos de 1962 ele tivesse organizado atos de apoio a minha candidatura. Em resposta, ele me abraçou com força, repetindo: "Estamos aí. Lutando."

Em março de 1965 começou a circular a *Revista Civilização Brasileira*, dirigida e patrocinada por Ênio Silveira, com a colaboração de Dias Gomes, Moacyr Felix, M. Cavalcanti Proença, Roland Corbisier, Nelson Werneck Sodré, Otto Maria Carpeaux, Leandro Konder, Luiz Mário Gazzaneo, Ferreira Gullar, Octávio Ianni e muitos outros.

Simultaneamente à revista, Ênio Silveira lançou-se em um empreendimento nunca visto no Brasil, pela sua magnitude e qualidade: a edição de centenas de livros, nos diversos campos da cultura, todos no sentido de entregar ao público contribuições fundamentais para o *aggiornamento* da intelectualidade brasileira. Desde a edição de livros consagrados, como a tradução de *O Capital* e das obras de Gramsci, até o lançamento de autores brasileiros que não encontravam acolhida nas editoras tradicionais.

Ênio Silveira realizou uma autêntica revolução cultural que influiu decisivamente nos círculos que formam a opinião pública em nosso país. Por isso sofreu uma repressão sem quartel dos órgãos policiais. Ênio foi preso e processado diversas vezes e sua editora foi alvo de atentados terroristas, até que, anos depois, sucumbiu diante do cerco implacável da ditadura.

Ao mesmo tempo, a imprensa brasileira começou a assumir uma posição crítica em relação ao regime, destacando-se a conduta desassombrada do *Correio da Manhã*, sob a direção de Niomar Moniz Sodré. A *Tribuna da Imprensa* e o *Jornal do Brasil* também começaram a questionar aspectos da política do governo. Em São Paulo, o que se via era a postura nova da *Folha de S. Paulo*, sob a direção de Cláudio Abramo, assim como a reviravolta empreendida pelos Mesquita, de *O Estado de S. Paulo*, em relação ao regime implantado no país. Tiveram destaque nessa empreitada alguns dos mais corajosos articulistas e repórteres, como Tristão de Athayde, Carlos Heitor Cony, Hermano Alves, Márcio Moreira Alves, Antonio Callado e muitos outros.

Tudo confluía, portanto, para o esgarçamento da base política em que se apoiava o regime. Vários fatos indicavam a possibilidade de algumas das lideranças que haviam apoiado o golpe — como Carlos Lacerda e Ademar de Barros — se incorporarem à luta da oposição. Todavia, nosso inimigo não estava inerte e se preparava para contra-atacar. Mas no campo raso do entrechoque político nossas bandeiras é que ganhavam força.

Naquela altura, relembrando uma lição de Roger Garaudy ouvida em Belo Horizonte, eu entendia ser de vital importância o engajamento na batalha das idéias, pois fervilhavam as mais diversificadas teses sobre a retomada da luta pelo desenvolvimento político, social e econômico do Brasil. Essa atuação era absolutamente indispensável, desde que a fragorosa derrota, em abril de 1964, exigia uma revisão crítica profunda na política dos que se opunham ao regime militar.

Solicitei então aos companheiros do Partido uma licença de três meses, para elaborar um texto com a minha visão do processo político brasileiro e da conduta dos comunistas. Por causa disso tinha de interromper a realização de tarefas miúdas, encontros e "pontos" sucessivos, os quais na verdade levavam a uma enorme e inconseqüente perda de tempo.

Dediquei-me com afinco a essa idéia e depois de quatro meses concluí um documento de 120 páginas. Trabalho feito em condições precárias, porque na situação de clandestinidade não podia recorrer a bibliotecas públicas. Apoiei-me apenas em poucos livros e num maço de recortes de jornais e revistas e utilizei uma velha máquina de escrever emprestada por Cláudio Abramo. Esse texto foi submetido à apreciação de alguns companheiros, entre os quais Giocondo Dias, Dinarco Reis, Armênio Guedes e Renato Guimarães, que concordavam comigo nas linhas gerais, embora ficasse claro que todos reclamavam a necessidade de uma pesquisa mais ampla.

O resultado final dessa atividade foi parcialmente positivo. Seu primeiro capítulo, intitulado "Causas da derrocada de Primeiro de Abril", foi publicado como artigo no nº 8 da *Revista Civilização Brasileira*, em julho de 1966, com o pseudônimo de Assis Tavares. Na época não teve muita repercussão.

Somente o escritor e jornalista Arnaldo Pedroso d'Horta o comentou longamente no *Jornal da Tarde*, em artigo intitulado "Crítica e autocrítica" (21/11/66). Refletindo sua arraigada visão trotskista aliada às concepções da corrente udenista do jornal de Júlio Mesquita Filho, ele demoliu a minha análise, embora afirmasse que a mesma abordava "problemas dignos de debate, no quadro da política nacional". Essa foi a sua conclusão: "Vê-se aqui o mar de contradições em que se debate o sr. Assis Tavares: 1) o proletariado paulista passou por uma autêntica revolução, que lhe foi propiciada pelo desenvolvimento de nosso capitalismo; 2) em conseqüência, as vagas promessas de revolução social deixaram de atraí-lo; 3) politicamente, ele continuou preso aos líderes políticos do capitalismo; 4) as greves decretadas por Goulart não convenceram os operários das empresas particulares, arrastando apenas os das entidades estatais; 5) apesar disso, os trabalhadores deviam defender o governo Goulart contra seus "piores inimigos". Vê-se bem que as peças desse jogo não encaixam uma na outra."

Tal resumo refletia bem o que pensava o articulista do "Estadão" diante de meu esforço em colocar na arena das discussões um esboço de autocrítica do Partido Comunista Brasileiro.

Passados muitos anos, esse texto foi republicado em revistas acadêmicas e tem sido mencionado por autores que se dedicam à pesquisa da história política naqueles dias tumultuados. Apresentei uma versão correta dos acontecimentos, embora impregnada de uma concepção política que não é de aceitação universal.

Os dois outros capítulos nunca foram publicados, principalmente porque não os dei como definitivos. Um versava sobre as causas dos erros dos comunistas e o outro propunha uma revisão no projeto do PCB para a revolução no Brasil. Deles dispunha só de uma cópia, que, afinal, foi apreendida entre meus papéis, quando fui preso. Essa cópia está arquivada num dos volumes do processo em que fui condenado pela Segunda Auditoria da Justiça Militar em São Paulo.

Preparei ainda mais dois artigos que foram publicados pela *Revista Civilização Brasileira*, também assinados com o pseudônimo de Assis Tavares. No primeiro, analisei um trabalho do economista Paul Singer sobre a crise da economia brasileira naquela época, apresentada por ele como decorrente de fatores conjunturais, sem levar em conta os problemas da arcaica estrutura socioeconômica do Brasil. Questão básica, pois dela decorriam (e continuam decorrendo) conseqüências para o programa de ação política dos que se apresentam como revolucionários. No resumo final da minha crítica eu observava: "Desejar ver na realidade econômica apenas uma crise de conjuntura, conforme é o pensamento do prof. Paul Singer, é um erro. Tal equívoco teórico é perigoso na medida em que dele extraímos conclusões para a luta das forças progressistas, como a necessidade imediata de promover transformações socialistas na vida brasileira." (*Revista Civilização Brasileira* nº 4, setembro de 1965, p. 161.)

Por esse arremate, pode-se entrever que minha preocupação estava voltada contra o estreitamento do combate ao regime militar, com a adoção de um programa de luta imediata pelo socialismo no Brasil. Vigilância mais do que justificada, pois essa era a bandeira erguida por grupos de esquerda. Hoje, repetiria a crítica ao texto de Paul Singer, mas fundamentando-a em outros termos, pois, na verdade, em 1965 eu ainda estava apegado a uma análise anacrônica da realidade brasileira.

O terceiro artigo que publiquei na *Revista Civilização Brasileira* (nºs 11-12, de dezembro de 1966) foi dedicado ao livro de Caio Prado Júnior, *A Revolução Brasileira*. Essa obra teve enorme impacto, pela inegável e justa projeção de seu autor, mas também por fazer um cerrado ataque às posições teóricas e políticas do Partido Comunista Brasileiro, concluindo por defender propostas de modificação radical no ideário de nosso movimento revolucionário.

O livro gerou uma polêmica acirrada que não podíamos desconhecer, ainda mais porque suas proposições induziam a erros políticos que precisavam ser evitados. Por essa razão, atento ao que sucedia na batalha das idéias, convenci-me da necessidade de dar uma resposta à altura do desafio. Caio Prado Júnior replicou, mas na época desinteressei-me de insistir na defesa de minha crítica.

Sem deixar de assinalar a importância desse livro do historiador marxista para o debate em torno dos grandes problemas nacionais, centralizei minhas discordâncias com o autor na análise e nas conclusões políticas de suas teses, por considerá-las profundamente equivocadas. Hoje, pondo de lado as questões teóricas sobre a formação histórica do Brasil, do ponto de vista exclusivamente político meu artigo não reclama nenhum retoque.

Essa polêmica — Deus meu! — desenvolveu-se há mais de trinta anos. Não é o caso de recapitulá-la, pois só os que pesquisam alfarrábios empoeirados se interessariam em esmiuçar os argumentos e contra-argumentos. As opiniões de Caio Prado Júnior, apresentadas na obra citada, é claro, merecem a atenção dos estudiosos. Penso porém que na estante das obras clássicas sobre o Brasil deverão permanecer outros livros desse historiador, como *Evolução política do Brasil* e *Formação do Brasil contemporâneo*.

Considerando que a revista de Ênio Silveira desempenhava um papel de fundamental relevância na batalha das idéias, estimulei e ajudei meu amigo e companheiro João Luiz B. de Araújo a escrever um artigo a respeito da teoria dos "focos revolucionários".

Tal teoria propunha que a luta revolucionária na América Latina deveria se basear na criação de focos nas regiões rurais, desprezando a política tradicional dos partidos comunistas, fundada na estratégia das lutas das massas populares nos meios urbanos, notadamente nos centros proletários, tendo como objetivo a estruturação de frentes nacionais contra o imperialismo e as oligarquias latifundiárias. A teoria dos "focos" era uma transplantação mecânica e equivocada da vitoriosa experiência cubana.

Por incrível que hoje possa parecer, naqueles anos a teoria dos focos tornou-se uma verdade indiscutível para milhares de revolucionários latino-americanos, descrentes da prática política dos comunistas e empolgados com a pregação de Guevara. Tal teoria foi divulgada no Brasil principalmente pelo conhecido livro de Régis Debray — *Revolução na Revolução*?

A atração por essa proposta vinha da comparação dos resultados quase nulos dos esforços dos comunistas latino-americanos durante décadas (com a possível exceção do Chile), em contraste com o êxito alcançado pela revolução na pátria de Martí. João Luiz B. de Araújo, em seu artigo publicado naquela revista — "A experiência cubana e a teoria dos focos insurrecionais" (nº 14, de julho de 1967), recorreu à própria experiência cubana para mostrar como ela era usada indevidamente pelos adeptos do foco. E advertiu para o fracasso dos que tentassem montar uma estratégia a partir de núcleos de guerrilha rural no interior do Brasil.

ESCARAMUÇAS

Ao lado dessa limitada incursão no terreno da disputa das idéias, dediquei-me igualmente a estabelecer contatos políticos, tendo em vista as tentativas para a aglutinação de forças contra o regime militar. Levava em conta, notadamente, a derrota da ditadura, então sob a chefia de Castelo Branco, nas eleições diretas para governos estaduais em outubro de 1966. Eram onze estados em disputa e o governo perdeu em Minas e na Guanabara. Isso demonstrava o repúdio de parte da população à política imposta ao país depois do golpe de Estado, assim como as divergências que se verificavam na cúpula do poder.

Por várias razões o deputado Renato Archer transformou-se numa figura decisiva nas articulações que se seguiram. Sua condição de elemento destacado do PSD, de oficial superior da Marinha e suas atividades empresariais o colocavam numa posição privilegiada, a fim de vencer certas barreiras políticas do passado, que inibiam uma aproximação das forças democráticas com setores que se desprendiam do esquema dominante. Tais credenciais foram bem utilizadas por Archer, que era um incansável militante, dominado pelo otimismo no enfrentamento das dificuldades.

A partir de 1965 estabeleci um diálogo permanente com esse político maranhense, para a troca de informações e para lançarmos as pontes para a unidade de forças na luta pela redemocratização do País. Assim, desde as sondagens iniciais, acompanhei de perto o projeto da constituição de uma Frente Ampla, idealizada por Archer. O objetivo central era estabelecer uma plataforma de ação política a ser subscrita por Juscelino Kubitschek, João Goulart e Carlos Lacerda. O projeto não se concretizou formalmente em virtude do contra-ataque da ditadura, contra os protagonistas da Frente. De forma particular essa violência atingiu Renato Archer, que, além de ser cassado como deputado federal, ficou preso por várias semanas, sem nenhum respeito por suas prerrogativas de oficial superior da Marinha de Guerra.

Em várias análises recentes é assinalado o fato de o regime haver impossibilitado a Frente Ampla. Todavia, não se observa que aquele intento colocou um ponto final no confronto que dividiu, durante trinta anos, o Rio em duas facções políticas irreconciliáveis — a dos udenistas, liderados por Carlos Lacerda, contra o bloco dos getulistas, sempre apoiados pelas correntes populares. Uma divisão que se refletia no panorama geral da política brasileira. Em outras palavras, aquelas articulações em torno da Frente Ampla foram o episódio mais visível da abertura do caminho para a aglutinação democrática que tornou insustentável o regime militar no fim da década de 1970.

Por outro lado, no período que estamos examinando — 1965 e 1966 —, teve início, entre alguns companheiros da direção central, uma revisão de nossa atitude em relação à Igreja Católica no Brasil. Desde a fundação do PCB os comunistas desenvolviam campanha sistemática contra a Igreja. Esse posicionamento justificava-se diante do intransigente combate da hierarquia católica aos comunistas. Na década de 1930, assistiu-se ao apoio aberto de inúmeros bispos e padres ao integralismo. Na época, no púlpito das igrejas o que mais se ouvia era a diuturna pregação contra os comunistas, classificados de adeptos do "anti-Cristo".

Quando o Partido veio para a legalidade, em 1945, ficaram famosos os "entreveros" entre líderes comunistas e figuras eminentes da Igreja, como o famoso debate entre o deputado comunista José Maria Crispim e o padre Sabóia, uma renomada figura do clero paulista. E nas pequenas cidades do interior eram costumeiras as manifestações promovidas por párocos contra qualquer comício organizado pelos comunistas, nos moldes das polêmicas acirradas no após-guerra na Itália.

A partir dos anos 50 arrefeceu a hostilidade acirrada entre comunistas e católicos. De nossa parte, movidos pelo interesse tático em ampliar alianças, começamos a assinalar fatos alvissareiros, como a participação de padres católicos nas lutas operárias na França. Ao mesmo tempo, em vários lugares constatamos a possibilidade do diálogo com o mundo católico e observávamos os resultados da criação da Conferência Nacional dos Bispos do Brasil, em 1952, cujos documentos denunciavam as injustiças sociais no País. Em Belo Horizonte eram freqüentes nossos contatos com um grupo de padres e com frades dominicanos. Nas lutas dos bancários em Minas Gerais deixara de ser um escândalo a aliança estabelecida por Armando Ziller com sindicalistas católicos.

Mas havia um limite para essa aproximação: o Vaticano não cessava seus ataques generalizados contra os comunistas no mundo. Em 1958 o papa João XXIII assumiu a cadeira de São Pedro e logo após, de forma até surpreendente, o Vaticano toma a iniciativa de rever algumas de suas posições. Em 1961, lançou a encíclica

Mater et magistra e em 1962 convocou o concílio Vaticano II, que propiciou amplo debate interno que apontou para a necessidade da atualização da Igreja Católica. No ano seguinte foi divulgada a encíclica *Pacem in terris*.

Na fase que antecedeu ao golpe de Estado, envolvidos naquelas lutas cruciais, não atentamos devidamente para essa evolução. Só dois anos depois é que percebemos a profundidade das mudanças no pensamento da hierarquia católica no mundo e no Brasil. Esse posicionamento novo era visível na conduta do cardeal de São Paulo, D. Carlos Carmelo Mota e na de diversos bispos, como D. Hélder Câmara, então bispo auxiliar do Rio. Sobressaía no quadro político o apoio decidido do bispo de Santo André, D. Marcos Jorge de Oliveira, ao movimento dos operários no ABC contra o arrocho salarial imposto pela política de Roberto Campos.

A iniciativa de provocar, de forma radical e conseqüente, a reformulação da análise do Partido a respeito da Igreja Católica no Brasil deve-se a Luiz Ignácio Maranhão Filho, membro do Comitê Central do PCB, ex-deputado estadual no Rio Grande do Norte, assassinado em 1974 pelos agentes da ditadura. Luiz Maranhão apoiava-se inclusive na sua experiência pessoal, uma vez que em Natal havia um relacionamento positivo dos comunistas com D. Eugênio Salles, hoje cardeal do Rio de Janeiro. (Posteriormente, como é sabido, D. Eugênio tornou-se mais conservador.)

Encarregado pela Comissão Executiva do PCB de atuar tendo em vista a aglutinação de forças contra a ditadura, Luiz Maranhão insistiu que um caminho promissor residia na nossa aproximação, sem qualquer tipo de reservas, com a Igreja Católica. Dizia que ela iria se engajar mais e mais na defesa da maioria da população. Seus argumentos me convenceram, e por isso redigimos juntos diversos documentos para nossas organizações partidárias.

Tal orientação correspondia ao que acontecia em todos os quadrantes do país, pois bispos e padres se mobilizavam no sentido de apoiar atos e lutas de trabalhadores e estudantes contra a política da ditadura. Além disso, personalidades católicas de relevo, notadamente Alceu de Amoroso Lima (Tristão de Athayde), se destacavam no combate às violências praticadas pelo regime.

A EXPLOSÃO INTERNA

A partir de 1965 ganharam extraordinário relevo as dissensões internas entre os comunistas e os conflitos se desdobraram no quadro mais amplo das correntes que combatiam o regime militar.

Eram controvérsias com raízes profundas na crise do movimento comunista mundial e nas perplexidades que afetavam o conjunto de forças que não aceitam o sistema capitalista e buscam caminhos alternativos para a Humanidade. Esses dados internacionais tiveram (e ainda têm) profunda repercussão dentro da luta política no Brasil, chegando a influenciar a trajetória da ditadura.

Não é fácil recapitular tudo que sucedeu naquele período. A falta de distanciamento leva cada um dos participantes a tentar defender a "sua" verdade, as "suas" razões. O que posso dizer sobre a controvérsia é tão-só o depoimento de um sobrevivente, útil como subsídio a análises posteriores, menos apaixonadas e mais esclarecedoras sobre aqueles episódios.

Naqueles dois anos, o centro da polêmica no Partido em São Paulo eram as críticas formuladas por vários dirigentes paulistas — entre os quais Moisés Vinhas, Moacir Longo, Odon Pereira, Carlos Nibel, Luiz Rodrigues Corvo — a erros cometidos na fase anterior ao golpe de Estado pela direção nacional, notadamente por Prestes.

Como alternativa à orientação traçada pelo Comitê Central do PCB, aqueles renovadores propunham a estratégia de uma longa acumulação de forças, através principalmente do fortalecimento dos movimentos sociais e da conquista de posições nos órgãos locais do poder político. Simbolizava essa estratégia a luta pelo "poder local", como acabou sendo estigmatizada pelos que a combatiam.

Nas primeiras semanas após o golpe de Estado, esses críticos da direção central assumiram o controle do Partido em São Paulo, quando predominava um ambiente de natural descontentamento nas fileiras comunistas. Como eram defensores da ampliação da democracia no Partido e de um esforço para incentivar o debate interno, convocaram uma Conferência Extraordinária para ouvir a opinião das organizações partidárias. Uma iniciativa arrojada naquelas condições, ao ponto de criar-se uma tribuna de debates na revista clandestina que editávamos. Nas teses elaboradas para a discussão foi apresentado um resumo daquela estratégia de luta pelo "poder local".

Prestes escreveu um artigo para esse debate, publicado nessa mesma revista, sob o pseudônimo de Antônio Almeida, condenando de forma radical a proposta do então grupo majoritário no Comitê Estadual. Apesar disso, a Conferência Extraordinária consagrou as idéias renovadoras e colocou Moacir Longo, ex-vereador da Câmara Municipal de São Paulo, como o principal dirigente do Partido.

A eleição de Moacir Longo para aquele posto-chave correspondia aos sentimentos dos comunistas do estado bandeirante. Operário, relativamente jovem, desde a infância Moacir Longo era uma "formiguinha" paciente no infatigável trabalho nas bases operárias. Modesto, infenso à disputa de cargos e honrarias, buscava suprir suas deficiências culturais com um permanente contato com a intelectualidade. Ao lado disso, zelava pelo respeito às opiniões divergentes, sendo incapaz de discriminar qualquer companheiro.

Abro aqui um parêntese para esmiuçar uma lição que aprendi na vida. Diz respeito aos dilemas que surgiam na escolha e eleição de companheiros para os cargos partidários. No debate público em torno da indicação de um companheiro para um posto, o normal era serem apontadas as qualidades e deficiências da pessoa em questão — experiência, competência, conhecimentos, dedicação etc. Entretanto, era nas conversas particulares, informais, em confiança, que vinha à tona um dado básico — detalhes sobre o caráter do indivíduo.

Ou seja, no julgamento de cada militante apareciam juízos que não afloravam claramente, porque eram subjetivos, resultantes do pensamento de cada um dos "julgadores". Ora, aquilo não se ajustava à convicção de que todos os comunistas eram pessoas perfeitas, feitas de têmpera especial. Foi um comentário de Giocondo Dias, mais vivido do que eu, que abriu meus olhos para a realidade. Certa vez, ele me disse: "O fato de alguém ser comunista não significa que tenha bom caráter."

A vivência na luta revolucionária foi me levando a entender como esse dado necessitava ser levado em conta. Muitas vezes, devido a razões impostas pela luta, acabei concordando em endossar a escolha de determinadas pessoas que me repugnavam. É um tributo doloroso que se paga nas batalhas políticas.

Fechando o parêntese, em relação a Moacir Longo, minha atitude em apoiá-lo foi um daqueles casos em que boas razões políticas se completavam com a qualidade de seu caráter. Minha segurança nesse juízo decorre da sabedoria de um velho ditado mineiro, lembrado por minha sogra: "Somente se conhece uma pessoa depois de se comer com ela uma saca de sal."

Assumi uma clara posição ao lado desses renovadores e colaborava para que tivessem sucesso. Sua plataforma, porém, era anacrônica ante as profundas transformações na situação brasileira depois do golpe de Estado. Tinha sentido no quadro anterior, quando a vida democrática possibilitava uma ampla ação legal dos comunistas, mas não se coadunava mais com a marcha ascendente da ditadura.

Cumpre assinalar que a tese do "poder local", lançada numa conjuntura equivocada, merece ser examinada na situação atual, quando vivemos num regime democrático. Essa é a opinião de Moacir Longo, que, hoje, entende a luta pelo poder local como um dos aspectos da batalha pela afirmação e ampliação da cidadania no Brasil.

Voltando à luta interna no Partido em 1966, os renovadores, entre os quais me incluía, passaram a ser questionados poucos meses depois. E foram derrotados pela onda esquerdista que vinha de outros países e recebia crescente apoio de comunistas e de outras correntes de esquerda em nosso país.

Para tornar isso compreensível ao leitor que não viveu naquela época, tenho que desfiar o novelo (ou a novela) de uma forma cronológica. A primeira fase dessa luta interna nas fileiras comunistas, na verdade, curta, se encerra em junho/julho de 1966, quando predominaram numa conferência do PCB em São Paulo as posições defendidas por Carlos Marighela, o que determinou meu afastamento da direção partidária estadual.

Dentro do Partido, Marighela desfrutava de largo prestígio em razão de sua combatividade em diversos períodos difíceis para a organização. Quando estudante de Engenharia, em Salvador, já se destacara entre seus colegas pelo seu brilho e inteligência. A seguir ganhou relevo sua atuação corajosa na reorganização do PCB durante o Estado Novo. Ficou preso durante vários anos, sendo libertado quando da anistia de 1945. Como deputado comunista, sobressaiu-se nos trabalhos da Assembléia Nacional Constituinte.

No auge do stalinismo ele era do núcleo central do Partido, mas assumiu uma posição desassombrada na crise de 1956, porque reconheceu de forma franca e aberta sua responsabilidade nos erros cometidos como um dos membros da Comissão Executiva do PCB. Por isso foi um dos poucos dirigentes que, ao lado de Prestes, foi conservado na direção.

Mas sua visão da luta dos comunistas sempre foi marcada pela paixão revolucionária, pelo impulso combativo que não era contrabalançado pela análise fria da realidade no conjunto da vida brasileira. Assim, ficou deslumbrado pela proposta do desencadeamento de ações radicais e violentas promovidas por um pequeno grupo de pessoas de vanguarda, estratégia defendida por Guevara e outros revolucionários latino-americanos. Por isso rompeu com o PCB e junto com um expressivo grupo de militantes organizou a Ação Libertadora Nacional, levantando a bandeira da luta armada contra o regime militar em nosso país. A ALN acabou dizimada pela brutal repressão da ditadura.

O proselitismo esquerdista no Brasil remonta aos episódios da década de 1950, com a crise no movimento comunista internacional, aberta com as denúncias dos erros do stalinismo e do Partido Comunista da União Soviética. Em 1960, inconformados com a orientação traçada no Quinto Congresso do PCB, um grupo de ex-dirigentes — João Amazonas, Maurício Grabois, Pedro Pomar e outros — provocou uma cisão, organizando o PC do B. Numa posição de crítica arrasadora aos soviéticos, o PC do B acompanhou o Partido Comunista da China e, posteriormente, o Partido do Trabalho da Albânia. Na fase anterior a 1964 não conseguiu atrair muita gente, mas a derrocada das forças nacionalistas e democráticas, com a vitória do golpe de Estado em 1964, abriu um campo novo para o trabalho do PC do B, pela opção que vinha fazendo em favor de lutas radicais no Brasil.

A ofensiva esquerdista ganhou relevo com a política do Partido Comunista de Cuba de fomento à criação de grupos para a luta guerrilheira no interior do Brasil. A primeira investida dos cubanos se dera em 1962, através de pessoas que participavam do movimento das ligas camponesas no Nordeste, liderado por Francisco Julião. No plano das idéias essa ofensiva se apresentava como uma transplantação da experiência cubana para outros países da América Latina, tese sintetizada na teoria dos focos no mundo rural. Essa ofensiva se desdobrou numa ação prática materializada no fornecimento de recursos financeiros e no treinamento de pessoas para a ação guerrilheira no Brasil, assim como em diversos outros países latino-americanos.

Esse posicionamento dos cubanos (inclusive de Fidel Castro, mas principalmente de Guevara) colocou em xeque o PCB e provocou novos fracionamentos nesse partido. Marighela aglutinou comunistas e não-comunistas para a linha cubana, e muitos quadros e várias organizações do PCB foram conquistados para essa conduta, que conflitava com a orientação por nós preconizada. Uma apreciação da política dos cubanos em relação ao Brasil, durante aqueles anos, nos leva à conclusão de que tudo o que fizeram, ou incentivaram, fracassou de forma irremediável. Não redundou no que desejavam: o estabelecimento, no maior país da América Latina, de outro pólo revolucionário na luta contra os Estados Unidos.

O sonho de "criar um, dois, três Vietnãs" terminou no massacre de inúmeros combatentes. As tentativas de focos guerrilheiros, planejadas em Havana, repercutiram em desfavor de Cuba, porque justificaram a pressão ianque contra o estabelecimento de relações diplomáticas, comerciais e culturais dos países latino-americanos com o governo de Fidel Castro.

Hoje, essa conclusão sobre o erro estratégico dos cubanos é insofismável e até já foi corrigido há algum tempo. Na atualidade, Fidel Castro aplica de forma correta uma política de relacionamento com todos os países, de acordo com normas aceitas pela comunidade das nações. Assim agindo, está levando os Estados Unidos a derrotas diplomáticas, pois Fidel tem sucesso ao caracterizar como inadmissíveis as posições de Washington ao instituir o bloqueio econômico de Cuba e ao tentar aplicar uma lei de seu país em outras nações.

Do ponto de vista do povo brasileiro, não podíamos aplaudir as teses de Guevara. Além do sacrifício inútil de vidas e de todo o sofrimento causado a uma geração de revolucionários, aquela ação cubana no Brasil atrasou a derrota da ditadura, dando a ela pretextos para incrementar o terror e a repressão policial em nosso país.

Esse resultado catastrófico nos leva a especular sobre a causa de uma política tão equivocada. Parece-me que o erro derivou do entendimento dos dirigentes cubanos de que era vital encontrar um meio de diminuir a brutal pressão norte-americana contra eles. Ou seja, usaram um velho recurso nos confrontos entre os países — a busca de aliados na retaguarda do inimigo. Afinal, uma justificativa baseada no interesse nacional dos cubanos, mas apresentada com a roupagem da solidariedade entre povos oprimidos.

Essa política de Cuba criou imensas dificuldades para o PCB. Havíamos sofrido uma derrota profunda em 1964. Como nossa política estava em questão, na procura de novos caminhos era compreensível a tentativa de outra estratégia. Ademais, a experiência cubana revestia-se de um atrativo: a promessa de rápido e brilhante sucesso em contraste com o caminho demorado e cinzento traçado pelo PCB, porque nossa perspectiva era de uma paciente acumulação de forças, que somente apresentaria resultados a longo prazo.

Nossas dificuldades em revidar à ofensiva dos cubanos também resultava de outro fator. Naqueles dias, um ataque nosso à política cubana era inoportuno, pois enfraqueceria Cuba no auge da campanha dos Estados Unidos contra o governo de Fidel Castro. Em outras palavras, uma crítica nossa, aberta e vigorosa, daria munição ao imperialismo. Daí nossas reticências no trato dessa questão.

Pessoalmente, tomei consciência do cipoal em que o PCB estava enredado numa reunião ampla com universitários comunistas de São Paulo, a que compareci em companhia de Carlos Nibel, em abril ou maio de 1966. Nessa conferência, prevista estatutariamente, seria decidida a escolha de delegados à reunião estadual partidária. Foi realizada clandestinamente, com a presença de cerca de vinte jovens, numa fazenda em Amparo, de propriedade de Beatriz Galvão, sogra de Fernando Perrone.

Ali estava a nata dos estudantes comunistas, inteligentes, sérios, o melhor que possuíamos e com prestígio na universidade. Enfrentamos uma discussão que durou três dias. Falei cerca de uma hora, sem ser aparteado, tentando desmontar os argumentos apresentados pelos que defendiam uma plataforma esquerdista, de imediata opção pelo caminho trilhado por Guevara e Marighela. Ao terminar, fui replicado por Perrone, que comparou o que eu dissera com uma fala de Carlos Lacerda — "Brilhante, mas profundamente falsa". Assim, tudo o que eu disse caiu no vazio, de forma irremediável.

Eu previa que aqueles jovens seriam massacrados no combate que almejavam travar contra a ditadura, mas não invoquei e nem poderia apresentar esse argumento. Pois seria considerado um apelo à acomodação, quando unicamente poderia recorrer a uma análise racional. Se não bastasse, paciência. Só a vida ensinaria a todos nós.

Retornei angustiado daquela viagem a Amparo. Como Cassandra, previa que dentro de pouco tempo aconteceria o que de fato sucedeu. Não guardei os nomes daqueles universitários, pois todos usávamos nomes de guerra na reunião. Meses depois, começaram a circular as notícias terríveis — sobre os que morriam em assaltos a bancos, os que eram trucidados nos porões da tortura, os confinados nas prisões, ou condenados ao exílio. Apenas um ou outro daqueles jovens recuou a tempo e, por razões diferentes, adotou outra postura. Lembrando de meus tempos de jovem, nunca deixei de admirar aqueles universitários comunistas. No passado talvez a mesma vertigem diante do abismo teria me atraído.

O SEXTO CONGRESSO DO PCB

Em 1966/67 fui designado pela Comissão Executiva do PCB para algumas tarefas auxiliares da direção, na Seção de Finanças e posteriormente na Seção Internacional. Mas a incumbência básica era trabalhar numa comissão *ad hoc*, encarregada de preparar os documentos para o Sexto Congresso do PCB.

Tínhamos pela frente o encargo de formular uma resposta a duas questões de fundamental relevância. De um lado, era indispensável apresentar a autocrítica do Partido a respeito dos erros que contribuíram para a derrocada de 1964. De outro lado, era imprescindível esclarecer as mudanças ocorridas na realidade do país e, diante disso, propor as bases de uma nova estratégia de luta. Dessa comissão também participavam Prestes, Armênio Guedes, Renato Guimarães e João Luiz Araújo. Na primeira fase dos trabalhos fizemos quatro reuniões no Rio, em "aparelhos" clandestinos. As discussões se estendiam por várias horas. Cada um recebia a missão de se dedicar a alguns temas, mas todos preparavam projetos e reuniam subsídios. Contávamos com as opiniões apresentadas em artigos na "tribuna de debates", publicados sem qualquer restrição no órgão central do Partido, *Voz Operária*.

Logo salientou-se uma contribuição de Armênio Guedes ao assinalar que, com o golpe militar, havia ocorrido uma mudança de qualidade no regime político brasileiro, o que determinava a adoção de uma política nova pelo PCB. Essa conclusão, hoje não contestada por ninguém em conseqüência da evolução da ditadura, na época era essencial ser proclamada, porque havia ilusões de que o golpe de Estado de 64 não mudara radicalmente a cena política nacional.

Ao mesmo tempo, nos debates da comissão verificou-se um impasse, em razão da quase impossibilidade de diálogo entre Prestes e Armênio Guedes. Este, com evidente razão, não concordava com a linha geral do pensamento do primeiro, que resistia a reconhecer os erros cometidos nos últimos anos, pelos quais tinha enorme responsabilidade. Além disso, tentava fazer concessões inadmissíveis às teses esquerdistas. Os dois outros membros da comissão e eu concordávamos com Armênio, mas entendíamos que sem a participação de Prestes era impossível elaborar um texto que fosse aprovado pelo Comitê Central. Devido a isso, junto com Prestes, Renato Guimarães e eu encetamos a preparação final do documento, que, com pequenas alterações, transformou-se na resolução do Sexto Congresso do PCB.

Para tanto, transferi-me para o Rio, trabalhando com Renato Guimarães durante um mês, no apartamento de Vera e Zelito Vianna, em Copacabana. Ao término de cada capítulo, eu o levava para Prestes e recebia de volta suas alterações. Depois, Renato e eu reformulávamos determinados trechos. Foi, assim, um parto difícil para se chegar a um meio-termo aceitável e coerente. Nessa altura, a luta interna explodira com toda força. Em agosto de 1967, Marighela aparece em Havana e faz declarações contrárias à orientação do PCB.

Em todas as reuniões partidárias, preparatórias do Congresso, o choque de opiniões era aberto e aceso. Não havia possibilidade de conciliação. Representando o Comitê Central, participei da Conferência Estadual de Minas Gerais. Nela predominou o pensamento da direção nacional, contra os pontos de vista de Mário Alves, que, depois, evoluiu para a criação de outro agrupamento político.

Em dezembro de 1967, com a presença de quase 80 pessoas, o Sexto Congresso do PCB foi realizado em "aparelho" especialmente montado, num sítio localizado perto da capital de São Paulo, que possuía uma mata fechada muito extensa.

Sua principal resolução foi divulgada pela imprensa diária e todos os documentos foram publicados na *Voz Operária*. Foi um evento extraordinário e audacioso em termos de trabalho clandestino, porque nele discutimos durante 15 dias as questões fundamentais do PCB. Com a decisões tomadas nesse conclave foi consagrada a orientação que presidiu o posicionamento do PCB nos anos posteriores. Estabeleceu-se o princípio de que a luta contra o regime ditatorial deveria objetivar a acumulação de forças e a aglutinação de uma ampla frente única, centrada na luta pelas liberdades. Ao mesmo tempo indicava que deveríamos impulsionar a luta pelas reivindicações das massas trabalhadoras e contra a desnacionalização da economia. Também condenava de forma insofismável as propostas de ações radicais e de luta armada contra a ditadura.

Alguns articulistas de prestígio comentaram as conclusões desse Congresso. Mário Pedrosa, por exemplo, aplaudiu, em artigo no *Correio da Manhã*, a estratégia adotada pelo PCB. Para dar informações a respeito das decisões do Sexto Congresso, fui a um encontro com jornalistas cariocas, entre os quais Hélio Fernandes e Fernando Pedreira. Quando relatei que haviam sido excluídos do Partido alguns dirigentes que defendiam o caminho da luta armada, Pedreira fez um comentário que me surpreendeu. "Agora tenho receio do que eles tentarão fazer, pois escaparam do controle do Partido."

Passados trinta anos, cabe obviamente aos historiadores e cientistas políticos a análise das virtudes e defeitos dos documentos aprovados no Sexto Congresso do PCB. É fácil apontar neles formulações equivocadas, inclusive erros de previsão, pois não imaginávamos que o regime ditatorial só começasse a naufragar muitos e muitos anos depois. Mas é indiscutível que a linha geral de atuação política, preconizada por aquele Congresso, é que a prevaleceu na sociedade brasileira para livrar o país de uma ditadura opressora. A prova do tempo acabou por consagrar uma orientação que não provocou impasses, nem erros clamorosos. Muito ao contrário.

14

ANDANÇAS PELO MUNDO

Entre os anos de 1968 e 1972 fiz diversas viagens internacionais com o objetivo de transmitir informações sobre a luta contra a ditadura e dar a opinião do PCB a respeito das graves questões que afetavam o movimento comunista mundial. Essas andanças contribuíram para eu entender melhor os impasses na luta internacional por uma nova sociedade. O mais importante, porém, foram os contatos com personalidades influentes em vários países, que me permitiram analisar aquelas figuras longe das molduras em que eram apresentadas.

Na primeira dessas viagens, na primavera de 1968, desci em Lisboa à época do governo de Marcelo Caetano, administrador do espólio do salazarismo. Permaneci cinco dias em Portugal, praticamente fazendo turismo e reencontrando amigos portugueses que haviam vivido no Brasil. Como era a primeira vez que visitava a terra dos avós de meus avós, fui conhecer Lisboa, Coimbra, as ruínas de Conímbriga, Leiria e Figueira da Foz. Presenciei em Caldas da Rainha o belo espetáculo cenográfico de uma tourada à moda da casa, sem aquela dramaticidade que leva os espanhóis ao delírio.

Naquela ocasião houve uma única oportunidade de um contato político. Ela se deu num encontro promovido por meus amigos portugueses com dois intelectuais socialistas. Nessa conversa constatei como a atenção de Portugal estava voltada para o que sucedia na África, onde vários indícios apontavam na direção do fim do império lusitano. Esses intelectuais consideravam que o restabelecimento da democracia em Portugal aconteceria inevitavelmente com a derrota militar em Angola e Moçambique. Em Lisboa fiquei numa pensão em que estava hospedado um famoso arquiteto mineiro, Sílvio de Vasconcellos, exilado em Portugal. Ele me conhecia de Belo Horizonte, porém, felizmente, não me identificou. Estava louco para ter notícias frescas do Brasil, mas não dei trela à conversa, porque não queria complicar minha situação, já que usava um passaporte falso.

De Lisboa fui a Paris, antes do verão "quente" que convulsionou a França e tantos outros países. Caí no meio de uns poucos exilados brasileiros — especialmente Luiz Hildebrando Pereira da Silva, Heron de Alencar e Oscar Niemeyer. Informei-os sobre o sucedido no Sexto Congresso do PCB. Por intermediação de George Fournial, do Departamento Internacional do Partido Comunista Francês, obtive uma passagem num avião da Aeroflot e o visto de entrada na União Soviética.

Fournial era um francês bem típico. Funcionário do segundo escalão do PCF, resolvia as questões com a eficiência burocrática e a atenção fria dos que se enfadam com o assédio incessante de dezenas de estrangeiros que recorrem aos parisienses. Nenhum calor humano para com os desgarrados revolucionários que apareciam em busca de auxílio. Não queria ouvir por longo tempo o que eu narrava sobre nossa luta, porque para ele era a mesma história de sempre. Pelo seu comentário final, percebi que estava mais preocupado com a meteorologia, com receio de um "verão podre", como se referiu, que poderia prejudicar suas próximas férias.

Em Moscou fui recebido com as amabilidades costumeiras pelos funcionários do Departamento Internacional do Partido Comunista da União Soviética. Hospedaram-me no "hotel" destinado a comunistas estrangeiros, que aportavam no centro mundial do comunismo. O "hotel" era confortável, com três dezenas de apartamentos, mas sem luxo. Oferecia boas acomodações, locais para pequenas reuniões e um pessoal atencioso. No térreo, ficava o restaurante que servia comida russa tradicional, sempre acompanhada de sopa. Legumes enlatados, poucas frutas frescas, várias qualidades de peixe — enfim a alimentação de um país com difíceis condições climáticas. Vinhos russos e conhaque da Armênia se os hóspedes desejassem. Com freqüência, caviar preto ou vermelho e um pão de primeira qualidade.

Toda aquela recepção transmitia ao visitante uma idéia do poderio da União Soviética e da solidez de sua economia. Como teria de aguardar alguns dias o início da reunião dos partidos comunistas, acertaram comigo um pequeno programa turístico e alguns encontros solicitados por mim.

DIPLOMACIA E CONVERSAS FRANCAS

Envolvi-me em Moscou com dois tipos de pessoas. Em primeiro lugar, um grupo reduzido de intérpretes, com razoável domínio da língua portuguesa, cultos e formados em escolas superiores nas áreas de ciências humanas. Todos da mais estrita confiança dos dirigentes do PCUS. Aos poucos, porém, fui percebendo uma falha na formação desses profissionais de nível superior, possivelmente porque em conseqüência de preconceitos ideológicos, não circulavam na URSS as teorias e contribuições que renovavam o pensamento moderno.

Um episódio chamou-me a atenção para esse bloqueio. Certa vez, usei a palavra "complexo" (no sentido utilizado pelos psicólogos) numa conversa com um desses intérpretes. Ele não conhecia a palavra e pediu que eu a esclarecesse. Após uma explicação sobre o conceito, perguntei a ele se não era corrente na universidade discutir-se a contribuição de Freud. Respondeu-me negativamente. Recordei-me então das críticas aos procedimentos na URSS no auge do stalinismo, quando certas posições políticas de dirigentes soviéticos influíram de forma negativa no desenvolvimento da cultura e da ciência.

Em segundo lugar, eu tratava com os funcionários do Departamento Internacional do PCUS. Igualmente cultos, corteses, eles revelavam um conhecimento satisfatório da situação do mundo na área com a qual se relacionavam. A característica acentuada em todos eles era o comportamento diplomático com os comunistas estrangeiros. Não emitiam qualquer opinião favorável ou desfavorável a qualquer partido, mesmo quando solicitados a se pronunciar. Aquela conduta decorria de uma longa prática em relações internacionais do PCUS, que foi muito atacado pela sua interferência na vida de outros partidos, principalmente na época da Terceira Internacional, do Komintern. Uma ingerência que, como é sabido, causou erros trágicos.

No entanto, a postura diplomática, formal, estabelecia uma barreira que impedia um diálogo franco e sincero de um comunista estrangeiro com aqueles funcionários. Essa foi uma das razões pelas quais sempre julguei inconsistente dizer-se que essa ou aquela posição do PCB decorria de alguma determinação dos soviéticos. Influência existia. Mas, na verdade, creio que em geral partia mais dos dirigentes comunistas brasileiros, especialmente de Prestes, que buscavam agir de conformidade com o que correspondia ao pensamento do PCUS. (No período do Komintern outra era a situação, uma vez que o PCB era um partido subordinado à Internacional Comunista.)

Durante minha permanência em Moscou, conversava todos os dias com o responsável pela seção encarregada do Brasil no Departamento Internacional do PCUS. Ele era cordial e resolvia com presteza nossos problemas, porém, não brilhava pela cultura. Mas eu o admirava porque havia combatido durante anos no terrível cerco de Leningrado e ficara com um braço inutilizado, atingido por um morteiro.

Certa vez, forcei esse soviético para que me dissesse francamente qual era, em sua opinião, a principal característica do povo russo. Ele confessou: "Amizade eterna aos amigos e ódio mortal aos inimigos." Nunca esqueci aquelas palavras, impróprias para um comunista, pois esperava uma resposta altissonante, grandiloqüente, algo sobre a confiança no comunismo, a fidelidade ao internacionalismo proletário, o amor à paz, ou coisas nesse gênero.

Guardei na memória aquela confissão, que exprimia o que há de mais profundo na alma dos russos, em conseqüência de lutas sangrentas contra os invasores da mãe-pátria — desde os tártaros e mongóis, passando pelos suecos e teutônicos, até chegar aos tempos de Napoleão e Hitler. Por isso, hoje, no meio da crise terrível da Rússia, acredito que seu povo acabará por vencer todas as adversidades, pois tem dentro de si uma força colossal.

Solicitei dois contatos em Moscou fora do programa e dos encontros decorrentes da reunião internacional de que iria participar. O primeiro, com os brasileiros que estavam na "escola de quadros", destinada a instruir comunistas estrangeiros. O segundo, no Instituto da América Latina, órgão da Academia de Ciências da URSS.

Desde a década de 1950 o PCB enviava à URSS turmas para cursos de dois anos, um ano ou de seis meses de duração. Anualmente, cerca de vinte brasileiros estudavam nessa escola. Os alunos eram escolhidos pela nossa direção, entre membros do próprio Comitê Central e dirigentes de importantes organizações partidárias. Pessoalmente, sempre desejei ser indicado, porém nunca tive essa oportunidade.

Programei minha ida àquela escola com um objetivo limitado — prestar uma informação sobre o congresso do PCB, mas fui surpreendido por uma solicitação de seu reitor. Desejava me conhecer e ser informado sobre a evolução da luta em nosso país. Haviam me advertido que esse reitor (nunca me foi dado o seu nome) era um velho bolchevique e que durante muitos anos fora membro do Comitê Central do PCUS.

Depois tive a confirmação de que era uma das mais influentes figuras do partido, porque, numa solenidade a que estive presente, ele se encontrava na tribuna de honra. (A presença ou não na tribuna de honra, nos eventos na URSS, sempre foi o registro do prestígio ocasional, maior ou menor, dos dirigentes.)

Eu julgava que o encontro com aquela personalidade seria mera visita protocolar. Estava redondamente enganado, porque a conversa, que durou quase duas horas, foi a única que me permitiu debater em Moscou, de forma séria, aberta e profunda, alguns dos problemas que naquela época afligiam os comunistas. O reitor enveredou logo por uma crítica aos funcionários do Departamento Internacional do PCUS. Sem rodeios, foi dizendo: "você deve estar sendo bem recebido aqui em Moscou, mas não espere nada do pessoal com quem está tratando; pois não discutirão com você nada de realmente importante". Em seguida, começou a apreciar a atuação dos comunistas no Brasil. Pelo que me recordo, entre outras coisas, afirmou que éramos um grupo reduzido, sem influência em grandes setores da sociedade brasileira. Ouvi calado essas verdades, concordando com o meu silêncio.

Compreendendo que estava diante de um homem empenhado em fazer avançar a causa do comunismo no mundo, de imediato entendi que era chegada a vez e a hora de colocar na mesa o tema das críticas ao PCUS. Mostrei que realmente estávamos enfrentando no Brasil sérias dificuldades e que entre elas se destacava a repercussão negativa dos erros cometidos pelo PCUS, sob a direção de Stalin. Perguntei ao reitor se concordava que aqueles absurdos teriam decorrido tão-somente de um "culto à personalidade" de Stalin, conforme o PCUS apregoava.

Retrucou-me que essa explicação era absolutamente insatisfatória, acrescentando que nunca conseguira dar a seus netos uma resposta convincente sobre a questão. Mostrou que ele não possuía o distanciamento necessário para fazer uma análise capaz de ir às causas dos equívocos do PCUS. "Várias razões podem justificar minha cumplicidade em muitos fatos clamorosos. Contudo, meus netos não as aceitam."

Continuando, o reitor afirmou que o PCUS dispunha de bom número de teóricos capacitados, mas não existia o clima necessário para uma análise marxista das deformações que ocorreram na URSS. Até porque a geração que estava no poder envolvera-se na prática daqueles erros. Em seguida, abordou aspectos do relacionamento da URSS com os demais países socialistas, descendo a certos exemplos. Lembro um a respeito da Bulgária. Contou que anos antes os búlgaros chegaram à conclusão que deveriam industrializar seu país. "Por essa razão", disse o reitor, "eles decidiram montar uma fábrica de tratores, não obstante havermos esclarecido que a URSS poderia fornecer a quantidade de tratores que a Bulgária julgasse necessária. Construíram a fábrica, porém o consumo interno de tratores na Bulgária é pequeno. Agora, desejam nos empurrar uma parcela imensa dessa produção de máquinas agrícolas, quando as nossas são melhores e mais baratas." A conversa com o reitor fluiu nesse diapasão. Hoje não me recordo mais de outros detalhes daquela apreciação crua e direta da realidade do mundo socialista.

Ao chegar ao "hotel" tomei notas daquele surpreendente desabafo. Voltando ao Brasil reportei a vários companheiros as opiniões dadas por aquele velho dirigente dos soviéticos. Esperava que suas revelações fossem indícios de um rápido aprofundamento da autocrítica do PCUS. Triste ilusão. Com os acontecimentos posteriores na Tchecoslováquia houve exatamente o contrário.

Fiz uma visita também ao Instituto da América Latina. Ali consegui publicações interessantes e fiquei conhecendo um cientista social, Boris Koval, que fazia estudos sobre a classe operária e o movimento operário no Brasil. Solicitou-me uma entrevista, porque desejava alguns esclarecimentos. Dias depois, durante um bom tempo, procurei responder a indagações formuladas por ele. Sua pesquisa, posteriormente, deu origem a um livro, que foi traduzido e publicado em nosso país.

DUAS CIDADES — MOSCOU E LENINGRADO

Nas minhas visitas a Moscou sempre gastava parte do tempo para apreciar a cidade e ver espetáculos. É certo que a visão daquela metrópole modifica-se de conformidade com as quatro estações do ano. Moscou no inverno é soturna, escura, desagradável e inóspita, principalmente para quem não está habituado a temperaturas abaixo de zero.

No verão a cidade é outra. As pessoas andam de sandálias e com roupas leves e coloridas. Ficam horas nos jardins, banham-se quase desnudas nos canais e no rio Moskva, buscam desesperadamente o sol, porque sabem que só podem desfrutá-lo por poucas semanas a cada ano. Em resumo, um reencontro com a Natureza.

Como em quase todas as cidades centenárias, ao lado da "urbs" moderna ou modernosa, o encanto para o turista reside naquilo que transmite a velha cultura de seus habitantes. Por exemplo, era um prazer caminhar pela rua Arbat, a caminho da Praça Vermelha, sem estar acompanhado de um intérprete. Havia que prestar atenção no itinerário, para não ocorrer um descaminho. Não poderia pedir explicações em russo a um transeunte, ainda mais porque o "hotel" em que me encontrava hospedado era clandestino, sequer possuía uma tabuleta com um nome qualquer.

O fato de comunistas estrangeiros permanecerem semi-clandestinos em Moscou pode hoje parecer estranho. No entanto, era imprescindível, tendo em vista a guerra fria e a ação permanente de agentes da espionagem estrangeira na URSS.

Para perambular sozinho em Moscou, eu fixava certas referências maiores, como o "bolo-de-noiva" desgracioso que é o prédio do Ministério das Relações Exteriores, onde pontificaram Litvinov, Molotov, Vichinski e Gromiko. O básico era orientar-me pelas torres do Kremlin. O que me recordava aquela diretiva dada aos comunistas do mundo, quando a Internacional Comunista foi dissolvida, de "seguirem sempre a estrela vermelha do Kremlin".

Transitar lentamente pela Praça Vermelha sempre me atraía, pela sua imensidão, pelo descortínio dos palácios encrustados na velha fortaleza do Kremlin e pela troca de guarda no mausoléu de Lenin. Aos poucos fui alargando meus passeios, pelas margens do Moskva e pelas avenidas novas, em frente ao novo hotel Rossia.

A ida ao Bolshoi era um ritual obrigatório e extremamente compensador. Ver *Gisele*, *Dom Quixote*, *Spartacus*, ainda mais quando Pliseskaia dançava, era coisa inolvidável. Convidados do Comitê Central do PCUS sempre tinham ingressos no Bolshoi, um privilégio para poucos, o que se comprovava na entrada principal do teatro, quando muitas pessoas nos cercavam querendo comprar por qualquer preço nossos bilhetes. Olhando lá de dentro do Bolshoi a grande sala de espetáculos, pensava que aquele esplendor deveria ser exatamente o mesmo no princípio deste século, quando estariam nos camarotes revestidos de veludo vermelho a família do tzar, os Romanov de sempre. E por que não Rasputin?

Na programação turística levaram-me para passar três dias em Leningrado, a São Petersburgo da atualidade. Acompanhado de um intérprete, viajamos à noite pelo trem de ferro. Custei a conciliar o sono no leito confortável, pensando que nos dias seguintes iria conhecer a velha capital, descrita em tantos livros sobre a revolução de 1917. Iria encontrar vivos em minha imaginação os personagens dos romances de Dostoievski e Tolstoi? Divisaria Ana Karenina na estação ferroviária?

A corrida para ver tanta coisa, em pouco tempo, tornou-se cansativa. Só no Ermitage ficamos um dia inteiro, olhando suas galerias de arte e os salões do Palácio de Inverno. Depois foram os passeios pelas ruas e avenidas, pelas margens do Neva e a visita ao palácio em que se reunia o *Soviet* de Petrogrado, que provocou os "dez dias que abalaram o mundo".

Comprovei a procedência daquilo que todos dizem — a feição mais ocidental, mais européia, de Leningrado em comparação com Moscou. Fato visível nas roupas das pessoas comuns, nos bares e restaurantes, no teatro Kirov.

A visita ao cemitério da cidade me comoveu profundamente. Nele está a mais singela e a mais tocante homenagem àqueles milhares e milhares de mortos, durante os pavorosos anos do cerco de Leningrado, na grande guerra patriótica. No meio de um imenso jardim, no local em que foram enterradas em valas comuns as vítimas, numa placa de aço está a transcrição de pequenas folhas de um diário escolar, em que um garoto assinalou as mortes pela fome de seus familiares, dia a dia, indicando que logo também o mesmo sucederia com ele. Encontro dramático com um passado que é sofrido relembrar, pelo sacrifício imensurável de um povo que aceitava a morte e a destruição, mas não que a cidade construída por Pedro, o Grande, fosse ocupada pelas tropas do inimigo.

A MARCHA DA DESUNIÃO

De volta a Moscou, logo entrei no lufa-lufa da reunião internacional, coordenada por Bóris Ponomariov, o secretário do PCUS responsável pelas relações com os partidos comunistas. Na superfície, parecia seminário acadêmico, no qual os textos são examinados com tranqüilidade, sem arrebatamentos. Era mais uma rodada de debates depois de várias reuniões e os textos haviam sido revistos e emendados, em razão de inúmeros encontros bilaterais.

Cerca de oitenta delegados, de diversas regiões do mundo, se reuniram num dos grandes salões de um palácio do Kremlin. Ao seu dispor contavam com o pessoal encarregado da tradução simultânea para quatro línguas (português, não) e os auxiliares para os trabalhos de secretaria. As discussões eram enfadonhas e repetitivas, pois raramente um ou outro orador destoava com palavras mais duras e mais claras. Pensava comigo mesmo que um concílio de cardeais no Vaticano deveria transcorrer como aquele que eu presenciava.

Debaixo daquelas cinzas, porém, as brasas indicavam divergências sempre maiores. O Partido Comunista da China não estava representado, o que era um sinal de que não se juntaria aos demais partidos na elaboração da estratégia única para os comunistas do mundo. Outros fatos indicavam que se marchava para a ruptura total entre os dois grandes países do mundo socialista. Prosseguia na China a revolução cultural, desencadeada em 1966, em que a política dos soviéticos foi posta no pelourinho. Continuava a haver os atritos entre tropas militares na fronteira da China com a URSS.

As nuvens negras que pairavam no horizonte vinham da Tchecoslováquia. Nesse país da Europa central, encruzilhada de tantos caminhos, havia um processo de reformulação que atingia questões básicas para o mundo comunista, pois erros e até crimes, praticados desde 1948, levavam uma imensa parcela de seu Partido Comunista a pressionar por mudanças. Esse fato se exprimiu na eleição de Alexander Dubcek para o cargo de secretário-geral da organização partidária.

O complicador maior resultava do fato de que envolvia de forma inevitável o relacionamento com a URSS, na estrutura do Pacto de Varsóvia (acordo militar entre os países socialistas da Europa), que permitia a presença de um grande contingente militar soviético na Tchecoslováquia. Ao mesmo tempo punha em questão práticas políticas estratificadas na URSS e nos outros países socialistas.

A polêmica transbordava para o conjunto do movimento comunista mundial. Alguns partidos comunistas, como os da Itália, Espanha, México e Inglaterra, saudaram a renovação empreendida pela corrente de Dubcek. Outros assumiram uma posição cheia de reservas, como o da França. Nos partidos dos países socialistas vizinhos, principalmente na República Democrática da Alemanha, a pressão fazia-se sentir na direção oposta, pois temiam ser contaminados pela onda de transformações que emergia de forma incontrolável em Praga. Entre os soviéticos, eu sentia a inquietação e o impasse, em virtude de dúvidas em seus órgãos dirigentes sobre como enfrentar uma situação que abalava os alicerces do chamado "socialismo realmente existente".

Da minha parte, apenas buscava colher toda a sorte de informações, pois ao sair do Brasil não recebera qualquer orientação sobre o que dizer em nome de nosso Partido. Minha esperança era que se chegasse a um acordo geral sobre a evolução do quadro na Tchecoslováquia, de modo a ser evitado um conflito de maiores proporções.

Aquela reunião dos partidos comunistas não pretendia ser conclusiva. Na verdade, limitava-se a uma avaliação das repercussões dos episódios recentes mais graves na política internacional. Como quando assistia a um grande jogo de pôquer, eu era ali um mero observador, pois não tinha autorização, nem cartas para nele apostar.

O que me restava era buscar opiniões de figuras importantes e travar relações com outras que me fascinavam. Uma delas foi Álvaro Cunhal, o secretário-geral do Partido Comunista de Portugal. Ele era uma legenda no Brasil e no passado eu escrevera artigos reclamando sua libertação do presídio de Tarrafal. Por isso acertei um encontro com esse líder português e com ele conversei no "hotel" em que estávamos hospedados. Com a sólida cultura dos intelectuais portugueses, sua exposição era brilhante sobre o que sucedia em Portugal, mas reclamava de mim uma atenção redobrada, em razão de sua pronúncia carregada, distante da prosódia brasileira. A respeito da Tchecoslováquia, Cunhal era intransigente, ultra-ortodoxo, não admitia nada de positivo nas posições de Dubcek. Pleiteava com energia uma aberta e radical interferência do Pacto de Varsóvia nos assuntos internos daquele país.

Naqueles dias reencontrei em Moscou Amílcar Cabral, secretário-geral do Partido Africano da Independência de Guiné e Cabo Verde, que havia conhecido em Conacri, em 1960. Uma bela estampa de homem, cativante, mais parecia um desses atletas norte-americanos. Ele aproveitou a oportunidade para relatar o avanço da luta guerrilheira desenvolvida pelo PAIGCV. Assegurou-me que haveria condições para em pouco tempo organizar-se um governo provisório nas regiões dominadas pelos guerrilheiros, a fim de preparar o caminho para a independência da colônia portuguesa naquela área da África Equatorial. Distante das angústias que atormentavam os comunistas do resto do mundo, Amílcar Cabral transpirava entusiasmo e confiança no despertar dos povos do continente negro. (Em 1972, Amílcar Cabral foi assassinado por sicários, dois anos antes da independência da República de Guiné-Bissau.)

Convidado pelos soviéticos, fui a um hospital, nas cercanias de Moscou, participar de uma homenagem ao velho dirigente do Partido Comunista da Argentina, Vitorio Codovila, que por muitos anos foi membro do Bureau Sul-Americano da Internacional Comunista. Muito doente e enfraquecido, era uma sombra daquele italiano que foi um dos fundadores do PCA e polemista conhecido na defesa dos princípios do Komintern. Ficou emocionado com a presença de um comunista brasileiro no pequeno grupo que foi lhe prestar aquela homenagem, possivelmente uma das últimas que recebeu em sua vida.

Nessa estada em Moscou, e das outras vezes que lá estive, sempre mantive contatos com o médico e psiquiatra João Belini Burza, mineiro de Ouro Fino, companheiro de lutas estudantis na década de 1940. Ele estava exilado na URSS e desenvolvia pesquisas em sua especialidade. Falando russo, dava-me algumas dicas sobre o que era mais interessante na capital soviética.

No entanto, como dependia dos soviéticos, percebia-se sua cautela em dar uma opinião crítica sobre a situação da União Soviética. Ora, eu havia estado em Moscou em 1960, quando reinava euforia no país em conseqüência do lançamento dos grandes projetos traçados na época de Krusho, entre os quais o famoso plano de sete anos que ambicionava colocar a economia soviética à frente da norte-americana. Por isso eu formulava perguntas incômodas sobre os resultados daquele plano, mas as respostas eram sempre evasivas, inclusive as de Burza.

O último ato a que compareci em Moscou foi na Academia de Ciências da URSS, para ouvir uma conferência da segunda personalidade do país — Mihail Suslov. O tema era instigante — a herança de Marx. Desde o início ficou evidente que Suslov era uma figura imperturbável, fria, incapaz de qualquer empatia com o público. Ao lado dessas características, na verdade não fundamentais no julgamento de uma exposição teórica, o lamentável era o amontoado de lugares-comuns, sem qualquer idéia nova ou tese original capaz de enriquecer as análises sobre a contribuição de Marx. Essa conferência deu-me a visão da barreira que existia para uma renovação no pensamento da elite que estava à frente do PCUS.

NA IUGOSLÁVIA DE TITO

Entre os anos de 1968 e 1973 fiz outras viagens ao exterior, em função de tarefas partidárias e basicamente para informar sobre o curso da luta contra a ditadura brasileira.

Numa delas fui à Iugoslávia, após permanecer em Roma um dia, tão-só para me refazer da grande diferença de fuso horário, pois havia embarcado em vôo direto de Buenos Aires à "Cidade Eterna". Parti para Belgrado, com conexão em Dubrovnik. Aconteceu, porém, que a espera em Dubrovnik tornou-se um suplício de oito horas, sem poder sair do aeroporto e sem nenhuma informação da empresa de aviação.

Naquela expectativa absurda, via a chegada e a partida de sucessivos aviões e nada daquele destinado a Belgrado. Não foi difícil perceber que apenas eu e mais outro passageiro estávamos ali imobilizados por várias horas. Inicialmente, imaginei que ele poderia estar me seguindo, pois, como sempre, eu usava passaporte falso e estava em missão clandestina. No entanto, a figura dessa pessoa não me era estranha e me parecia já ter visto sua fotografia na imprensa.

Ele estava sozinho, de terno preto. Lia um livro e algumas vezes ia ao café e ao toalete. De tanto quebrar a cabeça, mas sem que ele desconfiasse que o observava, percebi que se tratava de um padre. E matei a charada, concluindo que ali estava o chefe maior dos jesuítas do mundo, o padre Arrupe, o catalão que vivera anos no Japão e quase morrera quando os norte-americanos jogaram bombas atômicas em Hiroshima e Nagasaki. Era o "papa negro", pela sua batina em contraste com a tradicional veste branca dos papas. Pois bem, ele estava ali comigo, só nós dois naquele embaraço cosmopolita, sem ter o que fazer, simplesmente a matar o tempo.

Uma vez resolvido o mistério, tranqüilizei-me, porque uma pessoa de sua linhagem não faria o papel de agente policial. Embora com receio de comprometer a minha missão, entendi que não poderia perder a oportunidade de conversar com a famosa personalidade. Comecei uma aproximação, comentando os transtornos causados pelo atraso do avião em que deveríamos embarcar. Poliglota, ele logo descobriu minha condição de brasileiro. Eu falava só de banalidades, porque seria imprudência tratar de assuntos sérios.

Como transitavam pelo saguão do aeroporto dezenas de turistas, notadamente alemães e escandinavos, que partiam em *charters*, bronzeados pelo sol das ilhas gregas e do Adriático, padre Arrupe comentou o desprezo de todos eles pelas ruínas medievais de Dubrovnik. Convidou-me a ir até à varanda, para de lá divisarmos o Adriático e as muralhas erguidas quinze séculos atrás, discorrendo longamente sobre a epopéia dos cristãos na Croácia e em toda a costa dálmata.

Como nunca havia me interessado pela história do cristianismo nos primeiros séculos de sua expansão, enderecei ao padre Arrupe perguntas sobre Adriano e Constantino, protagonistas de fatos memoráveis no cenário geográfico em que estávamos, no meio de turistas apenas interessados em areia, sol e águas azuis. Com paciência ele respondeu, falando em português, mas desculpando-se quando escorregava para o espanhol. Contou-me a história milenar de sua grei, naquela luta multissecular para propagar a fé cristã entre bárbaros e infiéis. Creio que essa lição durou mais de uma hora. Nada perguntou sobre a razão que me levava até a Croácia e nem eu procurei saber o que ele iria fazer na Iugoslávia. Meia hora depois, chamaram-nos para o embarque. Mas, como o avião vinha lotado, sentamo-nos em fileiras diferentes.

No aeroporto de Belgrado, porém, uma surpresa. Havia um grupo numeroso de pessoas a aguardá-lo, inclusive crianças, para lhe entregar flores. Dois amigos me esperavam. Um diretor da Aliança Socialista da Iugoslávia e o jornalista Julius Djuka, todos conhecidos dos velhos tempos em que eu era deputado. O "papa negro" deve ter entendido que eu também chegava a Belgrado para alguma missão, mas fez questão de vir se despedir de mim. Aproveitei a fim de agradecer-lhe pela oportunidade daquela conversa amena em Dubrovnik e por sua aula de História.

Agora, recentemente, durante os selvagens conflitos na antiga Iugoslávia — entre sérvios, croatas, albaneses, macedônios, cristãos e muçulmanos etc. — quando Dubrovnik começou a ser atingida pelo canhoneio cruzado, acompanhei estarrecido aquela loucura, sempre me lembrando das histórias contadas pelo padre Arrupe. Parece, afinal, que não obstante intervalos fugazes, naquela região do mundo apenas prossegue uma velha tragédia.

Em Belgrado fui recebido como um amigo, sempre disposto à aproximação com os iugoslavos. Desde 1956 lia com atenção seus documentos e torcia pelo êxito de sua política de não-alinhamento com os dois blocos hegemônicos. Freqüentava a embaixada de seu país no Rio, havia convivido com Julius Djuka e Yasha Altuli. Eu também auxiliara na montagem da recepção a Tito, em Brasília, nos dias conflagrados de 1963, quando João Goulart fizera questão de me apresentar àquele homem indomável, que fora o símbolo da luta guerrilheira contra os nazistas.

Fazendo as honras da casa, Djuka informou-me que infelizmente eu não poderia encontrar Tito, pois este no dia seguinte estava de partida para uma conferência dos países não-alinhados em Lusaka. Em compensação, Djuka, diretor do maior jornal de seu país, havia programado uma entrevista minha com Edvard Kardelj, a segunda pessoa da Iugoslávia. Mas este julgara melhor que primeiro eu conhecesse algumas coisas da realidade de seu país.

De saída, levaram-me para visitar uma cooperativa agrícola na Sérvia, nas margens do Danúbio, organizada de conformidade com o princípio da autogestão. Constatei sua prosperidade, porém chamaram-me a atenção fatos que indicavam a instabilidade da economia do país, em virtude da persistência da inflação.

Um dia depois viajei até a cidade de Split, para visitar uma indústria naval. Logo me ficou claro o quadro da concorrência entre as indústrias da Iugoslávia, pois esse estaleiro competia no plano internacional e nacional com outro estabelecimento iugoslavo, localizado em Rijeka. Ao mesmo tempo, veio à baila o drama da emigração de dezenas de milhares de operários das várias nações e nacionalidades reunidas na República Popular Federativa da Iugoslávia.

De volta a Belgrado, aproveitava o tempo para andar a pé, observando ruas e avenidas, pontes, comércio, exposições de objetos de arte, cafés e teatros. A capital da Sérvia aparentava riqueza e a mesma graça e elegância de outras metrópoles européias.

Num fim de semana, embarcaram-me para Sibenik, uma cidade medieval, com belíssimas praias. Lá encontrei Santiago Carrilho, secretário-geral do Partido Comunista da Espanha, que estava em férias, com sua família. Então gozei três dias de vagabundagem e conheci as belezas daquele antigo entreposto portuário, famoso por suas igrejas construídas desde o século XIV. Pela manhã passeava pela praia com o dirigente espanhol e tomava as refeições junto com seus familiares. Longos bate-papos sobre a vida na Espanha e no Brasil e um tema recorrente — as divergências no movimento comunista.

A placidez do cenário somente foi quebrada numa tarde em que sobreveio um terremoto. Senti o quarto dançando e a princípio pensei que aquilo era o efeito do vinho que havia bebido. Depois a gritaria no hotel denunciou que um terremoto ocorrera, mas sem maiores problemas para o prédio. Saí pela cidade com os demais hóspedes para sabermos as conseqüências do abalo sísmico, especialmente para as igrejas medievais. Mas evidenciou-se logo que elas nada tinham sofrido. Orgulhosas, estavam indenes, graças a suas estruturas, que desafiam toda a sorte de adversidades, resultantes da ação humana ou da Natureza.

De volta a Belgrado, aguardei a reunião com Kardelj. Eu havia lido alguns de seus artigos, ficando impressionado com sua forma de exposição, bem diversa da usada nos textos de dirigentes comunistas. Examinando a situação internacional e de seu país, seus artigos se assemelhavam a análises dos bons articulistas da imprensa mundial. Nenhum lugar comum, nem frases bombásticas, mas argumentos límpidos e bem fundamentados.

Depois de Tito, Kardelj era a pessoa mais respeitada no país. Assumira a posição de formulador no plano teórico, sem entrar na disputa por cargos no complexo aparelho estatal daquele ajuntamento de nações que se entredevoram há séculos. Natural da Eslovênia, a porção mais setentrional e mais desenvolvida da Iugoslávia, deu-me a impressão de ser um marxista acostumado às disputas intelectuais em Viena.

Kardelj havia destinado duas horas para aquele encontro, pois a necessária participação de um intérprete não permitia que a troca de opiniões fosse rápida. No começo da entrevista rememorou as posições adotadas pela Liga dos Comunistas da Iugoslávia ao se afastar do Partido Comunista da União Soviética e como fora traumática aquela ruptura.

De início, Tito julgara que tudo resultava de intrigas causadas por burocratas soviéticos, pois confiava cegamente em Stalin, que simbolizava a causa comunista. Depois constatara que partiam de Stalin as acusações contra a direção dos comunistas iugoslavos. "Não nos curvamos diante de Stalin", continuou ele, "porque conquistamos entre os sérvios, croatas, eslovenos e as outras nacionalidades um apoio muito sólido, em razão da luta heróica que soubemos organizar contra os nazistas." No entanto, para Kardelj, tudo aquilo era uma página virada da História e o PCUS acabara reconhecendo o grave erro cometido.

Colocou-se à minha disposição para responder a qualquer pergunta. Formulei duas questões. A primeira dizia respeito à inflação em seu país. Respondeu sem rodeios: "Na verdade, não sei o que dizer. Sete comissões estudaram exaustivamente a questão, consultamos vários especialistas estrangeiros, mas, afinal, não conseguimos dar uma solução satisfatória ao problema. Esse é um desafio que pessoalmente me atormenta."

Em seguida, falei a Kardelj da minha estranheza ante o fato de um imenso contingente de iugoslavos estar saindo do país em busca de trabalho na Europa Ocidental, coisa que depunha contra o regime socialista. Ele concordou com a observação crítica, afirmando que o fenômeno indicava que o regime capitalista estava vencendo o socialismo no plano da economia.

"No entanto, resolvemos não criar qualquer obstáculo à emigração, porque uma proibição desse tipo fere princípios socialistas. Discordamos dos outros países socialistas que fecham suas fronteiras. E há aspectos positivos nessa grande emigração de mão-de-obra. Um deles é que os operários que trabalham na Alemanha, por exemplo, estão adquirindo conhecimentos importantes. Além disso, os emigrados remetem de forma permanente recursos para suas famílias na Iugoslávia."

A impressão que me ficou dessa entrevista com o dirigente iugoslavo foi a melhor possível. Abordou com sinceridade as falhas do regime socialista, demonstrando que essa postura era o comportamento normal entre os comunistas iugoslavos. Mas Kardelj estava preocupado com o futuro. Em conversas com Julius Djuka senti o clima de discussão aberta e democrática sobre os problemas do país. Em Belgrado a cada momento eclodia uma revisão nos procedimentos partidários e estatais. Não havia barreiras para reformulações.

Rememorando aqueles debates em Belgrado, somente posso concluir que a elite dirigente dos eslavos do sul não levou devidamente em conta o artificialismo da estrutura multinacional da Iugoslávia, pois não conseguiram mantê-la por muito tempo depois da morte de Tito, em 1980. E os graves acontecimentos envolvendo os albaneses, em Kosovo, demonstraram como longe estamos de uma solução dos conflitos naquela região da Europa.

Passados tantos anos, acompanhei com tristeza o desmoronamento da antiga Iugoslávia e a ressurgência dos ódios nos Balcãs, quando vemos os dramas humanos expostos com pungência no filme *Depois da chuva*, de Milcho Manchaski. Na verdade, atinge a todos nós a incapacidade de serem conciliadas disputas étnicas e culturais que trucidam inocentes, tornando distantes os sonhos da fraternidade na sociedade humana.

INTERMEZZO NO BALATON

Após os poucos dias de imersão nos problemas e surpresas da Iugoslávia, os amigos me levaram de carro até Budapeste, para participar de outra reunião preparatória da Conferência Mundial dos Partidos Comunistas. Nela tive uma conversa pessoal com Bóris Ponomariov, secretário do PCUS. Com ele examinei a possibilidade de contatos comerciais que permitissem ao nosso Partido, apoiado em firmas brasileiras, realizar negócios com empresas soviéticas, nos quais poderíamos obter algum proveito financeiro. Ponomariov me atendeu friamente, porém não fechou as portas a essa iniciativa.

Como era necessário aguardar a elaboração dos novos documentos para a Conferência Internacional dos Partidos Comunistas, a solução era permanecer mais alguns dias na Hungria, gozando as delícias da mais bela cidade da Europa Central, Budapeste, e do centro turístico húngaro, o lago Balaton. Por diversas razões, o país dos magiares exerce uma atração irresistível. Sua cultura é uma das mais ricas da Europa, impressionando o estrangeiro que descobre seus monumentos, pontes, igrejas medievais, arte gráfica e a arrojada produção cinematográfica. Fiz questão de visitar em Budapeste o cenário do livro *Os garotos da rua Paulo*, pois o reli várias vezes para meus filhos.

Também era um prazer inexcedível ir ao Balaton e conhecer uma vitivinicultura, onde são produzidos os mais requintados vinhos brancos da Europa e o Tokai, o vinho doce que é um néctar dos deuses. Numa dessas adegas, em companhia de Salomão Malina, Alberto Castiel e um companheiro da Venezuela, cheguei a ficar inteiramente bêbado por experimentar múltiplas variedades do "Balaton Furent", uma de cada tonel, e por ter de acompanhar infindáveis brindes em homenagem aos líderes revolucionários na América Latina. Nunca tantos foram homenageados por tão poucos, pois vinho é que não faltava.

Numa pousada à beira do Balaton, conversei horas seguidas com Armando Ziller, que viera de Praga para assistir àquela discussão internacional. Meu velho amigo de Belo Horizonte, companheiro de tantas lutas, estava na Europa quando houve o golpe de Estado no Brasil, em abril de 1964. Não podendo retornar ao nosso país, ele foi trabalhar na capital da Tchecoslováquia, na sede da Federação Sindical Mundial. Posteriormente, ficou como representante do PCB na revista dos partidos comunistas, editada naquela cidade. Sua esposa, a boa Filomena, seguiu atrás dele a fim de compartilharem as amarguras do exílio.

Viver anos a fio longe do país natal é terrível e melhor do que eu contam esse infortúnio os que se curtiram nessa angústia. No diálogo descontraído com Ziller avaliei como vivia atormentado com a falta ou a demora de notícias dos filhos e netos, agravado pelo fato de não saber quanto iria durar o seu desterro. Ficava nervoso com os atritos banais no pequeno círculo de exilados, sofria com o frio e a umidade de Praga e por estar na dependência absoluta de funcionários estrangeiros subalternos. Era tolhido pela incapacidade de comunicação com os tchecos, em razão da impossibilidade de aprender aquela língua tão distante das neolatinas. O elenco de problemas era tal que o impedia de pensar e agir com aquela bonomia que o caracterizava em Belo Horizonte.

Ziller somente se tranqüilizava quando ouvia música clássica. Na verdade, essa "fuga" não se deu por acaso. Filomena sempre tocou piano, um irmão dela era maestro e professor de música. Ziller também tinha razoável formação musical e tocara violino em sua mocidade. Para ele foi uma oportunidade fantástica poder comprar excelentes discos nos países socialistas, vendidos a preço de banana. Fugia, portanto, dos tormentos ouvindo Bach, Beethoven, Mozart e outros clássicos. Acumulava uma quantidade incrível de discos, num tempo em que só existiam os LPs. Eu o advertia para o fato de que o crescimento de sua discoteca iria dificultar seu retorno clandestino ao Brasil. Ele desconversava, pois era uma compulsão ouvir música.

Quando foi transferido para a Argentina, Ziller mandou a coleção para o Chile, esperando manter aquele tesouro, reunido durante anos com infinito cuidado. O resultado foi calamitoso. Com os acontecimentos de setembro de 1973, os discos se perderam nas labaredas do incêndio que tumultuou o país de Allende.

EM PRAGA, NO OLHO DO FURACÃO

Da Hungria, na primavera de 1968, fui para o olho do furacão que abalava os países socialistas — Praga. Nesta cidade a efervescência era permanente, visível na televisão, nos jornais e nos aglomerados de pessoas na sua grande praça central.

Dubcek assumira a secretaria-geral do Partido Comunista e estava modestamente instalado no "hotel" do Partido, em que eu fora também alojado. Cruzava com ele na portaria ou nos corredores, apenas o cumprimentando com a cabeça, porque não sabia o que lhe dizer. Além do mais, havia a barreira da língua a não me permitir falar com aquele eslovaco. Parecia mais um contador simpático, apagado, solitário e de forma alguma se apresentava como o principal protagonista de uma tragédia.

O quadro inusitado na Tchecoslováquia se revelava com toda a clareza nas menores coisas. Dois funcionários do Departamento Internacional do PCT é que estavam encarregados de atender aos comunistas latino-americanos. Suas informações sobre a evolução dos acontecimentos conflitavam totalmente. Um lutava por mudanças profundas na vida do país, enquanto o outro era contra o processo encabeçado por Dubcek. A divisão de alto a baixo entre os comunistas do país era irremediável.

Ao mesmo tempo, os dois companheiros do Comitê Central do PCB que residiam em Praga, Armando Ziller e Roberto Morena, discordavam inteiramente a respeito do que sucedia no país. Morena, que trabalhava na Federação Sindical Mundial e mantinha fortes ligações com os comunistas italianos, apoiava a corrente que não concordava com o PCUS. Ziller estava na revista internacional e suas relações mais estreitas eram com os soviéticos. Assim, defendia a política de Moscou. Fiquei, então, entre dois fogos. Na verdade, temia o que pudesse suceder, mas julgava que o processo de reformulação na Tchecoslováquia era indispensável e que chegaria a bom termo. Pura ilusão a minha, pois tudo acabou em conseqüência de dados internacionais, impostos pela geopolítica que preside os destinos dos países localizados no centro nevrálgico da Europa.

O panorama dos conflitos se complicava a cada dia. O fim da censura à imprensa estimulava o aparecimento de publicações de intelectuais e estudantes, que desfraldavam a bandeira das mudanças radicais. Enfim, era um acerto de contas de dois decênios, desde a época em que os comunistas tomaram o poder. A União

Soviética passara a ser vista como opressora, pois suas tropas estavam dentro do território da Tchecoslováquia. Por tudo isso, ninguém seria capaz de prever até que ponto eram aceitáveis as alterações no rumo do país.

Ligado afetivamente a Ziller desde a minha juventude, em diversos momentos me abstraía da crise na Tchecoslováquia para caminhar descuidadamente com meu velho amigo descobrindo os mistérios e a riqueza de Praga. Por duas vezes fomos ao castelo Hdricany, até à cidade velha, cruzando as pontes sobre o Vltava, especialmente pela ponte Carlos, com suas duas torres, jóia tão rara como a Ponte Vecchio de Florença. Junto com muitos turistas, aguardávamos o aparecimento na "Torre do Relógio" das figuras mecânicas, seculares, fantasmagóricas, quando o carrilhão anunciava as horas.

De Praga viajei para Moscou, mas também ali o centro das discussões era a crise na pequena nação dos tchecos e eslovacos. Os funcionários do Departamento Internacional eram unânimes — o PCUS não admitia o rompimento dos laços da Tchecoslováquia com o Pacto de Varsóvia, pois se tratava de uma peça essencial no sistema de defesa contra as forças da Otan (Organização do Tratado do Atlântico Norte).

Em julho de 1968 regressei ao Brasil e nas semanas seguintes veio o desenlace — a intervenção militar dos cinco países do Pacto de Varsóvia na Tchecoslováquia. Em reuniões em São Paulo os companheiros e amigos me assediavam para que explicasse o que acontecera, pois sabiam que eu estivera recentemente em Praga. Toda a imprensa fazia coro contra a União Soviética. Destoando, Cláudio Abramo afirmava que a URSS não podia se conformar com o esboroamento do Pacto de Varsóvia.

Em fins de outubro, voltei a Moscou e Praga. Pela primeira e última vez, assisti às comemorações grandiosas, na Praça Vermelha, do aniversário da revolução de 1917. O impressionante foi a manifestação do poderio militar. O inverno se antecipara naquele ano e Moscou estava branca, coberta de neve. O frio era tão intenso que, embora agasalhado devidamente, torcia para tudo aquilo terminar logo, a fim de retornar ao "hotel". De pé, na tribuna dos convidados, ao lado do mausoléu de Lenin e na frente das muralhas vermelhas do Kremlin, com o vento queimando a face e o frio atravessando botas e casacos, só me esquentava tomando vodca, que um argentino tivera a sabedoria de levar.

Depois, no "hotel", os soviéticos estavam animados e sorridentes, pois aquela temperatura, de 10 graus negativos, não os incomodava. Aproveitavam a oportunidade para sucessivos brindes. Descobri, então, que eles festejavam o Sete de Novembro com o entusiasmo e a alegria com que comemoramos o Natal e a passagem de ano.

De regresso passei novamente em Praga. Cessara o tumulto que presenciara poucos meses antes, na viagem anterior. Todos comentavam em sussurro a intervenção militar: o afastamento de Dubcek, a fuga para o exterior das personalidades mais destacadas, como o antigo presidente da União Internacional dos Estudantes, Yuri Pelikan, que conheci no Festival de Viena, em 1960.

O ambiente era triste e pesado, um clima igual a uma UTI de hospital. Monitoramento para acompanhar os sinais vitais do paciente, ansiedade para que logo venha a fase da recuperação, após a cirurgia de alto risco. Todos achavam que péssimos dias estavam pela frente.

EM BUSCA DE NEGÓCIOS COMERCIAIS

Três anos depois, voltei à Europa, porém com missão diversa: visitar os países socialistas para examinar as possibilidades de transações comerciais. Comecei pela Bulgária, pequena nação amiga da União Soviética por motivos históricos. Acompanhado por um empresário brasileiro, fizemos as sondagens possíveis, mas logo constatamos as dificuldades em encaminhar negócios, tendo em vista a precariedade do intercâmbio comercial entre o Brasil e aquela nação dos Bálcãs.

Ficamos poucos dias em Sófia, uma cidade provinciana e triste. Um fato inesperado foi um encontro, no "hotel" do Partido, com Agostinho Neto, líder dos angolanos empenhados na luta pela independência de seu país e contra os divisionistas da Unitas, então apoiados pela África do Sul. O incansável combatente pareceu-me uma pessoa simples, modesta e extremamente cordial. Naqueles dias ganhara grande relevo na imprensa em razão de sua entrevista com o Sumo Pontífice, em Roma. Relatou-me que as dificuldades da luta pela libertação de Angola decorriam, em grande medida, de seu país dispor de riquezas apreciáveis em jazidas de petróleo e diamantes, exploradas por grandes empresas estrangeiras. Ademais, havia a forte pressão dos portugueses enraizados em empreendimentos agrícolas.

Como bons caixeiros viajantes, fomos bater na Romênia, onde as perspectivas de empreendimentos comerciais igualmente não foram alvissareiras. Bucareste era uma cidade pacata, despida de atrativos para os estrangeiros. Em tudo sentia-se a publicidade abusiva de Nicolae Ceaucescu, não obstante a onda internacional contra a idolatria e o culto aos detentores do Poder. (Ceaucescu, chefe do governo e manda-chuva do Partido, foi sumariamente morto em 1989, logo depois de um levante popular.)

Num fim de semana, sem ter o que fazer em Bucareste, fomos a uma cidade às margens do mar Negro — Constanta, com sua praia escura e pedregosa. Encontramos a lápide que assinala o local onde viveu e morreu Ovídio, o poeta romano exilado, no início da era cristã. Deu para entender por que, entre seus famosos poemas, lamentando o afastamento da luxúria de Roma e seu abandono pelos deuses, exatamente ali ele escreveu os versos de *Tristes*.

Prosseguindo o giro comercial, após contatos em Budapeste e Moscou, com pouco êxito, eu e o empresário brasileiro seguimos de avião até Varsóvia. Foi a única vez em que estive na Polônia. Como turista, a cidade às margens do Vístula me surpreendeu. De um lado, nos bairros na periferia, junto das indústrias ergueram dezenas de conjuntos habitacionais, iguais e sem elegância. Em contraponto, a cidade velha nos causou a maior admiração, com seus prédios magníficos, reconstruídos ou preservados de conformidade com os registros, feitos no século XIX, nas gravuras e nas pinturas de seus artistas.

O empresário brasileiro e eu fomos colocados numa casa de hóspedes, luxuosa, dentro de um parque ao lado do palácio do governo. Todas as manhãs, um mordomo nos procurava para saber o que desejávamos almoçar e dizia que poderíamos optar por qualquer prato da cozinha francesa.

Ficamos, portanto, na categoria de "privilegiados", "convidados oficiais", tratados com deferência especial, a maior que recebi em minha vida. Fantástico, mas com uma grave inconveniência: dificultava os planos de livre circulação de meu parceiro de viagem, interessado nas farras costumeiras de uma cidade propícia a toda sorte de prazeres. Na verdade, ele desejava se hospedar num dos hotéis de prestígio internacional — Europa ou Metrópole —, onde no cair da tarde apareciam as badaladas louras, elegantes e espertas.

Após cumprirmos o programa de encontros em algumas empresas, usei o tempo livre para visitar o Palácio dos Banhos, museu que guarda o patrimônio da cultura de um povo oprimido, mas eternamente resistente e fiel a suas tradições. Percorremos o bairro em que foram segregados os judeus — o gueto, palco de sofrimentos atrozes e de lutas assombrosas.

Numa das noites fomos a um *show*, num cabaré localizado no edifício mais imponente de Varsóvia, um gigantesco "bolo-de-noiva", o Palácio da Cultura, construído pelos soviéticos. Segundo a maledicência dos habitantes de Varsóvia, dele se tinha a melhor vista da capital, porque era o único local de onde não se podia ver a figura do próprio "bolo-de-noiva".

Na véspera de nossa partida, meu companheiro de viagem exigiu fazermos um "programa" no bom estilo dos executivos ocidentais, quando dão por encerrada sua missão. Ele estava indócil e enfastiado por passar dias tão insossos nos outros países socialistas. Contrafeito, na *happy hour* fui a reboque dele para o bar do hotel Europa. Logo fomos cercados por moças, interessadas em nossos dólares. Não demorou muito e, após uma rodada de champanhe, sentaram à mesa conosco duas mulheres. Uma feiosa que falava inglês e outra bastante charmosa. Sugeriram jantarmos no restaurante Crocodilo, o mais afamado de Varsóvia.

Rumamos para o restaurante. O local estava cheio e era animado por uma dessas orquestras ciganas que são encontradas pelo mundo afora, sempre empenhadas em dar um ar de festa a casais que fazem turismo. Meu companheiro dançava alegremente com as moças, enquanto eu apenas observava o panorama. De repente, a moça bonita desapareceu, porque descobrira que éramos convidados do governo. Possivelmente, atinou que poderia vir a ter complicações com a polícia. Conosco ficou somente a feiosa que falava inglês. Aí, ela resolveu se explicar. Era a intérprete das prostitutas e não concordava em levar para sua casa meu companheiro de viagem. Este ficou bravo, argumentou de todas as formas e alegou o gasto que havia tido até aquela altura.

Resolvi cair fora, feliz por escapar daquela esbórnia. Consegui um táxi e voltei para a casa de hóspedes. Meia hora depois apareceu meu companheiro. No início estava aborrecido, mas depois dava boas gargalhadas, porque nunca imaginara que seria repelido por uma categoria de mulher que não existia em nenhum outro país do mundo — "intérprete de putas".

Seguimos de avião para o lado oriental de Berlim, última etapa de nossa excursão comercial. Meu companheiro por diversas vezes visitara a República Democrática Alemã e ali contava com amigos e conhecidos. Por isso, fiquei sozinho no agradável "hotel" do Partido, nas margens do Spree. Realizamos com êxito a parte comercial e os companheiros do Partido programaram uma visita minha a Leipzig e Dresden. Uma viagem curtíssima, três dias apenas, que mal deu para conhecer lugares memoráveis.

Em Leipzig percorri o museu Grassi e a multicentenária biblioteca da cidade, com seu acervo de arte gráfica. Em Dresden, capital da Saxônia, às margens do Elba, passei horas na fantástica galeria de pintura do Palácio Zwinger. Fui ao castelo onde morou e morreu a insuperável Käthe Kollwitz, uma das vítimas dos estúpidos bombardeios da aviação aliada, que arrasou Dresden nos derradeiros dias da guerra, em fevereiro de 1945. No castelo adquiri algumas reproduções das gravuras em que ela fixou a vida dos operários alemães e a luta dos grandes combatentes revolucionários de seu tempo.

Nesse circuito pela RDA fui acompanhado por um espanhol, que servia de cicerone e intérprete. Estava fora de sua pátria há quase 40 anos, tendo vivido nos mais diversos países e enfrentado todos os dissabores. Então, no fim de sua vida guardava esperanças de um dia rever Madri. Não tinha nenhuma queixa a fazer da RDA. Ao contrário, não cessou de elogiar os alemães que lhe davam trabalho e abrigo. Mas, seu sonho era voltar para o torrão natal. Afirmou-me que eu estava certo em não me exilar, apesar da perseguição da ditadura brasileira. "Vocês, comunistas brasileiros, têm uma vantagem sobre nós, espanhóis. Seu país é imenso e podem perfeitamente continuar lutando dentro dele."

Guardei na memória aquela angústia do velho batalhador espanhol, porque, no dia seguinte, encontrei dois brasileiros exilados na RDA, agasalhando a esperança do próximo fim do pesadelo. Um deles era Sinval Bambirra, líder operário em Belo Horizonte e ex-deputado estadual. Vivia na Alemanha Oriental com a mulher e os filhos pequenos e trabalhava numa rádio, como locutor no noticiário em português. De sua boca não ouvi qualquer lamento, só uma preocupação: a de que as crianças estavam sendo criadas num mundo que não era o dele. Apenas queria notícias sobre a evolução da luta no Brasil, nada mais. Também falei com a escritora e poeta Ana Montenegro, muito animada com a luta pelos direitos da mulher, causa que foi sua paixão no Brasil. Desenvolvia intensa atividade de apoio aos que lutavam contra a ditadura militar em nosso país.

Assim, foi encerrada essa missão na Europa. Era chegada a hora de voltar para a dura realidade brasileira.

NOS PAÍSES DA AMÉRICA DO SUL

Fiz diversas viagens pela América do Sul, notadamente a Buenos Aires. Uma única vez e rapidamente estive em Santiago e em Lima, no Peru, pois era prudente diversificar a rota das viagens internacionais.

A ida ao Chile em 1973 correspondia mais ao interesse em acompanhar o processo que empolgava a esquerda da América Latina. Estava no ar que um desfecho se aproximava, mas havia confiança em que as forças populares poderiam vencer a reação. A imprensa mundial não escondia a pressão norte-americana incessante e desabrida contra o governo popular. Em Santiago encontrei Armênio Guedes, sempre tranqüilo, mas preocupado com o que pudesse suceder. Igualmente, revi o velho colega na Câmara dos Deputados, Almino Alvares Affonso.

Em Lima, onde fiquei apenas dois dias, procurei Jorge del Prado, secretário-geral do Partido Comunista do Peru, que participara de um curso clandestino de nosso Partido nos idos de 1956. Os comunistas peruanos atuavam legalmente, mas tudo fazia crer que sua influência era diminuta na sociedade de seu país. Trocamos informações sobre a luta no Brasil e no Peru, mas somente agora, nos últimos anos, lendo trabalhos de Aníbal Quijano e Rodrigo Montoya é que começo a desvendar a realidade complexa e fascinante do Peru, com uma herança cultural que desde Mariategui desafia os analistas.

Encontrei também em Lima uma pessoa da seção de relações internacionais de nosso partido, Adauto Santos, que militara comigo em Belo Horizonte e que trabalhava na Câmara de Comércio Brasil-Estados Unidos. Anos depois ficou claro, por uma entrevista que deu aos jornais, que ele estava a serviço dos órgãos de informação do governo brasileiro.

Por isso e tendo embarcado em Lima para São Paulo, é um mistério para mim até hoje por que não fui preso ao desembarcar no aeroporto de Viracopos, Campinas. O Serviço Nacional de Informações (SNI) do governo brasileiro não estaria interessado, na época, em me prender? Não houve tempo para esse agente do inimigo infiltrado em nossas fileiras contatar a polícia?

Na Argentina estive algumas vezes, sobretudo em função da necessidade de assegurar o apoio internacional à luta do PCB e para participar de um congresso do Partido Comunista do país vizinho. Numa dessas viagens houve a oportunidade de uma longa conversa com Rodolfo Ghioldi, o velho líder comunista que viveu anos no Brasil e que aqui esteve preso em 1936, como relata Graciliano Ramos em *Memórias do cárcere*. Rodolfo Ghioldi se preocupava em ler os livros mais importantes sobre a realidade de nosso país. Conservou verdadeira paixão pelo Brasil, um fato raro entre os pensadores tão europeizados de seu país. Ao mesmo tempo, eu era bem recebido por Arnedo Alvarez, secretário-geral do Partido Comunista da Argentina, a figura discreta e querida por seus companheiros, que escondia uma personalidade curiosa, nada portenha, pois era um autêntico "negro" de Tucumán, descendente dos índios varridos do mapa da Argentina.

Nessas andanças pelo mundo, cumprindo tarefas partidárias e bancando um pouco "o aprendiz de turista", tão-só desejo mostrar como fui me desasnando nessas viagens, para melhor conhecer uma boa parte do mundo. Ensinamentos preciosos, pois ninguém pode fazer algo em benefício de seu povo se ficar preso só ao que acontece dentro dos limites nacionais.

15

ANOS CINZENTOS

Do fim dos anos 60 ao início dos 70 o curso de minha vida não assinala fatos espetaculares. Foram anos de espera angustiosa — anos cinzentos. Não estava de braços cruzados, isso nunca. Mas tudo em que me envolvia, fora as viagens internacionais, poderia ser resumido a pequenas ações e passos miúdos em função de objetivos limitados. Um tijolo aqui, outro acolá para levar adiante o projeto de mudar a realidade brasileira.

A vida familiar era marcada pelo crescimento das crianças e seu progresso na escola Sholem Aleichem. Eles se aclimataram bem, gostavam dos professores e dos colegas. Conviviam livremente com primas que vieram morar em São Paulo, filhas de meu cunhado Tatão Pimentel de Castro, e com as filhas de Radhá e Cláudio Abramo. Pois não desejávamos, por motivos de segurança, um contato mais estreito com os colegas da escola.

Mudamos para um apartamento no bairro do Bom Retiro, na rua Newton Prado, para evitar a prebenda diária de levar as crianças ao colégio e buscá-las de volta, o que dificultava o uso do automóvel em outros afazeres. Só quem reside em São Paulo sabe o tormento de um encargo desse tipo, com o trânsito sempre congestionado.

Em julho e no fim de ano as crianças gozavam as férias em Belo Horizonte ou no Rio, longe do clima restritivo de minha vida, conseqüência da clandestinidade e de meus parcos recursos financeiros. Mensalmente, em função de atividades do Partido, eu viajava de automóvel ao Rio. Certa vez fui junto com toda a família de Cláudio Abramo, em dois carros. Mas a kombi dirigida por ele enguiçou perto de Jacareí, obrigando-o a ficar na estrada à espera de um caminhão para transportar de volta o veículo a São Paulo. Radhá, as meninas, uma empregada e uma imensa bagagem foram transferidas para meu fusca. Por azar, logo a seguir fomos parados pela polícia rodoviária, o que me levou a apresentar meus documentos falsos.

De outra vez, anos depois, vinha do Rio, trazendo como caronas Hércules Correia e Marcos Jaimovitch, também procurados pela polícia. Perto de Resende, por barbeiragem minha, pois chovia copiosamente, o carro derrapou e capotou três vezes. Com os dois caronas, felizmente, nada de grave aconteceu além do susto, mas fui expelido do veículo com um corte profundo numa das pernas. Socorrido por um motorista prestimoso, levaram-me a uma farmácia na cidade. Depois apareceu a polícia rodoviária para lavrar a ocorrência.

Com o ferimento sangrando, tive de mostrar os documentos falsos, ouvir uma reprimenda e aguardar horas para prosseguir em cima de um caminhão com os destroços do carro. Horas de aperto, numa viagem que nunca terminava. Em São Paulo foi necessário ser medicado num hospital, onde costuraram o ferimento. Um episódio que poderia ter resultados calamitosos para três pessoas com processos na Justiça Militar.

Em outra ocasião, na estrada do Rio a Belo Horizonte, cometi uma infração perto de um posto da polícia rodoviária federal. Um guarda quis apreender minha carteira de motorista, o que desvendaria a falsidade de vários documentos de que me valia. Fui obrigado a suborná-lo. Esse comportamento arriscado decorria de ter me acostumado com as irregularidades, esquecendo as condições em que me encontrava, pois havia anos que vivia clandestinamente e nada me acontecia.

Foi se tornando difícil resistir a determinadas tentações. Em 1971, por exemplo, o Clube Atlético Mineiro, do qual sou um torcedor fanático, disputava a final do campeonato brasileiro de futebol contra o Botafogo, no Maracanã. Acabei atendendo a um convite de Wilson Figueiredo para assistir ao jogo. Não me arrependi do deslize em termos de segurança porque o Atlético sagrou-se campeão. Enfim, não conseguia viver tantos anos seguidos como um segregado total, apartado da vida dos brasileiros normais.

Ao longo de onze anos freqüentei algumas casas de amigos e conhecidos, pois era impossível a vida solitária. Em São Paulo, visitava Cláudio Abramo. Com ele e Radhá ia esporadicamente ao cinema. Conversas regulares com Cláudio eram uma necessidade, por ser ele editor da *Folha de S. Paulo* e uma excelente fonte de informações. Ademais, era um observador atento do panorama internacional, sempre atualizado e de mente aberta para os acontecimentos novos. Aprendia muito com ele, pois só aos poucos me libertava dos preconceitos de um comunista ortodoxo.

Naquela época, Cláudio era a figura mais prestigiada da imprensa brasileira. Creditava-se a ele a modernização do jornal *O Estado de S. Paulo* e estava então empreendendo a transformação da *Folha* num dos melhores jornais do Brasil. Como foi minha convivência estreita, durante anos, com aquela pessoa singular, tida e havida como trotskista e, portanto, adversário ferrenho dos comunistas? Cláudio era um libertário, uma pessoa de profundo sentimento de justiça e igualdade, marca indelével dos velhos anarquistas italianos e espanhóis. Seu êxito como editor de jornais decorria sobretudo de seu espírito crítico arguto, além da seriedade aplicada no trabalho. Para sorte dele, tais atributos foram reconhecidos por uma personalidade também excepcional — Júlio de Mesquita Filho.

Era inevitável que Cláudio Abramo se chocasse de frente com o dogmatismo dos comunistas. Todavia, distinguia perfeitamente os padrões inaceitáveis da política do PCB, da conduta individual dos seus partidários em favor de uma sociedade mais justa. Por isso, sempre os respeitou, assim como às pessoas de esquerda que com ele trabalhavam nas redações. Via em mim um perseguido que necessitava de auxílio e não poupou esforços para me ajudar. Durante algum tempo, pagou as mensalidades escolares de meus filhos, quando ingressaram no curso ginasial. Radhá, sua esposa, teve uma formação política diversa, mais próxima de nosso Partido. Desde o golpe de Estado dedicou-se à luta contra o regime militar, dando abrigo e apoio a todos nela empenhados, especialmente aos estudantes.

Do círculo de pessoas com as quais mantinha contato em São Paulo, não posso esquecer diversos médicos. Alguns deles foram preciosos, como Antônio Rio Branco Lefèvre, José de Barros Magaldi e Eduardo Maffei, que deram a minha família uma assistência médica que hoje somente é obtida com planos de saúde. Regulamente eu visitava algumas personalidades do mundo cultural paulista, como Mário Gruber e Dante Ancona Lopez, o pioneiro da programação de qualidade nos cinemas e o idealizador das salas do Belas-Artes. Por sua vez, Alberto Castiel colocava à minha disposição um clube de campo de sua propriedade na região da Billings.

Assim, minha família gozava momentos de lazer, indispensáveis para o relaxamento naquela fase de nuvens negras. Na verdade, eu buscava conjugar atividades partidárias com possibilidades de lazer para as crianças. Por algumas vezes levei a família a cidades do interior e a Santos, nas quais deveria fazer reuniões. Quebrava a cabeça para desanuviar o ambiente das crianças, pois a clandestinidade continuava ano após ano.

No Rio meu círculo de relações era mais restrito. Aparecia no apartamento e na casa de Petrópolis de Wilson Figueiredo e de sua esposa, Lourdes, minha prima. Com maior assiduidade, freqüentava a residência de Luiz Mário Gazzaneo, redator do *Jornal do Brasil* e elemento ativo no grupo de Ênio Silveira, núcleo impulsionador das mais audaciosas atividades culturais progressistas naquela época.

Apoiava-me sobretudo em Helena Besserman Vianna e em seu marido, o médico Luiz Guilherme Vianna. Hospedado no apartamento deles, no carnaval de 1972, na rua Anita Garibaldi, em Copacabana, recebi uma notícia terrível. Poucas horas antes meu pai morrera em Petrópolis e eu não o via há meses.

Teresa e eu imediatamente seguimos para a casa de meu tio Ênio de Salles Coelho, na qual meu pai teve um colapso cardíaco fulminante. Fui serra acima e depois levei o corpo até o cemitério São João Batista, no Rio, fazendo um balanço de todos os sofrimentos que involuntariamente lhe causara. Desde meus 20 anos afastara-me do lar paterno, desaparecia meses nas atividades partidárias e não dava a menor notícia. Ele agüentava tudo aquilo calado, nada dizia, como também acontecia com minha mãe.

Em quase 28 anos de militância clandestina (de 1947 até a minha prisão) somente por seis anos desfrutei uma vida legal. Aí ele ficava alegre, ainda mais quando eu almoçava em nossa velha casa por ocasião dos festejos natalinos e de fim de ano. Ficou contente e orgulhoso quando me viu eleito deputado federal. Aposentado, gostava de prosear no Congresso conversando com seus velhos amigos, como Milton Campos. Depois veio o golpe de 64 e o meu retorno à insegurança da vida clandestina e à seqüência de sobressaltos.

Em 1966 ele passou uns dias em minha casa em São Paulo, porque ficara assustado com o fato de ser eu condenado a sete anos de prisão. Desejava contratar o advogado Heleno Fragoso para recorrer da sentença, mas eu o demovi por considerar inútil uma providência no âmbito da Justiça Militar, pois encarava o fato como um episódio da luta política. Contristado, ele aceitou tudo como uma fatalidade, da qual não se pode fugir.

No cemitério, caminhando entre os túmulos, consolado por inúmeros parentes do Rio, entre os quais minha prima Inês, fiquei a meditar em todas as incongruências daquela situação. Só por acaso assisti àquele enterro, porque, sendo carnaval, os jornais não noticiaram o falecimento de meu pai. Em outras circunstâncias, eu nem poderia estar presente. Embora tivesse seguido meu destino longe dele, na sua partida senti-me desamparado, perdido no mundo sem aquele que me queria tanto, irrestritamente, que me dera tudo e nada recebera de volta.

No correr dos anos o apartamento da rua Anita Garibaldi, de Helena Besserman e Luiz Vianna, foi meu pouso no Rio. Acompanhei o crescimento de sua trinca de filhos — Sérgio, Marcos e Cláudio (hoje o famoso Bussunda). Era um dos lugares em que se reunia um grupo de intelectuais engajados na oposição. Semanalmente por lá estavam personalidades como Alberto Passos Guimarães, o jornalista Josué de Almeida, o ex-constituinte Alcedo Coutinho, os médicos Emílio Medauar e Nikoden Edler, o psicanalista José Otávio de Freitas, o cientista Mário Vianna Dias e as minhas amigas Hélia Ziller e Marta Albernaz. Às vezes aparecia o pai de Luiz, o ex-senador pelo Espírito Santo, Ari Vianna.

Nas conversas descontraídas, os fatos mais candentes da vida econômica e política do Brasil vinham à tona, possibilitando que eu me atualizasse e transformasse certos dados em ações políticas de menor ou maior conseqüência. Uma dessas informações transformou-se num episódio de repercussão internacional. Refiro-me à denúncia contra um médico militar, o psicanalista Amilcar Lobo, que acompanhava a tortura de presos políticos na sede do DOI/Codi, no quartel do Exército na rua Barão de Mesquita, no Rio. Quando soube desse fato, através de Helena Besserman, preparei uma pequena nota que foi divulgada no órgão central clandestino do PCB — *Voz Operária*.

Um exemplar de nosso jornal foi remetido para Marie Langer, editora da revista *Cuestionamos*, publicada em Buenos Aires. Além de reproduzir o texto da *Voz Operária*, ela escreveu um artigo exigindo das entidades psicanalíticas internacionais e brasileiras a apuração do envolvimento daquele profissional nas torturas de presos políticos. Esse artigo de *Cuestionamos* estourou como uma bomba nas organizações que reúnem, como uma corporação medieval e fechada, os psicanalistas de todo o mundo. A primeira reação de seus dirigentes no país foi a de negar o fato denunciado e de tentar punir o autor da denúncia. o Helena começou a ser perseguida por uma das associações que congregam os analistas do Rio. Nesse ponto, Hélio Pellegrino saiu publicamente em campo, solidarizando-se com Helena. Por sua vez, esta replicou, relacionando o comportamento de psicanalistas brasileiros com o doutor Werner Kemper que, tendo trabalhado na Alemanha e se comprometido com o nazismo, foi recomendado para fundar a primeira sociedade psicanalista do Rio.

As posições de Helena ganharam ainda maior força com a confissão posterior do médico incriminado, Amilcar Lobo, relatando fatos gravíssimos ocorridos naquele quartel do Exército, inclusive o assassinato do ex-deputado Rubens Paiva.

Com o fim da ditadura no Brasil não foi mais possível abafar o escândalo. Além disso, o caso adquiriu dimensão fora de nossas fronteiras, porque a entidade internacional tentou encobri-lo. Por isso, Helena escreveu um livro, intitulado *Não conte a ninguém...* (Editora Imago, 1994), pondo a nu a atitude equivocada dessa entidade.

Esse livro, além da edição brasileira, foi publicado na França (Harmattan, 1997), na Argentina (Editorial Polemos, 1998) e está prevista uma edição na Inglaterra. Esses fatos, portanto, tornaram-se uma *cause célèbre*, que, apesar de passados tantos anos, agitam os psicanalistas do mundo, porque colocam em questão o comportamento ético desses especialistas e de suas associações.

A MARCHA PARA O ARBÍTRIO TOTAL

Nos anos cinzentos de 1966 a 1974 a cena política brasileira foi marcada por algumas características essenciais. O regime militar se consolidou e venceu algumas de suas contradições internas, libertando-se de forças políticas tradicionais que haviam participado do golpe de Estado. Impulsionou também reformas que propiciaram o chamado "milagre econômico", que atingiu seu auge entre os anos de 1969 e 1971.

Foram os tempos dos governos Costa e Silva e Médici e do breve interregno da Junta Militar. A ditadura prosseguiu em sua marcha ascensional até o Ato Institucional n° 5, em dezembro de 1968, e implantou o arbítrio total. Somente cinco anos depois teve início seu declínio e a evolução gradual e lenta para um regime constitucional.

A resistência da oposição entretanto nunca cessou. Em 1968 ela manifestava-se com estridência, o que se refletia nos jornais, porque a imprensa ainda gozava de relativa liberdade. Estava igualmente presente no Congresso Nacional, com a atuação de diversos parlamentares oposicionistas eleitos em 1966.

Naquele ano tínhamos a impressão de estar no limiar da derrocada do regime opressor. Foi um período de movimentos grevistas de envergadura, como os que eclodiram em Contagem e Osasco, e da luta sindical contra o arrocho dos salários.

O ponto alto no combate à ditadura foi a grande manifestação de massas no Rio, a chamada "passeata dos cem mil", de protesto contra as violências no restaurante dos estudantes, no Calabouço, quando foi assassinado o secundarista Edson Luís de Lima Souto. Mas o contra-ataque do regime foi rápido e esmagador, em dezembro daquele ano, quando acabou sendo editado o Ato Institucional n° 5.

Daí começaram as ações radicais desencadeadas por organizações de extrema esquerda, como o seqüestro do embaixador norte-americano, Burke Ellbrick, em 1969. Dentro da estratégia de confrontos violentos, outros atos espetaculares foram promovidos sob a direção de Carlos Marighela e Carlos Lamarca. De início essas atividades obtiveram algum êxito, mas pouco a pouco os órgãos policiais foram desbaratando os grupos que nelas se empenhavam. Em novembro de 1969 Marighela foi assassinado; em janeiro de 1970, Mário Alves; e Lamarca em setembro de 1971. Mas o movimento guerrilheiro organizado pelo PC do B no sul do Pará só foi derrotado em 1974 com a intervenção de grandes contingentes das Forças Armadas.

Os resultados da brutal repressão do regime militar evidenciaram o erro de se enfrentá-lo seguindo pelo caminho apontado por Marighela e outras lideranças radicais. A causa maior do insucesso dessa linha de conduta era não levar em conta o real quadro político do país. Acima de tudo se impunha a adoção de uma plataforma democrática e formas de luta capazes de mobilizar amplos setores da população, e não apenas elementos da vanguarda esquerdista. Apesar de não concordarmos com aquelas ações, protestávamos contra o massacre desses combatentes.

Para nós, essa era uma questão de princípios. Na *Voz Operária*, invariavelmente publicávamos matérias nesse sentido. Com os poucos recursos de que dispúnhamos, manifestávamos a eles a nossa solidariedade, auxiliando-os inclusive a se refugiar e a sair do país.

Por isso, me envolvi num episódio que pode ter sido a causa da prisão do ex-deputado e meu amigo Rubens Paiva. Tudo começou com a participação de Helena Bocayuva, filha do ex-deputado Bocayuva Cunha, no seqüestro do embaixador Ellbrick. No primeiro momento ela conseguiu escapar do cerco. Mas, caçada pelos agentes policiais, vivia uma situação dificílima no Rio. Rubens Paiva, amigo e sócio de Bocayuva Cunha, procurou-me em São Paulo, pedindo nosso auxílio para a fuga de Helena. Solicitei ao setor do Partido que se havia especializado nesse trabalho, sob a direção de Salomão Malina, a montagem dessa operação. Ela foi trazida para São Paulo, mas condicionou seu afastamento do país ao compromisso de Rubens Paiva de manter contato com um companheiro de sua organização, que iria continuar atuando no Brasil. Helena foi levada a Assunção, no Paraguai, por companheiros do PCB. Apesar de minhas advertências sobre o risco que estava correndo, destemido e sempre disposto a dar cobertura aos que eram perseguidos pelo governo, Rubens Paiva resolveu cumprir a promessa que assumira.

Aqui necessito fazer um parêntese sobre o apoio prestado por milhares de brasileiros aos adversários do regime militar, pois essa é uma bela história que não tem merecido destaque nas reportagens e livros sobre aquela época negra. É certo que a população não concordava e não se comprometia com as ações extremadas contra os governantes, inclusive porque avaliava os perigos. Era porém indubitável a simpatia e a disposição em ajudar os que mantinham a chama da resistência aos governantes. Vários dados comprovam esse comportamento. Essa conduta de tanta gente em favor dos combatentes é que explica o fato de levas e mais levas de pessoas, na grande maioria não politizadas, figurarem em inquéritos policiais e até serem arrastadas para as prisões, muitas vezes em decorrência de gestos mínimos de solidariedade aos que combatiam a ditadura.

Voltando ao que relatava, os encontros esporádicos de Rubens Paiva com esse companheiro de Helena Bocayuva eram uma relação perigosa e mais séria. Certa vez, Rubens entregou-me um caixote fechado, que havia recebido dessa pessoa, pedindo que eu desse a ele o fim que julgasse apropriado. Transferi para o grupo de Malina essa carga de velhos e inúteis revólveres, que foram jogados no mar, na avenida Niemeyer, em São Conrado.

Rubens Paiva igualmente atendia a outras solicitações que lhe eram encaminhadas, sendo que duas vezes colaborei com ele providenciando passaportes falsos ou apenas indicando como pessoas, que estavam sendo procuradas pelo DOI/CODI, poderiam transpor uma das fronteiras no Sul do Brasil. Para tanto, utilizávamos um pequeno apartamento em São Paulo, alugado por ele, na rua Doutor Vilanova. O local servia como um pouso intermediário aos que deveriam permanecer algum tempo na capital paulista. É provável que Rubens Paiva tenha se envolvido em outros casos que não chegaram ao meu conhecimento, porque era discreto e não propalava seus feitos. Mas, quase semanalmente me avistava com ele, no Rio ou em São Paulo, quando eu me apresentava como o "Oliveira".

Ele acabou preso por oficiais do Exército em sua casa, na avenida Delfim Moreira, no Rio. Permitiram que fosse em seu carro até o Ministério da Guerra, segundo está comprovado em um documento relacionado com o estacionamento do veículo no pátio dessa repartição oficial.

Aconteceu que nas sessões de tortura os policiais mataram Rubens Paiva, deixando provas da violência inominável que praticaram. Tendo que justificar o assassinato de uma personalidade de prestígio no país, dois dias depois fontes do Exército entregaram aos jornais uma notícia inverossímil — a de um suposto seqüestro do ex-deputado, por pessoas armadas e não identificadas, na Estrada da Tijuca, no Rio.

No entanto, o que houve no DOI/CODI é irrefutável — nas salas de tortura assassinaram Rubens Paiva.

O PCB TORNOU-SE O ALVO

A partir de 1974 ocorreu na ditadura brasileira uma inflexão que provocou uma profunda divergência na cúpula militar. De um lado, havia os que desejavam manter incólume o arcabouço do Ato Institucional n° 5. Era a chamada "linha dura", que menosprezava o crescimento da oposição ao regime, notadamente em conseqüência do fim do "milagre econômico", assim como também não levava em conta as pressões internacionais pela volta à vigência no país das normas democráticas.

De outro lado, no centro do Poder havia militares que compreendiam ser chegada a hora de concessões políticas substanciais, apresentadas sob a forma de uma política de distensão gradual e limitada. Esses, em resumo, queriam entregar os anéis para prolongar o regime ditatorial. Era a postura de Geisel e Golbery, estimulada por alguns políticos mais realistas, como Petrônio Portela.

Entre os que se opunham à ditadura foi sendo retomado o processo de aglutinação das correntes democráticas, principalmente através do Movimento Democrático Brasileiro (MDB), organizado depois da extinção dos partidos, em 1965. Era a pequena luz no túnel, sinalizando um caminho em que poderia desaguar o descontentamento da população e a esperança dos que batalhavam pela democracia. Uma estratégia correta, ainda mais porque possibilitava o aproveitamento das divergências na cúpula das Forças Armadas.

O PCB desde o início valorizou essa alternativa de ação, pregando a necessidade de apoio popular ao MDB, que havia assumido atitude corajosa com a anticandidatura de Ulisses Guimarães e Barbosa Lima Sobrinho, em março de 1974, quando houve a eleição indireta de Ernesto Geisel à Presidência da República. Essa tática correspondia ao clima existente no país, o que se comprovou quando, nas eleições gerais de outubro de 1974, o MDB teve uma inesperada vitória, esmagando o partido governista de norte a sul do Brasil.

Recordo bem a minha surpresa quando vi o noticiário da televisão naqueles dias. No primeiro momento cheguei a me assustar, depois resvalei para o desvario, redigindo um editorial para a *Voz Operária*, que ficou estridente inclusive pelo título — "Apertar o cerco" —, que bradava por aplicarmos novos golpes na ditadura. Embora mineiro, esqueci aquele velho conselho de minha terra, de que "não se deve cutucar onça com vara curta". Em outras palavras, as vitórias na política têm uma contrapartida: podem turvar o raciocínio, pois o inimigo ferido é mais perigoso.

Uma das conseqüências imediatas foi tornar o PCB a "bola da vez", como se diz no jogo de sinuca. Viramos o inimigo a que os órgãos de segurança da ditadura davam prioridade, quando antes centralizavam o fogo em outros agrupamentos de esquerda.

Diversos fatores determinaram essa ofensiva que nos atingiu de forma profunda e dolorosa. Em primeiro lugar, a "linha dura" pleiteava um recuo na política de Geisel e Golbery, culpando-a pelo fato de suas concessões — como o fim da censura à imprensa — estarem facilitando as atividades dos subversivos. Como não podia atacar frontalmente o Palácio do Planalto, o recurso da "linha dura" era investir contra os comunistas, pretensos beneficiados pela "abertura" de Geisel-Golbery. Chegaram a dizer que o general Golbery era nosso aliado.

Somente avaliei esse dado semanas depois, quando interrogado no DOI-CODI. Pois então os torturadores queriam de qualquer forma arrancar de mim uma confissão sobre as "ligações" do PCB com o general Golbery. Assim, não foi por acaso que o desfecho do conflito entre Geisel e a "linha dura" aconteceu em razão de episódios com duas pessoas ligadas ao PCB — Vladimir Herzog e Manoel Fiel Filho.

A "linha dura" queria também golpear ou pelo menos intimidar o MDB. Para tanto, nada melhor do que apresentá-lo como um instrumento dos comunistas, porque o PCB não cessava de recomendar o apoio popular à agremiação de Ulisses Guimarães. Além disso, havia o fato concreto de inúmeros militantes e simpatizantes comunistas terem se filiado ao MDB.

Apesar de sua fraqueza e das dissensões que sofrera, nossa organização se mantinha de pé. Junto com o PC do B, éramos os últimos moicanos. A *Voz Operária*, bem impressa, circulava regularmente em muitas cidades, atestando nossa sobrevivência, o que irritava os órgãos policiais. Resta acrescentar mais um motivo desse empenho contra nós: uma razão, vamos dizer, "corporativa" impulsionava o DOI/CODI a apresentar mais aquele serviço, a fim de justificar a continuação de sua imensa estrutura e de seus elevados gastos.

Desde o lançamento do Ato Institucional n° 5 os membros do Comitê Central do PCB constataram o crescimento da pressão sobre nós. Foram efetuadas inúmeras prisões que esfacelaram direções estaduais, particularmente em Pernambuco, Rio e São Paulo. Em 1969 e 1970 alguns integrantes do Comitê Central caíram nas garras policiais e a Justiça Militar determinou o encarceramento de dezenas de comunistas. Reinava entre nós, portanto, a opinião de que era imprescindível resguardar melhor a estrutura partidária.

Para examinar com maior cuidado esse panorama sombrio, em janeiro de 1971 foi realizada no Rio uma reunião da direção nacional do PCB, que acabou marcada por um acontecimento trágico. Organizar um encontro dos dirigentes nacionais do PCB, todos procurados pela polícia, era uma incumbência complexa e da maior responsabilidade. Em primeiro lugar, havia as dificuldades relacionadas com a montagem de um "aparelho" absolutamente seguro, que pudesse abrigar cerca de trinta pessoas durante um período de duas semanas, com as entradas e saídas do local escalonadas, para diminuir as suspeitas da vizinhança. Outro problema logístico era o transporte de companheiros residentes em diferentes estados. Ademais, demandava a preparação cuidadosa dos documentos, para facilitar e tornar mais rápida a discussão e a redação do que fosse decidido pela maioria dos participantes.

Fui um dos primeiros a ser levado para o "aparelho" no qual realizou-se a reunião, num sítio possivelmente localizado na região de Campo Grande, nos arredores do Rio. Digo possivelmente, porque entrei e saí de olhos fechados — uma norma de segurança. Nele já se encontravam Ivan Ribeiro, Armênio Guedes e João Massena Melo, entre outros. Deveríamos ainda aguardar mais uns dias a chegada dos outros companheiros do Comitê Central. Não todos, pois outra norma de segurança era a de uns poucos, em rodízio, não serem convocados, tendo-se em vista a necessidade de alguns ficarem na reserva, diante da eventualidade de uma batida policial.

Dormíamos numa espécie de galpão que fora preparado para servir como dormitório. Numa madrugada fomos acordados por um grito lancinante no banheiro anexo ao galpão. Corremos para saber o que acontecera e vimos que, debaixo do chuveiro, Ivan Ribeiro estava caído, com indícios claros de que havia sofrido um ataque cardíaco fulminante. Armênio Guedes ainda fez uma tentativa de socorrê-lo, com respiração boca-a-boca e massagens no peito. De nada adiantou, Ivan estava morto.

Ivan Ramos Ribeiro Filho era um homem alto, forte e musculoso e sempre foi um atleta, desde seus tempos de Colégio Militar. Na década de 1950 tivera um enfarte e durante meses morou na casa do cientista Samuel Pessoa, professor emérito da Faculdade de Medicina da USP. O ex-tenente fazia questão de tomar banho frio e isto quase certamente contribuiu para sua morte.

Constatado o fato irremediável, estávamos ali com o cadáver de uma personalidade, foragida da Justiça, sem ninguém de sua família, num "aparelho" clandestino em que deveria se reunir o Comitê Central do PCB. Nunca tinha havido algo semelhante entre nós. Assim, não sabíamos o que fazer. Junto com as pessoas que tomavam conta do sítio, começamos a discutir uma solução. O debate prolongou-se, mas logo alguém advertiu que essa demora iria tornar tudo mais difícil, com o enrijecimento do cadáver. Predominando o bom-senso, a opção foi entregar o cadáver à esposa e aos filhos de Ivan.

Como Massena e eu, entre os presentes, éramos os que melhor conhecíamos os familiares de Ivan e o Partido no Rio, nos encarregaram da missão. Levamos o corpo avantajado para um fusca, colocando-o sentado ao meu lado, com um chapéu sobre o rosto. À companheira da casa, frágil mas destemida, coube a responsabilidade de dirigir o veículo, pois eu e Massena teríamos de ir de olhos fechados até Cascadura.

Foi assim que fiz uma das viagens mais estranhas da minha vida, num dia de calor fantástico que só os cariocas agüentam. Volta e meia o cadáver caía sobre mim e eu era forçado a empurrá-lo. Rezava para não pararmos em nenhum semáforo e para que não houvesse qualquer "pane" no carro. Aí nos lembramos de que seria indispensável, antes de tudo, descobrir um médico do Partido, para ser lavrado o indispensável atestado de óbito. Foi quando atentamos para o fato de estarmos num domingo e todos sabem que não é fácil encontrar médicos num final de semana.

Começamos, então, uma caçada para localizar um de nossos companheiros médicos, com suficiente coragem para assumir aquela responsabilidade. Na zona norte do Rio fracassamos, depois de várias tentativas. Afinal, fomos encontrar Aloísio Neiva Filho em seu apartamento, numa rua de Botafogo. Ele aceitou levar o corpo até o cemitério de São João Batista, fazer o atestado de óbito e tomar as demais providências numa agência funerária.

A seguir, encetamos a tarefa de comunicar à família o que havia sucedido, pois o enterro teria de ser realizado naquele mesmo dia. Ocorreu-me a idéia de buscar a colaboração do advogado Luiz Mário Camargo Xavier, gaúcho, relacionado com Elizabete, esposa de Ivan. Por incrível sorte, ele estava em sua casa. Levou um susto, mas concordou em ser nosso porta-voz e transmitir a terrível notícia à viúva.

De um telefone avisei a diversas pessoas da morte e do enterro de Ivan. No São João Batista, tudo correu bem, apesar das anormalidades espantosas do episódio. Só no dia seguinte os jornais noticiaram o fato e publicaram o necrológio do ex-tenente, que comandou a revolta da Escola Militar da Aviação, no Campo dos Afonsos, em novembro de 1935. E que era considerado um dos mais brilhantes e cultos oficiais de sua geração.

Dias depois transpirou para Elizabete que eu presenciara o falecimento. Por isso ela exigiu que eu a procurasse e contasse todos os detalhes. Não se conformou com minhas explicações, porque considerava que haviam faltado os cuidados necessários com a saúde de seu marido. No que estava coberta de razão.

Relato essa história para mostrar mais uma das agruras que enfrentamos em onze anos de clandestinidade. Entre nós, jamais alguém cogitou da possibilidade da morte. Nos limitávamos a pensar em doenças, desastres e prisões. A morte natural era um dado não admitido. Mas que acontece. E aconteceram, pois naquele período, só em São Paulo, faleceram dois companheiros da direção — Ramiro Lucchesi e Fragmon Carlos Borges.

Tantos anos depois desse episódio, fico abismado como a clandestinidade foi nos impondo estranhos comportamentos — desrespeito a sentimentos humanos corriqueiros, dureza no trato com as pessoas, quase nenhum valor a questões familiares. Hoje, quando os tormentos são coisa do passado para muitos que estiveram naquela frente de combate, creio que esse comportamento marcou de forma indelével a todos nós. Por isso, embora tenham se passado muitos anos, não conseguimos voltar a ser gente comum, iguais aos outros mortais.

FECHARAM O CERCO

Um dos objetivos da reunião do Comitê Central do PCB, em janeiro de 1971, era adotar medidas para assegurar a continuidade da estrutura partidária, tendo em vista a amplitude e a profundidade dos golpes desfechados pela ditadura brasileira. A mais importante dessas providências foi a retirada do Brasil de alguns dos principais dirigentes, inclusive Prestes. Assim, além dele, diversos receberam encargos no exterior. Zuleika Alembert e Armênio Guedes foram para o Chile; Armando Ziller foi transferido para a Argentina e Agliberto Azevedo, para a França. Essa decisão foi correta e importante, mas os fatos posteriores demonstraram que não foi suficiente.

Em conseqüência desse lance, tal qual um roque no tabuleiro do jogo de xadrez, houve remanejamento nos postos da direção, com mudanças de funções e encargos, principalmente daqueles que atuavam nos estados mais importantes, como São Paulo e Rio de Janeiro. Quanto a mim, fui colocado na Comissão Executiva, o coração político do PCB.

Nos dois anos seguintes continuamos a sofrer golpes nas direções estaduais.

Mas, no curso de 1974, eles passaram a ser concentrados na cabeça do Partido, no núcleo dirigente. Um desses golpes foi a detenção na fronteira com a Argentina do médico Fued Saad, responsável pela seção internacional do Partido. Ele foi preso num veículo dirigido por Célio Guedes. Celito, como era chamado, irmão de Armênio, possuía uma longa experiência no Partido e em viagens internacionais. Muito valente, foi levado para o Rio e assassinado no serviço de informações da Marinha (Cenimar).

Esse fato nos atordoou, porque nos privava de um canal decisivo de ligação com os partidos comunistas estrangeiros e de recebimento de recursos financeiros, que nos eram entregues por intermédio do Partido Comunista da Argentina.

Por essa razão, Giocondo Dias encarregou-me de montar um novo dispositivo para restabelecer esse canal, utilizando pessoas que nunca haviam atuado nessa área e nas quais pudéssemos confiar totalmente. Mobilizei para tanto Ruth Simis (hoje uma de nossas grandes amigas) e Alacir Pelegrino, um companheiro que trabalhou comigo, na década de 1950. Rodolfo Peano também nos auxiliava, fazendo a troca de dólares por moeda brasileira.

Com essa incumbência desesperada, fui no carro dirigido por Alacir até Montevidéu. De lá viajamos de navio a Buenos Aires. Em contato com Arnedo Alvarez, este forneceu-me cinqüenta mil dólares. Essa carga não nos permitia qualquer imprudência, pois era vital para as atividades do Partido.

Hoje, quando vejo notícias das transferências entre países de milhões e bilhões de dólares, tão-só com uns míseros toques num teclado de computador, avalio como o mundo vem se transformando. Comparo essa alucinação atual com o que penei, durante três dias, para atravessar duas fronteiras, viajando de navio e automóvel, por quase dois mil quilômetros, como um contrabandista amador, para transportar de forma disfarçada não mais do que cinqüenta mil dólares.

É certo que eu havia tomado uma providência. Antes de sair de São Paulo comprei um paletó imenso, tipo "safári", cheio de bolsos. Segundo o funcionário da loja, era apropriado para grandes caçadas na África. Radhá Abramo e minha mulher ficaram horrorizadas com a deselegância daquela indumentária. Contudo, o bendito "safári", com sua abundância de bolsos, é que salvou a pátria. Ruth Simis depois foi sozinha a Buenos Aires em missão equivalente. Mas, com a experiência dos judeus que fugiram da Alemanha, fez tudo de forma mais simples e menos atormentada.

Naqueles dias os órgãos da repressão policial estavam em plena ofensiva contra nós, lançando meios mais eficientes e mais perigosos, o que nos deixou perplexos e desarmados. Só tardiamente viemos a compreender essa tática. Como conheciam nossas formas de agir, aproveitaram-se do fato de nosso trabalho ser rigidamente compartimentado, justamente para maior segurança. Ou seja, cada um vivia em seu canto e ninguém era informado do endereço dos outros. Somente nos encontrávamos uma ou duas vezes por mês em "pontos" de rua, porque raramente nos reuníamos em "aparelhos". A contrapartida negativa desse sistema estava em que, se alguém fosse preso, somente um mês depois, por ocasião de um novo "ponto", é que a organização suspeitaria que algo de muito grave teria acontecido. Por isso, os órgãos de segurança não divulgavam nenhuma informação sobre a prisão de um dirigente comunista.

Aguardavam, de forma paciente, que outros de nós caíssemos em armadilhas, apanhados por insistir em descobrir o que sucedera. Assim também encobriam os assassinatos cometidos. Só em casos especiais, para fazer escândalo político contra o PCB, é que divulgavam fatos ocorridos na luta contra os "subversivos". Por isso é que nossas denúncias e a mobilização de advogados eram feitas com terrível atraso, o que facilitou o "desaparecimento" total e irreparável de vários companheiros de nosso Partido.

No segundo semestre de 1974, nem sei precisar o mês, fui informado do não comparecimento em "pontos" de Válter Ribeiro e Luiz Ignácio Maranhão, membros do Comitê Central, que haviam sido destacados para o comitê de São Paulo. Posteriormente, confirmou-se o assassinato daqueles dois brasileiros, dia e noite dedicados à luta pelas causas de nosso povo.

Em setembro enviamos o motorista José Roman a Uruguaiana, no Rio Grande do Sul, para trazer David Capistrano, velho dirigente comunista, que lutou nas Brigadas Internacionais na Espanha e foi deputado estadual em Pernambuco. Capistrano retornava da Europa. Ele e Roman "desapareceram" naquela viagem fatídica. Acompanhei diretamente esse caso, uma vez que eu conhecia o "aparelho" utilizado por Roman, no Jabaquara. Por um acaso, familiares do motorista avisaram o médico José Mário Tacques Bittencourt sobre a ocorrência de uma anormalidade, pois o prazo da chegada a São Paulo estava esgotado há mais de uma semana. Bittencourt transmitiu-me o recado. Insisti em confirmar a presença de gente estranha no "aparelho". De longe, foram percebidos na casa os agentes do

DOI/CODI, que estavam de tocaia. Esse era o quadro do cerco que se fechava sobre nós.

Desde 1972 eu compreendera que deveria tomar providências pessoais a fim de preservar minha família. Concluí que não mais poderia viver com Teresa e os dois filhos, agora adolescentes. Não foi fácil convencê-los dessa imposição, uma vez que tudo na superfície parecia normal. Por isso eles mudaram de uma casa horrível, em que vivemos um ano, na rua Voluntários da Pátria, em Santana, para um apartamento em Higienópolis, na avenida Angélica. Neste eu aparecia raríssimas vezes. Instalei-me no bairro do Ipiranga, na residência de uma companheira. Sentia profundamente a separação, pois rompia um vínculo que me era tão profundo e justamente numa fase em que os adolescentes mais necessitam de pai.

Em fins de 1974, com o agravamento da repressão policial, resolvemos dar outro passo para me distanciar ainda mais de minha família — eles iriam morar no Rio. Um outro dado pressionava nessa direção. Simone decidira fazer carreira no balé. Quando completou dez anos eu conseguira para ela uma bolsa de estudos, através do artista plástico João Rossi, na Fundação Armando Álvares Penteado. Depois Simone estudou com Nice Leite. Em seguida, Dalal Achcar abriu-lhe a possibilidade de trabalhar e se aperfeiçoar no Rio, uma oportunidade que não se podia perder.

Essa mudança dos três para o Rio, que estava sendo efetuada, foi decisiva para minha mulher e meus filhos não serem atingidos pelo DOI/CODI, quando fui preso, duas semanas depois.

16

PARA NÃO FUGIR DA MEMÓRIA

No dia 18 de janeiro de 1975 fui preso por agentes do DOI/CODI do Rio de Janeiro. Começou ali uma fase de sofrimentos que só terminaram quatro anos depois, às vésperas do Natal de 1978, quando fui libertado por me haver sido concedido livramento condicional.

Foram anos de provação, especialmente os seis primeiros meses, quando fui torturado nos quartéis do DOI/CODI do Rio e de São Paulo e, em escala menor, no de Porto Alegre. Além disto fui vítima de constrangimentos absurdos e ilegais, ocorridos nas delegacias dos DOPS de São Paulo e Rio, afora o que houve nos presídios do Hipódromo e Barro Branco, ambos na capital paulista.

Foi um calvário longo e até cansativo de narrar. Vários livros e reportagens foram publicados sobre o que se fez aos adversários da ditadura, nas décadas de 1960 e 70. Muito se escreveu sobre os assassinatos de pessoas de várias facções políticas que combateram o regime militar. Assim, pouca coisa acrescentarei ao que foi dito. Apesar disso, não posso deixar de dar meu depoimento, pensando no meu dever, como sobrevivente, por ser um dos poucos que pode reconstituir um quadro em que tantas pessoas foram imoladas. Como transcorreram quase 25 anos daqueles episódios, optei por recapitular o sucedido apresentando trechos de cartas que escrevi para minha mulher.

A história dessas cartas é curiosa. Foram escritas quando estava preso no Hipódromo, soturno estabelecimento penal, com poucos presos políticos e centenas de detidos comuns — homens e mulheres. Era uma instituição medieval, sem condições de assegurar o respeito à condição humana dos encarcerados. Por isso acabou incendiado pelos detentos, alguns anos atrás.

Nele os presos políticos não eram mais torturados e semanalmente recebiam visitas de familiares. A estes eu entregava papéis que podiam ser levados para fora do presídio, desde que escondidos no vestuário do visitante. Nesse mister de "pombos-correios", atuaram três das minhas cunhadas, que se deslocavam até o Hipódromo — Tuchinha, Branca e Sônia. As duas primeiras vinham de Belo Horizonte, fazendo cansativas viagens de ônibus.

Relatei nas cartas o que havia ocorrido comigo. Elas eram entregues em Belo Horizonte a minha mulher. Mas como também Teresa estava sendo procurada pelos policiais, as cartas eram repassadas ao meu amigo Benito Barreto, escritor e jornalista, com a recomendação de que deveriam ser conservadas com muito cuidado. Ele as guardava tão bem que as cartas ficaram perdidas durante mais de vinte anos.

Só recuperei essas memórias há poucos meses, quando já as considerava perdidas. São 11 cartas, escritas nos meses de junho, julho e agosto de 1975, num total de 125 folhas, em papel fino de que dispunha, de tamanho diverso. Além dessas, nos meses de janeiro e fevereiro de 1977 escrevi mais oito cartas, num total de 62 páginas, a respeito da vida no presídio do Hipódromo, na ala dos presos políticos e alguns registros de minha convivência com presos comuns.

Resta explicar as razões desse trabalho de escrever as cartas, altas horas da noite, após terminar o bulício no presídio, quando todos os presos — políticos e comuns — tentavam dormir, sonhando muitas vezes de olhos abertos com o dia em que sairiam daquelas celas imundas e malcheirosas.

Gastava horas naquele escrevinhar, porque me lembrava do pensamento de Riobaldo, em *Grande Sertão: Veredas*: "O sofrimento quando é muito grande escapole da memória." Agi acertadamente, pois se não fossem essas cartas, muita coisa teria se esfumado da minha cabeça.

Ao relê-las agora parece-me que estou diante de uma peça de ficção. Não sinto que tudo aquilo sucedeu comigo, mas com outra pessoa. Há cicatrizes em meu corpo, mas o próprio ódio àqueles indivíduos que me torturaram sofreu a ação do tempo, não ficou congelado e íntegro. Para mim, a tortura tornou-se uma questão de princípios, despida de qualquer rancor pessoal.

Ao encetar este depoimento, optei por tirar essas cartas do desvão, publicando alguns de seus pedaços, como uma relembrança histórica, mas também como uma advertência para se extirpar a prática de torturas da vida brasileira. Pois continuam sendo utilizadas, nas delegacias policiais, contra homens simples do povo, suspeitos de crimes e contravenções.

As cartas não estão numa linguagem esmerada, mas não posso falseá-las, retocando-as. Transcrevo apenas trechos de algumas delas, fazendo corte de repetições e de fatos de menor significado. Tão-somente fiz umas correções mínimas e apresento os trechos seguindo a cronologia dos fatos acontecidos. Foram redigidas furtivamente, só com papel e uma esferográfica, debaixo de uma luz mortiça numa cela do cadeião da Mooca. Acrescento, em separado, indicações esclarecedoras e uma ou outra informação adicional.

MINHA PRISÃO

São Paulo, 25 de junho de 1975

Minha querida. Tive de terminar a última carta às pressas, pois surgiu a possibilidade de encaminhá-la por um portador. Assim, não contei o que aconteceu comigo no Rio naqueles três dias terríveis (18, 19 e 20 de janeiro). Não me é fácil reproduzir o que houve. Sobre aquela fase a memória falha. Talvez porque tudo aconteceu muito depressa, ou porque foi uma sucessão rápida de brutais "sessões" de tortura.

Fui preso às 11 horas da manhã, no dia 18, na esquina da Adolfo Bergamini com Dias da Cruz, no Engenho de Dentro. Ia tranqüilo para mais um "encontro", como fiz centenas de outros, em 11 anos, de 1964 para cá. A pessoa com quem iria estar, havia sido detida dias antes. Mas, levaram-na ao local para que minha prisão se desse de qualquer jeito. Possivelmente, tiveram receio de não me identificar.

O pessoal da captura compunha-se, pelo menos, de uns 16 policiais e militares não fardados. Quando eu estava a uns dois metros do outro companheiro — e já havia feito um sinal — fui agarrado por dois agentes. Instantaneamente, entendi tudo. E passei a "aplicar" aquilo que aconselhei aos outros: tentar denunciar aos transeuntes minha prisão e, simultaneamente, buscar desfazer-me de papéis comprometedores. Deixei cair das mãos um envelope cheio, mas eles perceberam. Era um desses envelopes grandes, pardos.

Mas, "barulho" eu consegui fazer. Gritava só uma coisa: "Estão prendendo o deputado Marco Antônio!" Pode parecer cretinismo ter falado no "deputado". Desde abril de 1964 havia posto de lado a postura de "deputado". Você sabe disso. Recordo até que, em fins de 1974, contei a algumas pessoas a minha reação ao ler no *Estadão* uma longa matéria que atacava o deputado Marco Antônio, pelo projeto da criação da Aerobras. Para mim aquele ataque era a outra pessoa. Durante 11 anos fui "Jacques" e casei-me com aquele pseudônimo e com a personalidade dele resultante.

Na hora da prisão, porém, retornei de estalo ao "deputado". Era escandaloso prender um deputado. Aquela gritaria deu certo. Lutei um pouco. Juntou gente. Interrompeu-se o trânsito. Tive prova de que o escândalo deu certo no DOI. Na rua Tutóia *(quartel do DOI/CODI em São Paulo)*, por duas ou três vezes, inquiriram-me sobre uma "pessoa" que teria ido comigo ao "ponto" e que denunciou imediatamente minha prisão, quando eu estava sozinho. Será que alguém denunciou o que assistiu? Não creio.

A sorte é que eu iria almoçar com você e nunca fui de falhar no que estabelecia. Assim, depreendo que não lhe foi difícil adivinhar o que acontecera. *(Eu não via meus familiares há mais de um mês e para comemorarmos o aniversário do Marquinho, íamos almoçar com Helena Besserman e Luiz Vianna, no apartamento deles em Copacabana. Sempre adverti a Teresa que se eu faltasse a um encontro isso significaria que fora preso. Nessa mesma noite minha mulher e os amigos denunciaram a minha prisão.)*

Voltando aos fatos, depois de alguns minutos jogaram-me num fusca, algemaram-me e colocaram-me um capuz. Um dos captores foi me dando bons socos. Estava com raiva pelo pequeno escândalo que eu havia armado. No Volks fui meditando. A prisão não me surpreendeu. Durante 11 anos sempre previ essa possibilidade. Fui me educando também para tal eventualidade. Logo antevi as torturas que me aguardavam. Além disso, meditava que aquele fato (a prisão) iria mudar total e radicalmente minha vida. Aliás, logo passei a considerar como um dado líquido e certo que eu seria morto. Pois não haviam assassinado outros dirigentes comunistas?

NO QUARTEL DA BARÃO DE MESQUITA

Entrei no DOI, por isso, com absoluta tranqüilidade, parecendo que tudo aquilo não acontecia comigo e estava a assistir um filme como o *Atentado*, que vimos juntos. De certa forma, pensava: acabou-se o pesadelo de muitos anos. Retiraram-me do Volks, para ser fotografado e ficar em "exposição", ante um vidro, atrás do qual eu era examinado pelos tiras, para não esquecerem meus traços fisionômicos. Tal vidro especial não permite que se veja quem está do outro lado. (*O capuz foi retirado por alguns minutos e depois recolocado.*)

De saída, despiram-me completamente. Retiraram óculos, aparelhos dentários (pontes móveis), aliança. Nu e de capuz, deram-me as "boas-vindas". Um perguntou-me: "seu filho da puta, conhece a lei dos direitos humanos?" Respondi: "sim". Retrucou: "então, esqueça dela".

Esse foi o sinal verde para o início da pancadaria. Três ou quatro deles, não sei bem, começaram a pancadaria. Por todos os lados eu recebia socos, chutes e cacetadas. Meia hora depois caí no chão. Não era, nem sou nenhum Mohamed Ali. Tentei me proteger no chão, cobrindo a cabeça com os braços. Foi inútil. Então, ligaram fios que transmitiam choques elétricos nos meus pés. Acionavam a "máquina de choque", exigindo que me levantasse. Não tinha outro recurso senão erguer-me. Aí recomeçavam a espancar. Tornava a cair. Mas, os fios estavam ligados e recebia mais choques. Duas horas depois (esse cálculo de tempo é, evidentemente, apenas uma suposição) caí desacordado. Vim a retomar os sentidos numa cela, deitado no cimento.

A CELA DA TORTURA

São Paulo, 26 de junho de 1975

Querida, tenho feito essas cartas principalmente de madrugada, quando existe relativo sossego na cela e no pavilhão dos presos políticos. Durante o dia, além do natural bate-papo, existem as obrigações: aulas, cozinha, limpeza, lavagem de roupa. Ademais, a leitura de jornais e revistas, a preparação de aulas e sua transmissão etc., consomem muito tempo.

(No presídio do Hipódromo havia em média 30 presos políticos, na maioria operários

ligados ao PCB. Para eles dávamos cursos de português, história, inglês etc. A alimentação vinha pronta da Casa de Detenção, mas nós a melhorávamos, complementando-a.)

O chato é chegar-se ao fim do dia sem ter escrito e feito outras coisas essenciais, relacionadas com a batalha política que se trava aí fora. Para ganhar tempo não subi, por duas vezes, para o banho de sol. Hoje recebi carta de Branca. Gostei muito. Deu notícias boas e estimulou-me bastante. Na prisão, receber cartas é o mesmo que ganhar na loteria. Indicam que estão vivos e fortes os laços afetivos que ligam o preso aos familiares, amigos e conhecidos.

Voltemos à descrição das torturas no Rio. Perdoe-me falar de coisas que sei irão feri-la. Mas sou forçado a tanto, para deixar documentado o que houve. A cela em que me colocaram deve ser subterrânea, ou num porão. Sua dimensão é, mais ou menos, de dois metros por dois. Sem a menor janela ou qualquer abertura para fora, além da porta. Essa é de aço, com um visor que permite o controle do preso pelo lado de fora.

O chão é de cimento áspero. Nela não havia colchão, travesseiro ou uma folha de jornal. Total e absolutamente nua. E eu nu dentro dela. O ar deve entrar por algum conduto apropriado. Suas paredes e o teto são pintados de preto. Possui um sistema de iluminação forte, acionado no corredor externo de acesso. A porta de aço assemelha-se a uma porta de geladeira, a fim de não permitir a passagem de som, pois a cela é o local da tortura. A escuridão é total, quando apagam as luzes. Verdadeiramente, é uma cova ou uma masmorra medieval, mas dotada de requintes ultra-modernos, como o sistema de entrada de ar, a porta e a iluminação.

Assim, é a conjugação do passado mais miserável com a técnica sofisticada norte-americana. Não vi em São Paulo ou no Rio Grande do Sul coisa igual. Bom dinheiro nosso foi gasto em sua construção. Dentro dela perdi a noção do tempo. A rotina — dia e noite — não existe quando nela se é jogado. A coisa se divide em escuridão total, para o preso se refazer um pouco, a fim de depois apanhar mais; e a iluminação forte na hora da tortura. Horas, minutos, segundos, ali não têm existência. Espaço, horizonte, tudo isso é besteira. Vegeta-se como uma cobra presa em caixote hermeticamente fechado, destinado ao Butantã, para dela se extrair veneno.

Nem água, nem pão. Nem um urinol. É uma câmara de execução em que so se pensa na morte. Dentro dela o preso só lastima uma coisa: o "diabo" do corpo continua agüentando. Só descobri, dias depois, que estava no dia 20 quando pude ler um "recibo", solicitado à escolta que me trouxe para São Paulo. Por mim havia transcorrido um século, ou todo aquele tempo não passou de um pesadelo de 15 minutos. Tempo não houve.

QUANDO NÃO SE CONSEGUE MORRER

As torturas na cela foram várias. Cinco vezes colocaram-me no "pau-de-arara"; horas longas de "choques"; cauterizadores queimando partes mais sensíveis do corpo. Mas, antes, exigiram que eu colocasse o capuz e uma espécie de quimono de judô, de brim forte. Razão dessa "roupa": por ela me seguravam para jogar-me com mais força nas paredes de cimento; nu era mais difícil, pois o corpo escorregava das mãos deles, porque vivia molhado pelo suor. De todos os lados recebia murros e pontapés.

De vez em quando perguntavam: "vai falar, seu filho da puta?" Eu não respondia. Eu precisava acima de tudo de ganhar tempo. Eles haviam apanhado no carro minha lista de "pontos" para a semana seguinte. *(Logo depois de me prenderem, localizaram meu fusca a poucas quadras do local do "ponto".)* Por sorte, tudo estava mais ou menos em código. Minha letra não os ajudava a decifrar aqueles lembretes. Mas foi uma merda cair aquele papel. Como apanhei para nada "dar" sobre o mesmo.

(Na lista de "pontos" estava marcada minha ida a uma reunião, no dia 20 de janeiro, do Secretariado Nacional, o núcleo central do PCB, de que participavam Giocondo Dias, Aristeu Nogueira, Jaime Miranda e Itaí Veloso. Eu entraria na véspera e conhecia o endereço. Segundo informou-me depois Aristeu Nogueira, quando Giocondo chegou, na manhã do dia 20 e eu não apareci, decidiu-se a saída imediata de todos do local. Nas torturas, o essencial para mim era evitar a descoberta dessa reunião. Meses depois Jaime e Itaí foram assassinados pelos agentes do DOI/CODI.)

Quando caía no chão pulavam sobre meu corpo. O jeito era rolar, enroscarme. Mas, nada adiantava. Em certa hora exigiram que, de pé, abrisse as pernas, para darem chutes nos culhões. Não aceitei e isso os enfurecia mais ainda. Virava um pouco de lado e os chutes pegavam nas coxas. Jesus, como certo da morte, eu tudo fiz para defender os órgãos genitais! A coisa é atávica.

Minha sorte é que eles também cansavam. Uma vez, disseram-me: "seu filho da puta: (*Esse é o tratamento protocolar.*) você está apanhando há quatro horas, mas logo continuaremos."

Nesses intervalos para "descanso" eu não dormia, penso. Caía numa modorra ou desmaiava de dor, não sei bem. O corpo todo doía. Ao ponto de 15 dias depois desses espancamentos, em São Paulo, ao mirar-me num espelho, vi o corpo todo roxo, isto é, abdome, tórax, membros superiores e inferiores.

Quando você me viu, em 20 de fevereiro, ainda respirava com dificuldade e suspeitei, até março, que estava com fratura no externo. Assim, na cela, naqueles intervalos da tortura, não podia ficar mais de vinte minutos na mesma posição, deitado no cimento frio. Tinha que ficar rolando, dando uma "folga" a essa ou àquela parte do corpo. A modorra dava-me a impressão de flutuar no espaço, mais ou menos como quando a gente "cozinha" um porre de bebida ou de "lança-perfume".

LAMBUZADO PELAS FEZES

Como não havia nem um urinol na cela, urinei e defequei ali mesmo. Mas, como rolava pelo chão e a escuridão era absoluta, fiquei lambuzado, da cabeça aos pés, em minha própria merda. Isso pode chocá-la. Mas a coisa é mais pitoresca do que grave. Cheiro não sentia. Coisa secundária. Como sujeira, era só uma agravante, pois já estava imundo. Unicamente sentia uma certa umidade pegajosa. O que não era coisa grave, pois fazia calor na cela.

Aquela merda espalhada pelo corpo levou-os a mandarem me lavar numa pia e a limpar a cela. Eles não agüentavam a fedentina. Ao contrário de mim, tinham olfato. Nessa dupla limpeza ganhei preciosos minutos, roubados do tempo destinado ao "pau-de-arara" ou aos espancamentos. Agora, longe de tudo isso, até pode parecer engraçado. Aprendi nos DOI que existem, quase sempre, pequenos detalhes cômicos no meio do sadismo mais terrível das sessões de tortura.

SUPLÍCIO PELA SEDE

Contei que não forneciam nem água nem comida. Ao lavar-me na pia, como disse, aproveitei para fartar-me de água, como um camelo que atravessa o deserto. Mas comida só forneceram uma vez. Colocaram um bandejão de aço inoxidável com comida. Tudo muito salgado. Descobri isso no fim do "almoço". Água para beber, nenhuma. Ligaram, então, os holofotes muito fortes a fim de elevarem o calor do ambiente. Depois de duas horas o suor saía de meu corpo por todos os poros. Começou a tortura da sede. Resolvi ficar muito quieto, deitado no chão, pois qualquer movimento provocaria mais sede. Atrás do vidro, me observavam. Isso deve ter durado umas cinco a seis horas. Foi terrível.

No DOI do Rio praticamente não fui interrogado. Minha recusa em abrir a boca só gerou uma tortura de 30 horas seguidas. Mas eles também não demonstraram nenhuma vontade em "interrogar". Queriam dar-me uma "amostra" do que me esperava... Só medi a força de seus punhos. Defrontei bestas com aparência humana, nada mais. E deles fui pasto.

DE UM INFERNO PARA OUTRO INFERNO

São Paulo, 7 de julho de 1975

Querida Teresa, chegou-me às mãos uma carta da Simone em que ela dá conta de seus estudos e do balé. Parece que tudo vai indo bem com ela. Antes de começar a falar sobre a rua Tutóia tenho que relatar, ainda, duas coisas.

A primeira refere-se ao fato de que no DOI do Primeiro Exército, quando começaram as torturas, fizeram questão de dizer-me coisas sobre as minhas atividades e vida clandestina, que deixaram-me completamente desnorteado. Sabiam onde eu vivia, no Ipiranga, falaram-me da Ruth Simis e outras pessoas com quem convivia, Cláudio, entre elas *(Cláudio Abramo)*.

Isso foi terrível. Doeu mais que os choques e as pancadas. Porque o dilema deixou de ser — falar ou não falar — para decidir se o sacrifício atroz tem ou não tem sentido. Abominei, então, as infantis facilidades que cometi, comprometendo pessoas que me são queridas. Além disso, sabia que na casa onde morava encontrariam papéis que comprometeriam outros amigos. Foi uma desgraça e dela não me recuperarei jamais. Não mereço perdão por isso.

O CALVÁRIO PELA VIA DUTRA

A segunda coisa que desejo contar é a viagem do Rio para São Paulo. No dia 20 de janeiro deram-me minhas roupas — cueca, calça e camisa — e os sapatos. Meu corpo doía tanto que não consegui calçar as meias. Era impossível curvar a espinha. Grave erro, porque juntaram as meias com outras coisas que não entregaram e só depois de dois meses pude recuperá-las, quando, você sabe, mesmo no verão sinto frio nos pés.

Colocaram-me dois pares de algemas, que foram presas no piso de um fusca. Assim, tinha que ficar deitado no chão do Volks, numa posição horrivelmente incômoda, porque o eixo de transmissão determina aquele calombo no piso. Por isso, de meia em meia hora era obrigado a uma mudança de posição. Porém, como não conhecia algemas, não sabia que basta encostar nelas para que apertem ainda mais. Em conseqüência disso, cada vez mais elas se aprofundavam em meus punhos, ferindo-os profundamente. Ademais, colocaram panos em cima de mim para que ninguém visse que transportavam uma pessoa presa, ao passarmos nos postos de pedágio. Também tamparam minha boca com um forte pano.

Além do fusca onde vim transportado, outro carro o seguia com fortíssima escolta armada. Os dois carros, de meia em meia hora, comunicavam-se entre si e com o Rio e São Paulo. Que palhaçada! A viagem durou umas oito horas, porque furou um pneu e pararam para jantar. Pedi, com dificuldade, água, mas nem isso me deram. Por sadismo, comentaram com ironia a refeição que haviam saboreado.

Nessa altura, sabia que vinha sendo levado para a Oban. Torcia para chegar logo, pois o sofrimento com as algemas, com a posição, com a fome e com a sede era insuportável.

Essa lembrança de que queria chegar logo à rua Tutóia (o mesmo voltou a acontecer quando estava em Porto Alegre), antevendo, mais ou menos, o que me aguardava, leva-me ao seguinte pensamento: a desgraça é algo muito relativo. Há desgraças maiores e desgraças menores. Quando se pressente a possibilidade de minorá-las, mesmo em escala diminuta, a gente se agarra a um fio de esperança, a uma mínima possibilidade de melhoria.

(No período em que ainda estava sendo torturado fui levado para o DOI de Porto Alegre, a fim de me pressionarem para dar uma declaração pública contra o PCB. Recusei e afinal trouxeram-me de volta a São Paulo, pois tinha de ser apresentado à Justiça Militar.)

A RECEPÇÃO NA OBAN

Chegando ao quartel da rua Tutóia, levaram-me para o que depois vim a saber ser uma cela especial, das três que lá existem. São de tamanho normal (2 x 3 m), sem instalações sanitárias. Tem uma janela gradeada e uma porta de aço. Nela existia um colchão imundo, sem nenhum travesseiro ou coberta. Não consegui dormir, as dores não permitiam. (*Numa dessas celas é que foi colocado o corpo de Vladimir Herzog, morto na Oban, para simular um suicídio.*)

Bem cedo, encapuzaram-me e fui conduzido para a sala de torturas, no prédio principal do DOI, onde "morei" vinte dias. Essa sala de torturas, de uns 3 metros quadrados, não possui janelas e é dotada de revestimento acústico (eucatex) para abafar os sons (berros de torturadores e urro dos torturados). Possui uma escrivaninha suja, onde tomam notas dos depoimentos. Às vezes deixam um tamborete de madeira para o preso. O interrogador senta-se numa cadeira.

Retiraram o capuz e vi-me colocado diante da figura mais sádica dos sádicos do DOI — o "doutor Homero de Sousa". Esse nome é evidentemente falso. O "doutor" corre também por conta do disfarce. Na verdade, é oficial do Exército. Fisicamente forte, só fala com ódio e de seus olhos injetados expele raiva.

O VESTIBULAR DO INFERNO

São Paulo, 28 de junho de 1975

Minha querida, foi maravilhosa para mim sua visita. (*Referência a uma visita dela ao presídio do Hipódromo.*) Senti que você buscou se controlar, mas eu não consigo fazer o mesmo. As menores coisas, inclusive lembranças, me comovem. Mas não pense que isso signifique tristeza ou melancolia. Não vejo o futuro negro.

Tenho já falado na "ronda". Quero, agora, dar uma explicação mais minuciosa sobre a mesma. Como disse, cheguei ao DOI de São Paulo no dia 20 de janeiro à noite. Na manhã do dia seguinte, tive, bem cedo, a recepção do "doutor Homero". Início das torturas, sem qualquer tentativa de tirar-me "confissão" por processos suasórios.

Colocaram-me na sala de torturas do andar térreo, onde permaneci, dia e noite, quase sempre nu, por cerca de vinte dias. Urinava e defecava num urinol e não tinha nem uma pia para lavar as mãos. Ali comia o pouco que me davam como alimentação e ali descansava, no piso frio, nos momentos de "folga".

Essa sala tem revestimento acústico. O lugar da janela foi fechado com tijolos de vidro grosso e opaco, que mal filtravam a luz solar. Permanentemente ficava acesa uma luminária à néon. Tive de acostumar-me, nos parcos minutos que me permitiam recostar, dormir sem colchão, jornal, travesseiro e roupas naquele inferno. Era ótimo quando deixavam os sapatos, pois serviam como travesseiros, não obstante sentir muito frio nos pés.

Mas, ali no DOI, quando uma coisa é positiva, ela tem seu revés negativo, criado por "eles". No caso concreto, o calor dava-me terrível sede. O "doutor Homero", como um dos "pontos" *(procedimentos)* da ronda, determinou que só me fossem dadas duas canecas de água por dia. Sendo mais exato — a caneca de água pela metade. E na água colocavam sempre um pouco de sal. Assim, a tortura da sede, cerca de duas semanas, foi tremenda. No delírio das torturas no que mais pensava era numa garrafa geladinha de guaraná da Antarctica.

A MORTE EM FATIAS DIÁRIAS

Logo de saída, no dia 21, penduraram-me no "pau-de-arara" por um tempo incalculável. Urrava pela dor na espinha. Colocaram-me, então, um pano na boca, para abafarem os gritos. Lá pelas 11 horas, calculo, o "doutor Homero" desceu-me do "pau-de-arara" pelo método do "carrossel". Ou seja, ele mandava que uma das pontas do ferro (que me mantinha suspenso) fosse posta no chão. Davam-me um empurrão e meu corpo girava em torno do ferro, até chegar ao piso. Como resultado, além de ficar momentaneamente tonto, o atrito na barriga da perna (que estava comprimida pelas amarras) provocou feridas dolorosas, cujas cicatrizes são visíveis até hoje, seis meses depois.

O "doutor Homero" deixou ordem para que não me dessem alimentos. Lá pelas duas horas retornou com uma outra pessoa, que suponho ser o comandante do DOI. Este disse-me, objetiva e secamente: "Respeito sua ideologia, mas preciso de suas informações. Para obtê-las poderei até tirar sua vida." Transbordando de fúria, o "doutor Homero" gritava: "você está na Oban, isto aqui não é DOPS ou Cenimar (*órgão de informações da Marinha.).* Quero as informações para já! Não posso fazer como a KGB (*órgão policial da União Soviética*), que pode esperar seis meses por uma informação!"

Mandou me pendurarem novamente no "pau-de-arara", mas berrou: "Com as amarras mais apertadas, para doer mais" (*amarras nos pulsos e nas canelas*). Quando eu já estava no "pau-de-arara", ele chegou esbravejando com um vidro de álcool pertinho da minha cabeça (no "pau-de-arara" a gente fica tentando equilibrar a cabeça, quando ainda restam forças, com a coluna em arco, voltada para cima). Acendeu um fósforo e gritou-me: "Vou tocar fogo em você! Já fiz muito churrasco de gente. Quer ver?"

Não respondi. Sabia que "eles" já haviam matado vários companheiros. Eu queria morrer logo. Tive vontade de dizer — toque fogo. Mas, pensei: se eu falar isso ele fará o contrário, não me matará. O miserável deve ter compreendido o que eu queria. Então, pensou um pouco, recuou e deu a sentença: "Não, morrer depressa é muito bom para você, seu comunista filho da puta. Você terá que morrer aos poucos, sofrendo devagarinho, seu agente russo." Afastou-se, deixando-me no "pau-de-arara". Desacordei uma meia hora depois, de dor. Retomei os sentidos já no chão. Aplicaram-me um chumaço de algodão, embebido em amônia, nas narinas.

UM REGIME ESPECIAL — A "RONDA"

São Paulo, 4 de agosto de 1975

Teresa, vou continuando meu relato. Inicialmente, quero explicar o que foi a "ronda". Esta, na própria linguagem deles, significa um interrogatório ininterrupto, dia e noite, semana após semana. Fui submetido ao sistema da "ronda" durante 20 dias. Do dia 22 de janeiro a 10 ou 11 de fevereiro.

Consegui ler a determinação escrita do chefe da "Análise", o "doutor Homero de Sousa", sobre a "ronda". Dizia ela: "Tratamento de Marco Antônio T. Coelho. Proibição de usar roupas, colchão, coberta, proibição de fumar e ler jornais; só pode tomar o café da manhã (pão e um caneco de café com leite) e uma colher de arroz no almoço e outra no jantar; só pode beber um caneco de água por dia (duas vezes, um caneco pela metade); deverá ser interrogado de 9 horas da manhã até 7 horas da manhã do dia seguinte, sem interrupção. Essa é uma determinação para as turmas "A", "B" e "C", a fim de quebrar a pretensa superioridade intelectual e cultural desse elemento."

Para fazer cumprir essa determinação foram utilizados todos os elementos das três turmas, vale dizer 18 interrogadores. Esse sistema era suspenso quando o "Dr. Homero" mandava me colocar no "pau-de-arara". Ao lado disso, os interrogatórios, muitas vezes, eram procedidos com as "máquinas de choque" ligadas, isto é, desde cedo colocavam os fios nas minhas mãos e pés.

É verdade que depois de uma semana a "ronda" teve de ser um pouco "afrouxada", a pedido dos próprios interrogadores, que também tinham de ficar acordados, durante um plantão de 24 horas. Imagine, nesse sistema da "ronda" eu já entrei esfrangalhado, pelo que sofri no Rio e no primeiro dia da chegada ao DOI/SP. A "ronda" é a soma das seguintes torturas: impossibilidade de dormir, comer e beber um mínimo insatisfatório de água, levar "choques" e ser pendurado no "pau-de-arara". Foi terrível e absurdo.

DEIXEI DE CARREGAR MEU CORPO

Três dias depois fiquei como um lunático. Só conseguiam me manter desperto com as "máquinas de choques", com água fria que me jogavam (no décimo dia deixaram que eu tomasse banho, pois fedia e o banho me despertava) e com amônia aplicada às narinas. De vez em quando, alguns torturadores deixavam que eu dormisse uns 10 ou 15 minutos sentado no tamborete duro, ou semideitado no chão, porque as feridas nas nádegas não possibilitavam que ficasse sentado por muito tempo. É incrível, quando sempre fui um chato para dormir, a necessidade obrigou-me a dormir sentado num tamborete duro, 10 ou 15 minutos, a dormir sem colchão, no piso duro e frio. Vem a ser uma das formas mais monstruosas de flagelo essa de impedir-se por vários dias alguém de dormir. Só isso deixa a pessoa alucinada.

Eu sentia que não carregava meu corpo, mas que ele flutuava no ar ou navegava na água. Não possuía força para me conduzir. Para levantar tinha de pedir o auxílio de outra pessoa ou apoiar-me na parede. Não contava com vigor suficiente para subir sozinho pela escada e eles determinavam que um auxiliar da carceragem me apoiasse; para descer era a mesma coisa, porque temiam que eu rolasse pelos degraus, ainda mais porque sempre se transita (os presos), lá dentro do DOI, com aqueles capuzes negros.

NÃO DEIXAR MARCAS

Tal "cuidado" comigo pode parecer contraditório com as sevícias brutais que sofria. Para elucidar essa aparente contradição, você deve atentar para o seguinte ponto: no DOI de São Paulo eles dominam a técnica de torturar sem deixar marcas: sempre falaram irritados da forma com que me flagelaram no DOI do Primeiro Exército, da incompetência dos elementos deste em fazer o serviço sem deixar cicatrizes tão feias.

Como contei, a tortura da sede foi também monstruosa, dado o fato de fazer muito calor em São Paulo naqueles dias de janeiro e fevereiro. Eu sempre estava sedento. Possivelmente contribuía para isso o fato de perder muita água durante as torturas, pois o suor escorria de meu corpo. Ademais, um auxiliar da carceragem disse-me que, às vezes, recebiam a orientação de salgar um pouco a água. Eu acredito nisso, porque a água (o pouco que me permitiam beber) era salobra. Por tudo isso é que tive de roubar um pouco de água num urinol sujo.

(Não esclareci nesta carta para minha mulher detalhes mais humilhantes desse episódio. Na verdade, eu havia defecado nesse urinol, mas como nele colocavam água, para facilitar a limpeza, afastei com a mão as fezes e fui bebendo a água misturada com a urina.)

A tortura da fome eu senti menos. Creio que isso se devia ao fato do próprio estado físico levar-me a perder completamente a fome. É a mesma situação do doente em estado gravíssimo que não se alimenta, obrigando os médicos ao uso de soros por via intravenosa. Alguns interrogadores, uma semana depois de completar-se a "ronda", tentavam amenizar esse aspecto das torturas, dando-me às escondidas uma xícara extra de café ou um biscoito. Minha aparência deveria ser espantosa. Foi nessa altura que um deles disse-me: "Marco Antônio, você parece um cadáver."

INTERROGATÓRIOS E INTERROGADORES

Entre as turmas de interrogadores — "A", "B" e "C", que se revezavam 24 x 48 horas — havia uma certa divisão de "encargos", mas como se emulavam, por força do carreirismo, notavam-se pequenas divergências entre elas, que o preso podia aproveitar num grau mínimo. Já que acima delas pairava, decidindo tudo, a chefia e a "Análise".

Como divisão de encargos, notei, nos primeiros dois meses, que a turma "C", chefiada pelo "doutor Jorge", era a turma com a tarefa básica de "amassar" os presos, enquanto a turma "A" era a turma mais "suave" e partia para explorar os dados obtidos pela turma "C". Mas de qualquer forma o ambiente no DOI se modificava para pior nos dias da turma "C". Desde a manhã já punham em ação os instrumentos de tortura. Logo que o preso começa a dominar os "sons" do DOI ele aprende a distinguir os barulhos de ferros sendo arrastados, pela movimentação na aparelhagem de tortura. Fica sabendo que, logo depois, será torturado ou ouvirá os urros de outro torturado.

O chefe da turma "B" era o "doutor Silas", que me pareceu muito curto de idéias; não babava ódio como o "Homero" e chegava a ser tranqüilo; mas, dentro dessa "tranqüilidade", também era terrível. Certa vez, com um ar ingênuo, perguntou-me: "Marco Antônio, você já tomou 'choques' hoje?" Tal pergunta foi feita como se desejasse saber se eu já havia almoçado ou tomado café! — que candura mais filha da puta. Enfim, no DOI choque elétrico nos presos é tão rotina como o hasteamento da bandeira.

As turmas revelavam certa rivalidade entre si. Como parecia que os interrogadores-torturadores não conheciam todos os seus colegas das outras turmas, era freqüente me perguntarem, de passagem, sobre o "trabalho" de seus colegas. Alguns faziam questão de assinalar erros e absurdos contidos nos depoimentos que tomavam. Uma cópia de cada depoimento era juntada num colecionador, que os interrogadores levavam para a inquirição. Muitas vezes eu conseguia ler aquelas cópias, pois tinha interesse em relembrar minhas mentiras, o que era extremamente útil. Às vezes "descobria" coisas ridículas que constavam naquela inundação de papéis, por exemplo: eu disse que "morava" no apartamento da velha Alva Mendes, mas eles colocaram que eu "vivia" amasiado com Alva Mendes.

TARAS SEXUAIS

De passagem, antes que me esqueça, é necessário assinalar a tara sexual do pessoal do DOI. Preocupação doentia a respeito do comportamento sexual dos presos; saber com quem mantinham relações sexuais; comentários constantes sobre órgãos sexuais dos torturados, especialmente das mulheres; xingamentos e insultos escatológicos aos presos. Tenho certeza que despiram e torturaram a Vera somente para vê-la nua. Aliás, certos tipos de torturas, como enfiar cabo de vassoura no ânus ou na vagina e choques elétricos nos órgãos sexuais são de sua preferência porque isso satisfaz sua tara.

Ao mesmo tempo, se esmeram em grifar, para os torturados, que, em virtude das torturas nos órgãos genitais, ficariam inibidos sexualmente. Sua predileção, no contar piadas, é com as mais grosseiramente ligadas com sexo. Inquiriram-me semanas após semanas para que confessasse que eu mantinha relações sexuais com Alva Mendes, Ruth Simis e Jeny. Pelo seu julgamento, no fim, concluíram que, das duas, uma — que sou pederasta ou um incapaz sexual. Não acreditam em amizades e camaradagens isentas de relacionamento sexual.

Mas, minha querida, fiquemos por aqui, para não fazer uma carta mais longa. Sinto que essas cartas vão mal escritas e revisadas rapidamente. Numa ocasião ou outra fui praticamente levado a remeter-lhe uma carta sem relê-la, para não perder o portador. Essa falta de cuidado vai por conta do fato de que elas têm uma dupla finalidade: informá-la e deixar tudo mais ou menos documentado para uso futuro.

O "CHICO DOCE"

Dia sim, dia não, o "dr. Homero" aparecia para me bater ou pendurar no "pau-de-arara". Dava-me com um cacete de madeira, tamanho família, que denominavam de "chico doce". Usava ele muitas vezes uma palmatória, principalmente para bater nas nádegas, quando me pendurava no "pau-de-arara". Por isso feriu-me bastante nessa parte do corpo.

As pancadas com o "chico doce" foram tantas que, uns dias depois, no cotovelo de meu braço esquerdo formou-se uma bolsa enorme com sangue pisado.

Por duas vezes, um enfermeiro, com uma seringa, teve de extrair esse líqüido (cinco centímetros de cada vez). Mas, perto das outras formas de tortura, apanhar de cacete (uma vez o "dr. Homero" bateu-me por mais de meia hora com seu cinturão de couro) não vem a ser o pior.

"ESTÁTUA" E "CHURRASCO"

Em algumas ocasiões, suspendiam o interrogatório para deixar-me como "estátua", isto é, de pé, horas a fio, com os braços abertos em posição horizontal. Os auxiliares de carceragem eram utilizados para me "controlarem", através de um visor na porta. Não agüentava ficar assim mais de duas ou três horas. Eles vinham, davam murros e choques, mas afinal se renderam à evidência de que eu perdera quase todas as forças. Só puderam exigir que ficasse de pé, parado. Mas, aí, os pés foram inchando, ao ponto de não caberem nos sapatos, não obstante eles estarem sem os cordões. Face a essa inchação nos pés resolveram suspender a tortura da "estátua".

Depois de preso à "cadeira do dragão", inteiramente nu, molhavam meu corpo com uma salmoura. Acendiam dois holofotes fortíssimos e aguardavam que o sal na pele começasse a queimar. Uma hora depois, a dor era já insuportável. Soltava, então, berros de dor. O interrogador chegava e sadicamente perguntava: "Já virou churrasco? Então, vamos começar o interrogatório."

"MÁQUINAS DE CHOQUE"

Na rua Tutóia pude, infelizmente, examinar bem as "máquinas de choque". Quando lá passei existiam três dessas máquinas. Elas são armadas em caixas de madeira, mais ou menos toscas. A menor, a que chamam de "pimentinha", foi pintada de vermelho: outra chamam de "broxômetro" e outra tem um dizer gravado — "saudações revolucionárias". Às vezes ligam em série duas ou três dessas máquinas ao mesmo tempo. No princípio, os fios são ligados nas mãos e/ou nos pés; depois passam para o pênis; em seguida "evoluem" para os tímpanos e a boca. Pela minha experiência, a forma que provoca mais dor é a colocação dos fios nos tímpanos."

UM ESPAÇO COR-DE-ROSA

Só quando a tortura se aproxima perigosamente da morte é que a relatividade da desgraça desaparece, pois cai-se num torpor estranho. Isso aconteceu após receber choques elétricos nos tímpanos por mais de cinco horas. Na minha opinião, esse é o pior lugar para se levar choques elétricos. Os choques nos tímpanos são dados em três tempos: fraco, médio e forte. Na primeira fase a vista fica escura e sente-se, além de muita dor, a cabeça cheia de estrelas; na segunda fase aumenta a dor e o número de estrelas; na terceira, sente-se uma explosão dentro do crânio, não se consegue falar e deve (creio) somente sair um urro de dor.

Pois bem, depois de receber dezenas desses choques caí exausto no chão frio. Estava totalmente nu e nem mesmo dispunha de sapatos que, às vezes, permitiam que usasse como travesseiro. Recordo-me bem que ficou ao lado de mim um ajudante de carcereiro, sentado numa cadeira. Naturalmente ele recebera ordem para ficar atento para não ocorrer uma paralisação cardíaca. Disse-me, então, com uma voz até mansa: "tente descansar". Apagou a luz e fechou a porta. Aí é que veio o torpor. Não tinha sequer força para mudar de posição, no piso. Mas senti que flutuava no espaço e num espaço cor-de-rosa, bonito. Deixei de sentir qualquer dor. Flutuava apenas. Não sei quanto tempo durou isso. Talvez uma ou duas horas. A consciência desapareceu. Desligou-se a "chave geral". Quando despertei é que comecei a ter pena de mim mesmo, pois não sabia em que parte do corpo doía mais.

TORTURA DE COMPANHEIROS

Outra coisa tornou-se tão dolorosa quanto os sofrimentos físicos, ou pior ainda. Foram presos Ruth, Zé, Jeny e outros. (*Ruth Simis, José Serber, Jeny Serber.*) Começaram a torturá-los, principalmente a Ruth, ... em minha presença. Eu havia sido o causador de suas prisões, pois haviam me seguido até a casa da maioria deles. Procurei não comprometê-los mais. Mas a acareação é fogo. Qualquer divergência nos depoimentos levava a redobrarem o "pau" em cima de mim. E também na Ruth, que recebeu aquele "tratamento".

(***Era possível aliviar a tortura de companheiros presos, que estavam envolvidos comigo,*** *quando não havia "divergências" nos depoimentos. Foi o que sucedeu com Rodolfo Peano, meu grande amigo até hoje. Conseguiu me sussurrar que havia declarado que ele estava "roubando" o Partido. Inicialmente, não concordei com aquela versão infame. Mas ele insistiu que era a única solução. Por isso acabei corroborando com aquilo, o que ficou nos autos do processo.)*

Lá pelo décimo nono dia da "ronda" tudo isso levou-me ao esgotamento total e absoluto. Nesse dia, segundo me recordo, o subcomandante apareceu na sala em que me interrogavam. Pedi a ele que me matassem logo, de uma vez. Ele não respondeu, mas mandou que me dessem um calmante e que me permitissem tomar banho. Também houve pressão de alguns dos interrogadores para que os interrogatórios cessassem lá pelas duas horas da manhã.

Até então o intervalo nos interrogatórios era das sete às nove horas da manhã. Isto porque às oito horas da manhã se dá a substituição das turmas. Às sete horas os que saem já estão arrumando suas coisas e "loucos" para ir embora. Os que entram, de 8 às 9 horas, aguardavam instruções da "Análise". Além disso, é no período da 7 às 9 horas da manhã que fazem a limpeza e servem o café.

O "ASSOBIADOR"

Na sala de torturas onde "vivia" (melhor dizer onde "morria") um faxineiro lavava o chão e passava um pano nos móveis. Por isso eu não podia dormir nesse intervalo de duas horas. O faxineiro era um tipo curioso. Funcionário da Prefeitura, com salário mínimo, fazia todo o serviço assobiando (eu passei, por isso, a chamá-lo de "assobiador"). Ao realizar seu serviço, olhava-me de soslaio, com a curiosidade natural de quem vê uma "fera" aprisionada. Mulatinho e humilde.

Uns 15 dias depois me perguntou: "Por que o senhor me olha com raiva?" Não respondi, por surpresa. Mas eu estava tão atormentado que devia mirar todos eles com um ódio passivo. Passada mais uma semana, quando ele fazia a faxina numa sala, ao ser interrogado, eu defendia, ante um capitão, as posições do Partido, atacando o imperialismo e os privilegiados. Ao sair o militar, enquanto eu aguardava outro interrogador, o "assobiador" falou entre os dentes: "Meta o pau nos ricos, doutor." Fiquei ainda mais surpreendido.

Mas falava da pressão de alguns interrogadores para que suspendessem às duas horas da madrugada as "sessões". Depois contaram-me que já julgavam a "ronda" contraproducente, pois eu naquela altura não conseguia articular as frases e o pensamento."

COMO FUNCIONA O DOI/CODI

São Paulo, 14 de julho de 1975

Teresa querida, aproveito a folga para continuar a escrever sobre aquele inferno, porque senão fico me sentindo em falta com a minha obrigação de contar tudo. De registrar tudo, antes que a memória comece a falhar.

Na manhã do dia 21 de janeiro, iniciou-se a fase das torturas na rua Tutóia. Sempre nela figurou como mentor e executor das piores sevícias, o tal capitão "Homero de Sousa", chefe do "Setor de Análise e Interrogatórios" (SAI), departamento que é o núcleo e o "cérebro" (palavra imprópria, pois usam mais os músculos, nas torturas, do que outra coisa) do DOI. O outro departamento importante é a "seção de operações e capturas". Além disso, existem serviços auxiliares, como datilografia, identificação, arquivo, cantina, enfermagem etc.

Ademais, funciona, na mesma sede do DOI, uma delegacia da polícia civil — a que chamam de "auxiliar". Essa delegacia é curiosa e estranha. Na aparência é uma delegacia distrital. Disse-me um carcereiro que sua jurisdição é insignificante, dois ou três quarteirões no Ibirapuera, onde está o DOI. Serve para dar "cobertura" ao DOI, porque neste utilizam muitas viaturas e pessoal da Polícia Civil de São Paulo. Mas, volta e meia, essa "auxiliar" recolhe alguns marginais. Uma vez colocaram, na minha cela, quatro marginais, numa noite. A guarda do DOI é feita, simultaneamente, por soldados da Polícia do Exército e soldados da Polícia Militar do estado de São Paulo.

Tudo indica que tal estranha "mistura" num quartel militar prende-se a três razões: comprometer a PM de São Paulo com o DOI; estabelecer o controle mútuo das duas guarnições militares; contrabalançar a inexperiência dos "catarinas" (recrutas da Polícia do Exército) com o profissionalismo da PM de São Paulo.

A SEGURANÇA DO "BUNKER"

Nessa dupla guarda devem ser usados, pelo menos, uns 300 homens, com excelente equipamento (fuzis e submetralhadoras). Para medir-se o grau de segurança (em termos militares) daquele quartel, basta citar um fato revelado por um dos interrogadores: permanentemente fazem exercícios simulados em que se considera um ataque ao DOI ou uma fuga de presos; neles se comprova que, ao sinal de alerta, mais ou menos mil homens cercam totalmente a região da Tutóia. Até nisso se vê o medo e o requinte dos chefes do DOI... (*Naquela época existiam naquela área várias unidades do Exército, hoje desativadas e transferidas para outros lugares.*)

Outro detalhe sobre a segurança do DOI: os presos são obrigados a usar macacões verde-oliva, especiais, e os guardas têm ordem de atirar para matar se algum preso vestido de macacão verde-oliva se aproximar de qualquer muro ou portão. O uso obrigatório desse macacão é ilegal, proibido pelas leis. Mas quando o preso é visitado, ou quando é levado a acareações com pessoas não presas, determinam que vista sua própria roupa ("paisano", como eles chamam a roupa comum).

A RIVALIDADE ENTRE OS TORTURADORES

É necessário esclarecer que do DOI fazem parte: oficiais do Exército (vários capitães, poucos majores e um tenente-coronel), mas nenhum usa farda e todos são chamados de "doutores"; oficiais da PM de São Paulo, também sem farda, e muitos policiais do DOPS. Todos são "doutores", único título utilizado, até em relação aos enfermeiros. (Quando descobri isso, passei a dizer que eram "funileiros" — consertadores de latas, que eram "amarrotadas" pelos interrogadores; essa denominação correu célere dentro do DOI, ao ponto de logo receber o protesto de um dos enfermeiros.)

Existe um dado objetivo: uma surda rivalidade entre os oficiais do Exército e os policiais do DOPS. Aqueles é que mandam, que estão na chefia das equipes, que impõem o estilo militar ao DOI. Vivem a menosprezar a polícia militar pela sua corrupção e seu "amoldamento" às pressões políticas. De outro lado, o pessoal do DOPS sente que seu órgão foi esvaziado, mas vê claramente que os militares são pouco competentes num ramo em que são especialistas (*os do DOPS)* há dezenas de anos. Ademais, (*consideram que*) os "milicos" são grossos e sem nenhuma sensibilidade política.

O RITUAL DO INTERROGATÓRIO

Os interrogatórios, assim como as torturas e demais castigos são rigidamente controlados pela chefia da SAI, ou seja, da "Análise". Como são muitos os interrogadores e divididos em três equipes isoladas, o interrogatório é orientado totalmente pela SAI. Assim, ao iniciar-se a inquisição, o interrogador recebe por escrito as perguntas que deverá formular ao preso. Abaixo da pergunta vem o que chamam de "munição" e a indicação do tratamento a ser dado ao interrogado. Vale dizer, se entra ou não no "pau".

Em geral o preso é mantido sentado num tamborete, a uns três metros da mesa, usada pelo interrogador para escrever o depoimento. Ao contrário dos interrogatórios no DOPS (no velho estilo de filme policial, em que o interrogado é bombardeado com perguntas que celeremente se sucedem), no DOI o depoimento é anotado à mão pelo interrogador.

O depoimento é feito com certa lentidão e burocracia, o que dá uma margem de tempo para se pensar nas respostas. Como a grande maioria dos interrogadores é composta de semi-analfabetos, eles escrevem devagar, o que "facilita" para o preso, que pode armar com relativo cuidado as respostas.

Logo que comecei a entender a engrenagem do interrogatório, compreendi ser decisivo procurar ler o que estava escrito na "munição". Por isso, com certa manha ia chegando o tamborete perto da mesa e fui me habituando a ler as perguntas de cabeça para baixo (isto é, com o papel voltado para o interrogador). Alguns interrogadores, mais espertos ou mais "caxias", não iam nessa, escondendo com cuidado as indicações provenientes da "Análise".

Em geral, cada interrogador me inquiria durante quatro horas, sem parar. Depois era revezado por outro. Não havia intervalos, principalmente no período da "ronda". No princípio, o interrogatório durava 22 horas por dia. Isso foi assim por cerca de 20 dias. Depois foram reduzidos, até chegar a um período de 12 horas diárias. Com tal massa de interrogatórios, colecionaram cerca de mil folhas. Muitos interrogadores faziam questão de encompridar o depoimento, para "encher o papel", diziam eles.

'BABOSEIRAS" E HISTÓRIAS INVENTADAS

Realmente, pelo menos uns 40% daqueles depoimentos são puras "baboseiras", ou histórias inventadas. No princípio "chutei" de qualquer maneira porque não conhecia bem o funcionamento do DOI. Depois vi que tapear grosseiramente não era fácil e quando me pagavam em flagrante era uma merda, porque o "doutor Homero" mandava me tirar o couro, quando ele pessoalmente não vinha me castigar com a força que, infelizmente, Deus colocou em seus punhos.

O pior das mentiras é que a gente se esquece delas, quando são muitas e quando passam diversos dias. As mentiras vão se misturando com o transcurso do tempo e depois tudo vira um cipoal, que a gente por ele paga um preço alto. No princípio inventei muita coisa, porque, conforme já relatei, pegaram comigo uma lista de "pontos" (que abarcava cerca de uma quinzena de dias com uns 10 companheiros no Rio e São Paulo). Ademais, apanharam no meu apartamento de São Paulo uma lista de "coisas a fazer" que envolviam umas 12 pessoas. Paguei caríssimo por esses dois papéis!

Recorde-se, você, que eu lhe disse no DOI, mesmo na frente daquele japonês, que eu "salvara diversos companheiros". *(Na visita do dia 20 de fevereiro.)* Referia-me a isso e pelo que fui seviciado barbaramente. Ficavam furiosos quando descobriam que eu os havia "engrupido", gastando grupos de investigação e captura em torno de mentiras por mim forjadas, para ganhar sobretudo tempo.

Quinze dias depois eu já possuía o argumento verossímil de que minha prisão já era "aberta", isto é, do conhecimento público, e que, sendo assim, nenhum companheiro iria a um ponto comigo. Foi-me muito útil, utilíssimo, ter ouvido, sem querer, que havia dado entrado no STM *(Superior Tribunal Militar)* um pedido de *habeas-corpus.*

OS SONS NA PRISÃO

De passagem, lembro-me de dizer uma coisa fundamental, que qualquer preso descobre na prisão, notadamente naquelas como o DOI, onde o "segredo é a alma do negócio": ajuda consideravelmente manter os ouvidos afiados, aprender logo a identificar todos os sons, ouvir restos de conversas, enfim, aprender como o cão de Pavlov (o dos reflexos condicionados).

Eu tinha um ouvido de tuberculoso, como você fala, apesar de, por muito tempo, terem ficado zunindo na cabeça sons estranhos, em conseqüência dos choques nos tímpanos e dos "telefones" que recebia ("telefones" são murros simultâneos nos dois ouvidos, o que, além de doer muito, deixa a gente surda por uns tempos).

Dia e noite, conforme me era possível, tentava saber o que se passava no quartel. Sistematicamente "pescava" informações dos mais boquirrotos, que, mesmo lá, existem. Mas, minha grande arma eram os ouvidos. Mas "eles" também sabem disso. E por isso usavam constantemente dois rádios, ligados quase sempre em alto volume, notadamente na hora de torturar um preso, desde que as dores são tão fortes que arrancam urros que atravessam o revestimento acústico existente nas salas de torturas. Se os rádios eram ligados em volume altíssimo podia-se concluir: começou uma "sessão" de torturas.

Hoje, quando escuto uma canção que o Benito de Paula canta — *Meu amigo Charlie Brown*, ou coisa semelhante — sinto uma dor no coração. Em fins de janeiro e fevereiro tal canção estava na "parada de sucessos", sendo tocada diversas vezes ao dia. Eu a ouvia quase sempre quando me torturavam. Criei, assim, uma inevitável associação de idéias, injusta para a canção.

Eu comentava a respeito da minha permanente preocupação em acompanhar os sons e ruídos no DOI, a fim de descobrir coisas e ter certa idéia do que iria acontecer. Depois de um mês já identificava os torturadores pela voz, já sabia qual campainha havia tocado, que cela havia sido aberta etc. Esse controle de sons era vantajoso, mas algumas vezes eu sofria por antecipação. Por exemplo, sabia que vinham me retirar da cela porque o auxiliar de carceragem, ou o próprio carcereiro, trazia um molho de chaves que tilintava sinistramente. *(Referência à cela forte.)*

Algumas vezes o cansaço trazia sono ou um torpor e assim não atentava para o barulho das chaves, ou para o rumor dos passos dos carcereiros. Então era despertado pelo levantamento de uma pequena chapa de ferro, que recobre o fecho da cela (embutido nas paredes grossas). Esse estrépito dessas chapas sempre anunciava a abertura das celas, para a retirada de um preso. Quase sempre essa movimentação do preso significa a desgraça, raramente indica boa notícia — como a liberação do preso para o DOPS.

A AJUDA DE MARCELLO MASTROIANNI

Mas eu falava das mentiras que pregava e de seus inconvenientes. Pois bem, no princípio, por inexperiência, não "fixava" bem a mentira, pois não sabia que mais tarde iriam conferi-la com todo cuidado. Não há cabeça de torturado, interrogado por cerca de 1.200 horas em 90 dias, só no DOI de São Paulo, que consiga guardar mentiras com detalhes. E quando percebiam o "engrupimento", era aquele sortimento de sevícias.

É certo que fui "aperfeiçoando" as mentiras e tornando-as mais sintéticas, com o menor número possível de detalhes. Por exemplo: quando uma pessoa surge nos depoimentos, logo querem sua identificação e traços fisionômicos; eu não dava o nome e me fixava, para efeito de "engrupir", nos traços fisionômicos de outra pessoa e não me esquecia desse detalhe. Por isso, com a repetição da pergunta... eu não tergiversava, pois guardara o essencial sobre a "outra" pessoa. Tais sicranos chegaram até a ser alguns artistas de cinema, como o Marcello Mastroianni. Parodiando o Guimarães Rosa, digo, com conhecimento: mentir no DOI é muito perigoso.

Outras vezes, lia na "munição" a famosa recomendação: "Descer o pau no MATC, porque ele está mentindo" sobre tal coisa. Era o sinal verde para a tortura. Fato engraçado: é sempre desagradável a gente ouvir na bucha, sem rodeios, alguém dizer — você está mentindo! Ora, como se é educado para não mentir, pois a mentira não é coisa ética (embora todo o mundo minta, uns mais, outros menos) ser apanhado mentindo é invariavelmente horrível. Talvez só os cínicos escapem disso. Pois bem, eu *tinha* que mentir, mas não é gostoso, nem um pouco, escutar algo assim: "você é um mentiroso, sem caráter". O fato se torna 10 mil vezes mais desagradável quando isso é a precisa indicação de que uma "fera" vai se desembestar em cima da carne da gente.

O ÓDIO PESSOAL

Os que caem nas garras do DOI têm a noção de que se evidencia um ódio pessoal da parte dos interrogadores-torturadores, quando essas figurinhas antes lhe eram totalmente desconhecidas. O ódio que o "doutor Homero" tinha para comigo só se explicaria se eu houvesse assassinado um seu familiar próximo. Pensei muito nisso até matar a charada.

Do combate em geral aos inimigos do fascismo (os comunistas em particular) eles resvalam fatalmente para o zoológico e irracional ódio individualizado a cada um de nós. Essa preocupação do "doutor Homero" em desmoralizar-me moralmente — querendo provar que eu era um ladrão — chegou a um ponto tão absurdo que um dos torturadores, ao ler a "munição" referente a pretensos roubos nas finanças do PCB, disse-me: "Não vou fazer essa pergunta. Isso é uma indignidade. Você arriscava sua vida e esse problema de dinheiro, para você, não contava." E pulou uma dessas perguntas sobre dinheiro.

NA CELA FORTE

Enfim, no vigésimo dia da "ronda" transferiram-me para a cela forte e decidiram fazer a interrupção (*dos interrogatórios)* às duas horas da manhã. O passar para a cela forte foi um alívio. Julguei-me um ser feliz por ter direito a dormir umas cinco horas, numa cela escura e fria, no princípio sem colchão nem coberta. Podia dormir, que maravilha! Além disso, nela existia uma instalação sanitária. Que fantástico não ter que urinar e defecar num urinol.

Fiquei na cela forte umas duas semanas. Decorridos uns dias comecei a sentir o lado tenebroso da cela forte: dormir no chão frio e duro; não ter pia para lavar as mãos; o estrondo da porta de aço ao ser aberta (às vezes um auxiliar da carceragem dava pontapés na mesma, só por filha-da-putice). Houve o episódio do rato que, no princípio, era asqueroso ao passar em meu corpo e que depois veio a ser somente incômodo. Mas creio já haver contado esse episódio do rato e seu fim nauseabundo, que, afinal, provocou minha transferência para um dos xadrezes do pátio. Quando se está na cela forte, onde a porta de aço é inteiriça, o simples abrir da porta é assustador. A cela forte é estreita (1,20 x 3 m, mais ou menos) sem outra abertura que a porta de aço. A abertura da porta provoca um estrondo lá dentro. O preso levanta-se do chão ou do colchão com o coração deprimido, pois sabe que normalmente aquele estrondo é o prólogo das torturas.

SURREALISMO NA OBAN

Minha querida, recordo-me de um fato que me pareceu extraordinário no DOI. Foi no mês de fevereiro... Era já noite alta, num dia em que não estavam torturando. Encontrava-me na cela forte e por buraquinhos da porta de aço filtrava-se o clarão lunar. Tudo era tranqüilo lá fora no pátio. Os rádios não estavam ligados. Mas meu corpo doía muito, no chão frio, porque tinham retirado o colchão esmolambado e fedido a urina e mofo. (*Mas que dele gostava porque, pelo menos, me resguardava do frio e do cimento áspero.*)

Ouvi, então, quase uma hora seguida, uma voz linda cantando. Comecei a prestar atenção, pois aquele canto me fazia bem. A princípio julguei que o rádio estivesse ligado. Mas nada de anúncios comerciais. E a canção se repetia. Era uma voz de contralto, educada e melodiosa.

Descobri que provinha da cela das mulheres. Pensei: "será a Ruth?" Mas a voz dela eu conhecia, é diferente. Aquilo foi um mistério que durou dois dias. A canção me embalou. Esqueci até das dores no corpo. Foi algo de divino e absurdo ao mesmo tempo ouvir uma presa cantando tão bem, uma canção tão suave, dentro daquele inferno. A voz revelava a inocência de quem não tinha a menor consciência do local em que se encontrava. Enfim, um sonho surrealista no quartel do DOI de São Paulo.

No dia seguinte, percebi que outra pessoa estava com a Ruth. Um auxiliar da carceragem contou-me que ela é que havia cantado na noite anterior, e que era meio "xarope" (maluca). Passando mais um dia, por um relaxamento de um dos interrogadores, ela foi chamada na sala onde eu prestava depoimento, fato que nunca mais se repetiu.

Tratava-se de uma moça de seus 25 anos, envolvida sentimentalmente com um companheiro nosso. Mas inocente de tudo sobre suas atividades políticas. Suas respostas, ao ser interrogada, não deixavam dúvida sobre seu não comprometimento político. Ao mesmo tempo, informava que gostava muito desse companheiro e que faria tudo por ele.

A princípio, como de hábito, o interrogador a insultava, dizendo os piores palavrões, como "puta sem-vergonha". Ela replicava de forma pura como qualquer pessoa simples, não aparentando o menor receio, com uma bruta coragem, fruto de sua total ignorância a respeito do pessoal do DOI. Dizia: "Se vocês colocarem as mãos em mim, irão se ver comigo." Logo o interrogador começou a "gozá-la" de forma sórdida sobre suas relações sexuais com o tal camarada, jogando frases como "na certa, ele é um veado", ou "você dá para todos os comunistas, não é?" etc. Ela respondia com simplicidade, meio envergonhada.

O interrogador passou a dizer que iria colocá-la numa das celas dos homens, "para resolver o problema deles". Ela replicou suavemente: "isso não, desde que vivo com *ele*, nunca tive mais nada com outro homem. E depois, quando ele souber, não irá gostar".

Ao escutar aquilo, vendo o bom-senso daquela "xarope", pensava: "Afinal quem é insano mental aqui, ela ou o interrogador?" Ela não voltou mais a cantar. Foi solta logo depois. Enfim, um *intermezzo* surrealista no DOI.

MACACÕES VERDE-OLIVA

Após o período em que fiquei nu na sala de torturas, obrigaram-me a usar macacões verde-oliva. (Também as mulheres presas são obrigadas a usá-los.) Tais macacões são obviamente fedidos, pois raramente os lavam. São de um tamanho único, o que cria problemas para os "grandões", como o Zé Serber e ficam ridículos para os miúdos, como o Adjalma. (*Adjalma Guimarães, engenheiro.*)

Mas, para mim, 40 dias depois de encontrar-me no DOI, valeram a pena, porque minhas roupas (calça, camisa e cueca) estavam podres de sujas. Quando consegui lavá-las, usava à noite o macacão como travesseiro, pois já estava cansado de dormir com a cabeça apoiada nos sapatos. Já no fim da estada no DOI consegui, burlando um carcereiro, mais um macacão. Assim, semanalmente, lavava um deles. Senti-me nesta altura um milionário, pois podia usar um macacão mais ou menos limpo.

PESQUISA SOBRE ASSASSINATOS

São Paulo, 28 de julho

Minha querida, da cela ou da sala de torturas procurava "controlar" os que haviam sido detidos. Procurava puxar conversa com os interrogadores e os auxiliares de carceragem para descobrir quem se encontrava preso. Inclusive, perguntei muito sobre os cinco companheiros que "desapareceram" no ano passado (Válter Ribeiro, João Massena Melo, David Capistrano, Luiz Ignácio Maranhão Filho e José Roman).

Procurei fazer constar nos depoimentos que os órgãos de segurança os havia assassinado. No princípio eles aceitaram. Mas logo veio uma advertência escrita da "Análise", que consegui ler de cabeça para baixo: "os interrogadores estão caindo no jogo de MATC, quando ele declara que (os cinco) foram assassinados por nós. Não aceitar isso nos depoimentos."

Então, passei a dizer que eles foram assassinados pela CIA. A "Análise" replicou: "interrogar ao máximo MATC, descendo o pau, se necessário, pois o PCB é que sumiu com os desaparecidos, para fazer campanha contra os órgãos de segurança." Aí, passei a apanhar para que "revelasse" o que teríamos feito aos cinco!

Num momento de raiva, o "doutor Homero", hidrófobo e xingando, gritou: "Pegamos, sim, o Válter Ribeiro, e com ele fizemos um acordo. Ele está no México!" Procurei colocar essa declaração nos depoimentos, mas os interrogadores não aceitaram.

FORAM MORTOS NA "COLINA"

Pouco a pouco, juntando pequenos detalhes e algumas indiscrições, concluí de forma irrefutável: os miseráveis chacinaram aqueles cinco companheiros, num local perto de São Paulo a que denominam de "Colina". O tempo transcorrido, desde quando "desapareceram", elimina qualquer dúvida a respeito. Desgraçadamente, parece que o mesmo fizeram, neste ano, com Elson Costa, Hiram Pereira, Jaime Miranda e Itaí José Veloso. Bandidos!

(Quando escrevi essa carta, depreendi que o assassinato daqueles companheiros não se deu na rua Tutóia, pois, na verdade, o que lá sucedia acabava transpirando. Portanto, os órgãos de repressão possuíam um outro local, mais clandestino ainda, um verdadeiro matadouro

secreto. Essa suposição se confirmou com um dado, fornecido por Renato Mota, outro companheiro do Comitê Central. Antes de ser levado para a rua Tutóia ele esteve encarcerado num local ermo, possivelmente um sítio, sem iluminação elétrica nem a aparelhagem complexa do DOI na rua Tutóia. Nele, Renato passou dias literalmente preso a uma corrente de ferro e cadeados. No Rio, sucedeu o mesmo com Aristeu Nogueira, também membro do Comitê Central, segundo me declarou no intervalo de um julgamento na Justiça Militar no Rio de Janeiro. Em resumo, as autoridades militares que atuavam nas atividades de repressão dispunham de outros locais ainda mais reservados que as sedes do DOI na rua Tutóia e na Barão de Mesquita. No livro recentemente publicado, de Nilmário Miranda e Carlos Tibúrcio, Dos filhos deste solo *(Editora Perseu Abramo e Boitempo Editorial), baseado em revelações do ex-sargento do exército Marival Chaves, esse centro clandestino de torturas e execuções do DOI-CODI era localizado em Itapevi, região metropolitana de São Paulo.)*

LIGAÇÕES COM O MDB

São Paulo, 22 de julho de 1975

Minha querida, conforme lhe contei, algumas vezes conseguia ler a "munição" que os interrogadores recebiam da "Análise", para orientarem-se na inquirição. Pude ler certa vez o seguinte: "De ordem da Presidência da República deve ser feito minucioso interrogatório sobre as ligações do PCB com o MDB, principalmente em função das eleições de novembro passado."

Por essa indicação concluí o porquê de oito interrogatórios (mais ou menos de 10 horas cada um) sobre a questão. Os depoimentos iam para a "Análise" e essa sempre os julgava insuficientes, porque queria "coisas sensacionais" contra o MDB, que simplesmente nunca existiram. Como foi difícil ultrapassar esse assunto. Por causa dele colocaram-me duas vezes no "pau-de-arara", levei muitos murros e cacetadas e recebia "choques" horas a fio.

A VISITA DE TERESA E MINHA MÃE

(No dia 20 de fevereiro, quando estava preso há um mês, graças a uma ampla movimentação política, permitiram que Teresa e minha mãe me visitassem no DOI, por 10 minu-

tos, na presença de três oficiais do Exército. Esse contato teve enormes conseqüências, pois minha mulher e o conjunto da família passaram a denunciar com estridência as torturas que eu sofria. Por isso, Teresa passou a ser caçada pelos órgãos de repressão.

São Paulo, 4 de agosto de 1975

Teresa, fui absolutamente surpreendido com tal permissão *(da visita)*. Uns 10 minutos antes mandaram-me tirar o macacão e vestir o "paisano" (minhas roupas). Foi o "doutor Paulo" que me informou da visita, mostrando as cédulas de identidade sua e de mamãe. Ao mesmo tempo, advertiu-me que nada deveria contar sobre as torturas. Não tive nem 10 minutos para pensar no que iria dizer-lhe. Sabia só de uma coisa — tinha que lhe dar alguma "dica" das torturas. Ao mesmo tempo era necessário ficar clara a nossa separação. *(Nos depoimentos no DOI eu afirmei que estava me desquitando de Teresa.)*

Dentro daquele quadro é que você me encontrou. Em frangalhos e na porta da loucura e do desespero. Na véspera, três "máquinas de choque" ligadas nos tímpanos é algo assombrosamente terrível. Tem-se a nítida impressão de que explodem uma granada dentro do crânio.

O próprio torturador avisa de antemão: "você não conseguirá falar. Faça apenas um sinal com o polegar, quando resolver confessar." Mesmo depois da "confissão" davam mais choques, como castigo, pelo "trabalho" que estava lhes dando. Para medir o suplício do choque nos tímpanos basta saber que, uma semana depois, quando me permitiram tomar banho, senti uma dor horrorosa tão-somente porque um pouco de água penetrou nos ouvidos.

Querida, sem querer comecei a falar em coisas tristes, quando pensava escrever-lhe uma carta alegre. Mas tudo isso veio à baila porque necessito explicar-lhe por que encontrou-me tão aniquilado e como foi formidável a sua ajuda, dita em poucas palavras: "Você não pode ser um super-homem." Nunca mais, nunca, olvidarei essa frase. Fez-me ter novamente vontade de viver.

Agora já soube o que você fez por mim, com sua carta (*escrita ao presidente Ernesto Geisel e transcrita no* Estado de S. Paulo) cujo teor ainda não conheço, com seus apelos a todo o mundo, você paralisou o braço dos torturadores, com a ajuda da Tuchinha, de dona Paixão e tantos amigos. Não tenho, agora, palavras que traduzam o que sinto diante de tanto amor e dedicação.

O PIOR PODERIA ACONTECER

São Paulo, 28 de julho

Minha querida, quando você me contou, no dia da visita, que chegou a me ver encapuzado no DOI fiquei com o coração gelado, pois o maior temor meu consistia, exatamente, que você e os meninos fossem levados para lá e torturados em minha presença.

Conheço casos em que isso ocorreu com outros presos políticos. O "doutor Homero" ameaçou-me fazer essa monstruosidade. Ao lado disso, o cínico "doutor Paulo", por diversas vezes, perguntava-me: "Marco Antônio, por que sua mulher não voltou a visitá-lo? O que está acontecendo com ela?" (*Essa pergunta do agente do DOI decorria do fato de que após a publicação da carta a Geisel, Teresa, procurada pela polícia, ficou fora de circulação, em casas de amigos, principalmente na de Benito Barreto.)*

Eu respondia sempre: "Nós estamos praticamente separados. Só minha situação de clandestinidade é que não permite a legalização de nosso desquite." Era a conversa que, desde o início, havia "montado". Mas, apesar disso eu tinha medo do pior acontecer. Estava a par do que estavam fazendo com a mulher e o filho do Osvaldo Pacheco. Por isso ouvia atento todos os ruídos e conversas. Assim, consegui ouvir que haviam prendido o Tatão. (*Meu cunhado, que morava em São Paulo.*)

CONSEQÜÊNCIAS DAS DENÚNCIAS

Comecei a sentir que você deveria ter feito algo por mim uns cinco dias depois da visita. O "doutor Homero" mandou que dois fotógrafos me tirassem dezenas de fotografias, vestido e nu, com barba e sem barba, de frente e de perfil etc. No dia seguinte, mandaram-me assinar uma declaração sobre qual era o tratamento que eu recebia. Aí já haviam parado as torturas físicas.

Pensei um pouco e mudei algo na mesma. Um detalhe, que eles sugeriram burramente, me deu a chance de aceitá-la alterando pouca coisa. Propuseram que eu declarasse que a partir do dia 20 de fevereiro os interrogatórios eram normais. Ora, eu fora preso no dia 18 de janeiro. Se tal documento fosse publicado (penso que exatamente por isso não foi utilizado) qualquer analista concluiria que eu estava fazendo uma cuidadosa ressalva da fase entre 18 de janeiro e 20 de fevereiro.

(Tudo isso decorria do fato de, na imprensa e no Congresso, terem sido veiculadas denúncias sobre as torturas a que eu era submetido, provocando o aguçamento das divergências no seio do governo, entre a "linha dura" e a ala do Golbery. Esta exigiu uma informação mais convincente do DOI.)

O PERÍODO DA "LANTERNAGEM"

Simultaneamente, começaram o que chamei de "período da lanternagem". *(Em São Paulo não denominam o desamassador da lata dos carros de lanterneiro; dizem funileiro; não sei como é em Belo Horizonte.)*

Antes de tratar disso quero lhe falar sobre os médicos e enfermeiros do DOI de São Paulo. Uma vez que o "dr. Homero" veio espancar-me, quando mal me agüentava, apareceu acompanhado de um cidadão que, rapidamente, examinou minha pressão arterial e disse-lhe: "ele agüenta mais". O chefe da "Análise" nem esperou que terminasse. Desencadeou uma surra com seu cinturão de couro e com o "chico doce".

De outra vez, surgiu um médico-legista com cara de japonês, para lavrar um "laudo" sobre meu estado físico. Naturalmente o miserável escondeu cinicamente meus ferimentos. Esse "laudo" é que foi usado pelo DOI e pelo Armando Falcão. *(Esse médico era Harry Shibata, denunciado por mim ao Conselho Regional de Medicina.)*

Fora disso, só me trataram três enfermeiros, um de cada turma, a quem eu chamava de "lanterneiros". Tais enfermeiros, depois de você ter denunciado o que faziam comigo (o que só entendi quando já estava no dops, por informação de outros presos), receberam ordens para melhorarem minha aparência. Muita coisa mudou.

Permitiram que comesse sem restrições a bóia. Deram-me vitaminas, pomadas etc. Um dia apareceram até com um, veja que cinismo, bronzeador de pele, para tentarem camuflar as cicatrizes. Estranhamente, me levaram para tomar banho de sol, o que se deu umas seis vezes. Depois entendi por que houve esse cuidado. Um desses enfermeiros deu com a língua nos dentes, dizendo: "Se a pele não receber sol a cicatrização será muito lenta." Fiquei, no íntimo, com raiva. Mas necessitava tomar sol, depois de recluso quase 50 dias. O bronzeador, porém, foi quase todo esvaziado no vaso sanitário.

A NOTÍCIA NA TV GLOBO

Outro fato que ocorreu nesse "período de lanternagem" foi a minha aparição na TV. Uma tarde, sem nada me informarem, mandaram que eu vestisse o "paisano", encapuzaram-me e me colocaram, com escolta, numa viatura. Percebi que essa rodou pouco tempo. Determinaram que retirasse o capuz. Estava no pátio do comando do Segundo Exército, que reconheci pelas suas linhas ultramodernas. Levaram-me para uma ala lateral do QG, cheia de plantas, com um jardim de inverno. E nenhuma explicação foi dada. De repente, apareceram dois rapazinhos, um com uma câmera de filmar e outro com jogos de luzes. Compreendi que me filmavam. Como já estava com muito ódio, pelas dores que sentia e por tudo o mais, só tive tempo de fechar a cara e manifestar ódio.

No dia seguinte soube que aquela cena havia sido exibida na TV. Entre o pessoal do DOI deve ter havido divergências sobre tal iniciativa. Deduzo isso pelo que comentou comigo um dos piores torturadores: "Eu fui contra. Não se deve dar nenhuma explicação sobre o que fazemos ou deixamos de fazer." Esse é um alucinado fascista e um sádico total. Vivia a falar que o Congresso seria fechado e que vários senadores e deputados seriam cassados. Mas, naturalmente, prevaleceu a opinião a favor de minha rápida apresentação na TV, em vista da corajosa denúncia das torturas e da pressão desencadeada por pessoas amigas.

(Em diversas oportunidades meus advogados tentaram obter uma cópia dessa cena gravada pela TV Globo, mas a emissora informou que não havia arquivado esse filme. Os jornais, porém, publicaram uma fotografia da cena.)

O INCIDENTE COM O CARDEAL

São Paulo, 8 de agosto

Minha querida, conforme dizia, no quartel-general do Segundo Exército houve outro episódio "edificante" para os militares do DOI. Nos primeiros dias de março apareceu o "doutor Ubirajara", que veio com a seguinte conversa: "Marco Antônio, existe um padre muito amigo do general D'Avila de Mello, que deseja dar a você assistência religiosa. O que acha disso?"

Julgando uma coisa pelo menos esquisita, fui cauteloso, mas não podia prever o desfecho. Respondi: "Aceito conversar com qualquer pessoa que tenha interesse por mim. Mas não sou católico." Ele pediu-me, então, que escrevesse um bilhete declarando tal coisa. Fiquei intrigado e resolvi fazer de forma cuidadosa, agradecendo a iniciativa "desse padre". Dias depois, com as cautelas costumeiras, fui levado novamente ao QG do Segundo Exército. Quando já estava encapuzado na viatura, o "doutor Ubirajara" me disse secamente: "Marco Antônio, não adiantou o bilhete, o padre quer mesmo falar com você."

Porém, ia me esquecendo de dois detalhes: era uma quinta-feira, dia de visita no DOI e eu burramente contava com mais uma visita sua, o que me deixou furioso com o "tal padre", pois certamente iria impedir-me de vê-la; de outro lado, como só possuía camisas de mangas curtas, "eles" colocaram-me uma camisa social (de mangas longas), mas tiveram o extremo cuidado em costurá-la nos punhos, de forma muito apertada, com o claro objetivo de impedir que alguém enxergasse as cicatrizes em meus braços.

Fui para o QG com raiva, mas curioso. Tudo era fora do "normal". Numa das salas, acompanhado por um elemento da escolta, estava outro capitão do DOI, o tal de "Silva". Este começou a dizer que aquilo tudo era um absurdo, pois eu não era católico, insistindo ainda numa grossa mentira, que logo seria desmascarada.

Poucos minutos depois entraram na sala duas pessoas. Uma, com jeito muito sem graça, era o capitão-capelão do Segundo Exército — um tal de Barroso. O outro, bem mais idoso, foi-me apresentado como um monsenhor. *(Por um cartão enviado por D. Paulo Evaristo Arns a minha esposa, sei agora que era o monsenhor Victor K. Ribeiro.)*

De saída o capitão do DOI extravasou logo sua fúria, dizendo: "Estamos aqui para cumprir uma decisão do comando do Segundo Exército, contrariando nossa opinião no DOI. Aliás, o Marco Antônio disse que não desejava isso por não ser católico."

Retrucou o monsenhor, com esplêndida calma, dando-me os elementos básicos para compreender a mentiralhada da turma do DOI. Disse: "Vim aqui representando o cardeal de São Paulo que esteve dias atrás no DOI para visitar o Marco Antônio, a pedido do arcebispo da Paraíba. Entretanto, não o deixaram sequer entrar. O encontro aqui foi marcado pelo comando do Segundo Exército."

O capitão "Silva" começou a discutir agressivamente com o monsenhor, que saiu-se muito bem do choque, com calma e brilho. Fui entendendo a intervenção de D. Paulo em meu favor e o conflito que ocorria. O capitão quis, então, encerrar logo o assunto, mas aí eu agradeci a interferência da Igreja e dando, com indiretas, alguns dados sobre minha situação.

A raiva da turma do DOI eu pude medir nos dias seguintes, pelos comentários que faziam. Bem, minha querida, vou terminando por aqui porque a carta já está muito longa. Beijos para você e os meninos e abraços para todos."

(A interferência de D. Paulo foi solicitada pelo arcebispo da Paraíba, D. José Maria Pires, mineiro de Itabira, Minas Gerais, uma das figuras da Igreja mais identificadas com as causas do povo. No dia 30 de abril, o cardeal distribuiu uma nota oficial relatando os fatos. O incidente com D. Paulo ocorreu no portão do DOI, pois deram uma ordem ao sentinela para impedir a entrada do cardeal, o que repercutiu intensamente na cúpula da Igreja. Daí a determinação de Geisel ao Segundo Exército para contornar a situação. Aprazada a nova visita, o cardeal não falou pessoalmente comigo, porque havia viajado, mandando um representante em seu lugar.)

O SEQÜESTRO EM PORTO ALEGRE

(No mês de maio de 1975, eu e mais três presos políticos, inclusive Ali Saab, agrônomo, fomos levados clandestinamente num avião da FAB para o DOI de Porto Alegre. Depois de 21 dias me trouxeram de volta, num Bandeirante da FAB, junto com Osvaldo Pacheco.)

São Paulo, 11 de junho

Teresa, minha Teresa, em Porto Alegre, onde fiquei 21 dias incomunicável, deixaram-me de capuz preto na cabeça, dia e noite. Um elástico apertava fortemente o capuz no pescoço. Só para comer ou beber permitiam que o mesmo fosse levantado até a altura da boca.

Isolado assim até do ambiente da cela, sem poder olhar as mãos e o corpo, só restou-me o consolo de deixar o pensamento correr livremente. Pus-me, então, a lembrar das boas coisas da vida, desde os tempos da infância. Ficava horas a pensar nos detalhes de qualquer coisa agradável do passado. Num encontro nosso. Na primeira vez que segurei sua mão, lá no Parque Municipal. Nos sorrisos lindos e tristes da Simone. No nascimento do Marquinho, quando saltou como um cabrito de seu ventre. Nas conversas do papai e nos brinquedos que me trazia ao regressar de viagens. Nos eternos gestos de bondade da mamãe. Nos preparativos para os Natais. Ah!, como fiquei feliz quando acionei a máquina da memória para lembrar só do lado bom da vida.

Se um policial, porventura, de repente retirasse o meu capuz, ao contrário de deparar um semblante aterrorizado e aflito, ficaria espantado com o sorriso tranqüilo que dançava em minha face. De outro lado, afugentei o desespero (pois ameaçavam-me de morte se não aceitasse fazer um programa indigno na TV), quando fixei logo um dado: faziam aquilo comigo porque havia realizado algo de útil aos trabalhadores, em 32 anos de luta. Tal pensamento deu-me uma energia incrível e, sobretudo, paciência e confiança em dias melhores, dentro daquela solidão absoluta, total.

Outra coisa boa me ajudava naqueles dias. Ouvia, pelas manhãs, o trinado de pardais, que indicavam a chegada de um novo dia. Uma vez, minha Teresa, escutei a fala e o bulício de um garoto que brincava no pátio do quartel. Isso durou só uns 10 ou 20 minutos. Mas apurei ao máximo a audição, pois desejava saborear até o sumo aquela manifestação de um garoto, na rotina de seus folguedos inocentes.

Aquilo me extasiou, pois ali estava um broto do gênero humano, não comprometido com maldades. Curti, portanto, meus sofrimentos e angústia com "nadinhas", idiotas para o comum dos mortais, mas coisas sublimes para quem não podia ver as próprias mãos, e não sabia se viveria ou não mais 24 horas.

PERANTE A JUSTIÇA VERDE-OLIVA

(No dia 16 de junho de 1975 fui levado pela segunda vez perante a Segunda Auditoria da Justiça Militar do Segundo Exército. Como relato mais adiante, da primeira vez apenas armei um escândalo, denunciando as torturas.)

São Paulo, 18 de junho

Na segunda-feira foi o interrogatório. Você já deve saber como transcorreu. Não fiquei satisfeito com o que disse. Queria falar mais, protestar mais, levantar com maior energia o problema político. Mas os sacanas não foram bobos. Creio que não caí em nenhuma armadilha. Eles, quando sentiram minha posição de princípio, aceitando a responsabilidade de dirigente político do PCB, queriam terminar tudo logo, para encerrarem o ritual.

Senti-me, sem razão, um pouco frustrado, porque almejava um debate, como na Câmara. De qualquer forma foi gostoso dizer que sou comunista, publicamente, elogiar Prestes e o Partido. Penso que alguns parentes irão achar que continuo louco. Merda! Irei fazer mais do que isso, nem que fique 20 anos preso!

O tenente-coronel que presidia o Conselho não tirava os olhos de mim. Parecia um boneco de madeira, talhado a machado. Eu fazia força para advinhar o que passava pela cabeça dele. Ele me olhava fixamente. Das duas, uma: ou pensava que eu era um "abominável homem das neves" (digno de ficar num zoológico, como raríssima espécie de animal), ou como um louco irrecuperável, pleno merecedor de meia dúzia de balas de um pelotão de fuzilamento. É possível, quem sabe, que ele admirasse minha audácia. Sua única intervenção, muito discreta, foi até para ajudar-me, "soprando" para o auditor que, em certo ponto, era necessário deixar claro uma coisa que eu declarara.

O auditor, a "grande figura", é o tipo de carreirista solícito e sem espinha diante dos homens do Poder. Sentiu logo que não poderia me fazer de gato e sapato. Não se atreveu a provocar-me e a puxar debates políticos. Mas "trancou-me", não foi bobo. (*O juiz-auditor era o doutor Nélson da Silva Machado Guimarães. Posteriormente, eu o processei em duas ações no Superior Tribunal Militar.*) O importante será a repercussão nos jornais. Vi a nota do *Estadão*. Foi simpática para mim. Mas, naturalmente, com insuficiência. O básico agora é divulgar ao máximo minha declaração.

GRATIDÃO

Teresa, escreva, por intermédio do doutor Mário Simas, uma carta para a Ruth Simis. A luta impedia-me de contar a você como ela me tratava e me ajudava. No DOI, quando me aniquilavam, jogado no chão frio, despido e imundo, ela afagou meus poucos cabelos. Como esquecer um carinho amigo, naquela sucursal do inferno! E ainda mais partido dela, que foi brutalizada por todas as formas! (*Mário Simas era meu advogado em São Paulo. Ruth Simis, muito torturada no DOI, cumpriu pena de seis meses de prisão e depois exilou-se em Berlim, durante mais de quatro anos.)*

Doravante, tenho uma dívida imensa com muita gente: com Tuchinha, Branca, Oscar, Mário, Benito e Irá, Cecí, Helvécio, tio Dion, minhas irmãs, cunhadas, cunhados e sobrinhos, Vanessa etc. E não devo ter ciência ainda de 20% do que foi feito por mim. Tatão e Sônia têm sido formidáveis. É uma carga pesada receber o apoio de tantos amigos e parentes.

Teresa, não me aflijo com sua demora em visitar-me. É necessário cuidado. Sei que — embora separados por grades e por 600 quilômetros — estamos juntos noite e dia. Não é? Cuide da saúde para se recuperar para mim e os meninos. Estamos ainda dando os primeiros passos numa luta dura. Eu, Simone e Marquinho necessitamos muito de você.

Estes são os principais trechos das cartas. Reordenados apenas para manter a cronologia dos fatos no primeiro semestre de 1975. Para um melhor entendimento do que sucedeu até julho daquele ano e o que ocorreu depois, nos presídios do Hipódromo e do Barro Branco, remeto o leitor às próximas páginas.

17
UMA LUTA DESIGUAL

Minha prisão, no dia 18 de janeiro de 1975, aconteceu numa fase em que o apogeu da ditadura ficara para trás e cautelosamente se ampliava a luta pela volta ao regime democrático no Brasil. O dado básico residiu na manifestação incisiva dos brasileiros, que, nas eleições gerais de outubro de 1974, votaram de forma esmagadora nos candidatos do MDB. Ao mesmo tempo, evidenciava-se o conflito intestino entre duas correntes na cúpula das Forças Armadas. Vale dizer, entre a "linha dura" e os que desejavam uma "distensão", lenta, gradual e controlada".

Tendo assumido o governo em março de 1974, ao acabar mais tarde com a censura clara e brutal à imprensa o presidente Geisel deu a partida num processo que somente poderia terminar na reconstitucionalização do país. Essa conjuntura possibilitou que a mobilização rápida de meus familiares e amigos conseguisse paralisar o braço dos torturadores e assassinos da Oban.

A Oban, era a sigla da Operação Bandeirantes, montada em São Paulo, começou a se tornar visível a partir de 1968. Centralizava e comandava diversos órgãos de segurança, militares e não-militares, federais e estaduais, que se dedicavam à repressão das organizações de esquerda. Recebia recursos de empresários brasileiros e estrangeiros. Posteriormente, foi substituída por um órgão diretamente dirigido pelo ministro do Exército, denominado Destacamento de Operações e Informações do Centro de Operações de Defesa Interna (DOI/CODI). Funcionava nacionalmente, sendo mais ativo em São Paulo, Rio de Janeiro, Rio Grande do Sul e Minas Gerais, contando com a participação de elementos de diversos órgãos de segurança das Forças Armadas, das delegacias estaduais, tipo DOPS, e de elementos das polícias militares. (Segundo o advogado Mário Simas, o DOI/CODI foi criado por um dos decretos secretos da ditadura, excrescência do regime militar, legislação que até hoje não foi revelada à nação.)

Dois dias depois que fui agarrado pelos esbirros, o senador Marcos Freire denunciou o fato. No dia 22 de janeiro, o advogado Osvaldo Mendonça deu entrada no Superior Tribunal Militar de um pedido de *habeas-corpus* em meu favor. Simultaneamente, a Segunda Auditoria da Justiça Militar da Marinha, no Rio de Janeiro, oficiou a diversas autoridades militares solicitando informações sobre meu paradeiro, a fim de me interrogar, desde que eu estava com a prisão decretada por aquela corte militar.

Toda essa movimentação foi estampada na imprensa, fato inédito até então diante do que acontecia com outros "subversivos". Essa matéria ganhou maior espaço nos jornais por estar em causa um ex-deputado federal. Esse aspecto, aliás, marcou todo o noticiário em torno de meu "caso" até a minha libertação, quatro anos depois.

Embora tendo sido preso no Rio, minha família e o advogado Osvaldo Mendonça não sabiam o local em que eu estava confinado. Isto até que um companheiro, que naqueles dias foi libertado do DOI/SP, deu a informação precisa e extremamente valiosa ao advogado paulista Júlio Teixeira — a de que eu estava sendo massacrado no quartel da rua Tutóia, em São Paulo. Esse advogado de pronto transmitiu a denúncia a Osvaldo Mendonça.

Por isso de forma imediata a imprensa divulgou que eu me encontrava nas mãos da Oban. Ora, esta tinha como método manter em segredo absoluto a captura de adversários da ditadura. Portanto, a divulgação do que faziam comigo tornou-se um fato público e nacional e, mais ainda, um episódio importante no conflito instalado no centro do Poder.

Segundo uma pesquisa do jornalista Elio Gaspari, que está preparando um livro sobre o governo Geisel e tem em seu poder o arquivo do general Golbery do Couto e Silva, o tratamento terrível que me deram nos quartéis dos DOI do Rio e

São Paulo foi o primeiro e mais grave ponto de atrito da dupla Geisel-Golbery com a "linha dura". Choque inconciliável que terminou com a derrota desta, diante dos assassinatos no DOI de São Paulo de Vladimir Herzog e Manuel Fiel Filho, meses depois.

Sem que tivéssemos noção completa do choque que ocorria no cerne da ditadura, nós, os comunistas, fomos a gota que extravasou do cálice da selvageria nazista, levando Geisel a posteriormente afastar o general D'Avila de Mello do comando do Segundo Exército, em São Paulo. O que deu início à derrota da "linha dura" nas Forças Armadas.

Conhecido meu paradeiro, confluíram sobre o Palácio do Planalto as pressões para que fosse quebrado o regime de incomunicabilidade total em que me encontrava. Por isso, o DOI/SP contra-atacou, incrementando ao máximo as torturas, a fim de retirar de mim informações que fossem úteis a seus planos.

Fazendo um parêntese, senti na carne como é terrível a incomunicabilidade a que é submetido qualquer preso pelos agentes do Poder Estatal, notadamente quando ela é mantida por um prazo longo. No meu caso, quase cinco meses, com uma só exceção de dez minutos, quando fui visitado por minha mulher e minha mãe.

A proibição de um preso se comunicar com seus familiares e um advogado é uma tremenda coação sobre o detido, que se vê inteiramente desamparado ante os algozes. Privado de contatos com "seu" mundo, o preso fica na dúvida se pode ou não contar com algum apoio, inclusive de advogado. Torna-se, também, um indivíduo sem condições de avaliar os dados mais simples e o alcance das acusações que lhe são imputadas. Sendo assim, estão cobertos de razão os especialistas em Direito Processual Penal quando defendem que um preso não pode ficar incomunicável a não ser por um prazo mínimo.

Voltando ao que estava narrando, o Palácio do Planalto decidiu que minha mãe e minha esposa poderiam me visitar na Oban. Assim, 32 dias depois que fui preso, no dia 20 de fevereiro, fui apanhado de surpresa com as visitas de minha velha mãe e Teresa. Para nos coagirem, três oficiais do DOI sentaram-se junto de nós.

Antes, eles me haviam pressionado para que nada contasse a elas sobre o que faziam comigo. Nada disse a minha mãe, pois não queria que sofresse ainda mais. Contudo, para Teresa revelei que estavam me torturando. Os agentes do DOI interferiram, dizendo que aquilo não ocorria na Oban, alegando que meus ferimentos haviam sido causados no Rio. Juntei forças para desmenti-los, afirmando que durante toda a noite anterior me haviam dado "choques elétricos" nos tímpanos. Aliás, nem eu precisaria dizer nada, pois meu estado físico era por demais revelador.

Na saída do DOI Teresa foi abertamente ameaçada para que não revelasse o que tinha visto e ouvido naquele encontro. Minha mulher, porém, não se acovardou, como é de seu estilo e formação. Imediatamente foi ao *Estado de S. Paulo*. Acompanhada pelo jornalista Marco Antônio Rocha, foi recebida pelo seu diretor, jornalista Ruy Mesquita. Este telefonou para o ministro da Justiça, Armando Falcão, para contar o que acabara de ouvir. Falcão (que sobrenome bem apropriado) replicou que os fatos narrados não eram verídicos.

Preocupada em dar seguimento às denúncias e com receio de ser também molestada pelos agentes do DOI, Teresa retornou às pressas a Belo Horizonte. No dia 23 fevereiro, escreveu uma longa carta-denúncia ao presidente Geisel, redigida com a colaboração de Benito Barreto, em que dizia, entre outras coisas:

"Senhor Presidente: Após um mês de aflições e insegurança, durante o qual eu, meus filhos, advogados e amigos batemos às portas dos ministérios da Justiça e do Exército, do Congresso, de guarnições e delegacias do Rio e São Paulo, na busca desesperada de uma informação correta sobre o paradeiro e a verdadeira situação de meu marido.... — após tudo isso rompeu-se afinal o silêncio desumano e por 10 minutos foi levantado, no DOI em São Paulo, o regime de incomunicabilidade em que se acha preso. E eu pude vê-lo...

"... O que vi foi o bagaço de um homem descarnado pela tortura e os maus-tratos. Meu marido perdeu em um mês 30 quilos; seus braços — que seus algozes nem me procuraram esconder, como se houvesse o propósito de aniquilar-me com uma exibição de força, ao mesmo tempo esmagadora e feroz, indubitável e impune — apresentam-se roxos e inchados, tais e tantas marcas visíveis dos golpes e picadas da tortura...

"... Estou certa que o Senhor, um homem também respeitável, dirá dele: o senhor Marco Antônio Tavares Coelho, por suas convicções, é um inimigo nosso. Sim, é um homem para matarmos em combate ou para um dia fuzilarmos após um julgamento. Mas nunca jamais uma pessoa que mereça aviltamento..." E terminou com essas palavras candentes e desesperadas: "Matem o meu marido, mas não o torturem!"

A carta foi levada a Brasília por minha sogra, com 75 anos de idade, e por minha cunhada Laudice de Castro Aguiar — a Tuchinha, como gosta de ser chamada. As duas foram à Câmara dos Deputados, no dia 25 de fevereiro. Lá os jornalistas sugeriram que elas falassem com o deputado Célio Borja, então na presidência desse órgão do Poder Legislativo.

Os funcionários do gabinete tentaram demovê-las desse propósito, mas Tuchinha escreveu um bilhete dramático ao deputado e ele imediatamente as recebeu. Transtornada, chorando, minha sogra não conseguiu falar, mas Tuchinha explicou que desejavam dele uma só coisa — ser o portador da carta destinada ao Presidente.

Célio Borja, com carinho e atenção, prontamente concordou e nessa altura muitos deputados e jornalistas cercaram as duas. Como excelente oradora desde seus tempos no Ginásio Mineiro, Tuchinha subiu numa mesa e fez um discurso veemente, contando o que acontecia e distribuiu cópias da carta de Teresa.

No dia seguinte, com chamada na primeira página, foi ela divulgada na íntegra pelo *O Estado de S. Paulo*. Uma cópia dessa carta foi levada por minha prima Maria Letícia Redig Campos, filha de meu padrinho e tio-avô Joaquim de Salles, ao escritor Alceu de Amoroso Lima (Tristão de Athayde). Este a publicou em sua coluna semanal no *Jornal do Brasil*, protestando contra as violências praticadas pelos órgãos de repressão. Outros jornais publicaram trechos desse documento.

Auxiliada pelo meu cunhado Helvécio Vieira de Vasconcellos, minha mãe enviou uma carta manuscrita, com sua letra trêmula, ao presidente Ernesto Geisel, solicitando que eu fosse transferido para um hospital a fim de que minha vida fosse preservada, face ao estado que me encontrara ao me ver rapidamente na Oban. Mas jamais ela recebeu do Palácio do Planalto qualquer resposta.

No entanto, o DOI, antevendo a evolução do caso, se preparara para enfrentar a batalha política. No dia 24 de fevereiro chamou o diretor do Instituto Médico-Legal de São Paulo, o médico Harry Shibata, velho cúmplice de todos os crimes da Oban, para que preparasse um laudo atestando que "não constava nenhum indício de traumatismo" em meu corpo e que eu gozava de "plena integridade física". O laudo foi também firmado pelo médico Paulo Augusto de Queiroz Rocha, que só me viu cinco anos depois, numa acareação procedida no Conselho Regional de Medicina de São Paulo. Ou seja, subscreveu em branco aquela perícia.

Assim, no dia 27 de fevereiro, Armando Falcão, apoiado no laudo de Shibata, divulgou uma nota oficial, que termina afirmando "que não têm fundamento as notícias, segundo as quais Marco Antônio teria sofrido torturas físicas na prisão, não passando as versões correntes de mais um capítulo na insidiosa campanha que se move, dentro e fora do País, contra as autoridades brasileiras".

Segundo Elio Gaspari, o laudo de Shibata foi pessoalmente entregue a Geisel pelo ministro do Exército, general Sílvio Frota. Diante disso, o ocupante da Presidência da República aceitou as informações oficiais de seu auxiliar, não mais movendo uma palha para modificar o tratamento que me dispensavam no quartel da rua Tutóia.

AS TORTURAS EM QUESTÃO

Os fatos que se desenrolaram depois, com a repercussão da "bomba" da carta de Teresa a Geisel, foram marcados por episódios políticos que não deixavam de envolver a questão do tratamento dado por órgãos militares aos presos políticos. Acuados por não estarem mais com as mãos livres, como nos anos anteriores, a partir de 1974 os agentes do DOI em escala nacional passaram a agir com maior cuidado, procurando não deixar provas de seus crimes, ao matar diversos dirigentes do PCB e outros adversários da ditadura. Mesmo depois do escândalo sobre o meu caso, assassinaram mais alguns dirigentes comunistas, como Orlando Bonfim Júnior, Jaime Miranda, Itaí José Veloso e o estudante José Montenegro Lima.

Igualmente tentaram abafar os protestos contra as torturas. Um desses episódios foi a pressão exercida diretamente contra meus familiares. Porque, além de tentarem prender minha mulher, exigiram que minha velha sogra, Dona Paixão, e sua filha, Tuchinha, fossem depor no DOI de Belo Horizonte.

Nessa linha de ação, Armando Falcão, o cínico ministro da Justiça, no dia 4 de março, divulgou nota oficial comunicando que, a pedido do Ministério do Exército, a Polícia Federal iria processar o *Jornal de Brasília*, pelo fato de haver, na edição do dia 26 de fevereiro, publicado notícias "contendo referências caluniosas e infamantes a órgãos de segurança". (Matéria sobre a carta de Teresa, minha mulher.) O inquérito acabou incriminando os jornalistas Luiz Gutemberg e Hélio Marques Doyle.

Em contraponto, os principais jornais do mundo começaram a divulgar de maneira sistemática denúncias sobre o que acontecia nas prisões brasileiras, desvendando de forma insofismável o comportamento dos órgãos de repressão. O mesmo sucedia com prestigiadas emissoras de rádio, como a BBC, de Londres. Nos quatro primeiros meses de 1975, o *New York Times* divulgou 10 longas reportagens sobre o tema, inclusive uma a meu respeito, com matérias de sua correspondente no Rio, Marvine Howe. Em Londres, a Anistia Internacional por diversas vezes veiculou apelos para que o governo brasileiro adotasse providências no sentido de que os órgãos policiais-militares respeitassem minha integridade física. Na imprensa brasileira, alguns colunistas de grande renome também não se intimidaram com os arreganhos de Armando Falcão. Com sua imensa autoridade moral, Tristão de Athayde voltou a tratar da minha situação em sua coluna no *Jornal do Brasil* (21/3/75).

Naqueles meses desempenhava um papel decisivo a Comissão Justiça e Paz, de São Paulo, sediada na Arquidiocese. Ela denunciou com coragem e determinação as violências cometidas contra os presos políticos. Era presidida pela educadora Margarida Genevois e contava com a colaboração de diversas personalidades dos meios universitários, como os professores Fábio Konder Comparato e Dalmo Dallari, além de inúmeros advogados paulistas, como Mário Simas, Iberê Bandeira de Melo, Belisário Santos Júnior, Luiz Eduardo Grenhalgh, Aírton Soares, José Carlos Dias, Idibal Piveta, Paulo Bueno, José Roberto Leal de Carvalho e muitos outros. Essa comissão, com total apoio do cardeal, tornou-se o grande sustentáculo da defesa do respeito às normas elementares do Direito, sistematicamente violadas pelos órgãos policiais do regime militar.

Nessa fase ocorreram os episódios descritos em minhas cartas — a apresentação daquele filme no *Jornal Nacional* da TV Globo, e a ida de D. Paulo Evaristo Arns à Oban. Sobre este fato, o Centro de Informações Eclesia, órgão oficial da Arquidiocese, divulgou nota em que se dizia que, "a pedido de pessoas da família e como Arcebispo, na quarta-feira passada, o cardeal D. Paulo Evaristo Arns foi ao DOI a fim de visitar os presos políticos, entre esses o ex-deputado Marco Antônio Tavares Coelho, sem que lhe fosse permitido desempenhar esse gesto religioso de pastor. Inconformado com essa negativa, D. Paulo compareceu ao QG do Segundo Exército, onde também não conseguiu a licença pedida nem lhe foram dadas as razões da recusa".

Ao mesmo tempo, Teresa escreveu e divulgou inúmeras cartas a personalidades do mundo político e aos jornais, revidando as informações emanadas dos órgãos militares a propósito do tratamento que me davam no quartel da rua Tutóia. Apesar das leis da ditadura, que poderiam ser acionadas contra os meios de comunicação, alguns jornais, notadamente *O Estado de S. Paulo*, noticiavam o que ocorria.

Inteiramente isolado, eu não tinha a menor idéia desses acontecimentos. Na Oban não estavam mais praticando torturas físicas brutais. Eu estava no "período da lanternagem", quando davam uma "guaribada" em meu corpo, pois teria de ser apresentado à Justiça Militar, numa audiência pública. Ainda fui mantido segregado durante mais quatro meses. Sem que qualquer explicação me fosse dada, me transportaram para o DOI de Porto Alegre, onde fiquei cerca de três semanas, como relato nas cartas. Esse autêntico seqüestro resultava do propósito das autoridades militares de tentarem extrair de mim um pronunciamento renegando o PCB, com o que não concordei. Também jamais permitiam que outros companheiros presos fossem colocados na "minha" cela. Creio que só nos manicômios e com pessoas inteiramente alucinadas aplicam esse confinamento absoluto.

Depois de sair da "cela forte", ficava num dos xadrezes, sem ter o que fazer, só podendo adivinhar o que fariam com o meu corpo. Certa vez, apareceu no pátio um grupo de altas patentes militares, inclusive o ministro do Exército, Sílvio Frota. Com as fardas verde-oliva reluzentes, engalanadas, o pátio parecia ter se transformado numa clareira verdejante da selva amazônica. Naturalmente, os macacos estavam enjaulados, sendo eu um deles. Parando diante da grade do "meu" xadrez o corajoso general, baixote e de óculos, olhou-me e nada disse. Pensei que me olhava como num zoológico se depara um chimpanzé estranho e raro. É fácil concluir que a presença do ministro do Exército naqueles dias, no quartel da rua Tutóia, evidenciava a sua relação estreita com os órgãos de repressão, quando ordens diretas do Palácio do Planalto eram contestadas e criticadas pelos chefes do DOI, porque dificultavam o "trabalho" que realizavam e os métodos brutais que utilizavam.

Com um dos carcereiros menos inamistoso consegui dois livros para ler. Um era a respeito das regiões da Lapônia, em que o autor se esmerou na descrição da vida das renas e ursos. Uma beleza! Creio que o reli umas cinco vezes, pois inclusive me fazia recordar o maravilhoso *Kaputt*, de Curzio Malaparte. O livro me levava a desaparecer da cela, a imaginar-me naquelas áreas com gelos eternos, seguindo trilhas em busca de brotos de vida e de paz.

Um outro livro foi mais importante ainda — um exemplar em espanhol de *Sobre heróis* e *tumbas*, de Ernesto Sábato. Nunca havia lido qualquer trabalho desse escritor argentino e minhas referências sobre ele eram precárias. À medida que devorava o livro, foi aquele deslumbramento. Mesclaram-se na minha cabeça uma tortuosa história de amor, o fantasmagórico enredo dos cegos e dos túneis de Buenos Aires e a epopéia dos caudilhos platinos. Recentemente, em Buenos Aires com minha mulher e meus netos, caminhando pela Recoleta, San Telmo, Retiro, Boca e outros velhos bairros portenhos, vinha sempre à memória essa obra que ficará como um marco na literatura mundial. Creio que a reli umas três vezes, mesmo porque a dieta a mim imposta estava limitada àqueles dois livros. Por ironia, apesar do empenho dos maiorais do DOI em me desestruturarem, caiu-me nas mãos, lá dentro, exatamente uma obra de um escritor dedicado à luta para apurar os crimes cometidos pelos "gorilas" do país vizinho.

Dois meses depois consegui um tabuleiro de xadrez, no qual podia jogar contra mim mesmo. Passei alguns dias me exercitando, mas depois parei com receio de ocorrer comigo aquela tragédia que vi num filme, em que o enxadrista acabou se matando porque as duas personalidades, adversárias, dentro dele, se engalfinharam até a morte.

As semanas foram correndo e afinal transferiram-me para um cárcere no velho e mal afamado porão do DOPS, de São Paulo. Estava repleto de companheiros presos, entre os quais diversos aeronautas, como o comandante Daniel Bonfim. Fiquei lá só uns poucos dias, enquanto formalizavam a papelada para a Justiça Militar, com partes de meus depoimentos no DOI. Na cela do DOPS havia um ambiente de grande fraternidade e descontração, porque todos os presos entendiam que o pior havia passado — estávamos no purgatório após sairmos do inferno. O que mais nos preocupava era a situação de Osvaldo Pacheco, visivelmente à beira da loucura, diante do que sucedera com ele, a mulher e o filho na Oban.

Pela primeira vez consegui falar com o advogado que fora contratado por minha mulher, o doutor Mário Simas, a quem fiz um relato de tudo desde a minha prisão. Permitiram igualmente que fosse visitado por meus filhos, minha sogra e meu cunhado Mário Pimentel de Castro. Nenhum policial presenciou aquele encontro, marcado pela extravasão dos sofrimentos por que todos havíamos passado.

No DOPS ocorreu um episódio estranho. Por mera curiosidade, o famoso delegado e torturador Sérgio Fleury, da polícia de São Paulo, desejava me ver. Como se fosse igual aos demais mortais, fez-me duas ou três perguntas, pois não estava encarregado de meu processo. Concluí que desejava colocar em seu fichário mental a lembrança de mais um comunista de passagem forçada pela polícia política de São Paulo. Anos depois, quando ele morreu ou foi morto, apenas desejei que no inferno lhe tenham dado o mesmo tratamento que ele dispensava às pessoas que estiveram em suas mãos.

Como no DOPS podíamos ler jornais, fiquei sabendo do conflito político grifado nas manchetes. A "linha dura" usava de forma deturpada meu depoimento para tentar impulsionar a cassação de mandatos de parlamentares da oposição, para assim torpedear a política de Geisel-Golbery da "abertura democrática". Minha esposa naturalmente tentou, através de cartas, desmascarar essa campanha solerte. Outros articulistas, como Carlos Castello Branco, o Castelinho, apontaram também o que havia por trás daquele noticiário mistificador.

A palavra sensata e definitiva sobre a celeuma foi dada, mais uma vez, por Tristão de Athayde, em longo artigo no *Jornal do Brasil* (29/5/75). Disse ele: "... deixem que eu apresente, primeiramente, o meu protesto atrasado do mês de abril. Era relativo, como sempre, a mais uma arbitrariedade policial. No caso a extrema publicidade a um depoimento, feito em segredo de justiça, por um preso político, sem que lhe tenham sido asseguradas as mínimas garantias de justiça... Trata-se, como se sabe, do depoimento do ex-deputado Marco Antônio Coelho e de suas pretensas 'denúncias' de políticos beneficiários do 'voto comunista'. Antes de tudo, tendo esse ou esses interrogatórios sido feitos, em absoluto segredo de justiça, sem assistência, que me conste, de advogado do réu, e sem publicidade, todas as suposições são permitidas sobre o modo como podem ser feitas e tomadas essas declarações...'

"Devo declarar, aliás, que não conheço, nem de vista, nem mesmo tinha jamais tomado conhecimento da pessoa em questão. Para mim, como para milhares de seus patrícios, é apenas um ser humano, que tem o direito de ser julgado, com justiça e com eqüidade, quaisquer que sejam os seus crimes contra a lei...." "Existe simplesmente o voto. O voto secreto. O voto obrigatório para todo brasileiro, em condições legais de votar. O voto é livre, ao menos juridicamente livre e desligado de qualquer ideologia intrínseca, a não ser a que lhe é ditada pela intenção secreta do eleitor...

"De modo que a publicidade, sem qualquer valor legal para a anulação ou cassação de mandatos (embora o fatídico cutelo do AI-5 ainda esteja sendo aplicado para mal dos nossos pecados nacionais), essa publicidade só se pode explicar pela intenção maquiavélica de desmoralizar, tanto o declarante como os pretensos beneficiários desse pretenso 'voto comunista'. 'Há injustiças que não se perdoam. Há maquiavelismos e imposturas políticas que têm efeito contraditório e se voltam como bumerangues, contra aqueles que as manejam." Assim concluiu seu artigo uma personalidade nacional que influenciou tantas gerações em nosso país.

Como é sabido, a manobra da "linha dura", felizmente, fracassou. Não estávamos mais nos negros anos do governo Médici. Da minha parte, pouquíssimo poderia fazer, como preso político, na iminência de ser julgado pela Justiça Militar. Mas vislumbrei uma pequena oportunidade de fazer escândalo em torno das torturas que sofrera desde o dia da minha prisão. Resolvi aproveitá-la, apoiado em informações e na orientação do advogado Mário Simas, arguto e seguro.

ENTREVEROS NA JUSTIÇA MILITAR

Estava marcado para o dia 6 de junho de 1975 o meu interrogatório na Segunda Auditoria da Justiça Militar em São Paulo e eu necessitava utilizar esse fato. Simas esclareceu-me que, pelo Código de Processo da Justiça Militar, essa seria a única oportunidade para denunciar as torturas. Advertiu-me que eu não poderia tentar fazer um discurso político, pois o juiz-auditor me faria as perguntas e não permitiria que eu fugisse daquilo que me inquiria. De outro lado, eu não poderia me recusar a responder, desde que o "magistrado" registraria a negativa e encerraria a sessão. Concluímos que deveria apenas fazer um protesto público sobre a situação em que me encontrava, sofrendo violenta pressão do DOI e pedindo garantias de vida para depor. Foi exatamente o que fiz, na sala lotada da Auditoria, na presença de jornalistas, inclusive correspondentes internacionais.

Ao ser chamado a depor, levantei-me, disse meu nome, tirei a camisa exibindo as cicatrizes e fiz uma violenta e rápida denúncia da situação em que me encontrava, afirmando que desejava ser interrogado, desde que cessasse a coação que eu sofria dos agentes do DOI. O Conselho de Justiça, composto de quatro oficiais do Exército e o auditor, foi apanhado de surpresa. Resolveu suspender a sessão. Depois de uma hora de confabulações secretas, adiou o interrogatório e decidiu que eu deveria ser submetido a uma perícia médico-legal. A dramaticidade da denúncia, face às cicatrizes em meu corpo, foi noticiada por alguns jornais.

Essa resolução foi extremamente positiva, inclusive porque veio a me dar elementos para confirmar as torturas e para iniciar o processo contra Harry Shibata no Conselho Regional de Medicina de São Paulo (CRM/SP). No entanto, o DOI contra-atacou, solicitando ao auditor meu retorno à Oban, para novamente me ameaçar. Mais uma vez fui trancafiado numa cela do quartel da rua Tutóia, onde fiquei isolado durante 10 dias, o que era ilegal, pois eu me encontrava à disposição da Justiça Militar.

No dia 19 de junho de 1975 fui levado ao Hospital Militar do Exército, no bairro do Cambuci, em São Paulo, onde fui submetido a um exame médico-legal, realizado pelo capitão médico José Justo Lanna de Souza e pelo primeiro-tenente-médico Emanuel Antunes de Almeida Mendes. Muito atenciosos, eles procederam a um perícia cuidadosa, constatando as cicatrizes em meu corpo. Como manifestaram curiosidade em saber o que havia causado aqueles ferimentos, dei aos dois oficiais médicos uma longa informação sobre os procedimentos adotados no quartel da Oban.

Dois dias antes, durante cinco horas, fui interrogado na Segunda Auditoria da Justiça Militar. Entreguei uma declaração por escrito descrevendo as torturas nos DOI do Rio, São Paulo e Rio Grande do Sul, além de denunciar o assassinato de diversos dirigentes comunistas. Solicitei uma audiência com o representante do Ministério Público, a fim de "entregar-lhe outros elementos de denúncia, para que instaure um processo contra os militares que desonraram o Exército, torturando um preso político". Nenhuma resposta me foi dada pelo promotor que atuou no processo.

Afirmei que o depoimento feito no DOPS de São Paulo era uma farsa, pois transformaram declarações extorquidas nas salas de tortura em depoimento que não foi prestado, e que o repudiava totalmente. Acentuei que os juízes estavam diante de um processo político, esclarecendo: "... comprova isso o fato de autoridades militares e policiais terem dado o maior destaque a essas declarações, que me foram atribuídas, visando a notadamente comprometer parlamentares do MDB e figuras da Igreja Católica."

Acrescentei que "o processo contra o PCB resulta essencialmente de maquinações fascistas, voltadas para impedir a ampliação da luta democrática..." Indiquei que esse plano chega ao ponto de "até personalidades do partido governamental, que reclamam o fim das leis de exceção, serem alvo dos fascistas. Não por acaso, no DOI de São Paulo tudo fizeram para que eu comprometesse homens como Célio Borja e Magalhães Pinto com o PCB. Dentro do mesmo propósito inquiriram-me com insistência sobre jornalistas como Júlio de Mesquita Filho e Nascimento Brito."

Terminei, de forma clara e sem rodeios, reafirmando minha postura: "Sou comunista há mais de trinta e dois anos, por convicção e orgulho. Assumo conscientemente a responsabilidade por toda a ação política do PCB. Estou certo de que dias melhores se aproximam e que a noite fascista, que humilha nossa pátria e nossa gente, se aproxima do fim."

Como tinha que responder a mais dois processos em Auditorias da Justiça Militar na antiga capital da República, fui levado ao Rio e voltei a São Paulo, sem as agruras que enfrentei, quando, no dia 20 de janeiro, me transportaram como um animal peçonhento condenado à morte. Na verdade, não fui maltratado pelas escoltas. Estive algemado o tempo todo, mas serviam-me café e água. Passei quatro meses no Rio — de julho a outubro de 1975. Entretanto, sem ver as praias, a floresta da Tijuca, as belas montanhas e nem mesmo o céu azul e as nuvens que normalmente engrinaldam o Cristo Redentor, no Corcovado.

Permaneci encerrado alguns dias no DOI da Barão de Mesquita, numa cela forte perto daquela em que, em janeiro, "comi o pão que o diabo amassou". Também "morei" muitas semanas no xadrez do DOPS do Rio de Janeiro, na rua da Relação. Exatamente naquele prédio sinistro que desde a década de 1920 é conhecido como antro de torturas e de crimes praticados por gerações de policiais.

Fui obrigado a prestar dois depoimentos. Um na Segunda Auditoria do Exército e o outro na Segunda Auditoria da Marinha. Em ambas fiz aquilo que devia — denúncias de torturas e do caráter político do processo contra o PCB, repetindo o que já declarara na inquirição na Justiça Militar em São Paulo. No entanto, os juízes-auditores foram menos espertos que o de São Paulo, pois não me tolheram a palavra logo de imediato. Daí o fato de, no noticiário dos jornais, segundo vejo agora em velhos recortes, os títulos grifarem: "Ex-deputado comunista tentou fazer comício" ou "Fez pregação comunista durante o interrogatório". Nas audiências tudo foi presenciado por muitas pessoas amigas, além de meus familiares, advogados e jornalistas.

O depósito de presos políticos nos xadrezes do DOPS, na rua da Relação, era bem um "purgatório". Não estavam torturando fisicamente os presos políticos, quando lá estive. Mas era a antecâmara do inferno, sediado no quartel da rua Barão de Mesquita.

O delegado de polícia Borges Fortes era um fraco. Pusilânime, atendia prontamente como um auxiliar prestimoso às diretivas dos órgãos militares. Para tanto, não zelava sequer pelo cumprimento das determinações legais, relacionadas com as garantias dos presos que se encontravam sob sua guarda.

Esse fato gerou protestos meus e de outros presos políticos, em sua maioria militantes do PC do B. Por diversas vezes agentes do DOI, sem qualquer documento, retiravam presos e só Deus sabia para onde eram levados. Isto motivou até reclamação dos carcereiros do DOPS. Alguns desses presos revelaram, posteriormente, que haviam sido seviciados, embora estivessem à disposição da Justiça Militar.

Como procurava registrar tudo o que sucedia, no dia 11 de outubro de 1975, escrevi uma carta a meu filho, que foi conservada por ele. Transcrevo aqui alguns trechos:

"A situação pode ser caracterizada como péssima, principalmente para os que estão presos há vários meses. Todos ficamos fechados de manhã à noite nas celas, sem que se possa locomover entre elas. Eu, por exemplo, fico isolado e confinado permanentemente. Essa exigência das celas ficarem cerradas é um absurdo, porque nelas não há instalações sanitárias e em algumas nem uma pia.

"Resultado, a cada instante os carcereiros são chamados para abrir essa ou aquela cela, quando muitas vezes eles estão ocupados com outras coisas e custam a atender a um ou outro preso. Não se entende por que as celas ficam fechadas quando existe uma porta de aço no início do corredor, que poderia isolar completamente os presos. Além disso, a alimentação que nos é dada é ruim. O que nos salva são as coisas trazidas pelos familiares.

"De outro lado, apesar de se estar solicitando há algumas semanas o banho de sol, os dias vão passando e nenhuma solução concreta é adotada. Finalmente, na carceragem começaram a usar o critério de não fornecer aos presos vales (o dinheiro dos presos fica retido na carceragem), a fim de que esses não possam adquirir cigarros, jornais, materiais de higiene e até pão para fazer sanduíches.

"Ontem houve um incidente mais ou menos grave aqui no corredor, quando, ao ser chamado para falar com o advogado Osvaldo Mendonça e ele declarou que não poderia conversar comigo em voz alta, comecei dizer tudo o que pensava sobre a prisão aqui no DOPS. Como o chefe da carceragem e outros policiais estavam perto, fiz questão que todos ouvissem. Ao entrar na carceragem tive uma forte discussão com o chefe dos carcereiros, ele tentando se eximir da responsabilidade, com o que não concordei, embora dissesse que a maior culpa é do delegado Borges Fortes. Disse, então, que desejava falar com este, o que foi logo providenciado. Levado à presença dele, vi que estava furioso com o 'tumulto' que eu teria causado e passou a fazer ameaças abertas de me mandar levar para a Oban, pois lá eu não poderia protestar."

Dois dias depois removeram-me para São Paulo. Fui "hospedado" no velho presídio da rua do Hipódromo, no bairro da Mooca, onde fiquei por mais de dois anos. Um mês depois, no dia 16 de dezembro, houve o julgamento do processo em que eu era o principal acusado, mas em que estavam envolvidos cerca de 20 companheiros. (Processo n. 25/75, na Segunda Auditoria da Justiça Militar em São Paulo.)

O julgamento durou quase 12 horas, sendo acompanhado por mais de 80 pessoas — familiares dos réus, muitos advogados e jornalistas. O resultado final foi o esperado e o encarei com tranqüilidade. A maioria dos acusados foi absolvida, uns seis receberam uma pena de seis meses de prisão e quanto a mim fui condenado à pena máxima prevista na Lei de Segurança — cinco anos de reclusão e a suspensão por 10 anos de meus direitos políticos. (Em 1964, junto com a cassação de meu mandato de deputado federal, meus direitos políticos tinham sido também suspensos por dez anos.)

Ao lado do sentimento de alívio dos presos que foram absolvidos e de seus familiares, assim como da apreensão dos poucos condenados, dois episódios marcaram o espetáculo constrangedor. O primeiro deles foi algo inédito em qualquer julgamento. Quando o promotor se esfalfava em nos acusar, foi interrompido por Ruth Simis. Esta, violando a proibição aos acusados de se manifestar, levantou-se de forma inopinada do banco dos acusados, a fim de exigir respeito a ela, uma vez que o promotor, de forma irresponsável, afirmara que "Ruth era amante de Marco Antônio Coelho". Torturada barbaramente na Oban, o protesto de Ruth Simis, a brasileira naturalizada que quando menina teve de fugir da Alemanha nazista, obrigou o promotor a imediatamente pedir desculpas à acusada e a enaltecer seu caráter e sua inteireza moral, declarando que "tal é o juízo que dela fazem todos os que a conhecem em São Paulo".

O outro episódio que marcou aquele espetáculo decorreu de uma decisão que tomei: a de fazer eu mesmo a minha defesa no julgamento. Como profissional regularmente inscrito na Ordem dos Advogados do Brasil, a legislação me facultava esse direito. Por isso, meu patrono, Mário Simas, juntando uma certidão da OAB, fez a devida comunicação à Auditoria.

Todavia, o juiz-auditor, Nélson Guimarães, deliberou não permitir o que solicitei, provavelmente com receio do que eu pudesse fazer na sessão. Iniciado o julgamento, o advogado Mário Simas declarou que "não faria a defesa do réu, seu colega, em atenção à vontade por este manifestada e, ainda, por não encontrar fundamento legal para o indeferimento do que fora requerido".

Imediatamente, protestei com veemência, travando-se o seguinte diálogo, que ficou registrado na representação que encaminhei, dois dias depois, ao Conselho Federal da OAB:

"MATC — Peço a palavra para uma declaração, desde que me encontro sem defensor neste julgamento.

Juiz-auditor — O senhor só poderá falar para designar um advogado.

MATC — Declaro que não aceito nenhum defensor, desde que a lei garante o meu direito de falar em minha defesa neste julgamento.

Juiz-auditor — (aos brados e esmurrando a mesa) Cale a boca!"

Em seguida, o "magistrado" nomeou um advogado de ofício para fazer a minha defesa. Às pressas, funcionários da Auditoria foram em busca desse causídico, Paulo Godoy. Na hora em que foi concedida a palavra aos advogados, quando esse Paulo Godoy, que nem conhecia o processo, anunciou que estava ali na condição de meu defensor, o interrompi por três vezes para censurar seu comportamento. Ele apenas respondeu que era um direito que me assistia, o de protestar. Nessa altura tive de ficar calado, porque o auditor ameaçou-me, afirmando que se eu continuasse a interromper o advogado de ofício seria retirado do recinto.

No entanto, esse episódio deu muito pano para mangas e certamente contribuiu para desprestigiar esse juiz-auditor entre os advogados e magistrados. Não me dei por vencido e recorri à OAB.

Tendo em vista pronunciamentos de advogados e juristas, como Sobral Pinto, Raymundo Faoro e Heleno Fragoso, e com base em um parecer do eminente criminalista de São Paulo J.B. Viana de Moraes, o Conselho Federal da OAB considerou ilegal e indefensável a conduta do referido auditor e encaminhou uma representação ao Superior Tribunal Militar. Todavia, fazendo ouvidos de mercador, o órgão máximo da Justiça Militar não anulou o julgamento nem tomou qualquer medida disciplinar contra esse auditor, Nélson da Silva Machado Guimarães.

No entanto, no dia 20 de maio de 1977, em sessão secreta do Superior Tribunal Militar, ao examinar o recurso no processo em que fui condenado, o general Rodrigo Otávio Ramos Jordão, ex-ministro de Estado no governo Castelo Branco, emitiu um voto que acabou sendo divulgado por alguns jornais. Esse magistrado propôs ao STM providências contra os que me torturaram na Oban. Para tanto, apoiou-se inclusive no fato de que se encontrava nos autos, por evidente descuido do DOI, num papel escrito pelos chefes desse órgão militar, a seguinte determinação aos torturadores: *"Turma do Coelho, atenção — forçar a barra, porém sem deixar marcas."*

Fundamentando sua proposição, disse ele: "No decorrer dos debates... tiveram vários defensores oportunidades de declarar a forma pela qual foram obtidas as declarações no inquérito policial, isto é, torturas e sevícias, não só constantes dos depoimentos em juízo de vários acusados, como ainda de provas periciais de idoneidade insuspeita, como foi o auto de corpo delito, relativamente a Marco Antônio, firmado por dois médicos militares..." E concluiu: "Venho propor ao Tribunal que, na forma prevista no inciso XXI, do artigo 40 da Lei da Organização da Justiça Militar, sejam extraídas as peças respectivas a Marco Antônio e outros réus, para que, na forma da lei, se promova a responsabilidade de seus autores pela incidência no artigo 129 do Código Penal..."

Entretanto, os ministros do STM não endossaram a opinião do insuspeito general Rodrigo Otávio. Seguindo o velho exemplo bíblico, de Pilatos, lavaram as mãos diante das monstruosidades cometidas nos porões do regime militar. Uma atitude que, aliás, perdura até hoje, pois esses esqueletos ainda não foram retirados dos armários de nossas Forças Armadas.

Quanto a mim, não me conformei, promovendo outras escaramuças que estavam a meu alcance. Privado da liberdade, nada mais tinha a perder.

Pesavam contra mim mais dois processos na Justiça Militar no Rio. O que estava na Segunda Auditoria do Exército acabou por morte natural, por uma razão jurídica qualquer, que não recordo. Já no processo que corria na Segunda Auditoria da Marinha fui absolvido. Os supostos delitos estavam prescritos, desde que o "crime" foi a realização do Sexto Congresso do PCB em 1967. Para esse julgamento, no dia 20 de outubro de 1978, conduziram-me ao Rio. Como os tempos haviam mudado, encarregaram dois oficiais da Aeronáutica de me levarem, numa viatura, pela via Dutra.

Esses oficiais permitiram que nos postos de gasolina eu tomasse café e utilizasse os banheiros. Tanto na ida como na volta não me colocaram algemas e esclareceram que não concordavam com as violências praticadas contra presos políticos. Estavam visivelmente contrafeitos com aquela missão desagradável. No Rio, pernoitei no regimento Caetano de Farias, da Polícia Militar, em instalações destinadas a presos com diplomas de escolas superiores. No julgamento, outra boa surpresa: o auditor não criou a menor dificuldade para que eu fizesse a minha defesa. Pronunciei um discurso de 20 minutos, insistindo na denúncia das torturas dos presos políticos e dos assassinatos de vários companheiros. Contudo, dei ênfase à necessidade da anistia, como um passo indispensável para o restabelecimento da democracia no Brasil.

O julgamento começou depois do almoço e se prolongou até altas horas da noite. Lá pelas vinte horas, como estava faminto, procurei os oficiais que me acompanhavam. Ambos haviam desaparecido. Não os encontrando, como um cachorro que foge quando encontra o portão aberto, resolvi passear sozinho pela orla do cais do porto, embevecido pela paisagem carioca. Desfrutei daquela liberdade ocasional a fim de rever os prédios da parte mais antiga do Rio, inclusive o Mosteiro de São Bento. Não demorei muito para não preocupar meus "anjos da guarda". Num botequim muito freqüentado, saboreei um sanduíche generoso, acompanhado de um caldo de cana gelado, preparado na hora. Pareceu-me um banquete opíparo.

O anúncio da decisão do Conselho de Justiça da Segunda Auditoria da Marinha coroou a jornada — os acusados foram absolvidos e o processo foi encerrado, sem choro nem vela.

O CASO SHIBATA

No presídio do Hipódromo eu acompanhava de perto o prosseguimento da ofensiva do DOI em São Paulo, que arremetia de forma encanzinada contra os companheiros do PCB e todos aqueles que não rezavam pela cartilha do regime militar. Em fins de 1975 houve o episódio do assassinato de Vladimir Herzog no quartel da rua Tutóia. Esse acontecimento gerou violentos protestos públicos, tendo em vista diversas circunstâncias, inclusive o prestígio desse jornalista e o fato de haver se apresentado para prestar depoimento às autoridades do DOI.

Em janeiro de 1976 ocorreu o assassinato de Manoel Fiel Filho, igualmente no DOI, o que levou o presidente Ernesto Geisel a substituir o general D´Avila de Mello no comando do Segundo Exército, por ser ele o responsável direto pelas atividades da Oban.

Como essa decisão foi logo entendida como uma medida que assinalava uma vitória de Geisel sobre a "linha dura", a imprensa esmiuçou o comportamento do DOI. Veio, portanto, à luz do dia que os agentes desse órgão da repressão policial sempre contavam com a cobertura do Instituto Médico-Legal de São Paulo, uma vez que fornecia laudos que alicerçavam a versão fornecida pelo DOI e pelo DOPS, nos inúmeros casos em que foram mortos adversários da ditadura.

Atentando para um dos nomes dos médicos-legistas que atestaram que Herzog havia se "enforcado", lembrei-me que exatamente o tal Harry Shibata é que havia assinado o laudo mentiroso a meu respeito. Compreendi, então, que eu tinha nas mãos uma prova da cumplicidade desse médico com os crimes do DOI, desde que seu laudo se chocava frontalmente com aquele lavrado por dois médicos do Exército.

Tendo consciência, ainda, de que estavam esgotadas as possibilidades de levar a Justiça Militar a apurar os fatos criminosos praticados pelo DOI, resolvi tentar o derradeiro recurso de recorrer ao Conselho Regional de Medicina de São Paulo (CRM/SP) contra os médicos-legistas. Discuti esse assunto com vários companheiros no presídio e todos opinaram que uma representação minha nesse sentido não daria qualquer resultado. Justificavam esse parecer com o dado razoável de que o CRM de São Paulo era uma entidade inoperante e vivia mancomunada com os governantes. Somente Teresa e Marquinho viram com bons olhos aquela idéia inusitada, extravagante na época, de recorrer à entidade encarregada de zelar pelo comportamento dos médicos.

Aqui, é bom dizer, sem ter o que fazer, afora pequenas obrigações, a melhor forma que um preso dispõe para matar o tempo é imaginar coisas boas e más, principalmente planejar novos atos criminosos. Disso é que vive o preso e nisso reside um dos fatores que torna ingrato o esforço de reeducá-lo. Bem, no meu caso, eu não estava em fase de "reeducação" e, ao contrário, somente arquitetava abrir meu "saco de maldades". Ou seja, fazer coisas que pudessem contribuir para a luta contra a ditadura, ou contra qualquer um de seus agentes, como o auditor Nélson Guimarães.

Por isso, no presídio do Hipódromo, no dia 8 de abril de 1976, escrevi à mão um memorial ao Conselho Regional de Medicina de São Paulo, denunciando Shibata e seu colega Paulo Augusto de Queiroz Rocha por violação da ética médica e pela improbidade de ambos, além da prática de crimes tipificados nos artigos 299 e 342 do Código Penal.

Juntei alguns documentos, como cópias dos laudos periciais emitidos por eles e pelos dois médicos do Exército. Desde logo procurei anular o argumento que possivelmente seria utilizado por Shibata — o de que havia uma diferença sensível nas datas das duas perícias: a efetuada por Shibata no dia 24 de fevereiro e a dos médicos militares feita a 19 de junho do mesmo ano. Adiantei que minha mãe e minha mulher poderiam comprovar as sevícias que sofrera, porque me visitaram no dia 20 de fevereiro. Disse ainda que diversas pessoas que estiveram presas no DOI, naquela mesma época, podiam igualmente corroborar o que eu alegava, e havia o documentário exibido pela TV Globo.

Essa representação foi levada por meu filho, que a entregou pessoalmente na sede do CRM de São Paulo. O documento ficou paralisado nessa entidade durante mais de um ano, pois seus dirigentes de então estavam comprometidos com os desmandos praticados no Brasil. Todavia, as coisas no país começavam a mudar para melhor, e os médicos paulistas haviam eleito uma nova diretoria para dirigir o CRM. De imediato, minha representação saiu da gaveta e foi criada uma comissão, para apurar o fato por mim denunciado. Simultaneamente, deram entrada na Justiça várias ações intentando elucidar o assassinato de Herzog.

Assim, em setembro de 1977, quando eu já havia sido transferido para o presídio do Barro Branco, a comissão de sindicância do CRM marcou uma audiência a fim de colher meu depoimento. A notícia estourou como uma bomba e foi largamente comentada pelos jornais. A "questão Shibata" virou assim uma *cause célèbre*.

No entanto, no dia aprazado dessa audiência, o auditor Nélson Machado Guimarães, naturalmente acionado pelo DOI, não permitiu que eu fosse levado para depor na sede do CRM, quando lá estavam meus familiares, jornalistas e advogados, assim como um representante da Comissão Justiça e Paz, o professor Fábio Konder Comparato.

Em editorial, *O Estado de S. Paulo* (18/9/77) analisou a questão: "... *Faz um ano, o legista Harry Shibata foi denunciado ao Conselho Regional de Medicina pelo réu... (Marco Antônio Coelho), que deveria anteontem ter comparecido à sessão do Conselho para depor. Seu comparecimento, entretanto, foi impedido por ofício da Segunda Auditoria Militar... Por que a protelação de um depoimento que nem seria público?...*" Essa interpelação do matutino paulista ficou sem resposta, porque o desejo das autoridades do DOI era ganhar tempo, para que o assunto fosse esquecido.

Em dezembro de 1978 fui libertado e tornou-se possível o andamento do inquérito no Conselho Regional de Medicina. Em função do processo compareci a essa entidade três vezes. Na primeira, reafirmei a denúncia perante a comissão de inquérito. Na segunda, participei de uma acareação com Shibata e seu colega que também havia firmado o laudo, sem me examinar. Na derradeira vez, perante todos os membros do CRM de São Paulo, novamente fiz uma exposição dos fatos, respondendo a perguntas que me foram formuladas.

Como é sabido, por unanimidade, o Conselho Regional de Medicina de São Paulo aplicou a pena máxima prevista legalmente — cassar o registro de médico de Harry Shibata, proibindo-o de exercer a Medicina. Contudo, logo evidenciou-se uma questão. Pelas normas legais que regiam o funcionamento dos Conselhos Regionais de Medicina, havia a possibilidade de recurso ao Conselho Federal. E que, até o pronunciamento deste, a decisão adotada por qualquer conselho regional não poderia ser divulgada, sob pena de ser anulado o processo. Ademais, eu sabia que dificilmente o Conselho Federal referendaria a resolução do CRM de São Paulo e que o julgamento final da questão Shibata poderia ser postergado por muitos e muitos anos.

Coube a mim fazer a seguinte opção: divulgar ou não a punição decretada, sem qualquer discrepância, em São Paulo, sabendo que isso poderia acarretar a anulação da medida tomada pelo órgão estadual. Não vacilei. Do ponto de vista político o que mais importava era informar à opinião pública que o médico-legista, responsável pela cobertura de torturas e assassinatos de presos políticos, fora punido exemplarmente pelo Conselho Regional de Medicina de São Paulo. Por isso tomei a iniciativa de divulgar a decisão ainda sigilosa e o fato motivou matérias nos mais importantes órgãos de comunicação. O *Jornal do Brasil* dedicou uma página à questão, com ampla reportagem de José Nêumane Pinto.

Três anos depois, quando trabalhava em Goiânia, fui chamado a comparecer ao julgamento final do processo Shibata, numa reunião do Conselho Federal de Medicina, no Rio. Conforme havia previsto, apesar de reafirmar minha denúncia, os conselheiros aceitaram a preliminar apresentada por Shibata, alegando que eu violara o dispositivo que proibia divulgar-se a punição decretada pela entidade de São Paulo. Assim, anularam a decisão unânime dos conselheiros paulistas.

Mas, no frigir dos ovos, o que ficou para a opinião pública brasileira e internacional foi a condenação indelével, para sempre, de um profissional que se tornara cúmplice de uma atividade nefanda, violadora dos sagrados princípios dos que se dedicam à Medicina.

TORTURA MENTAL

Iniciei um outro processo contra o juiz da Segunda Auditoria da Justiça Militar em São Paulo, Nélson Machado Guimarães, ainda quando me encontrava encarcerado no presídio do Barro Branco, em São Paulo. Tudo decorreu do fato de ele, com seu reacionarismo empedernido e pelo ódio que me devotava, proibir a entrada no estabelecimento penal de livros que me eram destinados.

Essa proibição teve início em setembro de 1977, quando o diretor do presídio determinou que não me fossem entregues os seguintes livros, enviados pelas editoras Paz e Terra e Brasiliense: *Estruturalismo,* de Lévi-Strauss; *Marxismo,* de Althusser, *A revolução brasileira* e *O mundo do socialismo*, todos de autoria de Caio Prado Júnior; *Logos e praxis*, de François Chatelet; *Autoritarismo e democratização*, de Fernando Henrique Cardoso; *O modo de produção asiático*, de Gianni Sofri; *A universidade necessária*, de Darcy Ribeiro; *Método dialético e teoria política*, de Michael Lowy; *Vagamundo*, de Eduardo Galeano; *América Latina, ensaios de interpretação econômica*, de José Serra; *A crise das ditaduras — Portugal, Grécia e Espanha*, de Nicos Poulantzas;

Classes médias e política no Brasil e *Movimento estudantil e consciência social na América Latina*, ambos de autoria de José Augusto Guillon de Albuquerque; *Contradições urbanas e movimentos sociais*, de José Álvaro Moisés, e *USA, a crise do Estado capitalista*, de James O'Connor.

No dia 4 de outubro encaminhei um requerimento ao auditor, solicitando a liberação desses livros. Contudo, o "magistrado", além de referendar a proibição, baixou por escrito uma norma sobre outros livros, que me pertenciam e haviam sido apreendidos pela Auditoria. Essa determinação dizia respeito a: *Coronelismo, enxada e voto*, de Victor Nunes Leal; *A luta pela modernização da economia cafeeira*, de Hélio Duque; *Três industrialistas brasileiros*, de Heitor Ferreira Lima; *O vapor do diabo*, de José Sérgio Leite Lopes; *Expansão cafeeira e origens da indústria no Brasil*, de Sérgio Silva, e *Estado e partidos políticos no Brasil*, de Maria do Carmo Campello de Souza.

Tal norma, em relação a estes livros, foi textualmente a seguinte: "1 — o preso só poderá ler um por vez, o que escolher, ficando os demais guardados no presídio; 2 — quando acabar a leitura do escolhido, poderá ser entregue outro, devolvendo o que leu, o qual ficará retido no presídio, para entregá-lo ao familiar no fim de semana; assim será até terminar a leitura dos seis livros."

Revidei por intermédio de meu advogado, Mário Simas, no dia 23 de novembro de 1977, quando foi impetrado no Superior Tribunal Militar um mandado de segurança contra as decisões do juiz-auditor. Diante dos aspectos inéditos da celeuma, alguns jornais e certos articulistas comentaram a disputa no cenário da mais alta corte da Justiça Militar.

O auditor assim defendeu sua posição, conforme está nos autos do processo: "Não se pode admitir que as prisões, onde os agentes da subversão cumprem pena, se transformem em centros de difusão de idéias contrárias à Constituição, ou de antro de preparação de quadros partidários, especialmente pela atuação de dirigentes experimentados, sobre outros presos, mais jovens e menos pervertidos ideologicamente."

Somente no dia 3 de abril de 1978 o Superior Tribunal Militar decidiu sobre o mandado de segurança que eu solicitara. O *Jornal do Brasil*, do dia seguinte, publicou uma longa notícia sobre os debates. Desta vez, alguns ministros não endossaram a posição do juiz Nélson Machado Guimarães. O ministro Lima Torres, por exemplo, afirmou: "Não há lei que impeça um detento de ler o que entender.

Não podemos erigir um juiz-auditor em censor de livros." O ministro Rodrigo Otávio disse que o STM não pode legislar criando uma nova pena, sendo "ilegítima a ação do auditor". Apesar disso, outra vez esse tribunal não me deu ganho de causa.

Em contraponto, novamente, com sua clarividência, Tristão de Athayde se manifestou, num artigo com o sugestivo título — "O espectro da tortura". No *Jornal do Brasil*, de 25 de maio de 1978, escreveu: "Selecionar, com critério ideológico, um tipo predeterminado de leituras aos presos políticos, impedir-lhes leituras 'perniciosas', aos olhos desses inquisidores, isto é o que se deve chamar de tortura mental."

Em brilhante editorial de *O Estado de S. Paulo* (5/4/78), o assunto foi criteriosamente esmiuçado, sob o título "A pena de privação do uso da inteligência". Nele se lê: "Sabemos o que a Justiça Militar tem contra o detento Marco Antônio Coelho. Mas não sabemos o que ela poderá invocar contra o arbítrio do indivíduo ao selecionar o que lhe apraz ler, seja esse indivíduo um cidadão de posse de todos os seus direitos, seja um cassado, como o ex-deputado; e sejam as leituras histórias de Pedro Malazartes, contos de Grimm, romances de Júlio Verne, ou algo no gênero dos estudos vetados. A não ser que exista, na legislação penal brasileira, o crime de opinião e a privação do uso da inteligência e da reflexão; e que ao juiz-auditor Nélson da Silva Machado Guimarães tenham sido deferidas atribuições de membro da Suprema Congregação do Santo Ofício, o dicastério pontifício que tomou o lugar da Inquisição e que era outrora responsável pelas reedições do *Index Librorum Prohibitorum*".

O então presidente do Conselho Federal da Ordem dos Advogados do Brasil, Raymundo Faoro, informou à imprensa que a OAB participaria no recurso ao Supremo Tribunal Federal, contra a decisão do STM. Acrescentando: "Na relação dos livros proibidos faltou um livro: a Bíblia. Sim, porque a Bíblia é o mais subversivo dos livros, uma vez que nenhum trata das liberdades e dos direitos humanos como os evangelhos."

Meu advogado recorreu ao Supremo Tribunal Federal. Mas, um mês depois fui colocado em liberdade e assim o mandado de segurança perdeu razão de ser.

Em assim sendo, nesse caso, a Justiça tardou e também faltou.

18
NO CADEIÃO DA MOOCA

Fiquei encarcerado no presídio da rua do Hipódromo, no bairro da Mooca, em São Paulo, durante mais de dois anos. Nos primeiros meses, repetidas vezes fui reconduzido ao quartel da Oban. Houve também aquele intervalo no Rio, para ser interrogado em duas auditorias da Justiça Militar sediadas na antiga capital da República.

Essas voltas à Oban decorriam de alguns motivos. Às vezes, eram represálias pelas denúncias que eu e minha família veiculávamos pela imprensa. Outras vezes, era para deixar claro que o DOI poderia continuar me atingindo, pois a Justiça Militar era dócil às ordens do Exército. Essas passagens duravam de três dias a uma semana. Na rua Tutóia eu ficava confinado numa cela forte, não era interrogado e não recebia qualquer explicação. Era o ritual da tortura psicológica e moral. Esse suplício durou até fins de dezembro de 1975.

A permanência no presídio do Hipódromo apresentava importantíssima "vantagem" — não era um cenário de torturas de presos políticos, pelo menos no tempo em que lá estive. E o fato de não estar subordinado à polícia, mas à Secretaria de Justiça do governo paulista, era um dado favorável. Podia-se dialogar com seus responsáveis e reivindicar pequenas coisas que são de relevância para quem está detido. Normalmente, os advogados podiam estar com seus constituintes e as visitas dos familiares eram permitidas com regularidade.

Devo acrescentar um elenco de outros detalhes "positivos". No pátio do terraço tomava-se banho de sol, duas ou três vezes por semana. Permitiam aos presos a compra de jornais e de pequenos objetos, como material de higiene, que, na atualidade, chegam a ser indispensáveis a qualquer pessoa. Não proibiam o uso de fogareiros e outros apetrechos de uma casa residencial. Devido a tais facilidades, até fabricávamos uma razoável cachaça de laranja. Podíamos também utilizar aparelhos de rádio e televisão, de propriedade dos presos. Portanto, nós, presos políticos, acompanhávamos o que estava ocorrendo em nosso país.

Pode parecer estranho que eu esteja aqui a glorificar aquele presídio infecto. Mas, quem passou tantos meses preso nos quartéis do DOI valoriza o ambiente de uma cadeia comum, não controlada por militares ensandecidos, cegos por um anticomunismo irracional. Todavia, encarando o presídio do Hipódromo sob o ângulo de quem ali é detido por meses e anos a fio, não por acaso foi o palco de várias revoltas de presos comuns, que chegaram a incendiá-lo. O governo de São Paulo foi obrigado a desativá-lo.

Excetuando o caso dos presos políticos, confinados numa ala à parte, a promiscuidade era total. Do ponto de vista de condições sanitárias, o menos que se pode dizer é que era uma fábrica de tuberculosos e doentes mentais. No presídio não existia qualquer assistência médica e odontológica. A comida provinha da Casa de Detenção e era feita com alimentos de péssima qualidade. Chegava em latões imundos que eram levados de cela em cela, pois não havia refeitório.

Com poucas exceções, o pessoal que lidava com os presos — carcereiros, auxiliares, chefes de plantão etc. — era a escória dos funcionários do estado! Venais, insensíveis, malandros e analfabetos. Vez por outra espancavam presos comuns sem dó nem piedade. Em relação aos presos políticos guardavam uma certa distância, por entenderem que necessitavam nos dar um tratamento diferenciado, pois contávamos com importante respaldo social.

A colocação de presos políticos no Hipódromo decorreu do crescimento da repressão policial e da ofensiva contra o PCB em 1974 e 1975. Anteriormente, havia a famigerada prisão na avenida Tiradentes, que foi desativada e demolida. Construíram então para os presos políticos um pavilhão no presídio da Polícia Militar, no Barro Branco, na zona norte da capital, mas que só tinha capacidade para "hospedar" cerca de 30 presos. Por isso, em 1975 viram-se forçados a encarcerar presos políticos também na Delegacia Policial do Cambuci.

Dentro da ala dos presos políticos no Hipódromo havia seis xadrezes, que permaneciam abertos, o que nos possibilitava circular livremente entre eles dia e noite. Não éramos sujeitos à obediência a qualquer horário. Podíamos passar a noite conversando, jogando baralho ou vendo televisão. Cuidávamos apenas de não incomodar os companheiros que dormiam.

Um dos xadrezes foi transformado em cozinha e refeitório, sendo que também ali eram dadas as aulas dos cursos que organizamos para nós mesmos. Ali também promovíamos debates sobre temas os mais diversificados, sendo que o de maior sucesso foi a respeito das escolas de samba em São Paulo, pois entre os presos políticos havia dois que eram "cartolas" da Pérola Negra. Os xadrezes eram amplos, com instalações sanitárias e banheiros do tempo do onça. Havia um xadrez menor, só com dois beliches de aço. Outros eram maiores e comportavam até cinco beliches.

Debaixo de nossa ala ficava o pavilhão das presas detidas por crimes comuns. Essa proximidade permitia um contato mais fácil com aquelas infelizes, que viviam a nos chamar, dizendo: "senhores políticos", o que achávamos engraçado e significativo, demonstrando como a divisão de classes continua inclusive nas cadeias. Volta e meia elas pediam coisas, especialmente comida, porque sabiam que nossa alimentação era melhor e que, além do mais, nossos familiares nos abasteciam de coisas saborosas.

As visitas de familiares e amigos se davam nas tardes de sábados e duravam três horas. No princípio eram realizadas no corredor de entrada do andar térreo, não havendo um controle rigoroso sobre o que nos traziam. Meses depois foram transferidas para o terraço, onde existiam bancos de madeira. Aquele ambiente permitia uma confraternização amigável entre os familiares do conjunto dos presos políticos, inclusive pelo fato de muitas crianças participarem daquele estranho piquenique. Para alegrar a criançada, em 1975 e 1976 organizamos inesquecíveis festas de Natal e Ano-Novo, com verdadeiros banquetes preparados por nossas famílias.

No período em que fiquei hospedado à força naquele estabelecimento penal, lá estavam de 20 a 30 presos políticos, sendo que a quase totalidade militara no PCB. O número variava um pouco, pois a rotatividade era grande. Alguns terminavam sua pena, outros eram absolvidos ou conseguiram livramento condicional. E novatos eram levados para lá. Como a vida num presídio é uma história mais do que conhecida, pois com pequenas variações repete-se como um realejo através dos tempos, vou limitar-me a transcrever aqui pedaços dos apontamentos que tomei em 1977, no Hipódromo.

De certa forma, reencetei aquilo que fiz anteriormente, ao relatar para minha mulher as torturas. Essas notas foram escritas em papel fino. Depois sorrateiramente eram levadas para fora do presídio por meus familiares, mas não para Belo Horizonte, conforme sucedeu como aquelas sobre as torturas. Ficaram em São Paulo e foram guardadas durante muitos anos por Radhá Abramo, que as devolveu quando fui libertado. Ficaram desaparecidas por vinte anos, pois na verdade me esqueci delas. Só agora, quando resolvi fazer este depoimento, é que as encontrei no meio da confusão de meus papéis. É bem provável que algumas tenham se perdido, o que, afinal, não é calamitoso.

Aqui estão trechos dessas notas, transcritas como as escrevi, com mínimas correções. Só acrescentei, em itálico, uma ou outra informação adicional.

PRIMEIRA SEMANA, JANEIRO DE 1977

No comportamento do preso influencia de maneira decisiva a sua perspectiva de ganhar a liberdade. Se lá fora suas metas pessoais o impulsionam, metas de diversos tipos, na cadeia seu grande anseio está relacionado com o retorno à "normalidade" da existência comum dos mortais.

É certo que os presos políticos também ligam a sua saída do presídio ao curso da batalha mundial e à vitória da causa antifascista no Brasil. Entretanto, como atravessamos uma fase em que ainda não se divisa nitidamente uma luz no fim do túnel, na ala dos presos políticos a perspectiva individual de libertação está sempre presente para a maioria dos presos.

Esse dado — a interrogação angustiante sobre o fim do cativeiro de cada um — exerce poderosa influência no coletivo dos presos. Mas nota-se visível diferença dessa influência entre os presos. Mais inquietos ficam os que estão mais próximos, ou assim pensam, de deixar para trás as grades da prisão, enquanto mais tranqüilos se mostram os que se conformam com a idéia de que passarão ainda longos meses na cadeia.

Dentro dessa regra geral, há exceções. É o caso de Isaías, tipo clássico do sertanejo nordestino, de pouca fala, desconfiado e de um realismo que beira o pessimismo, em razão de sua sofrida vida de homem do povo. Esse companheiro perdeu sua esposa quando foi preso. Ela, já doente, não resistiu ao trauma da prisão do marido pelos agentes do DOI. Agora, diante da iminência de seu livramento condicional, Isaías permanece descrente e calmo, prosseguindo em sua atividade normal na ala, como se nada estivesse para acontecer.

TENSÃO ENTRE OS PRESOS

Como os processos na Justiça Militar atravessam diversas fases — interrogatórios, depoimentos de testemunhas, julgamento em primeira instância, recursos etc — variam também o comportamento e as reações dos detentos políticos em cada uma dessas fases. Porque, inicialmente, sua atuação individual é decisiva, o que eleva sua tensão, enquanto nas fases posteriores tudo fica exclusivamente nas mãos dos advogados de defesa.

Nos períodos que antecedem as decisões da Justiça sente-se a expectativa pairando sobre os presos em causa. Demonstra tal fenômeno um fato que acabou entrando para o anedotário da ala. Em fins de 1975, um companheiro de Sorocaba, pouco politizado e extremamente nervoso, presenciando a agitação das discussões políticas entre nós e após se cansar de ouvir repetidas vezes os debates, desabafou com sinceridade: "Não quero saber desse blablabá: eu quero é saber quando irei sair daqui."

Citando esse caso extremo, é necessário ressaltar que o panorama geral é o oposto. Ou seja, entre os duzentos presos que passaram pela ala, um traço marcante tem sido a visão política que têm dos acontecimentos, a compreensão de que seu encarceramento é um detalhe do combate político que se dá na sociedade brasileira e em plano internacional.

Os julgamentos em primeira instância, nas Auditorias da Justiça Militar, a que os acusados assistem, é que suscitam maior tensão, desde que os atos processuais, que podem determinar a libertação de um preso, se dão, pode-se dizer, intramuros, no corpo-a-corpo pessoal dos advogados com os juízes e promotores, ou longe, em Brasília, no Superior Tribunal Militar ou no Supremo Tribunal Federal.

Para os acusados, as longas sessões de julgamento assumem aspectos dramáticos; a elas comparecem seus familiares, em geral dominados pela apreensão; os advogados polemizam com o promotor e em tudo há uma *mise-en-scéne* incompreensível e desnecessária. Tais sessões provocam um nervosismo natural nos réus e esse clima acaba envolvendo outros presos que convivem com aqueles que estão sendo julgados.

Em dia de julgamento, desde cedo a excitação domina a ala dos presos políticos. As conversas giram só em torno dos prognósticos da provável sentença do Conselho de Justiça, com previsões que vão das mais otimistas às mais pessimistas, desde que os resultados dos processos resultam basicamente do quadro político concreto, não decorrendo, portanto, dos elementos de prova contidos nos autos.

Quem se der ao trabalho de comparar os resultados de vários processos se espanta com as incríveis disparidades nas condenações pelos "crimes" praticados por adversários do regime fascista brasileiro. Isso é que determina o "suspense" na ala e a grande expectativa em torno do desfecho do processo. Até altas horas da madrugada fica-se aguardando o retorno dos que foram levados à barra do tribunal. No caso de um julgamento, verificado em meados do ano passado, que durou quatro dias, a tensão atingiu o nível máximo devido à repercussão enorme do episódio e porque nele decidiu-se a sorte de elevado número de pessoas.

Quando se trata da obtenção do livramento condicional, a expectativa é também muito forte, desde que o juiz-auditor poderá ou não conceder o livramento, embora caiba recurso ao Superior Tribunal Militar ante uma decisão denegatória. Entretanto, como a apreciação desses recursos demora no mínimo um ano, eles se tornam praticamente inócuos, a não ser quando o preso tenha sido condenado a pena superior a mais de três anos.

SEGUNDA SEMANA, JANEIRO DE 1977

Neste ano e meio que já passei na ala dos presos políticos do Hipódromo, até agora convivi com cerca de duzentos companheiros. Pessoas as mais diversas do ponto de vista social, cultural e econômico, todas evidentemente unidas pelo traço comum de serem perseguidas pelo regime fascista.

A parcela maior desses encarcerados tem sido de operários, não sendo desprezível, porém, o número de intelectuais. Só não posso assinalar a presença de lavradores e camponeses, pois nenhum deles deu com os costados nesta prisão.

Do ponto de vista etário, os presos políticos no Hipódromo se distribuem dos 24 aos 75 anos. Os menores de 21 anos, incriminados em processos políticos, são recolhidos a reformatórios e a outros estabelecimentos ditos de custódia. O que, à primeira vista, pode parecer favorável, na verdade coloca os jovens, quando presos políticos, numa situação mais adversa que a dos adultos. Esses estabelecimentos de custódia são piores que os presídios. Um internado neles depende exclusivamente de uma pessoa — o juiz de menores —, cujas decisões não são suscetíveis de reexame em instâncias superiores. Os advogados nem podem recorrer aos poucos remédios jurídicos que restam no regime de exceção vigente no país.

Ilustra dramaticamente esse pouco conhecido e terrível aspecto da repressão fascista o caso de Ivan Seixas, que passou quatro dias conosco, aqui no Hipódromo. Foi brutal o que sucedeu com esse rapaz e sua família, toda ela presa em 1969. Seu pai foi assassinado no DOPS, por ordem da Oban. Além de torturado, Ivan foi internado, durante quatro anos, no manicômio judiciário, em Taubaté. Neste, lhe determinaram trabalhos forçados obrigatórios, e sua recusa a cumpri-los o levaria a ser trancado numa solitária.

Vivendo no meio de criminosos considerados mentalmente doentes e dos "enfermeiros-guardas" tarados, desonestos e cruéis, esse rapaz sequer podia ler revistas e jornais. Seus advogados tudo fizeram para retirá-lo de lá, alegando ser ele menor, portanto não responsável, diante da lei, por qualquer delito. Mas nada conseguiram, porque a repressão contra-atacou, obtendo de um médico (um Shibata qualquer) um laudo absurdo que o considerava de "extrema periculosidade". Nada adiantou outro laudo de eminentes psiquiatras brasileiros refutando o primeiro parecer. A Justiça Militar queria conservá-lo interno naquele hospital, sem julgá-lo, pois corria o boato que Ivan estava disposto a vingar a morte do pai.

Somente foi libertado após fazer 21 anos. Nas vésperas de sua libertação foi que passou pelo Hipódromo. Calmo e tranqüilo, relatou sem dramaticidade todo o acontecido, demonstrando que nada o havia abatido. Pelo contrário, deu mostras de que enfrentaria com coragem e confiança ainda vários anos o cárcere, mesmo num manicômio judiciário.

O VELHO TONHO

Se a média em idade dos presos políticos no Hipódromo situava-se entre os 30 e 40 anos, entre nós houve alguns idosos, com mais de 70 anos. Agora mesmo está aqui o Antônio Bernardino, que completará em fevereiro próximo 70 anos. Estivador em Santos, desde moço se envolveu nas lutas operárias naquele porto, tornando-se um líder operário consciente e sendo, acima de tudo, um educador de seus companheiros de classe.

O mais velho de todos que aqui estiveram foi o Tonho, antigo guarda civil (na corporação atingiu o posto de tenente), com cerca de 75 anos. Em fins do ano passado teve revogada sua prisão preventiva e, posteriormente, foi absolvido. Convivi com o velho Tonho uns dois meses na mesma cela. Embora adoentado, possuía a mentalidade de um jovem. Nas "peladas" de futebol de salão, chegava até a participar como goleiro. E à medida em que o entusiasmo e o ardor na disputa esportiva cresciam, ele não era poupado pelos adversários.

Quem assistia como eu a esses jogos, via que neles se descarregava de forma considerável a tensão dos presos políticos. Por isso diversos se machucavam ou eram atingidos, o que deu origem a várias discussões na ala, chegando-se ao ponto de se falar que, além das cicatrizes das torturas no DOI e no DOPS, alguns presos sairão daqui levando as marcas resultantes das "peladas".

Voltando ao Tonho, depois de mais de 14 meses que cruzou a porta de saída do Hipódromo, recordo seu espírito alegre e tranqüilo. Não era muito politizado, é verdade. Pertence ao número dessas pessoas boas e solidárias que, por espírito de companheirismo e amor ao próximo, como tanta gente, participa das associações de classe (no caso, entre seus companheiros da antiga Guarda Civil), sem maior comprometimento político.

Na ala era um exemplo de organização, disciplina e espírito solidário. Esmerava-se na limpeza e consertava o serviço malfeito por outro companheiro. Depois, limitava-se a comentar comigo, sem alarde, sobre o "corpo mole" do relapso. Gostava muito de jogar buraco e esse era seu passatempo favorito. Nessa época a ala encontrava-se superlotada e o jogo de buraco era uma boa solução para se "tirar a cadeia", pois nem havia clima e silêncio para a leitura e o estudo. (Não existia nem mesmo um lugar para se estudar, fora da cama.)

O Tonho todas as noites queria jogar. Jogava bem e não gostava de perder. Então, descobri que ele chegava a esconder o baralho, para na hora de se armar o jogo não ser excluído pelos parceiros. Riu quando matei a charada. Ele às vezes também jogava truco, com grande malícia, sempre com um ar puro que desnorteava os adversários. Homem bom, afável com todos, jamais fazia drama sobre seus achaques, que não eram poucos. Quando alguém lhe demonstrava carinho e resolvia um de seus pequenos problemas, que ele já idoso não sabia cuidar, ficava sensibilizado ao extremo. Comovia-se e seus olhos brilhavam de reconhecimento.

Nunca lastimou a má sorte que o conduziu à prisão. Calmo, enfrentava a adversidade com enorme confiança. A prisão não o alquebrou. Certamente, o que sofreu no DOI, no dops e aqui deve ter servido para mostrar a todos os seus amigos e parentes a verdadeira face da ditadura, com seus aspectos abjetos de violência indiscriminada contra a gente simples e boa do povo.

Nessas duas centenas de presos políticos que vi passar pelo Hipódromo, estavam pessoas de diversos estados brasileiros, que, afinal, acorrem para esta gigantesca metrópole, a antiga São Paulo dos Campos de Piratininga e para outros grandes centros paulistas.

Alguns presos têm direta ascendência estrangeira, como Henrique, filho de alemães, ex-técnico da Volkswagen; Ali Saab, agrônomo, filho de sírio druzo; Henrique Buzzoni, advogado, italiano ele mesmo; Paulo Bastos arquiteto famoso; Rummel, estudante, ligado à colônia israelita, assim como Melhém, advogado; Torini, operário também da Volkswagen, filho de italianos; Paulo Cesh, líder têxtil, filho de húngaros etc. Enfim, temos tido, aqui, de tudo, gente de várias partes do Brasil e filhos de imigrantes, o que é bem uma amostra da população localizada no principal núcleo industrial do país.

O contingente de mineiros foi apreciável, o mesmo acontecendo com os nordestinos: pernambucanos, paraibanos, potiguares, baianos etc. Entre esses, o Sílvio Lira, com 56 anos, que acaba de ser posto em liberdade. Operário têxtil, criado numa cidade perto de Maceió, Fernão Velho, desde cedo tornou-se um líder de seus companheiros de fábrica. A partir de 1964 sofreu cruel perseguição por haver trabalhado num jornal popular alagoano, dirigido por Jaime Miranda, jornalista assassinado em 1975 pelos homens do DOI. Sílvio passou conosco um ano. Para qualquer um era evidente o seu precário estado de saúde, agravado pela angústia de não poder auxiliar a esposa, também muito adoentada. No Hipódromo, dedicou-se com afinco ao artesanato, para ganhar algum dinheiro, e ao estudo de Português, Matemática e História.

Certo dia, jogando futebol (pois faltava um jogador para completar os dois times), foi lançado violentamente ao duro piso de cimento e disso resultou sério problema num de seus joelhos. Por isso ficou engessado mais de cinco meses. Modesto, calado, afável, não gostava de comentar seus problemas pessoais. Cerca de quatro meses atrás, por um distúrbio de fundo nervoso, perdeu os cabelos em ritmo acelerado e manchas brancas cobriram seu corpo. Em menos de três meses, em razão desses males, sua alteração fisionômica foi tão vertiginosa que chegou ao ponto de seu advogado, que ficou cinco meses sem vê-lo, não o reconhecer. Esse caso, de perda total de cabelos em poucas semanas, me recordava o sucedido com o personagem de Zola, Estevão Lantier, em *Germinal*, cujos cabelos embranqueceram completamente em poucos dias, ao ficar aprisionado no fundo de uma mina.

Sílvio Lira era uma das pessoas mais queridas na ala. Sua seriedade, responsabilidade e dedicação às tarefas, aliadas ao conhecimento pelo coletivo dos presos de seus sofrimentos, o tornaram um companheiro dos mais respeitados entre nós. Sua libertação nesta semana encheu-nos de contentamento. Ele se despediu comovido, fazendo questão de manifestar a calorosa fraternidade que teve aqui, na ala dos presos políticos.

TERCEIRA SEMANA, JANEIRO DE 1977

Na ala havia uma personalidade especial — o Cavalcanti. Passou mais de um ano entre nós. Do interior da Paraíba, seu tipo enquadra-se bem na idéia que se faz do "pau-de-arara", tangido pela miséria crônica, tão bem descrita por Graciliano Ramos e outros escritores daquelas plagas. Baixo, magro, forte, olhar vivo e a cabeça chata não muito acentuada. Apenas com um ano de curso primário, pois bem cedo teve de trabalhar para o sustento da família, se formou na dura luta pela vida, nas fábricas e no movimento sindical.

Sua vivacidade e inteligência lhe possibilitaram, em parte, suprir as deficiências de caráter cultural. Com grande vontade de aprender, no presídio aproveitou bastante, sendo um dos melhores alunos de nosso Mobral, estudando Português e Matemática. Toda noite lia até às duas horas da madrugada, tentando tirar o atraso de anos a fio em que nada leu, por falta de tempo, de livros e de estímulo.

Como fizemos boa amizade (às tardes vinha a minha cela para bater um papo descontraído), aos poucos fui me transformando em seu orientador literário. Conhecendo seu nível cultural e seu gosto, eu é que o aconselhava a ler esse ou aquele livro. Semanalmente eu ia com ele a nossa biblioteca a fim de selecionar uma obra para sua leitura.

Preocupava-me, no término da leitura, em comentar o livro que lhe indicara, para avaliar o acerto da escolha e a evolução de sua formação cultural. Ele apreciava mais as obras de caráter social, movimentadas e sem grandes complicações. Naturalmente, devorou os livros de Jorge Amado e Graciliano Ramos, sendo uma lástima que deste só dispuséssemos de *Memórias do cárcere*, *Vidas secas* e *Angústia*. Estudou e leu como se fora um perdido no deserto, que, ao fim de longa tortura, chega a uma fonte, num oásis.

AS TRANSFORMAÇÕES NO *SHORT TIME*

Com ele aconteceu, ao aproximar-se o fim do cativeiro, o fenômeno que na ala dos presos políticos recebeu a denominação de *short time*. (Uma aplicação do conceito lançado por psicólogos norte-americanos para o que sucedia com os soldados ianques ao se aproximar o término de seu tempo de serviço na guerra do Vietnã; os soldados fugiam das batalhas inglórias e sangrentas, com medo de morrer na antevéspera do regresso ao lar; enfim, a transformação do "herói" em covarde e pusilânime.)

Em nosso caso, aqui no Hipódromo, é o fenômeno evidente da transformação que se opera nos presos nas semanas que precedem a sua libertação. Altera-se radicalmente o seu proceder, logo que se torna concreta a sensação de que pronto terá fim seu cativeiro. Com isso vão por terra os planos de boa convivência e de se "tirar a cadeia" de forma mais proveitosa para o detido.

Os que caem no *short time* logo "desandam", como se diz em Minas. Esse destempero envolve pouco a pouco os outros presos, mesmo que a isso resistam. Vi alguns no *short time*, que, sem cabeça para outras coisas, passaram os dias finais de seu cativeiro jogando buraco. Outros descarregavam a tensão em exagerados e estafantes exercícios físicos. Alguns não paravam de marchar pelo pequeno corredor da ala, incomodando os demais. Caminhar nervoso, às vezes suspenso por longas paradas junto à porta de entrada, traindo a expectativa angustiosa da chegada de um portador com a notícia alvissareira. Outros, que em geral eram arredios ao trabalho na cozinha, passaram por um "delírio de fogão", dando à preparação da comida várias horas de trabalho. Em outros, as reações do *short time* se baralhavam, apresentando simultânea e conjuntamente essas manifestações, sempre patenteando uma brusca alteração do preso em seu proceder, na etapa final de seu tempo de prisão.

Somente constatei um preso que, até agora, fugiu dessa regra: o calado e tranqüilo Isaías. (Fico a pensar se passarei também por esse *short time*. É possível. Mas ainda está longe a minha saída deste confinamento. Veremos, pois, o que me acontecerá na hora.) O *short time* torna-se mais doloroso no caso do livramento condicional, porque fica ao sabor da vontade dos juízes a libertação de um detido. Decisão que pode se atrasar por semanas ou meses. Transforma-se, portanto, num longo *short time*, agoniando o preso e pondo os que convivem com ele igualmente nervosos.

Aqui, na ala, no início se goza um pouco o desgraçado. Aparecem pilhérias amargas e maldosas. (Por exemplo, um chega a dizer: "Você está com um pé lá fora e outro aqui dentro, mas os culhões estão presos nas grades.") Com o passar dos dias, porém, cessam as brincadeiras e todos torcem para que logo apareça o bendito alvará de soltura.

Nosso bom Cavalcanti também mergulhou no *short time*. Sua reação foi a de paralisar os estudos, dormir até tarde, chupar todas as laranjas que podia e jogar futebol como um desesperado. Ficava a clamar aos outros futebolistas: "Mais 10." (Referia-se a mais 10 minutos de jogo de futebol de salão). Por isso durante algum tempo ganhou o apelido de "Mais 10".

Fato curioso despontou com a família do Cavalcanti. Casado com uma moça de origem modesta, com ela teve duas filhas. Bem ao estilo dos nordestinos do interior, Cavalcanti não se preocupou, antes de sua prisão, em politizar a esposa e os familiares. Sua prisão, devido a isso, foi um choque para a família. A mulher lhe deu todo apoio, mas os outros parentes, assustados, se encolheram. Receavam represálias dos órgãos policiais e militares. A esposa, até então só dedicada aos afazeres domésticos, teve que bater de porta em porta. Todavia, unicamente recebeu efetivo apoio da Igreja Católica, em seu bairro (*São Mateus*).

REVOLUÇÃO NA VIDA FAMILIAR

Compreendendo que deveria retribuir a essa solidariedade com uma ajuda ao trabalho de base dos católicos na paróquia, notadamente numa escola e numa creche, a esposa de Cavalcanti começou a ter uma intensa atividade social. De outro lado, forçada pela situação do marido, relacionou-se com um mundo de pessoas fora do lar. Foi sua descoberta de um novo universo social. Abriu os olhos e passou a viver a vida. Quando se aproximou a libertação do marido, ela ficou preocupada, embora tudo tenha feito crescer seu amor pelo companheiro. Mas, conhecia bem seu "pau-de-arara" e temia que ele, retornando ao lar, exigisse dela a volta à vida antiga, desinteressante e limitada.

Nos dias de visita, em conversas comigo, a esposa revelava tal preocupação. Posteriormente, após Cavalcanti obter o livramento condicional, fiquei sabendo que os receios da mulher eram fundados. Vagamente, tive notícia de rusgas entre o casal, em razão da exigência de Cavalcanti de que a esposa voltasse a se dedicar única e exclusivamente aos afazeres domésticos. Não tenho idéia, porém, da profundidade dessas desavenças e se já foram superadas.

Assim, a prisão de uma pessoa por motivos políticos desencadeia um processo novo, inesperado e contraditório na vida dos familiares do preso. Variando de caso a caso, são surpreendentes os fenômenos que eclodem.

(Essa história do Cavalcanti teve um final absurdo e trágico. Poucos meses depois de sair da prisão, ele foi atropelado na rua e morreu na hora. Depois que fui solto, perdi notícias da família por uns 10 anos, em razão de haver me transferido para Goiânia e Brasília. Por volta de 1988, a viúva me telefonou e eu e minha mulher fomos visitá-la em sua residência, em São Mateus, distante bairro na zona leste. As crianças que conheci haviam se transformado em belas mocinhas, com uma vida normal de estudos e trabalho. A mãe instalou uma loja comercial, com um negócio próspero, sendo bem relacionada nos círculos do bairro, porque desenvolve grande atividade nas organizações sociais. Naquele encontro, o centro da conversa, como não podia deixar de ser, girou em torno das boas histórias do Cavalcanti.)

QUARTA SEMANA, JANEIRO DE 1977

Essas minhas notas para descrever os companheiros presos no Hipódromo, a fim de registrar suas características como pessoas humanas e combatentes, envolvem certos elementos: traços mais acentuados, aspectos mais curiosos, fatos marcantes na vida anterior e no presídio etc. Portanto, vai nesse registro meu critério subjetivo e minhas preferências pessoais, que me levaram a manter maior relacionamento com alguns e menor com outros. É de se notar que, naturalmente, o contato mais estreito com alguns deles possibilitou-me conhecê-los melhor, em detrimento de outros. Assim, tenho uma idéia incompleta e não fotográfica dos companheiros do Hipódromo. Mas, que fazer? Não sou um observador neutro que se inseriu num coletivo de presos para descrever figuras humanas. Sou parte do panorama, estando nele profundamente envolvido. Por isso guardo reservas sobre meus juízos, porque conheço suas limitações e deformações.

Uma figura marcante entre os companheiros foi a de um jovem de pouco mais de vinte e dois anos — o Genivaldo Matias da Silva Natural do Recife, sua história é semelhante à de centenas de milhares de nordestinos humildes das grandes cidades. Mal pôde estudar o primário porque desde menino teve que trabalhar. Sua mãe, costureira, criou sozinha os três filhos, pois o marido a abandonou. Genivaldo a auxiliava até nas costuras, pois a vida o obrigara a aprender um pouco de diversos ofícios: pintura, decoração, tapeçaria, movelaria, artesanato em couro, culinária etc. Tal aprendizado variado deu-lhe uma grande vantagem aqui na ala, levando-o logo a se destacar num conjunto em que poucos sabiam realizar trabalhos manuais de diferentes tipos.

Mas essa tarimba seria de valor limitado se não estivesse conjugada com uma sensibilidade artística acentuada. Pelo que nos contava, esse pendor derivou em considerável medida da educação que recebeu de sua mãe, mulher simples e culturalmente atrasada. (Ao conhecer sua mãe, nos dias de visita, comprovei a veracidade do relato, constatando especialmente a sua sensibilidade, escondida em parte pelas limitações culturais.)

A RIQUEZA DE NOSSA CULTURA POPULAR

O caso de Genivaldo me impressionou fortemente, como um exemplo comprovado de como, desde as camadas ditas mais baixas de nosso povo, brotam vigorosas formas de manifestação artística, que são castradas e pouco se desenvolvem por absoluta carência de meios materiais. Um detalhe nunca olvidei, bem característico da família de Genivaldo: todos os sábados sua mãe lhe trazia botões de rosa, apesar das dificuldades financeiras que enfrentava.

Genivaldo chegou ao Hipódromo vindo do inferno do DOI, bastante arriado. Nas primeiras semanas pouco conversava, parecendo introvertido e apagado. Na verdade encontrava-se profundamente traumatizado. Pessoa de enorme sensibilidade, a passagem pelo DOI o abalara de alto a baixo. Aos poucos, à medida que se recuperava emocionalmente e para tanto muito contribuiu o clima fraternal reinante na ala, foi nos revelando a sua verdadeira personalidade. No artesanato deu preciosa colaboração, por seu bom gosto e capacidade inventiva. Partiam dele as sugestões para melhorar a aparência da cela, seus móveis e acessórios. Com um temperamento alegre e brincalhão, animava o ambiente, embora se denotassem alguns de seus defeitos: desorganização e altos e baixos em sua atividade cotidiana.

Nos debates emitia opiniões seguras e inteligentes sobre teatro, música popular, folclore, poesia etc., questões que mais de perto lhe interessavam. Seus pontos de vista me impressionavam porque compreendia a limitação de seus conhecimentos gerais, típica de um autodidatismo atabalhoado. Mas ficava sempre evidenciado o seu domínio dos assuntos atuais que influenciam o presente universo cultural do jovem brasileiro.

Modesto, extremamente cordial com todos, fazia cair a tensão e a sisudez do ambiente, contudo sem a conotação meio irresponsável que marca os estudantes da classe média. Era alegre mas sério, e imprimia alegria de um jeito que a todos cativava. Era o ídolo jovem da ala, impondo-se a todos sem criar caso com ninguém.

DIVERGÊNCIAS MUSICAIS

Dormindo no mesmo beliche em que me instalei, ele no "mocó" de cima, eu não desejava que o som de meu rádio o incomodasse em demasia. Ainda mais pelo fato de que eu só ouvia música erudita. Embora ele nunca houvesse reclamado contra isso, sabendo eu do seu gosto por música popular brasileira, decidi fazer-lhe certa concessão, sintonizando também programas que ele apreciava, a fim de não impor de forma egoísta a minha predileção por Beethoven, Mozart etc. (Numa cela, a menos que a gente tenha fones de ouvido, em se ligando um rádio, mesmo em baixo volume, todos acabam sendo obrigados a ouvir o programa sintonizado.)

Além disso, freqüentemente emprestava meu rádio a ele. Genivaldo sempre buscava ouvir música popular brasileira. Assim, pude constatar seu bom gosto e como estava em dia com a música lançada pelos novos compositores. Pouco a pouco ele me foi levando a conhecer e a apreciar alguns desses compositores, como Milton Nascimento, João Bosco etc., quando meu conhecimento havia parado em Chico Buarque, Vandré e Edu Lobo.

Chamou minha atenção o seu espírito crítico aguçado sobre música popular, pois vendo nela o que possui de válido, de renovador, de ligado às autênticas raízes populares, ele não fazia qualquer concessão à falsa música popular, mera cópia do que vem de fora da pior espécie, como o rock de um Erasmo Carlos, ou o abastardamento da música sertaneja ou nordestina. Com tudo isso, Genivaldo acabou me influenciando em matéria de música, sendo que não acredito haver lhe incutido maior interesse por música erudita.

Aproximando-se a época de ser interrogado na Justiça Militar, Genivaldo foi colocado diante de um dilema, também vivido por outros companheiros. Apresentou-se para ele a dúvida sobre se denunciaria ou não o que havia presenciado no DOI, particularmente no tocante ao que sabia sobre o "desaparecimento" de alguns militantes comunistas, em São Paulo. ("Desaparecimento" é o eufemismo para encobrir o miserável assassinato de presos políticos no Brasil de hoje.) Seu dilema derivava de uma situação cruel: se o preso não denunciava o que ocorrera no DOI tinha maior chance de recuperar rapidamente a liberdade, entrando, porém, no sujo jogo da Justiça Militar, que premia assim àqueles que não desmascaram e não acusam os torturadores militares.

Argumentos especiosos surgem para justificar uma capitulação desse tipo, como "o importante é sair da cadeia e lutar lá fora". Ou "nada adiantam denúncias desse tipo, pois a Justiça não move uma palha para apurar os crimes do DOI e do DOPS". Mas Genivaldo não vacilou. No interrogatório denunciou tudo o que sabia, com paixão e coragem. Voltou da Auditoria feliz, indicando ter tirado uma pequena desforra por haver prestado uma homenagem aos chacinados. Assim, atrasou um pouco sua libertação, mas ficou em paz consigo mesmo. Sua estada na prisão por alguns meses o amadureceu. Deu-nos uma idéia concreta da grande potencialidade do jovem brasileiro humilde, de sua riqueza interior, da sua firme vontade de construir um país novo, sem exploração e culturalmente rico.

PRIMEIRA SEMANA, FEVEREIRO DE 1977

Diversos intelectuais estiveram na ala dos presos políticos no Hipódromo, alguns deles de mérito abertamente reconhecido em seu ramo de atividades. Entre esses, relembro com afeto o jornalista Milton Coelho da Graça. Foi preso porque o obscurantismo policial-militar o considerara um fero e perigoso comunista. Para ele foi um choque muito sério a prisão. Se, como qualquer pessoa bem informada, possuía uma idéia das torturas infligidas no DOI, ficou estarrecido com o que lá sofreu e presenciou. (É muito diferente o ouvir dizer do enfrentar de corpo presente o tratamento na rua Tutóia ou na Barão de Mesquita.)

Além disso, o corte que a prisão faz na vida de uma pessoa de nível econômico relativamente elevado, embora assalariado, tumultua e subverte amplamente sua existência profissional, familiar e social. Da noite para o dia, de pessoa respeitada e até acatada com subserviência, passa a ser algo desprezível, um traste nas mãos de interrogadores analfabetos e brutais ou de funcionários corruptos, como os do Dops e do presídio. Sua vida cheia de comodidades de repente torna-se cem vezes pior que a de qualquer de seus empregados. Por exemplo, ter de implorar um pedaço de sabão para tomar banho, quando dias antes tinha a seu dispor tudo em matéria de cosméticos refinados.

A subversão inopinada não se restringe ao preso. Estende-se catastroficamente a sua família, que também recebe o golpe abrupto e demolidor, porque jamais havia se defrontado com uma realidade tão aterradora. (Grifo esse corte brutal por ser diferente o que se dá com um militante de vida clandestina, já perseguido — como era o meu caso —, desde que para este a prisão é um dado provável e a sua vida já é pautada por inúmeras limitações e angústias.)

ÓDIO AOS INTELECTUAIS

Essa transformação violenta, rápida e inexplicável, freqüentemente leva intelectuais desse nível a um descontrolado desespero e a se humilharem ante os carrascos. Pois estes, às vezes, se comprazem especialmente em torturar pessoas desse meio. É uma espécie de revanche contra os que, por seu valor, se destacam na sociedade.

No DOI intrigam os operários contra os intelectuais, insinuando que os primeiros são meros instrumentos dos "nababos" do PCB. É a revolta do submundo policial-militar, dos desqualificados recrutados para servir de carrascos e guardas. Os chefes do terror policial, pretendendo justificar o massacre dos que lideram culturalmente a nação, insistem em propalar que esse fato revela o "caráter democrático" da repressão.

Milton Coelho da Graça saiu-se com dignidade da prova. Sem se deixar humilhar, venceu a cruel provação. Não se dobrou. Sem arrostar desnecessariamente a ira dos carrascos, no seu comportamento deixou claro que possuía ampla confiança na temporalidade daquela prisão. Ingressando no Hipódromo, foi rapidamente animando seus familiares e reatando seus contatos profissionais e sociais. Obteve logo o cálido apoio de seu meio. Que, não obstante o receio de ver-se envolvido pelo terror, passou a demonstrar seu respaldo a Milton. Este compreendeu que o problema residia em ter paciência, pois não demoraria a voltar para onde foi arrancado — família, emprego, círculo social etc.

Milton "tirou a cadeia" sem desespero inútil, não se incomodando com a falta de conforto nem com a convivência forçada, num espaço tão exíguo, com pessoas que nunca vira, e de nível cultural e econômico tão diverso de seu padrão profissional. Guardou ódio aos torturadores e à repressão em geral, revelando a uns poucos a sua vontade de, em melhor época, ir à forra, porque nunca esquecerá seus sofrimentos e os de sua família.

Duas características evidenciaram-se no comportamento de Milton entre nós: espírito brincalhão e vivacidade cultural e política, nos vários meses que viveu neste estranho presídio. Ao se levantar, em geral quase na hora do almoço, gritava a plenos pulmões: "Êta cadeia boa!" Seu brado tornou-se conhecido, não só dentro da ala, mas também lá embaixo, entre as presas comuns. Depois de alguns dias, certas prisioneiras, chocadas com o disparate, passaram a replicar em altas vozes, gritando que era um absurdo alguém considerar o Hipódromo como uma boa cadeia. Milton ria, satisfeito. Uma vez me disse a propósito da réplica que lhe davam: "É isso, estou despertando nelas o ódio e a consciência da situação, no bom estilo de Brecht."

Gostava de armar brincadeiras com os companheiros, mas sem maldade. Na cela criou o hábito de escrever reclamações, que pregava na parede, quando um ou outro não cumpria suas obrigações na faxina do cubículo. Chamava a isso Dazibao, denominação dada na China aos jornais murais na época da absurda Revolução Cultural. Resolveu passar o tempo na cadeia lendo e vendo filmes na TV, até de madrugada. Ademais era um inveterado jogador, disposto a qualquer tipo de jogo: buraco, War, gamão, xadrez, dados, Go etc., revelando sua paixão e capacidade invulgar para gastar o tempo. Logo montou um "esquema" para não perder os testes da Loteria Esportiva. Conseguiu também interessar uns companheiros pelo pôquer, cabendo ao perdedor as tarefas na cozinha da ala, que antes recaíam nas costas dos vencedores. Quanto a isso, manifestei ao Milton a minha discordância, pois julgava que não se devia lançar numa disputa, na mesa de jogo, uma incumbência de nossa comunidade.

EM COMO NÃO SE CONSIDERAR PRESO

A outra característica no seu proceder era sua agilidade cultural e política. Suas antenas estavam ligadas para as notícias, como excelente jornalista que é, com impressionante embasamento cultural. Muito viajado e lido, dava *shows* de informação atualizada e aprofundada. Por isso deu magníficas contribuições nos debates e no *Parcial* (nosso jornal Mural). Mostrou ainda um correto desprezo pelas tricas e futricas na ala, não se preocupando com as questiúnculas, que várias vezes pareciam dominar a nossa vida coletiva. Seu relacionamento com os operários era modelar. Jamais se plantou na posição do "grão-senhor" ou do sabichão.

Interessava-se pela situação particular dos mais humildes, pondo de lado a grande distância que dele os separava. Sei que agiu desse modo não por tática, mas porque veio, ele próprio, do povo e o seu êxito profissional não liquidou essa característica. Participando das paixões e interesses da massa popular — como o entusiasmo pelo futebol — no meio dos operários confundia-se com eles.

Milton "matou" os últimos dias de sua prisão dormindo até 12 horas diárias e sempre fazendo divertidos e complicados cálculos das horas e minutos que lhe restavam no Hipódromo. Cálculos que excluíam o tempo de sono, "visitas", jogos de futebol e baralho etc., em que ele não se considerava preso. *(Assim, com uma antecedência de quase 25 anos, Milton recorria à mesma imaginação em que se baseia o filme* A vida é bela, *de Roberto Benigni.)*

SEGUNDA SEMANA, FEVEREIRO DE 1977

MILITARES DIFERENTES

Conviveram conosco, na ala dos presos políticos, vários militares e ex-militares, envolvidos num absurdo processo, instaurado em 1975 contra elementos da antiga Guarda Civil e da Polícia Militar de São Paulo, a título de punir elementos comprometidos em pretensas atividades comunistas. Desse conjunto faziam parte desde soldados e cabos até oficiais com a patente de coronel. Alguns poucos na casa dos trinta anos. A maioria, porém, era de pessoas mais idosas, chegando até ao caso do Tonho, com 75 anos.

Conservo de quase todos a melhor recordação. Somente estranhei um deles, filho ou neto de espanhóis, com 60 anos, neurotizado e de difícil trato. Muito individualista no zelo de seus pertences, vivia agoniado com a perspectiva de permanecer muito tempo no cárcere. Seu comportamento arestoso decorria de tudo isso e de diversos achaques: reumatismo, enxaqueca, sinusite etc. Entretanto, ele fazia visível esforço para manter um relacionamento razoável com todos os companheiros da ala. O que me leva, hoje, após sua saída daqui há mais de um ano, a julgá-lo com menor severidade. De qualquer modo, ele foi apenas a exceção confirmadora da regra geral.

Os outros, mais de uma dezena, revelaram-se magníficos companheiros de prisão. Em minha memória, tal como numa fita de cinema, as boas lembranças desses militares vão surgindo, reforçando minha inabalável confiança no ser humano não pertencente ao pequeno grupo de exploradores e de seus agentes bestiais, cínicos e vis.

É, por exemplo, a recordação de um jovem cabo, recém-casado, tímido ao extremo, a quem deram o apropriado apelido de "Pouca pena", por ser meio calvo. Um dia, solicitou-me que não o chamasse pelo apelido, dando um argumento esfarrapado e que apenas servia para manifestar seu amofinamento com o apodo. Esse cabo se esforçava em aprender, manifestando sua vontade de vir a ser um escritor. Como eu lhe dispensava muita atenção, recorria a mim para corrigir seus escritos. Eu o atendia prazerosamente e lhe dei vários conselhos.

Revejo mentalmente o excelente Oliveira, ex-tenente, taciturno e tranqüilo, exímio preparador de sopas, que gostava de fazer à meia-noite, para delícia dos "bacuraus" (apelido dos companheiros que trocavam a noite pelo dia). Mas que despertavam protestos dos que dormiam cedo e eram acordados pela algazarra armada na cozinha.

Penso igualmente num maduro sertanejo do Nordeste, que, após perambular por todo o País, acabou sentando praça na Polícia Militar de São Paulo. Respeitoso e bem-humorado, distinguiu-se pelos casos que contava, demasiadamente incríveis, que foram considerados pelos companheiros como semelhantes às histórias de caçadores e pescadores, nas quais entram boas doses do fermento da imaginação.

Como é agradável também relembrar o esperto e inteligente Irineu, simples soldado, mas autêntico líder de seus camaradas e dedicado a eles por inteiro. Passava horas e horas mostrando os problemas e os dramas da massa dos soldados e cabos da PM, com soldos irrisórios e tendo que diariamente enfrentar riscos muito sérios. Emérito gozador, mas responsável e disciplinado, enfrentou a provação com serenidade e aconselhava os outros a terem paciência. Por ser muito brincalhão, não ficaram esclarecidas para mim suas convicções, pois vivia a falar na influência dos "caboclos". Para sair do presídio, ele dizia ter maior confiança nos seus "santos" do que nos esforços de seu advogado.

AS DUAS ALMAS DE UM SOLDADO

Um desses militares deixou bem gravada sua passagem pela ala — o Silva. Aos poucos fui conhecendo seu *background*. De origem humilde, ingressou como praça na PM, transformando-se no protótipo do bom militar. Com imaculada e elogiada folha de serviços, fez uma vertiginosa carreira. Incorruptível, trabalhador e brilhante, era considerado militar modelo até o momento em que se tornou suspeito ao regime ditatorial, por não esconder sua admiração pela figura de Prestes. Por isso, só por isso, de militar padrão tornou-se marcado com o estigma de "traidor".

A causa da brusca mudança em sua vida — antes militar emérito e depois um "bandido" — deve ser buscada nas duas "almas" desse militar diferente. De um lado, a vocação castrense, de outro uma formação democrática. Como jamais aceitou a condição de guarda-pretoriano de privilegiados, entrou em conflito com a doutrina que hodiernamente plasma as Forças Armadas brasileiras.

Diante de nós, aqui na ala, logo apareceram suas virtudes como militar. Seu espírito de organização, de disciplina, de responsabilidade, de cuidado com a educação física etc. Ao mesmo tempo, foi revelando a sua sensibilidade apurada e a tendência para a arte. De saída, começou a trabalhar no artesanato em couro, dedicando-se a organizar essa atividade. Depois, participou de um curso nosso de desenho técnico. Meses após, inscreveu-se num outro por correspondência, de desenho e pintura. Neste, veio a ser uma notável revelação.

Foi quando comecei a discutir com ele problemas de arte e insisti para que lesse alguns livros que tínhamos na biblioteca sobre a vida de grandes artistas plásticos, especialmente Van Gogh, Goya e Michelangelo. Seguiu a minha sugestão. Todo esse contato com a arte abriu um mundo novo para ele. E, mais importante, descobriu um dado novo de sua personalidade. Como resultado de todo esse processo, acontecido nos meses em que esteve preso, na véspera de sua libertação, manifestou firme propósito de continuar se dedicando à pintura. Mas, pode ser que a dura luta pela vida não lhe faculte cumprir esse desejo.

Com uma formação política limitada, Silva em poucos meses estava entre os que mais estudaram. (Confessou-me que nunca antes lera um livro marxista.) Assim, repetiu-se com ele a velha história de que as cadeias costumam ser excelentes escolas de formação política. Aprendeu muito no convívio com os operários presos. Nunca, anteriormente, Silva lidara com trabalhadores de igual para igual. Antes, fora só o militar acostumado a transmitir ordens a operários, como agente da lei.

Entretanto, tudo não correu às mil maravilhas em seu convívio aqui na ala. A rígida formação adquirida nos anos de caserna levou-o a chocar-se com certos companheiros mais relaxados e indisciplinados. Muito puro, estarreceu-se com o linguajar recheado de palavrões de outros companheiros. Dando-lhe razão em muitas coisas, vi nas reações do Silva certa inflexibilidade no trato com as pessoas, mesclada com uma idealização do comportamento humano.

TERCEIRA SEMANA, FEVEREIRO DE 1977

Nas últimas semanas ocorreram algumas alterações no presídio, que, em parte, afetaram nossa situação na ala dos presos políticos. Finalmente se efetivou a transferência da Oitava Delegacia Distrital da Polícia Civil da área do presídio para outro local no bairro. Assim, o presídio ganhou mais um edifício.

Seu diretor, em conversa conosco, confessou que batalhara pela transferência da delegacia policial porque nela eram freqüentes os espancamentos de presos. E que os gritos dos seviciados incomodavam e revoltavam os detidos no Hipódromo. Pois bem, após a remoção em algumas noites continuamos a ouvir gritos angustiosos dos presos que sofriam castigos físicos.

Cerca de 15 dias atrás, registrou-se a morte de um preso comum, barbaramente espancado no Departamento de Investigações Criminais. Chegando ele ao Hipódromo em lastimável estado, o encarregado de plantão não queria recebê-lo. O próprio diretor do presídio, porém, deu ordens expressas para que fosse recolhido ao estabelecimento. Durante três noites ouvimos os gritos desse detido, em que pedia socorro. Só no quarto dia foi levado ao hospital do Tatuapé. Mas ao dar entrada já estava morto.

DIÁLOGO AMOROSO, AOS GRITOS

Colocaram as presas comuns no local que antes era ocupado pela delegacia. Essa remoção da ala feminina obedeceu ao propósito de separar inteiramente as presas, porque a experiência indica os riscos que elas correm em caso de motim. Ademais, a separação total, seu distanciamento, diminui a excitação nos reclusos.

Tempos atrás, uma das presas vivia a dialogar aos gritos com seu namorado, preso em outro pavilhão. Proclamava seu amor e reclamava dele respostas. Na outra ala, de muito longe, ele respondia com menor freqüência e menor interesse. Era uma autêntica novela de televisão, mas no tom de palavras de ordem de comício de rua. Frases curtas e diretas. O desgraçado foi para a cela forte, por esse motivo. Ela, não, pois era considerada "xarope" (maluca). Uma carcereira explicou-me que não se incomodava com os gritos dessa mulher amorosa, pois gritando a detenta se acalmava. Terapia de prisão.

Volta e meia outros presos é que respondiam ao chamado lançado por ela. Tinha eu vontade de fazer o mesmo, porém, me contive. Quando se dava uma interferência desse tipo, ela, furiosa, revidava, sempre aos berros: "Sai da linha, seu filho da puta." Atualmente cessou esse namoro estridente e público. Para sossego geral, a apaixonada foi transferida para a penitenciária feminina.

Acredito que a mudança da ala feminina prende-se, também, ao fato de que o local onde se encontrava não comporta o crescente número de criminosas trazidas para o Hipódromo. As autoridades não sabem onde mais colocar mulheres criminosas. Aqui sobem a mais de 70. Quanto a esse incremento da criminalidade feminina, a estatística acusa que o índice maior refere-se a crimes praticados contra o patrimônio, especialmente roubos nos supermercados.

A superlotação na ala feminina repercute entre nós, presos políticos. Principalmente porque se multiplicam os seus apelos para as auxiliarmos. Como nossa situação melhorou nos dois últimos meses, pois a Casa de Detenção semanalmente nos envia uma quantidade razoável de alimentos *in natura*, além dos latões com a comida pronta, temos tido abundância de alimentos. Por isso nossas possibilidades de socorrer as presas são muito maiores. Recebemos café, açúcar, batata, cebola, alho, arroz, margarina, macarrão, tomate, doces, queijo etc. E como agora somos poucos, ficamos sem saber o que fazer com parte desses produtos.

UMA SITUAÇÃO DE PRIVILEGIADOS

Esse dado comprova a situação privilegiada dos presos políticos no presídio. Nas maiores e nas menores coisas tais privilégios são irrefutáveis. Por exemplo, no tratamento dos funcionários, na relativa comodidade que desfrutamos, na inexistência de trancas nos xadrezes etc. Somos presos políticos, é certo. Diferenciam-nos radicalmente das pessoas que praticaram crimes, sendo, portanto, justo que tenhamos melhores condições carcerárias. Os outros, porém, são seres humanos, e não são tratados como tais.

Dias atrás, um "faxina" pediu-me alguns jornais velhos, esclarecendo: "Doutor, no 'corró' (lugar dos presos comuns, correcionais) estão duzentos presos e eles não recebem papel higiênico; por isso rasgam colchões de plástico para se limparem." Imediatamente, entreguei-lhe uma boa quantidade de jornais velhos.

A informação estarreceu e me buliu com a consciência. Que desigualdade! Ficamos aqui, num terceiro andar, comendo uma alimentação razoável, enquanto no "corró" os presos recebem uma sopa intragável e freqüentemente deteriorada. Lá eles são espancados, não têm remédios e material de higiene, vivem amontoados como animais, em xadrezes superlotados. Nós, sendo poucos, circulamos até mesmo fora da ala. Possuímos geladeira, televisão, ventiladores, rádios e às vezes até somos ásperos com alguns funcionários. Incrível disparidade. Tudo isso me incomoda. Não me sinto bem porque não vejo uma forma de ajudar os presos comuns, no seu conjunto e de maneira eficiente.

Quanto às presas comuns, fazemos o possível para minorar seus sofrimentos. Alguns de nós se esmeram nisso e chegam a colocar a eletrola na janela para que elas ouçam música popular. No que vai um pouco de atração sexual, evidente nos namoros que surgem. Não me envolvo diretamente nessa solidariedade. Todavia, embora sejam elas buliçosas, até impertinentes em determinadas ocasiões, nesse relacionamento acima de tudo sobreleva o apoio humano.

A ajuda a elas é tanto mais necessária quando sabemos que diversas estão grávidas e doentes. Devido a isso, quando estavam encarceradas no andar de baixo de nossa ala, com certa regularidade preparávamos sopas e fazíamos descer caldeirões por uma corda — a chamada "teresa", no linguajar das cadeias brasileiras. Conforme o carcereiro de plantão, também através dele fornecemos alimentos para aquelas infelizes.

Está havendo um melhor relacionamento com os funcionários do presídio. Começaram a manter aberta a grade que fecha a ala ou a mantê-la na "manha" (aparentemente trancada). Assim, alguns funcionários passaram a entrar mais na ala, para assistir aos jogos de futebol ou para ver novelas em nossos aparelhos de televisão. Tudo isso leva a que mais constantemente dialoguem conosco. Todavia, numa situação de inferioridade cultural e até econômica em relação a nós. Procuram saber o que pensamos, comentam fatos e chegam a criticar o governo. Nós os auxiliamos em certas coisas e eles nos retribuem fazendo-nos pequenos favores. É claro que isso não se dá com todos os funcionários, com os espancadores, por exemplo, que nos odeiam, e nós a eles.

Esse relacionamento com os funcionários não deve merecer a aprovação dos administradores. Dois ou três já foram transferidos lá para baixo, para outras funções. Mas a remoção de alguns não altera o quadro geral porque a coisa se repete com os que vêm substituí-los.

Constata-se o aprofundamento da revolta de certos funcionários ante medidas adotadas pelos administradores do presídio. Esse fato leva-me a compreender como nas cadeias, pouco a pouco, presos mais hábeis e vivos, após alguns anos de prisão, conseguem atenuar ou modificar normas drásticas emanadas de cima, dos carcereiros. É a vitória dos obstinados, dos perseguidos e acossados, sobre seus próprios guardas. De acuados passam a coagir seus guardas, desde que praticamente nada mais têm a perder.

PRIMEIRA SEMANA, MARÇO DE 1977

OS PRESOS COMUNS

O contato dos presos políticos no Hipódromo com os detentos comuns é, infelizmente, muito reduzido. Só com o grupo dos "faxinas" — uma categoria privilegiada, embora realizando ingente trabalho no presídio — é que nos relacionamos de maneira regular. Por intermédio deles e de funcionários menos reservados fica-se a par do que sucede com a massa dos aprisionados.

Depois de estar quase dois anos no Hipódromo, parece-me que, deliberadamente, somos mantidos à distância dos demais encarcerados. A razão é simples: receia a administração que, de um lado, possamos ser veiculadores de denúncias a respeito da bárbara situação desses infelizes e, de outro lado, que exerçamos qualquer influência sobre eles.

Nas últimas semanas agravou-se a situação dos presos comuns no Hipódromo. Não foi um acaso o sucedido no domingo passado. Exatamente na hora das visitas às presas eclodiu um estridente movimento de protesto em quase todas as alas dos presos comuns. A manifestação resultou da falta de leite durante 15 dias e do espancamento de um detido, na semana anterior. Consistiu o protesto num bater ritmado das canecas nas grades, acompanhado de gritos, durante quase meia hora. Foi a primeira manifestação coletiva dos presos comuns que presenciei desde que aqui me encontro, reveladora do crescimento da revolta que grassa entre eles.

As condições carcerárias estão piorando: superlotação nos xadrezes, alimentação intragável e deficiente, falta de remédios, espancamentos, notadamente no período noturno etc. Acentua esse quadro o terrível calor reinante, que enerva a todos, além de tornar insuportáveis as já precárias condições sanitárias.

Cada vez convenço-me mais como, por trás das grades dos xadrezes do presídio, ressaltam os delitos decorrentes do agravamento das condições de vida da maioria dos brasileiros. Só excepcionalmente há pessoas que cometem crimes por doença mental.

Conversando com alguns presos a fim de conhecer suas histórias fico sabendo que praticaram roubos ou homicídios por razões relacionadas com a fome e a miséria. Em certos casos, a bebida foi o motivo dos delitos. Mas não será a bebida para muitos um derivativo ante as difíceis condições de vida? Para diversos, a bebida não é uma das poucas formas de diversão, nos fins de semana, após dias de dura labuta? As pessoas que conhecem de perto os dramas de homens e mulheres que se tornam criminosos e criminosas dão a essas questões uma resposta afirmativa.

Contrapondo tudo isso à vida dos presos comuns do Hipódromo, me estarrece a total despreocupação das autoridades responsáveis pelo presídio com a recuperação dos prisioneiros. Nada, absolutamente nada, se faz nesse sentido. Tem-se a impressão de que o objetivo é a liquidação moral e física dos criminosos. Pela via de os tornarem ainda mais criminosos, até se trucidarem mutuamente ou serem mortos de forma sumária pelos policiais, por resistirem de mão armada à prisão. Os nazistas, ao pregarem e praticarem a eliminação de criminosos eram menos cínicos, não usavam de subterfúgios.

Por isso fico com ódio quando leio nos jornais belas palavras, como as do secretário da Justiça de São Paulo, proclamando a necessidade de recuperar presos. Porque estabeleço o contraste desse palavrório com a realidade que vejo neste presídio.

UM ASSASSINATO POR MERO ACASO

São interessantes algumas histórias de presos comuns com os quais tenho mantido contato. Um dos "faxinas" — o Narciso — foi posto em liberdade esta semana. Dera com os costados na prisão por matar uma pessoa, em conseqüência de uma altercação num bar. Ambos — Narciso e a vítima — estavam embriagados. Nem se conheciam anteriormente. Narciso é um crioulo forte, com pouco mais de vinte anos. Quase analfabeto. Aqui trabalhava incansavelmente, sem denotar revolta ou amargura. Sempre muito solícito, "quebrava" nossos "galhos" com a maior boa vontade. Na ala dos presos políticos tornou-se popular. Bem-humorado, apreciava nossas brincadeiras.

Comentando o crime que praticou, lastimava de maneira sincera o sucedido na briga, reconhecendo seu grave erro. Pouco a pouco ficamos conhecendo o restante de sua história. De origem bem humilde, é da região de Governador Valadares.

Antes de se transferir para Santo André, onde se empregou numa fábrica, trabalhava na lavoura com o pai, pequeno sitiante. Anteriormente ao crime, nunca havia cometido qualquer falta. Na noite da briga estava se divertindo com uns conhecidos. A vítima o provocou e tentou agredi-lo com uma garrafa. Narciso revidou com um punhal, em legítima defesa. Foi condenado a uma pena de quatro anos. Para nós ficou evidente ser ele de bom caráter e de índole boa.

No Hipódromo fazia o possível para auxiliar os outros presos, usando de sua função de "faxina". Dias atrás recebeu a notícia de que seria posto em liberdade. Transbordou de felicidade e provocando grande barulho, não obstante passar da meia-noite, fez questão de se despedir dos presos políticos. Saudamos sua libertação como se fosse um dos nossos.

UM VIGARISTA NO CENÁRIO

Figura bem diferente do Narciso é a de um vigarista — o Serginho. Quando digo vigarista não vai nisso nenhum xingamento. Ele tem mesmo a profissão (*sic*) de vigarista... e até se ufana disso. Anda pela casa dos trinta anos. Está sempre bem-vestido para os padrões do Hipódromo, muito bem barbeado e com o bigodinho aparado. É do grupo dos "faxinas", mas não pega no pesado, como o Narciso. Malandramente, ajeita as coisas para ficar com a incumbência mais suave — a de moço de recados, para receber e distribuir cartas e bilhetes. O que lhe abre boas perspectivas para "comerciar" no presídio.

Típico habitante das grandes cidades, é um *show* de boa conversa. Este, aliás, é um requisito essencial para o vigarista. Presta-nos alguns favores, em parte pelo seu interesse, pois somos a aristocracia da casa e a melhor clientela para suas "transas". Existem contra ele dez processos, todos por passar o "conto-do-vigário". Suas justificativas são interessantes. Diz ele: "Doutor, não sou ladrão. Isso, não! Sou vigarista, e dos bons. Tiro a 'grana' de gente ordinária, que deseja ganhar dinheiro com facilidade." (Ele se exclui dessa categoria de gente.) "Quem cai num 'conto' é safado e assim não me arrependo."

Esperto, é audacioso e bem-humorado. Não se amofina no presídio. "Sigo o ditado — o bom cabrito não berra. Pra que vou esquentar a moringa?" Ele não é solidário com o submundo do "corró", como o bom Narciso. Ao contrário, até explora os desgraçados. Esse Serginho é um caso difícil de recuperação. Disse-me várias vezes; "Ora, doutor, se são os de cima, os ricos, os do governo, que mais roubam, por que eu é que teria de me matar no trabalho? Nada disso. Não sou otário." Enfim, uma forma de luta de classes.

Se, quando jovem, vivesse numa outra sociedade e caísse nas mãos de um Makarenko, talvez se recuperasse. Nesse regime, não. Enquanto viver estará atrelado à roda-viva do entra-e-sai das cadeias. Já é muito conhecido dos tiras, sócios vorazes do resultado de suas espertezas. Às vezes, porém, tem o azar de encontrar um policial que se julga prejudicado. Este o traz de volta à prisão. É o risco do negócio. Serginho dá boas gargalhadas com as minhas brincadeiras com ele. Chamo-o de "segundo maior vigarista do Brasil". Ele sabe que considero o Geisel o primeiro da "classe".

UMA FATALIDADE

Epaminondas é outro "faxina". Veio para o Hipódromo por haver assassinado duas pessoas num conflito de botequim. Aqui, também, a bebida foi a causa. Briga, igualmente, sem razão de ser. Ofendido, reagiu. Estava armado e com um tiro certeiro abateu o adversário. Perseguido por uma terceira pessoa, que nada tinha a ver com os contendores, atirou novamente. Outro tiro mortal. Incidente ocasional, que levou dois para o outro mundo e arruinou a vida do Epaminondas. É operário e comprovou sua ficha policial limpa. Boa formação profissional e excelente chefe de família. Lastima as duas mortes. "Foi uma fatalidade. Não deveria andar armado. Mas, onde moro, todos andam armados. Lá os assaltos são freqüentes."

Com tranqüilidade vai "tirando a cadeia". Presta-nos serviços no que dele depende, de forma desinteressada. Não se corrompeu na prisão. Procura se esclarecer politicamente. É discreto, porém. Não quer complicações com os administradores do presídio. Sabe que depende deles o livramento condicional.

Caso raro o do Epaminondas, aqui no Hipódromo. Se fosse rico pagaria um bom advogado e seria absolvido. Pois tão-só os humildes recebem punições.

Aqui terminam as anotações que fiz no presídio do Hipódromo em 1977. Ou melhor, as que agora consegui recuperar ao pesquisar meu papelório para escrever este depoimento.

Registro mais duas coisas acontecidas no cadeião da Mooca. Em primeiro lugar, o fato de a Auditoria haver concordado em que eu fizesse um tratamento dentário fora do presídio. Um dos presos políticos informou-me que certo cirurgião-dentista, sem qualquer comprometimento político mas muito solidário, poderia resolver meus sérios problemas dentários, que me obrigavam a tomar doses excessivas de analgésicos.

Meu advogado acertou tudo e essa bela figura de gente — doutor José Luiz Gibim Xocaira — se dispôs a isso, nada cobrando para dar a um preso político a devida assistência. Assim, acompanhado por um policial do DOPS, fui cinco vezes ao seu consultório, à rua Conselheiro Crispiniano. Essas saídas eram feitas sem qualquer aparato policial. Tal fato me permitiu, depois de dois anos, circular pelo centro de São Paulo, olhando com atenção aquele formigueiro de paulistanos apressados e tensos.

Doutor Gibim me confessou, recentemente, que o fato de haver realizado esse trabalho para alguns presos políticos, em 1977, motivou contra ele uma pressão da polícia. Mas, como julgava que estava cumprindo com um dever, resolveu não alterar seu comportamento. Desde então, o doutor Xocaira se tornou um grande amigo e ainda agora recorro aos seus cuidados profissionais.

A MORTE DE MINHA MÃE

O segundo registro é doloroso. No dia 15 de abril de 1976 a Auditoria concordou que eu fosse levado a Belo Horizonte, com uma escolta de dois policiais, para visitar minha mãe, que estava internada num hospital. As três passagens de avião foram fornecidas por meu cunhado Tatão Pimentel de Castro.

Do aeroporto da Pampulha rumamos diretamente para a casa de saúde onde minha mãe agonizava. Em estado comatoso, ela já havia perdido a consciência. Nem sequer percebeu que eu estava ali, ao seu lado, nos últimos momentos de sua vida. Os médicos não conseguiram evitar seu falecimento poucas horas depois. Os policiais então consultaram o DOPS em São Paulo e foram autorizados a permitir que eu ficasse mais um dia em minha cidade, para participar do enterro.

É certo que graves problemas tinham alquebrado minha mãe de forma irremediável. Mas, inegavelmente contribuíram para tanto os sofrimentos que ela passou em virtude das circunstâncias da minha prisão, além das agruras de todos os familiares para salvar minha vida. Muito combalida, visitou-me no DOI e dedicou-se a fazer apelos a muitas pessoas, inclusive ao presidente Geisel, solicitando que eu fosse removido para um hospital militar. Diversas pessoas de influência em Minas e no Rio acudiram a esse apelo.

Ela era muito querida e estimada. Professora primária, por meio século passaram por suas mãos sucessivas gerações de belorizontinos. Dezenas de amigos e conhecidos foram ao velório e ao enterro, no cemitério do Bonfim, para prestar homenagem a uma figura exemplar, amiga de todos e incapaz de fazer qualquer mal a qualquer pessoa.

Um fato indelével marcou a despedida. Graças ao espírito de minha irmã Maria Rita e de frei Carlos, dominicano, da paróquia do Carmo, a transferência do corpo do velório até o jazigo da família, pelas aléias cercadas de túmulos, ficou marcada pelas músicas que os dois cantavam e eram acompanhados por todos, pelo cortejo. Aqueles cantos afastaram o desespero irremediável, imprimindo à cerimônia o tom sacro e profano que assinala a glória da ressurreição.

De volta ao presídio, fiquei remoendo mil lembranças de minha mãe. Para sempre o que paira em minha saudade, acima de tudo, é seu legado de amor total, que não consigo descrever, tão espontâneo e meigo ele era. Um amor que não espera contrapartida e reciprocidade — simples, profundo e suave.

19

DO BARRO BRANCO PARA A LIBERDADE

Em abril de 1977 fui transferido do Hipódromo para a ala dos presos políticos no presídio da Polícia Militar de São Paulo, no Barro Branco, na zona norte da capital paulista, na aprazível região onde começam os contrafortes da Serra da Cantareira. Ali fiquei vinte meses, até dezembro do ano seguinte, quando me foi concedido o livramento condicional. A remoção para o Barro Branco resultou da abertura de vagas nesse presídio e ao fato de que eu era um preso já condenado. Teoricamente, a permanência de presos políticos no cadeião da Mooca deveria se limitar àqueles que aguardavam julgamento.

Naquele ano acentuou-se o declínio da ditadura, com o prosseguimento da política de distensão de Geisel e seu esforço para substituir o regime decorrente do Ato Institucional nº 5, por outro com regras constitucionais impostas e não-democráticas. Daí medidas como as estabelecidas pelo famoso "pacote de abril" de 1977, para impedir o restabelecimento pleno da democracia no país. A pressão democrática, todavia, ia num crescendo e colocou na agenda política a urgência da decretação da anistia para os presos políticos. Esse dado refletia-se diretamente dentro do presídio do Barro Branco, animando os que ali estávamos confinados.

Um elemento novo começava a ganhar forma e consistência no panorama político — o movimento operário e sindical entre os metalúrgicos, notadamente no ABC paulista. A princípio, foram manifestações isoladas em uma ou outra das grandes empresas contra a política de arrocho salarial. Logo elas convergiram e passaram a ser dirigidas pelas organizações sindicais, o que levou ao surgimento de uma liderança operária autêntica, como a de Lula.

A ala dos presos políticos no Barro Branco se diferenciava, sob muitos aspectos, da cadeia do Hipódromo. Fora instalada pela pressão para ser dado tratamento melhor aos presos políticos que cumpriam penas absurdamente longas, decorrentes de condenações da Justiça Militar.

Nela havia quatro celas com capacidade para alojar oito detentos em cada uma, dispondo de razoáveis instalações sanitárias. Na ala existia um refeitório amplo, oficina para trabalhos artesanais e um pátio, no qual diariamente os presos tomavam banho de sol, faziam ginástica e jogavam futebol de salão. As celas eram trancadas às 22 horas e abertas às sete horas da manhã. A alimentação era satisfatória, sendo preparada no presídio dos militares. Assim, os presos políticos somente se preocupavam em melhorá-la aos sábados, quando nos visitavam quatro ou cinco dezenas de pessoas — familiares, amigos e conhecidos. No refeitório tínhamos geladeira e fogão. Não nos faltavam pão, leite e algumas frutas.

Os sábados eram praticamente dia de festa pois os visitantes, inclusive muitas crianças, passavam conosco das dez da manhã às 17 horas. Os presos se revezavam a cada sábado para proceder a uma faxina geral, preparar o almoço dos visitantes, e fazer a limpeza posterior. Em conseqüência, eu mandava o calendário às urtigas, porque o tempo escoava de sábado a sábado.

O panorama entre os presos políticos no Barro Branco era também bastante diverso daquele que existia no Hipódromo. A grande maioria dos encarcerados estava presa há mais de quatro anos e alguns há mais de seis anos. Suas condenações resultaram de acusações de envolvimento em ações violentas, que caracterizaram as atividades de diversos agrupamentos de esquerda entre os anos de 1967 e 72.

A maioria dos companheiros estava na faixa dos vinte a trinta anos, pois eram jovens quando foram aprisionados. Somente uns poucos provinham dos meios operários. Todos haviam sofrido o diabo nas mãos dos órgãos de repressão — Oban, DOPS e DOI —, sendo verdadeiros sobreviventes. Dezenas de seus companheiros haviam sido massacrados sem piedade. Comigo, só três haviam atuado nas fileiras do PCB. Quanto aos demais, pertenceram a diversos agrupamentos de esquerda. Entre eles persistiam restrições mútuas, ao ponto de naquele conjunto não ter se organizado o tradicional "coletivo", órgão representativo de todos os presos políticos.

Nas celas havia aparelhos de som e televisão, levados pelos familiares. Em todas existiam bibliotecas, porque para a nossa ala no Barro Branco foram transferidos os livros que estavam no antigo presídio da avenida Tiradentes. Regularmente entravam os jornais e as revistas, adquiridos pelos presos. Uma boa parte dos companheiros fazia objetos artesanais, que eram vendidos fora do presídio por pessoas amigas, posto que para alguns presos era indispensável garantir uma receita para a manutenção de suas famílias. Prevalecia na ala um ambiente sadio de trabalho, estudo, leituras e prática esportiva.

No âmbito de cada cela é que havia uma certa aglutinação e alguma ação conjunta em torno de questões políticas. Só em face de casos especiais a totalidade dos presos políticos assumia uma posição comum, conforme sucedeu na greve de fome realizada em maio de 1978.

Dispúnhamos de razoável assistência médica e odontológica, a mesma que era prestada aos soldados e oficiais da PM. Sentia-se nitidamente a inexistência de qualquer desespero e todos os presos políticos aguardavam com paciência o cumprimento das penas e a evolução do quadro político nacional.

Pouco a pouco fui me relacionando melhor com alguns mais interessados em estudar problemas teóricos, como Francisco Carlos de Andrade (mais conhecido como Chico Vieira), Antônio Pinheiro Salles, Altino Rodrigues Dantas, Manoel Cyrillo de Oliveira Netto, Joaquim Celso de Lima, José Carlos Giannini e Ariston Oliveira Lucena. Naturalmente, convivia mais com Osvaldo Pacheco e Hilário Gonçalves Pinha, meus velhos companheiros do PCB. Mas o relacionamento com os demais era bom e fraternal.

MESES MAIS TRANQÜILOS E GREVE DE FOME

"Tirei a cadeia" naqueles meses com menos atropelos e maior possibilidade de me pôr em dia com leituras há muito abandonadas, além de outras decorrentes das discussões em torno de temas teóricos, que apaixonavam alguns companheiros no Barro Branco.

É certo que naquela fase prosseguiram as escaramuças com o juiz-auditor e a direção do presídio, em função de brigas que eu iniciara a respeito do cerceamento da minha defesa na Justiça Militar, bem como em torno do caso Shibata e da censura na entrada de livros no presídio.

Igualmente participava com os companheiros da ala de diversas iniciativas políticas voltadas para a denúncia, perante órgãos internacionais e nacionais, dos crimes praticados pelo regime militar brasileiro. Coletivamente redigíamos memoriais e por diversas formas estimulávamos o movimento em favor da anistia para os presos e processados políticos. Essa articulação assumiu um caráter nacional e nela desempenhavam um destacado papel nossos parentes e amigos.

Por aquela época inesperadamente comecei a receber cartas de fora do Brasil, em que pessoas, provocadas por notas veiculadas pela Anistia Internacional, me transmitiam um cálido apoio. Algumas dessas cartas foram conservadas por Teresa. Agora, passados mais de vinte anos, releio-as com ternura, lamentando que esses laços de afeto, por cima de fronteiras e oceanos, tenham desaparecido depois que fui libertado. Nunca mais soube se essas pessoas estão vivas e o que fazem nessa labuta de bons samaritanos.

Uma das primeiras, recebida por minha mulher, foi enviada no dia 27 de novembro de 1975 pela senhora Elaine Newman, residente na cidade de Gerringong, Nova Gales do Sul, na Austrália. Era pouco mais do que um bilhete, em papel fino e azul. Parecia um recado desses que alguém, perdido no mar, coloca numa garrafa fechada, confiando em que será encontrado. Só que junto encaminhava um cheque de 200 dólares, coletados naquela pequena cidade perto de Sydney.

Pedia notícias da situação em que me encontrava e sobre os membros de minha família. Tão logo me foi possível, respondi agradecendo e assim iniciamos uma longa correspondência que se prolongou por dois anos. Eu relatava a evolução dos principais episódios de meu *affair*, o que acontecia com a minha família e o quadro da repressão policial no Brasil.

De lá, a senhora Newman descrevia seu ambiente familiar e de Gerringong, remetia postais, livros sobre a Nova Gales do Sul, informações a respeito do que era feito na Austrália em favor dos presos políticos brasileiros e outros cheques para Teresa. Também me presenteou com uma magnífica blusa de pura lã, australiana, que usei vários anos e a guardo até hoje, embora esgarçada nos cotovelos.

Na última carta que recebi de Gerringong, datada de 19 de agosto de 1980, a senhora Newman deu notícias da luta empreendida pelo seu grupo da Anistia Internacional em favor de prisioneiros políticos no Uruguai, no Zaire e na Turquia. Mas acrescentava estar hospitalizada, em razão de um câncer nos intestinos, que a obrigava a um complicado tratamento com quimioterapia. E que por isso temporariamente ficariam suspensas as suas cartas. Depois cortou-se o vínculo para sempre e esse silêncio me pareceu confirmar a morte daquela amiga distante — uma simples dona-de-casa, mas batalhadora incansável pelos presos políticos no mundo.

Da Alemanha Federal igualmente recebi apoio político e financeiro de pessoas que lideravam grupos relacionados com a Anistia Internacional, como a senhora Eva P. Bentheim, de Bad Bentheim e a senhora F. Ostermann, de Nümberg. A correspondência com esta se prolongou por vários meses. Ligada a frades franciscanos, atuava intensamente em seu país contra a ditadura brasileira, participando de várias ações de protesto contra a visita de Geisel à Alemanha. Ela me encaminhava uma ajuda mensal de 100 dólares, que remetia a minha mulher. Nas cartas, trocávamos informações sobre nossos países e impressões sobre música e literatura. Ela ficou muito alegre quando lhe contei que começara a estudar alemão. Quando fui libertado, escrevi dispensando o seu apoio financeiro, pois ia me reengajar na atividade profissional, como jornalista.

Nos primeiros meses de 1978 começamos a acompanhar com maior atenção o quadro da ingente luta dos presos políticos em outras cidades brasileiras. Havia uma situação particularmente absurda em Pernambuco, no presídio de Itamaracá, onde estavam dois condenados à prisão perpétua. Eles se encontravam isolados há mais de dois anos, haviam feito três greves de fome e as autoridades se recusavam a melhorar suas condições carcerárias. Em razão disso, juntamente com os presos políticos do Rio e de Salvador, decidimos fazer uma greve de fome em solidariedade aos encarcerados em Pernambuco. Ela durou 13 dias, até que de Brasília mandaram ser atendida a reclamação dos presos em Itamaracá.

Como me habituara a registrar o que sucedia na prisão, fiz algumas anotações nos primeiros oito dias da greve de fome, que começou no dia 1° de maio de 1978, num sábado, exatamente após o término da habitual visita dos familiares. Transcrevo-as a seguir:

Primeiro dia — Tudo acertado para o início do movimento. Grande animação entre os presos. Mas nossos familiares, que estavam sabendo da eclosão da greve, mostravam-se bastante apreensivos. A alegria natural no fim de cada visita foi substituída pelo sentimento generalizado da incerteza pelo que viria. Só as crianças menores, na sua inocência, mantinham o comportamento normal.

Entre o fim da visita, às 17 horas, e a hora marcada para o início da greve, às 18 horas, todos se alimentaram pela última vez. Além disso, foi necessário fazer a limpeza rotineira do término da visita — arrumar o refeitório, o pátio e as celas. Ademais, foi imprescindível pôr em prática o decidido: retirar todos os alimentos e remédios para entregá-los à administração. Somente ficará o indispensável para alimentar os três doentes que não participarão da greve.

Um acontecimento extraordinário marcou aqueles momentos. Haveria um jogo da seleção do Brasil e muitos não queriam perdê-lo. Eu estava entre esses. Assim, tive de me dividir entre o jogo e às pressas comer algo. Em razão disso acabei comendo mal — dois ovos cozidos, um pedaço de pão doce e dois copos de leite. Contudo, afinal, valeu a pena ver o jogo, principalmente o desempenho do Reinaldo, um craque do Atlético Mineiro.

Depois das 18 horas o capitão diretor do presídio foi chamado. Na sua ausência veio o oficial do dia, um tenente. A ele se entregou o documento, no qual comunicamos o início da greve de fome. Meio surpreso, perguntou se havíamos meditado bem sobre nossa decisão. Respondeu-se que sim e pedimos a retirada dos alimentos extras existentes no refeitório, com exceção dos destinados aos presos doentes. Lá pelas 20 horas apareceu o capitão diretor. Visivelmente preocupado, informou que fora cientificado da nossa decisão e que imediatamente entrara em contato com os juízes-auditores. Apenas encontrou o titular da Segunda Auditoria — Nélson Guimarães. Esse transmitiu as seguintes determinações: cortar qualquer visita, inclusive dos advogados, e encaminhar às auditorias nosso documento. Como se tratava de determinações verbais e extremamente drásticas, abrindo a possibilidade de um choque com os advogados, o diretor afirmou-nos que iria aguardar ordens por escrito.

Passamos a noite calmamente. Formaram-se dois grupos para jogar buraco, num dos quais me inclui. Alguns que ficaram acordados até mais tarde ouviram notícias na Rádio Bandeirantes e na Rádio Jornal do Brasil, dando conta do início de nosso movimento. O cansaço que o dia de visita provoca, acumulado com a tensão dos acontecimentos, nos levou a dormir cedo, exaustos.

Dia dois de maio — Começaram a aparecer os primeiros indícios do jejum. Passei o dia com dor de cabeça constante e desagradável. E como não é possível tomar qualquer analgésico, que de nada adiantaria e que até poderia provocar uma complicação gástrica, eu, assim como outros, comecei a ingerir razoável quantidade de água. A grande maioria dos companheiros ficou voltada para ouvir os noticiários nas rádios e TVs, além de ler os jornais. De maneira generalizada é muito grande a repercussão de nossa greve.

No fim da tarde apareceu novamente o diretor. Trouxe uma cópia de um ofício assinado pelos três juízes-auditores em que comunicavam suas determinações: a) aumentar a assistência médica a nós; b) permitir visitas diárias de familiares; c) encaminhar nosso documento ao Superior Tribunal Militar.

Assim, a política de dureza da Segunda Auditoria não prevaleceu. Ao contrário, as decisões vão adiante do que nós pensávamos. Conseguiu-se com o diretor que um de nós telefonasse a seus familiares, para informar da possibilidade de visita a qualquer dia.

A noite terminou bem. Apenas o David Gôngora passou por uma crise que o impediu de se locomover. Crise evidentemente de fundo emocional, em conseqüência da nossa greve, de que não participa em razão de seu estado de saúde. No final da noite comecei a sentir o declínio da dor de cabeça. Mas ela impediu-me de ler o tempo que desejava.

Dia três de maio — O dia foi marcado pela chegada de alguns familiares, trazendo muito conforto e notícias a respeito do que ocorre lá fora em nosso apoio. Os familiares chegaram meio apreensivos, esperando nos encontrar abatidos e alquebrados. Na verdade, no que me diz respeito, estou melhor do que no dia anterior. A dor de cabeça passou totalmente e só me preocupa o fato de que ela possa retornar. Pois, de acordo com informações de companheiros que já fizeram greve de fome, pelo décimo dia ela reaparece.

A pressão arterial continua normal. Nas vezes que foi tomada acusou 15-9. Fui informado de que os hipertensos levam certa vantagem nessa situação, dado que, com a fome, a pressão vai baixando lentamente, o que me consola um pouco.

No momento não sinto náuseas e nem necessidade de vomitar. Entre nós, dois passaram o dia vomitando bílis e um outro estava com dor de garganta. Quem esteve pior foi o Gôngora, porque suas crises continuaram, deixando-o prostrado por boa parte do dia.

O engraçado é que não sinto a menor fome. Indo ao refeitório e lá existindo pães e outros alimentos para os doentes, para minha surpresa nem sequer me senti tentado a comê-los. Percebo, porém, em outros companheiros, certa excitação ante os comerciais na TV sobre alimentos.

Um companheiro, o Chiquinho, estava debruçado numa página de revista contendo receitas de pudim. Logo perguntou-me se eu seria capaz de lhe ensinar a fazer aquelas variedades de doce. Achei melhor cortar o assunto.

Os familiares e um advogado que aqui estiveram trouxeram boas novas. Eles estão se desdobrando e parecem mais extenuados do que nós. Mas o lufa-lufa ocorrido com a chegada de visitas cansou um pouco. Por isso, a cela depois das 21 horas mergulhou no silêncio.

Durante o dia aqui esteve o médico. E o enfermeiro veio diversas vezes. Vê-se a extrema preocupação deles com nosso estado de saúde. A direção do presídio continua agindo com prudência e habilidade.

Dia quatro de maio — Estou com intensas dores nas costas. Quando estava feliz pensando que a dor de cabeça seria o único mal que iria sofrer, agora enfrento mais esse contratempo. Passei a noite sem dormir, revirando na cama de um lado para outro, na inútil busca de uma posição que aliviasse a dor. Outros presos me contaram que com eles está sucedendo a mesma coisa. Outros sentem dores nas pernas, inflamação na garganta etc.

Vieram hoje alguns familiares e advogados. Entre os primeiros estava minha mulher, aflita para saber notícias sobre meu estado, mas animada com o que acontece lá fora. Pelas rádios e TVs constatamos que a greve de fome está repercutindo. Apenas existe boicote nas TVs de maior audiência e no *O Estado de S. Paulo*.

Hoje o movimento teve a adesão dos presos políticos do Ceará. Parece que a luta está atingindo um ponto mais alto. Como será possível manter isso por mais uns dias? Não sei.

À noite apareceu o capitão para avisar que viria uma junta médica fazer uma avaliação da saúde de todos os presos. Afinal, a tal junta resumiu-se ao próprio capitão médico do presídio. Ele apareceu depois das 23 horas, quando alguns já estavam dormindo.

Fui examinado e apenas reclamei das dores nas costas. Uns três presos não foram ao refeitório para o exame; um deles por estar dormindo e os outros porque desejavam que o médico viesse à nossa cela.

Dia cinco de maio — O dia começou com um problema. Diante do que sucedeu ontem, quando três companheiros não compareceram ao exame médico, as visitas dos familiares foram suspensas. Como, por sorte, estavam aqui três advogados, eles foram parlamentar com a administração. Esta concordou em revogar a proibição, caso os três presos passassem imediatamente pelo controle médico. Assim, o incidente foi superado.

Os advogados e os familiares informaram sobre o impasse em Pernambuco. Vê-se claramente que o juiz-auditor de lá está respaldado pelo governo e pelo Superior Tribunal Militar. Por isso não se vislumbra uma solução para o caso.

Os familiares deram notícias a respeito da vigília realizada aqui em São Paulo, no convento dos dominicanos, das 18 horas de ontem até às sete horas da manhã de hoje. Mais de 3.000 pessoas participaram da vigília. Artistas, intelectuais, padres etc., movimentaram o ato durante toda a noite.

Destacaram-se os artistas Zezé Mota e Ricardo Bandeira e o teatrólogo João das Neves. O ato recebeu grande cobertura dos jornais, das TVs e rádios. Estas, de lá, chegaram a transmitir momentos da vigília. Ontem houve igualmente manifestações em Recife e no Rio de Janeiro. Devido a isso, hoje os jornais estão cheios de notas a respeito da situação dos presos em Itamaracá. Mas tudo indica que haverá um declínio do movimento de apoio.

O governo está silencioso. Até agora não houve qualquer pronunciamento sobre o caso. Enquanto isso, o quadro médico dos companheiros começa a assustar. Cinco já estão em estado grave. Minha dor nas costas cedeu um pouco. Espero, portanto, dormir melhor, hoje. Pela manhã, a pressão arterial foi de 11-6, numa baixa violenta. É possível que isso decorra da noite insone. Por volta das 18 horas minha pressão foi novamente tomada, estando em 15-11. No momento noto algumas alterações no meu estado físico. Dificuldade em ler horas seguidas e nenhum prazer em fumar cachimbo — meu vício predileto. A totalidade dos companheiros está animada com a repercussão da greve de fome.

Dia seis de maio — O dia foi marcado pela visita costumeira dos sábados. Em razão da greve de fome o número de visitantes foi acima do normal, das oito horas da manhã até às cinco horas da tarde. Não resta dúvida de que esse afluxo de visitantes cansou os presos.

Pela manhã recebi a visita de três cunhados, sendo dois de Belo Horizonte. Conversamos cerca de uma hora, pois não desejavam me cansar. Bate-papo ameno e agradável, que me permitiu saber notícias do pessoal de lá, conjugadas com comentários judiciosos, alegres e críticos. Um pouco mais tarde, Teresa chegou acompanhada de dois jornalistas ingleses. Aqui ficaram duas horas para se informar e sentir "ao vivo" uma greve de fome. Após o que seria o "almoço", deitei-me, puxei as cortinas e me conservei na cama até o fim do horário de visitas. Acharam que eu estivesse dormindo. Na verdade, estava a ouvir boa música e sem a menor vontade de participar da agitação geral; além disso buscava me poupar.

A maioria dos visitantes veio animada. Só um ou outro não escondia a preocupação com nosso estado de saúde. De minha parte, passaram as dores de cabeça e nas costas. Contudo, começo a constatar meu estado de fraqueza. Já não tenho vontade de fumar cachimbo.

A outra novidade foi a instalação de uma verdadeira enfermaria no refeitório. Neste foram colocadas oito camas; submetido a uma limpeza mais cuidadosa, está pronto para receber os pacientes. Pela manhã tomaram o pulso e a pressão arterial de todos nós. A minha caiu para 11-7. Na de dois companheiros a mínima chegou a 6. O médico previu a injeção de soro, caso o quadro não melhore.

Dia sete de maio — O aomingo foi movimentado. Muitos visitantes vieram ao presídio. À tarde também esteve aqui o deputado Aírton Soares. Na sua condição de membro da Comissão de Direitos Humanos do MDB, desejava recolher informações e subsídios para encetar, em Pernambuco, gestões a fim de acabar com o isolamento dos presos políticos em Itamaracá. No debate realizado com esse parlamentar surgiram divergências entre nós, os presos políticos, sobre o rumo da greve. Todavia, esse entrechoque de opiniões mostrou-se útil para a análise do deputado.

Outro fato foi que o diretor concordou que José Milton e eu nos avistemos com Zacarias, ex-soldado da PM (com quem convivemos no Hipódromo), que está preso no presídio militar ao lado. O encontro teve lugar na presença do diretor, o que naturalmente não possibilitou conversa mais aberta com Zacarias. Este relatou-nos porque não aderiu à greve de fome. Seu estado de saúde é precário. E ele se encontra rodeado de criminosos comuns. Deu para sentir a firmeza de suas convicções. Após trocarmos notícias sobre outros companheiros que estiveram presos conosco no Hipódromo, Zacarias, ex-presidente da Associação dos Soldados e Cabos da PM, contou-nos que será libertado dentro de três semanas.

Dia oito de maio — Hoje houve um rebuliço por minha causa. Minha pressão arterial caiu para 8-6 pela manhã. O médico determinou que devo permanecer em repouso absoluto. À tarde o quadro não se alterou. A fraqueza impede-me de ler. Escrever tornou-se muito difícil.

A greve durou ainda cinco dias. Não fiz mais nenhuma anotação nesse minidiário. Só me recordo que encerramos a greve de fome no décimo terceiro dia, após tomarmos conhecimento de que o Superior Tribunal Militar determinara o fim do isolamento dos companheiros no presídio de Itamaracá. Consideramos, portanto, que a greve de fome atingira seu objetivo e que deveríamos voltar a nos alimentar. O que fizemos com prudência, seguindo a orientação do médico. Assim terminaram as agruras com a greve de fome dos presos políticos no Barro Branco e a tensão de nossas famílias.

UM CASAMENTO MEMORÁVEL

Após o mês de maio, as semanas transcorreram no Barro Branco dentro daquela rotina de estudos, leituras, visitas aos sábados, a libertação de mais alguns presos e a evolução encorajadora do quadro político nacional.

Um acontecimento inusitado se deu no dia 16 de setembro de 1978, três meses antes do fim de meu cativeiro — o casamento de Simone, minha filha, com um preso político que ela começara a namorar no presídio do Barro Branco, Francisco Carlos de Andrade, ou melhor, o Chico Vieira, como era mais conhecido, em razão do codinome que usava em suas atividades políticas ilegais.

Chico foi preso muito jovem, no início da década de 1970. Estava preso há mais de seis anos, cumprindo uma longa pena e passara quase um ano na Oban. Ali perdera uma vista, em decorrência do descolamento da retina e corria o risco de perder a outra vista. Muito inteligente, distinguia-se dos outros presos políticos em razão de seu interesse por filosofia e música clássica. Havia uma natural preocupação com o seu caso e muitas pessoas se movimentaram para tirá-lo da prisão. Sem parentes residindo na cidade de São Paulo, Teresa e Simone o apadrinharam e quebraram lanças para que lhe fosse concedido livramento condicional.

Nos primeiros meses de 1978, a Justiça Militar concordou em libertá-lo. Saindo do Barro Branco, Chico Vieira e minha filha decidiram se casar, com o que, naturalmente, Teresa e eu concordamos. Assim, foram iniciados os preparativos para o casamento, que mobilizou inúmeros parentes e amigos, para que os dois montassem sua casa e fosse organizada uma grande festa. Como Simone ia completar vinte e um anos em fins de setembro, ardilosamente acertou-se que o casório deveria ser antes de seu aniversário, para que fosse legalmente indispensável a minha presença na solenidade. A papelada necessária foi providenciada e Mário Simas encaminhou à Auditoria o pedido de autorização especial para a minha saída do presídio.

Como na tradição de Minas Gerais o casamento de uma moça é um fato memorável e único, Teresa e nossos familiares se lançaram com entusiasmo na preparação dos comes e bebes, em grande estilo, e na remessa de convites. Doceiras foram mobilizadas no interior de Minas, os parentes fizeram um mutirão para a compra de móveis, utensílios e o restante necessário. Tatão Pimentel de Castro, meu cunhado, encarregou-se das bebidas.

O casório ganhou uma dimensão diferente pela possibilidade de meu comparecimento, preso há quase quatro anos e também pelo fato de o noivo ter sido preso político. Aí entraram a engenhosidade de Radhá e a solidariedade irrestrita de Cláudio Abramo. Colocaram sua confortável residência nos Jardins à nossa disposição, para nela se realizar a cerimônia e a festa. Esses dois amigos se empenharam a fundo para dar o maior brilho possível ao enlace.

Na prisão eu não acompanhava os detalhes. Assustei-me com todo aquele lufa-lufa aparentemente exagerado e despropositado. Temia pelos gastos, pois não sabia como seriam cobertos. Encontrava-me de mãos atadas e sem poder colaborar. E acima de tudo era cético quanto à anuência da Auditoria em permitir minha saída do presídio, mesmo que por uma hora.

Só me dei conta de que o plano dera certo quando, na tarde daquele dia, apareceu o Marquinho me trazendo um terno escuro, meio usado, o único que sobrara das rebordosas de janeiro de 1975, quando fui preso pelo DOI. Logo depois chegava o capitão a fim de me informar sobre a "operação casamento". Disse-me que fora feito o "levantamento" da casa de Cláudio Abramo e que ele, o diretor do presídio, me levaria em seu carro pessoal, um pequeno fusca, que seria dirigido pelo enfermeiro. Num carro da polícia nos seguiria uma escolta da PM e viaturas da radiopatrulha exerceriam uma vigilância especial nas proximidades. Adiantou que eu poderia permanecer uma hora na cerimônia. Só não confessou que temia a eventualidade de minha fuga, aproveitando a festança e a esbórnia.

Às 19 horas retiraram-me do Barro Branco, sendo que o capitão estava com sua farda branca de gala, de oficial da PM. Eu continuava abestalhado, emocionado pelo casamento da filha, mas confuso a respeito do que iria acontecer. Ansiava por encontrar parentes e amigos que viriam de Belo Horizonte e do Rio, além dos companheiros de lutas políticas, jornalistas e pessoas relacionadas com Radhá e Cláudio.

Ricamente adornada por Radhá, a residência estava atulhada de pessoas. Eu mal podia cumprimentar a todos. Alguns eu só conhecia de nome, como Severo Gomes, Flávio Rangel e Eduardo Suplicy; outros há anos não os via, como Fernando Gasparian; minha sogra, a infatigável dona Paixão, seus filhos e noras e a Tuchinha; minhas irmãs e seus filhos; parentes e amigos do Chico; colegas de balé da Simone e uma velhinha, Andrelina, nossa empregada em Belo Horizonte há mais de 50 anos, que pela primeira e única vez veio a São Paulo.

Depois do juiz de paz realizar o ofício em tom solene, minha sogra resolveu "papear" o diretor do presídio e assumiu o encargo de não permitir que ele parasse de beber o excelente vinho alemão que era servido. Divertiu meu carcereiro com pitorescas histórias de meu sogro, quando servira na Força Pública (PM) de Minas Gerais. Dona Paixão não concordava, em hipótese alguma, que o capitão se retirasse antes de saborear a notável comida feita com tanto esmero. Tudo de manha, para prolongar a minha participação na festa.

Enquanto isso, Milton Coelho da Graça ficava ao meu lado, enchendo meu copo com sucessivas doses de uísque, pois ele decidira me embebedar e também que eu vomitasse na farda de gala do capitão. O que, afinal, aconteceu. Lá pelas 22 horas, sem colocar na boca qualquer alimento, estava completamente embriagado. Por isso, Ivan de Castro Aguiar, meu sobrinho, sugeriu que eu deveria caminhar um pouco pela rua, para pegar o frescor da agradável noite paulistana. Sem atinar para nada, saí da casa para andar um pouco e muitas pessoas me acompanharam. Os vizinhos correram para as janelas para ver o que sucedia naquela rua pacata, coalhada de veículos. Os policiais ficaram paralisados, pois o capitão estava lá dentro, sob estrito controle de minha sogra. Benito Barreto e outros, muito alegres e alvoroçados, gritavam "viva a democracia" e "abaixo a ditadura". Os vizinhos encararam com bons olhos o rebuliço, principalmente depois que souberam o que sucedia.

Do restante, não me lembro. Desacordei. Só dei conta de mim no dia seguinte, no presídio, deitado numa cela que não era a minha. Altino Dantas me contou depois que eu chegara carregado, após vomitar no capitão. A custo fui colocado debaixo do chuveiro para curar a carraspana. Esse foi o maior e mais escandaloso porre que tomei em toda a minha vida. Um vexame sensacional.

O FIM DO PESADELO

No dia 18 de dezembro de 1978 a Justiça Militar concordou com meu livramento condicional, pois havia cumprido dois terços da pena a que fora condenado. A decisão me surpreendeu, porque julgava que o juiz-auditor, justificadamente furioso com o meu comportamento em diversos episódios, me obrigaria a permanecer no cárcere. Naquele dia houve então um tremendo corre-corre para se obter o alvará de soltura e arrumar meus pertences, a fim de transpor os portões do presídio e ser levado para o apartamento em que residiam Teresa e Marquinho.

No percurso do bairro do Tremembé até Higienópolis fiquei atento ao que via em São Paulo. Ao longo de quatro anos só fora transportado em viaturas policiais e agora podia circular sem ser acompanhado por agentes teoricamente da lei. Com a sensação de liberdade, pareceu-me que São Paulo se preparava para dias festivos. No que tinha certa razão, pois era a semana que antecedia o Natal.

Imediatamente a notícia de minha libertação chegou ao conhecimento de alguns amigos e conhecidos. Por isso o apartamento na avenida Angélica encheu-se de gente. Radhá e Cláudio Abramo, Dante Ancona Lopez, Chico Vieira e Simone, o círculo de colegas do Marquinho e muitas outras pessoas, portando garrafas de vinho e comestíveis para a festa inesperada.

Era eu o motivo da comemoração, mas inteiramente desnorteado, sequer pensava na nova etapa de minha vida. Alguns jornalistas foram me entrevistar. Não dei porém qualquer declaração, tentando evitar uma violação dos preceitos do livramento condicional. No dia seguinte, continuaram a aparecer outros amigos. Um deles, o Zé Fernandes, trouxe-me um presente inesquecível — um balaio de jabuticabas fresquinhas de seu sítio no vale do Ribeira.

Os jornais noticiaram a minha saída do presídio, recapitulando alguns fatos relacionados com o meu pesadelo. No Rio, em artigo no *Pasquim* (n° 496), Hélio Pellegrino assinalou o acontecimento e relembrou o nosso convívio. Manifestando seu protesto pelo que me haviam feito, generosamente acrescentou: "Eu o conheci no começo da década de 1940 em Belo Horizonte. Ele era um risonho e gordo rapaz que, com determinação, procurava o seu destino. Poderia ter se tornado banqueiro, especulador imobiliário, dono de fábricas ou de terras. Preferiu, contudo, ficar fiel ao rumor de seu coração jovem."

Ainda perplexo, deixei que Teresa e Marquinho continuassem comandando os acontecimentos. Eles decidiram que viajaríamos imediatamente para Belo Horizonte, para as festas de fim de ano, atendendo assim a uma exigência da família.

Era indispensável uma autorização da Auditoria para me ausentar de São Paulo. Minha liberdade estava, portanto, "condicionada", o que exigia de mim alguns cuidados. Obtida a licença da Justiça Militar, a etapa seguinte foi conseguir passagens de ônibus para Belo Horizonte, na antevéspera do Natal. Chegamos a minha cidade e lá haviam definido uma extensa programação até o dia em que assinalariam um fato para o qual eu não atentara: no dia 6 de janeiro, Teresa e eu completaríamos 25 anos de casados!

Depois da ceia e do almoço tradicionais do Natal, fartos como sempre, Teresa e eu, acompanhados de minhas irmãs e sobrinhos, seguimos para Virginópolis, a pequena cidade no nordeste mineiro de onde saíram os diversos ramos da família Coelho.

No dia 28 de dezembro, para lá convergiram quase trezentos membros da família, provenientes das mais diversas cidades, a fim de comemorarmos os oitenta anos de nossa prima Edith Rodrigues Coelho, a professora que dedicou sua vida à educação e à construção do hospital, do asilo e da creche do município. Vários laços nos ligavam àquela benemérita. Grande amiga de meus pais, quando deputado federal pela Guanabara coloquei no orçamento da União recursos para suas obras sociais. E aquela fada benfazeja insistia na minha presença na grande festa.

Como as águas de um rio que de surpresa e velozmente desabam numa cachoeira, de repente deparei com vertiginosa mudança de cenários. Nas primeiras semanas de dezembro estava numa cela de um presídio e poucos dias depois me encontrava em Virginópolis, num vasto congraçamento familiar, para homenagear uma pessoa exclusivamente dedicada aos seres humanos mais frágeis de sua comunidade.

Perambulei por aquela cidade, onde 45 anos antes eu ia de fazenda em fazenda de meus tios-avôs, participando no manuseio das vacas nos currais, trepado nos carros de boi com seu canto monocórdio, assaltando pomares e tomando banho nos córregos. Enfim, o reencontro com o passado levara para longe, muito longe, as preocupações de qualquer espécie e as angústias de mais de duas décadas.

Percorri várias vezes a residência de Edith, um casarão imenso, onde dormira na infância, sempre com medo das almas do outro mundo. Na sala de jantar acariciei aquela enorme mesa redonda de pau-ferro, em torno da qual sentavam confortavelmente vinte comensais. Mesa espetacular porque em seu centro existia uma roda que girava. Colocadas sobre ela as iguarias diversas, empurrava-se a roda, o que permitia a cada pessoa se servir, sem a ajuda de nenhum serviçal.

Troquei amenidades com dezenas de primos e primas, sempre com receio de cometer uma gafe sobre os ramos familiares dos quais se originam. Tive longas conversas com minhas primas que vieram do Rio, Maria Ângela e Maria Inês de Almeida Magalhães. Elas não carregam mais o Coelho no sobrenome, mas conservam os laços afetivos com toda a família de nosso avô comum.

A volta à capital mineira foi também memorável. Descemos pela Serra do Cipó, com seu vento frio em pleno meio-dia e aquele panorama sem igual no mundo, pois a estrada encascalhada serpenteia, contornando penhascos de hematita compacta, deixando entrever várias cachoeiras na sua faina eterna.

Chegando a Belo Horizonte, outras surpresas agradáveis. A abadessa das beneditinas do Mosteiro de Nossa Senhora das Graças convidou a mim e Teresa para fazermos um relato às monjas sobre o que passamos nos quatro anos de tormento. O convite decorreu de uma delas ser minha prima-irmã, Lígia Tavares, há mais de quarenta anos no convento e ao fato de outras monjas serem amigas de minhas irmãs. Mas, o pedido demonstrava o interesse de monjas contemplativas em conhecer aspectos sombrios de uma realidade tão distante do silêncio e da tranqüilidade que reina no interior do mosteiro, localizado no alto de um dos morros da Serra do Curral del Rey.

Na verdade, quarenta anos antes eu já estivera num claustro, em cerimônia especial para a sagração de uma capela no convento das Carmelitas de Belo Horizonte, quando permitiram o ingresso de poucos convidados. Fui representando um tio que havia feito a doação que possibilitara a construção da capela. Agora era diferente, não era mais um participante anônimo, mas o protagonista que iria para um debate com as monjas. Após jantarmos frugalmente, numa das celas do mosteiro, eu e Teresa fomos levados para o claustro, onde nos aguardavam umas vinte monjas, todas idosas mas alvoroçadas e alegres como adolescentes, embora guardando o recato natural do comportamento no mosteiro.

Crivaram-nos de mil e uma perguntas. Desejavam saber os detalhes das torturas e os sofrimentos vividos por nossa família. Para surpresa minha, estavam razoavelmente informadas a respeito da evolução política brasileira e acompanharam o meu "caso" principalmente pelos artigos de Tristão de Athayde. Não notei nelas qualquer preconceito pelo fato de eu ser ateu e comunista. Viam em mim apenas o ser humano humilhado. Lastimaram a conversa não poder se prolongar por mais tempo, pois o sino do convento advertira que era chegada a hora da retomada de suas obrigações, secularmente estabelecidas pela Ordem de São Bento.

A seguir, em Belo Horizonte, prosseguiu a vagabundagem descomprometida com que todos assinalavam a passagem de ano pelo calendário gregoriano. Festança ainda mais ampliada porque o aniversário de Teresa é no dia 1º de janeiro, sendo ela, pois, como dizia seu pai, um presente do ano novo.

Depois, no dia 6 de janeiro, houve nossas bodas de prata, comemoradas na parte da manhã, com uma cerimônia no Mosteiro de São Bento, a que compareceram os parentes mais próximos, meus filhos e genro. A celebração foi meticulosamente montada por minha irmã Maria Rita, perita organizadora de eventos religiosos em que participam ativamente muitas pessoas, inclusive as crianças, intercalando falas dos presentes com os dizeres litúrgicos pronunciados pelo sacerdote. De propósito, creio, não deram a mínima para um fato que não deixou de constranger a mim e Teresa. Na verdade, aos olhos de Deus, se é que Ele existe, como afirmam bilhões de pessoas, nunca nos casamos na Sua Igreja. Mas silenciamos o Chico Vieira quando sussurrou-nos um comentário irônico.

À noite houve ainda uma recepção em casa de minhas irmãs, para os familiares mais chegados. Quanto a mim, já me encontrava cansado de tantas festas e do *dolce far niente*. Era chegada a hora de enfrentar a realidade concreta que tínhamos pela frente e de voltar à vida comum. Por isso e para isso regressamos a São Paulo.

20
A VOLTA À VIDA COMUM

Dando por encerrados aqueles dias de regozijo pela minha saída da prisão, voltei a São Paulo para equacionar o retorno à atividade profissional como jornalista. Na verdade, não sabia bem como começar. Desde os tempos do *Binômio*, em Belo Horizonte, havia vinte anos, estava afastado desse trabalho.

Diversos fatores dificultavam a obtenção de um emprego como jornalista. Pesava contra mim o receio dos que ocupavam postos de chefia nos jornais e revistas de contratar uma pessoa tão marcada politicamente. Aliás, até a decretação da anistia, em setembro de 1979, eu me encontrava num "limbo", cerceado ainda pelas obrigações do livramento condicional.

Além disso, era difícil obter um cargo de editor numa redação e não condizia com a minha experiência e capacidade voltar à imprensa como um mero iniciante na profissão. De outro lado, os meios de comunicação evoluíram muito e eu não me reciclara. O caminho que me restou foi o de fazer trabalhos avulsos para algumas publicações.

O único elemento que pesava a meu favor, naquele panorama adverso, era a disposição de vários jornalistas em me auxiliar. Naturalmente, Cláudio Abramo foi o que mais se empenhou para que eu conseguisse um lugar ao sol num mercado que normalmente é disputado por inúmeros colegas. Cláudio colocou-me como um dos colaboradores da publicação mensal *Leia Livros*, que ele editava e era secretariada por Caio Túlio Costa. Também Radhá abriu caminho para a publicação de uma reportagem minha num suplemento da *Folha de S. Paulo* — *Folhetim*. Graças ainda à intervenção de Cláudio, Roberto Müller Filho, então na chefia da redação da *Gazeta Mercantil*, encarregou-me de trabalhos nas revistas dessa casa editorial. Meu nome, porém, nunca aparecia em nada, nem mesmo nos cheques de pagamento pelas matérias. Meses depois, através de Márcio Valente, surgiu a oportunidade de elaborar duas matérias para publicações da Editora Abril.

Descrevo com minúcias talvez excessivas esse quadro para que sejam avaliadas as dificuldades que encontrei em 1979. Vivia diversas aflições. A primeira delas era a de me ver desempregado. Aos 54 anos de idade, olhava-me no espelho como um homem desvalorizado diante daqueles a quem inutilmente recorria em busca de trabalho, sem poder exercer a profissão que abraçara desde a mocidade.

Contava os tostões e procurava economizar ao máximo, pois a receita de que Teresa e eu dispúnhamos era insuficiente. Na época, só recebia uma pequena pensão da Câmara dos Deputados e um precário rendimento financeiro resultante de uma herança de meus pais. O quadro parecia-me insolúvel, pois a elaboração de matérias, como *free lancer*, era esporádica e mal paga. Simone tinha que arcar com suas despesas, mas Milton Coelho da Graça conseguira empregar o Marquinho na Editora Abril.

Nunca esquecerei aqueles tempos de angústia e essa é uma das razões de minha solidariedade para com os desempregados, cujo número cresce no mundo e agora também no Brasil. Invariavelmente quebro lanças para resolver o problema de qualquer pessoa que procura trabalho. Incorporo às minhas preocupações o drama de um desempregado, mesmo que ele não seja uma pessoa aproximada a mim, lembrando sempre o que me ocorreu naquele ano sombrio. Para culminar, não podia recorrer ao PCB, desde que dele tinha sido expulso. A respeito desse fato devo me deter agora.

A MALDIÇÃO DO MONSENHOR

Certa vez, em 1963, na Câmara dos Deputados, mantive um debate acirrado com um famoso parlamentar de Pernambuco, o monsenhor Arruda Câmara, do Partido Democrata Cristão. Ele era um dos deputados mais antigos e se caracterizava por sua posição ultra-reacionária, intransigente e renitente. Durante anos polemizou com o deputado Nélson Carneiro, porque este batalhava com ardor pela adoção do divórcio no Brasil. Pode-se mesmo dizer que se deve atribuir a Arruda Câmara, como porta-voz da hierarquia da Igreja Católica, o atraso de uns vinte anos na aprovação da lei que permitiu a dissolução de vínculos conjugais em nosso país.

Na Câmara dos Deputados nenhum dos colegas se animava a enfrentar o monsenhor, que, eleito pelo sertão pernambucano, tinha a fama de combater seus adversários inclusive com a "peixeira" (punhal). Mas eu tomei a empreitada de contraditar suas arengas na tribuna, dizendo que ele era a voz do passado, que se recusava a ver o novo na sociedade brasileira.

Numa dessas discussões acaloradas, irritado com meus apartes, Arruda Câmara lançou-me uma maldição: "Deputado Marco Antônio, assim como Saturno devorava seus filhos, você será liquidado pela revolução." Naturalmente, retruquei de forma galhofeira ao parlamentar ultramontano. Mas nunca me esqueci daquelas palavras do monsenhor.

Quando estava preso no Hipódromo, em 1976, meu filho contou-me que o Comitê Central do PCB, numa reunião realizada na França, havia decidido me expulsar da organização. A justificativa era a de que eu não teria me comportado bem na prisão. Em diversas oportunidades, Prestes também fez declarações nesse sentido. Mas nunca tive acesso a qualquer documento a esse respeito.

Algumas razões me levaram a não protestar contra aquela medida. Em primeiro lugar, preso como estava e com uma longa pena a ser cumprida no presídio, não tinha como apresentar uma série de fatos e circunstâncias em minha defesa. Por exemplo, com meu silêncio total nas sessões de tortura no quartel da Barão de Mesquita, salvei da prisão o secretariado nacional do PCB, inclusive Giocondo Dias. Isto para não mencionar outras atividades clandestinas que nunca vieram à tona, até o dia de hoje. Mas eu compreendia que a exploração em torno de minhas declarações trouxera sérios prejuízos ao Partido e que também foram usadas para criar graves problemas a diversas pessoas.

Aqui cabem alguns esclarecimentos indispensáveis. A partir de 1972 eu me encontrava no centro de muitas atividades clandestinas. Não era um militante comum e essa atuação fora meticulosa e pacientemente acompanhada pelos órgãos policiais. Esse dado me desnorteou por inteiro nas sessões de tortura. E, desgraçadamente, os agentes do DOI apreenderam comigo e na casa onde morava documentos comprometedores para um extenso círculo de pessoas.

Note-se que fui atingido porque haviam antes descoberto as gráficas clandestinas do Comitê Central, sobre as quais absolutamente eu nada sabia. Além disso, usando um estratagema policial comum em interrogatórios, os agentes do DOI diziam a outros companheiros presos que os segredos já tinham sido revelados por mim, para extrair deles novas informações. Tal fato deixou-me numa situação dificílima.

Depois de um mês de torturas optei por confirmar coisas sabidas, que não resultariam em mais nada de muito grave. Por exemplo, utilizaram minhas declarações com o propósito de cassar mandatos de parlamentares do MDB. Ora, nosso apoio a essa corrente era um segredo de Polichinelo.

Ademais, tive a má sorte de ser colocado como pivô num duplo conflito político: o primeiro, relacionado com as divergências internas dentro da cúpula da ditadura; o segundo, no centro do combate entre a oposição democrática e o regime militar. Esse foi o ônus que recaiu sobre mim, enquanto era massacrado nos quartéis do DOI. Nenhum outro companheiro foi envolvido por essa teia de circunstâncias. Por tudo isso recebi uma saraivada de críticas e acusações de vários lados, inclusive de companheiros do Partido.

Assim, não me surpreendi com a adoção de medida punitiva do PCB contra mim. Não me desesperei e procurei tranqüilizar Marquinho e Teresa. Via aquilo tudo como mais um acontecimento dramático na vida de um revolucionário. Eu entendia também que depois dos sucessivos golpes recebidos pela direção partidária — assassinatos e prisões de vários dirigentes do Comitê Central — os companheiros que estavam na Europa enfrentavam tremendas dificuldades para a rearticulação do PCB no Brasil. Resolvi, pois, não encaminhar qualquer recurso contra aquela decisão. Simplesmente continuei defendendo a política do PCB e denunciando os crimes da ditadura, o que fiz em todas as oportunidades, notadamente nos julgamentos na Justiça Militar.

Só quando fui posto em liberdade é que tomei conhecimento das profundas divergências dentro do Comitê Central do PCB, que culminaram com o afastamento de Prestes e em novas dissidências no Partido. A anistia possibilitou o retorno dos companheiros que estavam no exílio. Alguns deles (entre os quais Giocondo Dias, Salomão Malina e Armando Ziller) me procuraram e reatamos a velha camaradagem, sem nunca colocarem em questão a medida punitiva adotada contra mim. A razão disso pareceu-me evidente. Meu caso era complexo e eles estavam mergulhados numa disputa interna sem quartel, devido às posições de Prestes, mais uma vez equivocadas e prejudiciais ao progresso social no Brasil.

Não havia clima, portanto, para pleitear o exame da minha volta ao Partido. Entendi que tudo o que me sucedera tinha sido uma tragédia, mas não deixava de ser o problema de uma pessoa, enquanto questões infinitamente mais relevantes estavam em jogo. O que me restou, portanto, foi aguardar serenamente o julgamento equilibrado da História. Que a vida dê a cada um os devidos méritos e deméritos.

Também não tentei voltar à militância porque naquela altura já considerava indispensável um *aggiornamento* radical da luta em prol de uma nova sociedade no Brasil. Ou seja, não mais acreditava no processo revolucionário de conformidade com os cânones de um partido nos moldes leninistas.

Pensava, e assim penso ainda agora, que a luta revolucionária não pode ser conduzida só por um partido monolítico, rigidamente centralizado e alardeando ser o proprietário da bandeira da revolução. Embora seja indispensável um centro que pesquise os caminhos da revolução e coordene a pressão por mudanças profundas na sociedade. Uma vez que o processo revolucionário no Brasil e no mundo atual é uma soma de muitos atores e movimentos sociais que não existiam no passado.

Na mesma época, passei a ver que novos problemas fundamentais estão colocados diante dos que lutam pela transformação social. Incorporei, por exemplo, a esse ideário a defesa dos interesses das gerações futuras, que essencialmente se exprimem na batalha pelo melhor relacionamento da sociedade humana com a Natureza.

No entanto, julgava e continuo julgando que o PCB, nos anos de seu apogeu, de 1958 a 1964, promoveu uma ação política que, pela primeira vez no Brasil, ameaçou o domínio da restrita camada de privilegiados que oprime nosso povo. Por isso a eclosão do golpe de Estado de 1964 e a implantação de um regime militar por mais de duas décadas.

Nos anos seguintes, o quadro interno no PCB se complicou ainda mais com o sucedido na União Soviética, com a *perestroika* de Gorbatchov, o fim do "socialismo real" e tudo o mais, indicando a profundidade da crise do comunismo. Isto me levou a abandonar certas convicções que possuía e a entender a urgência de uma revisão muito mais profunda na doutrina que plasmou meu pensamento. Sendo fundamental, porém, substituir o capitalismo por outro regime social mais justo e mais humano.

De outro lado, como "ninguém é de ferro" coloquei-me na confortável posição de um mero colaborador, sempre disposto a contribuir naquilo que os velhos e novos companheiros me solicitarem. Dou um exemplo: quando trabalhava em Goiânia, recebi um recado para que não faltasse a uma homenagem a Giocondo Dias no Rio. Lá fui eu, e ainda tive de dizer algumas palavras, porque assim me foi reclamado. Com satisfação, extravasei naquele jantar a minha admiração e meu respeito por Giocondo Dias.

Agora, torço para os que herdarem as bandeiras do PCB assumam posições corretas, porque estou na mesma batalha que eles travam. Em outra trincheira e um pouco cansado, é verdade. Julgo que hoje sou mais útil em outros afazeres, especialmente no estudo dos problemas do país e do mundo. Uma pesquisa que deve ser feita sem preconceitos e necessariamente aberta a novas opiniões e a novos questionamentos.

Quanto ao passado, só guardo boas lembranças de muitos companheiros de lutas e infortúnios — de Giocondo Dias, Dinarco Reis, Armênio Guedes, Armando Ziller, Elson Costa, Orlando Bonfim, Salomão Malina, Moacir Longo e tantos outros. Creio que valeu a pena lutar junto com eles, apesar dos poucos resultados que alcançamos.

Em resumo, estivesse vivo, hoje o monsenhor Arruda Câmara, com sua batina surrada e voz esganiçada, certamente me diria: "Veja, eu acertei em meu vatícinio. Seu partido o devorou!" Tranqüilamente, eu replicaria: "Em termos, monsenhor, pois continuo engajado na luta por uma nova sociedade."

INÍCIO DA MINHA RECICLAGEM

Ao ser posto em liberdade, em 1979, comecei a me dar conta de como me encontrava desatualizado sobre a real situação do Brasil. Ou seja, nos 11 anos que vivi na clandestinidade e nos 4 anos em que estive na prisão, o país foi se transformando de forma acelerada, não era mais aquele que eu conhecera na primeira metade da década de 1960.

A ditadura militar não foi um intervalo efêmero e o entrechoque político se dava com outras características, não obstante algumas poucas personalidades se conservarem no cenário. Esse dado me ficou claro quando me encomendaram algumas matérias sobre a vida econômica, porque deveria escrever sobre temas que pouco ou nada tinham a ver com as que lidara 15 anos antes.

Tudo isso foi-me impondo uma reciclagem total, algo semelhante ao aprendizado que deve fazer um estrangeiro que desembarca num país sem dominar os meandros do quadro nacional. Essa minha reciclagem foi facilitada em razão das oportunidades de trabalho que afinal me foram abertas, sendo a primeira delas em Goiás.

Em princípios de 1980 recebi um telefonema inesperado de Goiânia. Consuelo Nasser e Batista Custódio convidavam-me para que fosse trabalhar num jornal que estavam lançando — o *Diário da Manhã*. O convite advinha do fato de em 1963, como deputado federal e advogado, ter atendido a uma convocação para os defender num júri de imprensa. Também porque para o êxito do projeto era indispensável a contratação de uma grande equipe de jornalistas.

Naqueles dias, por coincidência, Elio Gaspari havia conseguido para mim uma colocação no Departamento de Documentação da Editora Abril. Agradeci e declinei, pois estava atraído pela proposta de reiniciar a vida profissional num jornal diário. Assim, fui para a capital de Goiás, iniciando uma aventura com grandes conseqüências na minha vida.

O projeto do *Diário da Manhã* me entusiasmou. Idealizado por dois experientes jornalistas, pretendia renovar a imprensa em Goiânia, apoiados num bom elenco de profissionais de imprensa. Relembro alguns desses colegas: Carlos Alberto Sáfadi, Jayro Rodrigues, Hélio Rocha, Wilmar Alves e Isanulfo Cordeiro. O jornal contava com o talento de um artista gráfico — João Só. Arrebanhou também jovens jornalistas que ali se formaram e hoje se encontram trabalhando em prestigiados veículos de comunicação, como João Domingos, Rachel Ulhoa, Lauro Veiga Jardim, Carlos Honorato, Aymées Beatriz, Wilson Silveira, Eliana Prudente, Lisa França, Mara Oliveira e outros.

A realização de Batista Custódio tinha, porém, uma vulnerabilidade grave:

ancorava-se na publicidade farta de órgãos oficiais de Goiás, por determinação expressa do então governador, Ari Valadão. Assim, quando Íris Rezende o sucedeu no Palácio das Esmeraldas, em janeiro de 1983, aquela fonte de recursos reduziu-se drasticamente e o jornal entrou em decadência vertiginosa, principalmente porque o caos administrativo impossibilitava sua consolidação.

Passei em Goiânia quatro anos venturosos, que me são inesquecíveis. Inicialmente, fiquei como repórter especial, o que me possibilitou viajar e fazer matérias nos mais distantes lugares daquele imenso estado (antes da criação do estado de Tocantins). Acompanhado sempre por um fotógrafo, fiz incursões até no Pará e Mato Grosso. Conheci cidades que são repositórios de nossa herança histórica e da cultura da gente brasileira, como Porto Nacional, nas margens do Tocantins, cidade que durante décadas foi o elo de ligação entre o Norte e o Sudeste do país e que estendia sua influência até os sertões do Piauí.

Consegui matérias interessantíssimas sobre a mineração de cassiterita na região de Campos Belos, a poucos quilômetros da Serra Geral, quase na fronteira com a Bahia, após ultrapassar o vão do Paranã, precisamente nos cenários dos romances de Bernardo Élis e Carmo Bernardes. Ali passei vários dias em meio ao fogo cruzado de uma empresa privada, da Metago (estatal) e dos garimpeiros desconfiados com a bisbilhotice de um repórter da capital.

Divisando ao longe a Serra Dourada, fui alguns vezes à antiga capital do estado — Goiás Velho. Numa dessas viagens entrevistei Cora Coralina, em sua casa alquebrada perto do rio Vermelho. A poeta, com sua voz rouca, declamou seus versos enaltecendo sua vassoura, os alimentos diários que matam a fome do povo e os becos da cidade, cujo espetáculo maior é o "fogaréu" fantasmagórico da Semana Santa.

Nas margens do Araguaia, recolhi a história de "Bodoque", um homem que teve impressionante votação para deputado federal no Mato Grosso, mas foi esbulhado. Em campanha para ser eleito governador, declarou-me com simplicidade e convicção que diariamente dialogava com Deus. E afirmava não precisar de nenhum plano de governo, pois, para tanto lhe bastavam as memoráveis lições dos reis, narradas na Bíblia.

Para fazer reportagens, pesquisei alguns problemas de Goiás — minérios, agricultura, pecuária e turismo. Utilizei estudos sobre questões de Goiânia, realizados por Flávio e Lúcia Peixoto, entre os quais o escândalo das invasões de áreas públicas por milionários.

Raramente abordava questões políticas goianas, por serem intrincadas e nebulosas para um forâneo, porque nelas pesam fortemente disputas pessoais ancoradas no passado. Depois de um ano nas andanças por Goiás, inclusive pelas corrutelas, como eles denominam os lugarejos, concluí que havia passado por um curso ao vivo para conhecer um Brasil que eu ignorava.

Mas como não há prazer que sempre dure, nos primeiros meses de 1981 fui designado editor de Economia do *Diário*, o que significou o fim da elaboração daquelas matérias especiais e o início de um estafante trabalho dentro da redação, dirigindo cinco jovens repórteres. Para amenizar a minha tensão, Teresa e Marquinho se mudaram para Goiânia e aí nos arranchamos muito bem.

Minha trajetória no *Diário* foi alterada por alguns fatos. O primeiro deles decorreu de uma decisão de Batista Custódio de contratar um jornalista com prestígio nacional para dirigir o *Diário da Manhã*. Consultado, fiz logo uma indicação precisa e certeira — Washington Novaes. Cláudio Abramo, muito amigo de Washington, sugeriu a este que, passando por Goiânia, me procurasse no jornal. Foi o que sucedeu e de lá fomos para minha casa, onde conversamos por um bom tempo. Washington estava trabalhando na TV Globo mas me disse que não agüentava mais viver no Rio ou em São Paulo e que tinha vontade de se fixar no Brasil Central. Batista Custódio então o convidou para chefiar a redação do *Diário da Manhã*.

Ao assumir a função, Washington deu uma nova qualidade ao jornal, introduzindo inúmeras modificações em seu conteúdo e na sua apresentação gráfica. Para tanto, levou com ele três profissionais muito competentes — Aloysio Biondi, Reinaldo Jardim e José Antônio Menezes ("Pindé").

Depois, acontecimentos ligados diretamente à política mudaram minha trajetória em Goiânia e no *Diário da Manhã*. Com a eleição direta dos governadores marcada para outubro de 1982, os círculos oposicionistas em Goiás começaram a se articular para o pleito. Logo se aglutinaram em torno de Íris Rezende, Mauro Borges e Henrique Santillo.

Neste tempo eu já havia travado excelentes relações com um grupo de intelectuais e pessoas influentes, entre os quais Flávio Peixoto, Olvanir Andrade, Mauro Miranda, Servito Menezes Filho e Nion Albernáz. Desde logo esse grupo se dedicou a contribuir para a eleição do candidato do MDB ao governo de Goiás. A candidatura de Íris se impôs consensualmente nos meios oposicionistas, pelo prestígio que ele tinha adquirido como prefeito de Goiânia e como um dos cassados pela "revolução".

A minha participação nesse grupo foi o primeiro passo para minha reintrodução ativa na luta política. Primeiro, no cenário goiano e depois no plano nacional, pois carregava nas costas uma tradição e uma bagagem de experiências que poucos dispunham nas fileiras da oposição ao regime militar. Mas, para mim era também um aspecto da minha reciclagem, porque tinha que lidar com personalidades inteiramente diversas daquelas com quem dialogara nos idos de 58 a 64. Exemplificando, passei a atuar numa ampla frente única em Goiás que se estendia desde os "cassados" pela revolução até os reacionários que aderiram ao MDB, mas que sempre estiveram ligados à ditadura, como Irapuan da Costa Júnior. No início de 1982, Íris solicitou meu trabalho profissional para editar um semanário dedicado à campanha eleitoral. Consultei o pessoal do *Diário da Manhã* e combinou-se que eu me licenciaria por alguns meses, mas que depois das eleições retornaria ao jornal.

Assim, durante oito meses me empenhei de corpo e alma nessa incumbência, apoiado em dois repórteres, quatro fotógrafos e dois diagramadores, sob a orientação de João Só. Ainda hoje, ao rever meu arquivo do *Mutirão*, admiro o bom trabalho que fizemos em termos de propaganda eleitoral. O jornal foi muito útil no pleito, já que conseguiu levar aos mais distantes pontos de Goiás a pregação do MDB. Começamos com oito páginas e nas semanas finais chegamos ao dobro, com uma tiragem de 50 mil exemplares. Como trabalho jornalístico, duas realidades se impuseram. Uma, o uso arrojado de material fotográfico. A outra, foi a *avalanche* que nos obrigava a publicar, em cada edição, várias páginas com poesias enviadas pelos leitores, entusiasmados com a campanha de Íris. Que dilúvio de poesias! E que poesias!

Passada a eleição e consagrada a vitória de Iris, este convidou-me para ocupar um cargo em seu governo. Recusei, pois havia me comprometido a retornar ao *Diário da Manhã*, com a missão de chefiar a reportagem, dirigindo cerca de vinte repórteres.

Mas o ano de 1983 não foi risonho e transcorreu debaixo de grande tensão no *Diário da Manhã*. Houve um corte drástico da publicidade do governo estadual, o que se refletiu no pagamento dos salários dos jornalistas. Fiquei no meio da linha de tiro no conflito entre Íris e Batista Custódio e vivendo a insolúvel pendência dos jornalistas com os donos do *Diário da Manhã*. Em novembro já estava disposto a voltar para São Paulo. Por essa época minha filha, Simone, havia se separado de

Chico Vieira e casado com o então jornalista e depois professor da USP, Gildo Brandão. Mais importante, havia nascido minha neta Carolina.

Em dezembro, Washington, Biondi, José Antônio e eu pedimos demissão do *Diário da Manhã*, pois era impossível continuarmos. Afastei-me do jornal sem receber os salários atrasados, mas foi um grande alívio. Dois meses depois ainda sentia a tensão que acumulara naquela fase de agonia do belo projeto.

Ciente da minha situação, Íris Rezende pediu-me que lhe prestasse um trabalho de assessoria em São Paulo, considerando que a evolução do quadro político iria requerer dele uma ativa participação no panorama nacional, na batalha pelas eleições diretas e na sucessão presidencial. Assim terminou a minha aventura goiana, com meu retorno à Paulicéia, marcado sobretudo pela felicidade de poder acompanhar de perto o desabrochar de minha neta e, logo depois, o nascimento de meu segundo neto — Lucas.

De tudo o que ocorreu naqueles quatro anos, guardo de Goiás a melhor lembrança e, sem perder minha cidadania mineira, tenho até a ousadia de me considerar goiano por adoção.

REINGRESSO NO CENÁRIO NACIONAL

Cheguei a São Paulo em janeiro de 1984, quando começava o impetuoso movimento pelas eleições diretas para a Presidência da República, impulsionado pelo conjunto das forças oposicionistas, sob a liderança dos governadores Franco Montoro, Tancredo Neves e Íris Rezende e de Ulisses Guimarães, Lula e Leonel Brizola. Acompanhei o governador de Goiás do Palácio dos Bandeirantes ao comício na praça da Sé, com a presença de 200 mil pessoas, a primeira manifestação política realmente pujante desde o golpe de 1964.

Na mesma época comecei a trabalhar com meu velho amigo Arnaldo Madeira, um dos secretários do prefeito de São Paulo, Mário Covas. Junto com José Arnaldo Rossi passei a auxiliar o senador Severo Gomes, personalidade invulgar que desempenhou um papel de fundamental importância nos acontecimentos políticos nacionais na década de 1980.

A missão do pequeno grupo a que eu pertencia consistia em contribuir nos bastidores para a articulação entre os principais atores e a elaboração de textos para os que se encontravam no proscênio. Incentivávamos a campanha avassaladora pelas eleições diretas, que ganhara as praças das grandes cidades e os meios de comunicação, mas tínhamos clareza que dificilmente o Congresso Nacional aprovaria a emenda constitucional estabelecendo as eleições diretas para a Presidência da República.

Delineava-se, portanto, a premência de se chegar a um acerto para o lançamento de um candidato que poderia ser eleito no pleito indireto no colégio eleitoral. Logo se constatou que por várias razões Tancredo Neves era o melhor nome, inclusive pela possibilidade de receber o apoio de uma boa parcela do partido governista. A dificuldade consistia em convencer certos setores inconformados com a não-realização da eleição direta do presidente da República. Daquele grupo participavam várias pessoas, mas destacadamente Severo Gomes, Dilson Funaro, Denizard Alves, Geraldo Forbes, Jarbas Holanda, João Luiz Araújo e outros.

Nosso objetivo era claro — impedir qualquer volta atrás no processo de redemocratização do país, pois sabíamos da capacidade de manobra da ala ultrareacionária das Forças Armadas. Relembre-se o episódio da bomba no Riocentro, em primeiro de maio de 1981, e outros acontecimentos durante o governo Figueiredo ainda não devidamente elucidados. Para nossa sorte, Cláudio Abramo havia regressado ao país, depois dos anos que passou na Inglaterra e na França. Desempenhou naqueles dias igualmente um papel decisivo o jornalista Mauro Santayana, como assessor de Tancredo Neves em São Paulo.

A pá de cal no regime militar foi lançada em 1984 com os grandes comícios pelas diretas e a eleição indireta de Tancredo Neves para a Presidência da República. Acompanhei esses episódios desempenhando funções numa empresa da prefeitura paulistana, a Emurb. Após a tragédia que o país viveu com a morte de Tancredo Neves, com o governo de José Sarney ingressamos em nova etapa na caminhada para a democratização do Brasil. Em 1985 fui assessorar Flávio Peixoto, escolhido por Tancredo Neves para instalar o Ministério da Habitação e do Desenvolvimento Urbano.

A atividade nesse órgão determinou a minha transferência para Brasília, ou melhor, a virar um usuário semanal da ponte aérea, o que não era muito de meu agrado. Nesse ministério o trabalho desenvolveu-se num clima de euforia e grandes esperanças, pois era o *début* da chamada *Nova República*.

Desde logo o órgão teve de administrar o monumental problema do reajuste das prestações dos mutuários do Sistema Financeiro de Habitação. Questão intrincada. De um lado, porque a rápida desvalorização da moeda e a não elevação dos salários na mesma proporção impossibilitavam o pagamento das prestações por quatro milhões de mutuários. De outro lado, porque as pressões eram no sentido de transferir para a sociedade todo esse pesado ônus, alternativa que favoreceria apenas o segmento dos mutuários. A solução encontrada foi um meio termo entre esses interesses antagônicos, deixando em aberto o delineamento de uma política habitacional capaz de atender às necessidades globais da população.

A questão habitacional com a qual me envolvi deixou claro que, após se ter conseguido assegurar um clima de respeito às liberdades democráticas, tínhamos pela frente problemas sociais muito complexos, agravados sobretudo pela desvalorização crescente da moeda nacional. No ano seguinte, quando Flávio Peixoto deixou o governo federal, a convite de Íris Rezende, titular do Ministério da Agricultura, assumi o cargo de coordenador da Comunicação Social desse ministério. Acertei com Íris, no entanto, que permaneceria nessa função apenas por um ano, porque desejava retornar a São Paulo.

Em 1986, acompanhei de perto o êxito inicial do Plano Cruzado, logo seguido pela desilusão com o voluntarismo implícito nos fundamentos daquela política econômica. Fiquei amargurado com aquele desastre inclusive porque torcia pelo acerto dos esforços de Dilson Funaro, pessoa que eu admirava pelo seu inexcedível espírito público.

Minha vivência no Ministério da Agricultura levou-me a conhecer melhor a agropecuária brasileira, notadamente a potencialidade do *agribusiness* nas áreas dos cerrados. Mas abriu-me os olhos para problemas novos decorrentes de uma prática que inutiliza de forma predatória imensas glebas de nosso território. Ao lado disto, verifiquei a falta de empenho para se realizar uma política de reforma agrária e se apoiar de forma permanente e correta a pequena agricultura familiar.

Como não podia deixar de ser, aqueles meses no Ministério da Agricultura desvendaram-me o anacronismo, a ineficiência e as inúmeras distorções na administração pública. Vi com tristeza o despreparo da quase totalidade dos funcionários e a falta de estímulos para a melhoria de seu trabalho.

No mesmo instante em que me desliguei do Ministério da Agricultura, o professor Crodowaldo Pavan, então na presidência do CNPq, convidou-me para assessorá-lo na elaboração de textos sobre a política de ciência e tecnologia. Como era uma função que poderia desempenhar em São Paulo, concordei com a proposta. Essa decisão foi uma das mais acertadas que tomei em minha vida, pelo fato de abrir-me um mundo novo, que somente entrevia à distância. Foi essa a oportunidade que me possibilitou dar alguns passos para conhecer os desafios da ciência e da tecnologia no mundo de hoje e para entrar em contato direto com a comunidade dos pesquisadores brasileiros.

Desde garoto os livros sobre descobertas científicas e a vida dos cientistas estiveram entre as obras que releio com infindável interesse. Recordo, entre outros, os relatos sobre a sofrida batalha dos cientistas no século XIX, como Pasteur, Koch, Mendel e os físicos no século XX, como o casal Curie. Com essas lembranças, dediquei-me por inteiro à missão no CNPq. Na verdade, um aprendizado permanente.

Para dar uma idéia do que fazia, recordo o levantamento que procedi do estado-da-arte em alguns setores científicos no Brasil, que me conduziram a entrevistar vários pesquisadores. Outra vez, acompanhando Pavan, fomos ao *campus* da Universidade Rural do Rio de Janeiro e perto de lá ao laboratório de Johanna Döbereiner, a incansável pesquisadora que descobriu procedimentos que permitem a extração de nutrientes do meio ambiente, o que possibilita a dispensa de certos tipos de produtos químicos em determinadas lavouras. Outro fato importante foi a divulgação de boa parte da memória da Genética em nosso país, especialmente rememorando o trabalho realizado no Brasil por um dos maiores geneticistas deste século — Theodosius Dobzhansky.

Assim, em resumo, entre 1984 e 1990 acompanhei de perto os acontecimentos que conduziram à vitória da causa democrática e a criação de um Estado Democrático de Direito. Ao mesmo tempo tive a oportunidade de sentir a gravidade de nossos problemas econômicos, sociais e políticos, que enfatiza a necessidade da mobilização de todo o potencial de nosso povo, especialmente daqueles que podem efetivamente encontrar soluções positivas para esses desafios.

NO INSTITUTO DE ESTUDOS AVANÇADOS

Meu trabalho no CNPq teve outra conseqüência — foi a etapa introdutória para meu ingresso na Universidade de São Paulo, ou mais precisamente no Instituto de Estudos Avançados. Nesse episódio o lance fundamental foi dado por Geraldo Forbes, na época um dos articulistas de *O Estado de S. Paulo*. Aproximei-me de Forbes quando realizava um estudo solicitado por Severo Gomes a respeito do problema que na época preocupava a todos — a dívida externa do país. Em seguida, junto com Forbes, participei de vários episódios políticos, como a eleição de Tancredo Neves e a campanha de Fernando Henrique Cardoso na eleição municipal de São Paulo, em fins de 1984.

Naquele período, Geraldo Forbes era do Conselho Deliberativo do Instituto de Estudos Avançados, pois o regimento interno do órgão estabelece que um dos conselheiros deve ser uma pessoa de fora da USP. Sempre voltado para os interesses da sociedade, esse amigo insistia comigo para que participasse dos eventos promovidos pelo IEA, que dava seus primeiros passos sob a direção do historiador Carlos Guilherme Mota.

Quando se delineou a vitória de Collor nas eleições de 1990, sendo previsível o afastamento de Pavan da presidência do CNPq, solicitei a ele que me designasse para representar o CNPq no Instituto de Estudos Avançados, nos termos de um convênio firmado pelos dois órgãos. Três meses depois, Collor denunciou todos convênios firmados pelo governo federal e colocou em disponibilidade 57 mil funcionários da União, mas a medida não suspendia o recebimento dos proventos. Meu nome constava dessa lista e a orientação era para cada um dos "disponíveis" suspender o que fazia e permanecer em casa.

Como estava encarregado de algumas responsabilidades pelo professor Jacques Marcovitch, que assumira a direção do IEA, resolvi continuar o trabalho como se nada houvesse sucedido. Logo depois, o novo presidente do CNPq, ciente do imbróglio, pediu-me que regularmente encaminhasse a Brasília um relatório de atividades.

Cumpri essa obrigação durante dois meses. Depois, refletindo melhor, julguei surrealista aquele procedimento, pois tinha certeza que nenhum funcionário do CNPq saberia o que fazer com aqueles papéis. Passados seis meses, outra novidade: Collor readmitiu sete funcionários na administração pública. No rol encontrava-se meu nome. A princípio, aquela deferência especial parecia um justo reconhecimento pelo meu trabalho no Instituto de Estudos Avançados.

O resultado concreto, porém, era o de ser retirado da panela e lançado diretamente ao fogo. Uma vez que implicava minha apresentação imediata para trabalhar na sede do CNPq em Brasília, no desempenho de qualquer tarefa burocrática subalterna. Resolvi, então, mandar às favas o CNPq, mas lastimando dar por terminadas minhas atividades na USP.

Geraldo Forbes relatou o fato ao reitor da USP, professor Roberto Lobo. A decisão do reitor foi instantânea: nomeou-me como um de seus assessores, com a função de atuar no Instituto de Estudos Avançados. Assim, a novela, como todas da Globo, teve um final feliz, sendo arrematada com meu pedido de aposentadoria no serviço público federal, quando passei a receber mensalmente o correspondente a cerca de três salários mínimos. Começou assim minha trajetória como funcionário da Universidade de São Paulo, trabalhando no Instituto de Estudos Avançados.

O que posso dizer sobre o IEA é que nada de melhor se ajusta ao que penso ainda poder realizar, neste final de vida, do que auxiliar os trabalhos encetados por esse instituto, particularmente na edição de sua revista. Idealizado para reunir pesquisadores em função de projetos de grande interesse público, o IEA conta com a colaboração de docentes espalhados por múltiplas áreas no conjunto de faculdades e institutos da USP. Recebe o apoio de pesquisadores de outras universidades do Brasil e de países estrangeiros, além de estudiosos sem vínculos com os meios acadêmicos.

Podendo contratar professores visitantes, incorpora a contribuição de pessoas que efetivamente enriquecem o patrimônio cultural e científico de nosso país. É certo que, devido à limitação de recursos de que dispõe, seu desempenho ainda está longe do que necessitamos. Mas um retrospecto de sua trajetória nesses treze anos de vida mostra que o saldo de suas atividades é mais do que compensador.

Encontram-se à disposição de qualquer pessoa dezenas de documentos preparados no IEA. Entre eles, o projeto de reflorestamento do Brasil (Floram) e análises sobre outras questões ambientais, de Educação e Saúde, Nordeste, a respeito da realidade internacional e particularmente da América Latina e outros assuntos candentes para os brasileiros. Temas que se espalham nas 36 edições de *Estudos Avançados*, uma revista que adquiriu projeção como uma das melhores publicações acadêmicas de nosso país.

Até maio de 1996 ocupei a função de assessor acadêmico do IEA. Depois não consegui evitar uma aposentadoria compulsória, determinada pelo mandamento constitucional de que nenhum funcionário pode trabalhar depois dos setenta anos. Por isso, nos últimos tempos limitei-me a ser o editor executivo de *Estudos Avançados*.

É um belo fim de vida, sem dúvida. Não tenho o que lamentar. Em outro patamar e em outro cenário, prossigo a luta que venho travando em toda a minha existência.

A HISTÓRIA INFINITA

Escrever memórias é forçosamente um exercício de revisão e de balanço de vida. Ao fim deste trabalho, eu mesmo me pergunto aquilo que talvez o eventual leitor também esteja indagando. Qual o saldo de tudo isto? Foi tudo inútil? As idéias que embasaram uma causa e consumiram uma vida estavam equivocadas?

As indagações, quase todas negativas, podem se multiplicar. Porque no espelho retrovisor o saldo não são êxitos monumentais. Muito ao contrário. De saída, uma advertência, ou melhor, uma conclusão: minha análise de tudo que sucedeu e do panorama atual abriga um inabalável otimismo no futuro. Nos erros do passado essencialmente encontro as lições que cimentarão lutas mais bem conduzidas, no Brasil e no mundo.

Mas o panorama não é róseo e tranqüilo. O que se vê é fome, miséria, injustiças e genocídios numa sociedade mundial inaceitável, da qual somos uma parcela. Uns poucos vivem à tripa forra e bilhões de seres humanos morrem de fome, de doenças, de carnificinas injustificáveis. Quase todos sentem insegurança diante do dia de amanhã. Temem ser massacrados por uma elite que, no mundo e no país, lança mão de todas as armas para defender seus privilégios. Desde a manipulação das mentes até guerras e terror policial.

A raiz primeira de todos esse males parece-me insofismável: é o regime social a que ficamos condenados nessa etapa da História — o capitalismo. Daí a força da luta que empreendemos. É certo que outros fatores, como os culturais, também são co-responsáveis. A dificuldade de mudar o regime social decorre em grande parte da resistência dos que são privilegiados. Por isso a eliminação desses privilégios é a batalha, aqui e agora. Atravessando essa etapa, no curso de um penoso processo, os outros fatores serão vencidos. Como outros que inevitavelmente surgirão.

Intentamos eliminar o capitalismo tendo como bandeira a experiência do que, *grosso modo*, foi apresentado como o modelo do "socialismo real". Não deu certo. Fracassamos. Mas não houve só derrotas. Grande parte das idéias socialistas penetrou no ideário da humanidade e principalmente nos países ocidentais mais adiantados foi incorporada às garantias da cidadania.

A predominância do capitalismo não será eterna. Não chegamos ao fim dos tempos. A História é infinita. É verdade que ainda não antevemos como serão as linhas gerais de um novo modelo de regime social. Essa é a dificuldade do momento. Mas as novas gerações encontrarão esse caminho.

Marx considerava que o desenvolvimento das forças produtivas conduziria à superação do capitalismo. Essa tese continua válida. Mas o saldo do movimento socialista de um século e meio aponta que o avanço social também está relacionado com a conquista da democracia. Só ela assegura avanços permanentes.

Nessa quadra de incertezas, que atormentam os mais lúcidos, nos vem sempre à lembrança a observação de Georg Lukács, em *Estética* ao examinar a perplexidade dos revolucionários quando começaram a ser desnudadas as deformações do stalinismo, mas que bem pode ser aplicada ao presente. Escreveu ele: "a dificuldade é só do momento histórico imediato, apenas transitória do ponto de vista da História universal". Pois, para "mudanças históricas dessas dimensões, anos e decênios são lapsos muito curtos".

É com essa tranqüilidade e segurança que vejo o presente para divisar o futuro. Com esperança e o otimismo na continuação da batalha pelo socialismo. E o Brasil está enquadrado nesse panorama.

GLOSSÁRIO

A Luta Democrática
Matutino carioca, lançado em fevereiro de 1954. Destacava-se por suas reportagens policiais. Durante uma longa fase, seu dono foi o deputado fluminense Tenório Cavalcanti.

Ação Popular (AP)
Agrupamento de caráter político da esquerda católica, composto principalmente por membros da Juventude Universitária Católica. Teve notável influência entre os estudantes na fase que antecedeu o golpe de 64. Com a ditadura, passou a atuar na clandestinidade e sofreu divisões internas. Seus dirigentes foram presos, alguns foram assassinados e muitos se exilaram.

Ação Libertadora Nacional (ALN)
Organização de esquerda formada por dirigentes comunistas que romperam com o PCB, a partir de 1967, optando por uma luta com ações radicais contra a ditadura. A ela aderiram elementos provenientes de outras facções de esquerda. Seus líderes mais destacados, Carlos Marighela e Joaquim Câmara Ferreira, foram assassinados pela ditadura.

Aliança Nacional Libertadora (ANL)
Frente única organizada pelo PCB, no início de 1935, tendo Luís Carlos Prestes como presidente de honra. Conquistou em poucos meses um considerável apoio popular e de personalidades progressistas. O governo de Vargas determinou seu fechamento em 11 de julho do mesmo ano. Com a insurreição em novembro, os aliancistas sofreram violenta repressão. Seus dirigentes foram presos e exilados.

Anarquismo
Movimento revolucionário de caráter internacional no século XIX, conseguindo muitos adeptos na primeira metade do século XX em alguns países, principalmente na Espanha. Sempre discordou das posições dos comunistas e socialistas, propugnando pela imediata dissolução do Estado.

Ato Adicional
Denominação dada à decisão do Congresso Nacional que instituiu o regime parlamentarista no Brasil, em agosto-setembro de 1961, após a crise militar resultante da renúncia de Jânio Quadros, a fim de possibilitar a posse de João Goulart na Presidência da República, mas sem os poderes do presidencialismo. Por um plebiscito realizado em janeiro de 1963, o Ato Adicional foi revogado.

Atos institucionais
Denominação dada às decisões básicas e ditatoriais da cúpula do regime militar.

Bolchevismo
Corrente majoritária que se formou dentro do Partido Operário Social Democrata da Rússia, em seu congresso realizado em 1903, em oposição aos menchevistas. Posteriormente, essa corrente criou o Partido Comunista (bolchevique) da União Soviética. Lenin foi a figura mais expressiva do bolchevismo.

CGT
Sigla de Comando Geral dos Trabalhadores, cúpula sindical formada por organizações operárias mais combativas, como estivadores, portuários, marítimos,

ferroviários, metalúrgicos etc. Tinha como objetivo impulsionar e unificar as lutas operárias e lutar pelas reformas de base no Brasil.

CNOP (Comissão Nacional de Organização Provisória)
Com a prisão da maioria dos membros do antigo Comitê Central do PCB, entre os anos de 1936 e 1939, alguns comunistas do Rio de Janeiro criaram essa comissão para reorganizar o PCB. Promoveu a Conferência da Mantiqueira, em que participaram delegados de alguns estados. Nela foi eleita uma nova direção nacional do PCB. Prestes, ao ser libertado, em 1945, endossou as atividades da CNOP.

Coluna Prestes
Em 1924 houve levantes militares em várias guarnições do Exército, principalmente em São Paulo e Rio Grande do Sul. Prestes, então capitão do Exército, sublevou o batalhão ferroviário de Santo Ângelo (RS) e marchou para o norte, unindo-se aos rebeldes de São Paulo. Assim criou-se a Coluna, com Prestes na chefia do seu estado-maior. Os rebeldes tinham como estratégia uma luta de movimento e nunca foram derrotados pelas forças do governo, percorrendo mais de 26 mil quilômetros, por vários estados brasileiros. A Coluna internou-se na Bolívia em fevereiro de 1927.

Confederação Nacional dos Trabalhadores Agrícolas (Contag)
Entidade de cúpula dos sindicatos de trabalhadores rurais, criada em 1963, tendo sido seu primeiro presidente o comunista Lindolfo Silva.

Congresso Nacional dos Estudantes
Reunião anual das entidades de universitários brasileiros, promovida pela União Nacional dos Estudantes (UNE).

Conselho de Segurança Nacional
Órgão estabelecido pela Constituição de 1946, com a atribuição de decidir sobre os problemas relacionados com a defesa do País. No regime militar tornou-se a instituição preponderante, sobrepondo-se ao Congresso Nacional e ao Poder Judiciário.

CPC (Centro Popular de Cultura)

Grupo de jovens artistas e intelectuais, funcionando com o apoio das organizações estudantis, nos anos anteriores ao golpe de 64. Levava espetáculos teatrais e musicais para as ruas e favelas.

Declaração de Março de 1958

Documento elaborado pelo PCB, com a reformulação de sua linha política, após a crise com a denúncia do stalinismo. Representou uma mudança radical nas posições esquerdistas dos comunistas brasileiros, predominantes desde 1947. Apontava para a necessidade de uma política de frente única e de acumulação de forças.

Departamentos de Ordem Política e Social (Dops)

Órgãos criados nas Secretarias de Segurança Pública dos estados, especialmente encarregados da repressão aos partidos e correntes de esquerda e de vigilância sobre os movimentos populares e operários.

Diretório Central de Estudantes da Universidade de Minas Gerais

Entidade que reunia os diretórios acadêmicos da UMG, hoje Universidade Federal de Minas Gerais.

Diretório Revolucionário

Organização que lutou contra a ditadura de Batista, em Cuba, nos anos 50. Após 1960, aderiu à formação do Partido Comunista de Cuba, junto com o Partido Socialista Popular (comunista) e o Movimento 26 de Julho.

DOI-Codi

Sigla dos órgãos de repressão da ditadura – Departamento de Operações e Informações e Centro de Operações de Defesa Interna – criados pelo regime militar. Era comandado diretamente pelos chefes do Exército. Possivelmente sua instituição derivou de um decreto secreto do governo, até hoje não divulgado. Eram dirigidos por oficiais do Exército, apoiava-se nos serviços secretos da Marinha e Aeronáutica, nas polícias militares e nos Dops dos estados.

Encíclica *Rerum novarum*

Documento lançado pelo papa Leão XIII, em 1891, renovando o pensamento da Igreja Católica sobre os problemas sociais. Traçou uma orientação para os católicos nos movimentos operários.

Escola Militar da Praia Vermelha

O estabelecimento do Exército para a formação de seus oficiais funcionou na Praia Vermelha, no Rio de Janeiro. Posteriormente foi transferido para Resende, passando a ser denominado de Academia Militar das Agulhas Negras.

ESG

Sigla da Escola Superior de Guerra, criada em 1946, com sede na Urca, no Rio de Janeiro, para promover o estudo de assuntos doutrinários e conjunturais ligados à segurança nacional.

Estudos Avançados

Órgão quadrimestral do Instituto de Estudos Avançados da Universidade de São Paulo, criado em 1987. Já lançou 37 edições e seu editor é o prof. Alfredo Bosi.

Fascismo

Movimento ideológico na Itália criado na década de 1920, de caráter direitista, lançado por Benito Mussolini, contestando as teses liberais clássicas e as das correntes da esquerda. Em diversos países conseguiu adeptos. Estabeleceu uma unidade de ação com o nacional-socialismo (nazismo) de Hitler.

Federação Mundial da Juventude Democrática (FMJD)

Entidade formada depois da Segunda Guerra Mundial pelas organizações juvenis comunistas, que funcionou de 1945 até fins da década de 1980. Era sediada em Budapeste.

Federação Universitária Mineira de Esportes (Fume)

Entidade dos estudantes de Minas Gerais para fomentar a educação física e esportiva, promovendo competições e outras atividades.

Folha do Povo

Jornal diário dos comunistas pernambucanos lançado em 1935. Suspenso nos períodos de maior repressão policial. Teve influência principalmente no período democrático, sofrendo diversos empastelamentos.

Fórum Sindical de Santos

Cúpula sindical que atuou na fase anterior ao golpe de 64 na baixada santista, reunindo principalmente as organizações de estivadores, doqueiros e metalúrgicos de Cubatão.

FP (Frente Popular)

Coligação eleitoral na Guanabara nas eleições de 1962, formada pelo Partido Social Democrata e o Partido Social Trabalhista.

Frente de Mobilização Popular (FMP)

Movimento organizado por inspiração de Leonel Brizola, em 1963, no qual participavam organizações e núcleos de esquerda, com o objetivo de impulsionar a luta pelas reformas de base.

Frente Parlamentar Nacionalista

Bloco formado na Câmara dos Deputados, com parlamentares de vários partidos, para a defesa de teses nacionalistas. Teve influência destacada na legislatura de 1958-62.

Golpe de 11 de novembro

Episódio ocorrido em 1955, quando um movimento militar, sob a chefia do general Teixeira Lott, resultou na deposição do presidente interino da República, Carlos Luz.

Instituto Superior de Estudos Brasileiros (ISEB)

Entidade oficial criada em 1955, no Rio de Janeiro, destinada a elaborar modelos teóricos de desenvolvimento do País, apoiada nas teses do nacional-desenvolvimentismo.

Integralismo
Movimento político na década de 1930, sob a chefia de Plínio Salgado, inspirado nas doutrinas do fascismo.

Jornal do Povo
Jornal diário dos comunistas de Minas Gerais, lançado em 1946.

Komintern
Abreviação em russo da Terceira Internacional, organização dos partidos comunistas sob a liderança do Partido Comunista da União Soviética. Foi dissolvida em 1943.

Liga das Nações
Organização criada pelo Tratado de Versalhes, em 1919. Em 1946 desapareceu, sendo substituída pela Organização das Nações Unidas (ONU).

Liga de Defesa Nacional
Entidade fundada em 1917 com objetivos cívicos e nacionalistas, principalmente para ser instituído o alistamento militar obrigatório. Foi utilizada pelos comunistas, entre os anos de 1942 e 45, para a campanha em favor da participação do Brasil na guerra contra o Eixo e de apoio à Força Expedicionária Brasileira.

Liga dos Comunistas da Iugoslávia
Denominação do partido dos comunistas iugoslavos depois do rompimento de relações com o Partido Comunista da União Soviética, em 1948.

Ligas Camponesas
Organizações de lavradores em diversos estados do Nordeste do Brasil, na década de 1960, sob a liderança de Francisco Julião, defendiam os direitos desses trabalhadores e a realização da reforma agrária.

Manifesto de Agosto
Documento do Comitê Central do PCB, de 1950, em favor de um movi-

mento revolucionário radical no Brasil, inclusive recorrendo à luta armada contra os governantes.

MDB
Movimento Democrático Brasileiro, agremiação política de oposição, criada em razão da dissolução em 1965, pelo regime militar, de todos os partidos políticos existentes. Alguns de seus elementos criaram, então, em 1980, logo após a aprovação da nova lei sobre os partidos, o Partido do Movimento Democrático Brasileiro (PMDB).

Momento Feminino
Publicação comunista brasileira, dedicada às mulheres, que circulou durante vários anos a partir de 1946.

Movimento 26 de Julho
Organização revolucionária cubana, liderada por Fidel Castro, que, iniciando uma luta de guerrilhas na província de Oriente, derrubou a ditadura de Batista em 1959, desencadeando uma profunda transformação naquele país.

MST
Sigla do Movimento dos Trabalhadores Rurais Sem Terra, criado em 1979 no Rio Grande do Sul, possuindo núcleos em todos os estados. Luta pela realização de uma reforma agrária radical.

Novacap/Belacap
Novacap é a sigla da Companhia Urbanizadora da Nova Capital, presidida por Israel Pinheiro, empresa que construiu Brasília. Em contraste, chamava-se o Rio de Janeiro de a Belacap.

Novos Rumos
Semanário da direção do PC Brasileiro. Órgão legal que circulou de 1958 até o golpe de 1964.

Oban

Sigla da Operação Bandeirante, órgão da repressão policial, montada em São Paulo, que funcionou de 1967 até quando foi substituída pelo DOI-Codi. Centro de torturas e assassinatos, dedicava-se ao extermínio das organizações e correntes de esquerda. Nela atuavam policiais do DOPS de São Paulo e era financiada por grupos empresariais brasileiros e estrangeiros.

Pacote de Abril de 1977

Conjunto de medidas antidemocráticas adotadas pelo presidente Ernesto Geisel. Fechou o Congresso Nacional, modificou a legislação eleitoral para garantir uma maioria governista nas eleições, ampliou o tempo do mandato presidencial, além de outras decisões para cercear a luta das correntes democráticas.

Partido Africano da Independência de Guiné e Cabo Verde (PAIGCV)

Agremiação fundada em 1958, por Amílcar Cabral, que organizou e conduziu a luta pela independência da Guiné-Bissau e Cabo Verde.

Partido Democrata Cristão (PDC)

Com a redemocratização do Brasil, em 1945 foi organizado o PDC, seguindo o modelo dos democratas-cristãos da Itália. Essa agremiação só conseguia eleger um número reduzido de parlamentares. Sua figura de maior relevo foi Franco Montoro.

Partido Socialista

No período examinado neste livro, trata-se do PSB organizado em 1947, resultante da Esquerda Democrática, que era uma ala progressista da UDN. Possuía diretórios nos estados e elegeu diversos parlamentares com destaque na cena nacional. Como os demais partidos, foi dissolvido pelo regime militar.

Partido Trabalhista Brasileiro

Criado em 1945 por Getúlio Vargas, defendia as bandeiras da justiça social e do nacionalismo. Foi o partido que mais cresceu no processo que terminou em 64. Em aliança com o PSD, elegeu João Goulart para a vice-presidência da República em 1955 e 1960.

PC do B

Surgiu como uma dissidência do PCB, em 1962, sob a liderança de João Amazonas, Pedro Pomar e Diógenes Arruda. Discordava da orientação de apoio aos comunistas soviéticos e inicialmente defendia as posições do Partido Comunista da China. Depois de 1964 proclamou a necessidade de luta armada contra a ditadura. Organizou um movimento guerrilheiro na região do Araguaia que durou alguns anos.

PCB

Partido Comunista Brasileiro, inicialmente Partido Comunista do Brasil, fundado em 1922, como um dos destacamentos da Internacional Comunista. Só em poucos anos de sua trajetória conseguiu atuar legalmente, como entre 1945 e 47. Para tentar obter seu registro eleitoral em 1960, mudou sua denominação para Partido Comunista Brasileiro. Em 1992 mudou seu programa, passando a ser denominado de Partido Popular Socialista (PPS).

PCBR (Partido Comunista Brasileiro Revolucionário)

Formado em 1967 por dirigentes do PCB, que não aceitavam a orientação desse partido após o golpe de Estado. Figuras mais expressivas: Mário Alves, Apolônio de Carvalho e Jacob Gorender.

PCUS

Partido Comunista da União Soviética, inicialmente denominado Partido Operário Social Democrata da Rússia, fundado no fim do século XIX. Em seu segundo congresso, em 1903, dividiu-se em duas facções – bolchevistas e menchevistas. Os bolchevistas é que desencadearam a revolução de outubro de 1917, sob a liderança de Lenin. O PCUS foi declarado ilegal na Rússia em agosto de 1991.

Perestroika

Assumindo a secretaria-geral do PCUS, em março de 1985, Gorbatchov lançou um programa de reestruturação da economia — a *perestroika*.

Plano Cruzado
Conjunto de medidas econômicas tomadas pelo governo Sarney, em fevereiro de 1986, conduzidas pelo ministro Dilson Funaro. Entre essas, mudou a moeda – o cruzeiro foi substituído pelo cruzado — e decretou o congelamento de preços. Nos primeiros meses contou com grande apoio popular, mas meses depois começaram a faltar mercadorias e estas somente eram obtidas com ágio. Assim, o plano desacreditou-se por completo.

Plano de Sete Anos
Em 1958, sob a liderança de Kruschov, o governo soviético lançou esse plano, em que traçava metas para a economia da URSS ultrapassar a dos Estados Unidos.

Plano Marshall
Programa dos Estados Unidos de ajuda econômica à Europa, iniciado em 1948.

Plano Trienal
Programa do governo João Goulart, elaborado pelo economista Celso Furtado, em março de 1963, para conter a inflação e assegurar o desenvolvimento econômico do Brasil.

Positivismo
Doutrina criada por Augusto Comte, influindo no pensamento e na política brasileira nos fins do século XIX e nas primeiras décadas do século XX. Apoiava-se no princípio de que o pensamento filosófico e científico deve se basear na análise dos fatos verificados pela experiência.

POT (Partido de Orientação Trabalhista)
Legenda de um reduzido agrupamento político, no panorama de 1946-1964, articulado por oficiais ligados ao Serviço Secreto do Exército.

PR (Partido Republicano)
Agremiação organizada após a redemocratização de 1945, sob a liderança de Artur Bernardes, ex-presidente da República. Foi dissolvido, como os demais partidos, pelo regime militar.

PSD (Partido Social Democrata)
Organizado em 1945, com o apoio de Vargas, pelas principais figuras que dominavam os governos estaduais naquele ano. Nele predominavam as correntes conservadoras, sendo o partido majoritário até o golpe de Estado.

PSP (Partido Social Progressista)
Agremiação formada em 1945, sob a liderança de Ademar de Barros, conseguindo uma base poderosa em São Paulo. Em geral assumia uma política populista e demagógica, de concessões aos trabalhadores.

PST (Partido Social Trabalhista)
Pequena agremiação fundada em 1950, sob a liderança de Vitorino Freire e depois de Tenório Cavalcanti. Dissolvido, como os outros partidos, em 1965, pelo Ato Institucional n° 2.

PSTU
Corrente radical de esquerda que, inicialmente, era uma tendência do Partido dos Trabalhadores.

PT (Partido dos Trabalhadores)
Obteve seu registro eleitoral em 1982, sendo formado por lideranças sindicais de prestígio e intelectuais socialistas. Em poucos anos conseguiu organizar núcleos nos estados e nas grandes cidades brasileiras. Seu maior líder, Luiz Ignácio Lula da Silva, disputou por três vezes a Presidência da República.

Rebelião no Campo dos Afonsos
Sublevação na base aérea da Aviação do Exército, em novembro de 1935, em que participaram diversos oficiais comunistas como Ivan Ribeiro, Agliberto Azevedo e Dinarco Reis. Forças do Exército sufocaram a revolta e prenderam os revoltosos.

Revista Civilização Brasileira
Publicação lançada em 1965 e dirigida pelo editor Ênio Silveira, no Rio de Janeiro. Seu último número (21-22) circulou em dezembro de 1968.

Revista Econômica Brasileira
Publicação que circulou entre os anos de 1955 e 1962, editada no Rio de Janeiro, sob a direção de Américo Barbosa de Oliveira e Celso Furtado, entre outros.

Revista *Edifício*
Publicação efêmera de jovens intelectuais de Belo Horizonte, em 1946, dirigida por Wilson Figueiredo, Edmur Fonseca, Sábato Magaldi, Francisco Iglésias e outros.

Revista *Verde*
Publicação literária editada em Cataguases (MG) em 1928.

Revolução Cultural
Política adotada na China, em 1966, lançada por Mao-Tsé-tung, para combater o revisionismo. Provocou grandes conflitos, afastou e perseguiu muitos dirigentes comunistas e prejudicou o desenvolvimento da economia daquela imensa nação. Após a morte de Mao, foi condenada pela nova liderança do Partido Comunista da China.

Salazarismo
Política autoritária e direitista de António de Oliveira Salazar, governante de Portugal de 1932 a 1968.

Serviço Nacional de Informações (SNI)
Serviço secreto do governo brasileiro, criado em 1964 pelo presidente Castelo Branco. Extinto na reforma administrativa realizada pelo presidente Collor, em 1991.

Sociedade dos Amigos da América
Entidade fundada pelo general Manoel Rabelo em 1942 com o objetivo de contribuir para o apoio aos Estados Unidos na guerra contra o nazifascismo.

Tenentismo
Movimento político de jovens militares, nas décadas de 1920 e 30, que con-

tava com forte apoio político e popular, porque combatia deformações da República Velha. Provocou levantes militares e contribuiu decisivamente para a Revolução de 1930.

Tribuna da Imprensa
Jornal diário do Rio de Janeiro, lançado por Carlos Lacerda em 1949. Em 1962 passou a ser dirigido por Hélio Fernandes.

Trotskismo
Corrente dentro do movimento comunista, contra o stalinismo, de conformidade com a política de Leon Trotski, fundador da IV Internacional.

UDN (União Democrática Nacional)
Partido fundado em 1945, em oposição a Vargas e ao getulismo. Teve enorme influência no período de 1945-65, quando também desapareceu em conseqüência do Ato Institucional n° 2.

União Colegial de Minas Gerais
Entidade fundada em 1943 para congregar os alunos nos cursos de nível secundário.

União Estadual dos Estudantes (UEE)
Organização dos alunos do ensino superior em Minas Gerais.

União Nacional dos Estudantes (UNE)
Entidade fundada em 1939 dos universitários brasileiros.

Voz Operária
Órgão central do PCB, lançado como semanário legal em 1949, sendo substituído em 1959 por *Novos Rumos*. Depois do golpe de 64, era impresso na clandestinidade, circulando mensalmente até dezembro de 1974.

ÍNDICE

As entradas em negrito referem-se a codinomes utilizados por militantes clandestinos ou agentes da repressão.

Este livro foi composto na tipologia Aldine
401 Bt em corpo 10/15 e impresso em papel
Offset 75g/m² no Sistema Cameron
da Divisão Gráfica da Distribuidora Record.